徳川実紀研究会編

徳川実紀索引

人名篇

吉川弘文館 刊行

編修委員

杉本　勲
進士慶幹
村井益男
北原章男
松尾政司

序

戦後、日本近世史研究の進展には瞠目すべきものがあるが、『徳川実紀』が近世史、とくに江戸時代史の研究にとって不可欠の基本史料であることは、ここに贅言を費すまでもないと思う。この書物は江戸幕府の編纂した幕府の正史であるから、政治史・幕政史はもちろんのこと、経済・社会・文化・風俗の歴史を究明する場合でも、これを見すごすことはゆるされない。しかし何分にも非常な大冊であって、新訂増補国史大系本で、正編十冊、続編五冊、一万ページを越えるため、必要事項を検索するのに、多大の手間をとることとなり、大切な史料であるわりには、これまで利用度が充分でない憾みがあった。

従って、『実紀』を史料として使用する研究者の間では、つとに索引の必要性が痛感され、その作成の企画も過去において一再ではなかったようである。しかし厖大な本書の索引作りはそう一朝一夕に仕上げられる事業ではない。私ども近世史の研究に従事する数名の同人が、先人のやり遂げえなかったこの難事業にあえて立ちむかい、ともかくも刊行にたどりつくことができたのには、並々ならぬ事由が存在する。

第一には「徳川実紀研究会」の結成であるが、それは単なる研究団体の成立を意味したのではなかった。そこには日本大学で幕政史を専攻して、卒業後も引きつづきこの部門での問題点を掘りさげてゆくことに情熱を燃やし、そのために『実紀』の利用法に真剣に取りくんだ五人の若き学徒の同志的結合があったことをあげねばならない。このグループの面々とは、北原章男君をリーダーとする笹原一晃・松尾政司・横山則孝・柴田和子の諸君であった。

第二にこれらの若き学徒らを絶えず激励し、懇切な指導に労を惜しまない有能な先輩に恵まれたことである。そのよき先輩とは、幕藩政史の研究者として知られる東京大学史料編纂所の進士慶幹・村井益男の両君である。

第三に右のグループにチームワークの妙味を発揮させて、存分に『実紀』の研究を積ませながら、索引の作成・刊行の計画を立案させ、多額の事業費を投じて、終始温かくバックアップしてくれた吉川弘文館社長吉川圭三氏の存在があって、はじめてこの難事業が実現の緒につくことができたのである。

以上のようないきさつのもとに、たまたま徳川実紀研究会の代表者であった不肖私が、索引作成事業の責任者をもお引きうけすることになったのであるが、顧みればこの計画立案が研究会の課題になってから、かれこれ十年、作成事業が具体化してからも七年の歳月が流れた。その間にグループの間にも多少の移動があり、作業がかなり進んだ段階で、柴田・笹原・横山の三君は職務の関係などで、レギュラー・メンバーから離れ、その代りに当時まだ日本大学史学科の学生であった村磯栄俊・上保国良の両君がこの仕事に参加した。しかも笹原君は大志をいだきながら不幸にして難病にかかり、一昨秋他界した。痛恨の極みに堪えず、ここに特記して同君の冥福を祈るものである。それから私自身、この事業の発足当時は東京にいたが、途中で福岡に移り、昨春また名古屋に転じ、仕事の上に種々迷惑をおよぼしたことを申訳なく思っている。

にもかかわらず、大学卒業以来、一貫してこの事業に全力を注いだ北原・松尾両君をはじめ、前記の諸君、ならびに原稿化その他の雑務にレギュラーを支援してくれた日本大学史学科学生諸君の助力をえて、ようやくここに第一巻刊行に漕ぎつけることができた。けれども二十万枚に近いカードとりからその分類・原稿化、そして厳密な校訂と、最初の計画をはるかに上廻る歳月を費してしまった。いささか感慨なきをえない。

ところで本索引作成事業の内容に関して若干お断りしておかなければならないことがある。本来、完全な索引を目ざす以上、「六国史索引」の場合のごとく、すべての人名・事項等を網羅したものであるべきはずである。しかし『徳川実紀』の網羅索引ということになると、あまりにも厖大な量にのぼり、それは出版・採算の面からもほとんど不可能に近い。そこで人名の場合でも、閲歴・記事などを勘案して、選択を施さざるをえなかった。たとえば、将軍やその家族の詳細については『徳川諸家系譜』『柳営婦女伝叢』などに、また、役職任免関係は『柳営補任』に拠る方が捷径であろうから、本書においては、ある程度の省略を加えるなど、すべてにわたって網羅主義をとることは断念しなければならなかった。さらに『徳川実紀』の性格上、全体に幕政史研究に重点をおいて選択・編修をおこなったことを御諒承願いたい。

要は、新訂増補国史大系本『徳川実紀』を利用される方々に、とくに最近とみに増大した近世史研究の学生諸君にも、手ごろな引きやすい索引作成を念願としたのである。

しかし、それにもかかわらず、編修・出版の都合から「人名篇」を上下二冊に分けた上、「事項篇」を別冊とし、さらに『実紀』続篇三・四・五篇は他篇とくらべて体裁を異にするばかりでなく、幕末変革期を対象としたものであるため、「幕末篇」として人名・事項をふくめて独立した一巻にまとめることにした。

編修に携わった同人一同、周到な計画のもとに細心の注意を払って万全を期したのであるが、何分にも大部の編纂書の、しかも選択索引のこととて、なお不適切な点や誤りをおかした箇所も少なくないと思う。利用者各位の御叱正を切に希望してやまない。

終りにのぞみ、刊行が最初の予定より著しく延引し、多大の御迷惑をかけたにもかかわらず、終始温情をもって私どもの仕事を支援された吉川弘文館吉川圭三社長ならびに編集部の広沢伸彦・山田亨氏をはじめ、同社の方々の御厚意に、衷心より感謝の意を表する次第である。

なお本書の刊行は、昭和四十六年度文部省科学研究費補助金（研究成果刊行費）によるものであることを明記するとともに、全巻の刊行には今後両三年を要することを、あらかじめ御諒承頂きたいと思う。

昭和四十七年一月

徳川実紀研究会代表
編修責任者　杉　本　勲

凡例

一、本冊には新訂増補国史大系本『徳川実紀』（第一〜十篇）と『続徳川実紀』第一・二篇とに記載されている人名を収めた。

一、本索引では常用漢字を用いた。漢字の画数の数え方、あるいはその先出・後出については、『新漢和辞典』（三省堂版）の「音訓索引」の排列順によった。なお、漢字音の五十音順については、新訂増補国史大系本『尊卑分脉索引』のそれによっている。

一、苗字は通例の訓読み、あるいは特殊な慣習による読みの五十音順に排列した。但し第一字には同字を集め、第二字以下の読みの五十音順に従う。

例

（読み）	（画数）	（苗字）
せんごく	3	千石
せんだ	3	千田
せんごく	5	仙石
せんば	5	仙波
ちぐさ	3	千種

ちば	3	千葉
ちむら	3	千村

また、相良（さがら）・相馬（そうま）は「さ」と「そ」に、篠山（ささやま）・篠原（しのはら）は「さ」と「し」に排列されているので、一を引いて得られないときは他について求められたい。

一、名前は諱を音読みで、通称は通例の音訓読みで排列した。第一字に同字を集め、第二字以下の音訓順に排列したのは、苗字の場合と同じである。

一、法号、その他各種の称号は音読みとし、第一字に同字を集め、第二字以下の音順に排列した。

例

(音読み)	(画数)	(称号)
せんかい	9	専戒
せんこう	9	専弘
せんこういん	9	専光院
せんぽう	9	宣峯
せんゆう	9	宣祐
せんおう	13	詮応
せんさつ	13	詮察

一、前条の称号はその音読みにしたがって、苗字の音訓読み・慣例読みのあいだに排列した。

例

（音訓読み）	（画数）	（苗字その他）
せきや	14	関屋（苗字）
せつこうおう	7	浙江王
せつさい	11	雪斎
せつねん	11	雪念
せつしゆに	13	摂取尼
せのお	8	妹尾（苗字）
せりさわ	7	芹沢（苗字）

一、諱の下に（　）を附して受領名や通称あるいは他の諱を記してあるのは、

1　本文に（　）内の受領名などで記されている場合

2　それを附して置いた方が人物の識別その他利用に便である場合

であり、これはまた、称号についても同じである。

一、見出しの人名の下に篇数と頁数とを示す。四角でかこった漢数字は『徳川実紀』第一～十篇の篇数であり、丸でかこった漢数字は『続徳川実紀』第一・二篇の篇数である。その下の算用数字は頁数である。

一、同一人で多くの事歴を有する場合には、主要な事歴には小見出しを附して利用の便に供し、その他のものは／印を置き、その下に一括列挙した。

一、見出しの人物の略伝が、死歿、あるいは致仕にかけて記されているとき、前者を「卒伝」、後者を「致仕伝」として、小見出しに掲げた。

一、↓印は、その下に示す項目を見よの意である。↓印の下の片仮名は、その音訓の箇所を見よの意である。
一、見出しの人物の母・妻・子供などについては、その人の左隣りに、見出し人名を冠した「母」(「継母」「養母」なども)「室」「女」(むすめ)などの見出しを掲げ、称号や篇数・頁数を示した。
一、検索の便をはかり、毎頁各段の始めに苗字・称号等を掲げた。
一、皇室・公家・将軍家その他について、敬称の使い分け(例えば、薨・卒・死など)はしなかった。
一、徳川家歴代中、広忠以前は松平姓で示した。
一、将軍の事歴は、それぞれの実紀全篇にわたるので、本索引では、誕生・将軍宣下・婚儀・歿・葬儀・法要などの個人的閲歴に止めた。正室・側室・子女は、検索の便を考慮して、それぞれの将軍の項にまとめて排列し、見よ項目、あるいは篇数・頁数を示した。但し、将軍の家族については、本来掲載すべき箇所のほかに、側室は本文掲載の篇数・頁数の順に、子女は生年順にそれぞれ排列した。
一、三家・三卿は、実紀本文中では徳川姓、あるいは屋形号で記されているが、各家の系列を明確にし、一方、徳川の項に集中・錯綜するのをふせぐため、すべて尾張・紀伊・水戸、田安・一橋・清水の称を用いて示した。
一、松平姓のうち、奥平(中津)・戸田(大垣)・依田は、その苗字で示した。保科正之は保科で示し、そのあとの会津松平家は松平の項に排列した。
一、松平の家号を与えられた諸家は、実紀本文中に松平なにがしと記述されているが、利用の便をはかって、もとの苗字で示した。次に、松平の家号を与えられた家の苗字の一覧表を掲げる。

浅野(安芸広島)	池田(備前岡山)
浅野(安芸広島新田)	池田(因幡鳥取)

池田　堀
池田（播磨山崎）　本庄（丹後宮津）
黒田（筑前福岡）　前田（加賀金沢）
榊原（越後高田）　前田（越中富山）
島津（薩摩鹿児島）　前田（加賀大聖寺）
菅沼　毛利（長門萩）
伊達（陸奥仙台）　柳沢（大和郡山）
戸田（信濃松本）　柳沢（越後黒川）
鍋島（肥前佐賀）　柳沢（越後三日市）
蜂須賀（阿波徳島）　山内（土佐高知）

一、書籍・絵画・法令などの通称は『　』でくくった。

本書は昭和四十六年・四十七年度文部省科学研究費補助金（研究成果刊行費）の交付を得て刊行したものである。

目次

あ

あ　一
安　一
足　二
阿　二
按　五
会　五
合　五
相　五
秋　五
愛　五
饗　五
青　五
赤　九
明　一〇
県　一〇
秋　一〇
芥　一三
朱　一三
明　一三
浅　一三
朝　一五
足　一七
芦　一七
味　一七
飛　一七
麻　一八
新　一八
渥　一八
跡　一八
穴　一八
姉　一八
油　一九
天　一九
甘　二〇
尼　二〇
網　二〇
雨　二一
綾　二一
新　二一
荒　二一
嵐　二三
有　二三
淡　二四
粟　二四
安　二四

い

い　二六
一　二六
五　二六
井　二六
以　三一
生　三一
伊　三三
位　三七
威　三七
唯　三七
惟　三七
猪　三七
揖　三七
懿　三八
飯　三八
家　三九
庵　三九
生　三九
池　三九
諫　四四
石　四四
出　五一
泉　五一
和　五一
磯　五一
板　五一
一　五四
市　五五
一　五六
五　五七
斎　五七
出　五七
糸　五七
到　五七
稲　五七
犬　六一
芝　六一
井　六一
稲　六四
猪　六五
茨　六五

今 六五
妹 六七
入 六七
石 六七
岩 六七
祝 六九
尹 六九
印 六九
因 六九
胤 六九
隠 六九

う

う 七〇
外 七〇
右 七〇
宇 七〇
鵜 七〇
上 七一
植 七三
魚 七四
浮 七四
牛 七四
氏 七四
臼 七四
堆 七四
内 七四
打 七六
海 七六
馬 七六
梅 七六
浦 七六
裏 七六
漆 七六
海 七六
雲 七六

え

会 七七
江 七七
海 七八
絵 七八
永 七八
英 七八
栄 七八
影 七八
瑩 七八
益 七八
悦 七八
榎 七八
円 七八
延 七九
遠 七九
縁 七九
臙 七九

お

小 八〇
多 九〇
尾 九〇
男 九四
越 九四
隠 九四
織 九四
負 九六
笈 九六
大 九六
太 一一四
正 一一六
央 一一七
近 一一七
応 一一七
黄 一一七
多 一一七
岡 一一七
荻 一二三
興 一二三
奥 一二三
長 一二四
押 一二五
愛 一二五
落 一二六
乙 一二六
帯 一二六
折 一二六
恩 一二六
温 一二六

か

か 一二六
上 一二六
川 一二六
加 一二六
可 一三一
甲 一三一
河 一三二
花 一三二
珂 一三二
狩 一三二
華 一三三
勘 一三三
賀 一三三
葛 一三三
遐 一三三
快 一三三
戒 一三三
貝 一三三
恢 一三三

皆　一三三
海　一三三
晦　一三三
各　一三三
垣　一三三
柿　一三三
郭　一三三
覚　一三三
廓　一三四
学　一三四
掛　一三四
蔭　一三四
筧　一三四
笠　一三五
風　一三五
柏　一三五
樫　一三五
梶　一三五
春　一三六
粕　一三六
糟　一三六
数　一三六
風　一三六
片　一三六
交　一三七
活　一三七
勝　一三七
桂　一三八
葛　一三八
角　一三八
金　一三八
蟹　一三九
印　一三九
金　一三九
兼　一四〇
樺　一四一
蒲　一四一
鎌　一四一
上　一四一
神　一四一
亀　一四一
鴨　一四二
蒲　一四二
唐　一四二
烏　一四三
苅　一四三
川　一四三
皮　一四五
河　一四五
瓦　一四六
上　一四六
甘　一四六
咸　一四六
看　一四六
神　一四六
勘　一四七
寒　一四七
閑　一四七
感　一四八
寛　一四八
還　一四八
勧　一四八
歓　一四八
鑑　一四八
観　一四八
巌　一四八

き

き　一四九
木　一四九
吉　一五三
紀　一五三
城　一五五
喜　一五五
貴　一五六
輝　一五六
徽　一五六
宜　一五六
義　一五六
儀　一五六
菊　一五六
岸　一五六
北　一五六
吉　一五七
衣　一五七
樹　一五七
久　一五七
及　一五七
旧　一五七
休　一五七
急　一五七
清　一五七
京　一五七
供　一五九
恭　一五九
教　一五九
鏡　一五九
刑　一五九
尭　一五九
玉　一六〇
桐　一六〇
欣　一六〇
金　一六〇
崟　一六〇
銀　一六〇

く

九　一六〇

久　一六二
具　一六四
宮　一六四
福　一六四
空　一六四
日　一六四
櫛　一六五
楠　一六五
葛　一六五
楠　一六五
朽　一六五
国　一六六
首　一六六
窪　一六六
熊　一六六
条　一六七
倉　一六七
栗　一六七
車　一六八
紅　一六八
畔　一六八
黒　一六八
桑　一七〇

け

け　一七一
毛　一七一
外　一七一
華　一七一
圭　一七一
冏　一七一
邢　一七一
計　一七一
恵　一七一
桂　一七一
啓　一七二
竟　一七二
恵　一七二
敬　一七二
経　一七二
慶　一七二
慧　一七二
瓊　一七二
馨　一七二
月　一七二
見　一七二
兼　一七二
憲　一七二
賢　一七二
顕　一七二
元　一七三
玄　一七三
原　一七三
源　一七三
厳　一七三

こ

こ　一七三
小　一七三
久　一八〇
木　一八〇
古　一八〇
巨　一八〇
児　一八〇
虎　一八〇
胡　一八〇
高　一八〇
湖　一八〇
五　一八〇
呉　一八一
後　一八一
上　一八二
公　一八二
広　一八三
甲　一八三
光　一八三
江　一八四
行　一八四
孝　一八四
幸　一八四
河　一八四
洪　一八六
香　一八六
紅　一八六
晃　一八六
高　一八六
康　一八六
興　一八七
鴻　一八七
豪　一八七
郷　一八七
郡　一八七
国　一八七
粉　一八七
近　一八七
狛　一八七
駒　一八七
米　一八八
惟　一八八
今　一八八
金　一八八
近　一八八
権　一九〇

さ

さ　一九一
左　一九一
佐　一九一

相　一九六
座　一九六
三　一九七
才　一九八
西　一九八
彩　一九八
最　一九八
蔡　一九八
斎　一九八
在　二〇〇
坂　二〇〇
酒　二〇三
逆　二〇九
境　二〇九
栄　二〇九
榊　二〇九
向　二一二
崎　二一二

真　二一二
鷺　二一二
桜　二一二
鮭　二一三
笹　二一三
雀　二一三
篠　二一三
楽　二一四
指　二一四
定　二一四
幸　二一四
佐　二一四
察　二一四
里　二一四
真　二一五
沢　二一六
三　二一六
算　二一六

し

シ　二一七
し　二一七
止　二一七
四　二一七
至　二一七
志　二一七
信　二一七
清　二一七
設　二一八
次　二一九
自　二一九
持　二一九
慈　二一九
椎　二一九
塩　二一九
潮　二一九

鹿　二一九
識　二一九
重　二一九
滋　二一九
宍　二一九
鹿　二二〇
鎮　二二〇
七　二二〇
安　二二〇
日　二二〇
実　二二〇
品　二二一
篠　二二一
柴　二二一
芝　二二二
渋　二二三
島　二二三
下　二二七

舎　二二七
謝　二二七
綽　二二七
寂　二二七
守　二二七
朱　二二八
珠　二二八
寿　二二八
樹　二二八
充　二二八
秀　二二八
周　二二八
秋　二二八
十　二二八
重　二二八
宿　二二八
俊　二二八
春　二二八

浚　二二八
舜　二二八
淳　二二九
順　二二九
遵　二二九
如　二二九
正　二二九
庄　二二九
尚　二二九
承　二二九
昌　二二九
松　二二九
昭　二二九
紹　二二九
象　二二九
勝　二二九
照　二三〇
証　二三〇

丈　二三〇
乗　二三〇
城　二三〇
常　二三〇
浄　二三〇
白　二三一
心　二三一
申　二三一
信　二三一
真　二三一
神　二三一
深　二三一
進　二三三
新　二三三
諶　二三四
任　二三四
甚　二三四
陣　二三四
神　二三四

す

す　二三五
角　二三五
首　二三五
素　二三五
須　二三五
数　二三五
諏　二三六
図　二三七
水　二三七
出　二三七
瑞　二三七
随　二三七
崇　二三八
末　二三八
菅　二三八
杉　二四〇
勝　二四三
助　二四三
佐　二四三
菅　二四三
鈴　二四三
薄　二四五
住　二四六
角　二四六

せ

せ　二四六
世　二四六
妹　二四六
施　二四六
瀬　二四六
正　二四七
生　二四七
西　二四七
成　二四七
性　二四七
斉　二四七
政　二四七
青　二四七
済　二四七
清　二四七
盛　二四八
棲　二四八
聖　二四八
靖　二四八
精　二四八
誠　二四八
碩　二四八
関　二四八
浙　二五〇
雪　二五〇
摂　二五〇
芹　二五〇
千　二五〇
仙　二五〇
宣　二五一
泉　二五三
専　二五三
詮　二五三
璿　二五三
全　二五三
前　二五三
善　二五三

そ

そ　二五三
祖　二五三
曾　二五三
佐　二五四
宗　二五四
相　二五五
崇　二五五
琮　二五五
霜　二五六
惣　二五六
添　二五六
袖　二五六
外　二五六
園　二五六
染　二五六
存　二五六
孫　二五六
尊　二五六

た

た　二五七
田　二五七

多　二六二
伊　二六三
体　二六六
泰　二六六
大　二六六
台　二六六
醍　二六六
孝　二六六
高　二六六
鷹　二七二
滝　二七二
宅　二七三
卓　二七三
暲　二七三
沢　二七三
竹　二七三
武　二七六
建　二七七

立　二七八
館　二七九
橘　二七九
達　二七九
蛻　二七九
立　二七九
楯　二七九
谷　二七九
玉　二八〇
為　二八〇
垂　二八〇
樽　二八〇
丹　二八〇
旦　二八〇
単　二八〇
湛　二八〇
諶　二八〇
弾　二八〇

檀　二八〇

ち

ち　二八一
千　二八一
知　二八一
智　二八一
近　二八一
力　二八一
竹　二八一
竺　二八一
秩　二八一
茶　二八一
中　二八二
冲　二八二
忠　二八二
丁　二八二
長　二八二

朝　二八三
超　二八三
趙　二八三
澄　二八三
潮　二八三
寵　二八三
沈　二八三
珍　二八三
陳　二八三

つ

つ　二八三
津　二八三
柘　二八五
都　二八五
通　二八六
塚　二八六
筑　二八六

佃　二八六
辻　二八六
蔦　二八七
土　二八七
筒　二八九
堤　二九〇
恒　二九〇
常　二九〇
椿　二九〇
坪　二九〇
壺　二九〇
妻　二九一
鶴　二九一

て

出　二九一
定　二九一
貞　二九一

程　二九二
楨　二九二
鄭　二九二
諦　二九二
鉄　二九二
寺　二九二
天　二九二
典　二九四
転　二九四
伝　二九四

と

と　二九四
十　二九四
土　二九四
戸　二九六
外　三〇二
百　三〇二

鳥 三〇二
登 三〇二
富 三〇二
豊 三〇二
土 三〇三
冬 三〇五
東 三〇五
桃 三〇五
等 三〇五
統 三〇五
遠 三〇五
藤 三〇七
騰 三〇九
道 三〇九
常 三〇九
禿 三〇九
徳 三〇九
所 三一八

富 三一八
福 三一九
友 三一九
伴 三一九
豊 三一九
鳥 三二〇
呑 三二二
頓 三二二
曇 三二二

な

な 三二二
名 三二二
那 三二二
奈 三二二
長 三二三
内 三二三
苗 三二八

直 三二八
猶 三二八
中 三二八
永 三三六
長 三四〇
半 三四一
汀 三四二
梨 三四二
夏 三四二
鍋 三四二
鱠 三四四
波 三四四
並 三四四
楢 三四四
成 三四四
南 三四五
難 三四七

に

二 三四七
仁 三四八
丹 三四八
日 三四九
新 三四九
贊 三四九
西 三四九
錦 三五一
入 三五一
仁 三五二
新 三五二
蜷 三五二
二 三五二
庭 三五二
仁 三五二
忍 三五二

ぬ

布 三五二
沼 三五二

ね

根 三五三
禰 三五三
念 三五三

の

野 三五四
能 三五五
荏 三五七

は

は 三五七
八 三五七

土 三五七
羽 三五七
波 三五七
長 三五七
芳 三五九
葉 三五九
馬 三五九
梅 三六〇
萩 三六〇
白 三六〇
伯 三六〇
初 三六〇
橋 三六一
畑 三六一
秦 三六一
畠 三六一
幡 三六一
畠 三六一

八　三六二
蜂　三六二
初　三六四
服　三六四
花　三六五
塙　三六六
埴　三六六
羽　三六六
浜　三六七
早　三六七
速　三六七
林　三六七
原　三七〇
孕　三七一
播　三七一
春　三七一
半　三七一
判　三七一
伴　三七一
塙　三七一
幡　三七二

ひ

ひ　三七二
日　三七二
比　三七三
肥　三七三
樋　三七三
檜　三七四
尾　三七四
東　三七四
疋　三七四
匹　三七四
彦　三七四
久　三七五
土　三七五
人　三七六
仁　三七七
一　三七七
馮　三七八
平　三七八
裕　三八一
広　三八一

ふ

ふ　三八二
布　三八二
富　三八二
普　三八二
深　三八三
福　三八四
伏　三八五
藤　三八六
伏　三八七
船　三八七
冬　三八八
古　三八八
文　三八八

へ

へ　三八九
平　三八九
別　三八九
辺　三八九
弁　三九〇

ほ

ほ　三九〇
保　三九〇
穂　三九一
北　三九一
芳　三九二
邦　三九二
宝　三九二
法　三九三
峯　三九三
逢　三九三
彭　三九三
蓬　三九三
房　三九三
傍　三九三
棒　三九三
朴　三九三
星　三九三
細　三九三
北　三九七
堀　三九七
北　四〇三
本　四〇三
梵　四一四

ま

ま　四一五
万　四一五
曲　四一五
真　四一五
馬　四一五
間　四一五
蒔　四一六
前　四一七
曲　四二一
牧　四二三
槇　四二六
幕　四二六
正　四二六
柾　四二七
政　四二七
増　四二七

升 四六七
長 四六七
益 四六七
増 四六七
又 四六八
町 四六八
松 四六八
間 四六九
豆 四六九
丸 四六九
万 四七〇
満 四七〇

み

み 四七一
三 四七一
壬 四七五
水 四七五
見 四七七
美 四七七
神 四七八
御 四七八
水 四七八
溝 四八五
道 四八六
三 四八六
密 四八七
満 四八七
皆 四八七
湊 四八七
南 四八七
源 四八七
峯 四八八
箕 四八八
蓑 四八八
宮 四八八
都 四九〇
妙 四九〇
民 四九〇

む

む 四九〇
牟 四九〇
武 四九〇
向 四九〇
椋 四九一
向 四九一
村 四九一
紫 四九三
室 四九三

め

目 四九四
米 四九四
明 四九四

も

毛 四九五
百 四九五
茂 四九五
最 四九五
毛 四九五
木 四九七
持 四九七
望 四九七
本 四九七
桃 四九七
守 四九八
森 四九八
諸 五〇一
文 五〇一
門 五〇一

や

や 五〇二
八 五〇二
矢 五〇二
谷 五〇三
弥 五〇三
屋 五〇三
耶 五〇三
柳 五〇三
薬 五〇四
安 五〇四
保 五〇五
慶 五〇五
柳 五〇五
梁 五〇五
簗 五〇五
柳 五〇五
藪 五〇七
大 五〇七
山 五〇七
鎗 五一八
鑓 五一八

ゆ

弓 五一九
由 五一九
油 五一九
湯 五一九
遊 五一九
有 五一九
宥 五一九
祐 五一九
結 五一九
遊 五二〇
弓 五二〇

徳川実紀索引

人名篇

本書は、本篇の上巻〈あ～そ〉（一九七二年刊）、下巻〈た～わ〉（一九七三年刊）を
合本し、新たに「合本新装版」として刊行するものである。

あ

あい(大奥女中) 〔三〕593
あぜちの局(按察使局) 〔二〕505 〔三〕232 522 595 〔四〕538
あらき(荒木、大奥女中) 〔三〕354
あんたうによ 〔二〕436
あんたうにん(安当仁)あほんそ 〔一〕436
あんたうにん(安当仁)がらせす 〔一〕395 416 443 477
安威摂津守 〔一〕548
安食忠宜 ㊀199
安中卜庵 ↓アンナカ
安野検校 〔三〕413
安倍重朝 ↓阿倍重朝
　順貞 法印〔三〕253。勘気籠居・赦免〔三〕551／〔三〕247 286 357 381 392 425 449 588 〔四〕85 174〜176 201 347 348
　信盛 ↓安部信盛
　信直 ↓安部信直
　瑞屯(長徳院) 〔五〕389 489 503
　正製 ㊀360
安部一信 甲府御使〔八〕36 〔九〕43。船手管掌〔九〕22／〔九〕21 78 99 100 126 348 531 〔十〕255
　一倍 〔七〕402

安部吉信 〔九〕725 731
　次郎兵衛 ㊁242
　重年 〔五〕301 605
　信一 ㊀108
　信允 致仕伝〔十〕703／〔九〕516 520 〔十〕364 372 675
　信盈 〔十〕397 419 540 690
　信義 ↓安部信秀
　信賢 卒伝〔八〕300／〔六〕291 626 〔七〕85 111。家士〔七〕112
　信亨 致仕伝㊀582／〔十〕481 728 ㊀280 544
　信孝(安倍) 〔三〕282
　信厚 分封〔五〕283 284／〔四〕510 〔六〕194 〔八〕312
　信之(丹波守) 奏者番〔四〕370。駿府加番〔四〕545 583。大坂定番〔五〕22 28。致仕伝〔五〕283／〔四〕607 〔五〕261 265
　信之(式部) 〔八〕334 〔九〕82 645
　信旨(式部) 東海道筋大坂震災検分〔六〕672 675／〔六〕148 461 477 〔八〕140 312 334
　信旨(主膳) ㊀507 562
　信秀(信義) 〔四〕165 413 625
　信重 〔八〕229
　信岑 〔六〕620
　信成(阿部) 近習〔三〕174。勘気赦免〔三〕618。中奥伺候〔四〕181。小姓〔四〕185。尚膳・

安部
御櫛役〔四〕395／〔三〕364 574 612 〔四〕201 241 371 399 406 409 419 422 446 466 471 476 486 〔六〕148
　信政 〔八〕812
　信盛 二条城警衛〔一〕387。書院番〔一〕400。歩行頭〔一〕705 〔二〕114。書院小姓組頭〔二〕12。書院番組頭〔二〕114。二条在番〔二〕679。大坂加番〔三〕111。大坂定番〔三〕624 629。転封〔四〕411。致仕伝〔四〕413／〔一〕705 〔二〕96 163 190 537 609 〔三〕33 427 428 523 524 〔四〕52 159 165
　信操 卒伝㊁127／㊀579
　信直 〔四〕165 413
　信東(阿部) 〔八〕505
　信任 卒伝㊁188
　信伴 〔十〕613
　信富(平吉・信濃守) 〔十〕705 ㊀698
　信平 卒伝〔九〕516／〔八〕300 580 662 〔九〕453
　信徧 ㊀562
　信方 〔五〕369 〔六〕682
　信宝(虎之助) ㊁227 251 528 646
　信峯 卒伝〔六〕626／〔五〕178 〔六〕431 442 447
　信満 〔九〕645 ㊀418
　信門 ㊀168
　信友 大坂加番〔五〕337 362。大坂定番〔五〕583 585。卒伝〔六〕442／〔三〕626 〔五〕265 271 283 435 〔六〕431

安部信由　[九]89
　瑞屯　↓安倍瑞屯
　正成（阿部・阿倍）　三崎関船番[二]554[三]415。三浦走水巡視[三]431／[二]356 615[三]292 304 324 326 524[四]269[五]47
　摂津守　㊁430
　主税　[四]602
　貞信　[二]687
　平吉　㊁91
　安三郎　㊁145
　友意　[六]27
安毛高政　[二]459
足立左内　㊁114 470 477
阿久津弥左衛門（阿久沢カ）　㊀431
阿茶局（神尾氏、家康側室）　↓雲光院
阿野（家）　[五]231 232
　公業　[三]400 599 600[四]350 459 461
　実顕　[二]124 330 376 492 513 658[三]91 184 262 267
　実紐　[九]755
　通宗　[四]443
　仁十郎　㊁59
　良以（通宗）　[四]443
阿倍次紀（阿部）　[七]81 118[八]433
　重旧　庄内目付[五]451 471

阿倍重次（甚五左衛門）　[二]363[三]242 465
　重信　[二]538 616[三]44 323 362 630
　重真　足軽大将[二]12／[一]406[二]242 519
　重宣　[五]482
　重朝（安倍・阿部）　[三]149 613[四]200
　甚五左衛門（阿部）　[六]105
　正寛（阿部正覚）　[九]599
　正義（安部）　御膳番[三]167。中奥伺候[四]181。小十人頭[四]396／[三]261 612[四]405 446 452
　正矩（阿部）　[九]599
　正継　↓阿倍政継
　正顕　[八]854
　正之　目付[一]641。肥後目付[二]5 87 153。弓頭[二]100。越後巡使[二]103[三]310 312。川中島巡使[二]106。神田台普請奉行[二]112。米子城請取[二]134。越後本庄城引渡[二]149。加藤忠広家士争論の聴断[二]153。江戸道路・水道[二]159。椎葉山一揆[二]173 174 176。神田川開鑿奉行[二]200。下総小金開拓[二]282 510。越前大野・勝山検使[二]304 325 329。江戸宅地査検[二]342。小田原城巡視357[二]。池田忠雄と確執[二]494。島原検使[三]99。百人組頭[三]431。弓箭古式撰著

阿倍
[三]744／[一]512 569 570 705 717 720 735 736[二]111 165 190 205 227 250 285 432 447 448 512 538 616 637 668[三]232 323 382 487 495 505 524 608 611 613 623 628 635 640 665 672[四]35
　正重　↓阿倍政重
　正朝　↓大久保正朝
　政継（正継）　江戸城二丸鳥銃場設置奉行[四]115。金改鋳奉行[四]259 264 338／[二]432 448 637[三]655[四]373
　政恒　[八]543
　政重（正重）　近畿河川巡視堤防修築奉行[四]533 556 580 606。信濃堤防修築[四]592。大坂目付[五]48 55 71。芝金杉新堀船入堀疏鑿奉行[五]204 252／[四]373 419 437 443[五]74 407
　政成（阿部、四郎五郎）　㊁582
　政澄（三五郎）　[八]846
　忠政（阿部）　卒伝[一]436
　忠宣　[一]436
　長蔵　[五]518
　定吉　[一]21〜23[二]441
　定次（忠次）　[一]23
　弥七　[一]21 22 25 139
阿部伊勢守　↓阿部正弘（伊勢守）

阿部右京 〔一〕450
隠岐守 ㊁4
河内守 〔二〕247
勘左衛門(阿部正盈カ) ㊁335
玖次郎 ㊀740
金蔵 ㊁286
四郎五郎 ㊁346
重吉 卒伝〔一〕540
重次(三浦重次、作十郎・山城守・対馬守) 小姓組番頭〔二〕239。昵近兼小姓組番頭〔二〕576。徳川忠長自殺〔二〕611 614〔四〕247。若年寄〔二〕625 693〔三〕116 462。加封〔二〕687〔三〕491。日光山〔三〕7 8 12 33 45 177 235 238 240 261 263 266 331 518 529 589 590 607 608 638。家光茶事〔三〕88 107 109 112 136 205。老中〔三〕116。蘭人石火矢試技〔三〕137。阿媽港船渡海禁止〔三〕143 192。奥の厨で万事を沙汰〔三〕150 326。家光の左右に侍す〔三〕244。諸番士家督制〔三〕294。三河大樹寺東照宮修築〔三〕372。久能山東照宮引移〔三〕453。鄭芝竜乞師を議す〔三〕458。家襲〔三〕557。寛永寺東照宮造替〔三〕637 643 646 655 687 690。家光に殉死〔三〕693 694〔五〕347。卒伝〔四〕23／〔二〕96 203 593 595〔三〕138 147 175 225

阿部
226 229 292 383 392 418 444 473 493 519 628 707 711
重次(新右衛門) 〔一〕540〔二〕445
重勝 〔三〕537 636〔四〕142 167
重正 〔四〕167
小左衛門 〔六〕114
勝成 〔二〕419
信寅(阿部正朗カ、越前守) ㊀670 678
遂庸 ㊀129
遂良 〔九〕746
正允 大坂城代〔十〕103。京都所司代〔十〕156。老中〔十〕311 599 600。卒伝〔十〕645 648／〔十〕644
正員 分封〔五〕263 264／〔六〕699〔七〕14〔八〕483
正盈(勘左衛門) ㊀323 ㊁215
正賀 卒伝〔十〕648／〔十〕102 153 241
正外(長吉郎) ㊁683
正覚 ↓阿倍正寛
正簡(正常) 卒伝㊁124／㊀197
正吉 〔四〕542 556
正久 〔四〕542
正喬 綱重廟修築助役〔六〕579 600。老中〔七〕156〔八〕87。金銀銭鋳造〔七〕393 467。馬献上〔八〕40 214。致仕伝〔九〕466／〔五〕391〔六〕384 552 648〔七〕178 226 227 296 387 399 400 441 444 451 455〔八〕3 21 23 88 636〔九〕55 144 161 193 197 319

阿部正権(鉄丸) 東海道河川普請助役㊀768 779／㊁86
正元 〔十〕224
正固(正方、豊後守) 〔九〕690〔十〕29
正弘(大膳・刑部左衛門・数馬) 〔四〕542 556〔六〕144 555
正弘(伊勢守) 寺社奉行㊁46。老中㊁506。帝鑑間詰㊁542。海防掛㊁544 602。恩貸金㊁601。大砲新鋳㊁691／㊁352 393 465 520 522 532 539 541 595 614 632 668 690 695 700
正嵩 致仕伝㊁270／㊁124
正興(出雲守) 〔八〕300 436 598
正興(増五郎・山城守・因幡守) 卒伝〔十〕153／〔九〕501 556 561
正氏 〔十〕204 229
正次 大番頭〔一〕559。転封〔二〕142 179 311。大坂城代〔二〕362 364。大坂加番、交代日混乱を上申〔二〕655。島原乱〔三〕74。軍役〔三〕101。卒伝〔三〕557／〔一〕409 524 548 704 726 741 756 757〔二〕33 39 40 79 84 121 159 217 249 257 292 300 332 427 428 430〔三〕364 367 371〜373 503 506 507 747
正識 致仕伝㊀309／〔十〕699
正室 〔二〕512
正実 致仕伝㊀201／〔十〕626 645 655

阿部正秋　[七]75 [八]114
　正春（三浦）　奥小姓直盧伺候[三]657。分封[四]23。襲家[四]305。大多喜築城[五]118 136 270。雁間詰[五]120。大坂加番[五]187。刈屋転封[六]484。致仕伝[七]27／[四]13 73 212 251 265 329 350 370 384 410 417 420 449 458 464 513 519 524 [五]63 65 80
　正章　[十]285 686 ㊀560
　正勝（徳千代・伊予守）　[一]25
　正勝（茂右衛門）　[二]94
　正詔　[十]90 285
　正乗　[七]446
　正常　↓阿部正簡
　正身（駿河守）　㊁532
　正信（大学）　㊁64 82
　正親　[九]603 [十]66
　正成　↓安部正成
　正晴　[八]543 [九]467
　正精（運之助・主計頭・備中守）　寺社奉行㊀609。老中㊀791 ㊁90 95／㊀46 765 ㊁7 50
　正蔵（兵庫・主殿）　㊁96 221
　正泰　[十]229
　正儔　[八]598 [九]455
阿部正長　[九]557 603
　正澄　（善九郎・修理亮）↓阿部政澄
　正直　[七]446 [八]361 540 556
　正陳　[十]303
　正鎮　卒伝[九]556／[六]646 [七]27 104 139 375 [八]146
　正定（誠一郎）　㊁602
　正篤（房丸・飛驒守）　致仕伝㊁253／㊁94
　正寧（伊予守）　㊁273
　正能（忠能）　大坂加番[三]643 [四]27 29。分封[四]23。阿部忠秋養子[四]54。雁間詰[五]105。老中[五]172 185 246。伊香保浴湯[五]223 237 238。致仕伝[五]263／[三]639 [四]47 55 96 210 424 436 448 [五]71 102 207 209 210 217 544
　正備（能登守）　㊁393 531 604
　正敏　大坂城代[十]750。卒伝㊀33／[九]129 445 488 [十]475 495 645 700 751
　正府　[八]176 348 436 [九]497
　正溥（靭負）　㊁356 566
　正武　雁間詰[五]265。老中[五]406 409。加封[五]566 [六]196。『武家諸法度』惣督[五]492。『三河記』校正惣裁[五]499 500 506。『武徳大成記』校正惣裁[五]585 [六]737。畿内巡察[六]101。金銀改鋳惣督[六]238 353。卒伝[六]552／[四]250 444 [五]263 264 270 277 320 338
阿部
　正福　大坂城代[九]194 356 359 372 444。卒伝[九]474／[七]332 420 [八]118 431 [九]50 356 400 408 419 447 520 539 [六]1 113 182 400 520 540 545 547 548
　正甫　[八]556 658 860 [九]385 579 627
　正保　[十]66 ㊀179
　正方（七三郎）　↓阿部正明
　正方（豊後守）　↓阿部正固
　正邦　雁間詰[五]120。大坂加番[五]218。転封[五]401 [六]284 [七]118。卒伝[七]420／[五]51 118 145 186 201 202 258 335 405 469 470 500 [六]285 305 396 644 677 696
　正房　[五]147 263 264 [六]635 [八]277 291
　正明　（正方、七三郎）　[五]147 263 264 450 [六]6 [八]176
　正右　京都所司代[十]28。老中[十]153 168 205。卒伝[十]309 311／[八]789 [九]356 474 517 600 601 683 [十]7 13 15。
　正由　京都所司代㊀587／㊀219 505 530 588 612 614
　正容　[七]420 [九]579 [十]439
　正暸（益之助・能登守）　㊁252 265 358
　正倫　老中㊀24 61 62。致仕伝㊀520／[十]258 384 397 624 ㊀108
　正令（政令）　[三]101 261 286 558 590 591

阿部正朗（越前守）　[十]224 ㊀165　↓阿部信寅
　正和（長門守）　㊁124
　政成（四郎五郎）　↓阿倍政成
　政澄（正澄、善九郎・修理亮）　卒伝[二]440 ／[三]33 77
　政令　↓阿部正令
　善八　[三]217
　宗重　[一]451 [三]419
　大学　㊁506
　忠吉　大番頭・伏見城在番[二]143。大坂城定番[二]303。卒伝[二]313 ／[三]11 14 26 163 217
　忠次　↓阿倍定次
　忠秋　加封[二]311 359 471 683 [三]125 491 [四]448。万石に列す[二]359。近習小姓頭[二]401 471。若年寄職掌[二]593 625。安宅丸指揮[二]681。老中[二]692 693。評定所制[二]696。江戸城修築[三]3 4 31 60 324 495 497。風流興行[三]54 65 76。大番頭・交代寄合支配[三]116。転封[三]125。鎖国[三]143 192。奥の厨で万事を沙汰[三]150。法令の事[三]224。家光の左右に侍す[三]244。各邑賑救の事を論ず[三]292。諸番士家督制[三]294。鄭芝竜乞師[三]458 459。江戸城二丸図面進覧[三]636。家綱附

阿部
[三]658 732 [五]339 341 342。西丸法度[三]658 660。家光を金蔵に案内[三]707。家光安宅丸臨閲を指揮[三]713。諸老臣と協和[四]2。大奥を巡察[四]10。浪人問題を議す[四]35。養子正能封地返納[四]56。紅葉山修築奉行[四]79 80 93 105 124 126 [五]81。評定所初出座[四]227。領知判物朱印[四]504。江戸城火災・大奥を守る[五]4。致仕伝[五]102。卒[五]211。遺事[三]224 244 292 444 462 707 709 740 [四]210 493 532 565 585 625 [五]103 172 178 345 346 ／[二]596 613 685 [三]59 92 99 135 147 189 190 225 226 229 281 321 354 362 372 374 394 399 442 448 453 519 521 525 623 638 639 696 [四]77 154 160 164 192 219 229 248 299 344 399 550 562 575 596 623 630
　忠政　↓阿倍忠政
　忠宣　↓阿倍忠宣
　忠能　↓阿部正能
　定高　卒伝[四]305 ／[四]13 23 32 38 64 127 213 229 238
　貞勝　[九]101 130
　貞之丞　㊁346
　友之進　[九]291
　兵庫　㊁4
　孫四郎　㊁595

阿部孫次郎　[一]19
　弥大夫　㊀582 ㊁4
阿波伊兵衛　[二]29
按察使局　↓あぜちの局
会田勝七　[一]426
　資勝　[一]508
　資信　[二]578
合沢主税　[一]86
相川源次兵衛　㊀208
相場忠順　㊀457
相原常郷　[七]202
秋鹿朝正　[二]640
　直朝　[一]493
愛染院長算　[二]241
愛知慶信　[六]82
愛の方（西郷の局、秀忠生母）　↓宝台院
饗庭局（内藤新十郎母）　[一]755 [二]39
　備後守　[一]548
饗場勝七　[一]485
　民部　[一]479
青岡弥右衛門　[九]188
青木安清　美濃郡代[九]394。美濃郡上騒動[九]719 ／[九]398 644 713
　安長　[八]184

青木安貞（亀之助）　㊀76 378
市太郎　㊁676
一貫　卒伝[十]808／[十]327 341 386 745
一矩　[一]232
一興（源次郎・美濃守）　卒伝㊁633／㊁592
一之　[一]760
一重　時服献上[一]457。本領安堵[二]65。致仕伝[二]183。御談伴[二]282／[一]14 548 638 733
747 [二]2 7 8 11 375 386
一新　致仕伝[十]339／[九]623 660
一貞　致仕伝㊁61
一典　卒伝[八]718／[七]110 334
一都　卒伝[九]570／[八]718 847
釆女　㊁219 352
可一　[三]361
可直　[一]747 [二]225
該頼　㊀177
紀明　㊀68 76 378
義英　㊀412
義継（茂継）　駿府目付[四]28 36。京都御使[四]80 81。大坂目付[四]99 115。禁裏附[四]129 136 [五]84。天主教考察[五]93 94 130／[三]273 531 565 [四]16 37 54 56 64 71 120 234 [五]233 387 433 438 502

青木義見　[四]314 [五]502
義之　[二]628
義処（新五兵衛）　㊁625
義勝　[一]421
義精　[二]440
義知　[十]565
義彬　[十]759
義武　駿府目付[五]607 619／[四]482 [七]413 [八]151 319
義茂（長九郎・彦兵衛）　[四]331 [八]546
吉永　[二]448
九十郎　㊁219
熊次郎　㊁395
見典　卒伝[九]623／[九]510 514
兼明　[六]125 140
兼隆　[十]635
玄可　[二]501
源八郎　㊁24
幸遐　[八]642
高明　[一]705
高頼　[一]126 [二]14 368
昆陽　↓青木敦書
左近　㊀671
之貞　[二]668
之能　[二]600 [三]65 588

青木四郎左衛門　[二]31
七右衛門　[二]31
重矩　致仕伝[七]334／[五]213 [六]178
重兼　秀忠遺金下賜[二]536。参勤[二]565。仁和寺造営奉行[三]219 283 291 371 373。転封[四]411。致仕伝[五]147／[二]183 377 [三]2 62 283 [四]5 146 164 248 319 498
重成（重正）　駿府加番[五]219 246。卒伝[六]178／[四]54 [五]147 177 471
重直　卒伝[一]638
重龍（駿河守）　致仕伝㊁594
曙左衛門　㊁483
信安　[一]99 438
信孝　㊀491
信政　[三]243
信知（信智）　[八]444
信賁　㊀107
信峯　[六]635 [八]295 312
信祐　[九]487
新五兵衛　㊁487
新兵衛　[二]35
正重　[二]356 606
正宣　[一]705
正定　[二]14 [三]551

青木正利　↓増山正利
政之(正之)　[四]32 [六]5 205
宗岡　[三]513
太郎兵衛　[三]24
忠英　[六]451
忠義　[十]239
長貴　[九]703
肇　㊀319
直影(直景)　[二]626 [三]70 223
直正　[四]497 [五]264
直澄　二条城行幸御所修造奉行[二]329／[二]447 539 565 [四]630
直宥(忠宥・直容)　吉宗に詩歌を献ず[九]303／[六]375 381 [八]146 [九]218 438 575
直暘　[九]581
貞景　[一]21
貞景女(清康室・広忠生母)　㊀21
伝三郎　㊁442
当高　[九]581
敦書(文蔵・昆陽)　召出[八]821。古文書採訪[九]6 37 95 242。編著[九]257。甘藷[九]257 317。『甘藷考』進献[九]316／[九]241 432 630 759
豊勝　[二]668

青木利寛(新五兵衛)　㊁86 114
利長　[三]232 [四]1
力蔵　㊀588 ㊁47
六右衛門(六左衛門)　[八]9 238
和三郎　㊁47
青沼助十郎　㊁73
政安　[十]400
政武　[二]662
青野高豊　[十]615
佐左衛門　[三]570
正峯　田安家物頭[八]576。田安家目付役[八]576／[八]198 602
青柳英泰　[十]289
孝為　[七]57 437
信次　[三]377
青山市右衛門　㊁106
石見守　[一]705
斧太郎　㊁275
亀之丞　[五]250
喜右衛門　㊀731
宜長　↓青山宣長
義虎　[五]528
義信　[二]434
吉之助　㊁116

青山九八郎　㊁360
景忠　[八]179
五郎八　[二]79
広正　[九]82
幸殷(斧次郎)　㊀508
幸遐　[八]157 436
幸完　若年寄㊀64 159 164。西丸若年寄㊀541 611。卒伝㊀617／[十]492 ㊀481
幸敬(伊賀守)　㊁477
幸賢　㊀289
幸孝(大蔵少輔)　㊀235 617
幸高　↓青山幸隆
幸哉(大和守)　江戸城修築助役㊁387 413／㊁368 509 528
幸実　[四]64 195 330
幸秀　転封[七]146 [八]57。卒伝[九]102／[六]666 [七]129 157 384 449 [九]97 183
幸充　[十]49 776
幸正　↓青山幸方
幸成　勘当[一]111 121。配膳役[一]128 [三]309。分封[一]612。勘気[一]665 [三]10。書院・花畠・小十人三番の頭[三]66。小姓組附属[三]239。上方御使[三]341 437 439。老中[三]445 578。秀忠遺金下賜[三]537。甲

青山

斐御使[二]570 574。掛川城代[二]584。讃岐御使[三]199 238。参勤[三]209 286。近習[三]309。評定所出座[三]309。卒伝[三]309／[一]384 393 [二]33 83 96 107 128 289 312 332 362 399 403 447 558 563 613 620 626 638 639 659 [三]66 69 97 109 149 153 156 172 175 182 190 195 210 211 233 376

幸宣 ㊀508

幸詮（備前守） ㊁172

幸覃 紀伊御使[八]656 658／[八]436 [九]387 485

幸澄 [六]208 [八]166

幸通 分封[三]309。家綱傅役[三]587。紀伊御使[四]497 506／[三]657 [四]36 70 [五]250

幸道 転封[九]725。飛騨百姓一揆[十]427 455。卒伝[十]481／[八]769 [九]92 102 390 [十]248 384 388

幸督 雁間詰[五]525。失儀処罰[五]609。備後福山城御使[六]331 335 344。卒伝[七]129／[五]285 455 519 524 537 546 547 589 [六]622 682 [七]59

幸篤 [九]24

幸能 [八]340

幸方（幸正） 大坂定番引渡[四]414 419／[三]309 544 638 [五]330 559 581

幸豊 [六]396 [八]186 196

幸飽（主膳） ㊁250

幸房 [九]698

青山幸利

防火[三]332 354 361 394 437 518 724 [四]211 [五]4。奏者番[四]300 [五]27。宮津城御使[四]571 578。摂津御料検分[五]299。病気[四]327 [五]519。卒伝[五]524／[二]617 621 638 [三]309 316 422 436 438 602 612 645 666 671 673 [四]69 143 145 146 195 437 473 476 551 560 565 [五]68 277 278 442

幸隆（幸高） 家綱傅役[三]587。宇都宮城引渡[五]22 26。走水奉行[六]205／[三]309 656 [五]368 407 [六]252 445

幸亮 大坂城代引渡[九]95。籠居[九]616／[七]93 [九]765

幸礼（播磨守） 卒伝㊁368

権之助 [一]627

四郎兵衛 ㊁59

下野守実父 ㊀773

重勝 [三]42

重成 伏見城在番法度連署[一]490。目付[一]578。駿府御使[一]588／[一]455 486

重長 持筒頭[一]451 705 [二]14。使番[一]451 705／[一]423 [二]3 79 683 [三]24 87 89 125 129 136 159

俊延 [九]645 685

俊春（俊長） 卒伝[八]541／[七]396 [八]274 298 453

小兵衛 [二]79

正康（政康） 西国巡視[四]601 628 629／[五]152 167

青山

368 411 437 456

正俊 ↓青山忠貴

正長 卒伝[一]423

成允（七右衛門） ㊁395 502

成是 [一]486

成次 [二]10 71 81 575

成重 老中[一]474。勘気[一]636。卒伝[二]70／[一]474 580 595 602 611

成昌 ㊀736

成政（春山） [六]396 412

成存 鹿児島目付[九]656 673／[十]747 ㊀10 303

成展 [八]676 684

清長 [二]49

宣忠 ㊀633

宣長（宜長） 勘定吟味役[九]681／[九]631 669 686 694 709 713 721 743 750 765

宗佐 [二]574

宗俊（宗純） 初謁[二]142。書院番頭[三]118。小諸城主[三]517。家綱輔弼[三]517 702。大坂城代[四]417 432 [五]67 71 288。浜松城主[五]293 295 300。卒伝[五]308。遺事[五]309／[一]472 [二]212 256 579 621 638 [三]356 602 672 [四]69 153 154 194 211 355 392 395 403 433 442 [五]61 66 304

丹波守 ㊁183

青山忠貴(忠義・正俊、左衛門) 雁間詰[六]23／[五]17 [六]22
忠義(左衛門) →青山忠貴
忠義(主馬) [九]717 [十]459
忠高 致仕伝[十]666／[九]625 [十]48 84
忠講 卒伝[十]781／[十]636
忠重(忠直) 雁間詰[五]557。奥詰[六]180 739。転封[六]484。致仕伝[八]274／[四]442 [五]557 [七]70 [八]140 267
忠俊 百人組頭[一]99 [二]308 585。奏者番[一]399。書院番頭[一]399 704。家光傅役[一]451 [二]73 99 297 308 [三]699～702。大組[二]14。大坂夏陣[二]33～40 51。転封[二]200。勘当・伝[二]307／[一]120 523 548 573 612 726 [二]49 51 70 104 165 256 258 297～299 301 307 341 579
忠成 御家人知行割[一]190。勘気[一]363 403 [二]268。赦免[一]418。秀忠傅役[一]379。関東惣奉行[一]403。久能衆附属[一]612。卒伝[一]612／[一]79 81 84 104 110 112 120 126 400 401 511 548 [二]297
忠朝(忠明) 転封[九]467。大坂城代[九]721 728／[八]382 541 568 [九]422 497 512 514 515 575 576
忠敏(鐘之助) ㊁657
忠裕(下野守) 老中㊀528 ㊁21 233／㊀331 447 494 495 ㊁9 164
青山
忠雄(伊勢千代・和泉守) 卒伝[五]557／[四]196 [五]308 420 426 442 499
忠雄(瀬兵衛) ㊀224
忠良(登・因幡守) 大塩乱㊁364。大坂城代㊁416。老中㊁532 607 609／㊁58 60 186 330 368 393 418 595 600
長容(美作守) ㊀388 ㊁631
直諒 ㊀228
通直 [一]612
貞俊 [四]432 439 442
秘貞 [六]6 [八]200 364 427
祿平 ㊁570
赤井主計 ㊀738
幸家 [一]407
恒宅(忠秋) [三]639 [四]248
時尹 津山城御使[六]307 337。飯田城御使[六]617 621／[六]699 [七]14 [八]177
時次 [二]257
時常 [七]168
時政 [三]465
浄幸 [七]361 [八]837
正幸 信濃・美濃論地検断[五]70 77／[六]480 489 [八]286 312
赤井善幸 [一]407
忠郁 ㊀52 428
忠家 [一]386
忠晶 勘定奉行[十]708。病免㊀34。削邑㊀52／[十]406 419 ㊀127
忠広 福島城目付・引渡[五]438 453 584 588。関宿城引渡[五]497 498。高田目付[五]519 542／[五]264 281 356 [六]138 [七]48
忠秋 →赤井恒宅
忠泰 伊勢田丸城御使[二]143。大坂目付[二]402 597 607。大垣城引渡[二]599／[一]79 386 547 589 [二]99 538 583 622
忠通 会津目付[八]607／[八]623 [九]523 528
直矩 [六]210
直恒 [九]489
直常 [八]584
直綏 [八]268 436 826
通度 ㊀322
舎人 ㊁246
盤公 [八]838
弥兵衛 [三]257
弥平兵衛 ㊀738
赤座永成 [一]280 548
三右衛門 [一]744

赤座内膳(内膳正)　[一]697 709 [二]66
赤羽源兵衛　[三]85
赤堀友忠　[十]377
赤松恭富　[九]689
　次郎兵衛　[四]499
　則光　[六]362
　範恭　[七]344 [八]177
　範主(赤井)　[九]79 393
　範善　㊀601
　範忠(播磨守)　㊁477
　範徳(左衛門)　㊁156 227
　範邑　[十]717
明石志摩介　[二]104
　全延　[一]727
　全登　[一]693 694 [二]15 28 29 35 38
　丹後　[一]734
県　五郎作　[三]242
秋保内記　㊀685
秋岡勘兵衛　[六]458
　喜助　[六]286
　八之丞　[九]37
秋　鹿　→アイカ
秋篠弾正忠　[三]101
秋月栄三郎　㊀588
秋月種蔭　会津目付[九]549 562／[八]835 [九]575
　種羽　[七]48
　種頴　卒伝㊀79／[九]673 [十]10 44
　種賀(大学)　㊁50 116
　種弘　致仕伝[八]668／[六]415 [七]117 156 [八]611
　種恒　[五]43 182
　種穀　[十]525
　種春　大坂城修築[二]185 186。熊本城請取[二]551。島原乱[三]76。防火[三]332 394 509 605 639 [四]5。卒伝[四]338／[一]640 [二]336 377 535 [三]2 182 396
　種信　新院御所造営助役[四]396 438。所領災害[四]437 [五]271 605。致仕伝[六]39／[三]434 498 561 [五]65 182 231 406 599 601 611
　種政　致仕伝[七]117／[五]123 443 [六]39 534 547
　種長　[一]119 476 547
　種徳　卒伝㊀597／[十]583 ㊀417
　種任(筑前守)　致仕伝㊁503／㊁475 502
　種博(金次郎)　㊁330
　種美　致仕伝[十]10／[八]611 668 681 ㊀45
　種備　㊀66 228
　種武　[十]374
　種輔　[八]416 543
　種封　[五]272 [七]16
秋月勇之丞　㊁201
　勇之進　㊁97 161
秋田延季　卒伝[九]551／[八]651 [九]73 92
　鑑季(謐季)　卒伝㊀522／㊀520
　季曄(中務)　㊁711
　季久(季友)　分封[三]602 606／[三]657 [四]319 526 [五]525 604 [六]545 667
　季高　[十]623 669
　季穀(左近・中務・淡路守)　㊀532 ㊁64 219 711
　季済　㊀532
　季次(秋山)　[二]239 325
　季重　[五]274 437 553 584 [六]123 205
　季信　諸大夫被物役送[三]267。高崎検使[三]386／[一]604 [二]301 349 [三]66 [四]35
　季成　[八]834 [九]26
　季泰　㊀439
　季長　[一]419
　季陳　→秋田定季
　季通(秀通)　大坂城代引渡[九]728。御前を止む[十]43／[九]105 510 [十]197 229
　季貞　[九]50 65 68
　季品　[五]222 [七]204
　輝季　吉田橋修理助役[七]286 334。小栗美作

秋田
一族を預る[五]419。高田城在番[五]435 445 483。譜代となる[五]533。致仕伝[七]445／[四]275 [五]229 233 305 [七]433 [八]139
孝季（山城守） 致仕伝㊁262／㊁265
実季 卒[四]336／[一]122 384 547 704 [二]33 209
修理 [三]592
就季 [五]386 [六]80
俊季（俊孝） 大坂城番[二]335。駿府在番[二]570 594。大坂加番[三]27 62 319 367 557。駿府番代[三]146。駿府加番[三]152 209。防火番[三]404 489。転封[三]407。譜代並[五]533。卒伝[三]575 602／[二]4 162 226 447 506 533 537 547 555 623 [三]271 272 481 530 573 636
正俊 [二]572
政森 [六]448
盛季 駿府加番[三]663 [四]30。大坂加番[四]77 121 541 581 [五]214。卒伝[五]233／[三]249 573 602 [四]173 356 367 369 493 [五]229
倩季 致仕伝㊀357／[九]691 [十]254 282 745 776
定季（季陳） 卒伝[九]691／[八]769 [九]520 551 568
内記 金銀鋳造㊁409／㊁421 436 449 479
肥季（万之助） ㊁213
謐季 ↓秋田鑑季
山城守 ㊀674

秋田頼季 出羽『宇津志嶽図』作成[八]142 [九]215。閉門[八]528。卒伝[九]73 74／[七]433 439 445 [八]23 139 453 623 643 [九]214
秋野保章 [十]201
秋　保 ↓アキオ
秋間武照 [六]149 [七]51
武直（東兵衛） ㊀796 ㊁19
秋元永朝 [九]764 [十]384 418 612 ㊀72 108
賀朝 [八]571 822
逵朝 [九]640
久朝（但馬守） 致仕伝㊁380／㊁242 352
喬求 致仕伝[九]35／[八]526 809 830
喬知 越後御使[五]417 419 420 425。若年寄[五]463 [六]284 320 329。大番刃傷事件[五]528。加増[六]97 398 555 [七]202。大奥[六]177 271 320 384。老中[六]384。尾張吉通[六]386。転封[六]560。将軍宣下[七]19。金銀改鋳[七]97 357 386。地理[七]246。家宣新政[七]255。卒伝[七]397／[四]525 551 603 604 606 607 [五]39 68 196 286 546 [六]179 215 285 298 302 337 358 359 520 535 545 602 693 [七]3 4 25 46 52 82 124 157 221 271 272 344 348 353 355 387 388 392 393
喬知母 [四]306
喬房 卒伝[八]809／[六]181 [七]397 449 [八]437 629 643 667

秋元謙相（忠右衛門） ㊁348 355
左衛門佐 ㊀670
志朝（但馬守） ㊁280 393 552
時朝 [四]319 [五]475 600 605
守朝 [十]734 ㊀489
修朝 [十]644
昭朝（右近） ㊁631
正光 ↓松平正光
正朝 ↓松平正朝
成朝 [八]176 213
泰朝 家康遺命[一]284。駿府城万石以下支配[一]504。書院・小姓組頭[二]12。大坂夏陣[二]23 70。中国西国海上の事を管掌[二]70。奉書連署・諸士支配[二]80。駿府城勤番[二]171。小姓組所属分担[二]239。御談判衆[二]549。甲斐郡内城代[二]584。隊士附属[二]590。参勤[二]605 [三]286。寄合組[三]116。近習出頭人[三]139。諸国凶作を議す[三]270 271。『代官地頭法度』[三]287。卒伝[三]301／[一]74 121 545 548 [二]6 72 95 96 120 125 244 314 317 319 447 537 597 613 [三]7 9 12 33 42 45 63 66 88 153 156 158 182〜184 215 218 263 266 268 273 302
知朝 ㊀222

秋元忠朝　昵近〔二〕688〔三〕80。近習〔三〕353。中奥小姓〔三〕536。御側格〔三〕673／〔二〕601 621〔三〕122 181 612
　長朝　致仕伝〔二〕244／〔一〕704
　直朝　〔十〕37 117
　貞栄　〔十〕69
　貞朝（秋山）　〔六〕405〔七〕401〔八〕480〔九〕39 73〔十〕92
　富朝　大病〔四〕28 229。卒伝〔四〕243／〔三〕301 420 422 515 530 551 589 591 612〔四〕3 109
　武朝　〔六〕360
　保朝（隼人正）　寄合肝煎㊁48／㊀571㊁115
　茂朝　火消役〔十〕364 384／〔十〕451㊀187
　涼朝　若年寄〔九〕427。老中〔九〕437 760〔十〕143 149 205 251。雁間詰〔十〕149 195。転封〔十〕259。致仕伝〔十〕280。遺事〔十〕280 826／〔九〕20 35 351 364 399 404 456 494 580 629 657 667 673 751 752 757〔十〕41 116 117
秋山荒之進　㊁468
　惟祺（内記）　㊀784㊁4
　惟良（旗左衛門）　㊁632
　右近　〔二〕29
　勝之助　㊁352
　近憲　〔三〕167
　五郎左衛門　〔六〕330
秋山五郎兵衛　㊁499
　工兵衛　㊁552
　幸常　〔八〕306
　十蔵　〔六〕749
　十兵衛　㊁262
　昌吉　〔四〕292
　昌秀　〔一〕705〔二〕14
　昌忠　〔四〕244 292
　信友　〔一〕34
　新五左衛門　〔六〕330
　正員　〔九〕533〔十〕344
　正億　〔八〕146 196 280 659 776
　正家　〔二〕616〔三〕612
　正吉　〔四〕181〔五〕61 433
　正光（主殿）　㊁537 567
　正俊（秋田）　↓秋山正房
　正重（秋田）　非番出仕者姓名簿〔二〕310。肥後目付〔二〕550 565。惣目付〔二〕576〔三〕4。家光上洛宿割〔二〕621 630 637／〔二〕331 419 538 568 572 626 693〔三〕12 42 105 108
　正勝（伊兵衛）　〔一〕444〔二〕241
　正勝（十兵衛）　〔五〕594〔六〕251 325 356
　正直　㊀140 401 420 632
　正苗　〔九〕425 721
秋山正輔　高田城引渡〔六〕445 450。駿河田中城引渡〔六〕583／〔四〕395〔六〕456 635〔七〕335 445
　正峯　〔九〕418
　正房（秋田、正俊）　甲府在番〔四〕142 182。定火消役〔四〕279。持弓頭〔五〕152／〔二〕572〔三〕240〔四〕293 455〔五〕412 552〔六〕148
　正明　〔六〕325
　政勝　〔六〕330
　政忠（平十郎）　〔五〕619
　道政　〔八〕374
　寧政　〔六〕284
　伯重（伯信）　〔二〕115 236
　伯正　〔二〕163
　半蔵　〔六〕510〔七〕289〔八〕141
　平十郎　↓秋山政忠
　利政　〔三〕413〔六〕406
　亮正　〔九〕566 579
芥川元政（小野寺）　〔五〕441
　元珍（小野寺）　〔十〕598㊀562
　元風（小野寺）　薬園預〔七〕179〔八〕135／〔八〕245 718
　時亨（元泰）　〔七〕443
　長春　㊀747
　備元（小野寺）　〔十〕462
朱屋隆成　〔一〕520

明智光秀　本能寺変〔一〕47 165。山崎合戦〔一〕49／〔二〕273
明楽元武　㊀358
　正親　〔九〕228
茂正(大隅守・飛騨守)　江戸城修復㊁662 668 669 677 680 698／㊁667 676 696
茂村(八郎右衛門)　河川修復㊁50 57 58 87 89 358。諸国石高査検㊁255。江戸市中救恤㊁346。諸国絵図作成㊁372。新金鋳造㊁379。町会所貸金㊁414／㊁13 118 193 227 242 351 378 429
浅井安元　↓浅井安本
　安本(安元)　〔二〕541〔三〕284 464
　休碩　〔十〕351
　休沢　〔六〕213
　休徴　㊀102
　元吉　〔二〕242
　元近(半兵衛)　㊀689
　元正　〔二〕659
　元成　百人組根来組与力〔二〕585／〔三〕341 368 540
　元詮　〔三〕409 518
　元貞　〔二〕359
　元武　〔十〕199 224 338 356 734 ㊀148
　元方　㊀628
浅井権之助　㊁22
　左京　〔二〕104
　作右衛門　〔十〕13
　尚政　〔九〕35
　新五左衛門　〔四〕545
　周防　〔一〕694
　成命　〔十〕247
　政尹　↓小堀政尹
　政堅　〔一〕695〔二〕66
　政純　㊀169
　瀬兵衛　㊁660
　善之助　㊁507
　忠胤　㊀149
　忠郷　㊀574
　忠政　〔二〕87 325 328
　忠陳　㊀276
　忠能　〔五〕77 85
　忠保　〔二〕419
　長英　〔七〕287〔十〕29
　長栄　〔十〕557 633
　長森　〔六〕84
　長政　〔一〕35 36 145 146〔二〕565
　長年　〔十〕305 320
　道多　〔一〕705〔二〕14
　道忠　〔一〕138
　奉政　〔八〕393 528〔九〕240
　房忠　〔九〕449 495
　良陳　〔九〕58
浅尾長沢　〔四〕589〔五〕78 111
浅岡助左衛門　㊁92
　直澄　㊀99
　銕太郎　㊁479
　山三郎　〔三〕275 280
　理左(右)衛門　〔三〕275 280
浅香吉之丞　㊀718
浅川与三郎　㊁697
浅田五助　㊁237
　孫一郎　〔一〕457
浅野右近　〔一〕757
　吉長　初就封〔六〕537〔七〕24。蝗災恩貸金〔八〕611。卒伝〔九〕563／〔六〕15 245 692〔七〕89 129〔八〕173 532 543 563〔九〕416 422 560
　熊之助　〔十〕95
　慶熾(善次郎・上総介)　徳川利姫と婚姻㊁678／㊁664 666
　慶熾室(利姫、尾張斉荘女)　㊁678
　光晟(岩松)　元服・偏諱・家号下賜〔二〕414。就封〔二〕573。参府〔二〕633。証人交替〔三〕

浅野　211 478 481 530 639〔四〕108 142 174。油井正雪与党の親族査検〔四〕21。邸宅火災〔五〕3。致仕伝〔五〕129。卒〔六〕169／〔二〕306 437 443 570 626 673 683 694〔三〕44 47 60 159 316 317 365 366 399 461 570 592 613〔四〕12 46 76 77 146 556〔五〕190 217 241 265 318〔六〕40 167

光晟室（前田利常女、家光養女）〔二〕689〔五〕139

幸長　征韓七将確執〔一〕213。関ヶ原戦〔一〕236。篠山城修築〔一〕511。藤原惺窩を尊信〔二〕177。卒伝〔一〕630／〔一〕76 85 95 110 119 479 486 509 510 513 545 547 569 603

幸長女（尾張義直室）　↓高原院

綱晟（岩松）　卒伝〔五〕153／〔四〕98 269〔五〕32 129 149 151 163

綱晟室（九条道房女）〔四〕309

綱長（岩松）　津山城在番〔六〕304。寛永寺家綱廟・本坊造営助役〔六〕345 347 358 359。卒伝〔六〕689 692／〔五〕71 153 167 194 211 238 248 378 442〔六〕85 684〔九〕188。家士〔六〕359

綱長祖母〔六〕413

綱長室（尾張光友女）　↓馨香院

氏次〔一〕569〔二〕186

氏重〔二〕187

氏従　加納城引渡〔九〕668 670／〔九〕641 644〔十〕347 608

浅野氏綏（一学）㊁561 563

重行〔三〕354

重晟（善次郎・安芸守・備後守）　関東諸川堤防修理〔十〕240 250 253。鞍・轎の事〔十〕492。関東諸川浚利助役㊀10 30。致仕伝㊀413。卒㊀716／〔九〕679 680 721〔十〕32 111 115 297 343 383 397 564 577 616 617㊀24 491

重晟室（邦姫、尾張宗勝女）　↓智岳院

重晟継室（陽姫、尾張宗勝女）　↓深広院

重晟長子岩松〔十〕459

正氏　高山城目付〔六〕150 153。警火〔六〕450 477 478／〔六〕596 597 635〔七〕61 233

斉賢（斉堅、善次郎・安芸守）　卒㊁238／㊀89 472 625 787

斉賢室（有栖川宮織仁親王女）㊀317

斉粛（勝吉・安芸守）　徳川末姫と婚姻㊁91／㊁238 280 370 387 419 511 536 711

宗恒（岩松）　致仕伝〔十〕109。卒㊀53／〔八〕412 582〔九〕563 564 579 589 633〔十〕24 32

長員　致仕伝㊀443／㊀417

長盈（遠江守）㊁459

長喬　卒伝〔十〕324／〔九〕103 483

長矩　備中松山城請取〔六〕186。殿中刃傷・切腹・伝〔六〕433／〔五〕205 430 442

浅野長訓（美作守・近江守）㊁176 192 280 586 595

長経〔八〕154 173

長賢　分封〔五〕94〔八〕532〔九〕563。家号下賜〔七〕124。卒伝〔九〕103／〔四〕56〔五〕570

長広　召出〔六〕108。閉門〔六〕433。赦免・召返〔七〕51 122／〔六〕478〔七〕106〔八〕343

長恒　分封〔五〕94。黜免〔六〕440／〔五〕66〔八〕504 615

長綱　↓浅野長直

長治　分封〔二〕572。浜田城勤番〔三〕555。消防〔四〕268。宮津在番〔四〕584。卒伝〔五〕205／〔二〕182 499 573 683〔三〕343 396 434〔四〕75 109 280 349 456 525 528

長時〔八〕453 603 731〔九〕396

長寿　遠江相良御使〔九〕720 721／〔九〕529〔十〕342 343 455

長充　天主教考察〔十〕318／〔九〕723 740〔十〕275 731 749

長重　小田原城勤番〔一〕647。宇都宮城請取〔二〕235 236。古河城勤番〔二〕236。転封〔二〕241。会津城在番〔二〕405。卒伝〔二〕571／〔一〕208 559 573 704〔二〕33 111 159 209 347 447 534 537 555 565

長尚〔四〕142

長照　致仕伝〔六〕127／〔四〕475〔五〕205 231 278 576

長寔〔八〕173 197〔九〕563

浅野長政 家康刺殺の計㈠65。蟄居㈠65。姉川戦㈠290。江戸居住㈠405 470。卒伝㈠515 549／㈡178 203 209 239 507
長政女(松平定綱室) ㈠396
長晟 江戸城経営㈠403 649 675 680 ㈡227 336 421 447。秀頼小姓頭㈠512 513。江戸参府㈠635 650。徳川振姫と婚姻㈠650 ㈡75 86。大坂陣㈠690 696 701 707 714 716 725 735 737 746 748 749 753 ㈡23 40。吉野熊野一揆㈠716 ㈢46。転封㈡171 175。御家騒動㈢186。広島城修築㈡198。茶事㈡505。卒伝㈡570／㈠512 513 547 603 630 636 ㈢94 376 415 504 534 536 565
長晟母(浅野長政室) →良雲院
長晟室(振姫、家康女) →正清院
長致 ㈠422 433
長澄 奥詰㈥110。福山城請取㈥331。浜離邸助役㈥669 678／㈤401 463 ㈥72 86 127 579 591 678 739 ㈧129
長直(長綱) 防火㈢81 156 489 509 521 605 639 ㈤4。大坂加番㈢191 192。転封㈢304。致仕伝㈤94／㈡527 571 623 667 ㈢8 41 42 46 197 272 319 481 636 682 ㈣58 70 131 395 438 ㈤6 140

浅野長富 ㈠405 778
長武 ㈦289
長豊 ㈨56
長友 ㈣56 ㈤71 94 135 205
長容(近江守) ㈠71 ㈡109
長和(猪三郎) ㈡543 695
遠江守 ㈡480
伴之助 ㈨373
長門守 ㈡37
理右(左)衛門 ㈧125 167 503
浅羽幸堯 ㈩155
幸佐 ㈤406
高久 ㈧109
成儀 ㈣423
武純 ㈩273
浅原安洪 ㈧849
立正 ㈡180
正勝 ㈢113
又右衛門 ㈡106
浅宮(伏見宮貞清親王女・家綱室) →高巌院
浅利兵庫 ㈠365
朝夷義次 ㈠573 649
義春 ㈢249
義智(伊織) ㈧184

朝夷主馬 ㈧807
朝岡興戸 ㈨553 ㈩78 134
興茂 ㈩78 134
国孝(国高) 中奥小姓㈡554 ㈢173 284 416 536 645 652。頓死㈢645／㈢284 536 539 612
国隆 ㈩159
三郎右衛門 ㈢273
勝宗 走水番㈢501。走水奉行㈢512 523。三浦三崎代官㈢523／㈣59 167
泰勝 ㈡450 481
忠七郎 ㈥294
直国 ㈣596 ㈤78 500
半右衛門 ㈡143
方喬 ㈧382 ㈨553
豊興 ㈠621
大和守 ㈠762
朝倉 ㈠41
織部 ㈡106
義景 ㈠35 145 146
義氏 ㈣405
教周 ㈩386
景紀 ㈠35
景吉 ㈠98
景行 大坂目付㈤437 463／㈣475 ㈥326 575

朝倉景孝　㈧146 436 583
景増　㈨645 ㈩126
景忠　㈤250
景豊　㈥72
源八　㈠678
小十郎　㊀726
在重（六兵衛）　㈠126 127 ㈡74
在重（在朝、仁左衛門・石見守）　徳川忠長封地に御使㈡469。肥後御使㈡551。豊後萩原横目㈡628。大垣御使㈡687。因幡目付㈢27 45。京坂目付㈢78 105。大和郡山城引渡㈢129 136。町奉行㈢145／㈡368 403 538 587 616 620 ㈢181 186 215 264 292 433 678 709
三次郎　㊁707
重成　㈣63
重宣　小姓兼御膳番㈡500。家綱附小姓㈢240。肥後目付㈣95／㈡539 ㈢608 656 ㈤224 250
俊長　㊀187
正次　駿河御使㈡573。徒目付㈡573／㈣562
正世　徳川忠長封地に御使㈡469。中奥小姓㈡578。吉田城請取㈢408。尾張巡視㈣393／㈡354 502 ㈢49 280 ㈣90 104 117 204
朝倉政元　㈠98 ㈡456
政明　㈠636
宣親　㈡316 470 ㈢49
宣正　大番組頭㈠122。挟箱奉行㈠127。堺政所㈠641 654。旗奉行㈡27。徳川忠長傅役㈡106。掛川城主㈡337。卒伝㈢49／㈠703 ㈡142 165 180 220 243 512 573
宣成　㈢138
惣兵衛　↓一色庄右衛門
半九郎　㈧184
豊寿　㈥521 541 ㈦153
豊芳　㈩126
豊明　家光附㈠641。手水番㈡323。近習㈡323 457 459／㈡331 449 538 638 ㈢43 70
豊良　㈨105 487
朝日近次　㈠85 ㈡347
近路　㈠85
朝日姫（秀吉妹・家康室）　↓南明院殿
朝比奈市平次　㊁507
雲斎　㈠417
英政　㈩214
眼兵衛　㈢619
金正　㈧270
金平　㊁370
朝比奈矩春女（おりをの方、家斉側室）　↓超操院
源右衛門　㈣303
源之丞　㈥171
左近　㈡31
三郎兵衛　㈣411
資重　㈡182
淳一郎　㊁487
昌因　㊀534
昌幸　㈩289
昌治（長門守）　㊁164
昌重　㈡662
昌章　㊀92
昌勝　㈥275 446
昌宅（治左衛門）　㊁677
昌方　㈩496
勝政　㈡471
勝盛　㈨110
信勝　㈡530
真尹　㊀163
真昌　㈨535
真昭　㈢42
真辰　㈢42 ㈣295
真成　㈩752

朝比奈真中 〔五〕406
　真直 〔一〕705 〔二〕14
　真定 〔五〕475
　新九郎 〔二〕94
　甚左衛門 〔四〕589
　甚太郎 〔一〕591
　助大夫 〔二〕221
　正輝 〔一〕459
　正吉 〔一〕598
　正重（泰勝、源六） 米子城請取〔一〕485 491。肥後目付〔二〕5 87。江戸城修築〔三〕1 29 139 147 242 399 444 609 672／〔一〕705 〔二〕153 553 565 616 〔三〕199 367 479 〔四〕98
　正重（内記） 〔二〕427
　宗利 〔二〕584 592
　則栄 〔一〕128
　泰景 〔五〕163
　泰詣（弥太郎） 〔一〕667
　泰見 〔九〕656 667 〔十〕77
　泰甲 〔一〕148
　泰重 〔二〕14 79
　泰尚 〔九〕510
　泰勝（源六） →朝比奈正重（泰勝、源六）
　泰勝（弥太郎） 〔二〕66 512 538
朝比奈泰澄 〔二〕411
　泰通 〔五〕163
　泰能 〔一〕33
　泰有 〔一〕42
　忠四郎 〔二〕429
　忠利 〔三〕547
　長七郎 〔二〕616
　藤八郎 〔二〕460
　彦三郎 〔六〕171
　孫兵衛 〔六〕510
　弥太郎 〔一〕672
　弥太郎 〔一〕777 792
　良直 〔一〕81
　良豊 〔四〕46 270 568 571
　良明 家綱附〔三〕655／〔二〕360 616 〔三〕262 536 〔四〕380 481
朝見七右衛門 〔二〕90
足利義輝 〔一〕33 136
　義昭 〔一〕33 41 145 〔三〕367
　尊氏 〔一〕41
芦沢慶宅子 〔二〕627
芦塚忠兵衛 〔三〕92
芦名平三郎 〔三〕326
芦野健蔵 〔一〕647 〔二〕580
　左近 〔一〕190
芦野資英 〔十〕493 787
　資演 〔十〕162
　資雅 〔八〕147
　資康 〔二〕163
　資俊 〔三〕579 614 〔四〕334 342 437 〔六〕148
　資親 〔八〕377
　資泰（政泰、民部少輔） 館山城勤番〔一〕681。大坂城勤番〔二〕220。深川番〔二〕623／〔二〕539 〔三〕172 219 267 463
　資泰（民部） 〔八〕765
　政泰（弥左衛門） 卒伝〔一〕573
　弾正 〔二〕346
　中務 〔一〕654
芦谷久弥 〔九〕667
芦屋源五左衛門 〔二〕360
　重勝 〔一〕437
　忠頼 〔三〕167
　利宇 〔一〕440
味岡信高 〔三〕551
　伝兵衛 〔四〕509
飛鳥（大奥女中） 〔六〕634
飛鳥井 〔五〕231
　雅威 〔十〕383
　雅胤 〔二〕394

飛鳥井雅香　鞠道判物〔九〕486／〔八〕129〔九〕485 500
雅章　鞠道判物〔三〕136 494。蹴鞠の進退〔四〕509 518／〔三〕184 400〔四〕450 476 478 481 494 530 564 602 603〔五〕37〔六〕62
雅宣　昵近衆〔三〕93。『鞠道式目』〔三〕489 494／〔二〕372 583〔三〕7 9 222 238 262 267 270 310 311 351 352 387〜389 435 480 481 485 524 541 542 688
雅豊　〔五〕428 430〔六〕706
雅庸　『源氏物語』秘説相伝〔一〕343 672 677。鞠道免許の訴訟〔一〕464／〔一〕669〔三〕88
雅覧　〔一〕296 489
宰相　㊀752
藤君　〔五〕380
麻生玄理　〔六〕714
忠庵　〔六〕362
新　大助　㊁2
渥美久兵衛　〔五〕416
源吾　〔一〕304
守時　㊁662
勝吉　〔一〕226
親時　〔三〕105
親政　㊀282
正勝（源五郎）〔一〕445 446 453
政勝（正勝、九郎兵衛・久兵衛）松平光
渥美　長に仕う〔三〕342 356 559 631／〔二〕700
忠清　〔十〕344
貞教　〔一〕451
又四郎　〔十〕357
友延　〔六〕605〔八〕303
友之　〔三〕587
友重　〔三〕342
友将　〔十〕388
友勝（源五郎）〔三〕76
友勝（九郎兵衛）小十人頭〔五〕195／〔三〕553 559 631〔五〕454
友常（太郎兵衛・伊勢守）〔九〕556 577
友平（太郎兵衛）〔十〕357
友武　〔八〕787〔九〕526
跡部久右衛門　㊀748
九郎右衛門　〔五〕441
監物　㊀479
幸次　〔一〕418
重員　〔三〕573
重治　〔二〕182
昌忠　〔一〕418
正因　〔九〕81
正幸　〔十〕329 ㊀476
正興（宗左衛門）㊁480
跡部正次　〔一〕504
正辰　〔十〕716 737
正陟　〔十〕13
正貞　〔六〕554
正徧　〔十〕329
蕃実　〔九〕378
兵右衛門　㊁246
茂右衛門　㊁42
良久　〔十〕732 735 747
良顕　〔五〕538
良秀　〔十〕71
良弼（山城守）米穀取扱㊁324。東海道検地㊁499。宿場助郷救助㊁578／㊁389 539 582 714
良保　松代城在番〔一〕401。三春城請取〔二〕405。大坂目付〔二〕515。掛川城引渡〔二〕590。伊予松山城請取〔二〕660。駿府目付〔三〕182／〔二〕538 599 620 631〔三〕298
良隆　田中城引渡〔五〕325 328。岩槻城引渡〔五〕406 408。大坂目付〔五〕441／〔三〕298〔五〕501 561
穴沢盛秀　〔一〕733
穴山信君　〔一〕37 45 48
姉小路公景　〔二〕148〔三〕6 8 9 542〔四〕6 8
公文　〔十〕40

姉小路実道 〔三〕485 〔四〕350
油小路家 〔三〕98
　隆信 〔六〕706
　隆貞 〔三〕131 352 〔四〕75 450 451 〔五〕96 498
　隆典 〔六〕707
　隆彭 〔十〕424
天羽七右衛門 〔六〕314
　七蔵 〔六〕407
天方倶通 豊後府内目付〔四〕195 230。書院番組頭〔四〕245／〔三〕182 〔五〕323 326 328
　幸度 〔八〕559
　致通 〔四〕490 〔五〕323
　通興 〔一〕161
　通直 〔二〕186 396 498
　豊明 〔一〕636
天草玄札 〔三〕92
　四郎時貞 ↓益田時貞
天　野 〔一〕37
　市郎左衛門 〔六〕474 477 479 495 651
　午之助 〔五〕465 523
　可成 〔六〕231 336 352
　雅光 〔三〕223
　勘兵衛 ㈡403
　久次 〔一〕420

天野矩重 〔八〕58 84
　矩澄 〔九〕129
　敬登 ㈠20
　景貫 〔一〕40
　元昇 ㈠769
　五郎大夫 〔一〕251
　康郷 〔六〕667 718
　康景 岡崎三奉行〔一〕33 302 429。一向一揆改宗〔一〕142。逐電〔一〕428。／〔一〕25 150 613
　康建 〔十〕339
　康好 〔四〕546 〔五〕300
　康幸 浜松城引渡〔九〕509 513。処罰㈠107 167／〔十〕619 620 ㈠73 412
　康寿 〔十〕528 ㈠167
　康勝（康峯、左兵衛） 西丸書院番〔二〕449。綱重傅役〔三〕369 525 627。天樹院執事〔三〕627／〔一〕429 〔二〕443 〔三〕368 374 427 428 525
　康勝（三左衛門） 〔十〕153
　康世 逐電・召出〔一〕429。赦免〔二〕443。御膳奉行〔三〕77。二丸留守居〔三〕477。留守居番〔四〕191／〔三〕175 〔四〕34 66 338 487 520
　康宗 〔一〕428 429 〔二〕449 〔三〕425
　康通 〔三〕525
　康峯 ↓天野康勝（左兵衛）

天野康命 〔四〕475
　康利 〔五〕226 269
　康隆 石橋旅館造営〔三〕524 597。小十人組番頭〔三〕656／〔二〕472 〔三〕425
　康和 ㈠167
　佐十郎 〔八〕93
　三郎兵衛 ㈡108
　重供 〔六〕454
　重孝 ↓天野重利
　重時 船手頭・大坂川口番〔四〕597／〔二〕472 〔三〕349 634 〔四〕631 〔五〕310 584 590
　重勝 〔二〕448
　重房 高遠城引渡〔三〕29 33／〔二〕360 〔三〕259 270 405 〔四〕290
　重利（重孝） 〔三〕190 451 693 〔四〕283
　昌効（勘左衛門） ㈡304
　昌幸 〔九〕611
　昌興 〔九〕417 426 431
　昌淳（大和守） ㈡44
　昌著 ㈠564
　昌凭（弥五右衛門） ㈠278
　昌孚 屋敷地改〔七〕232／〔六〕521 〔七〕417 451 〔八〕206 〔九〕103 121
　新右衛門 ㈡286

天野正尹　〔八〕207
正詠　〔六〕445
正久　〔二〕665
正景　勘定吟味役〔九〕714。禁裏附〔十〕240。旗奉行〔十〕545／〔十〕68 ㊀83
正国　〔四〕344 365 369 525
正之　〔六〕168
正重　〔四〕354
正勝（勘兵衛）　〔三〕42
正勝（五郎大夫）　〔四〕552 〔五〕594 〔六〕168
正勝（杢左衛門）　〔十〕161
正証　〔九〕715
正信　小十人組番士〔二〕182。腰物持〔二〕515／〔三〕110 111
正世　〔三〕666
正成　〔二〕598
正長　〔一〕398 419 〔二〕428
正房　〔七〕443
正友　〔六〕295
政永　〔六〕191
政弘　〔二〕303
政将　〔六〕284
政成　〔三〕406 465
政則　〔二〕182 〔三〕223

天野政直　〔七〕171
清宗　国松傅役〔一〕419。甲府守護〔二〕512／〔三〕447 〔四〕263
清方　〔四〕87 526 528 604 607 〔五〕169 350 427 553
清倫　〔五〕107 120
宗葉　〔一〕485
主税　〔八〕608
忠詣　〔四〕373
忠重　〔一〕106 638 〔三〕378
忠邦　㊀26 182
長倚　〔十〕762
長重　豊後目付〔三〕509 564。仙台目付〔四〕449 479。大坂目付〔四〕537 559 〔五〕126 143。宮津目付〔四〕623 〔五〕17。『忠思集』〔九〕159／〔三〕111 639 〔四〕17 261 264 331 332 436 511 〔五〕196 〔六〕446 457 〔九〕168
長信　納戸頭〔二〕115。中宮附兼中宮少進〔二〕377 396 397。大宮附〔二〕651 〔三〕209。禁裏附〔三〕327 329／〔二〕470 471 489 540 613 645 679 〔三〕5 6 35 107 109 235 318 323 328 330 403 653
貞賢　〔二〕344
貞政　〔二〕642 〔三〕121
道順　㊁45
繁昌　〔一〕451
半之助　〔二〕29

天野彦右衛門　㊀687
富重　堺奉行〔六〕490／〔五〕270 275 502 〔六〕376 377 388 413 605 715
富房　巡見使〔九〕349 364 390／〔十〕344
孫兵衛　〔二〕145
杢之助　㊁714
雄救　↓岡部雄救
雄光　〔一〕450
雄行　㊀558
雄好（三丞）　〔三〕122
雄好（佐左衛門）　〔十〕334
雄佐　㊀292
雄正　吉田城引渡〔六〕301 307／〔七〕43 289
雄政　〔三〕126
雄得　〔二〕325 391 501
了意　〔五〕423
良意　〔六〕349
良雲　㊀769 772
良順　〔六〕84
甘利八三郎　㊁87
尼崎文次郎　〔一〕119
又左衛門　〔一〕103
又二郎　〔一〕125
網野為景　〔三〕719

雨森出雲守　[一]470
宗真　㈠632 ㈡45
雨宮寛近(庄之助)　[八]157 [九]40
勘七郎　[八]157
源左衛門　[六]199
昌茂　[一]81
新五郎　㈡96
正宴(権左衛門)　㈡262
正敬(十大夫)　㈡587
正種　武蔵・上総地図作製[三]571 602。元方納戸頭[四]387。伏見奉行[四]543 546。京都町奉行[五]20 22 68／[四]408 449 547 [五]117
正秀　[五]117
正長　[六]597 701 711
正方　亀山城引渡[九]90 95。大坂目付・姫路城引渡[九]482／[九]453 560 567 594 [十]206
政勝　[二]473
忠昌　[十]585
長貞(庄九郎・出雲守)　㈡140 210 221
綾小路(女房)　[五]254
綾小路俊景　[四]495
俊資　[十]383
有胤　[五]281
有美　[八]718
綾宮(福子内親王、霊元天皇女・伏見宮邦永親王室)　↓清浄光院
新井君美(白石)　進講[七]26 44 78 151 163 178 229 253。采地[七]47。しろして(シドッチ)[七]66。西洋事情尋問[七]212。『武家諸法度』[七]97 258。上洛[七]124 146。布衣[七]167。韓使[七]179 181 182 190 199 200 201 264。勘定吟味役創置の建白[七]233 266。著作[七]113 264 267 268 [九]161。国史刊行[七]268。『正徳新令』[七]413 [九]161。卒[八]30。遺事[七]254 258 260 263 266～268 [九]161 197 255／[五]521 [六]625 [七]6 66 74 152 172 251 297 421 464 465
成美　㈠250
清助　㈡597 602
白石　↓新井君美
抱義　㈠295
明卿　[七]26 241
新籾源助　[九]271
荒井高国　[十]258 281 441
十大夫　㈡354
了庵　[五]176
荒尾主計　㈠673
久次　[五]584 588
久成　江戸証人・御家人[二]142。掛川城引
荒尾
渡[三]129 136。館林目付[三]319 355。川中島目付[四]346 368。福山目付[四]496 516／[三]176 192 245 431 441 512 588 609 672 [四]3 77 121 122 [五]189
成継　[五]189
但馬　[一]657
但馬守　㈡64
長五郎　[一]498
繁応　[十]376
荒川(尾張家士)　㈠725
数馬　㈠575
義虎　[一]24
義行(常次郎)　㈠796
義閭　[十]447 453 481
吉元　[三]512
匡富　[十]105
金左衛門　[六]75 140
賢練(豊前守)　㈡509 539
五郎右衛門　㈡353
権六郎　㈠724
持暇　御手水番[三]24。御膳番[三]166／[三]123 172 173 725
主馬　㈠686 702
重銀　[十]393

荒川重好　〔五〕384 386 〔八〕48
重氏　〔二〕668
重時（七之助）　〔十〕554
重照　〔二〕443 〔三〕656 〔四〕251
重世　〔一〕504 〔二〕190
重成　〔四〕547
重政　〔三〕434 588 595
重頼　〔八〕317
重利　〔五〕410 455
小膳　㊀152
親幸　〔六〕149
正容　〔五〕579
詮親　〔十〕393
大膳亮　㊁393
忠吉　鉄砲奉行〔一〕705。諸道具奉行〔二〕14／〔一〕705 〔二〕446 457
長次　〔五〕539
長忠　〔十〕437
定安　〔二〕162 561 〔四〕161 200
定恒　〔五〕579
定昭　〔五〕172 539 541 579 591 〔六〕11 636
定親　〔八〕788
定由　巡見使〔八〕33 48 58 〔九〕145／〔五〕579 〔七〕101 109 206

荒川八三郎　〔十〕284
頼持　〔一〕24 32
頼持室　↓光源院
荒木（大奥女中）　↓あらき
荒木元辰（清兵衛）　〔十〕359
元政　仙台目付〔四〕385 403。大坂目付〔四〕503 521。安中目付〔四〕613 617。阿波目付〔五〕73 93／〔二〕113 〔三〕42 119 〔四〕198 239 245 285 334 418 437 450 463 〔五〕113 117
元満　〔二〕113 402
高軍　〔九〕640
高主（荒川・高至）　〔八〕482 〔九〕555 640
高尚（荒川）　〔八〕9 482
高保　〔九〕640
権左衛門　〔三〕365
十左衛門　㊀659
小兵衛　〔三〕355
政為　〔十〕478 495 519
政羽　赤穂城目付〔六〕436 441。小普請入〔七〕448／〔六〕464 499 500 508 707 〔七〕172
政恒　㊀303
政明　〔七〕172
清行　〔七〕384 〔八〕118
村常　〔三〕300 354

荒木藤助　〔六〕76 193
了庵　〔五〕65
嵐追手　〔一〕113
有浦政春　〔七〕202
有賀亀之助　〔九〕96
種次　〔二〕215
種親　〔三〕190 405 465 〔四〕244
種政　〔一〕387
忠三郎　〔一〕498
藤五郎　〔四〕211
有栖川宮　〔五〕225 231 233 354
喬子女王（家慶室）　↓浄観院
幸仁親王（後西天皇男）〔五〕64 333 334 509 〔六〕274 375
幟仁親王女線宮　㊁654
韶仁親王　㊁538
織仁親王　〔十〕437 825 ㊁37
織仁親王女楽宮　↓浄観院
織仁親王女幸姫　㊀365
職仁親王於佐宮　〔九〕576
職仁親王三子菅宮　〔八〕749
正仁親王　〔七〕93 114 133 455 〔八〕38 39
精宮　㊁475
登美宮　㊁239
房君　㊀544

有栖川宮楽宮(家慶室)　↓浄観院
有田基建　〔八〕840
吉久　〔三〕129
吉貞　〔一〕475
光敦　〔八〕210 515
光明　〔五〕384 386 484 496
七之助　㊁55 673
善阿弥　㊁151
貞勝(播磨守)　㊀593 ㊁137 156
有馬一純　㊀536
允純　卒伝〔十〕406／〔九〕682〔十〕126 156
温純(日向守)　㊁532
久保　卒伝㊀734／㊀255
宮内　㊁153
熊五郎　㊁523
慶頼(中務大輔)　㊁575 623
慶頼室(有栖川宮韶仁親王女)　㊁475 575 623
玄哲　〔四〕146
広憲(繁丸・兵部大輔)　㊁143 616
広之(堀川)　〔十〕498 641 654 ㊀122
広寿(修理大夫)　㊀733
広春　〔十〕763 ㊀466
光隆　〔九〕390
孝純　卒伝〔九〕682／〔八〕632 644 658 835〔九〕433

有馬孝太郎　㊁573
康紀母　〔三〕205
康純　島原乱〔三〕91 99。消防〔三〕332 394 509 605 639 〔四〕4 142。致仕伝〔五〕327／〔二〕185 377〔四〕180 395 436 438 498〔五〕124
左京　㊁478
氏郁(満丸・備後守)　㊁356 393 470 532 560
氏久　近侍〔八〕299。万石に列す〔九〕206。致仕伝〔九〕735／〔八〕715〔九〕90 710
氏恒　卒伝〔九〕762／〔九〕681 735
氏恕　卒伝〔十〕733／〔十〕466 687
氏保　卒伝㊀132／〔十〕768 ㊀308
氏房　卒伝〔十〕414／〔九〕762〔十〕383
氏倫　御側申次〔八〕7 10。万石に列す〔八〕395。卒伝〔八〕715／〔八〕95 411 437 458 709〔九〕197 202 203 227 267 300
時盛　〔八〕9 558〔九〕519 581
時貞　〔一〕351
寿純　譜代並〔七〕176。致仕伝〔八〕644／〔六〕500 540 549 674 676〔七〕384〔八〕419〔九〕692
秋重　〔一〕351
重広　〔八〕96
重光　〔八〕96〔九〕219
重尚　〔八〕96

有馬重良　〔二〕355 500〔四〕73
純意　〔九〕383 387〔十〕4
純之　〔九〕669
純昌(式部)　㊀487
純息　〔五〕272 327 328〔六〕508
純長(内記)　㊀794
純珍　巡見使〔八〕59 90。小普請組支配〔八〕159／〔八〕341 347 494 821〔九〕314
純度(純慶)　〔八〕558
純富　佐倉城引渡〔八〕313／〔五〕322 327 328〔六〕430〔八〕409
純明　〔十〕326
尚久　〔十〕800
信堅　〔二〕539
新太郎　㊀656
清純　領民騒擾・延岡城収公〔六〕110 123。丸岡転封〔六〕229。卒伝〔六〕500／〔四〕33〔五〕327 425 506 556〔六〕125
晴信　岡本大八事件〔一〕336 578 580。蛮船焼打〔一〕501 507。海外渡航朱印状〔一〕387 388 394 414 443 445。自殺〔一〕586／〔一〕119 547
仙太郎　㊁83
則維　致仕伝〔八〕503／〔六〕620 696 698〔七〕89 129 236〔八〕19 791～793〔九〕207 311

有馬則故　大坂目付【五】332 384。巡見使【五】399 403 423。大野城引渡【五】444。村上目付【五】485 507。古河城引渡【五】551 556／【四】58 【五】325 482 【六】2 541 【七】343
則如　【八】115
則致　【七】444
則篤(敬三郎)　㊁703
則武　【八】453 819 832 【九】106
則明　㊀624
則雄　【十】290 450 617
他吉郎　㊁176
忠郷　→有馬忠頼
忠頼(忠郷)　元服・偏諱【一】570 609。島原乱【三】83 91 99。日光石垣修築【三】385 405 406 608 610 614 624 628 635 643 650。合力米【三】399 613。卒伝【四】149／【二】130 【三】105 221 297 324 339 415 461 492 501 568 636 666 【四】74 108 141
忠頼母　【四】56
直純　新封下賜【一】336 573 580。日向転封【一】667 673。熊本城在番【二】550。島原乱【三】85 91／【一】501 533 【二】186 535 585 【三】1 76 148 182
直澄　【三】174
内膳　㊀760
秀之進　㊁666
有馬兵庫頭　㊁234
豊胤　【五】519 【六】140
豊氏　江戸城修築【一】403 657 667 【二】460 482 697 701 【三】77。駿府城修築【一】424 445。篠山城修築【一】467 491。大坂城修築【二】177 186 451。久留米転封【二】203。茶事【二】626。島原乱【三】72 74 84 91。卒伝【三】297／【一】76 400 509 547 603 651 【二】212 376 415 424 441 534〜536 568〜570 574 605 629 639 667 673 【三】8 76 139 147 159 166 170 183 184 210 221 252 285 298
豊長　江戸証人【一】421 642／【二】204 220 538 546 637 【三】8 176 【四】319 【五】217
豊祐(豊範)　筑後松崎収公・伝【五】519 【六】732／【四】313 【五】23 358 468 【六】140
満喬　㊀202 213
満秋　【一】619
誉純(左兵衛佐)　濃尾勢河川浚利助役【十】726 728 730。西丸若年寄㊀687 ㊁25／【十】699 803 ㊁228
頼永(筑後守)　㊁536 567
頼貴　鞍・轎の事【十】492 493。侍従【十】682。関東河川浚利㊀10 30／【九】720 【十】773 ㊀5 382 392 684
頼貴母　【十】433
有馬頼元　加封【六】296。参勤慰労・老中派遣【六】437。卒伝【六】593／【四】598 【五】23 32 52 130 160 177 378 519 【六】85 519 588 589
頼元室(定姫、尾張光友女)　→瑞竜院
頼旨　卒伝【六】620／【六】320 593 618
頼次　徳川忠長附【二】158／【二】142 423 【三】42 209 210
頼僮　諸国河川浚利助役【九】442 465 【十】276。少将【十】401。鞍・轎の事【十】492。卒伝【十】740／【八】412 503 542 611 【十】397 716 735
頼端　㊀226 552
頼徳(新太郎、玄蕃頭)　諸国河川普請助役㊀704 715 ㊁58 66／㊀508 684 768 ㊁251 387
頼徳室(幹姫、一橋斉敦女)　㊀508 768 ㊁113
頼篤(玄蕃頭)　㊁511 519 520
頼利　卒伝【五】23／【四】268 556 【五】17
六左衛門　㊁132
有吉頼母　【二】324
淡輪六郎兵衛　【二】22
粟生新右衛門　【一】203
粟津清紀　㊀103
粟屋吉秋　【一】94
忠時　【一】94
鉄三郎　㊁324
安斎(尾張家儒者)　【三】341

安西右馬允 〔二〕70 102
元真 焼火間番〔一〕450。御腰物持〔二〕553。小納戸〔三〕100。新番頭〔三〕325／〔三〕100 138 175 534 612〔四〕10 159 307 337
元政 〔七〕150 166
元雉 〔九〕737 750〔十〕61 346
正重 〔二〕104〔三〕121
正春 〔六〕171
正庸 〔六〕171
正倫 ㊀603
成政 〔五〕475
政永 〔十〕259
定行 〔三〕441
定之 〔三〕167
安生直之 〔十〕802
安祥院尼（清水重好生母） 御内証の方と称す〔十〕53。落飾〔十〕55。邸宅新築〔十〕62／〔九〕177 178〔十〕71 215 496 ㊀67 92
安祥三郎 ↓松平清康
安信（安針・明国人） 〔一〕365
安宅源八 〔一〕733
安藤愛定 〔八〕306 312 605
惟泰 〔八〕9 251〔十〕623 625 ㊀308
惟徳 〔十〕747 ㊀147 334 570
安藤惟要 盗賊考察〔九〕627 640。日光山修理〔九〕708 711 737 746 749〔十〕618。道中奉行〔十〕61。勝手方〔十〕520。田安家家老〔十〕602。大目付〔十〕706 707／〔八〕525〔九〕337 751〔十〕114 469 623 ㊀81 129
一隆 〔六〕290
岩五郎 ㊁39
右京 ㊀795
鉞太郎 ㊁607
織部 ㊀659
雅久（弾正少弼） ㊁4 19 22
主計 ㊀706
寛長 〔十〕205
義門 〔三〕566 587〔四〕67 127
内蔵助 ㊁243 507
蔵人 〔三〕198
九郎左衛門 ㊁486
啓次郎 ㊁673
小平次 〔四〕407
広栄（出雲守） ㊀705 ㊁2 164
広峯 〔十〕108 144 178 352 461 ㊀98 168 191
広猛 〔八〕453〔九〕73 634〔十〕27
国逵（国遠） 〔九〕530
左兵衛 ㊁357
安藤次吉 〔二〕102〔三〕64〔四〕132
次行 〔六〕138 283〔七〕143 301
次種 〔四〕203 475 629
次俊 ↓安藤正頼
次仲 〔九〕479 483 581
次茂 〔八〕351
治左衛門 〔五〕416
重久 〔十〕294
重矩（重知） 館林目付〔四〕396 401。大坂目付〔四〕481 497。日光目付代〔四〕512／〔二〕576〔三〕626〔四〕65 194 454〔五〕475 502
重元 紀伊御使〔三〕195 201。名古屋御使〔三〕296。小姓組組頭〔二〕594。小姓組番頭〔三〕119。加封〔二〕700〔三〕302／〔二〕364 520〔三〕45 51 149 155 279 289 336 338 366 430 733〔四〕454 456〔五〕23 31
重玄 国絵図〔六〕287 494。京・長崎等巡視〔六〕501 508。黜免〔六〕699。赦免〔七〕14／〔五〕568 577〔六〕41 363〔八〕131
重向 〔八〕204
重広 分封〔四〕246。甲府在番〔四〕304 352。大番頭〔五〕425／〔四〕410 444 499〔五〕387 600 605
重之 〔三〕122
重次 〔二〕662
重常 分封〔四〕246。駿府加番〔五〕82／〔四〕203〔五〕

23 31 183 185
安藤重信 加封㈠537 605 ㈡180。連署兼奉行㈠540。家康の鷹狩管掌㈠566 567。諸国賦税を管掌㈠593。姫路国政監察㈠618 621。小田原城請取㈠646。誓書㈠652。大坂冬陣軍奉行㈠726。福島正則改易㈡163 165～167 175。高崎転封㈡180。卒伝㈡212／㈠112 454 490 514 548 558 570 577 595 602 609 611 624 647 655 662 701 704 706 708 717 718～720 726 745 754 ㈡3 9 11 27 33 39 40 64 75 84 95 53 98 107 122 129 135 137 153 268
重成 ㈡202
重長 江戸城修築助役奉行㈡227 ㈢2 147 166 532 572 631 ㈢324 666 672。大坂論書㈡437 439。忠長幽閉㈡569 584 614。加封㈡601。大名朱印状奉行㈡654。寺社奉行㈡692 693。韓使饗応㈢42。知恩院・増上寺還無へ厳諭す㈢224。三春の政事を沙汰す㈢352 355。琉球使㈢360。高野山争論㈢417 425 444 623。旗本廩米の審議㈢462。家光病歿㈢693。寛永寺巡察㈣10。府内御家人宅地巡察㈣142。郭外の宅地点検㈣145。卒伝㈣246／㈡96 341 403 566 583 621 ㈢125 177 182 205 223 224 286 294 334 336 361 433 435 483 612 ㈣6 8 10 49 55 71 72 93～96 137 225。家士㈣229
安藤重能 ㈡33 37
重博 佐倉城在番㈣368 369 378 380。上野国地図撰定㈣506。碓氷関監守㈣613。沼田御使㈤431 436。古河城請取㈥182 186。伊奈忠篤支配地検察㈥223。備中松山転封㈥228。卒伝㈥347／㈣33 277 282 329 330 334 335 350 418 420 436 448 451 463 495 531 532 552 565 602 ㈤4 38 70 71 242 291 ㈥86
重武 ↓安藤信周
信尹 致仕伝㈨634／㈧609 801。家士㈨635
信易(政蔵) ㈧397 ㈨769
信義(対馬守) 致仕伝㊁209／㊀670 ㊁204
信馨 ㈩802 ㊀698
信姿 ㊀632
信周(重武) ㈧159 397
信秀 ㈧803 ㈨50
信成 磐城平転封㈨662。若年寄㈩747。老中㊀224 493 650 651／㈨634 747 ㈩192 541 ㊀11 643
信成実母 ㊀311
信発 ㊀635
信富 ㈤600 ㈥488 ㈦51 ㈧176
安藤信睦(長門守) ㊁670 681
信由(対馬守) ㊁393 532 589
信友 奏者番㈥635 ㈦304。備中松山転封㈦146。大坂城代㈧124。老中㈧272。卒伝㈧609。藤原氏に改姓㈧610／㈤429 ㈥347 363 583 ㈦27 134 149 170 225 343 ㈧88 126 128 344 349 361 371 397 454 521 557 603 605 606 ㈨193 203 769
信歴 ㈨431
甚助 ㈠705
正国 ㈩35
正次 目付㈠91。水戸監使㈠112。伏見城監使㈠393 513 578。筒井定次封地の検地㈠460。篠山城監使㈠467。越後郡村査検㈠482。使番㈠482。槍奉行㈠704。旗奉行㈡13／㈠115 417 512 704 730 731 732 741 742 756 ㈡2 37 285
正長 ㊀148
正珍 歩行頭・宇治茶詰㈡587 ㈢718。加封㈡616／㈡538 638 ㈢253 536 ㈣5 6 9 590
正程 ㈤48 49 317
正弥 ㈡494 ㈢178
正武(定寿) ㊀139 643
正甫 ㊀68 139
正朋(正明) ㈩136 137

安藤正案 〔八〕803
正頼(資俊・次俊) 家綱附〔三〕295 449 656。加封〔三〕509〔四〕33 370。西丸諸役人法度〔三〕660。昼夜伺候〔四〕289／〔三〕305 381 392 444 522 587 591 594 612 657 658 687〔四〕74 75 89 103～105 180 183 213 290 347 377 392〔五〕346
政蔵 ↓安藤信易
惣左衛門 ㈠639
忠義 〔六〕298
忠次 紀伊国御使〔三〕38。大坂目付〔三〕568〔四〕46 59 145 166 237 260 400 417。家綱附〔三〕655。駿府目付〔四〕318 338。佐倉目付〔四〕365 368 373／〔三〕140 148 320 415 416 518 607 635〔四〕31 78 112 114 130 137 187 201 531 561 572 591
忠利 〔三〕223
長三郎 〔二〕31
長太郎 〔三〕198
直規 〔八〕566 728
直久 ㈠473 562
直元 〔十〕212 303
直孝(伊予守) ㈡159
直之 〔十〕353 428 555 644
直次 小牧・長久手戦〔一〕52。三家附家老〔一〕255 311 538〔二〕116。松平国千代(大須賀)国政輔導〔一〕446 502。加封〔一〕451〔三〕119 171。頼宣附〔一〕538。転封〔三〕119 171。横須賀士附属・鉄砲足軽を隷す〔二〕171。五島盛利の事・仙台相馬境論・身延池上宗論検断〔二〕476。卒伝〔二〕678／〔一〕257 274 282 312 485 500 536 548 561 564 629 632 647 650 676 687 689 691 695 696 701 702 714 715 719 722 725 726 736～740 743～745 749 756 759 762〔三〕17 27 33 37 95 96 121 142 316 428 481 484 507 531 574 581〔五〕342
直治 〔二〕316 685〔三〕3 33
直政 三河吉田御使〔三〕285。甲斐大野御使〔四〕89。桜田門勤番〔四〕212。百人組の頭〔四〕381／〔三〕149 151 155 192 487〔四〕161 165 166 431〔五〕54 231 256
直清 〔四〕128 168〔五〕33
直利 〔五〕407 443〔七〕444〔八〕356
陳武 〔九〕140
対馬守 ㈠756
定英 〔九〕634
定貫 〔八〕371
定喬(次右衛門) ㈡488
定矩(八郎右衛門) ㈡506
定賢(筑後守) ㈠251 601 ㈡130
定行 〔五〕497 498〔七〕100
安藤定厚 〔八〕511〔九〕73〔十〕224
定次(次右衛門・治右衛門) 〔一〕222〔二〕277
定次(伝右衛門) 〔四〕292 446 452〔五〕24
定寿 ↓安藤正武
定正 〔一〕119
定知 〔七〕57 283 402〔八〕347
定智 持筒頭〔二〕365。持弓頭〔二〕420 552。加封〔二〕616／〔二〕538 606〔三〕7 40
定朝 〔三〕679
定武 〔一〕119〔二〕304〔三〕102 679
定房 〔九〕70
典膳 ㈡359
八郎右衛門 ㈠646
八郎左衛門 ㈡545
浜之助 ㈠790
彦市 〔九〕70
彦四郎 ㈡420
平六 〔五〕416
方親 〔八〕122
松五郎 ㈡232
木工之助 ㈡482
茂啓 〔十〕57
理兵衛 〔五〕502
安当仁がらせす ↓あんとうにんがらせす

安中卜庵　九174
安楽心院宮　↓公延法親王

い

いこの局（堀田正盛母）　三694
いちの　三230
いつきの局　七111
一宮助左衛門　一744
五十幡忠盈　十771 797 ㊀25 91 398
　忠業（白岩）　六556 八506
　忠建　㊀398
五十嵐　二193
　市十郎　㊁330
　永貞　九96
　重友　二403
　常広　二533
　盛邦　九96
　兵左衛門　四589
五十川了庵　一343
五十宮（閑院宮直仁親王女・家治室）　↓心観院
井伊家　五283
　三郎　㊀684
　直惟　江戸城本丸武具預り八54 九182。病気八575 690 725。致仕伝八683／七182 368 423 424 八66 179 361 458 563 665
井伊直惟母　八644
　直員　卒伝八685／八617
　直該（直興・直治）　初謁四503 五147。越後騒動五417。綱吉自画拝領六83。大老六298 397 七146。大名廻礼六299 七146 147。致仕伝六431 七368。再家襲七134。家継輔佐七271。湯治六122 七343 346 353。病気五227 230 六439 七157 160 166 175 179 357 八66。卒八70／五148 232 244 379 380 386 392 432 442 六25 42 80 85 244 七103 136 137 180 312 313 334 349 383 403 467。家士五320。
　直該母　六339
　直寛　二486 516 625 三126 212 281 325
　直暉　卒伝㊁146／㊀609
　直矩　致仕伝八557／六603 七449
　直郡　卒伝十37／九703 十27
　直経（兵部少輔）　㊁165 536
　直賢　八765
　直元（玄蕃頭）　㊁557
　直広　十775
　直好（井上）　加封三405。転封三405 四298。預地四300。卒伝五126／二334 528 三146 166 272 331 373 521 530 四11 15 16 40 56 146 180 299 五121

井伊直孝　秀忠に仕う〔一〕76。大坂冬陣〔一〕257 262 311 687 711 739 758。大坂夏陣〔一〕270〔二〕8 15 20 27 33 39 51。官位〔一〕384〔二〕50 376〔三〕388〔四〕315。書院番頭〔一〕475〔四〕315。大番頭〔四〕316。封地〔一〕475 524〔二〕74 178 374 593。襲封〔二〕6。婚姻〔二〕81。伏見城在番〔一〕628 673。病気〔一〕752〔二〕244 362 443 581〔三〕20 27 98 109 138 192 227 613 645 646 649 650 653 689〔四〕117 181 268 282 283 286 288 302 304 309。佐和山城下賜〔一〕758。狩場下賜〔二〕81 587〔三〕383。旗本二番の先手〔二〕93。福島正則改易〔二〕164 273。屋敷地下賜〔二〕554〔三〕177。黒田騒動〔二〕592。鳥居忠恒除封〔三〕29。諸国凶作賑救〔三〕271。卒伝〔四〕310 315。遺事〔三〕696〔四〕2 10 52 161 304〔五〕339 341 346／〔一〕284 512〔二〕97 153 261 285 291 375 383 524 536 666 694〔三〕143 153 184 217 225 335 521〔四〕16 194。家士〔二〕279〔三〕209

直孝母　〔四〕315

直幸　鞍・轎の事〔十〕492 493。大老〔十〕761 795㊀5 42。卒㊀90／〔九〕628 644 661〔十〕136 262 384 397 722㊀89

直幸母　〔十〕513

直恒　卒伝〔七〕127／〔六〕619〔七〕118 119

直興　↓井伊直該

井伊直禔　卒伝〔九〕624／〔八〕765〔九〕425 618 623 624

直治　↓井伊直該

直時　↓井伊直縄

直滋　家光参内供奉〔二〕643 644 652。日光社参供奉〔三〕172 518 594。日光代参〔三〕644 646〔四〕74 75。韓使〔三〕43 322〔四〕160。遁世〔四〕292／〔二〕529 583〔三〕237 419 442 658〔四〕11 12 42 53 96

直尚　〔十〕222

直勝　彦根築城〔一〕76 113。官位〔一〕76 79 408。伊賀上野城請取〔一〕460 463 464。別家〔二〕6。鳥居家と不和〔三〕29／〔一〕547 557 603 631〔二〕447〔三〕653〔四〕238 450 452 464

直勝母　〔一〕428

直勝妹　↓伊達秀宗室

直縄（直時）　卒〔四〕266／〔二〕625〔三〕212 325 379 419

直親　〔一〕38

直政　出仕〔一〕38。初陣〔一〕43。井伊赤備〔一〕52 163。長篠戦〔一〕156。小牧長久手戦〔一〕168。加封〔一〕191。九戸一揆、徳川勢の先鋒〔一〕201。関ヶ原戦〔一〕228。将軍嗣子を議す〔一〕234 382〔二〕266／〔一〕52 56 76 356 379 409 424

直存　卒伝〔十〕27／〔八〕685

直中（修理大夫）　家慶臨邸㊀203 229。致仕伝㊀684／㊀48 67 94 123 327 687㊁247

直中母　㊀524

直中養母　㊀236

直中室　㊀765

直朝　奥詰〔六〕269 272 739。失心除封・卒伝〔六〕600 603／〔六〕85 213 283

直澄（直清）　初謁〔二〕625〔三〕375。日光代参〔四〕455 523 530 532 545 596 606 607。碁将棊の侍観〔四〕584〔五〕57 84 113 144 170 198 223。大老〔五〕29。家綱諸廟参詣を先導〔五〕30 39 48 53 60 64 70 78 80。病気〔四〕394 418〔五〕96 118 136 189 204。卒伝〔五〕232／〔三〕212 325 379 419〔四〕322 327 330 333 352 413 422 465 504 595 620 631〔五〕25 86 125 177 186 229。家士〔四〕315

直通　卒伝〔七〕112 118／〔六〕329 431

直通室　〔六〕713

直定　分封〔七〕368。直惟の養子・溜間詰〔八〕665。日光告祭使〔九〕353 357。家治臨邸〔九〕618。致仕伝〔九〕618 644。再家襲〔九〕624／〔七〕211〔八〕683 698 724 863〔九〕455 461 623 757

直定母　〔九〕440

直弼（鉄三郎・玄蕃頭）　㊁559 644 659 689

直富　〔十〕480 749㊀38

直武　致仕伝〔六〕213／〔四〕263〔五〕121 126 144 368 442。

井伊　家士[五]414
直陽　卒伝[八]617／[八]482 557
直亮（掃部頭）　家定加冠役㊁321。大老を退く㊁432／㊀684 728 ㊁392 520 579 581 657
直朗　若年寄㊀5 698。城主格㊀542／[十]32 37 126 427 674 ㊀48 609
井出荒次郎　㊁654
延政　㊀65
勘右衛門　[九]52
行休　㊀49　↓井出延政カ
次左衛門　[八]158
重次郎　㊁49
正員（井上）　五畿内代官[二]648。作事方会計[三]119。勘定組頭[三]218 219 247。改易[三]277。赦免[四]31／[二]557
正栄　[六]684 [八]158
正雅　[六]638 [七]44 97 388
正基　[六]684
正吉　[一]84
正興　[十]18 385
正次　[一]420 428 480
正勝（三右衛門）　[一]84
正勝（半左衛門）　[三]326
正岑　[十]196
井出正信　和久宗成を査検[一]707。蒲原陣屋[二]305／[一]504 [二]684
正相　[十]196
正直　[七]388
正徳　[五]468 [六]20 626 684 [八]158
正府　[七]241
正本　[九]715
政安　㊀559
政武　[八]843
政峯　㊀65 559
主税　㊀247
長五郎　[七]241
藤九郎　[六]546
茂純　[三]533 588
井深宅右衛門　㊀705
井口宗次　[二]578
宗貞　[六]230
井坂信尋　㊀182
孫兵衛　㊀589
井沢為永（伊沢）　召出・勘定[八]312。新田開発[八]431。甲信河渠浚利[八]559 568。越後河渠巡視[八]607 614。駿遠河渠巡視[八]614。大井川浚利[八]618 655 658 714 721 [九]438。伊勢公料巡視[八]638 643。甲斐巡視[八]661 663 731 734 737。美濃郡代兼帯[八]691 692 709 767。検地[八]730／[八]390 555 577 603 783 799
井沢正房　召出[八]695 [九]227。大井川浚利[八]714 801 809 820 860 862 [九]26 39。検地[八]730。美濃巡視[八]740。新田開発[八]783。勘定奉行支配両番格[八]799。甲駿遠・東海道河渠浚利[九]44 55 441 442 447 455 465 473 475。両国橋修理[九]91。矢矧橋修理[九]130。吉田橋修理[九]549 553 555 560 567。籠居[九]584／[八]799 [九]416
井関常甫（玄悦・玄説）　治療派遣[四]498 598 [五]65 91 143 219 233 304。家綱に献薬[五]329／[五]
常立（玄東）　[五]195
親倫　[八]858
正伯　㊁664
政甫（玄周）　[八]340 [九]154
貞経　㊀119
祐甫（玄悦）　[六]749 [八]530
井田良幹　㊀172
井戸覚弘（若狭守・覚斎）　召出[一]491／[一]486 531 [二]590 [三]120
覚弘（三十郎）　韓使饗応[三]320 [四]161。信濃小室目付[三]503／[三]431 441 574 [五]198
覚弘（大内蔵・対馬守）　大坂城総修復㊁

503 506。世良田東照宮修復㊀520 521 524
525 528。仏国クレオパトラ号長崎入
港㊁579
小太郎 ㊁543
弘堅 〔十〕689
弘佐 〔十〕795
弘宰 〔六〕635 〔七〕231 〔八〕840
弘前 〔八〕840
弘道(鉄太郎) ㊁698 701
弘民 〔九〕53
弘雄(新右衛門) 〔一〕689 789
弘隆 日光修理〔八〕836 845 854。久能山修復〔九〕
11 15 33 48/〔九〕53
幸弘 西国巡視〔四〕601 628 629。盗賊考察〔五〕590
〔六〕6。黜免〔六〕11/〔三〕626 〔四〕411
治秀 〔一〕531
十兵衛 ㊁438
重弘 〔二〕578 〔三〕300
新之丞 〔一〕636
助左衛門 〔九〕489
直弘(井出) 巡見使〔二〕557。駿府定番〔三〕629。
病気〔四〕248 249 404/〔一〕531 〔二〕638 〔三〕625 626 〔四〕
411。若党〔三〕182
典弘(良弘) 〔六〕705 〔七〕101 109 231

井戸良弘(左馬助) 〔一〕531 〔三〕199 258 304
良弘(十右衛門・対馬守・志摩守) 〔五〕319
322 〔六〕682 705
良雄 〔一〕96
和弘 〔五〕198
井藤忠亮 →亀井忠亮
井野春若 〔十〕115
井野口三左衛門 〔八〕291
井部定右衛門 〔一〕160
以心庵(後陽成天皇男・八宮・直輔親王) →
良純法親王
以伝(増上寺) 〔三〕71
生駒一正 讃岐領公役半免〔一〕458 486。卒伝〔一〕513
/〔一〕76 119 457 470 510
石見(蜂須賀家士) 〔一〕710
大内蔵 〔一〕791 ㊁6 187 237 391
河内 〔三〕199
鍬五郎 ㊁469
高俊 秀忠茶事〔二〕424 481 493 504 505 626。家光茶
事〔三〕160。江戸城修築〔三〕2 4。除封
配流・伝〔三〕197 198。領界論争〔四〕301/
〔二〕214 377 509 534 536 605 〔三〕99
高俊母 〔二〕513
高清(高法) 〔三〕197 〔四〕263 281 〔六〕216

生駒左衛門 〔三〕198
修理 〔一〕724
俊矩 〔十〕25 696 〔一〕68 404
俊興 〔一〕404
俊定 〔八〕806
俊民 〔八〕806 〔九〕739
俊明 〔四〕263 281
親賢 〔八〕560 〔十〕62 365
親興 〔五〕72 447 〔六〕216 475
親章 〔十〕695 〔一〕163
親信 〔十〕151 251
親正 豊臣家三中老〔一〕211。卒伝〔一〕74
親睦 〔十〕365 633 695
親猶 〔七〕26 〔八〕560 〔九〕602
正慶女 〔四〕263
正俊(一正) 駿府参勤〔一〕578 590 653。大坂冬
陣〔一〕701。福島正則改易〔二〕165。卒伝
〔二〕214/〔一〕513 547 603。家士〔三〕197 198
正純 〔一〕548
正親 〔六〕310 475 617
帯刀 〔三〕197 198
藤蔵 ㊁479
内膳(前田家士) 〔二〕458
又右衛門 〔一〕752

生駒主水 [三]114
　利明 [六]373
伊賀蜂郎次 防火建議[九]159 168 232
伊木伊織 [三]197 198
　遠雄 [二]29 35
　治左衛門 [三]198
　七郎右衛門 [一]694
　七郎左衛門 [一]743
　長門 [二]682 [三]629
伊熊貞三郎 ㊁592
　平蔵 ㊀668
伊沢正久（政久） 逼塞[七]241。出仕停止[八]245／[六]219 [八]265 728
　正次 [五]619 [六]50
　正信 ↓伊沢政信
　政義（摂津守） 処罰㊁566／㊁370 531
　政重 ㊀421
　政信（正信） 大坂冬陣[一]705。家綱附[三]655／[一]421 [二]192 538 [三]371 [四]129 200 514 588 [五]2 4 24 34 36
　政成 [四]487 [五]85 189
　政武（主水） ㊀760
　善次郎 ㊁57
　隼人 [二]293
伊沢方守 ㊀465 480
　方貞 [九]616 [十]328 334
伊氏（唐商） [八]366
伊集院忠真 [一]214
　半右衛門 [一]736 737
伊勢因幡入道 [三]248
　左京 [四]32
　十三郎 ㊁275
　貞永 [六]587 [七]106
　貞益 小烏丸進覧[八]126 [九]242。家伝書繕写[八]152。『室町家雑礼旧記』進覧[九]242。家伝の戎器進覧[九]267／[七]106 [八]393
　貞継 [九]242
　貞慶 [十]329
　貞恒 [十]233 329
　貞衡 召出[三]50 744。千代姫婚礼儀注[三]153。家伝式法古書献上[五]541／[三]167 [六]29
　貞守 [六]29 587
　貞春 ㊀424
　貞丈 家伝書繕写献上[八]651。『矢筋靭沓挟物之記』進覧[九]242／[九]132 [十]743
　貞常（因斎） [六]430
　貞誠 [四]281
　貞勅 利根川荒川浚利[六]578。荒井関監察
伊勢
[七]25 35 38 64。金貨改鋳[七]366 410。駅路兼掌[七]452。黜免逼塞[七]464。赦免[八]3。関西河渠浚利[八]64 66 81。葛西水利管掌[八]174／[六]544 603 687 [七]119 160 175 209 210 363 [八]79 204 225 317
　貞陳（貞陣） 卒伝[八]393 410
　兵部 [二]503 [三]744
　幽也 [三]395
伊丹永親 [二]425
　源六 [二]171
　虎重（義虎） [二]89
　康勝 関東巡察[一]626 [三]109 271。賦税管掌[一]682 696 [三]284。諸軍月俸管掌[一]762。大坂夏陣[二]16。信濃松本鉱山査検[二]49。鐚銭使用禁止[二]99。加増[二]100 449 584。宇都宮吊天井一件[二]235。家光附[二]248 249 491。行幸饗応役[二]375 384。勘定頭[二]449 693 [三]15 130 149 165 313 326 [四]83。後水尾天皇譲位の事管掌[二]470。談伴衆交番出仕[二]549。肥後国政管掌[二]550 565。甲斐国務管掌[二]584 [四]83。万石に列す[二]584。代官所の目安捧呈管掌[二]607。赦免[二]633。佐渡金山管掌[二]679 689。関東御料・農民訴訟

伊丹　[二]693。庖所費用を査検[三]165。小普請支配兼帯[三]168[四]62。山崎家治所領引渡[三]238 244。会津収公の地管掌[三]313 326。秀忠法会[三]342 484 514。戸籍作成[三]379。家光に算盤の術授与[三]741。卒伝[四]83／[一]481 482 682 696[二]141 318
康勝母　[三]494 464 533 537[三]26 35 66 77 166 190 286 550 684
康信　↓伊丹之信
康定　[二]484
康命　[九]494[十]37 616
駒次郎　㊁588
之信(康信・之康)　会計皆済[二]161。近郊放鷹地の制[二]445。召預[三]285／[二]484[三]551[四]32
重好　[一]100
勝久　[二]64 69
勝元　[二]666
勝守　卒伝[六]345／[五]411[六]121
勝重(長吉)　[三]240
勝重(左兵衛)　[二]692[四]222 442
勝従　㊀416
勝春　[十]526
勝信(彦右衛門・彦左衛門)　[三]190 285
伊丹勝信子　[三]285
勝信(小市郎)　[十]526
勝政　甲斐黒川金鉱の役夫支配[四]486。水口番[四]509 515 551[五]41 74 411 451。大坂加番[五]239 266。卒伝[六]121／[四]463[六]72
勝忠　[二]89 692
勝兆(大和守)　㊁174
勝長　勘定頭[三]649。江戸城修築[四]220 248 328。卒伝[四]426／[一]450 642[二]701[三]684[四]69 73 95 125 130 195 224 276 417
勝徧　[十]717
勝房　[八]484 566 697[十]167
勝友　皇居造営奉行[六]696 700[七]72。高崎城引渡[七]111 118。小普請組支配[八]159／[七]158[八]384 427
勝有　㊀90
宗味　[一]111
直彜　[十]235 445
直賢　召出[八]9。吉宗を評す[九]221。詩歌詠進[九]303。一橋用人首座[九]396 501。琉球使来聘[九]551 581。家重隠退[九]758／[九]404 445 481[十]37 85 235
直純　㊀460
隼人　[二]484
伊丹兵右衛門　㊁545
伊東采女　㊁560
勘右衛門　[五]489
基祐　[五]496 578 600
内蔵(長裕カ)　㊁519
弘祐　大坂冬陣[一]705。諸道具奉行[一]705[二]14。閉門[二]104／[二]415
高仙　㊀648
高与　㊀648
至義(高益・主義)　診脉㊀94。竹千代(家斉子)附㊀188／㊀112
主膳　㊁249
甚右衛門　[五]600
政勝　大坂夏陣[二]37。米沢目付[三]523 564／[一]400[四]442
政世　大坂冬陣・検使[一]730〜732。大坂城溝を埋む[一]756。閉門[二]79／[一]704[二]13
政泰　沼田目付[五]431 436／[五]41 127
主税　㊁252 271 519
長寛(播磨守)　[十]687 695㊁654
長丘　致仕伝[十]131／[六]692[八]297 330
長救　奥詰[六]188 194 739。小姓[六]194 213 739。致仕伝[八]297／[五]155[六]179 346

伊東長行　㊁354
長五郎　㊅83
長次(伊藤、長実)　大坂夏陣㊀280 684 ㊁2。本領安堵㊁65。卒伝㊁454／㊀457 548 733 760
長治　江戸城外郭門の勤番㊂262。卒伝㊃290／㊁628 ㊂207 688 ㊃113
長昌　㊁454 536 ㊂2
長祥　㊀635
長詮　卒伝㊉579／㊈564 ㊉131
長貞　卒伝㊅176 179／㊃122 290 319 ㊄124 259 291 538
長兵衛　㊁229
長裕　㊁654　→伊東内蔵
直之　㊈565
鶴千代　㊂138
主殿　㊁130
孫兵衛(水戸家士)　㊂687 714
祐永　消防褒詞㊇140。卒伝㊇821／㊅659 694 ㊆376
祐久(大和守)　島原乱㊂76 89。蛮船厳制㊂148。公卿館伴㊂174 182 350 ㊃47 86 173。火災消防㊂332 394 509 605 639。飫肥城洪水破壊㊃122。卒伝㊃252／㊁354 ㊂23 37
伊東祐久(九郎左衛門)　㊁415 ㊂466
祐慶(伊藤)　時服献上㊀457。熊本城請取㊁551 587。卒伝㊂23／㊀457 547 ㊁64 186 535
祐賢　㊅697
祐虎(主膳)　㊀780
祐之　卒伝㊈105／㊇821 ㊈50 65 89
祐氏(監物)　㊁215
祐至(高雪)　㊈652 ㊉58
祐竺　㊆402 ㊇270
祐実(伊藤)　日向地震㊃436 441。封地大風洪水㊄271。公卿館伴㊄255 406 575。韓使館伴㊄442。致仕伝㊆376／㊃192 395 475 554 ㊄22 416 ㊅534 547
祐寿　㊀168
祐粛　㊉674 ㊀10 30 61
祐春　㊂138 ㊃192 ㊅424
祐承　㊀168 505 523
祐昌　㊉648
祐鐘　卒伝㊀376
祐続　㊈606
祐信　㊄609 ㊅305 351 373
祐崇　㊅167
祐政　㊀8 274 336
伊東祐詮　㊇543
祐相(彦松・修理大夫)　㊀726 737 ㊁171 206 527
祐村　㊀173
祐泰(伊奈、政泰)　㊄38 48 127 144
祐忠(甚之丞)　㊉560
祐忠(五左衛門)　㊀321
祐陳(祐陣)　㊇179 ㊈14
祐定　㊅373 ㊆445
祐範　㊆464
祐丕(鎌五郎・修理大夫)　㊀692 710 717 726 737
祐武　㊉572
祐福(祐移)　卒伝㊉674／㊈564 682 695 707 ㊉350
祐峯　㊈606 ㊉294
祐豊　初謁㊁306 323。分封㊂24／㊁402 471 539 637 ㊃192
祐房(伊藤、伝七郎)　㊁655
祐房(主殿・靱負)　㊉44 365
祐民(鶴三郎・修理大夫)　㊀376 407 529 692
祐由　卒伝㊃395／㊂138
祐隆　卒伝㊈695／㊈105 383 425
祐連　㊅424 ㊇179
庸相　㊀167
竜沢(伊藤)　㊈405 ㊉171
伊藤伊左衛門　㊄507

伊藤維楨(仁斎)　〔五〕522〔九〕247
　一刀斎　〔一〕351〔二〕446
　岩丸　㊀666
　釆女　〔三〕66
　喜兵衛　㊀779
　宮内　〔一〕273
　監物　㊁352
　源五左衛門　〔六〕109
　高仙　㊁11
　治明　秀頼年賀使〔一〕507。大坂冬陣〔二〕25／〔一〕547〔二〕113
　七郎右衛門　㊀677
　実以　〔一〕647
　実久　〔八〕679
　重次　〔一〕593
　重昌(重富)　西丸厨所に昼夜伺候〔三〕659／〔二〕311〔三〕42 243
　重茂　〔三〕532 587
　助次　〔一〕406 572〔二〕224
　庄兵衛　㊀754
　尚貞(市井医)　〔十〕645
　新九郎　〔一〕500
　新五郎　〔八〕91
　新兵衛　〔八〕91 167

伊藤仁斎　↓伊藤維楨
　甚助　〔十〕608
　助十郎　〔六〕599
　正威　㊀65 257
　正行　〔二〕475
　正次　小納戸奉行〔三〕168。紅葉山修築行賞〔五〕81／〔三〕134 141 612〔四〕34 235 253 443〔五〕152 168
　正重(安兵衛)　↓伊藤正信
　正俊　〔一〕489
　正信(正重、安兵衛)　大坂城目付〔五〕192 205／〔九〕188
　正知　〔一〕512
　正茂(政茂)　〔八〕221 436 577
　宗鑑　〔十〕843
　忠移(河内守)　国用日記㊀24／㊁44
　忠右衛門　㊁148
　忠勧　天主教考察・分限簿点検〔十〕612。百手的〔九〕659／〔十〕178 646 827
　忠照　家重附〔八〕35。西丸小納戸〔八〕473／〔八〕567
　忠兵衛　〔一〕273
　忠兵衛　㊀655
　長三郎　㊁334
　長次　↓伊東長次

伊藤長実　↓伊東長次
　伝弥　㊀688
　道阿弥　〔六〕595
　留右衛門　㊁273
　仁右衛門　〔三〕505
　武蔵守　〔二〕39
　利賢　〔八〕835
　利節　〔十〕14
　竜沢　↓伊東竜沢
伊奈右近　〔六〕407
　康明　〔六〕407
　権八郎　㊁107
　治詣　〔四〕98 303
　重明　〔四〕292
　昭綱　〔二〕167
　忠遺　〔六〕407
　忠永　〔六〕481
　忠盈　㊀180
　忠易　伊豆代官〔五〕43。無人島珍禽奇木献上〔五〕215。遠流〔六〕314／〔五〕359 361〔六〕374〔九〕225
　忠寛(熊蔵)　㊁132
　忠逵(忠達)　別墅に吉宗来臨〔八〕73 222 286 293 328 395 447 556 591 627 713〔九〕10。小菅別墅営

伊奈 作〔八〕109 803。別墅に家重来臨〔八〕398 423 615 650 676 709 735。葛西水利〔八〕174。利根川辺村邑巡視〔八〕199。韓使饗応〔八〕202〔九〕472。河渠浚利〔八〕256〔九〕68。減封〔八〕500。関東郡代、老中所属〔八〕648。本所筋賑救〔九〕46。小金原鹿狩〔九〕273／〔八〕38 106 184 289 462 501 803 822〔九〕83 159 327 520
忠輝 〔六〕407
忠敬 勘定吟味役上首〔十〕484／〔十〕318 345 573
忠公 伊豆代官〔三〕279／〔三〕220 350〔四〕113 353
忠衡 巡見使〔九〕350 364 397
忠克 ↓伊奈忠勝（半左衛門）
忠告（遠江守） 江戸城修復㊁623 629 632 639～641 647／㊁565 636 662
忠嗣 〔五〕538 579
忠次（忠政） 伝馬下知状〔一〕104。戸塚駅再置〔一〕110。武蔵氷川神社領配分〔一〕120。寺領替地連署〔一〕126。絶入・蘇生〔一〕431。尾張の検地〔一〕463。下総船橋太神宮造営奉行〔一〕476。卒伝〔一〕521／〔一〕112〔五〕51
忠治 徳川忠長改易御使〔二〕570 574。代官〔二〕570〔三〕111 288 415 553 566 595。関東御料・農民訴訟〔二〕693。勘定奉行〔二〕693。関東

伊奈 郡代〔三〕32 112 384。郡代〔三〕60 220 665。勘定方〔三〕127。借米〔三〕274。法会管掌〔三〕288 342 346。城米・廩米の員数査検〔三〕277。関東諸代官の得失糺察〔三〕284。堤防修築担当〔三〕284。各邑賑救討論〔三〕292。関東山野の点検〔三〕384。循吏〔三〕478。江戸近郊農民の宅地査検奉行〔三〕553。大地震・川崎駅の被害注進〔三〕610。玉川水道奉行〔四〕70／〔三〕221 339 350 405 564 665〔四〕15 68 95
忠重（五兵衛） ↓伊奈忠臣
忠重（六左衛門） 〔四〕292
忠順 深川に架橋・築地〔六〕324 332 337 582。永代島新築〔六〕421。本所堤防修築〔六〕544。利根川荒川浚利〔六〕553 578。飛騨国に赴く〔六〕616 620。富士山降灰地の修治〔六〕682。小田原河川修理〔六〕688 700〔七〕28 48 111。六郷渡の浚利〔七〕138。卒〔七〕229／〔六〕314 404 603〔七〕204
忠勝（熊蔵） 〔二〕147 174
忠勝（忠克、半左衛門） 水害地巡視〔三〕673 680。鷹場家作制禁〔四〕182。宅地を馬喰町に移す〔四〕219。寛永寺神領検断〔四〕239。鷹狩褒賞〔四〕267。放鷹・休息

伊奈 所設営〔四〕285。家綱放鷹〔四〕331 345 382 421 438 494。新田巡察〔四〕402 405 411。福島十二万石を管理〔四〕507 508 516。公卿饗応〔四〕551／〔四〕99 248 458 463 492 537 554
忠常 常陸谷原新墾地担当〔四〕596 599 612 613。家綱放鷹〔四〕515 563〔五〕36 56 85 143 169 297。姦曲〔五〕111 120。公卿饗応〔五〕310。六郷橋修理〔五〕143／〔四〕463 610
忠臣（忠重） 分封〔四〕99。日光破損奉行〔四〕261 276。各所修理奉行〔四〕331 332。日光仮屋造営奉行〔四〕514。淀川浚利巡察〔四〕606 620。新墾地巡察〔五〕44 59／〔三〕589 656〔五〕166 170
忠辰 〔九〕520 625
忠真 赦免〔六〕374 406。小十人組〔九〕225／〔十〕43
忠政 小田原陣〔一〕185。関東入国、御家人知行割〔一〕190。大坂冬陣〔一〕719 738 747。大坂夏陣〔二〕18／〔一〕194 305 475 521 548〔二〕147
忠雪 国松附〔一〕419 504／〔三〕42
忠善 ㊀180 195
忠宗 〔六〕407
忠則 〔五〕166
忠尊 窮民賑救〔十〕631。武蔵・上野織物糸綿改所〔十〕671。関東郡代・老中支配

伊奈
〔十〕749。勘定吟味役上首〔十〕779。凶作賑救〔一〕34 35。朝鮮人参捌方査検〔一〕51。処罰〔一〕180 195／〔十〕573
忠知 〔六〕407
忠篤 武蔵忍・騎西・吉見見分〔五〕538 543。高山城請取〔六〕150 159。卒〔六〕314／〔五〕380 563〔六〕17 223
忠富 〔十〕43〔一〕180
忠朋 〔五〕579
忠房 〔六〕407
忠宥 河渠浚利〔九〕713。狩場〔十〕36。勘定吟味役上首〔十〕83 127 179。京坂巡視〔十〕145。秩父百姓一揆〔十〕175／〔九〕625 631〔十〕105 318
忠利(左門) 〔五〕400〔六〕140
忠利(平十郎) 〔一〕180
忠隆 〔二〕174
半左衛門 非人救助〔二〕372／〔二〕103 501 518
彦大夫 〔五〕579
弥一郎 〔六〕407
伊庭軍兵衛 〔二〕92
兼季 〔一〕358
庄大夫 〔三〕248
団右衛門 〔七〕236
豊祥(春貞) 束髪〔六〕116／〔四〕557 579〔六〕216
伊庭保五郎 〔二〕477
伊吹重次 〔三〕4
昌輝 〔六〕637
昌明 〔七〕398〔八〕35
平兵衛 〔二〕257
万秀 〔九〕616〔十〕69
伊兵衛(大坂商人) 〔十〕242
伊与田正英(伊予田) 〔六〕652〔八〕48
武道(伊予田) 〔六〕708〔八〕341
位産(増上寺) 増上寺住職補任〔三〕643 649 664。浄土諸寺住職選任〔四〕32／〔三〕174〔四〕7 58
威海(滝山大善寺) 〔一〕579
唯乗院(亨姫、家斉女) 〔一〕457 458 484
惟政(松雲、朝鮮僧) 〔一〕334 416
猪飼九右衛門 〔四〕604
久一 〔八〕99 238
五郎大夫 〔十〕477
三郎左衛門 〔六〕6
次兵衛 〔三〕111
重正 〔二〕159
正胤 〔十〕747
正久(五郎大夫) 〔八〕273
正久(半左衛門) ↓猪飼正景
正喬 〔一〕470
猪飼正景(正久、半左衛門) 大坂目付〔三〕520 523 559 564〔四〕36 51 189 204 268 286 429。廻国〔三〕592 610。家綱附〔三〕655。日光御使〔四〕27 30 65 68 99 105 152 159 178 180 221 226 248。駿府目付〔四〕120 138。大坂城目代〔四〕330 349。堀田正信除封〔四〕373／〔三〕155 513 518〔四〕368 410 549
正昌 〔九〕747
正冬 巡見使〔五〕399 403 424／〔六〕216
政紹(政矩) 〔九〕630
政尚 〔五〕454
猪苗代兼如 〔一〕105 349
揖斐貫兵衛 〔二〕221
政軌(政軏) 天主教を学ぶ〔二〕282。江戸城本丸造営の材木捜索〔三〕150。六郷橋梁材伐出〔三〕314／〔二〕606〔四〕373
政吉 〔二〕327
政喬 〔十〕801
政近(政綱) 田安清水両門修築奉行〔四〕239。西尾城引渡〔四〕299 303／〔三〕571
政景 小田原町奉行代官兼務〔二〕214。小田原城引渡〔二〕574 575。徳川忠長旧邸守衛〔二〕582。韓使往還管掌〔三〕41／〔二〕538 631〔三〕106
政恒(造酒助) 〔十〕801〔一〕40 219 255

揖斐政恒（与右衛門）　㈡690
政綱　↓揖斐政近
政之（五左衛門）　精勤〔四〕63 289。失儀閉門〔四〕394。赦免〔四〕405／〔四〕11 179 371〔五〕393
政俊　松平近形と訴論〔十〕69。西国郡代〔十〕262／〔十〕253 399
政敦　〔五〕393
政峯（与右衛門）　㈡357 363
僮俊　〔十〕552
懿　公　↓尾張斉荘
飯尾宗兵衛　〔三〕198
飯河俊信　〔八〕104 167 427
昭顕　〔五〕475
信順　巡見使〔五〕399 403 429。高田城引渡〔五〕567 571／〔七〕360
信門　㈠533
盛之　〔一〕412
盛次　〔二〕428
盛信　〔三〕120
盛政（飯川）　〔一〕412 598〔二〕491 627 655
盛直　〔二〕628
善左衛門　㈡356
仲信　〔九〕431 435
直信　〔三〕465〔四〕265
飯河直大　〔七〕229
平四郎　〔五〕535
方好　〔三〕225 571 602
方信　閉門〔六〕20 80。赦免〔六〕140／〔五〕326 332〔六〕373。隊下同心〔六〕80 81
飯島可山　㈡587
金大夫　㈡23
之久　㈠187
之昌　㈠187
之房　〔十〕527 644 669
善右衛門　㈡65
銅三郎　㈡587 592
飯田易信　〔十〕747 ㈠465
家貞　〔一〕730
五郎左衛門　〔四〕517〔五〕132
権左衛門　㈡591
左馬允　〔一〕732
在久（有久）　〔二〕553 565 600〔三〕435 679
七郎右衛門　㈡706
重次　〔二〕538 562
重信（重治）　〔七〕332〔八〕316
重成　〔四〕383
昌在　〔一〕598
昌重　〔三〕114
飯田惣左衛門（大学）　㈡684
甚三郎　〔二〕91
大次郎　㈡5
宅重　〔一〕504
直恒　〔六〕694〔七〕47〔八〕380 398 598
直重　〔四〕35
直正　〔四〕35
伝吉　〔一〕591
半左衛門　㈡607
伴有　〔六〕270 407
補好　㈠179
有久　↓飯田在久
有治　〔八〕618
有辰　㈠298
有清（三左衛門）　〔三〕435
有清（彦十郎）　〔十〕662
有泰　〔五〕523
有道　〔八〕834
靭負　〔一〕732
飯高胤英　役料〔七〕32。御朱印・判物担当〔七〕134 225／〔八〕373 477
胤寿　〔九〕521
胤就　〔十〕662
七左衛門　㈡430

飯高勝成 [七]27
勝政 [八]173
貞久 [三]120
貞恒 [八]534
貞次（飯島） 大坂蔵奉行[二]465 472 655[三]120
貞勝（七兵衛） 精勤褒賞[四]72 138。加禄[四]139 167／[二]472[三]8 588[五]15
貞成 [三]120
八兵衛 ㊀731
飯塚英長（政長） [十]755 ㊀52 249
重方 [五]386
昭之 [八]35
正重 [四]441
政長（伊兵衛・常之丞） ㊀104 288 429 ㊁125
忠余 [十]655 669
兵吉 ㊁81
飯野内膳 [一]509
飯室源左衛門 ㊁77
昌喜 [二]257
昌吉 [三]102
昌薫（八郎左衛門） [十]554
昌孝 [九]603
昌恒 [二]158
昌嗣 [九]639

飯室昌春 ㊀632
昌条 [九]603
昌信 [九]159
昌忠 [八]567
昌貞 [九]159[十]554
長治 [三]248
伝四郎 ㊁188
兵庫 ㊁372
孫兵衛 ㊁334 631
良邑 [八]332
家所帯刀 [二]37
庵原吉勝 [二]421
助右衛門 [二]31
正成 [三]314
正忠 [三]257
八兵衛 [四]63
生島秀福 [六]459
新五郎 [七]371
生田宗庵 [一]746
茂庵 [二]37
生野宗郃 [四]620[六]84
池川是一（検校） [八]153
池尻共孝 [四]177
共条 [六]707

池尻勝房 [五]391 517[六]706
池田岩之丞 ㊁594
延俊 卒伝[十]360／[十]316
数馬 ㊁207
季庸 [十]339
季隆（秀隆） [八]270 500[九]160。属吏[八]501
軌明 [四]281[八]253
喜以（松平） 御前を止む[十]45／[八]562[九]423 681
喜生 [十]412
輝言 [八]438
輝興 分封[二]46 520。茶事[二]120 626。江戸城石垣修築[三]1。発狂・卒伝[三]386／[二]185 377 535[三]356 361
輝興母（督姫、家康女） ↓良正院
輝政 江戸市街修治[一]76。二条城修築[一]237。名古屋城修築[一]248 510。江戸城修築[一]411。駿府城修築[一]424。篠山城修築[一]467 511。姫路城修築[一]476。駿府に参謁[一]483 509 596 597。放鷹地下賜[一]597。家号[一]597。卒伝[一]609。遺領分封[一]625／[一]79 81 119 213 254 389 441 484 495 539 546 547 576 588 603。家士[一]438
輝政室（督姫、家康女） ↓良正院

池田輝政女（振姫、秀忠養女、伊達忠宗室）↓孝勝院
輝澄（松千代） 家号〔一〕484。安房館山城勤番〔一〕681。大病〔二〕336 513 626。秀忠茶事〔二〕457 504 505。分封〔二〕520。収公・賄料〔三〕197 199。卒伝〔三〕197〔四〕435／〔一〕483〔二〕45 46 142 168 175 185 186 376 389 535 573 593〔三〕1。家士〔三〕195 196 198 199
輝廉 〔六〕279
輝録（輝澄、主税） 分封〔五〕133。奥詰〔六〕173 739。卒伝〔七〕368／〔四〕625〔七〕341
吉政（岩千代） 〔五〕546〔六〕157 241
吉泰（吉明、勝五郎） 雲雀下賜〔八〕161。卒伝〔八〕832／〔六〕251 407 422 521 543〔八〕111 132 829
吉泰室（前田綱紀女） 〔八〕761
吉明 ↓池田吉泰
求馬 〔十〕363
銀之進 ↓池田斉邦
薫彰 卒伝〔四〕453／〔三〕314 553〔四〕70 75
慶栄（喬松丸・因幡守） ㊁611 626 654 656
慶行（亀丸・因幡守） 夫婦養子㊁611。利根川分水路・印旛沼開拓㊁499 524／㊁459 463 468 560 612
慶政（七五郎・内蔵頭） 備前児島干拓㊁

池田
701／㊁467 475 499 502 537 600
慶徳（五郎麿） ㊁654 661
池田継政（茂十郎） 偏諱〔七〕423。蝗災〔八〕611。関東河渠修築助役〔九〕50 65。致仕伝〔九〕578／〔七〕300 375 409。〔八〕55 67 711〔九〕422〔十〕492。
歩卒〔八〕222
継政母 〔九〕398
検校（瞽師） 〔六〕421
玄瑞 ㊀632
玄達（市井医） 〔六〕714
五郎三郎 〔十〕363
光政（新太郎） 秀忠に養わる〔一〕483 572〔二〕272。家康に初謁〔一〕642。転封〔二〕120 551。大坂城修築〔二〕185 186 335 451。婚姻〔二〕364 424。秀忠茶事〔二〕415 424 441 504 505 626。薬師寺肩衝下賜〔二〕473。家光茶事〔三〕159。面命〔二〕534。容装異彩〔二〕682。江戸城惣郭経営〔三〕1 2 4。証人交代〔三〕135 165 387〔四〕73 108 140 174 178。江戸城西丸用材献上〔三〕636。家光安宅丸親閲〔三〕713。領地洪水〔四〕121。麻布三田新渠疏鑿〔四〕619 623〔五〕3。卒伝〔五〕133。遺事〔五〕133 134／〔二〕101 146 168 220 303 376 513 514 536 577 598 672〔三〕26 399 460 499 613 689〔四〕12 46 146 379 498 538 570

池田
光政母（榊原康政女・秀忠養女） ↓福照院
〔五〕393〔九〕188。家士〔二〕553〔三〕492 547
光政室（勝姫、本多忠刻女・秀忠養女） ↓円盛院
光政女 〔三〕229
光政女（家光養女・一条教輔室） ↓靖厳院
光仲（勝五郎・庄五郎） 転封〔二〕551 553。証人交代〔二〕577〔三〕130 176 221 349 386 394 433 478 525 590 637〔四〕72 107 127 140 173 220。紀伊頼宣女と婚姻〔三〕339 388 395。白木書院着座〔三〕379。病気〔三〕450〔五〕523 555。致仕伝〔五〕548。卒〔六〕174／〔二〕621 669〔三〕122 245 303 461 463 511 606 613 636〔四〕77 99 498 570 619 623〔五〕3 296 299 457。家士〔二〕553〔三〕273 446〔五〕110
光仲室（紀伊頼宣女） ↓芳心院
恒元 病気〔二〕514〔五〕111。分封〔三〕499。封地新賜〔三〕624。江戸城本丸修築〔四〕274 322 327。卒伝〔五〕114／〔一〕547〔二〕16 47 81 425 637〔三〕399 629 658〔四〕58 70 75 109 456 525 529〔五〕88
恒元母（榊原康政女・秀忠養女） ↓福照院
恒行 卒伝・無嗣絶家〔五〕307／〔五〕257

池田綱政（三左衛門・太郎丸）　湯島聖堂に祭器献上〔六〕85。卒伝〔七〕409／〔三〕229 248 601 〔四〕99 243 〔五〕133 177 442 〔六〕682 700 〔七〕271 355 401 403。家士〔五〕224 〔六〕400
綱政母（勝姫、本多忠刻女・秀忠養女・池田光政室）　↓円盛院
綱政室（丹羽光重女）　〔六〕400
綱清（新五郎）　湯島聖堂に祭器献上〔六〕85。致仕伝〔六〕407／〔四〕172 406 〔五〕548 552 555 580 〔六〕397 〔七〕170
綱清室（南部重信女）　〔六〕345
之助（紀伊守）　〔一〕52
治恕（鶴五郎）　〔十〕495 613 617 667 668
治恕室（紀伊治貞妹）　〔十〕495
治政（敏政、新十郎）　鞍・轎の制〔十〕492。致仕伝㊀243。／〔十〕102 153 155 162 179 199 243 245 257 383 384 397 ㊀10 30 138 202 222 ㊁18。家士㊀36
治政母（黒田継高女）　↓池田宗政室
治政室（酒井忠恭女）　㊀219
治道（治通、秀三郎）　卒伝㊀382／〔十〕734 740 ㊀10 30 31 216 379
治道室（伊達重村女）　㊀185
治道継室（紀伊重倫女）　㊀216

池田繁蔵　㊁685
重寛（重穆、勝五郎）　一族改飭〔十〕14。婚姻〔十〕248 253。封地災害〔十〕253。美濃・伊勢河渠浚利〔十〕602。卒伝〔十〕734／〔九〕439 442 465 516 672 702 730 744 〔十〕14 492 716 730 731。
重寛室（紀伊宗将女）　〔九〕702
重寛継室（田安宗武女）　↓聖諦院
重教　〔五〕305 〔六〕235
重考（重高）　〔四〕258 345
重次　家光養生の術を下問〔三〕130。褒金〔三〕212。品川薬園管理〔三〕115 722／〔二〕355 603 〔三〕415
重信　猿楽拙技〔一〕516 581 599。大坂冬陣〔一〕709／〔一〕99 661 662 664 〔二〕435
重成　〔一〕99
重政　秀忠遺金〔二〕536。卒伝〔四〕44／〔二〕23 568 〔三〕1 479
重長　〔二〕435 667
重富　束髪〔五〕473 487。代官〔五〕487。林信篤宅地替〔五〕538／〔四〕450 〔五〕56
重穆　↓池田重寛
重利（長利）　按察使と称す〔一〕664。尼崎守護加勢〔一〕758。一万石下賜〔二〕59。転封〔二〕138。福島正則改易〔二〕168 169／〔三〕526

池田昭邦（銀之進）　↓池田斉邦
信輝　〔一〕53 147 169
新兵衛　㊁255
瑞啓　㊀781
瑞仙　㊀781 ㊁204　↓池田善郷
瑞泉　㊁233
正長　〔六〕2 92 〔七〕419 〔八〕213
斉輝　㊀745 ㊁20
斉訓（誠之助・因幡守）　徳川泰姫と婚姻㊁250 416 418 419／㊁252 419 435 436
斉訓室（泰姫、家斉女）　↓泰明院
斉衆（乙五郎）　御台所に養わる㊀765。池田斉稷聟養子㊀792。池田斉稷邸に移徙㊀796／㊀687 778 ㊁70 106 142
斉稷（因幡守）　徳川乙五郎（斉衆）を聟養子㊀792。病気㊁231。卒伝㊁231／㊀611 625 796
斉稷母　㊀625
斉成（紀伊守）　㊁123 148
斉政（本之丞・上総介）　㊀121 125 243 422 625 788 ㊁224
斉政室　㊀589
斉敏　㊁162
斉邦（昭邦、銀之進）　㊀382 407 428 429

池田政倚　致仕伝[八]788／[五]447[六]420 439 696 698[七]71
政因（政周、内記）　[六]375 589
政胤（正胤）　[十]82 221
政員（正員）　卒伝[十]244／[九]473 600 608 638
政応　[八]382
政休　[九]27
政共　卒伝㊁112／㊁25
政恭　[十]526 ㊀134
政言（政吉）　分封[五]133。卒伝[六]420／[四]349[五]43 392 475 535
政弘（政撫）　[五]235 492[六]265
政香　卒伝[十]290／[九]692 759[十]7
政綱　分封[三]46。卒伝[二]520／[二]185 186 311 376
政種　勘気赦免[四]508 516 521／[三]386[五]492
政周（豊前守）　卒伝[五]257／[五]111 114 130 177
政隼　[十]609
政順（三左衛門）　[六]569[七]55
政韶　[九]628
政職　[八]612
政森　[五]605[六]480 494[七]26[八]151
政親　[五]605[六]606
政成　[三]386
政済　分封[四]564 568／[五]180[六]314
政晴　卒伝[九]472／[七]368[八]298

池田政善（甚次郎）　卒伝㊁588／㊁140
政詮（満次郎）　㊁588 594
政相　[八]436 799
政長（図書）　召出[一]564 599。山形城修築奉行[二]235。美濃河堤修築[三]504／[三]362
政長（長政、兵庫）　[八]164 448
政直（信濃守）　卒伝㊀441／[十]329 ㊀334
政直（能登守）　卒伝[四]564／[四]263 435 499
政貞（筑後守）　㊀86 99 632 789
政範（帯刀・丹波守）　㊀737 ㊁375
政美　[九]409 673
政弼　卒伝[十]526／[十]244 247 341
政武　分封[四]564／[四]550[五]492 567 605
政方　致仕伝[九]759／[八]777 788
政豊　↓池田長常
政養　卒伝㊁25／㊀166 441
政倫　日録[九]722[十]105。処罰[十]458／[九]662[十]14 114 385 479
政朗　[十]614 699
政和（内記）　㊁643
清緝　㊁654
清直（鋳之助）　㊁594
清定　分封[六]407 411。卒伝[八]132／[六]506 567[七]24

池田
清弥　[十]517 735 ㊀331
仙九郎　㊀104
善郷（瑞仙）　㊀347 372　↓池田瑞仙
宗政（茂十郎）　卒伝[十]153／[八]749 862[九]515 578 589[十]149
宗政室（黒田継高女）　㊀268
宗泰（勝五郎）　卒伝[九]439／[八]580 583 825 832 847[九]80 436
宗泰室（紀伊宗直女）　婚姻[八]825[九]80
仲央　卒伝[九]587／[六]489 515 682 700 707[七]42[九]183
仲雅（澄教）　致仕伝㊁114／[十]783 ㊀293
仲政　[三]136 468
仲澄　分封[五]548 552[六]480。致仕伝[六]515／[四]480 556[五]71 523[八]273
仲庸　卒伝[九]715／[八]777[九]587 615
仲立（祐之進）　㊁650 655
仲律（壱岐守）　卒伝㊁650／㊁269 595
忠継（藤松）　備前国下賜[一]81 610 625。国務沙汰[一]626 657。大坂冬陣[一]701 716 717。鉄楯下賜[一]737。卒伝[二]46／[一]403 456 483 630 649[二]6
忠雄（勝五郎・備前宰相）　淡路国下賜[一]509 514 610 625。大坂冬陣[一]701 728 730 737。

池田
大坂夏陣〔二〕34。備前転封・加増〔二〕46。大坂城修築課役〔二〕185 186 335 451。最上御家騒動〔二〕232。秀忠茶事〔二〕415 504 505。河合又五郎事件〔二〕494 545。卒伝〔二〕551／〔一〕456 547〔二〕86 116 120 165 188 209 211 212 279 376 392 425 460 514 534 536 545
長吉　亀山築城〔一〕512。卒伝〔一〕682／〔一〕76 99 411 424 475 547 649
長休（甲斐守・加賀守）　御前給仕肝煎㊁49 132。給仕㊁91 589。処罰㊁151。致仕㊁446
長旧　〔十〕337
長挙　〔八〕599
長恵　㊀287 308 334 435
長賢　小姓組組頭〔二〕228 402。出頭人（御側出頭人）〔二〕310。書院番頭〔二〕698〔三〕402。大番頭〔三〕677。弓矢鳥銃管掌〔二〕601。尾張御使〔三〕105 106 382 458。紀伊御使〔三〕207 210 628 630。加賀御使〔三〕673 674。剣法進覧〔三〕127 685／〔二〕142 300 402 538 637〔三〕16 178 288 714〔四〕50 484 498
長元　〔八〕125
長幸　大坂夏陣〔二〕34。転封・加増〔二〕120。福島正則改易〔二〕167。大病・一族会

池田
議〔二〕545。卒伝〔二〕561／〔一〕682〔二〕51 159 185 186 335 535
長興　〔八〕717〔九〕57 73〔十〕128
長秀　〔九〕663
長重　〔四〕274
長春　〔九〕663
長純　〔二〕545
長常（政豊）　御家騒動〔二〕545。卒・無嗣除封〔三〕237 245／〔二〕561 611〔三〕1
長信　分封〔三〕318／〔三〕118 316 574〔四〕200
長清　駿府加番〔四〕580 623／〔四〕498〔五〕31 261〔七〕131
長置　〔十〕655
長溥（筑後守）　昌平坂学問所修復㊁563 574／㊁507 528 532 541 561
長頼　御家騒動・自殺〔二〕545／〔二〕419
長令　〔八〕275
澄延　卒伝〔十〕316／〔九〕715〔十〕133 220
澄古　〔八〕311
澄時　比叡山諸堂修理助役〔十〕675 681。卒伝〔十〕783／〔十〕741 748。家士〔十〕682
直好　〔十〕636
定賢　卒伝〔八〕736／〔八〕133
定興　卒伝㊀596／㊀471
定就　致仕伝〔十〕277／〔八〕736 824〔十〕14

池田定常　卒伝㊀471／〔十〕424 768 773
定得　卒伝〔十〕424／〔十〕273 277 305
定保（長門守）　㊀596 ㊁18 594
貞則　㊀83 87
貞雄　〔三〕248
主殿　㊀793
敏政　↓池田治政
方教（隆之助）　㊀169
邦照　無嗣除封・卒伝〔五〕69／〔四〕453
逢利　〔十〕234
巳之助　㊀322
茂政（九郎麿）　㊁608 654
百助　㊀637
友政　〔六〕555
由道　〔六〕486〔八〕670
頼教　〔九〕43
頼致　〔十〕216
頼方（播磨守）　㊁592
利隆　備前国務を後見〔一〕81。大坂冬陣〔一〕261 264 701 707～709 729 758 761。大坂夏陣〔二〕34。御家号〔一〕438。卒伝〔二〕101／〔一〕384 400 403 475 547 609 625 630 649 655 657 682〔二〕59 279。家士〔一〕697
利隆室（榊原康政女・秀忠養女）　↓福照

池田　院
池永清右衛門　〔八〕732
池坊専意　〔十〕46
　専純　〔九〕387
池谷義陳　㊀497
　善十郎　㊁518
池原子明（雲洞）　〔十〕629 ㊀57
　良誠（雲伯・長仙院）　〔十〕428 480 483 618
諫早豊前　〔四〕346
石井鎌五郎　㊁686
　金大夫　㊁238
　源左衛門　㊁571 593
　重家　〔二〕557
　庄左衛門　㊁687
　城之助　㊁108
　茂吉　〔二〕557 〔三〕466
石尾喜左衛門　㊀251
　氏一　代官町堤防修築奉行〔五〕9 25。禁裏造営奉行〔五〕163 210 226。明石・宍粟城引渡〔五〕320 328。白河城引渡〔五〕425 428。姫路目付〔五〕436／〔三〕492 〔五〕141 378 〔六〕70 183
　氏記　〔九〕552 554 〔十〕586
　氏紹（主馬）　㊀691 ㊁92
　氏信　京・長崎等巡察〔六〕501 508／〔六〕183 486 719
石尾氏封　㊀107
　氏茂　土佐国目付〔八〕199 225／〔八〕763 780
　治一　〔一〕100
　治昌　吉田城引渡〔二〕560 566。山崎引渡〔三〕204。廻国使〔三〕231。増上寺修理奉行〔三〕516 549 565。寛永寺東照宮修築奉行〔三〕635 643 685 〔四〕32。日光霊廟修築奉行〔四〕12 43 62 63 74 76／〔三〕126 155 284 320 409 〔四〕69 223 256
石神彦五郎　㊁25
石谷市正　㊁432 569
　政勝　〔一〕397 〔三〕222
　政信　〔一〕397 〔二〕165
　清倚（友之助）　㊁605
　清賁　〔九〕550
　清香　㊀388 533
　清昌　米価調節〔十〕69。処罰〔十〕559。禁裏蔵費省約〔十〕563／〔十〕333 469 479 706
　清職　〔七〕99 〔八〕253
　清正（清政）　御給仕番〔一〕692。秀忠遺金〔二〕538／〔二〕616 〔三〕7 136 〔四〕203
　清全（桑原）　〔九〕39 82 103 436
　清定（豊完）　㊀466 480
　清豊（備後守）　㊁163
石谷清明　↓石谷清亮
　清茂　㊀386
　清亮（清明）　江戸府内巡察〔四〕222／〔三〕316 〔四〕355 375 〔五〕19 23
　澄清　〔十〕572 626
　直清（十蔵）　㊀790
　貞清　大坂陣〔二〕81 277。歩行頭〔二〕553。水害・堤防巡察〔二〕567 609 613 〔三〕673。家光鞭打の相手〔二〕668。寛永通宝新鋳〔三〕26。韓使〔三〕41 45 319。島原乱〔三〕72 83～85 108。籠居赦免〔三〕123。先手頭・加役〔三〕247 408。水口番〔三〕415 447 460。慶安事件〔四〕15～17。承応事件〔四〕60。消防指揮〔四〕71 256／〔二〕227 616 629 637 〔三〕4 5 25 33 362 〔四〕12 26 122 123 219 298 317
　土佐守　㊁378 388
　隼人　㊁378
　武清　江戸府内巡察〔四〕222／〔三〕447 〔四〕292 〔五〕154 211 227 328 〔六〕512
　穆清（鉄之丞）　㊁640
石川某　〔二〕439
　安重　〔二〕219
　安朝　〔八〕629
　伊左衛門　〔三〕122 452 458

石川壱岐守 〔五〕119
一敬 〔九〕52 〔十〕210 216
一左衛門 ㊀712
一次 〔三〕465
一勝 〔一〕666
一長 〔二〕673
一富 〔三〕114
市右衛門 〔一〕705
市之助 ㊁705
岩之丞 ㊀758
永正 〔二〕127
家成 上野城勤番〔一〕468。卒伝〔一〕499／〔一〕34 441
雅次 〔五〕514
主計 ㊁29
鎌次郎 ㊀731
勘大夫 ㊁150
煥禎 〔十〕579
歓阿弥 〔八〕799
頑庵 〔五〕424
紀伊守 〔一〕637
貴成 因伯目付〔二〕608 620。豊後府内目付〔三〕26 416 571 628 671。島原乱〔三〕86 89。因幡目付〔三〕109。大坂目付〔三〕145 161 281。池田輝澄家司処罰の検使〔三〕199。大和高取城目付〔三〕209。二本松城請取〔三〕313 316。駿河田中目付〔三〕351 354。岡本義政・千本長勝の采邑点検〔三〕369 376。亀山目付〔三〕519。松平忠直検使〔三〕664。長門国目付〔四〕63 94。桑名目付〔四〕237 250。伊達忠宗病気派遣〔四〕274。加賀小松目付〔四〕290 317／〔一〕538 〔二〕631 〔三〕77 117 257 326 399 493 496 515 612 〔四〕141 145 347 439
貴繁 〔一〕538
義孝 家司拝謁〔六〕616。禁裏防火〔六〕697 〔七〕70。卒伝〔七〕131／〔五〕178 〔六〕614 655 〔七〕10 37 120
義当 〔四〕571 619 〔五〕26 〔六〕389
吉次 〔二〕116 182
吉信 〔一〕428
吉兵衛 〔一〕441
久次 〔三〕80
憲之 転封〔三〕690 〔五〕35。施粥担当〔四〕210。日光御使〔五〕80 236 362 435 436。卒伝〔六〕614／〔三〕314 689 〔四〕145 146 223 227 400 454 488 489 〔五〕4 82 291 〔六〕353。家士〔四〕349 〔五〕314
玄碩 〔八〕799
玄蕃 〔三〕750
源之丞 〔七〕423
石川攻 〔十〕539 544
光忠 〔一〕605
康勝 所領没収〔一〕637。大坂城加勢〔一〕694／〔一〕548 743
康長 高田城警衛〔一〕510。配流・伝〔一〕636／〔一〕126 477 547 619
康通 卒伝〔一〕441／〔一〕113
綱氏 〔三〕587 〔四〕70 ↓石川総氏カ
左衛門 〔二〕331
左金吾 ㊁449
三五郎 〔二〕555
之喜 〔九〕740
之信(斎宮) ㊁137
次綱 〔二〕520
七郎右衛門 ㊁461
主馬 〔一〕244
十兵衛 〔五〕119
重久 〔二〕181
重興 〔四〕421
重之 〔二〕37
重次 鉄砲奉行〔一〕127。篠山城修築〔一〕467／〔一〕91 640
重俊 〔三〕518
重勝 豊後横目役〔二〕566。浦々巡見帰謁〔三〕

石川 38／〔一〕514〔二〕538 616 619〔三〕7 46
重正 卒〔四〕251／〔二〕448 575
重之助 ㊀709
順庵 〔五〕391
春吉 〔三〕518
春厚 ㊀408
昌能 〔五〕8
勝之 〔五〕499〔六〕479
勝明（堀尾） 〔五〕568
乗員 ↓松平乗員
乗紀 ↓松平乗紀
乗政（松平） 家綱附〔三〕657。家綱櫛・膳取扱〔四〕316 476。家綱参詣沓役〔四〕329 342 348 352 356 384 386 387 410。家綱参詣刀役〔四〕329 337 342 419 422 430 434 447 466 477 486 498 501 520 526 542 547 555 569 582 591 596 610 618 630〔五〕1 15 20 30 33 39 42 53 60 64 71 88。分封〔四〕107 108。転封〔四〕395。加封〔五〕317 421 441。小姓組番頭奥勤兼務〔四〕418。乗輿免許〔五〕142。鷹馬管掌〔五〕392。信濃小諸城主〔五〕441。卒伝〔五〕531／〔四〕52 63 104 107 253 256 470 478 492 493 552 553 590 607 615 622〔五〕8 34 38 58 91 93 107 109 112 118 122 125 128 129 407 525
乗繁 〔八〕580

石川浄次（久次） 束髪〔五〕473 487／〔四〕63〔五〕514
新之丞 ㊁365
数正 家康の今川人質に供奉〔一〕25。小牧長久手戦使者〔一〕50 53。出奔〔一〕54 175 304。大高城兵粮搬入〔一〕137。家康信長と盟約〔一〕139。古暦・古箒の称〔一〕180／〔一〕32
駿河（伊達家士） ㊁440
正勲 人足寄場新建㊀117／㊀253 299
正次（八左衛門・大限守） ↓石川政次
正次（半左衛門） 病気〔四〕300 302 305／〔二〕578〔三〕145
正重 〔二〕359
正保（大隅守） ㊁369 436 469 509
正邦（大隅守） ㊁65
正容 〔十〕285
成久 〔五〕203 331 334 362 370 454
成次 〔二〕670
成重 〔五〕454
政胤 〔九〕445
政往（政往、又四郎） 〔四〕94〔五〕20 128 285 494〔六〕577
政喜（五郎三郎） ㊁469
政元 ㊀380

石川政之（正之） 〔四〕251
政次（正次） 大火・官船守護〔三〕80。九州四国の諸浦巡視〔三〕193 219。伊勢奉行〔三〕236。伊勢遷宮〔三〕351〜353。濃・勢洪水巡視〔三〕672／〔一〕705〔二〕345 355 448 538 622〔三〕7 247 341 416 420 628〔四〕289 403
政秀 〔六〕66
政常 桐間に貶さる〔六〕210／〔七〕148 151 367〔八〕728
政徳（与次右衛門） ㊁538
政峯 〔九〕624
清兼 〔一〕23
盛行 家千代の抱守頭〔六〕660／〔七〕117〔八〕404
善助 〔一〕152
総安 ㊁38
総為 〔八〕540〔九〕557
総因 〔八〕487
総英 〔九〕516
総貨（近江守） ㊁535 636
総貴（内蔵太） ㊁395
総共 〔八〕849〔九〕129〔十〕67 481
総堯 卒伝〔十〕172／〔九〕759〔十〕161 165
総慶 転封〔七〕146〔九〕87。卒伝〔十〕161／〔七〕131 209 327 394〔八〕65 315
総孝 〔十〕28

石川総恒(佐十郎) [十]390
総恒(阿波守) ㊀78 86 122
総候 卒伝[十]343／[八]718 859 [九]4
総佐 卒伝㊁38／㊀635。家士㊀635
総氏 家綱附小姓[三]239。分封[三]690／[三]6
388 389 436 522 657 [四]36 85 526 [五]77 297 617 [六]235
総帥 卒伝㊀517／㊀178 315
総純 卒伝[十]520／[十]172 211 222 421 523
総昌 小普請組支配[八]159／[六]501 [八]239 312
総承(重之助) 致仕伝㊁282／㊀613 709
総詳 ㊀267
総乗 小姓並[六]375。伏見奉行[七]392／[八]195
201 285
総親 卒伝㊀613／㊀500 518
総相 [十]733
総弾 卒伝㊀291／[十]343 353 460 492
総長 肥後国御使[二]550。小姓組番頭[三]230。加封[三]302 [四]370。分封[三]689。両番士の作法を督す[三]376。吹上勤番[四]319。
総登(宮内・伊予守) 御前給仕㊁182。給仕肝煎㊁259／㊁439
卒伝[四]402 406／[三]249 460 650 [四]158 212 384 402
総博 卒伝㊀315／[十]520 ㊀445
総般 ㊀500／㊀291
石川総武 ㊀623 631
総朋(左門) [十]160
総邦 ㊁677
総明(兵庫) ㊀563
総茂(綱茂) 奥詰[六]273 276 739。長島城請取[六]480。大奥沙汰(養仙院・松姫[八]93。浄円院・瑞春院[八]299)。浄円院江戸下向[八]104 108 109 116。家重附[八]373。西丸側用人[八]390。下館城主[八]593。本願寺高田専修寺争論裁決[九]202。御家人向学策[九]236～239。卒伝[八]643／[五]509 564 557 [六]287 [七]401 [八]36 83 87 88 268
321 593 639
総陽 卒伝[八]859／[八]643
総良(総長・綱良) 火薬庫修理[四]501 502。和泉御料査検[五]309。駿河田中城請取[五]433 436。卒伝[五]554／[四]73 406 413 484
531 604 607 [五]4 129 335 336 400 448 497
総朗 [八]453 607
総禄(宗三郎) ㊁571
総和(日向守) ㊁387 413 537 709
泰総 [二]626
忠義 [一]608
忠吉(九郎兵衛) [一]504
石川忠吉(長左衛門) [二]253
忠重 大坂目付[四]46 59／[三]531
忠成 [九]684
忠総(忠綱) 浜松城請取[一]495。大久保忠為の政務を輔導[一]502。蟄居[一]646。大坂冬陣[一]737 739～741。大坂夏陣[二]34。家康遺命[二]93。加増[二]109 599。転封[二]109 599 653。肥後国御使[二]550 585。韓使饗応[三]41 317。西丸勤番[三]159。日光参詣留守[三]172 181 261 264。参勤交代[三]271。日光供養中の法令[三]529。卒伝[三]689／[一]79 499 502 547 693 [二]185 186 534
536 605 626 637 [三]51 153 159 162 272 636 649
忠房(主水正・左近将監) ラクスマン応接㊀199 204 220 230。国用の事㊀360。蝦夷地㊀399 452 477。街路宿駅取締㊁97／㊁227 270
忠明(大久保、右近) [五]554 555
直清 [四]295 338
東右衛門 ㊁711
藤兵衛 [二]662
内記 ㊁705
仁右衛門 ㊁706
伯菴 [九]487

石川兵庫　㊀703
武貴　↓土田武貴
兵次郎（尾張家士）　㊀725
保道　㊀625
保和　琉球使[七]401／[九]48 54
法次　[三]223
邦総　[二]626 [三]167 261
又右衛門　㊀670
又四郎　[一]142
茂右衛門　㊁280
杢之助　[六]155
主水　㊁275
猶次　召出・同朋[三]80 118／[三]42 118
与右衛門　㊁551
利賢　[二]14 104
良順　[六]213
廉右衛門　㊁248
廉勝　肥後国御使[二]550。諸大名拝謁次第[三]325／[三]518 649
石黒易久　[六]549
易慎　[九]681 721
易明　㊀221
敬之　㊀156
十郎左衛門　㊁136

石河伊賀（尾張家士）　[五]275
喜左衛門　㊁286
光忠（尾張家士）　[一]537
尚政　土屋数直の指揮を受く[四]220。中奥伺候[四]388／[四]132 289 293 591
勝政（石川）　京東山大仏再建・千枚分銅改鋳奉行[一]479。片桐且元伝命[一]696。大坂冬陣[一]705。越前御使[二]325。肥後目付[二]550。堺政所[二]581 584 [三]139。致仕[四]50／[二]447 538 655 670 [三]120 355　↓石河貞政（三右衛門）
正久　[一]639
政央　㊀448 611
政郷（石川）　屋敷改役[七]332。女御御殿造営奉行[七]362。『長崎新令』[七]413／[六]450 [七]405 410 441 451 [八]405 520
政朝（石川、政明）　江戸城西丸大奥修理[八]12 81 97。江戸城々溝浚利[八]623 643。評定所『定書』編輯[九]35。本所火災賑救[九]46。家重将軍宣下[九]357。田安邸[九]433 488。吉宗葬儀[九]538 539 545。家治夫人御産[九]656 667／[八]436 [九]92 682 693 742 [十]59
政武　処罰[十]422 584／[十]69 ㊀52

石河政平（数馬・土佐守）　長崎港取締㊁345。江戸城修築㊁450 532 541。江戸城西丸修築㊁369 378 690 696。浜御殿修築㊁390。紅葉山修築㊁405。江戸城大奥修築㊁431。日光家光廟修築㊁441 447 474。増上寺御宮・霊廟修築㊁442 455 503 512。大坂城総修築㊁503 506 615 616 640 715。貨幣改鋳㊁532 554 573 596 614 640 662 699。流鏑馬㊁405。江戸町会所米穀収納㊁552 634。助郷救助㊁575。諸川修復㊁582 666。新潟警衛㊁597。
宗林　[一]745
惣右衛門　㊀757
疇之丞　㊁549
貞貴（石川）　[九]65 616 649 [十]23
貞義（石川）　火災巡視[十]73 152 363／[十]780
貞固　[八]227 587
貞政（伊豆守）　片桐且元討手[一]684。大坂冬陣[一]684 708。大坂夏陣[二]11 33／[一]548 [二]375 386 539 569 [三]687 [四]110
貞政（三右衛門、石河勝政カ）　[一]734
貞大（美濃守）　江戸城修築㊁285 330 450 528 532 554／㊁132 379
貞代（石川）　甲府在番[四]384 401。江戸城々

石河
溝浚利〔五〕437 455 456。日光河川浚利〔五〕509。小普請金収納〔六〕75／〔五〕525 537 562〔七〕48
貞通(石川、甲斐守)　江戸城修築〔二〕51 77 97 98 123 134 186 450／〔二〕190 196
貞利(太兵衛)　甲府在番〔四〕142 182／〔四〕4 338
利政(石川)　生駒騒動検使〔三〕198。海防地点検〔三〕408 410。高野山訴論〔三〕417 425 444。日光駅路巡察〔三〕486 589。日光山〔三〕494 513 543 607 611 625 635 685。日光山中木様進覧〔三〕613。家光日光造営尋問〔三〕625 628 638。日光近辺野焼地巡察〔三〕635。日光造営〔三〕664 665 672。寛永寺上棟臨監〔三〕690。由井正雪〔四〕19 22／〔三〕303 376 384 464 498〔四〕50 51 114 513 590
石坂佳当　〔八〕689〔九〕133
喜三郎　〔三〕280
金左衛門　〔三〕273 280
源五郎　〔三〕280
志米一(検校)　〔九〕126
新左衛門　〔一〕733
善次郎　〔三〕280
宗哲　〔一〕336 497 697
孫五郎　〔三〕275

石崎一学　〔三〕198
八郎右衛門　〔三〕198
杢助　〔三〕198
若狭　〔三〕198
石島清恩　〔六〕306
石塚大膳　〔一〕732
泰蔵　〔二〕688
石田一成(木工頭)　〔一〕229
三成　小田原征伐〔一〕58。家康襲撃〔一〕63。征韓諸将と軋轢〔一〕64 213。佐和山蟄居〔一〕64。家康を水口に襲う〔一〕67。関ヶ原合戦〔一〕70。征韓軍引取〔一〕209。上杉征伐〔一〕217
豊前　〔一〕685
弥右衛門　〔五〕97
石出勘大夫　〔六〕15
帯刀　〔一〕318〔四〕208
石戸藤左衛門　〔一〕354
石野伊兵衛　〔一〕740
唯義　盗賊考察〔十〕333 364／〔十〕421
唯勝　〔八〕311
市蔵　〔三〕687 714
基憲　〔十〕796
基顕　〔六〕707

石野基棟　〔八〕653
広温(新左衛門)　〔二〕136 156
広貴(三右衛門)　〔二〕51
広吉　石奉行〔二〕448 692〔三〕46 190／〔二〕203〔三〕673
広継(新蔵)　↓石野広次(新蔵)
広継(権左衛門)　〔六〕510
広光　忍城勤番〔一〕81 621 642。卒伝〔一〕621
広高　〔六〕180
広之　〔三〕223
広次(平次郎)　〔十〕760
広次(広継、新蔵)　〔一〕642〔二〕162 216〔五〕47
広時(広利)　〔二〕226 466
広清　〔九〕60
広達　〔五〕573 589
広長　〔五〕47〔六〕498
広澄　〔十〕520 584
広通　〔一〕77
広胖　〔六〕510
広貞(甚左衛門)　〔八〕565
広貞(三右衛門)　〔一〕574
広明　〔十〕135
広茂　〔三〕46〔四〕500
広利　↓石野広時
氏照　歩行頭〔三〕145。宇治採茶使〔三〕219 231。

石野　甲府へ茶壺請取[三]240。下田奉行[四]493／[三]262 428[四]81[五]18 26
氏置　[一]598
正為(伝兵衛)　㊀747 760
正全　[八]424
正房　[八]369
則員　[四]395
忠右衛門　㊀591
長広　[八]829
八郎左衛門　㊁98
範恭(範泰・範堯、太郎兵衛・八兵衛)　[四]411[六]243
範堯(筑前守)　㊀298 518
範至　[九]641 644[十]553
範種　赤坂氷川明神修築[八]531。田安邸新造[八]545 577。一橋邸新造[八]616。証明院新廟造営[八]659。国用沙汰[八]691／[八]759[九]51
孫兵衛　㊀706
主水　㊁50
弥兵衛　㊁127
石場政至　[十]216
定性(吉兵衛)　長福附[八]35。西丸小納戸[八]473／[八]824 862

石橋伊兵衛　㊀705
石原安吉(恭品・泰品)　[三]304[四]355 441 538
安種　中野犬小屋奉行[六]245。矢矧橋普請奉行[七]360 429。浄円院下向守護[八]104／[八]573[九]30 69
一重　[三]609
市右衛門(池田忠継家士)　[一]657
吉次　[二]557[三]565
恭品　↓石原安吉
広通　[十]498
次家(石野)　[八]167
次春　[六]687 707 713
庄三郎　㊁65
種政　[九]363
種門(五郎右衛門)　[四]47 53
種利　[九]128 363
昌明　[一]451
正顕　[十]518
正重　[二]609
正通　㊀277
正範　㊀277
正利(新十郎)　㊁145 162
政久　[八]645 809
政重　[九]563

石原政勝　[五]386 485
惣左衛門　㊁264
泰品　↓石原安吉
長博　[九]374
伝左衛門　[三]31
孫助　㊁474 531 678
石巻康久　[八]638
康敬　[一]635
康元　[三]629
康賛　[三]223
康宗　[六]63
康貞　[三]655[四]387[五]26
康隆(広隆)　[九]431 435 731
三左衛門　㊁712
正道　[十]94
忠之(正之)　[三]500
八十郎　㊁60
石丸輝信　[十]309
権六郎　㊀795㊁7
権六郎　㊁523
三左衛門　㊁161
正広　[五]60
正次　[一]691
正直　[五]60

石丸定矩 [九]52 [十]756
定賢 福山城引渡[七]146 159／[八]36 313 433
定国 ㊀300 321
定枝 [八]566 [九]348 483
定次 日光諸大夫被物役送[三]267。西丸喰違門修理奉行[三]613。長門国目付[四]63 94。大病[五]307 311／[二]471 539 [三]66 [四]55 270 383 474 [五]214 238 317
定時 [五]518
定勝 水口城引渡[五]455 464。熱田社修理[五]584 585／[五]307 [六]3 4 207 235
定政 鎌倉藤沢道路堤防修理奉行[一]598。最上目付[二]189／[三]405 425
定清（十兵衛・五左衛門） [五]517 [八]548
定盛 中奥伺候[四]181。分封[五]517 518／[三]425 612 [四]443 [五]127 503
定静 ㊀510
有吉 [一]605 692 [三]61
有証 [九]729
有親 [八]98
六右衛門 [三]197
石母田大膳（伊達家士） [二]29 [三]19
石山基董 [六]706
石来吉加 [二]415
石来政房 [六]651
石渡元智 [十]409
元苗 ㊀244
出雲阿国（国） [一]80 415 425
泉 左衛門 ㊀713
泉本正助 ㊁671
和泉元泰（古梅園） [九]315
磯 政昉 →磯野政昉
磯谷氏要 [四]200
磯吉（露国漂民） ㊀227
磯田席助 ㊁545
磯野秀昌 [一]36
正武 [九]151
政共 ㊀261
政典 [九]671
政武 [九]158 299 [十]525
政昉（磯） [八]9 721 [九]514
平三郎 [三]30
平三 [二]43
磯部惣左衛門 ㊀695
平右衛門 ㊁355
平左衛門 ㊁518
磯矢助右衛門 ㊀679
板倉右金吾 ㊁631
板倉右近 ㊀678
越中守 ㊀704
鑑之助 ㊁264
亀庵 [三]686
左兵衛 [八]825
左太郎（佐太郎） [九]512 515
重寛 初謁[五]257 427。分封[五]484。転封・福島築城[六]494。致仕伝[八]82／[五]482 486 [六]496 [七]452
重恭 →板倉重泰
重郷（宗郷） 父重宗に看侍[三]551 560 [四]202。関宿入部[四]193。山王社条目[四]308。卒伝[四]411／[三]45 249 [四]221 241 273 276 285 306 335
重矩 島原乱[三]76 85 95。転封[三]139 [五]136。加封[四]370 579 [五]93。大坂加番[四]77 269。韓使饗応[四]145 146。大坂定番[四]370 512 516 517 555。連署[四]556 565。評定所出座[四]562。京都所司代代理[五]16 27 29。嗣子重種[五]143。卒伝[五]158 160。遺事[五]159／[二]451 621 [三]123 261 286 291 339 368 [四]47 384 563 596 [五]5 32 85 86
重形 初謁[三]175 342 [四]143。万石に列す[四]405。分封[四]411。転封[五]412。水口城在番[四]433 437 484。卒伝[五]586／[三]359 [四]413 [五]

板倉
22 55 499 519
重行　〔六〕635〔八〕202 334 338
重高　転封〔六〕357。卒伝〔七〕301 315／〔五〕525 526
重治　転封〔七〕81 139〔八〕91。宇治橋橋姫祠修理助役〔七〕431。卒伝〔八〕335／〔七〕36 336〔八〕332
重種　老中〔五〕383 389 431。徳松附〔五〕386。加封〔五〕401。転封〔五〕401 437。減封〔五〕437。致仕伝〔五〕482／〔四〕192〔五〕143 160 163 171 189 253 254 338 362 376 422
重昌　家康遺命〔一〕284。大久保長安贓財査検〔一〕625 648。鐘銘事件〔一〕675 676。加封〔一〕475 682〔二〕100。大坂冬陣〔一〕688 691 696 697 753 757。秀頼の盟書を請取る〔一〕756 757。大坂夏陣〔二〕33 70。連署〔二〕80。家康歿〔二〕95 96。家康の神号を議す〔二〕101。福知山城・亀山城引渡〔二〕215。頼宣病問使〔二〕229 242。小姓組所属〔二〕239。井伊直孝病問使〔二〕244 434。分封〔二〕323。大坂城造営〔二〕436。公卿待遇の礼節を議す〔二〕498。談伴衆交番出仕〔二〕549。肥後御使〔二〕569。大姫婚姻供奉〔二〕613。雲隠両国御使〔二〕653。島原乱〔三〕72 74 83〜86。臙脂内膳の称〔三〕139。卒伝

板倉
〔三〕139。御側出頭人〔三〕301／〔一〕98 384 486 558 640 664〔二〕72 120 429 504 537 590 637 677〔三〕7 9 42 52 66 116
重常　宝樹院霊廟修理助役〔四〕468 469 516。防火〔五〕4 5 277。亀山加封〔五〕35。韓使館伴〔五〕442 451。致仕伝〔六〕4／〔四〕81 411 413 436 448 451 452 463 529 602〔五〕122 237 457
重宣　分封〔五〕482 484。卒伝〔五〕525／〔五〕257 486
重宗　官位〔一〕384〔二〕309 311〔三〕396。領分〔二〕323 596〔四〕129。有馬晴信検使〔一〕586。大仏開眼〔一〕663。小姓〔一〕663。大坂陣〔一〕695 705〔二〕13 33。花畠番頭〔一〕705。書院小姓組頭〔二〕12〔四〕221。秀忠近習〔四〕221。小十人・歩行頭〔四〕221。東福門院〔二〕190 193 322。京都所司代〔二〕204 275。暹羅〔二〕305 470。行幸〔二〕373 375 384。中宮御所法度〔二〕397。諸寺出世制〔二〕413。京坂政務〔二〕425 438〔三〕489。仙洞造営〔二〕429。高仁親王埋葬〔二〕437。仙洞御料・収公公卿采邑宅地管掌〔二〕470。中院通村失脚〔二〕492。公卿待遇〔二〕498〔三〕485。畿内西国立毛巡察〔三〕270 271。禁裏附〔三〕329〔四〕135。新院附〔三〕329〔四〕136。狩場〔三〕466。舶来の葉茶壺を賜う〔三〕480。三

板倉
公転任〔三〕481 489 719。大病〔三〕551。院御料加進〔三〕719。伝馬朱印〔四〕21。禁裏造営〔四〕81 107 109。例幣使料献納〔四〕90。関宿城〔四〕192 193 198。危篤〔四〕202。卒伝〔四〕221／〔一〕548〔二〕256 258 302 413 430 438 489 583〔三〕354 364 568 612 670 678 703 704〔四〕121〔五〕343
重宗室　〔四〕143
重大　家綱日光社参旅中注進〔三〕593 599。加封〔四〕292〔五〕32 421 423。大奥造営〔五〕128 264 364／〔三〕122 184 259 568〔四〕64 66 69 99 125 129 328〔五〕382 489 581
重大母　〔四〕96
重泰（重恭）　卒伝〔八〕142／〔六〕507〔七〕452〔八〕82
重澄　〔四〕81
重直　分封〔三〕139。駿府加番〔四〕29 61。韓使饗応〔四〕145 146。山王社造営奉行〔四〕264 307。茶亭茶器管掌〔四〕414。乗輿免許〔四〕555／〔四〕191 335 339 403 424 429 505〔五〕58 129 158 235 237 502
重冬　奥詰〔六〕83 114 739。聖堂祭器献上〔六〕86。卒伝〔七〕36／〔五〕391〔六〕4 9 579 603。家士〔六〕604
重同　転封〔六〕477。卒伝〔八〕82／〔五〕586〔六〕437
重武　〔八〕831

板倉重良　廃嗣[五]143／[四]57 557 588
昌信　卒伝[八]535／[七]232 315 [八]225
勝意　卒伝㊀567／[十]762 ㊀196
勝延　[十]290 385 408
勝音　[九]437
勝該　[九]218 219 439 436
勝喜　致仕伝㊀521／[十]774
勝丘　[九]410
勝暁　卒伝㊀196／[九]11 [十]492 654 732 ㊀11 52
勝矩　卒伝[十]488／[十]422
勝顕(内膳正)　㊁536
勝元　[八]76
勝行　卒伝[十]422／[十]229 291
勝香　[九]557 638
勝興　致仕伝[十]744／[八]535 778 [九]534
勝志　卒伝[十]774／[十]90 744
勝重　京都所司代[一]72 74 [二]275。御出奉行[一]78。官位[一]79 [二]310。白糸[一]110。大坂冬陣[一]261 687〜689 693〜703 713〜719 743 747。キリシタン[一]336 337 580 652 654。猪熊事件[一]489 493 494。禁裏造営[一]542 555 558 640。鐘銘事件[一]660 661 671 673 674。紫衣事件[一]677 678。大坂夏陣[二]7 9 17。府内に宅地下賜[二]155。福島正

板倉　則[二]163 273。致仕伝[二]204。養老料[二]323。卒[二]323／[一]103 111 193 251 416 426 434 438 479 480 523 558 571 577 578 596 602 612 614 618 621 622 625 648 667 677 706 715 [二]1 56 57 133〜135 137 146 172 173 175 188 198 218 479
勝従　卒伝[十]566／[十]332
勝俊　㊀529
勝峻　卒伝㊀542／㊀439
勝尚　卒伝㊁46／㊀550 567
勝承　卒伝[十]190／[九]78 516 618
勝昇(主税・左近・筑後守)　火消役㊁1／㊁14 182 227
勝職(周防守)　致仕㊁626／㊁393 527
勝成(脩次郎・摂津守)　㊁595 694
勝政　致仕伝㊀454／[十]566 574 ㊀378 429
勝清　日光社参[八]435 452 [十]495 496。両城移替管掌[九]126。奥の御庭修理[九]194。家重継統[九]346。田安・一橋封地[九]400。勝手方[九]429 522 [十]500。韓使管掌[九]472。転封[九]401 402 468 483。城主の班に列す[九]474。加封[九]474 [十]253。吉宗遺物[九]538 545。家治婚礼[九]629。清水邸造営[九]749 750。家治側用人[九]760。火災時諸大名を指揮[十]496。家基神位の合

板倉　祠[十]630。卒伝[十]631 635／[八]82 298 457 686 [九]101 130 392 415 424 435 612 742 758 [十]311 494 619
勝静　㊁626
勝長　[十]644 698 ㊀12 753
勝澄　転封[九]87。二丸消火[九]425。致仕伝[九]551／[八]335 608 721
勝氏　㊀505 521
勝貞(摂津守)　致仕㊁602／㊁380 536
勝任　卒伝[十]229／[十]190
勝武　卒伝[十]310／[九]501 551 568 [十]283
勝明(伊予守)　㊁46 509 520 535
勝里　卒伝[九]78／[八]142 364
新十郎　㊁518
助次郎　[八]543 825
税之丞　㊁609
宗郷　↓板倉重郷
忠重　[二]361
忠昭　[三]80
隼人　[一]86
槃阿　[九]512
百助　㊁115
満之丞　㊁418
利之丞　㊁115
板坂春孚(卜斎)　秀忠の療法上申[二]523。養生

板坂　の術答申〔三〕130。薬法答申〔三〕687。浅草文庫〔四〕371／〔三〕681 683
　宗悦　〔五〕498
板崎左五兵衛　㊀675
板橋永盛　国々巡視〔九〕350 364 397／〔十〕181
　季盛　〔四〕482〔六〕85 682〔七〕111
　源次郎　〔六〕379
　三郎兵衛　〔三〕114 167
　勝盛　掛川城引渡〔七〕150 161／〔八〕54 154 185 838
　政郡（政邦、勝三郎・与五左衛門・志摩守）〔三〕5 134 141 612〔四〕34 66 191 198 212 213 469 473 563 577〔九〕188
　政重　〔二〕418
　政邦　↓板橋政郡
　清太郎　〔六〕391
　盛重　〔四〕283
　半七郎　〔四〕469
　庸盛　〔十〕522
板花喜津一（検校）〔七〕62 459〔八〕243
　源左衛門　〔七〕459
　昌教（友之進）〔八〕243 637 645
板原忠右衛門　〔三〕256
板谷桂意　㊀633
　広常　〔十〕414
一位殿（本庄宗利女・家光側室）↓桂昌院
一位君（島津重豪女・家斉室）↓広大院
一位局（阿茶局、家康側室）↓雲光院
一尾岩之丞　㊁708
　左門　〔五〕466
　通春　召出〔一〕91／〔一〕571 626〔二〕607 620
　通尚　美濃高須引渡〔三〕209。赦免〔三〕114。福知山御使〔三〕590。増上寺修理奉行〔四〕96 121。江戸城修理奉行〔四〕194
一音（僧）〔五〕416
一条輝良　〔十〕452㊀295
　輝良室（紀伊重倫女）〔十〕452
　教輔　第宅造営〔三〕592 628。婚姻〔三〕607 632／〔四〕25〔五〕231 235〔六〕645
　教輔室（池田光政女・家光養女）↓靖巌院
　教輔女　〔五〕231
　教良　〔四〕22
　兼輝（内房・冬経）定婚〔五〕15 249。関白〔五〕438。加恩〔五〕444。摂政〔五〕598 601／〔四〕564〔五〕164 275 404〔六〕596
　兼輝室（紀伊光貞女）〔五〕15 55
　兼香　浜御殿饗応〔七〕153。関白〔八〕774／〔九〕53 549
一条兼香女（俊姫、一橋宗尹室）↓深達院
　兼香女　↓水戸宗翰室
　兼香女　（紀伊宗将継室）↓明脱院
　昭良　朝幕会議〔二〕492 493。公武礼節〔二〕498。摂政〔二〕513 652 689〔三〕491。病気〔三〕131 441。家光と対面〔三〕402。三公転任次第〔三〕481 719／〔二〕349 434 655〜658〔三〕131 592 719〔五〕124
　昭良女　〔四〕393
　昭良女　↓光晴室（東本願寺門跡）
　忠香養女（千代姫、橋本氏女）㊁613
　忠香養女（今出川実順妹・徳川慶喜室）↓貞粛院
　忠良　㊀737㊁76
　忠良女（寿明姫、家定継室）↓澄心院
　千代姫　↓一条忠香養女
　通君　〔五〕366
　冬経　↓一条兼輝
　道香　定婚〔九〕31 513。関白〔九〕418。卒〔十〕313
　道香女八代　↓水戸治保室
　道香妹（一条兼香女・紀伊宗将継室）↓明悦院
　内房　↓一条兼輝
　八代　↓水戸治保室
一乗院亀代宮　㊀607

一場政許　㊀558
　政勝　閉門〔八〕125 167 224
　藤兵衛　㊁255
　孫助　㊁255
市岡左膳　㊀209
　正幹　㊀91
　正軌　〔十〕525 531
　正義　処罰者検使〔五〕44 178／〔四〕592 〔五〕81 407
　正次（左大夫）　江戸山王社造営奉行〔二〕491。関東御料巡視〔三〕30 38／〔三〕426 〔四〕371 442
　正次（左大夫・但馬守・対馬守）　鳥羽城引渡〔七〕101 109／〔八〕805 〔九〕80
　正春　↓市岡定次
　正章　↓市岡正峯
　正峯（正章）　西尾城引渡〔九〕417 426 431／㊀80 94
　正房　〔五〕607 〔六〕126 480
　正有（左膳）　㊁240
　清次（理右衛門）　〔五〕443 548
　忠次　〔三〕166
　定次（正春）　家光上洛〔二〕257 638。秀忠鷹狩〔二〕307。秀忠廟〔二〕534 557。三島旅館作事奉行〔二〕617／〔二〕484 561 649 687 〔三〕51 80
市岡房仲（丹後守）　㊀722 728
市谷頼信　〔五〕422
市川海老蔵　㊁465
　佳豊　〔九〕755
　源左衛門　㊁410
　五助　㊁525
　三左衛門　㊀649
　庄左衛門　㊀658
　昌恒　〔三〕114
　昌親　〔四〕378
　新右衛門　〔八〕157
　甚左衛門　㊀711
　清煕（清照）　大坂城代引渡〔九〕567。家重隠退〔九〕758／〔八〕35 〔十〕29 60
　清景（肥後守）　㊁143 707
　清照　↓市川清煕
　清素　㊀103
　清比　〔八〕35 73 139
　団十郎（八代目）　㊁541
　伝三郎　〔二〕59
　播磨守　㊁455 476
　弁左衛門　㊁183
　又助　㊁385
　満友　福島正則領分引渡〔二〕173／〔一〕705 〔二〕14
市川山三郎　〔六〕105
市口孫兵衛　㊁687 〔二〕113
市野実久　〔一〕354 〔二〕113
　実次　〔二〕113
　実利　〔二〕356
　真久（市野実次カ）　〔二〕307
　彦三郎　㊁238
市場殿　（家康妹・荒川頼持室・筒井政行室）　↓光源院
市橋銀三郎　㊁524
　守長（市橋長勝カ）　〔二〕282
　信直　卒伝〔八〕191／〔六〕356 532 576 〔八〕186
　政勝　〔五〕235
　政信（長政）　領地朱印〔四〕498。防火褒詞〔五〕4。駿府加番〔五〕320 386。卒伝〔六〕532／〔二〕471 〔三〕554 574 688 〔四〕102 173 343 493 〔五〕468 477 585
　政房　〔四〕400
　政直　分封〔三〕554／〔三〕656 〔五〕77
　長基（内膳）　㊁528
　長義（鋼三郎）　㊁526
　長吉（長善）　分封〔二〕223。豊後横目役〔二〕566 599。島原乱〔三〕88 92。紅葉山巡視〔三〕136。玄猪〔三〕24 199 208／〔二〕216 549 616 〔三〕136 137 139 210 317 376 464 553

市橋長昭 ㊀123 738
長勝 家康病気[一]283。転封[一]523 [二]106。加増[二]94 106。大坂冬陣[一]746。大坂夏陣[二]28。卒伝[二]189／[二]186 ↓市橋守長
長常 中国巡見[四]601 621 623／[四]248
長政 禁裏造営[一]547。中国巡見[二]581。多賀社造営奉行[二]625 [三]554。三河以西国郡奉行[二]695。韓使往還[三]41 314。上方廻国[三]37。御料巡廻[三]91。上方御料の郡奉行[三]554。西国十四州巡察[三]554。卒伝[三]554／[二]189 345 534 536
長善 555 559 [三]72
↓市橋長吉
長宗 [三]240 657
長能 日光地震巡視[九]638／[九]624 [十]115 339 514 762
長発 卒伝㊁71
長富（主殿頭） ㊁526
長璉 参勤延期[十]383。卒伝[十]786／[九]637 721 731
直挙 致仕伝[九]721／[八]482 724
直好 [九]421
直方 致仕伝[八]724。／[六]619 [八]191 200 227 631 [九]283
市橋
利政 [六]201
市原右衛門 [三]198
宗左衛門 [三]198
市姫（家康女） ↓一照院
市辺出羽 [二]247
一官（明人） [一]596
一休宗純 [五]31
一色淡路守 [二]91
数馬 ㊀760
義直 大坂冬陣[一]704。大坂夏陣・伏見城守護[二]22 26／[一]192 405 [二]538
吉之丞 [五]580
宮内 ㊁127
源三郎 ㊀691
重政 [三]214
庄右衛門 [四]1
昭種（唐橋） [二]501 [三]551
昭晴（唐橋・一宮） [二]501 [三]151 551
昭直 卒伝[一]405
政沆 日光修理[九]534 592 593 [十]116。公遵法親王隠居所修築[九]537。紅葉山修理[九]564。家治婚儀[九]604 631。河渠修築検視[九]608 644 702 709 713。倹約令[九]635 636。
一色
吉宗法会[九]683 686。勝手方[九]702。清水邸造営[九]721 750。江戸城二丸修築[九]743。米価調節[十]69。人参座[十]135。大奥修理[十]322／[九]453 472 478 553 580 749 [十]68 82 114 179
政富 ㊀359
政方 ㊀13
内匠 ㊁41
直為（宮内少輔） [一]628
直為（忠次郎） [二]612 [四]199
直為（忠次郎） [五]324
直休（清三郎・丹後守） ㊁241 634
直郷 [十]534
直賢 沼田城引渡[八]602 607／[九]86 565
直国 [十]285
直氏 甲府勤番[三]641／[三]533 609 [四]65
直次 ㊀178
直正 [四]199 417
直政 [五]518
直頂（源次郎） ㊁146 156
直房 駿府加番[四]194 243／[四]464 528
直与（直興） [五]8 [八]213
定堅 [三]42
仁左衛門 ㊁559

一色範尚 [四]303
　範勝　采地[一]662。配膳[一]91[二]298。小倉御使[二]153 155／[二]574 615
　彦三郎 [五]580
　祐長　↓小川祐長
　靭負 ㊀665
　頼方（主水） ㊁416
一照院（市姫、家康女） 婚約[一]452。卒伝[一]511／[一]423[三]117
一噌矩政（中村） [六]15
　当隆（荻原） [六]684
　太郎兵衛 [六]624
五辻英仲 [五]164
　広仲 [六]707
　順仲 [九]730
斎　市之充 [二]31
斎宮貞子内親王（後陽成天皇女・二条康通室）
　↓貞了院
出井助太郎 ㊀356
　正甫 [十]539
糸川安長 [九]266 304
糸原勘兵衛 ㊁245
　重正　諸国巡視[二]557[三]30 38 218 219 247。勘定組頭[三]38 109 218 219 247。関東の会計管

糸原
掌[三]119／[三]190
　甚十郎 [三]119
　甚左衛門 [三]278 280
　正安 [二]132
　正勝 [四]487
到津公著 [九]107
稲垣安芸守 ㊁528
　金吾 ㊁713
　権右衛門 [三]76
　周為 [五]579
　重綱　伏見城守衛[一]450。館山城勤番[一]681。大坂夏陣[二]33。加封[二]116 204。転封[二]116[四]29。城主に列す[二]204。大坂城定番[二]304[三]624 626。卒伝[四]106／[一]599 704[二]377 539 655[三]407 515 624
　重氏　加恩[五]99 412。分封[五]112／[四]192[五]413 523[六]19 426 664
　重氏母 [五]579
　重昭（重照） 大坂城加番[四]391 621。公卿[五]436。三河信光明寺修理[五]500。致仕伝[六]4／[三]502 515[四]106[五]112
　重照　↓稲垣重昭
　重太　行幸奉迎行列奉行[二]379。弓矢鳥銃担当[二]601。座班斡旋[三]16。江戸城

稲垣
々門勤番条目[三]533 534。家綱附[三]655。江戸城修理奉行[四]80／[一]450[二]361 377 538[三]16 272 287 300[四]17 62 71 262
　重定　乗輿免許[五]320。万石に列す[五]558。紅葉山東照宮修理奉行[五]567 577。卒伝[六]681／[四]229 271[五]156 171 356[六]1 38
　重富　日光御成管掌[六]395 401。射芸乗馬監臨[六]468 470 515 517 596 619 630 650 670 673 690 693 709。加封[六]484 555。転封[六]484 486。各所巡察[六]501 508 545 671 672 700。大和川修治[六]518。地震破損修理奉行[六]520 674。久能山東照宮修理惣奉行[六]551 560。増火消[六]643 649 676。綱吉廟造営奉行[七]7。卒伝[七]105／[五]500[六]4 80 180 375 604 739[七]45 55
　重武 [七]177
　重房　二条在番交替令[八]104。卒伝[八]191／[六]354 681
　俊忠 [一]638
　昭為 [五]579[八]806
　昭央　致仕伝[十]420／[九]400 584 592
　昭賢　転封[八]385。伊勢内外宮警衛[八]502。卒伝[九]584／[六]714[七]105 209 455[八]57
　昭庶 ㊀367 420

稲垣昭辰　[八]253
　昭友（穂垣）　赦免[五]579 591。再出仕・初謁[六]11／[五]539[八]42
　昭倫（西尾）　[六]576[八]630[九]606
　将監　[一]244
　種信　諸国造籍[八]406。采地半減・閉門[八]845／[八]427[十]30
　正英　[六]154 272 278
　正矩　[八]251 351 356
　正代（正利）　日光社参権目付[四]341／[四]244 410 429[五]299
　正武　吉宗隠居[九]126。家重徙居[九]384。二条城修理[九]675。出仕を止む[九]692。諸家領知判物[十]62／[九]362[十]69 370
　正庸　[十]455
　正利　↓稲垣正代
　大学　㊁456
　忠政　[一]428
　忠清　↓本多忠清
　長以　[十]245
　長剛（対馬守）　㊁462
　長守　[十]719
　長続（長守）　㊀135 264 417
　長税（藤九郎）　㊁129 430 446　↓稲垣藤九郎
稲垣長明（摂津守）　㊁532
　長茂　卒伝[一]599／[一]450 490
　鎮太郎　㊀735
　鶴之丞　㊁58 66
　定享　卒伝[八]850／[八]192 405
　定計　大坂定番[十]678。致仕伝㊀201／[八]850[九]103 551㊀166
　定淳（安芸守）　大坂定番㊀597。致仕伝㊁94／[十]605㊁65
　定成　㊀435
　藤九郎（稲垣長税カ）　㊁4 8
　藤五郎　㊁210
　藤四郎　㊀690
　郭見（兵庫）　棚倉城御使㊁5 7／㊁56 125
　長門守　㊁212
　豊章　[十]628
　茂門　[二]565[三]515[四]106
稲川八左衛門　㊀710
稲木三右衛門　[一]694
稲田九郎兵衛　大坂冬陣[一]263 753 758[二]2
　九郎兵衛　㊀710
　三五郎　㊁192
　修理　大坂冬陣・感状[一]752 758[二]2／[二]190
　正勝（喜蔵）　卒[二]637
稲田正勝（喜左衛門）　[二]668
　正信　[三]38 168
　宗心　[一]758
　内匠　[二]322
　貞右　[一]666
　民部　[三]553
稲津庄右衛門　[五]615
稲富一夢　↓稲富直家
　宮内　[一]754
　外記　[一]354
　重吉　銃技秘伝書[三]409。赦免[四]31／[二]615[三]101
　重次　大坂冬陣[一]751 753。徳川忠長に砲術教授[二]155 156／[一]745[二]311 420 615[三]409
　重宣　[五]273
　正直　[一]642
　直家（一夢）　鳥銃伝授[一]121。禁錮赦免[一]529。卒伝[一]541。一夢流銃技[三]409／[二]156
　直賢（稲留、直堅）　大筒銃鋳造[三]494／[一]529[二]638[三]305 409 456 457
　直之　士籍を削らる[三]456。赦免[四]470 487 525
稲波義右衛門　[六]140
　茂右衛門（稲葉、大蔵喜太夫）　[六]54 100 193

稲葉一通　島原乱〔三〕72 76 84。蛮船厳制〔三〕148。公卿館伴〔三〕174 182。卒伝〔三〕245／〔二〕75 185 400 535 591〔三〕1 174
一鉄　↓稲葉良通
雅楽　㊀752
紀通　大坂冬陣〔一〕687。転封〔二〕45 116 329。城主に列す〔二〕329。不良行為・除封〔三〕561〜563 588。卒伝〔三〕561。謀叛虚説〔三〕562 588／〔一〕447〔二〕185 186 333 534 535 568〔三〕1 262 332 394 492。家士〔三〕510
幾通（辰次郎）　㊁85 95 523
景通　消防〔五〕277 278。公卿館伴〔五〕332 571。卒伝〔六〕206／〔三〕441〔五〕165 416〔六〕201
敬勝　〔九〕90 91
弘通　致仕伝㊀443／〔十〕286 325 355 ㊀91
恒通　矢矧橋修理助役〔七〕363 429。卒伝〔八〕203／〔六〕375 622 694
康純（稲葉道通カ）　〔一〕119
定之助　㊀736
七三郎　〔三〕55
勝信　〔七〕444〔八〕212
信通　火番〔三〕332 404 509 521 605 639〔四〕5。女院御所造営助役〔四〕395 475。門跡館伴〔三〕396 401〔四〕548 562。天主教徒繋獄〔四〕360〔五〕27。

稲葉
正倚（正喬）　卒伝〔五〕165／〔二〕591〔三〕245 605〔四〕498〔五〕8　分封〔五〕485 487／〔四〕333 406〔五〕32 330〔七〕406
正員　↓毛利正員
正羽　棚倉城引渡〔六〕583／〔七〕117〔九〕47
正益　韓使館伴〔九〕422 456 462。淀城焼失〔九〕654。卒伝〔十〕373／〔八〕638 723 761
正往（正徃）　召見〔五〕99〔八〕20〔九〕183。加封〔五〕430 486。転封〔五〕560〔六〕441。京都所司代〔五〕432。座班四品上首〔五〕599。聖堂祭器献上〔六〕85。病気〔六〕665〔八〕36。庶民賑救〔六〕464 465。家綱法会惣督〔六〕538。致仕伝〔六〕667／〔四〕33 436 448〔五〕431 485 492 556 560〔六〕271 298 398 437
正往室（保科正之女）　〔四〕622
正誼（栄之進・丹後守）　日光廟修築㊁475 502／㊁465 467 535
正吉（政吉）　甲府在番〔三〕224 277。自殺〔四〕189 193／〔二〕435 638〔三〕405
正休　嗣家〔四〕204。下館在番〔四〕422 468。乗輿免許〔五〕320。加封〔五〕421 456。摂河両国水路巡視〔五〕472 485。堀田正俊を刺す〔五〕520。卒伝〔五〕521／〔四〕57 239〔五〕441 522
正喬　↓稲葉正倚

稲葉正弘　卒伝〔十〕426／〔十〕79 373
正恒　嗣家〔八〕524〔九〕205 206。卒伝〔八〕529
正佐　〔六〕611〔八〕98
正之　〔五〕553
正巳（兵部少輔）　㊁36 268 532
正師（金之丞）　㊁482
正次　卒伝〔二〕435／〔二〕146
正守（丹後守）　江戸城造営費上納㊁393。致仕㊁467／㊁361 461
正勝　加封〔二〕218 311 336 350 574。奉書加判〔二〕311。韓使館伴〔二〕332。万石に列す〔二〕336。家光に献茶〔二〕339〔三〕745。江戸城梅林坂門築造〔二〕421。身延池上争論聴断〔二〕477。肥後国御使〔二〕550 565。乗輿免許〔二〕573。小田原城主〔二〕574。猿楽等支配〔二〕596。卒伝〔二〕620／〔一〕115〔二〕218 297 301 373 394 421 443 444 447 482 487 516 537 573 574 583 598
正勝室　〔二〕401
正申（出羽守）　㊁616
正辰　分封〔五〕485 487／〔四〕510〔六〕509〔八〕138 479
正親　吉宗日光社参供奉〔八〕436 450。宗家相続〔八〕529／〔八〕340 658 661 663 664
正諶　処罰〔十〕669。大坂城代㊀495。京都所司代㊀530／〔十〕426 436 449 467 ㈠494 528 550 583

稲葉正成　召出〔一〕451。大坂夏陣〔二〕20。松平忠昌附〔二〕162。召返〔二〕409。卒伝〔二〕443／〔二〕419 435
正成室　〔二〕297
正盛（播磨守）　㊀640 686 700 ㊁32
正則（正利）　春日局に養わる〔二〕401。初謁〔二〕472。嗣家〔二〕620 627〔四〕448 504〔五〕166 331 332。小田原城番〔二〕623。江戸城留守〔三〕504〔四〕456 458。江戸城西丸石垣修築〔三〕569。病気浴湯〔三〕645〔四〕349 352〔五〕143～145。箱根関警固〔四〕18。老中〔四〕242 274 293〔五〕331 432。官位〔四〕252 408。本所巡視〔四〕399。茶事〔四〕550。致仕伝〔五〕485／〔二〕401 638〔三〕64 161 257 266 368 495 520 612〔四〕146 193 213 275 299 302 450 575 623〔五〕114 354 392〔六〕745 746。家士〔二〕696〔三〕166〔四〕154〔五〕84 140
正則室　〔四〕500
正存　〔十〕64 ㊀38 113
正知（正往）　代官町修築助役〔七〕80 111。転封〔八〕303。淀城主〔九〕183。吉宗稲葉家の由緒を重んず〔九〕209。『七書諺解』献上〔九〕264。卒伝〔八〕504／〔六〕253 667〔七〕112 316〔八〕51 496〔九〕215
正僑（大膳）　㊁142

稲葉正長　館林城引渡〔九〕414 418／〔九〕695〔十〕115
正直　↓稲葉正能（大学・下野守）
正定　分封〔二〕435 700。豊後府内目付〔四〕244 268。中国筋巡視〔四〕601 621 623。土浦城引渡〔五〕48 49。仙台目付〔五〕105 120。日光山目付〔五〕182 298。大坂城目付〔五〕192 205／〔四〕370 400〔五〕328
正任　卒伝〔八〕524〔九〕205／〔八〕382 504
正能（市五郎・八左衛門）　分封〔二〕435 700／〔四〕549 552〔五〕20 547 553
正能（正直、大学・下野守）吉田城引渡〔六〕301 307。日光河川浚利〔六〕561／〔五〕147 485 487〔六〕415〔八〕129 295 312
正発　卒伝㊁91
正備　㊀151 588
正武（播磨守）　〔十〕756 ㊀686
正福　〔八〕691
正方　〔八〕402 495
正芳（遠江守）　㊁12
正峯　㊀80
正房　江戸城々溝浚利〔七〕247 248 461〔八〕623 643。家継継統の大礼〔七〕283。琉球使参府〔七〕397。吉宗放鷹〔八〕65。虎の門修理〔八〕619。狩猟作法〔九〕272／〔七〕396〔八〕288 391

稲葉　690〔九〕27
正名　〔九〕119
正明　御側申次・見習〔九〕646 651〔十〕809。加封〔十〕315 542 674 767。致仕伝㊀101／〔五〕166〔十〕499 816 827 836
正邑　大坂城代交替引渡〔九〕665 667／〔十〕737
正令　〔十〕573
尊通（虎太郎）　卒伝㊁68／㊁14 40
大助　〔三〕562 588
大膳　〔一〕547
泰通　臼杵城火災〔十〕142。卒伝〔十〕286／〔八〕750〔九〕50 376 487
竹松　〔三〕562
辰次郎　㊁95
丹後守　㊁206 461
主税　㊀593
知通（通周、市正）　卒伝〔六〕622／〔四〕397〔五〕437〔六〕206 520 539
通久　〔六〕301 309
通広　〔二〕694
通孝　卒伝〔三〕214
通綱　〔二〕694
通周（市正）　↓稲葉知通
通周（左衛門）　〔八〕319 814

稲葉通重 〔一〕450
通照 〔三〕214
通生 ㊀118
通済 ㊀185
通度 〔九〕750
通任 〔四〕525 〔六〕222 246
貞通 卒伝〔一〕89
典通 江戸築城費〔一〕119。時服一統献上権輿〔一〕457。名古屋城天守用材運送〔一〕495。名古屋城修築〔一〕510。江戸城修築〔一〕657 690。卒伝〔三〕400／〔一〕89 547 690
董通(薫通) 卒伝〔八〕750／〔八〕176 203 364 611
道通 卒伝〔一〕447 ↓稲葉康純
遠江守 ㊁39
内膳(甲府用人) 〔六〕47
彦三郎 〔六〕475
方通 〔一〕547
茂右衛門 ↓稲波茂右衛門
雍通(伊予守) 致仕伝㊁40／㊀197 702 710
良通(一鉄) 〔一〕146 156
六郎大夫 〔九〕264
稲守三左衛門 ㊁232
犬塚胤形 〔一〕640
検校 〔四〕597 〔五〕3

犬塚弘胤(大塚) 〔十〕128 714
重世(大塚) 二丸伺候〔三〕297。赦免〔四〕31／〔二〕511 530 539 594 〔三〕159
忠暁 〔十〕585
忠次 諸大名諸寺社領の税額査検〔一〕396／〔一〕111 113 612
忠邦(太郎右衛門) ㊁688
乾元資 〔十〕289
元善 〔九〕695
四郎兵衛 〔三〕39
筑前 ㊀703 727
井上伊兵衛 ㊁59
因碩 〔十〕135 ㊀110
右兵衛 〔三〕286
宇右衛門 〔三〕119
栄五郎 ㊁94
栄信(備前守) ↓井上秀栄
嘉平次 ㊁558
熊蔵 ㊁533
玄菴 ㊁449
玄高(三庵) 〔十〕67 402 ㊀152
玄丹 ㊁414 417
玄哲 〔三〕631
玄徹 召出〔三〕503。長松附〔三〕625。諸大名治

井上
療〔四〕495 496 610 〔五〕140。大奥治療〔五〕215。東福門院治療〔五〕254 264 277 291／〔三〕551 〔四〕76 557 〔五〕391
玄徹 ㊁51
玄理(三庵) 〔十〕67 ㊀176 251
玄亮 ㊁478
五郎右衛門 〔一〕731
左大夫 下田警衛場備置銃新鋳㊁518 559。大銃新鋳㊁582／㊁657
左兵衛 〔一〕593
作右衛門 ㊁346
四郎兵衛 〔三〕29
志摩守 ㊁128
時利 〔三〕29
下総守 ㊁588
秀栄(栄信、備前守) ㊁340 367 380 471 506 507
重次 ↓井上正貞
重成 越前家附〔一〕119。召出〔二〕355。韓使警衛〔三〕44／〔二〕538 〔三〕466
俊良 ㊁51
小左衛門 〔一〕744
新左衛門 福島正則領分引渡〔二〕173。越後御使〔二〕325。加藤光広謀叛回状〔二〕546。巡見使〔二〕557。関東の会計管掌〔三〕119

井上周防守　[一]755
　助之進　㊁401
　図書頭　㊁466
正為　㊀152
正意　卒伝[十]743／[十]12 446
正域（筑後守・山城守）　㊁460 536 570
正員　[二]557
正盈　㊀353
正延　[九]510 [十]435 530
正遠　↓井上正長
正往　↓井上正任
正賀　[九]453
正紀　㊀49 148 590
正義　↓井上正昭
正休　[十]626
正強（正弘）　[五]193 609
正矩（酒之丞）　[六]374
正矩（内記）　㊀519
正経　転封[九]421 661 725。吉宗大祥忌法会[九]590 594。卒伝[十]227／[八]749 777 [九]660 665 721 727 [十]28 108 112 223
正景　士籍を削る[三]456。赦免[四]470 487。西丸銃具取扱[四]542。鉄砲主管[四]553。猪狩[五]123 128／[四]582 592 [五]501
井上正継　大坂冬陣[一]742 751。大筒役[二]5 [三]456。大銃試射[二]347 685。島原乱[三]80。火器製作[三]80 214 569。新銃術工夫[三]119。采邑収公[三]456 457／[二]368 617 [三]8 15 80 448
正建　㊀441
正健（遠江守）　㊁187 548
正賢　㊀169
正言　↓井上正信
正広　卒伝㊀441／㊀90 117
正弘　↓井上正強
正幸　[四]441 [五]50
正興　分封[五]44／[五]167 [八]646 711
正国　大坂定番[十]263。致仕伝㊀148／[九]679 [十]29 ㊀91
正在　処罰[十]520 747／[十]620 ㊀40
正之　卒伝[八]777。恩遇[九]193 194／[六]613 [八]278 298 435 451
　↓井上正定（河内守）
正次　[五]383 [七]332
正治（左大夫）　㊁153 168
正式　↓井上政式
正質　㊀234 379
正就　誓書奉呈[一]652。大坂陣[一]705 [三]33。叙爵[二]4 256。小姓組番頭[二]13 239。
井上　寺領寄付管掌[二]142。老臣に列す[二]119。宇都宮吊天井[二]227。連署[二]243。転封加増[二]243。福島正則処分[二]274。イスパニア通商[二]320。シャム国返簡[二]304 305。女御立后調度[二]322。行幸の礼典[二]373。刺殺[二]440。卒伝[二]441／[一]580 705 [二]9 84 407 435
正春（亀丸・河内守）　転封㊁269 552。江戸城造営費上納㊁393 531／㊁29 39 353 416 428 482
正昭（正義）　分封[三]406。甲府在番[四]75 112。下館在番[四]384 425。寛永寺火番[四]239 604／[三]446 [四]286 597 [五]255 297 565 581
正章（丹波守）　㊁449
正乗　[十]696 ㊀221
正岑　国絵図[六]287 494。転封[六]298 483 486。加封[六]483 [八]106。寛永寺根本中堂勅会[六]338。番士射芸乗馬監閲[六]467 485 486 505 515 578 579。地震破損修理[六]520 674。護持院修理惣奉行[六]540。桂昌院法会惣督[六]653。尾張邸管掌[六]666。綱重法会惣督[七]102 121。家康百年忌法会惣督[七]208 393 424。家宣の紅葉山霊廟造営惣督[七]372 382。大奥[七]393 460。

『正徳新令』を拒む〔九〕161。吉宗将軍宣下大礼〔八〕15。韓使応接〔八〕77 173。浄円院下向〔八〕116。卒伝〔八〕272 278 278／〔五〕77〔六〕51 58 176 594 700〔八〕190〔九〕144 202
正岑母　〔六〕544
正辰　卒伝〔十〕12／〔九〕598 738
正信(正言、左兵衛)　〔五〕44 517
正信(震之助)　㊁693
正森　致仕伝〔十〕29／〔八〕526 573 591
正清　備中松山城引渡〔六〕231 239／〔六〕415 592 655
正晴　〔八〕268 725
正誠(遠江守)　㊁693
正相　〔十〕615
正長(正遠、主税・内記・遠江守)　水口城引渡〔六〕231 239。出石城引渡〔六〕293。甲邸老臣〔六〕231 349。西丸側衆〔六〕555。長昌院改葬〔六〕596 600〔七〕289。加封〔七〕289。卒伝〔八〕215／〔五〕77〔六〕579〔八〕37 83
正朝(百助・半十郎・左大夫)　鉄砲方〔五〕383 470。狼を捕う〔六〕71。鳥銃査検〔六〕338／〔四〕601〔五〕503〔六〕389
正朝(帯刀)　〔九〕670
正直(志摩守)　㊀696 ㊁109
正直(英之助・河内守)　㊁611 631 712

井上正定(河内守、井上正之カ)　〔九〕210
正定(河内守)　卒伝〔十〕801／〔十〕227 301 361 541
正貞(重次)　増上寺修理奉行〔四〕419 437 443。宮津目付〔四〕623〔五〕17。大坂目付〔五〕83 100。盗賊考察〔五〕231 298。京都町奉行郡代役〔五〕369／〔三〕226〔五〕306 317 318〔六〕58 61
正棠(正峯)　致仕伝㊀90／〔十〕743
正敦　卒伝〔九〕598／〔八〕215〔九〕417 472
正任(正往)　処罰〔五〕63 186。江戸城二丸造営助役〔五〕420 426。正幸の嗣子を廃す〔六〕51。聖堂祭器献上〔六〕86。転封〔六〕155。致仕伝〔六〕176／〔三〕161〔四〕585〔五〕44 68
正納　屋敷改役〔七〕332。布衣〔七〕402／〔八〕177 382 88 175 176 571 610
正富(右近・土佐守)　〔六〕413 547
正富(太左衛門)　〔八〕642
正甫(河内守)　処罰・転封㊀781 792。致仕伝㊁39／〔十〕801㊀212
正方(越中守)　㊀582
正峯　→井上正棠
正房(左大夫)　〔八〕55 61 109
正房(靭負)　〔九〕573
正民(内膳正)　卒伝㊁187／㊀775 784㊁36
正友　〔一〕606

井上正利(正則)　韓使往還〔三〕41。公卿参詣警備〔三〕97 132 483 548〔四〕241 258 420 451 495 533 565 603。浜松在番〔三〕100。消防〔三〕257 332〔四〕211 256。参勤交代〔三〕286 368。秀忠法会〔三〕342〔四〕95 248 477。大奥女房松山召捕〔三〕355。転封・加封〔三〕406。家綱附〔三〕655。日光山〔四〕42 43 161 164 264 448 452 511 604。家光大祥忌〔四〕69。崇源院法会〔四〕276。隠元慰労〔四〕281。水戸光圀・綱誠安宅丸一覧の饗応〔四〕427。宝樹院法会〔四〕514。寺領朱印取扱〔四〕525。雷震〔四〕538。天樹院法会〔四〕596 597。致仕伝〔五〕44／〔二〕142 303 441 537 655〔三〕105 116 285 502 612〔四〕2 124 130 184 189 273 308 393 425 630
正滝(筑後守)　㊀590 ㊁444
正鄰　致仕伝〔八〕573／〔六〕599〔七〕464
正路(左大夫)　㊁464
正盧(内膳正)　致仕㊀775。卒伝㊁36
正和(筑後守)　㊁570 674
政次(正次)　〔三〕247
政式(正式)　〔五〕219〔六〕187 231 711〔八〕322
政実　〔三〕304
政重　非番出仕者名簿記録役〔二〕310。加封〔二〕355 568〔三〕192 314 315。五の字の差物〔二〕

井上
565〔四〕356。忠長幽閉を伝達〔二〕569。惣目付(大目付濫觴)〔二〕576〔四〕356。上洛駅舎巡察〔二〕598。大姫婚姻〔二〕613。千代姫入輿〔三〕153。万事出訴の事管掌〔二〕693。江戸城本丸造営奉行〔三〕42 47 76。韓使管掌〔三〕39 42 319 321〔四〕160 161。琉球使管掌〔三〕359 610 617 623。島原乱〔三〕84 97。面命・密談〔三〕105 376 383 407 429 430 433 463 464 510。松倉勝家斬罪検使〔三〕108。長崎政務〔三〕192 213 222 348 492 495 502 521 570 593 623。唐商に諭文授与〔三〕194 195。讃岐国政監察〔三〕199。諸士法度〔三〕213。蘭人に国禁厳守を伝命〔三〕222。郷村諸法度〔三〕287。天主教考察〔三〕306 314 315 462〔四〕241 266 356。日光山中の木様進覧〔三〕613。蘭人の仏郎機を監臨〔三〕651。家光を診察〔三〕691。日光山〔四〕42 43 71 73。致仕伝〔四〕356／〔一〕475〔二〕538 547 558 609 653〔三〕84 376 413 593 646 678 683〔四〕10 229 268 289。家士〔四〕87
政春　↓井上政則
政清(正清・政晴)　水口在番〔四〕479 517。卒伝〔五〕214 219／〔三〕304〔四〕356〔五〕18 51 111 192 193 202 213

井上政則(政春)　〔三〕304 656〔五〕193
政蔽　政清の嗣子〔五〕193。駿府加番〔五〕423 463。韓使館伴〔五〕442〔七〕148。卒伝〔七〕464〔八〕16／〔五〕194 214 219〔六〕227
政明　〔四〕387〔六〕464
清秀　卒伝〔一〕119
宗三郎　㊁499
宗隆　〔十〕762
筑後守　㊁170
貞高　家伝図書進覧〔八〕409。巨砲試射〔八〕636。車仕掛大砲製作怠慢・閉門〔八〕739。射撃心得〔八〕807／〔八〕422〔十〕62
遠江守　㊁149 528
富次郎　〔十〕414
内記　〔四〕575
半左衛門　〔四〕66
半三郎　〔一〕705
兵馬　㊀705
方正(交泰院)　〔十〕167
政之助　㊀772
又三郎　㊁582 657
又次郎(左大夫)　㊁371 518 559
松次郎　㊁611
庸尾　〔三〕173〔四〕35

井上庸名　召出〔一〕421。家光上洛宿割役〔二〕598 624。勅使館伴〔三〕84。日光社参〔三〕176／〔一〕513〔二〕375 539〔三〕262 293
頼次　〔一〕730
利義(利儀)　〔二〕66〔三〕149
利儀　↓井上利義
利恭(美濃守)　処罰㊀216。日光修築㊀308 380。戒飭㊀322／㊁35 40
利実　〔五〕543〔六〕18 30
利寿　〔九〕536
利盛　上野一宮修理奉行〔六〕320 339／〔八〕155 213
利忠　〔八〕847
利長　〔三〕444 445
利朗　↓本多利朗
滝吉　㊀736
滝橋　㊁441
井口高忠　〔十〕389 494
宗次　〔二〕578
宗貞　〔六〕230
稲生英正　〔六〕556〔七〕74〔八〕133
光正　卒伝〔一〕597
左門　㊁146
若水　↓稲生宣義
新七郎　〔一〕475

稲生正英　無足〔八〕525。吉宗附給仕の士籍点検〔九〕549。琉球使管掌〔九〕551。日光東照宮修理〔九〕562 564 592 593。日記管掌〔九〕594。浜御殿管掌〔九〕597。西丸大奥修理〔九〕631。倹約令〔九〕636。勝手方精勤〔九〕702。処罰〔十〕14／〔九〕663 674 682 720

正延　久能山東照宮修復〔九〕11 15 33 48。日光山修理〔九〕402 593。三河吉田橋改架〔九〕602／〔九〕615〔十〕71

正経　㊀71

正興(七郎右衛門・出羽守)　桑名城引渡㊁92 95。日光霊廟修復㊁474／㊁498

正照　天主教考察〔五〕620。鶴岡八幡宮・伊豆箱根両権現修理〔六〕271。八重姫入輿〔六〕298。寛永寺根本中堂勅会〔六〕338／〔五〕609 619〔六〕363 705

正盛　犬殺査検〔六〕305。芝新渠麻布船路疏鑿〔六〕350 375。江戸城修築奉行〔六〕541／〔五〕407〔六〕395 412

正武　諸番士武芸〔七〕334。金銀改鋳〔七〕409 410。京洛の河川浚利〔八〕66 79 112 128。韓使管掌〔八〕156 173。甲府城巡視〔八〕346 350。駅路管掌〔八〕351／〔七〕385〔八〕210 442 788〔九〕105 121

稲生正甫　巡見使〔九〕349 364 393／〔九〕671

正倫　日光社参中の権目付〔四〕453。大坂城派遣〔四〕523／〔四〕487 537 562 578

正礼　〔十〕14

宣義(若水)　〔八〕166〔九〕291

八左衛門　㊁190

平左衛門　㊀727

猪熊教利　禁中濫行〔一〕296 489 493 498。死刑〔一〕498

猪子一吉(一明)　宇治採茶〔三〕431 447／〔三〕426 494〔四〕269 276 364〔五〕47

一興　京摂水道浚利〔五〕499 526 527。大坂目付〔五〕292 307／〔六〕551 606

一時　御談伴〔二〕282。御話衆〔二〕354。卒伝〔二〕361／〔一〕508 547

一乗　〔十〕351

一縄　〔九〕126

一明　↓猪子一吉

一利　〔二〕463

岩三郎　㊁547

兼五郎　㊁547

正元　江戸城大手腰掛修築奉行〔三〕261。絶家〔三〕262／〔一〕609〔三〕149

正次(久左衛門)　〔一〕599

正次(久左衛門)　〔三〕240

猪俣則綱　〔三〕284

範英　〔十〕718

猪股助右衛門　〔八〕196

則種　〔二〕617

平六郎　〔八〕196

茨木検校　平家琵琶〔五〕78 79 81 83 85 226 231 232 236

五左衛門　〔一〕733

長宣　〔十〕171 761

茨木屋又左衛門　〔一〕103

今井喜次　〔九〕559

九兵衛　㊁14

久胤(宗薫)　大坂冬陣〔一〕719 745／〔二〕409

兼続　〔二〕592

兼豊　〔九〕678

兼隆　〔一〕719〔三〕409 592

検校　〔五〕93

元昌(玄昌)　奥医〔七〕421／〔七〕439〔八〕96 135

源右衛門　㊁678

好教　㊀380

好昌　小普請組頭〔九〕389。家光百年忌日光山法会〔九〕498 512 515／〔八〕603〔九〕613 638

好用(帯刀)　㊁146 153

昌吉　〔一〕640

信安　〔十〕389 666

今井信辰 [九]744
　信成 [六]44
　信盛 女二宮附[三]42 44 213
　信由 ㊀349
　新左衛門 ㊁248
　宗薫 ↓今井久胤
　繁昌 ㊀119
今泉惣右衛門 [十]339 348
今枝民部 [二]458 [四]282
今大路元勲 [八]544 [九]740
　玄朔 ↓今大路正紹
　左京大夫 ㊁283 696
　寿国 天脈拝診[九]679 684／[九]742 [十]259
　親顕 家業怠慢戒諭[六]22。追放[六]749。無名小普請医選挙[八]41。奥表医薬種下賜管掌[八]256。薬材考究[八]261。『普救類方』序[八]497。御文庫医書校正[八]308。『和剤局方』校正[八]553。家伝古文書進覧[八]677／[六]94 [八]377 782
　親俊 初謁[三]214。素絹着用許可[四]631。尊証法親王診脈[五]409 411 419。精研[五]452。林信篤宅地替[五]538／[三]141 [四]38 446 450 [五]391 548 558 579 581
　親昌 談伴衆交番出仕一番[二]549。赦免[三]
今大路
57 112。家法の奇薬製造[三]130／[二]237 303 367 396 528 638 670 [三]8 117 125 141
　親清 参府[一]125。剣下賜[一]445 [二]312。江戸在番交代[一]475。大奥奥厨所伺候[二]245。上洛供奉[二]373。／[一]408 456 619 [二]354 367 396
　親民 [五]246 434 484
　正紹(玄朔・延寿院) 江戸番替[一]661。大奥奥厨所伺候[二]245。御談伴[二]283。素絹紫袈裟許可[二]449／[一]408 [二]430 470 481 528
　正福 ㊀228
今川氏 [一]33
　義元 広忠岡崎帰還[一]23。家康を人質とす[一]25 27。安祥攻め[一]26。岡崎城代[一]27 135。家康首服加冠役[一]29 135。桶狭間戦[一]31 139。大高兵粮入れ[一]137。家康の今川論評[一]328
　義彰(丹後守) ㊁11
　義泰 [十]473 746
　義用(上総介) ㊁404
　氏輝 [五]323 324
　氏尭 [五]171
　氏真 一宮後詰[一]32 143。今川氏滅亡[一]33。
今川
領国追放[一]33 35。家康、織田氏と講和[一]138。家康に紿かる[一]140。遠州攻略[一]144。駿府参謁[一]582。田上原開墾証状[五]324／[一]32 36
　氏親 [一]19
　氏睦 [六]26 373
　太郎 ㊁437
　直房 召出[一]287。高家[一]446。御衣紋役[三]9 10 87 183 321 343。御剣役[三]65 66 136 165 368。御太刀役[三]66 216 223 288 321 352 382 389 404 422 430 475 506 [四]170 208 256。御刀役[三]126 134 192 226 227 359 363 396 415 492 515 538。秀忠法会捧経[三]87。京都御使[三]164 614 683 [四]95 128 131 164 166 265 268 331 334 379 381。参詣・御酌御加[三]216 390 [四]102。日光代参・御使[三]225 266 287 355 360 377 379 383 391 403 421 425 456 458 460 476 493 494 510 637 657 663 671 675 679 [四]71 104 109 142 143 177 178 304 305 351 352。後水尾天皇慰問[三]236 441 442。門跡公卿芝上野参詣取扱[三]269 388 400 422 436 438 483 507 548 550 671。日光宮号宣下謝使[三]449 453。尾張義直編集の『神祖御年譜』[三]743。韓使引見[四]160。家光法会準備[四]195。簾役[四]348／[一]572 [二]539 615 [三]45

今川　66 161 188 201 300 301 418 422 623 639 645 691 四95 404
貞国　↓瀬名貞国
範以　一446
範彦　九499
範高　七229
範主　八482 九240
範叙(彦三郎)　㊁636
今木源右衛門　三40
今城定経　五68 96
定興　九384
定種　六707
定淳　四350 五96
今倉孫三郎　二15
今津図書　二37
丹後　七298 十10
茂兵衛　九650
今田源太郎　三25
今出川伊季(菊亭)　五513 七12
経季(菊亭)　武家伝奏三147 152。日光祭礼曼陀羅供三183 184。東照大権現宮号三420。秀忠の位記進薦三422。家綱将軍宣下四25／二98 三155 222 238 262 267 270 310 311 351 352 387～389 419 421 422 435 480 485 524 540 689 690 四3 27

今出川公規(菊亭)　四87 110 五164 312 513 六310
公規女(水戸綱条室)　↓本性院
公香(菊亭)　六572
実種　十533
実種室(水戸宗翰女・今出川実種室)　↓瑤林院
晴季(菊亭)　金沢文庫本『律令』献上一673 676。家康神号勘進二106。『公家諸法度』制定二280
今福勝如　一359
勝正　三349
今村掃部(助)　松平忠直家中争論一600 601。配流一601。改易一623
吉重(清重)　三571 四17 40
吉正　二538 552 553 三147
金兵衛　十154
重長　一705 二276 410
正信　二355 472 655
正成　中川番四398／二585 四10 99 五291
正長　大坂夏陣一276 二276。最上監使二189。秀忠鷹狩宿割二307。江戸城石垣運送船奉行二448。下田奉行二472 575 585 三7／二305 324 379 538 四10 98
清重　↓今村吉重

今村清昌　二616
長央　一223
長祥　八674 十160
伝右衛門　㊀106
伝吉　三656
内記　二128
彦兵衛　五489
今屋宗中　一418
妹尾　↓セノオ
入江兼張　九52 367
広丹　十171
春重　二362
弥左衛門　㊁559
倫教　九517
入戸野　↓ニットノ
石井　五232
石井行康　五602
行豊　五37
岩井備中守　一731
与左衛門　一745 三270
与左衛門　新甲冑製作八40。菖蒲具足献上八71 271。紅葉山神庫具足修理八601 613
岩上　一411

岩上角右衛門　[五]123
　幸十郎　㊁434
岩城義隆　↓佐竹義隆
　吉隆　↓佐竹義隆
　景隆　[四]469
　秀隆　卒伝[八]139／[六]326 532 [七]209
　重隆　大坂加番[四]309 354 362 369。高田城在番[五]481 514。致仕伝[六]532／[二]628 [四]191 259 498 562
　宣隆　岩城家養子[二]363。江戸城石垣課役[二]447。山形城在番[三]319 367。致仕伝[四]191／[二]444 537 539 597 609 [三]2 [四]58
　貞隆　卒伝[二]200／[二]363
　米吉　㊁579
　隆永（房之助）　㊁632 655
　隆喜（伊予守）　㊀789 ㊁701
　隆恭　卒伝[十]711／[九]355 [十]399
　隆恕　[十]662 719 ㊀789
　隆韶　卒伝[九]355／[八]139
　隆房　[三]452
岩倉（家）　[三]98 [五]231
岩倉具起　仙洞使[三]184／[二]342 [三]670 [四]123
　具堯　中宮使[二]330 409 431／[二]259 375
　具経（具詮）　[五]96
岩倉尚具　[九]532
岩佐吉久（権之助）　[六]475
　吉純（弥五左衛門）　[四]613 [五]34 42 [六]18
　吉勝　[二]356 631
　吉助　[二]356
　左近　[二]66
　信久（岩手カ）　[三]374
　信次（岩手カ）　[三]374
　正寿　[一]280
　辰之助　[六]475
　武清　[五]18 59 65
　茂矩　[九]745 747
岩沢教包　[十]666
岩下守胤　[二]318
岩瀬市兵衛子□三郎　㊁487
　権三郎　[三]551
　氏英　巡見使[九]350 364 393
　氏記（加賀守・伊予守）　㊀670 ㊁97
　氏興　↓岩瀬氏与
　氏昌　[七]61 86
　氏盛　㊀322
　氏善（内記）　紅葉山霊廟修復㊁451。久能山修復㊁453 456／㊁458
　氏忠　紅葉山巡察・修理[四]432 [五]81／[三]525
岩瀬
　氏朝（氏頼）　[五]71 268 327 大坂目付[五]177 195 490 511。越後騒動目付[五]417 420 425。明石城引渡[五]440 451。大和郡山城引渡[五]551 556／[六]234 247
　氏与（氏興）　[一]617
　理兵衛　[四]145
岩田吉左衛門　㊁13 117
　慶入　[六]455
　高豊　[六]2
　七左衛門　[一]752 758 [二]2
　定功　㊀65 540
　定勝　[八]9
　伝左衛門　㊁371
　本五郎　㊁221
　利右衛門　㊁363
岩津弥右衛門　㊁181
岩手一信（佐五右衛門）　[三]314 666　↓岩手信直
　五郎吉　[十]784
　庄兵衛　[五]189
　信吉　郡上城請取[六]143／[五]554 [六]356 514
　信久（岩佐カ）　[三]374
　信守　↓岩出信守
　信次（岩佐カ）　[三]374

岩手信政　㊀455
信直(岩手一信カ)　㊄189
信門　㊉784
信猶　㊇275
半次郎　㊉784
六左衛門　㊄178
六之助　㊄189
岩出定之進　㊉412
信守(岩手)　㊄155
平左衛門　㊉357
岩波延継　㊀542
延幸　㊈229
延寿　㊀465
源三郎　㊄474 ㊅260
七五郎　㊀778
順達　㊇254
庄七郎　㊇760
図書　㊁539
半左衛門　㊅239
平左衛門　㊅258
岩橋七郎　㊈241
岩淵三左衛門　㊃577
岩船城船(検校)　召出㊂409。平家琵琶弾奏㊃9 249 259 328 335 336 355 370 399 474 526 597 ㊄84 123

岩船　299 545／㊂514 523 ㊃296 328 371 ㊄3 377 379 496 542
岩間大蔵左衛門　㊀163
勘左衛門　㊃589
小熊　㊀352
勝房　㊀169
正伸　㊀292
正続　㊉228
正直　㊇806
正睦　㊀430
清兵衛　㊁85
忠左衛門　㊁516 588 595
岩松義寄　㊈652 ㊀366
孝純　御文庫の『新田岩松古文書』閲覧㊇787。上野太田町金山城址石槨発見㊇809。上野巡回㊇822／㊇357 787 ㊉310
秀純　㊃470 475
純睦　㊉700
主税　㊁662
八弥　㊀24 139
富純　『新田岩松系譜・古文書』進覧㊇587／㊄195 ㊆21 ㊇18 357 ㊈242
満次郎　㊁134
岩室正易　㊀454

岩本正久　㊈493
正脩(石見守)　㊁156
正房　㊇9
正利　加封㊉781 ㊀23 351。天主教考察㊉794。優待㊀525／㊀588
正倫(正論、内膳正・石見守)　㊀186 675 ㊁64
祝　丹後守(丹波守カ)　㊀548
尹　趾完　㊄457
寿民　㊁137
順之　㊂321
印　文調　㊈460 461
因果居士　㊀593 596
胤栄(宝蔵院)　卒伝㊀443
胤海(実成院)　㊂9 261 391 414 444 ㊄222 298
胤憲(宝蔵院)　㊉661
隠元(万福寺)　来朝㊃119。帰化㊃122。巡錫許可㊃236。寺地下賜㊃383。寺領寄付㊃450。国師号追贈㊅213 231／㊃233 281 284 286 547 ㊄156

う

うたの方（家斉側室） 〔一〕300 374 422
うちの局（天樹院附女中） 〔三〕230 374 428
うつみ（東福門院附女中） 〔二〕397
外郎右近 〔三〕489 494
右衛門佐局 『中宮御所法度』〔二〕396／〔二〕397 〔四〕225 226 237 238 〔六〕617
右京大夫局（木村重成母・豊臣秀頼乳母） 〔二〕39
右京局（家宣側室） ↓月光院
宇垣貞右衛門 〔一〕107
宇喜多秀家 〔一〕56 88 89 233
宇佐美雲東 〔九〕128
　助右衛門 〔二〕480
　長元 〔二〕73
　長孝 〔一〕184
　長歳 〔三〕121
　長次 〔三〕123
　長政 〔九〕493
　通義 〔二〕68
宇治五郎兵衛（幸五郎兵衛） 〔六〕618
宇田川玄真 〔一〕726
　定円 〔九〕669 〔十〕196 286
宇田川定義 〔一〕386
　定能（平七） 〔二〕210
　平七郎 〔二〕372
宇多内蔵助 〔六〕115
宇津教逵（教達） 〔十〕134
　教信 〔五〕214 〔七〕382 〔八〕504
　教長 〔一〕518
　教朝 〔一〕412
　教保 〔六〕672 〔七〕348 〔八〕285 320 〔九〕13
　孫右衛門 〔三〕197
宇津宮末房 伝〔一〕651／〔一〕706
宇都野金右衛門 〔二〕242 250
　金左衛門 〔六〕105
　正成 卒伝〔一〕487
　正長 〔四〕307
　正良 〔十〕764
宇都宮勘解由 〔一〕704
　朝末 朝敵追討の射法〔一〕672／〔二〕42 87
宇野市十郎 〔十〕393
　幸次郎 〔一〕695
　千之進 〔六〕122
　善右衛門 〔一〕656
宇野木兵庫 〔一〕684
宇山隆卓 〔一〕668
鵜飼次兵衛 〔一〕700
　七郎左衛門 〔一〕752
鵜川助大夫 二丸番〔五〕542／〔五〕546 620
鵜殿氏基 〔六〕684
　氏長 京極家の家政査検〔一〕495／〔一〕481 482 705 〔二〕325
　長員（長貞） 〔五〕386
　長英 〔一〕548
　長鋭（甚左衛門） 喜連川御使〔二〕649 650／〔二〕33 701 715
　長寛 〔九〕68
　長逵（長達・直達） 安中城引渡〔九〕489。長崎目付〔九〕677 697。勝手方〔九〕697。諸家領知判物〔十〕62／〔九〕539 656 658 671 674 735 746
　長居（十郎左衛門） 〔一〕793 〔十〕68 275 353
　長矩 〔十〕167
　長興 ↓鵜殿長頼
　長恒 〔一〕498
　長国 〔一〕547
　長秀 〔一〕577
　長重 〔三〕612
　長照 〔一〕32
　長正 〔二〕625 〔三〕221

鵜殿長直　[二]320 538
　長貞　↓鵜殿長員
　長富　[三]355 618 [四]181
　長頼(長興)　家綱附[三]654。精勤[四]414。薬事[五]72／[三]525 588 [四]349 371 379 631 [五]213 585 [六]127
　直達　↓鵜殿長逵
　兵庫助　[一]635
　平七　㊁354
　平八郎　[六]684
鵜沼庄助　[六]105
上　高規　[六]530
　高政(辻)　『本朝通鑑』編纂[五]74 493／[五]491 494
　将監(辻)　[二]138 [三]286 [六]530
上坂勘解由　[三]198
　九左衛門　[三]198
　政形　[八]804
　丹後　[三]198
上杉輝虎(景虎・政虎、謙信)　[一]36 37 40 43 153 159
　義枝　[九]53
　義寿　[九]718 [十]289 319 764
　義長(中務大輔)　㊀724

上杉義陳(義陣・茂陳)　[五]553 [六]575
　吉憲　江戸城郭辺修築助役[六]529 547。雁下賜再始[八]213。卒伝[八]274／[六]213 351 513 [八]147 269 ～271
　吉憲養母　[六]579
　景勝　襲[一]43。上杉征伐[一]66 215 381。江戸市街修築[一]76。参勤[一]76 126 520。就封[一]388。江戸城築造[一]430 [三]190。秀忠来臨[一]536。誓詞奉呈[一]576。高田城築造[一]649。卒伝[三]250／[一]260 445 457 547 568 663 700 702 731 733 734 [三]26 209 235
　景勝室(菊姫、武田信玄女)　[一]104
　憲英　↓上杉宗憲
　憲孝　[六]703
　綱憲(喜平次)　預地三万石収公[四]505。家司・幼主補佐面命[四]507。米沢城下火災[五]70 99。紀伊光貞女を娶る[五]155 287。代官伊奈忠利を預る[五]400。致仕伝[六]513／[五]23 223 224 239 [六]85 475 479 541
　綱憲室(紀伊光貞女)　婚姻[五]155 286 287／[五]378
　綱広(綱勝カ)　[四]264
　綱勝(喜平次)　遺領襲封[三]423。江戸一橋・神田辺石垣修築[三]609 637。江戸城西丸銅鉄材献上[三]636。元服[四]97。卒伝[四]505／[三]394 423 426 433 478 533 588 637 649 [四]73 77 108 141 174 246 473 502

上杉
　綱勝室(保科正之女)　[四]275
　左近　㊁468
　治憲(直丸)　邸火災、参勤延期[十]383。鞍・韀免許[十]492。致仕伝[十]767。国政褒詞㊀42／[十]173 246 247 297 397 767 ㊁74
　治広(弾正大弼・兵庫頭)　尾張宗睦養女純姫を娶る[十]706。致仕伝㊀693／[十]699 704 767 ㊀389 404 693 694
　治広室(純姫、尾張宗睦養女)　↓咸有院
　重定(勝政)　寛永寺根本中堂修理助役[九]628。致仕伝[十]246／[九]401 408 410 424 ㊀376
　重定室(尾張宗勝女)　↓蔡香院
　勝義(佐渡守)　致仕伝㊁455／㊀759
　勝周　卒伝[九]436／[八]147 425
　勝承　卒伝[十]780／[九]436 531 659
　勝政(大炊)　↓上杉重定
　勝定　致仕伝㊀759／[十]745 780 800
　勝道(靭負)　㊁455
　斉憲(弾正大弼)　江戸城修築㊁387 511 536／㊁278 279

上杉斉定（弾正大弼）　紅葉山東照宮修復助役
㊀717／㊀607 693 ㊁74 270 377
斉定実母　㊀776
宗憲（憲英）　江戸城々溝浚利助役〔八〕623
643。卒伝〔八〕659／〔八〕274 318 365 399 631 657
宗房　尾張宗春養女を娶る〔八〕727。卒伝〔九〕
401／〔八〕659 668 716 721 825〔九〕397
宗房室（尾張宗春養女）　↓蓮胎院
知義　〔九〕14
長員　〔二〕304
長貴　↓上杉長貞
長之　初謁〔四〕203。高家〔四〕546。帰謁〔五〕87。
猿楽〔五〕428。日光祭礼奉行〔五〕445。病
免〔五〕478／〔四〕550 561 562 582 583〔五〕2 34 52 53
64 158 166 167 176 194 208 213 219〜222 225 227 233 250
253 254 256 267 268 272 277〜279 305 306 312 321 322 326
328 331 375 381 404 455 517
長重　↓上杉長貞
長宗　〔五〕285 525
長貞（長貴・長重）　継家〔二〕451。高家〔三〕569。
自殺〔四〕441／〔三〕573 611 614 655〔四〕99 104 111 119
122 158〜160 169 170 195 207 225 255 257 297 327〜329
344 351 352 378 379 398 399 418 419 437
定勝　継家〔二〕250。秀忠病気〔二〕520。面命〔二〕
534。茶事〔二〕669。会津城勤番〔三〕313。
江戸城修築〔二〕447〔三〕2 27。卒伝〔三〕423
／〔二〕247 376 424 441 480 493 536 568 635〔三〕44 119 413
定勝幼子　〔三〕284
徳松　〔三〕128
中務少輔　㊁115
茂陳　↓上杉義陳
靭負　㊀756
主計　㊀735
上田角右衛門　〔一〕425
義処（左太郎）　㊁112 193
義当　〔九〕465〔十〕314 329
義篤　〔十〕435 706 759
義苗（豊之助）　㊁634
義鄰（善隣）　士籍査検〔八〕429／〔八〕196 256 436 458
745 779
敬貞　〔九〕531
兼元　〔五〕139
検校　〔五〕336
元次　〔一〕25
元俊　卒伝〔一〕489／〔一〕375
元勝　〔二〕356
元政　〔一〕469
元党　㊀107
上田元利　〔九〕52
源右衛門　㊀673
重秀　召出〔二〕543 696／〔三〕262〔四〕213 226
重則　下館在番〔四〕384 425。西丸留守居〔六〕574
／〔五〕204 235 387 465〔七〕332
俊勝　〔二〕322
勝正　〔二〕335
信祥　↓小宮山信祥
政方　番士武術管掌〔七〕418／〔六〕705〔八〕282
善二郎　〔二〕561
宗古　〔二〕40
忠就　〔五〕465
貞致　〔七〕432
貞明　〔十〕527
又助　〔四〕117
主水　〔二〕22
上野寛定　㊀369
景包　桂昌院執事〔六〕5／〔五〕591〔六〕277
景隆　〔八〕724 725
源右衛門　㊁207
高貞　〔八〕198〔九〕729
資郷　㊀176
資喜　㊀437
次福（勘解由）　㊀703 ㊁61

上野七郎右衛門　〔八〕35 66
　清五郎　㊁89 356
　忠恕(七郎右衛門)　㊁273 289
　貞当　千代姫誕生矢取役〔三〕51。分封〔三〕689／〔三〕215 323 359 369 568〔四〕85 98
　有春(真野有春カ)　〔二〕458
上原宇右衛門　〔五〕272 273
　元喜(元吉・元善)　〔八〕35 693〔九〕445
　元近　〔八〕35 213
　元辰　㊀331
　元善　↓上原元喜
　元長　〔九〕706
　元徳　〔九〕672〔十〕709
　尚昌　〔十〕426
　友重　〔六〕458
上村笑之助　㊀688
　清兵衛　〔四〕546
　利言　㊀324
植木久兵衛　〔一〕479
　友之丞　〔七〕59
植崎政由(九八郎)　㊀540
植田平左衛門　〔五〕464
植林実冬　〔十〕422
　実房　〔八〕558

植　松　〔五〕232
　雅永　〔五〕96
　雅庸　〔六〕706
植村家貴(出羽守)　卒伝㊁709
　家久　卒伝〔十〕593／〔十〕274 332
　家教(伊勢守・出羽守)　致仕伝㊁604／㊀470 ㊁121 528
　家敬(家政カ、出羽守)　〔三〕734
　家敬(出羽守)　大和川浚治助役〔六〕542 555 557。卒伝〔八〕578／〔六〕261〔八〕498。家士〔六〕504
　家言　卒伝〔六〕261／〔五〕156 608
　家興(大蔵)　㊁709 713
　家政(新六郎・志摩守・出羽守)　歩行頭〔一〕475 705〔二〕14。高取城主〔三〕210。病気〔三〕222。卒伝〔三〕676／〔一〕139 475 705〔二〕33 190 355 537 596 606〔三〕7 261 271 272 514 518 712
　家長(家政、駿河守)　西丸老中格㊁124 153。加封㊁153。／〔十〕781 803 ㊀446 475 ㊁192
　家貞　江戸城修築〔四〕197 274 327。致仕伝〔五〕608／〔二〕560〔三〕45 176 676〔四〕7 10 273 299 322 437〔五〕87 88 374 442 609。家士〔五〕264
　家道　大和国境検断〔九〕30。卒伝〔十〕247／〔八〕808〔九〕121 390〔十〕78

植村家包　卒伝〔八〕808／〔八〕578 603 657
　家利　卒伝〔十〕781／〔十〕593 631
　源蔵　〔六〕147
　五郎八　㊁431
　恒朝　所領没収幽閉・伝〔九〕552。赦免〔九〕598／〔七〕386〔八〕521〔九〕32 425
　氏明　〔一〕21 25 37 139
　寿朝　〔九〕552
　十右衛門　〔五〕490
　尚朝　〔八〕769
　新六郎　㊁518
　正意　〔八〕670 713
　正員　〔九〕598
　正景　徳松抱守〔三〕525／〔三〕565〔五〕518
　正嗣　↓植村正次(五郎右衛門)
　正次(正嗣、五郎右衛門)　先手鉄砲頭〔三〕35／〔二〕615〔四〕404〔五〕171
　正次(五郎八)　〔五〕406
　正純　〔三〕525 674
　正清　〔五〕518
　正相　〔三〕155 518
　正智　〔八〕713 ㊀313
　正朝(庄之助)　〔一〕539
　正朝(土佐守)　卒伝〔八〕521／〔六〕270 284 479 483 486

植村 〔八〕479
　正苗 〔十〕126 195
　政行 〔六〕17
　政克 ↓植村政勝
　政春 名古屋御使〔四〕421 423。御前を止む〔五〕77／㊁698〔三〕49 222〔五〕96 99 101 107
　政勝(政克、内匠) 〔六〕388 667
　政勝(左平次) 諸国採薬〔八〕598〔九〕67 291。駒場野薬園監〔八〕598 811。地理風俗の書を奉呈〔九〕244。物産の事〔九〕291
　政辰 日光山薬草採取〔十〕43 59 79 89
　政泰 〔二〕203
　政澄 分封〔五〕608 609／〔八〕534
　政明 出仕拒絶・所領収公〔六〕13。赦免〔六〕168。分封〔五〕608 609／〔五〕401〔六〕12
　政養 ㊀434
　泰義 〔六〕157 265
　泰高 〔十〕764
　泰治 〔三〕80
　泰勝 伏見城番〔一〕628。卒伝〔二〕665／〔二〕33 596
　泰信 〔六〕174
　泰忠 卒伝〔一〕539／〔一〕446
　泰朝 駿府加番〔三〕35。大坂加番・在番〔三〕97 108 151 319 373〔四〕15 58。佐倉城番〔三〕268
植村
　／〔一〕641〔二〕537 700〔四〕468
　忠元 〔八〕483
　忠朝 卒伝〔六〕284／〔四〕487 509 548〔五〕270〔六〕170
　忠余 〔八〕727
　直宗 〔二〕511〔三〕222
　八郎右衛門 ㊁424
　平右衛門 ㊁331
　与三右衛門 〔二〕96
魚住角兵衛 〔二〕147
　義勝 〔一〕475
浮田才寿 〔一〕450
牛尾四郎左衛門 〔三〕199
牛奥昌信 〔八〕221
　昌成 〔三〕160
　昌雄 〔二〕187
　忠四郎 ㊀762
　靫負 〔十〕737
牛窪景延(牛窪景定カ) 〔五〕346
牛込重義 〔六〕106 141
　重相 〔四〕40
　重忝 宇都宮城引渡〔五〕22 26／〔四〕487 545〔五〕101 105 386 387
　俊重 〔三〕42
　勝音 〔十〕445 772
牛田頼安 〔八〕501
牛丸道策 〔五〕510
氏井吉勝 〔一〕401
　吉正 〔一〕401
　孫之丞 〔一〕173
氏家行広 ↓荻野道喜
　左近 〔二〕232
　小左衛門 〔二〕232
　助左衛門 〔四〕395
氏江左織 ㊀695
臼井釆女 ㊁552
　藤右衛門 ㊀670
　房興(藤右衛門・筑前守) 姫宮用人㊀636／㊁13 32 48〜50 110 116〜118 134 155 165
　房臧 精勤褒賞〔九〕766／〔九〕743〔十〕7 478
　吉丸 〔一〕193
堆橋矩籌 〔十〕763
　俊浮(浚淳) 〔八〕662
内海六郎右衛門 〔三〕715
　六郎左衛門 〔三〕688
内方恒忠 ㊀400
内河吉次 〔二〕115 158
　甚三郎 〔七〕209
　正吉 〔一〕642

内崎正治　〔八〕39
　正明　〔十〕327
内島瀬兵衛　〔四〕342
内田伊予守　㊀790
　市郎右衛門　〔六〕20
　元知　〔六〕406
　玄綱　㊀709
　玄勝　㊀705
　源四郎　㊀658
　弘慧　㊀47
　守政　島原城請取〔五〕11 30。水戸御使〔五〕92／〔六〕430 523
　正央（帯刀）　㊀314
　正矩　〔二〕408
　正啓　〔十〕57　↓内田千里（玄勝）
　正好（伊三郎・帯刀）　棚倉城引渡㊁278 279／㊀731 ㊁332
　正次　卒伝〔一〕418
　正秀　〔九〕232
　正衆　大坂城加番〔五〕214 245 362 424 581 609。駿府加番〔五〕168。卒伝〔六〕362／〔四〕13 23 122 333 417 449 〔五〕16 〔六〕9 42
　正俊（宗俊）　〔三〕118 130 279
　正純（玄勝）　追放〔六〕84 749。恩赦〔六〕140 407 〔七〕122／〔六〕407
内田
　正純（伊勢守）　致仕伝㊀586／〔十〕467 687 700
　正勝　〔五〕255
　正信　中奥小姓〔二〕575。手水番〔三〕24 78。小姓組番頭〔三〕159。御側〔三〕554。営中勤怠査検〔三〕555。名古屋御使〔三〕563。家法〔三〕694。御側出頭人〔四〕23。昵近〔四〕23。殉死〔三〕693／〔二〕219 539 575 〔三〕78 106 159 174 176 213 263 265 281 288 298 322 534 535 550 570 572 576 597 598 609 610 612 613 617～619 670 671。家士〔三〕694
　正親　継家〔八〕350。卒伝〔九〕394
　正世　談伴衆交番出仕三番〔二〕549。納戸頭〔二〕688。品川御殿預〔二〕694 〔三〕78。卒伝〔三〕78／〔二〕539 560 670 699 〔九〕188
　正長　〔六〕176 〔八〕144
　正伝　〔十〕174
　正道（豊録・豊後守）　転封㊁353。卒伝㊁672／㊁335 477 603
　正徳（主殿頭）　㊁708
　正肥（長十郎・近江守）　卒伝㊀773／㊀586 762
　正美　卒伝〔九〕591／〔九〕394 532
　正偏（正編）　卒伝〔八〕350／〔六〕362
内田正容（貞吉・伊勢守）　致仕伝㊁335／㊀773 ㊁39 245
　正良　致仕伝〔十〕687／〔九〕591 〔十〕395
　千里（玄勝）　忠長附〔二〕334。法眼・法印〔二〕334 〔四〕557。家光薬事〔三〕681 689。回生丸〔三〕687／〔三〕249 336 413 498 634 639 645 681 686 〔四〕28 392 487 527
　千里（玄勝、内田正啓カ）　〔十〕13
　宗俊　↓内田正俊
　帯刀　㊀731
　定次　〔三〕168
　貞親　〔一〕418
内山永恭（茂十郎・七兵衛）　鷹匠頭・奥向兼帯㊀10／〔十〕842 ㊀56 781 ㊁105
　永金（善三郎・七兵衛）　㊀781 ㊁105 117
　永清　狂言〔十〕817。家治放鷹〔十〕818／〔十〕502 815 ㊀10 25
　永明　〔三〕168 243
　吉明　〔二〕420
　五郎左衛門　〔二〕31
　光利　〔九〕91
　庄左衛門　〔六〕82 448
　清信　〔十〕646 655
　清蔵　㊁383

内山弥左衛門 ㊀786
打越光久 〔二〕608 659
　光高 〔九〕103
　光種 〔二〕659
　光隆 〔一〕486
　主殿 〔三〕39
海上助五郎 〔八〕767
　良胤 〔八〕645
馬島安清 〔八〕37
　英澄（瑞伯） 〔十〕171 646 ㊀12
　盛範 〔六〕362
　友甫 〔九〕439
馬之助（大坂商人） 〔十〕790
梅（吉宗側室） ↓深心院
梅ヶ原 〔二〕322
梅園家 〔三〕98
　季保 〔五〕96 272
　久季 〔六〕615 707
　実清 昵近〔三〕352／〔二〕616 〔三〕184 458 〔四〕398
　実邦 〔五〕510 〔六〕706
　成季 〔九〕706
梅溪季通 〔三〕485 539 〔四〕123
　通条 〔五〕570 〔八〕845
　通同 〔十〕624
梅津忠介 〔一〕689
　半右衛門 〔一〕732 734 〔二〕3
梅の井（大奥老女） ㊀193
梅小路（大奥老女） 〔七〕35
梅小路共之 〔十〕770
　共方 〔五〕517
　定矩 〔五〕127 517
梅の局（星合具泰女） ↓肥後局
梅の局（老女、中条信慶室） 大奥管掌〔五〕65／〔四〕219 243 506 〔五〕124 494 497
梅原弥左衛門 〔二〕453
梅若（猿楽） 〔一〕393
浦井宗普 〔一〕388 444 445
浦上景吉 ㊀79
　景周（斧一郎） ㊁575
　景邦 〔九〕347 ㊀79
　直方 召出〔八〕9。学校設立の事諮問さる〔九〕238。古代染色研究〔九〕313／〔八〕787 〔九〕235 237 272 294 298 303
浦田蔵人 〔三〕229
浦野重次 〔二〕579
　重舗 ㊀244
裏辻家 〔三〕98 〔五〕232
　季福 〔三〕131
裏松家 〔五〕232
　意光 〔五〕164
　益光 〔六〕706
　資清 〔三〕485 539 〔四〕87
　明光 〔十〕770
漆崎正房 〔二〕5
　富三郎 ㊀700 701
漆戸勘兵衛 〔三〕327
　吉次 〔一〕642
漆原吉春 〔三〕627
　貞三郎 〔九〕113
　平右衛門 〔九〕112
海野左門 ㊀578
　昌雪 〔一〕681
　内記 ㊁250
　弥兵衛 諸国の材木を巡察〔一〕127／〔一〕125
　良幸 〔六〕284 319
雲臥（増上寺） 〔六〕412 554
雲光院（阿茶局、神尾忠重室・家康側室） 伏見城離脱〔一〕221。大坂陣、諸士困窮を訴う〔一〕267。内藤清成・青山忠成の罪〔一〕404。松平忠輝家中騒動〔一〕494。才幹〔一〕607。大坂謀叛の注進取次〔一〕687。大坂冬陣和議〔一〕749 751 753～755〔二〕

雲光院　7。松平忠輝の赦免請願〔二〕86。東福門院母代〔二〕190。卒伝〔三〕48／〔一〕283 419 449 454 535 609〔二〕46 64 97 98 194 266 269 384 535 579 685〔三〕29

雲松院（利根姫、紀伊宗直女・吉宗養女・伊達宗村室）　吉宗養女〔八〕682。婚姻〔八〕682 687 702 704 705〜708〔九〕181。諸大名調度呈上〔八〕689 691〜698 701 703。婚姻・諸有司衣服の制〔八〕701。婚姻・調度運送〔八〕701 703。警衛警火〔八〕701 704。供奉〔八〕701 702。道路清掃〔八〕704。卒〔九〕366／〔八〕707 735 821 822 826 832 833 838〔九〕33 112 373 407 555 697

雲達（正法寺）　〔一〕575

雲頂（伝通院）　〔九〕132

え

会海（鎌倉光明寺）　㊀406

江川英毅　㊀183

　英勝　〔八〕158 317

　英征　〔十〕761

　英政　〔二〕513

　英竜（太郎左衛門）　海岸検視㊁449 711。支配所二万石増㊁465。鉄砲方㊁498 527。代官・勘定吟味役格㊁711／㊁155 478

江口輝勝　〔九〕669〔十〕279

　輝証　㊀221

江坂正恭　飛騨百姓一揆鎮撫〔十〕427。勘定吟味役評定所組頭兼帯〔十〕561。地方検察〔十〕690／〔十〕749

江島吉左衛門　暹羅渡海朱印〔一〕507。柬埔寨渡海朱印〔一〕508

江尻軍兵衛　〔一〕732

江塚五郎兵衛　〔九〕258

江戸高政　〔一〕192

　重長　〔六〕37

江藤瑞哲（良元・良庵）　養生術〔三〕130。薬材下賜〔三〕279／〔二〕694〔三〕120

江藤宗元（良庵）　〔二〕530 638

　了玄　〔五〕526

　良元　〔六〕84 140 408

江波太郎兵衛　〔二〕408

江原一清　㊀532

　栄次　〔三〕134

　義全　加恩〔四〕441〔五〕89／〔五〕581

　金全（荏原）　千姫執事役〔一〕85。帰参〔二〕50／〔三〕130

　源五郎　㊀678

　生次（秀次）　〔一〕418

　信次　〔一〕418

　親政　→江原宣全

　親全　→江原宣全

　政全　〔三〕65

　宣全（親全・親政）　因幡目付〔三〕376 403。三河鳳来寺造営奉行〔三〕555 587〔四〕32。薩埵峠道作奉行〔四〕142 166。久留米目付〔四〕346 372。西尾目付〔四〕437 468。米沢目付〔四〕507 526。大坂目付〔四〕588 612／〔三〕273〔四〕227 269 629

　全玄　宇治採茶〔七〕317 335。増上寺警衛疎慢厳譴〔八〕72 73。閉門〔八〕107／〔八〕406 654

　全盛　〔九〕616

江原全村　大坂目付㈤219 234
全布　㈠33
兵左衛門　㈡501
利全　㈠25
江馬一成　㈠406
季寛(平左衛門)　㈠781
秀次(江原)　㈢183
与右衛門　㈠781
江見新五郎　㈡96
江守伝左衛門　㈤73
海老名政継　㈢306
絵島(大奥老女)　親戚召預㈦366。遠流㈦371 372 469。卒㈨8
永閑(俳優)　㈤337
永悟法親王(円満院門跡)　㈣386
永好尼の養女　→富田知郷室
永寿院(千重姫、田安斉匡女・松平武成室)　㈡519
永集(建仁寺)　㈦99
永隆院(紀伊重倫祖母)　㈩672
英岳(小池坊)　登城講談㈥228／㈥144 506
英勝院(勝、家康側室)　頼房養母㈠87。市姫誕生㈠423。家康に仕う㈠192 524 ㈢117。勝の局改称、英勝院㈡96 ㈢117。

英勝院　頼房女を猶子とす㈡526 640。鎌倉英勝寺建立㈡640 ㈢117 285。秀忠遺金分配㈡535。住居㈢64。病気・家光慰問㈢242 284。卒伝㈢285。荼毘㈢288。法会㈢286 288 291 366 561／㈠87 310 324 449 452 511 ㈡96 316 431 465 549 685 ㈢29 39 56 61 117 118 153 238 273 561
英仙(高野山宝積院)　㈥151
英徳院　→一橋慶昌
栄運(僧)　㈠530
栄応(勧善院)　㈩261
栄慶(宝仙寺)　㈥272
栄厳(随心院門跡)　㈣318
栄三(御伽坊主)　㈠193
栄子内親王(霊元天皇女・二条綱平室)　→妙功徳院
栄専(根生院)　㈤364 ㈥272 601
栄朝(羅漢寺)　㈨295
栄貞(東大寺文殊院)　㈦131
栄誉(根生院)　㈣474
影幻院　→徳川信之進
瑩光院(五百姫、家斉女)　㈠422 423 433
瑩珠院(広幡忠幸女・尾張綱誠室)　㈣574 ㈤78 ㈥153

益庵(市医)　㈢493
悦山(万福寺)　㈥619
悦仁親王(高貴宮・光格天皇男)　㈠764
悦宮(霊元天皇男・知恩院門跡)　→尊胤法親王
榎下憲重　㈣90
榎本林右衛門　㈡587
円応(根生院)　㈠356
円義(修学院)　㈣460
円勧坊　㈤136
円光大師(法然)　㈥275
円光尼(京極忠高室)　㈤284
円産(久遠寺)　㈤323
円珠院尼(近衛信尋室)　㈣240
円照寺宮(文察尼王、後水尾天皇女)　→宝池光院
円照寺宮(藤宮、霊元天皇女)　→文喜女王
円盛院(勝姫、本多忠刻女・秀忠養女・池田光政室)　㈡425 ㈢167
円宣(増上寺)　㈩756 ㈠121
円琮院(高姫、家斉女)　㈠582
円台院宮(広大院養母)　㈡441
円超(興正寺門跡)　㈤183
円諦院(田安宗武女・鍋島重茂継室)　婚姻㈩92

円諦院　108／〔十〕62
円都（検校）　〔一〕604 642
円理（知恩院）　〔七〕150 405
円寮（円察、幡随院）　㊀484
延命喜四郎入道　〔一〕722
遠藤胤寿　〔十〕624
　胤充　〔八〕769
　胤将　大坂定番〔九〕550。卒伝〔十〕357／〔八〕415 640
　胤親　致仕伝〔八〕640／〔六〕141
　胤相　〔十〕733
　胤忠　致仕伝㊀117／〔十〕26 ㊀99
　胤統（但馬守）　日光祭礼奉行㊁39。大塩の乱㊁364。若年寄㊁437 692。三河大樹寺成烈院廟修復㊁695／㊀671 ㊁520 692
　胤富　致仕伝㊀671／〔十〕797 ㊀117 512
　易全　㊀570
　易続　勘定見分役出役〔九〕11。勝手方〔九〕365。長崎より帰謁〔九〕406／〔十〕105
　易知（壱岐守・若狭守）　㊀570 ㊁616
　大蔵（伊達家士）　㊁440
　勘解由（伊達家士）　㊀703
　九郎右衛門　〔四〕229
　慶勝　〔一〕420 〔二〕5
　慶利　秀忠遺金下賜〔二〕535。韓使館伴〔三〕41

遠藤
42。火番・消防〔三〕354 437。卒伝〔三〕462
／〔三〕350 370 561 638 〔三〕2
　慶隆　彦根城修築〔一〕99 113。加納城修築〔一〕100。駿府城修築〔一〕438 443。大坂冬陣〔一〕690 710。大坂夏陣〔二〕33。卒伝〔二〕561／〔一〕112 457 547 〔二〕185 186
　康裡　〔九〕56
　七郎左衛門　〔八〕361
　重次　〔二〕369
　常栄（鐘次郎）　㊁525
　常英　巡見使〔八〕58 88／〔八〕654
　常紀　〔三〕462 465
　常久　夭折・除封・卒伝〔六〕141 732
　常之　白河城引渡〔九〕32 36／〔九〕526
　常就　諸国巡見〔八〕33 55／〔八〕228 412
　常住　盗賊考察〔十〕231 251 257。出仕を止む〔十〕255／〔九〕538 543 ㊀24
　常春　武藤信秋を預かる〔五〕431。公卿館伴〔五〕468。大坂加番〔五〕544 586。卒伝〔六〕45／〔五〕239
　常昭　〔三〕243 462
　常友　分封〔三〕462。大坂加番〔四〕15 502。公卿館伴〔四〕448 604 609。郡上廃城再興〔四〕609。卒伝〔五〕239／〔三〕468 533 〔四〕503

遠藤仁右衛門　㊀669
　甚四郎　〔十〕254
　泰信　〔三〕46
　当寿（新六郎）　㊁110
　道辰　〔七〕423
　直之進　㊀627
　豊九郎　〔一〕638
　夲之丞　〔四〕229
　弥一郎　〔十〕254
　良安　〔九〕489 495
縁理院（鋭姫、田安斉匡女・津軽信順室）　㊀739
臙脂内膳　↓板倉重昌

お

小笠原安勝 [二]451
安村 紅葉山家光廟修理[五]71 81／[四]556[五]403 448
伊予守 ㊁523
一庵 [一]81
胤次 養子[八]63。吉宗、長崎の事密問[九]161。吉宗の任用[九]202。致仕[九]219／[八]10[九]319
角左衛門 [一]593
起言 ㊀521
義章 [十]446
義武(久兵衛・大隅守・近江守) 大奥費用㊀502。根岸御隠殿修復㊀633／㊀258 606 707
義峯 召出[八]43。家重乗馬の事[八]403／[八]312[九]433
吉次 召返[一]435。加増・転封[一]475。平岩親吉と確執[一]478～480 482
吉十郎 ㊁45
吉兵衛 [四]143
経治 [一]655[二]687[三]45

小笠原経信 [二]312
元忠 [一]171
元定 腰物持[二]183[三]110 223
元貞 [三]111
広安 [二]181
広光 [六]62
広高 [七]442[八]417
広穀 ㊀395 412
広信(新九郎) [一]704[二]198
広信(孫左衛門) [二]699
広正 [三]569
広朝 [一]83 435
権之丞 [一]83 579
左大夫 [四]413
氏明 [二]182
次右衛門 ㊀656
持易 [十]258 518 522
持広(縫殿助・頼母) 家伝の書献上[八]23 84[九]241 242。射技[八]493 818[九]372 414 447 481
持高(縫殿助) ㊁646 657 659。家伝射礼書[九]259／[八]436[九]758
持真 [六]213 628[七]48
持齢 ㊀550
式之助 ㊀709

小笠原秀政 秀忠上洛[一]126。大坂夏陣[一]273[二]33 36 38。兵部大輔[一]405。秀忠来邸[一]503。高田城警衛[一]510。転封[一]636。卒伝[二]38 58／[一]507 607
秀政室 [一]445
秀政女(千代姫、細川忠利室) ↓保寿院
住常 [九]578 615[十]464
常倚 [十]464
常喜 騎射[八]787 788[九]427 472 499 537 578 604 615 720。家治婚儀[九]604／[九]617 631 656 667[十]268 269 318
常春(平兵衛) 松姫入輿[六]694 716。竹姫入輿[六]716[七]463。処罰[八]102 146。騎射[八]350 397 427 787 788[九]260。建仁寺蔵弓馬の古書考定[八]785。家蔵古書献上[九]241／[九]382
常春(平兵衛) ㊁183
常方 ㊀261 309 328
常亮(孫七郎) ㊁384
信胤 卒伝[九]130／[八]541[九]213
信喜 加増[九]417[十]557 767㊀30／[八]670[十]460 490㊀5 157
信吉 加増[四]446。官宅修理料下賜[五]211／[四]449 459[五]267

小笠原信賢(安芸守)　〔十〕241㈡488
信元　〔一〕420 593
信興　本所深川火災巡見〔十〕731／〔十〕742 772
信之　伏見城中武具検察〔一〕443。伏見城在番条約〔一〕490。加増・転封〔一〕590。卒伝〔一〕662／〔一〕457
信秀　〔五〕322
信重(孫三・孫惣)　〔一〕98 420
信重(三右衛門・忠左衛門)　諸国巡見〔八〕59 90／〔八〕371
信将(権九郎)　㈠769
信辰　越前国勝山築城〔六〕698。致仕伝〔八〕228／〔六〕227 478
信助　㈡465 693
信成(安芸)　↓小笠原信盛(安芸)
信成(斎宮・能登守)　封地近辺天災〔八〕402。卒伝〔八〕541／〔八〕199 228 298
信成(豊後守)　㈠779
信征　〔九〕241
信政　〔二〕414
信盛(信成、安芸)　大坂陣〔一〕704〔二〕23。秀忠遺金下賜〔二〕538。水主附属〔二〕560〔四〕63。九州四国浦々巡見〔三〕193 283。朝鮮の鐘を日光へ献上〔三〕317。預船竜

小笠原

王丸〔四〕423 424／〔一〕593〔二〕130 446 537 553〔三〕7
信盛(三左衛門)　〔八〕9 670／〔五〕46 147 220 405 448〔五〕70 117
信直　安中城引渡〔五〕407 419／〔四〕482〔六〕63
信偏(兵庫)　㈡29
信甫　巡見〔九〕364〔十〕630㈠187
信房　致仕伝〔十〕644／〔九〕130 473 490 575
信名(勝三郎・豊後守)　恩貸金㈡546／㈡41 64 243
信孟　〔五〕117
信用　巡見使〔九〕350 404／〔九〕672 682〔十〕24 779
真方　卒伝〔七〕53／〔五〕17 112 400〔六〕346
正光　↓小笠原直光
正直(直光)　〔二〕173
正登(石見守)　↓小笠原政登(平右衛門・石見守)
正苗(大和守)　㈠712
政宜　㈠158
政久　㈠215 223
政孝　〔九〕723㈠72 158
政恒　㈠223
政高　㈠128 168
政脩　〔二〕33
政信　家襲〔一〕662。大坂冬陣〔一〕704。日光家

小笠原

康神廟造営〔二〕111。転封〔二〕179。大坂加番・定番〔二〕402 578 609。秀忠遺金下賜〔二〕537。卒伝〔三〕205／〔一〕673〔二〕105 415 447 534〔三〕47
政長　〔二〕623
政登(正登、平右衛門・石見守)　召出〔八〕9。騎射〔八〕788〔九〕260。紀州より吉宗に供奉〔九〕227。吉宗の逸事を語る〔九〕230。熱湯散〔九〕290。加封〔九〕462／〔八〕521 787〔九〕723
政方　〔十〕155
政民(順三郎)　㈡456 472
政明(志摩守)　㈡262
清信　〔五〕220
宗準　処罰㈠22 292 490／㈠41 521
則普　㈠25
頼母　㈡691
弾正少弼　㈡343
筑後守　㈡176
筑前守　㈡277
忠基　洋船取扱〔八〕83 98 129 413〔九〕163 208。吉宗の懇命を蒙る〔八〕232。先祖甲冑〔八〕690
忠固(伊予守・大膳大夫)　戒諭㈠540。諸〔九〕213／〔六〕646〔八〕374 380〔九〕560

小笠原
川普請助役㊀567 568 768 779㊁280。鶴岡八幡宮修復助役㊁191 207。恩貸㊀660㊁291。西丸造営助役㊁351 393。卒㊁502／㊀295 545㊁25 459 483
忠固室 ㊁343
忠実 [三]103
忠脩 大坂夏陣[一]277[二]17 36／[一]405 575
忠重 [一]429
忠真 大坂夏陣[二]33 36 52。加封[二]132 568。明石城築城[二]148。和子入内警衛[二]192。二条城石垣修築助役[二]304 318。秀忠遺金下賜[二]536。島原乱[三]91[四]629。消防令[三]162。家光日光社参江戸留守条約[三]181 263 534。封地政務[三]271。参勤交代[三]272。弓馬故実の名家[三]505。細川綱利所領沙汰[三]640 643 644。長崎警衛[四]422[五]14 19。卒伝[四]628／[二]58 75 115 245 375 386 447 638[三]57 172 261 317 514 692[四]49 91 101 488 622
忠政 大坂夏陣[一]277。明石城修築[二]157。江戸城本丸石垣修築助役[三]47。家康廟二丸移転[三]47／[一]405 442[七]234
忠総 寛永寺仁王門再建助役[九]614 659。河渠浚利助役[十]726 728 730。卒伝㊀145／

小笠原
[九]22 567 754 756
忠知(虎松丸) 江戸城大奥にて成長[一]450。国弘の刀下賜[二]400。加封[二]529 568[三]407。秀忠遺金下賜[二]537。豊後府内御使[二]624。島原乱[三]89。参勤交代[三]272。営中伺候[三]404。転封[三]407 408 479。東三河の女券沙汰[三]569。地震時登城制[三]612。日光祭礼奉行[三]691[四]3 90 92 113～115 178 280 281 313 315 398 399。病免[四]386。卒伝[四]478 479／[一]762[二]547[三]518 597 598 601 602 617 618 620[四]11 56 95 146 189 211 228 306 471 478
忠徴(濤次郎・伊予守・左京大夫) 増上寺廟修復㊁655／㊁108 483 521
忠貞 [八]176
忠苗(右近将監) 家伝の弓呈上㊀186。江戸城西丸修築助役㊀334。致仕伝㊀534 539／[十]426
忠雄(忠隆) 外国船[五]19[八]74 94 97 98[九]163 208。伊達宗興召預[五]98。分封[五]112。所領災害[五]145 193 294。聖堂祭器献上[六]85。相模国河功助役[六]682 700。紅葉山家宣廟造営助役[七]282 363 366。家伝式法・書籍[八]114 128[九]213 241。密商

小笠原
追捕[八]203。卒伝[八]380／[四]352 631[五]4 36 114[八]372
忠隆 →小笠原忠雄
長安 [三]122 325
長夷 [六]257
長為 卒伝[十]693／[十]154
長胤 奥詰[六]47 144 739。聖堂祭器献上[六]86。除封・伝[六]337。卒[七]25／[五]213 471 539 579。家士[五]474
長栄(三九郎) ㊁277
長円 四万石下賜[六]337。卒伝[七]363／[六]583[七]60 358
長逵 宗家を襲ぐ[九]183。日光祭礼奉行[九]423。卒伝[十]344／[八]537 548 686[十]361
長規 [十]716 726
長喜 [十]374
長貴(土用犬丸・相模守) 若年寄㊁207 401。卒㊁405／㊀392 408 609
長暉(長輝) [八]229 257 751 835
長煕(山城守・佐渡守・壱岐守) 転封[七]146 375。大井川堤防修理助役[八]139 283 475 722。預地収租[八]327。致仕伝[八]824／[六]329[七]102 304[八]453[九]206
長煕(靭負) [十]478 780

小笠原長儀（数馬・右膳）〔九〕579 696
長儀（弥八郎・主膳）㊁272 461
長丘 〔八〕608 803
長恭 転封〔九〕401 468。卒伝〔十〕522／〔九〕97 657 711 〔十〕204
長教（伊勢松・相模守） 卒伝㊀408／〔十〕531 665
長堯（佐渡守） 〔十〕622 631 ㊀684 687
長矩 大名領地朱印取扱〔四〕494 505。日光祭礼奉行〔四〕567 569。卒伝〔五〕282／〔二〕560〔三〕379〔四〕478 492 495 565 578 583 604 607〔五〕2 28 38 86 170 206 237 242 279
長慶 〔九〕716
長賢（平八） 〔九〕453
長賢（隼人） 〔九〕572
長孝 〔六〕700〔八〕751 835〔十〕478
長幸（伊勢守） 御前を止む㊀223。加恩㊀442／㊀473 615 696
長恒（越中守） 御前を止む〔十〕128／〔九〕125 498 512 515〔十〕402 427
長恒（長門守） ㊁132 485
長晃 禁裏造営普請奉行〔六〕696 700〔七〕71 72／〔八〕104 433
長興 一万石下賜〔八〕40 43。致仕伝〔八〕548／

小笠原
長剛 〔八〕535〔八〕654〔九〕363
長穀（加賀守） ㊁479 508
長次 六万石下賜〔二〕395。秀忠遺金下賜〔三〕537。転封〔二〕568。茶事〔二〕626。参勤交代〔二〕675〔三〕272 317〔四〕28。江戸城本丸修築〔三〕47〔四〕258 275 283。島原乱〔三〕91。卒伝〔四〕581／〔二〕334 469〔四〕28 58 69 210 454
長実 〔二〕553
長守（土用犬丸・左衛門佐） 関東諸川修復助役㊁586 595／㊁610 647
長秋 〔四〕352 478
長住 〔三〕127〔五〕71 233〔六〕622 665
長重 加恩〔五〕89〔六〕294 592。昵近〔五〕270。宗家養子〔五〕551。京都所司代〔六〕117。官料一万俵〔六〕121。老中〔六〕294〔七〕103〔九〕201。転封〔六〕294。万石以上以下戒諭〔六〕442。鳥銃修理点検〔六〕464。法令沙汰〔七〕43。『武家諸法度』〔七〕97。間部詮房と確執〔七〕103〔九〕201。家宣新政〔七〕255。優待〔八〕20。吉宗に召さる〔八〕61〔九〕201。致仕伝〔七〕102／〔四〕496〔五〕77 130 279 551〔六〕86 596〔八〕445〔九〕200
長俊 〔二〕242

小笠原長昌（主殿頭） ㊀791 ㊁36
長章 〔三〕606〔四〕283
長勝 島原城在番〔五〕8。所領災害〔五〕51 59 194。家人出訴〔五〕474。卒伝〔五〕471／〔四〕441〔五〕34 39 192 442
長常（織部） ㊁507
長真 〔二〕600
長宣 〔三〕325 468
長善 〔一〕38
長泰 〔六〕127
長坦（角之進） ㊀464
長知（主膳） ㊀108
長朝 〔六〕512
長通 〔二〕578
長定 無祿〔四〕292。安宅丸破却〔五〕462／〔四〕122 185 293 478 526 536〔五〕221 222〔六〕478〔八〕42
長貞（三左衛門） 〔四〕627
長貞（弾正） 〔八〕257
長禎（豊松丸・信濃守） 致仕伝㊁93／㊀328
長敦 〔二〕699
長武（信濃守） ㊁394
長保（弾正少弼・大和守） ㊁125 191 333
長方 〔八〕56

小笠原長房　㈠598 ㈡108
長有(丹後守)　㈠464
長有　御家人に列す㈥235／㈥521 ㈧513
長祐　吉田橋修理㈤424。三河味浜村点検㈤478／㈣166 ㈤282 442 551 ㈥86
長邕　女御御殿造営助役㈦388 443。卒伝㈧40／㈦363
長庸　久能山東照宮修理助役㈨48。卒伝㈨97／㈧806 824 826
長和(佐渡守)　㈡387 429
直経　家伝の弓箭㈤107 115 117 297／㈡687 ㈢45 ㈤299
直光(正光)　㈢610 625
津八郎　㈠577 676
定信　㈠150 434 498
定政　㈧597
貞温(又次郎・近江守)　老中㈠569。恩貸金㈠637。卒伝㈡76／㈩697 752 ㈠687 ㈡71
貞幹(鋭吉・信濃守)　㈡394 525
貞経　卒伝㈠655
貞謙(欽之助・備後守)　日光祭礼奉行㈡519。江戸城本丸造営費上納㈡531 537。卒㈡668／㈡486 510

小笠原貞顕　致仕伝㈩701／㈨421 453 517
貞信(源四郎)　㈢140
貞信(主膳・土佐守)　転封㈢208。参勤交代㈢272。江戸城石垣修築㈢510。大坂加番㈣115 309 539 581 ㈤104 141 260 461 512 515 554。封地水害㈤183。致仕伝㈥478／㈢173 205 261 492 ㈣277 487
貞正　㈢314
貞通　卒伝㈨421／㈥425 ㈦53 243
貞哲(哲之助・備後守・近江守)　㈡28 96 279 510
貞利　㈡667
豊光丸　㈡88
豊松丸　㈡590
縫殿助　㈡476 689 692
半三郎　㈧521
肥後守　㈡413
備前　㈧317
兵庫　㈡33
兵庫助　㈠708
兵部　㈠658
兵蔵　㈧521
孫左衛門　㈢349
松之丞　㈠336

小笠原満孝　㈦343
珉之助　㈡147
茂武　㈧357
靭負　㈡45
靭負　㈡590
与八郎　㈠202
小川安吉　㈡551
安則　㈢128 464 ㈣505 508
市郎右衛門　㈡87
永錫　㈥714
盈長　㈨694
喜右衛門　→小川孝栄
刑部左衛門　㈠732
内蔵允　㈠755
玄孝　㈠654
玄達　㈥716
広昵(七郎左衛門・七郎右衛門)　㈠650 659
広隆(七郎左衛門・七郎右衛門)　㈡7
孝栄(喜右衛門)　㈤443 455 464 493
康明　㈨406
左太郎　㈠498
三郎兵衛　㈢197
三益(小河)　卒伝㈠415
子雍　㈩61 84 601

小川氏行 [三]577
　七郎左衛門 ㈡335
　主馬 [六]507
　守忠 [八]42
　重悦 [六]305
　筌船 [八]289 [九]159
　真円 ㊀228
　新九郎 ㈡92
　正久 [四]529
　正倖（正俸） [十]119 321
　正信 [一]538 [二]617
　正長 [五]34
　正祐（新九郎） [十]321 ㊀731
　清行 [八]167
　蔵清 閉門[八]125 167／[七]65
　宗順 [四]175
　宗禎 [四]174
　丹次 [十]160
　丹治 [十]286
　忠保 [三]190
　長保 [二]538 554 596 616 661
　八兵衛 [三]460
　文庵 ㊀653 654 661
　保関 [九]128
小川保顧 [六]54
　保副 [十]37 ㊀130
　又左衛門 [四]529 [五]34
　木工左衛門 ㈡61
　祐長（一色、松釆・新右衛門） [五]412 473 498 [六]448
　頼勝（小河） [一]415 [二]420 [三]46
　隆好 [八]834
　良休 ㊀534
　良泰 [八]573
　林知 [八]75 [九]233
　六左衛門 [四]22
小川坊城俊完 [二]434 [三]7 9 12 329 351 352 435 437 524 537 547 [四]25 48 71 75 110 131 139 193
　俊広 [三]352 541 [四]110 459 461 [五]164 569
　俊清 [六]40 706 [八]297
小河康次 [九]611
　康定（信濃守） ㈡626
　康庸 [七]363 [八]489
　三益 ↓小川三益
　四郎右衛門 [三]197
　政吉（正吉） [二]243 312 441 638
　有香 [九]328
　頼勝 ↓小川頼勝
小口祐三郎 ㈡153
小国大膳 [二]232
　日向 [二]232
小倉家 [三]98
　雅周 ㊀9
　季雅 [三]539
　吉正 [二]332
　公根 [三]131 329
　公連 配流[五]429／[四]398 [五]524
　行陰 [一]431
　行春 [二]29
　貢季 [九]452
　作左衛門 [一]737
　実紀 江戸城内管絃弾奏[四]536。配流[五]429。卒[五]511／[四]123 476
　十兵衛 ㈡144
　正員 ㊀181 190
　正英 [九]641
　正矩 [八]95 727
　正次（忠右衛門） [一]218 [二]448 513 530
　正時 [六]158
　正守 葛西離館修理奉行[三]140。岡本義政・千本長勝の采邑点検[三]369 376。寛永寺作事奉行[三]478。闘争査検[三]521。

小倉 大坂目付㊂556 577 ㊃61 63 67 139 159 222 241 298 317。消防指揮㊃256 346。逼塞㊃361 ／㊂513 518 525 593 625 658 ㊃104 107 125 129 172 174 196 198 274 ㊄139
正勝 ㊄139
正真 ㊀68 539
正盛 ㊃80
正仲 越後高田目付㊄455 475／㊅126 358 387 ㊆395 406
正稻(十兵衛) ㊁560 612 654
正稻(内蔵助) ㊁616
正能 ㊀493
正房 ㊈383
忠右衛門 ↓小倉正次
孟雅 ㊈587
隆政 ㊇158 390 393
小栗猪三郎 ㊁257
右衛門 ㊄416
弟太郎 ㊆138
勘十郎 ㊀692
吉次 ㊀483
吉明 ㊀605
久玄 ㊁227 511 539 546 616 ㊂110 499
久次(正忠) ㊀150 758 ㊁425
小栗久脩(吉五郎) ㊀94
久俊(正種) ㊁425 ㊂636 ㊃200
久勝 ㊁78 ㊂214
久徴 ㊈725
久明(大学) ㊀72 94
元重 ㊁157
五左衛門 ㊃559
五郎左衛門 ㊁623
光宗 ㊀100
十蔵 ㊄416
庄左衛門 ㊁686
信久(又左衛門) ㊀107
信近 ㊉800
信賢 ㊈12
信顕(又一) ㊀351
信寿(又兵衛) ㊉625 ㊀263
信勝 ㊃31
信清 ㊃387
信盛 ㊄200 270 ㊅247
信霽(仁右衛門) ㊀242
信定 ㊇323
信友 家光上洛諸駅宿割㊁257。東金離館構築奉行㊁316 332。関東諸国巡察㊂218 219 247／㊃536 568
小栗信由 槍剣の術進覧㊂685。宅地引替㊃383
信陽(又蔵) ㊀263
甚之丞 ㊄475
正倚 ㊇640
正秩(長右衛門) ㊀633
正高 ㊀481
正次(十左衛門) ㊁569
正次(長右衛門) ↓小栗政次
正種 ↓小栗久俊
正重 ㊂655
正勝(庄右衛門) ㊀638
正勝(伊右衛門) ㊁147 164
正忠 ↓小栗久次
正等 鷹の馴養㊇61 65 94 213 279 288。御前を止む㊇327。処罰㊈272／㊇36 419
政胤 ㊁217
政次(正次、長右衛門) 近郊放鷹の制㊁445。閉門㊂456 ㊃31。所属の鷹飼処罰㊂619／㊁425 510 532 ㊂35 220 ㊃200
政俊 ㊃31 284 552
政信(正信) 閉門㊂630。赦免㊃31／㊁165 538 555 566 616 ㊂43 494 536 ㊃167 265
大六 ㊄416
帯刀 ㊆290

小栗忠近（茂十郎） ㊀318
　忠親 〔八〕779〔九〕398
　忠政 一向一揆・改宗〔一〕142。姉川戦〔一〕147。関ヶ原戦〔一〕227。大坂冬陣・口論〔一〕260。赦免〔一〕691／〔一〕734 753〔二〕107
　忠珍 〔六〕481 635〔八〕263 322
　忠峯（半蔵） ㊀318
　直正 〔八〕330
　兵庫 〔五〕416
　美作 越後騒動〔五〕325 414 416 419〔六〕728
小佐手信家 〔三〕167 168
　信次 〔三〕242
　信房 〔二〕424
小　坂 ↓コサカ
小坂許之 〔六〕626
　重時 ↓小坂雄次（オサカ）
　雄次 〔四〕114
　雄忠 江戸城大手橋修理奉行〔三〕417。伝奏屋敷造営奉行〔三〕571。肥後国目付〔四〕165 192
　雄長 〔二〕600
小崎三科 〔六〕84
小沢求馬 ㊁26
　杏庵 〔六〕617

小沢重之 ↓小沢忠重
　重成 〔五〕523 600
　重長 〔二〕555〔三〕551
　忠安（勘兵衛） ㊁383 392
　忠秋 〔二〕556
　忠重（重之） 肥後国政監視〔一〕563。大坂夏陣〔二〕14。士籍削除〔二〕140／〔一〕127 563 705〔二〕126 139 433 510 556
　忠房 〔五〕386 454
　定員 〔九〕663
　定重（四兵衛） 〔五〕580 591
　他之助 〔九〕663
小瀬利隆 〔二〕638
小田小左衛門 ㊁438
　小兵衛 〔八〕159
　信門太 ㊁607
　孫四郎 〔三〕247
小　田　切 〔四〕15
小田切宇右衛門 〔四〕268
　主計 ㊀651
　光猶 卒伝〔一〕677
　庄三郎 ㊁533
　昌快 〔三〕602
　昌吉 甲斐国政沙汰〔一〕437。甲斐総奉行〔一〕573。卒伝〔一〕520 573

小田切
　昌近 上総千萱野砂子田論所見分〔五〕590／〔五〕605〔六〕101 140
　昌直 〔二〕182
　昌雄 〔五〕605〔六〕140
　昌倫 〔九〕525
　須直 赤坂水道修理奉行〔三〕365。大坂目付〔四〕36 51 125 142 222 241。清泰院埋葬〔四〕196。消防指揮〔四〕256／〔四〕63 65 97 101 165 185 189 190 201 267 284 442
　須猶 〔三〕518 531
　直基 〔九〕479 483
　直煕（直照、内蔵頭・土佐守） ㊁96 194 386 592 605
　直広 巡見使〔七〕61 86。掛川城引渡〔七〕150 161／〔八〕42 43 59 644
　直年（土佐守） 米穀買入㊀633／〔十〕779㊀662 671
　直利 巡見使〔五〕399 403 427。長崎の事尋問〔五〕524 529／〔五〕581〔六〕626
小貫勝慶 〔十〕74
小野朝右衛門 ㊁542 695
　一吉 大坂両川口新墾の監視〔九〕680 690 692。江戸城二丸経営〔九〕743。国用の事〔十〕

小野 321。御前を止む㊉458／㊈650㊉78 83
364
一興（左大夫・相模守）㊁261 666 674
右衛門 ㊁488
喜左衛門（喜右衛門）㊁566 600
吉次 ㊂115 218 564 633～635 736
近義（安芸守）㊀776
金右衛門 ㊁332
慶雲 ㊁23
蕙畝 ㊁215
言定（言貞、四郎五郎）㊀417 430
高寛（高光）㊁182 662 ㊂574 ㊃548 ㊄98 147
高恭 ㊃470
高光 →小野高寛
高行 改易㊃44。赦免㊃470 487／㊁308 ㊂173 725 ㊃13
高幸 ㊁638
高重 ㊂525 674
高勝 ㊂242 465
高政（左馬助）㊁72
高政（太兵衛）㊁692
高盛 伝奏屋敷造営奉行㊁596。日光社参江戸城門勤番条約㊂534／㊁163 255 433 638 ㊂523 612

小野高族 ㊉66
高泰 ㊅576
三郎右衛門 ㊈635
次隆 放鷹㊃200／㊂115 635
次郎兵衛 ㊀590
章以（西育・桃仙院）召出㊀201／㊉762 ㊀209 216 219 235 454 615
信古（佐渡守）㊁449
親光 ㊁317 334 335
正武 ㊈489
西節 ㊀615
則忠（七之助）㊀633
則武（飛騨守）㊀633
忠一 剣技進覧㊈188 267／㊇436 774 796
忠於 剣技進覧㊆260 ㊈188／㊆134 301
忠喜（次郎右衛門）㊀398
忠孝（助九郎・次郎右衛門）㊀398 ㊁423 439
忠城 ㊅600
忠常 ㊁446 555
忠方 厩橋城引渡㊈489 490
忠明（次郎右衛門）召出㊀352。閉門㊁104。卒伝㊁446／㊀705 ㊁14
貞勝 ㊁419 451
貞正 ㊂123 ㊃349

小野貞則 ㊁69 451 651 ㊂232
貞雄（半左衛門）㊀430 500
田寿（日向守）㊁336 352
貞利 ㊁419
彦兵衛 ㊄25
武雅 ㊅640
武格 ㊅640
平左衛門 ㊁115
明慶 ㊉631
弥大夫 ㊁352
大和 ㊀732
良直 ㊅331
芦敢 ㊀751
芦畝 ㊁449
小野木源之丞 ㊂198
十左衛門 ㊂198
重勝 ㊀356
小野崎織部 ㊀732
源左衛門 ㊀732
小野田織之丞 ㊀684
嘉兵衛 ㊇807
金弥 ㊅61
三郎右衛門 ㊁176
信利 ㊀229

小野田東川　〔九〕311
小野寺　㊁439
小野寺永次郎(通安カ)　㊀558
　桂之助　〔三〕294
　通高　㊀241
小幡為貞　〔三〕626
　宮内　〔二〕458
　景憲　争論殺傷・亡命〔一〕458。帰参〔二〕47。蒲原旅館造営奉行〔二〕599／〔二〕106 606 616
　景房　〔十〕660 ㊀72
　景利(利景)　巡見使〔九〕349 364 397。東海道河渠浚利〔九〕442 447 455 465。千住大橋改造〔九〕611。籠居〔九〕635。久能山廟修理監視〔九〕644 648。局中整正〔九〕675。江戸城奥殿修理〔九〕676 683。清水邸造営〔九〕721／〔九〕425〔十〕279
　監物　㊁527
　三郎左衛門　㊁440
　重厚　鎌倉八幡宮・伊豆箱根両権現修理〔六〕271。江戸城北丸経営〔六〕316。寛永寺家綱廟造営〔六〕345 358 359。徳川綱重廟造営奉行〔六〕579 600／〔六〕310〔八〕89
　重昌　刀傷査検〔三〕521／〔三〕513 518 525 587〔四〕46 54 55 69 98
小幡昌忠　〔一〕172
　正次　〔二〕335
　正重　〔六〕283
　正長　〔六〕167
　正陽　〔九〕599
　盛松　〔四〕475〔五〕22
　直宏(孫一郎)　㊀680
　直之　各国境界検断〔二〕605 608。御談伴〔三〕429／〔二〕584
　直昌　御前を止む〔八〕333。駿河国古文書採訪を令す〔八〕725／〔八〕577 844
　直政　〔十〕421
　貞政　〔一〕39
　当寄(次郎八)　㊀150
　藤五郎　〔二〕345
　孫四郎　㊁30
　利景　↓小幡景利
小花和成興　〔九〕416
　成勝　〔十〕353
小浜安隆　九州四国浦々巡見〔三〕193 219。御前を止む〔三〕270／〔二〕470 538〔三〕7 46 147 405〔四〕65
　嘉隆　九州四国浦々巡見〔三〕193 196 214。五十挺立船召預〔二〕553。桑名宮渡船割奉行〔二〕622。大坂官船〔三〕463／〔二〕163 560 638〔三〕7 46 119 127 156 220 279 281 316 463〔四〕486 496 497 508
小浜
　季隆　〔十〕35
　久隆　綱吉廟造営奉行〔七〕72／〔三〕247〔七〕231〔八〕444
　景隆　〔一〕375
　健次郎　㊁476
　広隆　〔五〕31 86 554〔六〕63 328 353 541 589
　光隆　西国諸大名の大船収公〔一〕495 538。洲本城番〔一〕605。大坂陣〔一〕725 734 737。安宅丸奪取〔一〕728／〔一〕721〔二〕14 203 539 620 623 655〔三〕127 279 281
　行隆　〔八〕332 497 548
　孝隆　〔九〕425
　守隆　伊勢白子船手役〔二〕335。江戸城石垣栗石奉行〔二〕448／〔一〕721〔二〕470
　寿隆(長五郎)　㊀103 701
　重隆　無嗣除封〔四〕406／〔四〕192 406
　昌隆　〔四〕285〔七〕53
　致隆(主膳)　浜御殿防火〔十〕144。火災地巡見〔十〕233／〔十〕109 372 385 440 ㊀103
　徳太郎　㊁168
　平大夫　㊁595
　与三郎　〔一〕211

小浜利隆 番所造営費[四]223。大坂川口番[四]497 590／[三]377 379 405 [四]493 541
　隆紀（平右衛門） ㊀154 170
　隆品 [十]153
　隆庸（吉之丞） ㊀170 701
小　林 ↓コバヤシ
小林元長 [一]401 [二]42 337
小原釆女 ㊀705
　鎮実 [一]32 33
小尾市左衛門 [八]416 417
　光重 勘気赦免・召返[二]555 625／[一]443 472
　七郎左衛門 [六]666
　重久 [三]578
　信一（十郎左衛門・十郎右衛門） ㊁194 217
　信親 [十]674
　信明 [十]674
　助之進 [八]417
　直房 [八]175
　彦大夫 [八]416 417
　輔房（宇右衛門） ㊀322
　輔友（弥左衛門） ㊀322 343
　祐光 [一]443 472
　与兵衛 [四]33
小俣伊右衛門 [一]498
小俣七郎 ㊀656
　政祇 [五]13
　政勝 [一]423
　政直 [五]13
　政貞 [三]140
　政利 [三]448
　平右衛門 [九]470
小山英本 ㊀606
　乙蔵 ㊁707
　吉久 [三]75
　金右衛門 [九]324
　佐源太 [一]705 [三]4
小山田信茂 [一]39
　多門 [四]102
小里光重 [二]249
　光親 [二]208
多門重共 [六]518 541 545
　重仲 [三]42
　信雅（信雄） ㊀253
　信照 ㊀253
　信清 [一]642 704 [三]13
　信則 ↓多門信利
　信利（信則） [三]65 262 304 [四]53 343 [五]242
　信良 [九]694
多門正勝 [二]471 [三]111
　正肥 ㊀165
　正方 [九]478
　正豊 [八]91
　成正 [一]535
　成美 ㊀79
　孫右衛門 ㊁125
　律信 [九]406 [十]23
尾崎信寿 ㊀179
　信重 [一]598 [二]540
　新六郎 [三]114 167
　正友 [一]93
　成吉 [一]77 93
　定正 [一]700
　富右衛門 [九]685
　中務 [一]77
　仁右衛門 [八]711
　半八郎 [八]711
尾島信賢（定右衛門・長門守） ㊀631 773 ㊁246
　新八郎 ㊁387
尾関石見 [一]235
　甚左衛門 [六]230
尾張磯姫（尾張綱誠女・綱吉養女・前田吉徳室） ↓光現院

尾張喜知姫(尾張綱誠女・綱吉養女) ↓知法院
義淳 ↓尾張宗勝
義恕 ↓尾張慶恕
義直(五郎太丸・亜相) 婚姻〔一〕95 479 513〔三〕9 14。尾張転封〔一〕434。松平忠吉遺臣を附属〔一〕435 478。平岩親吉国政沙汰〔一〕437。秀頼入洛歓迎〔一〕544 548。禁裏造営課役〔一〕547。病気〔一〕560 565 567 568〔二〕49〔三〕50 132 303 306 487 488 491〜493 497 503 512 532 557 608 613 630 635 637 639〜641。駿遠尾厨料〔一〕574。禁裏仙洞経営〔一〕603。大坂冬陣〔一〕688 689 700 702。春日社・近辺の古跡を遊覧す〔一〕723。合卺の礼〔二〕11。大坂夏陣〔二〕33 34。加封〔二〕70。家康遺命〔二〕94。駿府宝庫の宝物下賜〔二〕97。日光参詣〔二〕124 314 433〔三〕8 181 183 184 242 262 533。江戸城内に宅地下賜・造邸〔二〕146 203。邸宅火災〔二〕209〔三〕211 217。秀忠来邸〔二〕247 341 410 437 508。家光来邸〔二〕247 299 340 347 440 513〔三〕34 347。家康遺金下賜〔二〕269。二条城石垣造営助役〔二〕318。江戸城西丸造営材木献上〔二〕329〔三〕636。江戸城石垣造営課役〔二〕447。茶事〔二〕504 574 669 685〔三〕24 27 62 159 175 189 205 364 450。秀忠の遺物下賜〔二〕533 536。忍岡聖堂修築〔二〕579〔三〕743。放鷹の地下賜〔二〕585。家康自筆兵法一巻献上〔二〕641。酒井忠世の赦免懇請〔二〕666。韓使往還の事管掌〔三〕41。韓使聘礼を議す〔三〕42。千代姫入輿〔三〕113。『徳川氏系図』編纂〔三〕138。世俗驕奢の風を議す〔三〕164。薬園の薬材下賜〔三〕213 393 399 425 629。家光の日光社参を議す〔三〕235。日光山の事を議す〔三〕352。『東照宮御年譜』編纂進覧〔三〕436 743。鄭芝竜援兵の事〔三〕459。廻米の事〔三〕462。卒・近臣五人殉死〔三〕642。卒伝〔三〕646。成瀬正成に輔弼さる〔三〕647。寛永寺常行堂経営〔三〕720。聖殿に三大字を書掲す〔三〕743。文学を好む〔六〕736／〔一〕414 465 478 480 485 541 543 544 551 558〔二〕90 115 132 256 279 328 339 347 376 392 409〜411 443〜445 460 512 515 520 521 532 592 658〔三〕39 62 88 132 137 141 144 146 147 154 193 219 231 241 253 281 291 312 322 327 338 373 418 420 421 456 480 489 507 559 613 635。家士 駿府城火災大奥の女房救出〔一〕448／〔一〕504 537〔三〕143 417 426
尾張義直生母(亀の方、家康側室) ↓相応院
義直室(春姫、浅野幸長女) ↓高原院
義直女(京姫、広幡忠幸室) ↓普峯院
吉通 元服偏諱〔六〕245。婚姻〔六〕397。江戸城中各門出入の時の下座の制〔六〕612。血誓〔七〕36。邸宅外別墅等の坪数呈上〔七〕232。卒伝〔七〕341 345／〔六〕238 373 470 516 519 554 660 715〔七〕114 117 141 276 284
吉通室(九条輔実女) ↓瑞祥院
吉通女 (三千、尾張継友養女・九条幸教室) ↓信受院
吉通女(尾張宗勝室) ↓宝蓮院
恭姫(尾張宗勝女・九条道前室) ↓光相院
邦姫(尾張宗勝女・浅野重晟室) ↓智岳院
国丸(尾張宗春男) 〔八〕667 693
慶恕(松平義恕、掃部・宰相) 宗家相続㊁629。偏諱㊁630。江戸城西丸造営材木献上㊁697
慶恕祖母 ㊁636
慶臧(田安慶臧、宰相・中納言) 尾張斉荘養子㊁539。元服・偏諱㊁553。卒㊁627／㊁613 624 627

尾張継友　五郎太幼稚・家国の事沙汰[七]345。尾張家相続[七]356 358。偏諱[七]362。婚姻[七]433[八]118。放鷹地下賜・古制に復す[八]73。卒伝[八]546 547。諸大名の上米に賛成[九]148／[七]229 236[八]93 145 179 185 190 361 537 543 544
継友養女（尾張吉通女・九条幸教室）　↓信受院
五郎太（吉通男）　卒伝[七]356／[七]149 298 345 353
五郎太（治行男）　一橋満姫婚姻[十]767。徳川淑姫婚姻㊀130 217。卒㊀257／[十]678 733 785㊀90 257
光義　↓尾張光友
光友（五郎八丸）　元服・偏諱[二]616。霊仙院と婚姻[三]90 92 153。特饗[三]144。病気[三]461 474 477[四]85 86 113 130 267 341 474 476 547 548 554 563[五]5 7 53 111 122 126 127 219 267〜269 272 435 568 569 607 615 617[六]115 125。家光に召され義直治療を議す[三]640 641。封地洪水[三]665[五]242 270 294。会議[四]21 22 123。家綱幼稚の間在府補導す[四]52。霊廟進謁の制[四]55。別墅許可[四]173。二日を隔てて執政・近習の輩と交替して伺候[四]177。市谷に邸地下賜[四]191。玄関まで乗輿許可[四]554。家計窮困・恩貸金[五]1。駕籠乗物制[五]412。邸辺消防受命[五]429。邸宅罹災[五]472。聖堂典籍献上[六]85。致仕伝[六]168。日光法会香資進薦の制[六]397。卒[六]420／[二]484 598[三]48 135 147 154 167 177 179 190 196 233 253 373 448 589 590 623 630 642 646[四]5 47 51 72 82 88 146 174 255 417 538[五]57 84 234 281 429 474[六]8 74 177
光友室（千代姫、家光女）　↓霊仙院
光友妹（京姫、尾張義直女・広幡忠幸室）　↓普峯院
光友女（貴姫、綱誠養女・浅野綱長室）　↓馨香院
光友女（豊姫）　↓珠光院
光友女（直姫）　↓冬晃院
光友養女（定姫、有馬頼元室）　↓瑞竜院
光友養女（喜知姫、綱吉養女）　↓知法院
光友女　[四]346
綱義　↓尾張綱誠
綱誠（綱義、五郎太）　元服・偏諱[四]223。安宅丸一覧許可[四]427。婚姻[四]574 622。卒[六]369 373。伝[六]373／[四]57 64 83 101 140 141 165 169 222 247 356 483 484 487 534 537 538 546 613[五]211 225 257 334 412 510[六]168 369[七]166
綱誠室（広幡忠幸女）　↓瑩珠院
綱誠妹（貴姫、尾張光友女・浅野綱長室）　↓馨香院
綱誠男（岩之丞）　↓松平岩之丞
綱誠女（喜知姫、綱吉養女）　↓知法院
綱誠女（松姫・磯姫、綱吉養女・前田吉徳室）　↓光現院
琴姫（松平勝当女・尾張宗睦養女）　↓前田斉広室
定姫（有馬頼元室）　↓瑞竜院
治休（中将）　元服・偏諱[十]179。婚姻[十]274 275 278。卒伝[十]417／[九]603 636 649 677[十]178 205 235 237 239 286 385
治休室（万寿姫、家治女）　↓乗台院
治行（松平義柄）　婚姻[十]464。尾張宗睦嗣子・偏諱[十]536。卒伝㊀225／[十]360 447 492 539 545 588 678 786 798㊀19
治行室（紀伊宗将女）　↓聖総院
治行母　[十]417
治行女（俊姫、尾張宗睦養女・近衛基前室）　↓蓮沼院
治興　偏諱㊉439。房姫、鷹司輔平女と婚姻㊉495。卒伝㊉520／㊉387 499

尾張純姫（松平義敏女・尾張宗睦養女・上杉治広室）→咸有院
誦姫（尾張宗春女）→凜霜院
斉温（直七郎、家斉男）尾張斉朝の養子㊁78。婚姻㊁81。元服・偏諱㊁145。卒伝㊁379／㊁23 76 87 139 268 280
斉温室（愛姫、田安斉匡女）→琮樹院
斉温継室（福姫、鷹司政熙女・近衛基前養女）→俊恭院
斉荘（田安、要之丞）元服・偏諱㊁41。田安家相続㊁276。尾張家相続㊁379。卒㊁545／㊀652 689 695 718 722 764 ㊁35 105 126 141 380 391 539 544
斉朝（一橋、愷千代、中納言）婚姻㊀307 329 418。尾張宗睦の養子となる㊀377。元服・偏諱㊀414。尾張家相続㊀426。致仕㊁168。卒㊁650／㊀225 234 298 306 378 380 603 ㊁78 108 158 391
斉朝叔母　㊀726
斉朝姉女　㊀524
宗春（通春）陸奥梁川三万石新賜[八]505。尾張家相続[八]547。偏諱[八]554。邸防火制[八]664。致仕・蟄居[八]817 [九]208 [十]57／[七]452 [八]439 537 560 594 605 607 608 614 653 777 793

尾張
宗春母　[八]478
宗春男（竜千代）→松平竜千代
宗春女（誦姫）→凜霜院
宗春女（頼姫、尾張宗勝養女・近衛内前室）→霊樹院
宗春養女（松平義方女・上杉宗房室）→蓮胎院
宗勝（友淳・義淳）宗家相続[八]817。偏諱[八]819。邸宅焼失・二万両下賜[九]375。市谷邸造営[九]454。卒伝[十]49 57／[八]402 405 599 823 853 859 [九]382 572 577 [十]39 45 47。家士[九]750
宗勝室（尾張吉通女）→宝蓮院
宗勝女（恭姫、九条道前室）→光相院
宗勝女（邦姫、浅野重晟室）→智岳院
宗勝女（豊姫、上杉重定室）→蔡香院
宗勝女（房姫、島津宗信室）→冷池院
宗勝女（陽姫、浅野重晟継室）→深広院
宗勝女　[九]465 762
宗勝女　[九]465
宗勝女　→松平重昌室
宗勝養女　→九条稙基室
宗勝養女（尾張宗春女・近衛内前室）→霊樹院

尾張
宗睦　元服・偏諱[九]54。婚姻[九]416 437 565 567。封地水害恩貸金[十]222 264 558。邸宅焼失・二万両下賜㊀8。優待㊀26 198 205 236 270 336 358。卒㊀424／[九]52 416 438 455 523 [十]29 57 68 114 214 244 303 327 439 505 508 512 518 523 536 537 540 656 659 696 755 758 759 ㊀19 227 264 311 377
宗睦室（近衛家久女）→転陵院
宗睦妹　→二条重良室
宗睦妹（品姫、尾張宗勝女・松平頼前室）→瓊樹院
宗睦妹（陽姫、尾張宗勝女・浅野重晟継室）→深広院
宗勝養女（琴姫、松平勝当女）→前田斉広室
宗勝養女（純姫、松平義敏女・上杉治広室）→咸有院
敬之助　尾張宗睦の養子㊀311。卒伝㊀348／㊀300 301 302 343 349
通春　→尾張宗春
利姫（尾張斉荘女）→浅野慶熾室
俊姫（尾張治行女・尾張宗睦養女・近衛基前室）→蓮沼院

尾張豊姫（尾張光友女）　→珠光院
　直姫（尾張光友女）　→冬晃院
　品姫（尾張宗勝女・松平頼前室）　→瓊樹院
　睦篤　→尾張治興
　松姫（尾張綱誠女・綱吉養女・前田吉徳室）　→光現院
　万五郎（尾張宗春男）　㈧615
　陽姫（尾張宗勝女・浅野重晟継室）　→深広院
男谷思孝（彦四郎）　㈡89 100 128 333
　信友（精一郎）　㈡486
越智吉広　㈡134 444
　吉次　㈡134 ㈢296
　吉長　㈡444
　清武　召出㈥557。万石に列す㈥609。加封㈥609 643。館林城主㈥643。家号許可㈥643／㈥597
隠岐重世　㈢168 314
織田一之　㈤605
　雲生寺　→織田頼長
　鎌之助　㈡403
　金三郎　㈡531
　高元　㈤605
織田高重　宇治橋新造奉行㈡676／㈡87 539 ㈣405
　高長　織田信昌を後見㈡365。江戸城惣郭石塁修築㈢2。致仕伝㈣337／㈡457 499 504 535 ㈣12 363
　剛三郎　㈡633
　四郎左衛門　㈡566
　式部　㈠566
　秀一　江戸城破損修築助役㈢487 495。宮津巡見㈣572。卒伝㈤611／㈣498 619 ㈤231 291。家士㈢509
　秀賢　致仕伝㈩127／㈨23 80 424
　秀行　卒伝㈧411／㈧147 355
　秀信　㈠69
　秀親　刺殺さる㈦10。卒伝㈦24／㈤611
　秀則　卒伝㈡351
　秀綿　卒㈠592／㈩364 412
　秀雄　卒伝㈠525
　秀陽（信陽、芳次郎・安芸守）　城主格㈡701／㈠592 ㈡532
　順高　㈢167 193 416
　尚長　江戸城惣郭石塁修築㈢2。卒伝㈢90／㈡15 219
　昌澄（信重、主水）　大坂夏陣赦免㈡66。伝㈡157／㈢638
織田信英　㈤250
　信栄　高家同僚主管㈨576。出仕を止む㈩243／㈦360 ㈧637 676 749 ㈨119 591 751 758 763 ㈩13
　信応　㈠117
　信輝　㈤250 ㈥519
　信義　寛永寺中堂仁王門修理㈨607 632 660。江戸城西丸修理㈨608／㈨598 736 ㈩617
　信吉　卒伝㈡16
　信客（信容）　㈥505
　信久　検地の事㈥229。卒伝㈦394／㈢654 ㈣137 277 349 374。家士㈥316
　信旧　卒伝㈩725／㈧746 794 ㈨388
　信休　大和川浚治助役㈥542 555 557／㈥67 221 326 ㈦209
　信恭（主膳）　㈡175
　信錦　㈩762
　信古（織部・近江守）　致仕㈡455／㈡130 217 228 388
　信広　㈠26
　信光　㈠21
　信好　㈠490
　信孝　㈠281
　信高　致仕伝㈣337

織田信次 [二]325
　信守 致仕㊁217／㊀468
　信秀 [一]20～22 25 26
　信就 卒伝[八]572／[六]216[七]394 431[八]548
　信重（民部大輔） 禁裏造営課役[一]547 548。家督争い・除封[二]52 53
　信重（主水） ↓織田昌澄
　信順（主計頭） ㊀790㊁198
　信序 ㊀494
　信昌 江戸城惣郭造営[三]2。江戸城西丸石垣修理助役[三]146。館林城在番[三]319 367。下館在番[三]486 555。卒伝[三]654／[二]365 537 623[三]167 261 272 446 573。家士[三]169
　信勝（信綱） 江戸城惣郭造営[三]2。福知山城在番[三]561。卒伝[三]654／[二]475 536[三]167 207 216 521
　信綏（鍋三郎） ㊁669
　信成 [七]140
　信政 [八]483
　信盛 [五]156 252
　信節（信濃守） 増上寺安国殿修復㊁32 47／㊀67。江戸城西丸修復㊁48 67 72／㊀64

織田信相 [六]29
　信倉 高家同僚指揮[八]824／[九]119 433 440 581
　信則 家督争い[二]52 53。大坂城修築課役[二]186。卒伝[二]475／[一]671[三]111
　信知 [五]555
　信長 家督相続[一]26。今川方を攻む[一]29。桶狭間戦[一]31 138。家康と同盟[一]31 138。上洛[一]33。姉川合戦[一]35 36 145 146 290。長篠役[一]38 156。天目山戦[一]44 291。松平信康自殺[一]160。本能寺変[一]165。鳶巣城攻め[一]267。耶蘇教布教許可[一]336／[一]40[三]273
　信朝 卒伝[八]746／[八]189 399
　信直 ㊀299
　信貞（左京亮） [二]325 ↓津田信貞
　信貞（大学・出雲守） ㊁453 580
　信当 [三]654
　信賁 [九]646
　信憑（出雲守） [十]10㊁68 171
　信浮 [十]256 345 361
　信富 卒伝[十]160／[九]703 745
　信武 自殺・卒伝[六]213 221／[四]577[五]148[六]45。家士[六]221
　信方 卒伝[九]23／[八]411 425[十]401 580

織田信包 卒伝[一]671。遺言[二]52／[一]457
　信邦 転封・伝[十]256／[十]192
　信彭 ㊀631
　信房 [七]430
　信味 ㊀82
　信美（富太郎・若狭守） ㊀658㊁279
　信明 韓使聘礼[七]172／[五]112[八]296 312
　信門 韓使諸事肝煎[七]170。高家同僚指揮[七]283／[六]640[七]185 304 333[八]41
　信由（主膳・主計頭） [十]579㊀790
　信友 [十]393
　信右 致仕伝[九]745／[八]545 572 632
　信雄（常真） 小牧長久手戦[一]53 177 292。片桐且元救援[一]683。大坂城退去[一]684。江戸住居[二]2。加封[二]59。秀忠茶事[二]444。卒伝[二]482／[一]687 707[三]9 16
　信裕（専次郎） ㊁143 72 272 479
　信与（阿波守） 江戸城修復㊁238 257。日光東照宮修復㊁240／㊁251 260 262
　信容 ↓織田信客
　信陽 ↓織田秀陽
　信良 卒伝[二]365／[一]525[三]113 310
　正英 [八]510[九]503

織田正幸　〔十〕236 245
正信（柘植）大坂目付〔五〕583 597／〔六〕672 717〔七〕66
正莫（五左衛門）㊁403
正邦　㊀373
正路（図書頭）㊁432
成純　致仕伝〔八〕355／〔六〕22〔七〕24 35 52
政時　〔五〕136
政方　〔八〕794
宣居　〔九〕260
忠太郎　㊁41
長宇（左衛門佐）　致仕㊁143／㊀275 280㊁133
長易（主水）　㊁638 673 687
長益（有楽）　関ヶ原合戦〔一〕228。大坂冬陣〔一〕264 657 688 693 701 728 729 742 746 749 751 754 755 757 759 760。閑居〔二〕6。大坂城退去〔二〕9 15。卒伝〔二〕218／〔一〕543 545 600〔二〕49 156 157 175 203
長恭（愛之助・丹波守・丹後守）　㊁133 638 687
長教　〔十〕549 571㊀280
長喬　〔九〕12
長経　〔五〕532
長弘　卒伝〔七〕397／〔七〕165 367
長孝　卒伝〔一〕413／〔一〕228
織田長恒　卒伝〔十〕233／〔十〕74 184
長種　〔三〕96 262 374
長政（荘蔵・左衛門佐）　禁裏濫行連座〔一〕490。大坂冬陣〔一〕755。分封〔二〕219。韓使饗応〔三〕41。江戸城修築課役〔三〕149／〔一〕384〔二〕218 345 434 536 548 555〔三〕15 479 658〔四〕58 70 75。家士〔三〕190
長政（対馬守）　〔六〕92
長清（内匠・丹後守）　致仕伝〔七〕367／〔五〕190 437 481
長晴（大助）　〔五〕499
長説　〔八〕140〔九〕119 531 676
長則　大坂城修築課役〔二〕185。卒・絶家〔二〕519／〔一〕413
長迢　〔四〕571〔五〕450 472 474 495 497 501〔六〕136 475
長定　卒伝〔五〕141／〔四〕349 509 548〔五〕136
長能　〔六〕270〔八〕708
長明　致仕伝〔五〕481／〔五〕141
長頼　家光重用〔三〕731。卒伝〔六〕45／〔三〕325 399 573〔四〕347 374
長亮　卒伝〔八〕637／〔七〕397
貞置　禁裏修築奉行〔四〕397 477。日光東照宮代参〔四〕489 490 604 607〔五〕70 71 142 175 201 258 303。家綱参詣太刀役〔四〕595〔五〕15 34。
織田　伊勢代参〔四〕524 525 584 588〔五〕82 83 210 212。京都大火御使〔五〕225。致仕〔五〕450／〔二〕325〔四〕486 487 546 547〔五〕17 27 156 160 163 195 196 198 208 224 226 230 238 267 268 274 284 306
藤次郎　㊁539
徳姫（織田信長女・松平信康室）　↓見星院
主殿　㊁98
輔宜　致仕伝〔十〕566／〔八〕637〔九〕30 441 514。家士〔九〕13
主水　㊁395
芳次郎　㊀694
頼長　〔一〕453 687 693 743 744 751 758〔二〕15
了甫　〔二〕16
良雄　〔二〕113
負田木右衛門　〔一〕507
笈川南右衛門　〔一〕732
大井栄之助　㊁401
何右衛門　〔一〕732
持長　㊀242 253
昌義（正義）　〔二〕335〔三〕119
昌好　〔十〕689
昌次　〔一〕532
昌信　〔五〕386 443

大井昌孚(中務少輔) ㊉499
昌孚(丹波守) ㊀639
昌富 ㊀632
昌隆(隠岐守) 小納戸頭取格㊀574／㊁543
正義 ↓大井昌義
政景 巡国使㊂231。先手頭㊂679。不正吏
切腹検使㊂280。浜松城引渡㊂349 353。
江戸城門造営奉行㊃362／㊂42 119 589
596㊃24
政時 ㊄319
政成 ㊀90
政長 ㊃397㊆452㊇580
政直 継嗣㊃65。作事奉行㊃580。小普請
㊄407。数寄屋橋等造築奉行㊃334。
禁裏造営奉行㊃397 477 575 577。伊達騒
動㊄97。日光東照宮修理㊄311 312 314
332／㊃592㊅542
政表 ㊀484
宣満 ㊂565
帯刀 ㊁408 410
満英 西丸納戸頭㊈36。西丸広敷用人㊈
126。小普請奉行㊈553。勘定奉行㊈
592。大目付㊈656。五十宮下向㊈473
487。江戸城修理㊈577。鶴岡八幡宮
大井 修理㊈585 602 603。韓使聘礼㊉68／㊈
55 556 612㊉127 326
満雪 ㊁410
満詮 ㊅426
満美 ㊁410
大炊御門家孝 ㊀348
経音 ㊅706
経季 ㊄43
経孝 罹災㊃381㊄232。加恩㊄38／㊂9 26
㊃305
頼国(松木) ㊀296 489 498
大石基恒 ㊄266
義周 ㊉393
元寿 ㊅84
十右衛門 ㊀477 695
重左衛門 ㊀364
順蔵 ㊀762
良雄 ㊅499
大岩盛宗 ㊇427
太郎左衛門 ㊁384
大内主殿 ㊁440
大姥の局(秀忠乳母) ↓正真院
大会孫四郎 ㊁23
大江源右衛門 ㊂72
大江松貞 ㊈377
大条薩摩 ㊁191 192
大岡安直 ㊇853
伊織 ㊁7
雅楽助 ㊀548
喜昌(嘉昌) ㊀213
義久(助左衛門) ㊉437
義重 ㊂588
金十郎 ㊉437
次郎大夫 ㊁55
時吉 ㊄528
十大夫 ㊀431
重行 ㊄528
重則 ㊅532
正次 ㊁401
正央 ㊀636
政春 大坂城引渡㊆244 248／㊅687 717㊇103 131
政増 ㊀681
政保 ㊀673 674
清謙(兵庫) ㊁381 473
清重 歩行頭㊃437。目付㊄97。勘定頭㊄
334。韓使聘礼㊄427 431。東海道巡察
㊄436。処罰㊄610㊅45／㊃443㊄338 369
472 485 544㊅92

大岡清勝　[一]122

清政(清正)　[三]128 280

清宣　㊀10

清相　使番[六]505。目付[六]577。西丸留守居[七]59。長崎奉行[七]156。『正徳新令』[九]161。浜松城引渡[六]497 502。軍船指揮[七]52。恩貸金[七]159。卒[八]77／[六]523 [七]72

清武　[九]408

善兵衛　[七]335

宗茂(源右衛門)　[一]538 [二]113 [四]22

忠愛(相太郎・紀伊守・越前守)　大番頭㊁345。奏者番㊁686。日光祭礼奉行㊁204。江戸城造営費上納㊁393 528／㊁90 194

忠為　[十]365

忠移(吉次郎・美濃守)　目付[九]650。西丸目付[十]22。山田奉行[十]62。長崎奉行[十]119。寛永寺再建[九]632 660。河渠検視[九]702 709／[九]651 748 759 [十]25 68 162

忠移(千太郎・越前守)　㊀8 417 ㊁44 194

忠英　[五]467 [六]251

忠喜　唐船漂着[十]628。致仕伝[十]690／[九]587 613 631 [十]8 28 49 59 399 466 497

大岡忠宜(時宜)　西丸小姓[八]406。大番頭[九]576。卒伝[十]233／[八]318 669 [九]472 560 [十]228

忠吉　秀忠遺金下賜[二]539。東福門院附[二]651 [三]100 209 304 327 416。禁裏附黒印条約[三]329／[二]368 511 642 645 658 [三]150 525 653 688 [四]177 200

忠久　[六]215～217 699 [七]14

忠居　[十]369 764

忠共　㊀226

忠近　[十]558

忠固(大学・主膳正)　奏者番㊁80。若年寄㊁277 428 436。海防掛㊁544 602。江戸城修築㊁392 520 532 541 690。大坂城修築㊁614。仙波東照宮修築㊁595。恩貸金㊁105 462。大砲新鋳㊁691。卒㊁693／㊀777 ㊁57 691

忠光　家重小姓[八]345。小姓組番頭[九]131。側役[九]405。若年寄[九]613。側用人[九]661 662。万石に列す[九]555。日光東照宮修理[九]593。卒伝[九]764。遺事[十]8／[八]444 644 [九]131 405 474 487 548 555 613 619 629 661 667 680 681 731 757 758

忠行　[二]81

忠恒(播磨守)　[八]175 178 423 436 525 573 807 860 [九]489

大岡忠恒(越前守)　致仕伝[十]750／[十]233 237 503 746 [十]62

忠高　江戸溝渠奉行[四]497。処罰[五]169 350 [六]167。赦免[六]170／[三]609 [四]597 631 [五]285 490 554 [六]63 126 314 457

忠主　[十]264 667 681

忠種(忠勝、忠四郎)　秀忠遺金下賜[二]539。加増[四]204 [五]89。大坂目付[四]281 302。大目付[五]72 407。家綱面命[五]79。家光小納戸[九]188／[三]134 141 532 612 [四]34 94 114 278 349 630 [五]467

忠順(留之丞)　[十]162

忠恕(兵庫頭)　㊁485 693

忠章　手水番[二]500 [三]23 609 618。東福門院附[三]587／[二]220 472 [四]125 200

忠勝(忠四郎)　↓大岡忠種(忠四郎)

忠植　小納戸[十]300。小姓[十]350。処罰㊀47／[十]373 375 681

忠辰　㊀437

忠真(忠相、忠右衛門)　江戸城修築[五]9 25。大坂目付[五]94 114。恩貸金[六]210。閉門[六]251／[五]303 330 [六]82 208 412

忠陣(忠陳)　美作津山目付[八]365 390 399／[八]436 489

大岡忠正(加納久敦、棄五郎・主膳正) ㊀255 331 349 777
忠征(忠正・忠住、右近・土佐守) 使番〔九〕399／〔八〕787 829 839 〔九〕57 598
〔八〕489。目付〔八〕505。西丸書院番頭〔九〕
忠宗 〔三〕304 656
忠相 書院番〔六〕474。徒頭〔六〕550。使番〔六〕666。目付〔六〕704 〔七〕171。山田奉行〔七〕207。普請奉行〔七〕452。町奉行〔八〕57。寺社奉行〔八〕728。奥羽採薬人支配〔八〕421。買米〔八〕587。金銀改鋳〔八〕723。寛永寺造営〔八〕752。代官支配免〔九〕122。相対死処置〔九〕171。『親孝行令』〔九〕174。『大岡政要』〔九〕210。野田元偏の算学を試む〔九〕230。褒賞〔八〕308 357 383 〔九〕210 211 321。加増〔八〕383 728 〔九〕472。万石に列す〔九〕472 561。処罰〔九〕79。加役免〔九〕553。吉宗葬儀〔九〕538 539 545 561。卒伝〔九〕560／〔五〕609 〔六〕412 521 557 〔七〕208 218 〔八〕155 〔九〕2 104 119 385 390 394 450 452 741
忠通 〔五〕293
忠美 〔十〕658 ㊀112 257 329 367
忠品 〔六〕164 262
忠方(忠四郎) 使番〔五〕552。大坂目付〔五〕583

大岡 597／〔六〕17
忠方(小右衛門) 〔九〕10
忠雄(土佐守) ㊁211 ↓大岡土佐守
忠与 卒伝㊀8／〔十〕746 750
忠予 〔九〕614
忠要 卒伝㊀6／〔十〕670 700
忠烈 致仕伝㊀349／㊀6
直源 〔八〕12 73 88 121 377
直信(久三郎) 〔四〕510
直成(直利) 日光社参道具奉行〔三〕8。糀町辺巡察〔四〕222。走水奉行〔五〕583／〔四〕345 488 〔五〕282 〔六〕147
直政 〔二〕414
直利 ↓大岡直成
土佐守(忠雄カ) ㊁612
徳三郎 ↓竹本長景
兵五郎 ㊁660
孫右衛門 ㊀730
孟清 ㊀167
靱負 ㊁635 648
大賀九郎左衛門 〔一〕436
弥四郎 〔一〕38 154 301
大風嵐之助 〔一〕590
大河原五右衛門 〔一〕187

大河原正富 〔十〕126 139
正良 小納戸〔九〕188／〔三〕50 60
忠左衛門 ㊁27
定正 〔八〕377
有固 ㊀191
有興 〔四〕557 〔五〕213 238
大木真則 ㊀368 607
親祇 〔十〕290
親次 〔八〕805
親茂 〔三〕113 465
大草熊五郎 ㊁104
公吉 〔五〕107
公継 〔一〕120 〔二〕297 〔三〕107 121
公忠 〔五〕107
公美 ㊀456
公弼(大次郎) ㊀634 794
公利(大学) 〔二〕142 311 335 449 539 667
公利(弥三郎) 〔九〕490
高堅(劼吉) ㊁708
高好(主膳・能登守・安房守) 使番㊀663 770。目付㊁6。長崎奉行㊁167。町奉行㊁278。両国橋修復㊁92 100 381。国事日記・文学・医学管掌㊁127。卒㊁404／㊁96 272 345

大草高盛　小姓組番頭[三]4 262。日光社参供奉[三]593 599。加増[四]292。紀伊国御使[四]474 477。処罰[五]381／[三]167 339 501 599 712 737
高則　[四]3 5 45 69 430 574 [五]20 602 605
高忠　[六]450 [七]444
高聴　[五]438 605 [六]450
高般(主殿・能登守)　㊁423 521 601 690
高方　㊀83 558
高満　[九]717 [十]550 ㊀83 110
正元　[八]426 [九]717
政郷　鷹頭[三]655。家綱附[三]655／[四]200
政董　㊀472
太郎右衛門　㊀98 117
大次郎　㊁706
忠守　㊁710
忠成　[一]421
忠直　[一]421
忠由　[十]305
長栄　[八]198 751
大久保安房守　[一]125
伊賀守　㊁446
伊賀守　㊀695
岩丸(大久保教義カ)　㊀785
　㊁70
大久保右京　[一]627
運十郎　[一]627
江七兵衛　㊀779
往忠　長福附[八]35。家重近侍[八]477。西丸御側免[八]826。処罰[九]217／[九]357 740 758
隠岐守　[十]23
織部　㊁501
甲斐守　㊁677 709
数馬　㊁697
勘右衛門　[三]682
勘九郎　㊀712
季之　[三]129 145
吉十郎　[四]170
九兵衛　㊁523
求馬　[二]29
教寛　㊀706
　万石に列す[六]632。加増[六]632 [八]106。銃技・射芸・乗馬監臨[七]106 117 118 344 345 349 421。銀改鋳[七]386。廩米下賜[七]461。若年寄免[八]298。致仕伝[八]547。／[五]214 [七]57 445 [八]3 15 39 81 268 [九]136
教起　卒伝[九]637／[九]51 483
教義(長門守)　㊁553 567　↓大久保岩丸
教近　[十]241 ㊀439
大久保教賢　[六]672
教孝(帯刀・出雲守)　江戸城造営費上納㊁393 537／㊀519 ㊁67 70 71 430 553
教翅　[十]679 743 ㊀324
教充　[十]582
教純　[十]395
教勝　廩米下賜[二]575。加増[二]596。家綱附[三]655。家宣(綱豊)留守居病免[五]423。卒[五]467／[二]551 587 [三]196 337 379 525 575 [四]161 [五]186 317 391
教信　↓宇津教信
教端　卒伝[九]51／[八]547
教輸　[九]590
教長　㊀417
教富(釆女)　㊁91
教福　御前を止む[六]696。鳥銃管理[七]100。譴責[七]440／[五]615 [六]2 6 [七]59 [八]329
教平　巡見使[九]349 364 395／[八]153 547 [九]425 [十]60
教保　↓宇津教保
教方　[五]467 [六]635 [七]115 [八]322
教邦(飛騨守)　㊁227
教明　[八]348 [十]42 44 85 149 257
教隆　禁裏造営課役[一]548。処罰[一]646 647 654 [二]119。赦免[二]443 449／[一]384 605 [二]538 [三]

大久保
337
教倫 卒伝〔十〕419／〔九〕637〔十〕258 346
教和 〔十〕247 352 ㊀113 213
外記 〔一〕627
元政 〔二〕201
玄蕃 ㊁9 12
源之丞 〔一〕593
幸治 ↓大久保忠賢
幸信 禁裏造営課役〔一〕548。処罰〔一〕646 647 654〔二〕119。赦免〔二〕443 449。秀忠遺金下賜〔二〕538。加増〔二〕596／〔一〕384 605〔三〕7 16 62 272 291
康孝(筑後守) ㊁205
康村 江戸城修築〔二〕448。秀忠遺金下賜〔二〕538。卒〔二〕552／〔一〕573〔二〕96 555 562
康致 〔九〕674 740
康任 桑名目付〔四〕290 307／〔四〕211 222〔五〕380
康明 〔六〕307
左源太 〔二〕662
主膳 ㊀582
十蔵 〔三〕657〔四〕609
十郎兵衛 〔七〕75
重治 〔五〕367
春信 〔八〕550

大久保庄五郎 ㊁523
昌之 〔二〕304 661
将監 ㊁676
勝長 ㊀474
常治 〔五〕120 291
常春 番士射芸監臨〔七〕344 348 422。加増〔七〕461〔八〕106 385 471。放鷹〔八〕23 72 359 364〔九〕192 193。万石以下城門警備制〔八〕257。吉宗下賜品〔八〕299 343 371 380〔九〕193。日光社参〔八〕434 437 469。老中〔八〕471。病気〔八〕480。卒伝〔八〕481 484。諸門番所武具査検〔九〕168／〔六〕2 354 379〔七〕443 448〔八〕3 5 93 190 280 299 474
常信 〔三〕551〔四〕161 233 371 442
信弘(市郎兵衛) ㊁711 712
正栄 〔二〕402〔三〕284
正重 〔三〕273
正信 召出〔二〕600。豊後府内目付〔三〕100 103。閉門〔三〕484 485。勘気〔三〕614／〔三〕296 304 375
正朝(阿倍、忠辰、宮内少輔・和泉守) 秀忠遺金下賜〔二〕539。日光社参供奉〔二〕546 660〔三〕8。上洛供奉〔二〕638。家綱附〔三〕655。綱吉家老差添〔四〕396。処罰〔五〕296。検屍〔五〕299 303／〔二〕354 484 491 493 505

大久保
665〔三〕316〔四〕55 393 469 514 518 530 533
正通 〔八〕631
正保 〔三〕343
成堯 〔一〕441 654
政重 〔三〕149
善之助 〔四〕548
総比 〔八〕541
主税 ㊁666
忠安(三郎右衛門) 〔二〕310
忠安(権平) 〔六〕105
忠位 破損所仮奉行〔六〕521。禁裏造営普請奉行〔六〕696 700〔七〕71 72。江戸城郭内外見廻〔七〕155。日光東照宮見分〔七〕169。韓使管掌〔七〕172 201〔八〕102 173。日光道中巡見〔七〕210。日光東照宮修理〔七〕349。銀改鋳〔七〕357 386。諸国地図作製〔八〕383。江戸城修築〔八〕577／〔七〕208 455〔八〕281 843〔九〕50
忠為 〔一〕502 693 740〔二〕105
忠音 〔七〕160〔八〕720
忠寅 ㊀309 516
忠胤 卒伝〔九〕733／〔八〕364 471 484 493 748 811〔九〕733
忠陰 〔四〕374〔五〕259 261 532
忠永 〔一〕654〔二〕2 142〔三〕465

大久保忠英　[九]668 670 [十]29 154 263 466
忠盈　[四]277
忠益　[二]66 139
忠延　[九]673 674
忠応　[二]450 [五]226
忠温（豊前守）　[十]396 696 ㊀655
忠賀　[六]500
忠誨（上野介）　㊁135
忠懋（仙丸・加賀守）　石材上納㊁354 521 547。江戸城西丸造営費上納㊁393／㊁403 709
忠学（四郎左衛門）　寄合肝煎㊁112。浦賀奉行㊁168／㊁60 391
忠官　㊀482 540
忠侃（豊後守）　㊁59 433
忠寛　[八]9 97
忠翰　[九]380 [十]762
忠翰室　[十]44
忠寄　㊀418
忠紀（兵部）　[八]714
忠記（忠紀、弥次郎）　[六]695
忠喜　[十]303 325
忠宜　使番[八]300。日光社参供奉[八]436。大坂城代引渡[八]497 500。籠居[九]616／[八]

大久保　733 [十]81
忠義（市郎右衛門・備前守）　吉田城引渡[六]611 616。禁裏造営普請奉行[七]16 25 64 72。宇都宮城引渡[七]146 155。長崎監察[七]434 460／[八]514 [九]398 549 555
忠義（弥右衛門）　[六]695
忠丘　[十]703 ㊀129
忠休　㊀447
忠救　㊀99 278 314
忠抛　[三]66
忠享　二本松目付[六]439 457／[六]678 [八]362 444
忠拱　㊀561
忠恭　↓大久保忠泰（平左衛門）
忠教　槍奉行[一]691。大坂夏陣[二]11 34。秀忠上洛供奉[二]368。秀忠遺金下賜[二]538。旗奉行[二]552。家光召見[二]596 601。加増[二]605。家光上洛[二]638／[一]487 [二]553 [三]80 135
忠郷（玄蕃）　[九]503
忠郷（源八郎・佐渡守・伊豆守）　↓大久保忠卿
忠喬　[九]303
忠郡　[五]139
忠卿（忠郷）　卒伝[十]303／[九]722 733

大久保忠景　勤労褒賞[四]63。加増[四]370 [五]153。病免[四]393 [六]45／[四]11 179 368 [六]127
忠慶　㊀587
忠兼　卒[六]632 640／[五]227 247 251 387
忠賢（幸治）　家綱附小姓[三]240。下館在番[四]230 268。駿府加番[四]476 514。寛永寺火番[四]571 [五]286 294／[三]656 [四]81 319 [五]517
忠顕（平左衛門）　↓大久保忠職（平左衛門）
忠顕（平四郎）　[十]60
忠顕（七郎右衛門・加賀守）　関東河渠堤防修理助役[十]654 657。小田原城震災[十]699 714。致仕伝㊀305／[十]450 ㊀63
忠元　㊀22 152
忠固（三大夫）　[八]479 [九]106
忠行（勘三郎）　↓大久保忠良（勘三郎）
忠行（藤五郎）　[一]194
忠行（新助）　[六]69
忠行（勘三郎）　[六]606
忠行（甚右衛門）　㊁357 525 542
忠向（遠江守）　㊁479
忠厚　[十]127 ㊀103
忠恒　諸国巡検[八]54 84。処罰[九]51／[八]436 [九]52

大久保忠香　下野壬生城引渡[六]231 237。大和川等修治[六]518 527 553。韓使道中巡察[七]89 123 134。道中奉行[七]212。諸国高札[七]241 350。万石以下釆邑検点[七]343。仙波・世良田東照宮等修理[七]376／[六]414[七]451[八]372
忠興(忠仲、平四郎)　[三]285 608[四]345
忠興(伝吉郎・出羽守・大蔵大輔)　致仕伝[十]131／[八]427 614[九]353 357
忠興(彦右衛門)　[九]12
忠根　[八]436 794
忠佐　沼津城召預[一]308。卒伝[一]633。居城破却[一]650／[一]39 355 492
忠之(源次郎)　[一]487[二]662
忠之(五郎兵衛)　[六]105
忠次(亀之助・喜六郎)　[三]175[四]373[六]367 480
忠次(大学・安房守)　加増[四]338 370／[四]36 279 346 393 411 629
忠治　[五]532
忠時　[三]272[四]35
忠実(讃岐守)　諸国石高査検㈡255。処罰㈡282
忠主　[六]81
忠寿(三十郎)　家綱附[三]465 532 587 654[四]179。

大久保　加増[四]167 371 631／[三]532 666[四]329
忠寿(勘三郎)　㈡424
忠周　[九]461 462 638
忠重(新右衛門)　[一]403
忠重(三郎右衛門)　[二]310
忠重(四郎左衛門)　[四]405[五]203 226
忠重(助左衛門)　[五]579[六]81
忠俊　[一]27 313
忠順　㈠436 519
忠恕　[九]22[十]781㈠5 168 179
忠昌　[十]677
忠尚(六右衛門)　召出[一]573。代官領地割渡等沙汰[二]175／[一]98[三]425 493
忠尚(平右衛門)　[一]654[二]599
忠尚(半助・将監)　徳川忠長附[二]335。甲府守護[二]512[三]654／[二]79
忠章　[十]679
忠昇　㈠292
忠勝(金兵衛)　[一]481[二]662
忠照　[四]474 482
忠常(新十郎)　小田原陣[一]380[二]264。卒伝[一]564 572／[一]380 426 564[二]271
忠職(千丸・仙丸・加賀守)　遺領相続[一]572。蟄居[一]646。赦免[二]345。加増[二]

大久保　532[三]129 608。秀忠遺金下賜[二]537。土屋虎昌召預[二]615。韓使往還饗応[三]41。転封[三]129 608。姫路国政後見[三]357。蛮船長崎入津[四]112[五]14 19。『韓使漂着令』[四]146。封地洪水[五]52。忠朝を養子とす[五]67。九州鎮護[五]74。卒伝[五]74／[二]400 447 517 576 638[三]260 272 594 611[四]128 129 291 319 400 488 489 631
忠職母　[二]535
忠職(忠顕、平左衛門)　[三]477[四]11 173 191 204[五]317
忠辰(与一郎)　処罰[一]654。召返[二]139。卒・絶家[二]205
忠辰(荒之助・越中守)　処罰[三]70[四]548。加増[四]474。赦免[五]67／[三]223 574 638[四]161 487
忠辰(和泉守)　↓大久保正朝(和泉守)
忠辰(平右衛門)　[十]272
忠信　[三]656
忠真(一左衛門)　[十]240
忠真(出羽守・加賀守)　初就封㈠308。恩貸金㈠653 753 781。大坂城代㈠653。京都所司代㈠750。老中㈡8。日光東照宮修復総裁㈡234。優待㈡277。病

大久保　気辞職願㊀290
忠正(勘七・勘七郎)　〔一〕148 355
忠正(忠政、喜六郎・丹波守)　御膳奉行〔三〕77 175 235 248。家綱附〔三〕235 253 305 332 449 587 656。御刀役〔三〕436。家綱御使〔三〕479〔四〕10 59 87 93 117 180 306。加増〔三〕509〔四〕33。日光社参〔三〕541 594。鷹馬の事〔三〕657 660。西丸条目幷新条目〔三〕658。処罰〔四〕317 329 342／〔三〕381 392 522 591 612 692〔四〕74 75 259 274 289 373
忠世　三方原役〔一〕37。長篠役〔一〕39。信濃佐久郡下賜〔一〕50。一向一揆〔一〕142。信康自殺〔一〕160。小田原城主権輿〔一〕189／〔一〕34 40 44 154
忠成(玄蕃頭)　椎葉山一揆〔二〕173 174 176。甲府在番〔二〕529 587 621。秀忠遺金下賜〔二〕538。徳川忠長改易〔二〕570。加増・駿府在番〔二〕589。家綱旅中調度奉行〔三〕533。宿駅制〔四〕21／〔二〕377 588〔四〕36 169 186〔五〕88
忠成(佐渡守)　㊁171
忠政　処罰〔一〕654〔二〕79。豊後横目〔二〕611／〔二〕538〔三〕118
忠清　〔八〕840
大久保忠晴　〔六〕405
忠節(銕十郎)　㊀733
忠宣(源次郎)　〔五〕499〔六〕143
忠宣(隼人)　〔七〕357
忠宗　〔六〕551 577
忠増　初謁〔五〕8。病気〔五〕573〔七〕304 313 315。若年寄〔五〕620〔六〕21。家襲〔六〕348。老中〔六〕594〔七〕341。綱吉廟造営奉行〔七〕4。三島社修理〔七〕161。卒〔七〕341。卒伝〔七〕348／〔五〕81 145 500〔六〕22 86 431 597〔七〕246 348
忠村　〔二〕599
忠泰(忠恭、平左衛門)　〔七〕60 86
忠泰(権右衛門)　〔十〕480
忠知(源三郎・左馬允)　大坂目付〔二〕436。秀忠遺金下賜〔二〕538。加増〔二〕616／〔一〕654〔二〕535〔三〕45 362 375 378
忠知(平六郎・兵部少輔)　近侍近習〔三〕168〔四〕181。地震時登城制〔三〕612。勘気免〔三〕618。加増〔四〕201 370。家綱廟参詣〔四〕382 399 405 419 422 430 434 443 446 460 461 465 476 490 500／〔三〕574〔四〕368 378
忠致　〔二〕530
忠仲　↓大久保忠興(平四郎)
忠著　〔六〕636
大久保忠長(甚右衛門)　〔一〕408
忠長(権右衛門)　〔二〕174
忠朝　初謁〔三〕109。小姓〔三〕239 240 657。加増〔四〕63 592〔五〕331 332〔六〕196。小姓組番頭〔四〕370〔五〕27 28 34 39 42 58 66。大久保忠職養子〔五〕67。家襲〔五〕74。長崎警衛〔五〕140 260。老中〔五〕265〔六〕272 299 320。四品〔五〕274 275。佐倉転封〔五〕278。小田原転封〔五〕566。分知〔六〕348。致仕伝〔六〕348。病気〔六〕368 505。卒〔七〕246／〔四〕368 433 435 519 614 617〔五〕50 81 145 350 440 520 575〔六〕249 442 722〔九〕135
忠直(荒之助・甚左衛門)　姉川合戦〔一〕148。足軽大将〔一〕399。服部正就の同心所属〔一〕399。駿河田中城代〔二〕119。先手頭〔二〕158。卒〔二〕242
忠直(兵九郎・伊予守)　加増〔四〕404 557〔五〕194 366 367。褒賞〔五〕196 213。家綱霊廟造営〔五〕367 412。大坂城引渡〔五〕610／〔五〕270〔六〕190 301
忠直(八郎五郎・卜玄)　〔八〕416
忠直(又左衛門)　㊀170
忠鎮　逼塞〔六〕479 495。卒〔七〕201／〔四〕314〔六〕474 477
忠通(近江守)　㊁240
忠貞　褒賞〔三〕110。家綱附〔三〕235 278 305 332 449 587。

大久保

家綱元服式[三]390。加増[三]509[四]33 289 506。秀忠遺金下賜[二]539。日光社参旅中条約[三]591。地震時登城制[三]612。西丸条目[三]658。大病[四]564／[三]77 102 117 315 381 392 436 520 522 523 577 594 656 657 660[四]30 74 98 105 166 183 268 283 309 350 363 368 573

忠当　[一]593[二]66 242 313
忠道　㊀148
忠同　[三]656
忠得　㊀351
忠篤　[八]484 779[九]733
忠肥　[八]633[九]424 425[十]490 534
忠福　[八]855 856[九]550
忠保(市十郎・近江守・佐渡守)　㊀636㊁171 613
忠方(大蔵少輔・加賀守)　消防褒賞[八]140。卒伝[八]614／[六]554 652[七]348 449 455[八]57
忠方(矢九郎)　㊁46
忠邦　㊀68
忠豊(彦八郎)　㊁487 539 566 586
忠名　[三]135
忠明(右近)　↓石川忠明
忠明(玄蕃)　[八]477
忠茂　[一]20 194

大久保忠門　[五]590
忠由　卒伝[十]318／[九]526[十]143
忠有　[九]740
忠雄　㊀117
忠与(忠興)　尾勢河渠浚利[九]635 637。喜連川茂氏退休監察[九]698 700。寛永寺修理[九]723 740。江戸城二丸経営[九]743／[八]829[九]758[十]82 167
忠要　[七]430
忠庸　家宣附[六]635／[五]616 621[七]181[八]158 189
忠頼　[四]363
忠利　地震時登城制[三]612。小納戸[九]188／[三]102 532[四]94 519
忠隆　[四]401[五]296 433
忠良(忠行、勘三郎)　大坂定番[二]587。加増[二]687。琉球使登城[三]359 360／[二]622 355[三]652
忠良(大隅守)　○762
忠良(彦左衛門)　石見浜田城引渡㊁275 280
忠亮　[九]486
忠倫(七郎右衛門)　[四]400
忠倫(金兵衛)　[七]138
忠隣　千姫婚姻[一]85。三方原役[一]150。関白秀次事件[一]202 380[二]264。小山陣[一]

大久保

306。傅相[一]380。家康世子を議す[一]382[二]266。江戸城勧進能[一]425。韓使聘礼(復書授与)[一]436。米子城請取下知状[一]491。禁裏造営課役[一]548。本多処罰[一]404 564 565 608 609 639 652[三]407。本多正信と軋轢[一]639。天主教禁断[一]640 646。小田原城収公[一]646。家士追放[一]646。江州蟄居[一]647。先祖略伝[一]648。国務沙汰[一]648 650。秀忠附老臣[一]648。配流・改易・卒伝[一]648。家康に訴状を呈す[一]654 657。一族処罰[一]654／[一]511 531 580 604 640 645 649 650[三]308 443
忠烈　[十]476 544
忠和　[九]674
長安　正倉院修理[一]75。金銀山[一]86 117 403 435 457 499 632。佐渡奉行[一]99。一里塚[一]104。伝馬[一]104 558。浄土日蓮宗論[一]473。検地[一]524。篠山城落成遅延[一]493 499。堀直寄転封地見立[一]532。公料巡見[一]571。有馬晴信・岡本大八取調[一]580。『多武峯領法度』[一]586。卒[一]621。遺子召預・切腹[一]622 627。贓罪露顕[一]622 623 627。贓財査検[一]625。瞽者も連座す[一]626 629 632。処罰[一]642。

大久保　属吏税額不足地再検㈡209／㈠301 460 499 593 636。家士㈠480
長好　加増㈣404 631 ㈤367。罹災金下賜㈤9。精勤褒賞㈤237。刀下賜㈤270／㈤590
長重(長昌)　大久保忠隣に連座㈠654。本多正勝検屍㈡484。秀忠遺金下賜㈡538。加増㈡616。豊後萩原横目㈡628。因幡目付㈢27 45。京坂目付㈢78 105。備後成羽目付㈢140 158。豊後府内目付㈢162 201。家光霊柩行列㈣5 6 10／㈠99 ㈢231 323 ㈣380 435
長昌(忠位)　肥後富岡城引渡㈣504 521。宮津目付㈤14 30。金杉新渠㈤204 252。紅葉山家綱新廟落成㈤433／㈣435 ㈤529
鉄之丞　㈡616
土佐守　㈡239
藤十郎　㈡627
徳綱　㈠605
内膳　㈠627
八左衛門　㈡342 ㈢102
八郎左衛門(八郎右衛門)　㈡19 51
八郎兵衛　㈥314
隼人　㈡674 696
大久保比忠　㈠120
飛驒守　㈡237
日向守　㈡573
平吉　㈢261
平兵衛　㈣146
平兵衛　㈤475 ㈥5
方道　㈨519
卜玄　↓大久保忠直(八郎五郎)
主水　㈠194
与右衛門　㈡541
利正　㈤367
六右衛門　㈡408
大熊喜住(善太郎)　㈡709
靫負　㈣475
大蔵喜太夫　↓稲葉茂右衛門
信好　↓吉田信好
弥右衛門　㈠560
大蔵卿局　鐘銘事件㈠677〜679 681 683。淀君使者㈡7 8。大坂夏陣㈡14 39。自殺㈡39／㈠680 753
六蔵　㈣90
大河内氏　↓華陽院
右衛門次郎　㈠598
久綱　召出㈠33。地方奉行㈠538 ㈡693 ㈢111
大河内　119 466。勘定奉行㈡693。日光神事㈢13。関東郡代㈢112。卒㈢435 466
久徴(金之丞)　㈡473
金三郎　㈠740
金七郎　㈠419
元綱女(清康室)　↓華陽院
秀綱　㈠112 ㈡155
秀政　㈥72 ㈧385
重綱　㈡402
信久　㈤506 ㈥277
信政　㈥631 ㈧345
正勝(又次郎)　㈠401 412
正勝(平十郎)　秀忠遺金下賜㈡538。巡見使㈡581。出雲・隠岐両国目付㈢79。長崎奉行隔年赴任㈢116 127 205／㈡698 ㈢26
正澄　㈡337
政憲　漆奉行㈡402 ㈢168 190。江戸城本丸造営㈢190
政綱　㈠92
政寿　松前・蝦夷地御用㈠393 399 403／㈠542
政真　㈦53 ㈧416 427
政善(肥前守)　寛永寺諸廟修復㈡3 12 45 86。江戸城内諸所修復㈡31 48 51 60

大河内
74 77。上野清水堂・大仏堂修復㊀39。俊徳院・貞章院霊牌所修復㊁57。上水道取扱㊁173
政雄(正雄) 三島明神社造営奉行㊃77 121 122。久能山東照宮修理奉行㊃200 225 235／㊄54 199
政与 金沢目付㊈638 648 649。処罰㊉246
政良 ㊀428
清政 ㊄199
善右衛門 ㊀666
善左衛門 ㊁647
忠恒 ㊉279
忠次 家襲㊁401 412。褒詞・加増㊁606／㊃264 404 408
忠政 ㊈554 608
朝綱 ㊃251
長門守 ㊁433
二衛門 ㊀735
肥後守 ㊁543
豊貫 ㊉348
友之助 ㊉236
良資 召出・儒員㊅50／㊅27 51 96 153
大沢右京大夫 ㊀628
英晴 ㊈360

大沢基維 ㊈410
基胤 ㊀668
基賀 ㊅481 555
基貫 ㊅382 ㊆337
基季 ㊉454
基期 ㊀569
基休(修理大夫) ㊁455 512
基躬(基珍) ㊅574 ㊆73 185 231 ㊇487
基業 ㊈700
基幸 ㊅14 32
基恒 廩米下賜㊄199。卒㊅302／㊄148 194 195 202 219 224 226 236 241 245 254 256 264 272 277 280 287 306 308～310 320 321 331 333 368 369 384 397 401 404 425 446 456～458 467 469 477～480 495 601 ㊅1
基洪 ㊂654 658
基之(右京大夫) ㊁81
基治 ㊈11
基実 ㊅414
基重 家光太刀役㊁583 587 ㊂87 134 570。二条康道家伝旧記自写㊂293 744／㊀536 576 ㊁323 359 383 423 453 455 489 511 514 615 663 ㊂9 10 43 66 87 133 151 203 219 221～223 232 269 303 321 338 341 342 352 364 390 396 405 413 415 416 418 421 422 424 431 435 437 441 458 468 473 481 483 499 504 507 519 540 550 575

大沢
589 593 599 601 607 608 618 623 632 633 652
基将 家光太刀役㊂506 511 515 597 619。家綱太刀役㊂436 ㊃257。卒㊄299／㊂379 422 458 474 483 507 521 523 538 540 548 550 569 576 614 624 641 ㊃16 29 77 79 97 101 103 124 125 136 137 160 161 164 223 226 264 266 299 380 410 421 423 449 452 467 468 497 498 512 513 524 526 536 539 561 562 590 604 607 ㊄6 15 33 34 39 63 66 70 80 129 175 177 194 196 201 203 207 222 225 233 236 253 255 256 267 280
基朝 ㊇701 824 ㊈73 565
基珍 ↓大沢基躬
基哲 ㊄393 583 607
基典 ㊉531
基明 ㊅127
基宥 聚楽第行幸㊀56。家康将軍宣下㊀73。上洛㊀79 539 ㊁86 128 200 223 240 245 248 302 383 400 437。家襲㊀668。家康歿㊁96。秀忠太刀役㊁256 372 511。家光将軍宣下㊁299。家光御簾役㊁504。秀忠遺金下賜㊁539。致仕㊁566／㊀494 576 ㊁124 310
基雄 ㊀598
基隆 加増㊅574。高家御側㊆283。家継元服泔坏役㊆304。宅地収公㊆336。卒

大沢　[八]543
基連（佐野基珍）　[五]607[八]369
求之助　[三]114
三七郎　㊁593
時賑　[十一]391
主馬（大沢信容カ）　㊀655
昌次　[六]407
尚親　[三]339[四]59 509 512 605 607[五]419
勝重　[三]5 44
勝正　[二]526
信詮　[四]334 364 385
信豊（主馬）　諸国絵図作成㊁372。肥後人吉城派遣㊁380／㊁355 370 430
信容（主馬）　㊀364　↓大沢主馬
甚五右衛門　㊁291
正之　[十一]779
正重　[二]347
宗隆　㊀679
大膳　㊁616
定時　信濃巡察目付[九]58 59 65／[九]102[十]235
定宅（仁十郎・豊後守）　㊁661 668 669 698
定儔（弾正）　㊀657
定雄　[十一]307
定隆　[十一]307
大沢定良　[十一]235
定量　㊀130
豊昌　[六]373 406 492
弥三郎　㊁593
雄譙　[十]310
大塩平八郎　㊁342 364
大柴直増　[五]464[六]302
直能　[三]349 355
直友（市平）　[五]464
祐専　[十]325
大島以興　召出[八]9。卒[九]393／[九]152 157 161 241 299 303 311
市十郎　㊀431
雲九郎　㊁92
雲四郎　㊀757
雲四郎　㊁96
雲八　[一]450
義近　甲府代番[四]111 143。常陸谷原古川堤防破却[四]596 599 612 613。村里盗賊考察[五]42。伊勢内宮造営奉行[五]453 455 472 481／[四]396 436[五]263[六]81
義敬　[六]682[八]58 95[九]26
義高　高田城目付[五]506 524。佐倉城引渡[五]568 571。日光造替奉行[六]80。失心・
大島
義治　[三]246　小普請入[六]189／[六]7 123 682
義周　[十]673
義充　㊀481
義勝　㊀91 122
義績　[九]697
義全　福山城引渡[七]146 159。日記管掌[七]233。御前を止む[七]340。黜免・小普請入[八]94[九]202／[七]232[八]83 85 268
義続　[九]393
義当　[三]149 261 518[四]239
義徳（義優、肥前守）　㊁6 76
義苗　陸奥国目付[九]672 684／[十]190 587
義浮　浄円院江戸下向[八]104／[九]373 406
義豊　卒伝[三]70／[二]539
義房　[九]573
義也　川越城引渡[六]187。犬小屋普請[六]231 247 252。小普請定小屋[六]288。地震破損所修理奉行[六]520。江戸城修理[六]554。徳川綱重側室霊牌所修築[六]579 600。天主教考察[六]656。大奥移徙[七]57。大奥広敷・小普請組支配[七]59。鳥銃管掌[七]100。二丸・三丸修理[七]432／[六]196 306 370 512 673[七]99[八]154 322

大島義唯　家光上洛宿割〔二〕598 624。日比谷門櫓修築奉行〔三〕46。駿府城修築奉行〔三〕105 107 136 158／〔一〕641〔二〕79 539〔三〕84 214 678
義雄　〔四〕373
義里　火消役〔十〕311 450／〔十〕385 ㊀119 129
義和(雲八)　㊀521
義和(左京)　㊁696 707
九郎太郎　㊁566
源三郎　㊀795
光義　〔一〕117
光俊(義俊)　〔一〕118 541 725〔二〕153
光親　〔二〕460
光成　卒伝〔一〕472／〔一〕117 725
光政　〔一〕725〔二〕232
光盛　〔二〕79
光朝　〔一〕118
守正　〔九〕155
春政　〔二〕115
節義　〔四〕21
隼人　㊁468
飛騨守　㊁219
大須賀五郎兵衛　〔一〕434 446 453
康高　〔一〕34 40 170
政次　卒伝〔一〕662
大須賀政成(治部)　↓佐野政成(治部)
忠次　↓榊原忠次
忠政　卒伝〔一〕444
弥吉　〔一〕159
大輔の局(綱吉側室)　↓寿光院
大角与左衛門(与五左衛門・与右衛門)　〔一〕279〔二〕37 66
大瀬七郎兵衛　㊁545 608
大関喜左衛門　〔二〕370
高増　江戸大火〔二〕209。山形城請取勤番〔二〕235。秀忠遺金下賜〔二〕537。公卿館伴〔二〕555 559〔三〕419 434。忠長旧臣召預〔二〕615。駿府加番〔三〕35 69。饗給〔三〕41。江戸城消防〔三〕156 639。参勤交代制〔三〕271 272。大坂加番〔三〕319。卒伝〔三〕462／〔二〕244 447 500 655〔三〕261 367 614 618
資増　致仕伝〔一〕401
政増　〔一〕401〔二〕99
増栄　遺領分知〔三〕462。初謁〔四〕73。日光旅館修築〔四〕437。公卿館伴〔四〕591 604〔五〕468 476。大坂加番〔五〕104 141 312 369 581 609。平岩親綱召預〔五〕418。卒伝〔六〕36
増儀(景次郎)　㊁104 600
増業(舎人)　致仕伝㊁110／㊀676
大関増公　遺領分知〔三〕462。大坂目付〔五〕26 43 244 257。駿府目付〔五〕320 325 329。駿河田中城引渡〔五〕325。巡見使〔五〕399 424。加封〔五〕435／〔四〕73〔五〕436
増広　〔二〕648
増恒　検地〔六〕229 316。致仕伝〔八〕792／〔六〕36 583
増興　致仕伝〔十〕132／〔八〕288 792 801
増周　公卿館伴〔三〕688。駿府加番〔四〕29 61。大坂加番〔四〕149 194。日光行殿修築助役〔四〕334。館林在番〔四〕396 401。卒伝〔四〕425。家士〔三〕510
増親　〔三〕319 462
増備　卒伝〔十〕165／〔九〕462〔十〕156
増輔　致仕伝㊀490／〔十〕493 631
増茂　〔五〕475
増陽　㊀417 678
大田吉次　刈屋城引渡〔三〕589。韓使警衛〔四〕161。家綱日光参詣供奉〔四〕456／〔三〕149 155〔五〕391
吉勝　卒伝〔一〕455
吉正(吉政)　大坂陣〔一〕705。竜蹄の馬〔二〕290。秀忠遺金下賜〔二〕538。加封〔二〕607／〔二〕596 603 638〔三〕81 107
吉成(太田)　綱重附家老差添〔四〕396。処罰

大田
吉政　↓大田吉正　〔五〕72／〔四〕267 407〔六〕105〔七〕2
久儔（太田）　〔十〕625
好敬（太田）　白河城引渡〔五〕425 428。浅草門修造〔五〕507 517。小田原城引渡〔五〕568 571。大坂城目付〔五〕607。韓使〔七〕143／〔五〕552〔六〕116 421〔七〕158〔八〕177
好行（太田、信濃守）　㊀466 659 667
好孝（太田）　〔五〕391
好在（太田）　〔七〕283
好治　〔八〕177
次郎大夫（太田）　〔五〕72
十左衛門（太田）　〔五〕72〔七〕37
勝見　〔九〕482
勝貞　〔六〕105
正員（太田）　〔八〕360 685〔九〕73
正治　〔八〕441
正直（太田）　〔一〕569
正房（太田）　韓使〔十〕75。公遵法親王護送〔十〕394／〔八〕788〔九〕669〔十〕74 173 581
藤太夫（太田）　〔五〕72
道顕（太田）　㊀231
大田垣衛守　㊀670
大田原愛清（鐙次郎・飛騨守）　㊀693 706 ㊁581

大田原為清　〔四〕190 386
建清　〔八〕284
広清（範次郎）　㊁572 679
光清　㊀266 695
高清　初謁〔三〕502。日光旅館修築〔四〕437 460。水口在番〔四〕567 614。卒伝〔五〕268／〔五〕148
純清　卒伝〔六〕374／〔五〕609〔六〕208
政継　初謁〔二〕212。江戸川口番〔二〕623。日光助役〔三〕172 267 614〔四〕334 342 437
政清（政晴）　襲封〔二〕505 511 514。秀忠遺金下賜〔二〕537。江戸留守〔二〕623。佐倉在番〔二〕653 667 676〔四〕386。館林在番〔三〕319 367。駿府加番〔三〕453 502〔四〕386。水口在番〔三〕456。大坂城加番〔四〕190 238。日光助役〔三〕171 219 267 319 367 579 618〔四〕334。卒伝〔四〕386／〔三〕115 271 272 574 646〔四〕75 386〔五〕305
政増　〔五〕517
清位　〔九〕660
清在　〔八〕116 140〔九〕442
清勝　烏山在番〔六〕484／〔五〕369 517〔八〕189 489
清信　卒伝〔六〕500／〔六〕374 375
清貞　〔九〕638 ㊀190
晴衛　〔一〕681
晴清　秀忠上洛供奉〔二〕130。駿府城勤番〔二〕

大田原
172。山形城請取勤番〔二〕235。備前守を私称〔二〕355。二本松城勤番〔二〕406。粮米千石儲蓄〔二〕409。大坂定番〔二〕441。卒伝〔二〕505／〔二〕209 345
増清　安房館山城勤番〔一〕681。山形城請取勤番〔二〕235。日光修築〔三〕579
帯刀　㊁370
典清　駿府加番〔五〕379。卒伝〔六〕208／〔五〕197 268 506
敏松　㊀181
扶清　卒伝〔九〕128／〔六〕500 583〔八〕222
武助　〔五〕27
主水　〔五〕26
友清　致仕伝〔十〕460／〔八〕813〔九〕128 428〔十〕58 161
庸清　卒伝㊀493／〔十〕290 391
大竹信延　〔十〕284
信親　〔八〕403
信政　〔六〕512
信年　㊀377
親幸　〔六〕364
正吉　〔三〕121
正次　〔四〕391 412
正忠　〔二〕362
善三郎　㊁22

大竹伝左衛門　㊁526
大谷季貞　㈥566
　吉胤　大坂夏陣㈡29 35
　吉隆　㈠67 232
　式部　㈠732
　盛昭　㈩782
　丹下　㊀749 768
　定次　㈡347
　定利　代官㈡420 ㈢190
　彦十郎　㊀715
　兵介　㈢401
　平大夫　㈨312
大津勝岑(勝峯)　日光正遷宮㈨592 593。日光本坊修理㈨605 612／㈨447 608 632 ㈩539
　勝澄　㈩118
　勝寧　㈥557 ㈧124
　勝峯　↓大津勝岑
　信詮　㈣438
　新右衛門　㊁121
　珍雄　㊀177
大塚九郎兵衛　㈠732 734 ㈡3
　七郎兵衛　㊁265
　信行　㈩443
　信正　㈨463

大塚甚三郎　㈠147
　清安　㈡35
　善兵衛　㊁250
　大助　㈩448
　伝兵衛　㊁21
　徳光　㊀303
　孫左衛門　㊁570
　友次　㊀566
　友昌　㈧42 ㈨428
　立栄　㈨323
　領左衛門　㈨738
大槻玄沢　㊀679
大戸源内　㊀794
大刀弥太郎　㈠426
大友義孝　召出㈣240 252。処罰㈥448。席次㈥496。致仕㈥542／㈥164 288 451
　義乗　卒伝㈠591／㈠393
　義親　㈠393 591 ㈢156
　義泰　㈤265
　義珍　出仕を止む㈩591。太刀役㊀308／㊀118 365 440 507
　義統　卒伝㈠393
　義武　㈨589
　義方(因幡守)　㊀755 766

大友義路(豊後守)　㊁613 626
　義閭　韓使聘礼㈦172。遠慮㈧71／㈦337 348 ㈧579 626
　左京　㊁110
　正照　↓松野正照
　宗麟　㈠335
大供善左衛門　㈥53
大鳥居逸平　㈠590 593
大西の局　㈤96
　彦八　㈡31
大女院(桜町天皇女御)　↓青綺門院
大貫治右衛門　㊁89
大野壱岐守　㈡16
　義著　㊀525
　鍬之助　㊁434
　元継　㈢551 ㈣32
　五右衛門　㊀731
　権之丞　㊁434
　氏治　㈠547 687 693 728
　治長　関ヶ原合戦㈠227 235。大坂冬陣㈠264 688 693 696 697 701 703 712 728～730 733 734 739 742 746 749 751 754 755 757～760。秀頼家康対面㈠545。禁裏造営課役㈠548。加封㈠620 668。密書(前田利長)㈠657 658。浪人

大野
　を集む〔一〕668 676 677。大坂夏陣〔二〕14 15 29 39 268。自殺〔二〕39／〔一〕667 677 683 689〔二〕9 268
　治徳　〔二〕39
　治房　禁裏造営課役〔一〕548。大坂冬陣〔一〕712 727 729 738 752 753。大坂夏陣〔二〕15／〔一〕607
　仁兵衛　〔二〕557
　図書　〔二〕528
　長徳　〔一〕755
　定幸(又三郎)　㊁33
　道犬(治胤)　梟首〔二〕46／〔一〕459 697〔二〕42
　弥五左衛門　〔二〕21
　弥十郎　〔二〕70
大庭周能　〔二〕289
大場盈章　〔十〕126
　景雄(幸次郎)　㊀318
　土佐守　〔二〕37
　弥左衛門　㊀777
大橋印寿　〔十〕843
　住則　〔九〕719
　重為　家綱附右筆〔三〕451 466 588
　重好　〔四〕627
　重政　日光山文書浄写〔四〕167 202。『寛永諸家系図』浄写〔四〕273。歌仙繕写〔四〕292。寺
大橋
社法令下知状〔四〕545。争論〔五〕85／〔三〕529 667〔三〕451 588 592〔四〕627〔五〕15
　重保(竜慶)　直訴〔二〕121。家光上洛供奉〔二〕257 638。致仕伝〔二〕668。家光来邸〔二〕675〔三〕30 31 34 40 44 87 89 101 114 146 153 166 735。二丸内宮造営の慶祝歌を詠む〔三〕721。諸技堪能〔三〕734 735。召出〔三〕735／〔二〕421 657
　重豊　〔七〕5 27
　主膳　〔九〕719
　勝次郎　㊁516
　親英　㊀309
　親義　浜離邸巡見〔九〕549。紅葉山修理〔九〕564。公事方〔九〕656。美濃郡上騒動・采邑没収〔九〕719／〔九〕512 561 615 693
　親吉　↓大橋親善
　親次　↓大橋親勝
　親重　〔四〕523 537 571 577
　親祥　〔四〕608
　親勝(親次)　女御附〔二〕311。中宮附〔二〕401。『中宮御所法度』〔二〕396 397 489／〔二〕456 523
　親善(親吉)　刈屋城引渡〔二〕560 566。千代姫附〔三〕141 152 153 211 416／〔四〕565 617
　親宗　〔六〕521
大橋摺之助　〔一〕590
　宗英　㊀110
　宗桂　〔一〕378 424 453
　宗桂　〔十〕207 ㊀25 110
　貞顕　〔九〕494
　貞次　〔二〕81
　貞頭　〔八〕291
　貞頼　『愚管抄』謄写〔八〕179。老免〔八〕565
　伝七郎　〔十〕608
　道隆　〔六〕716
　平左衛門　㊁525
　茂右衛門　〔二〕168
　主水　〔九〕719
　与右衛門　〔五〕468〔六〕171
　与三右衛門　㊁185
　六左衛門　〔六〕43
大畠半左衛門　㊀664
大林親用　処罰㊀97。加封㊀244
　親倫　〔六〕458
大原久右衛門　〔三〕197 198
　景広　駿府武具奉行〔六〕309。鷹狩〔八〕424 425
　景周　〔十〕570
　景定　㊀323
　継正(紹正)　飛騨代官〔十〕427。飛騨郡代〔十〕

大原 560 589／㊉667
源右衛門 ㊂198
源次郎 ㊂306
高定 ↓佐々木高定
高和 ↓佐々木高和
資次 ㊂490
紹正 ↓大原継正
信好（四郎右衛門） ㊀464 ㊁269 275
正矩（陶五郎） ㊀113
正純（亀五郎） ㊉707 ㊀113
正用 ㊂511
清左衛門 ㊁195
雪斎 ㊀26
利兵衛 ㊁411
大姫（水戸頼房女・家光養女・前田光高室） ↓清泰院
大平俊恒 ㊉459
俊宗 ㊂303 348 ㊃95
大淵玄道 ㊁518
常起 ㊅268
祐玄 ㊀741
大前右兵衛 ㊁355
重職 ㊅689
房諷（近江守） ㊀57 ㊁627
大前房明 ㊀6 532 540
大股八左衛門 ㊀731
彦六郎 ㊀731
大町権之助 ㊂100
大政所 ↓豊臣秀吉母
大御台所（お江、浅井長政女・秀忠室） ↓崇源院
大宮季光 ㊂485 ㊄517
公央 ㊅706
実勝 ㊄96 517
盛季 ㊉693
貞季 ㊈755
大村喜前 禁裏造営課役㊁547。致仕㊁10。大坂夏陣㊁14／㊀659
高次 ㊄586
高徳 ㊀455
五兵衛 ㊅198
純尹 卒伝㊆284／㊄235 ㊅43 633 ㊆104
純煕（修理） ㊁578
純顕 ㊁580
純昌 ㊀447 ㊁281
純信 大坂城修築課役㊁185 186。江戸城修築㊂1。証人㊂24 189 401 463 510 576 637 ㊃411。秀忠遺金下賜㊁535。長崎番船
大村 ㊁590。蛮船厳制㊂147 217。仏狼機人長崎来航㊂492。卒伝㊂684／㊁180 211 677 ㊂339
純真 ㊄181
純長 証人㊂356 ㊃23 74 108 142 178 307。公卿館伴㊃138 250 475 ㊄392。韓使饗応㊃146 ㊄442。封内天主教徒逮捕㊃246 276。封内金鉱㊃432。封地朱印㊃498。封内罹災㊄6 160。長崎警備㊄19。卒伝㊅633／㊂684
純鎮 長崎警備㊉768。致仕伝㊀502／㊉37 449
純富 封地撫救㊇630。西国蝗災㊈206。卒伝㊈479／㊇360 422
純保 卒伝㊉37／㊈408 479 484
純庸 純尹養子㊆105。『抜荷唐船打払令』㊇413。致仕伝㊇422／㊅79 ㊆104 105 284 318
純頼 卒伝㊁180／㊁10 158 177
貞韶 ㊉411 430
所左衛門 ㊁530
大森永頼 ㊈691
織部 ㊁98
寛義 ㊀261

大森寛茂(茂十郎)　[十]671
　貴矩　分知[五]433／[四]374 482
　好長　家康神柩移転[二]120。久能山東照宮造営奉行[二]143。大坂横目役[二]566 585。加封[二]616。家光上洛供奉[二]637。卒[三]378／[二]471 [三]43 137
　時長　[八]538 651 [九]765
　信道(勇三郎)　㊁358 434
　正則(熊八郎)　㊀261
　成長　[十]726
　増長　江戸周辺田圃埋立奉行[四]87。伝奏屋敷・評定所修築奉行[四]378 400。地震巡察[四]422 429。江戸城消防[五]4／[五]268 517
　繁蔵　㊀695
　邦頼　[九]683
　弥惣左衛門　㊀649
　勇三郎　㊁51
　勇三郎　㊁626 666
　勇蔵　㊀701
　頼重　[八]289
　頼勝　[十]688
　頼征　㊀129
　頼直(佐久間)　終身昵近[二]355。家綱附[三]

大森

295 587 733。石橋旅館造営奉行[三]524。
　加封[四]33 371 506 [五]89。閉門[四]171。傅役伺候[四]289。特恩[五]21／[二]211 [三]305 392 509 522 591 594 612 656～658 660 [四]74 211 229 259 283 474 [五]234 270 338 358 433
　頼隆　駿府加番[五]553／[四]192 601 [五]199 [六]635 651
大矢伝左衛門　㊁40
　伝十郎　㊁625
大屋吉正　[二]242
　行孝　㊀150
　甲之丞　㊁605
　小大夫　㊁520
　昌任　[九]401
　信行　[九]685
　正巳　㊀18 102
　武右衛門　[九]219
　明薫　加封[十]94 ㊀136／[九]659 [十]363 ㊀228
　明啓(図書・遠江守)　江戸城修復㊁552 572 578 588 595 596 619／㊁653
大八木高泰　[九]577
　高豊　[六]695 [八]741
　盛昭　[十]549 788 808 ㊀119
大谷木季平　[九]362 579
　伝庵　㊀654

大矢野松右衛門　[三]72
大藪新右衛門　[二]316
　新八郎　[一]218
大山筑前　[二]232
大脇七兵衛　[一]170
大類久高　[六]13
太　田　[一]314
　愛清　㊁124
　安正　[三]190
　惟長　[十]294
　惟能　家治拝謁[十]645。召出㊀201。寄合医奥詰㊀209。奥医師㊀216。御台所附㊀219。法眼㊀235 568。西丸奥医㊀563
　和泉守　[一]548
　伊之助　㊁533
　伊兵衛(酒井家士)　[五]97 ㊀735
　岩次郎　㊁122
　宇兵衛　[三]280
　英資　[八]108
　可敬　[十]155
　嘉業　[十]135
　嘉平次　㊁275
　快政　長福附[八]35。家重近侍[八]473／[八]780
　快繁　[十]733

太田寛兼 ㊀150 219
寛故 ㊀219
寛敵 ㊀219
吉次(吉秀) ㊁655 ㊂120
吉秀 ↓太田吉次
吉重 ㊁419
吉宗 ㊂214
久儔 ↓大田久儔
久兵衛 ㊂600
玄達 ㊁244
源助 ㊁158
源蔵 ㊉407
好敬 ↓大田好敬
好孝 ↓大田好孝
好在 ↓大田好在
好長(善大夫) ㊁551
康茂 ㊁662
作兵衛(太田政邦カ) ㊀724
察玄 ㊀439
三郎兵衛 ㊀784
三左衛門 ㊁533
三十郎 ㊁539
氏房 ㊂745
資愛 河渠堤防・紅葉山修理㊉211 620。西丸若年寄㊉662。勝手方㊀30。京都所司代㊀93 185 191。恩貸金㊀96。老中㊀210 457 460／㊈720 ㊉192 355 623 ㊀289
資為 ↓遠山資為
資演 ㊉809
資久 ㊉55 448
資賢 ㊈523
資言 ㊀255 423 654
資固(志摩守) ㊁15
資功(新六郎・摂津守) ㊁428 531 620 655
資光 ㊇602
資弘 ㊈713
資之 ㊇814 ㊈498 512 515 710
資始(又三郎・備後守) 初謁㊀693。大坂城代㊁195 246。京都所司代㊁246。老中㊁277 433。致仕㊁434／㊁429
資次 加封㊄288。大坂城代㊄295 427〜429。病気㊄510 511。卒伝㊄512 515／㊂144 ㊃480 ㊄118 120。家士㊄168 215
資俊 転封㊇848 849 ㊈401。領知判物㊈468。恩貸金㊇849 ㊈401。韓使館伴㊈422 ㊉68。寺社奉行㊉28 82。卒伝㊉139／㊇611 848 ㊉15
資春 ㊄484
太田資順 ㊉776 ㊀614
資昌 ㊄409
資深(下総守・和泉守) ㊀781 ㊁408
資世 ㊈7
資正 ㊅31
資政 ㊂144
資晴(備中守) 転封㊅576 ㊇482。牧馬献上㊇419 516 ㊈214。若年寄㊇471。大坂城代㊇664 667。病気㊇845。卒伝㊇848／㊅569 ㊆384 ㊇451 481 849 ㊈215
資晴(主馬) ㊉155
資宗 初謁㊀414 474。襲封㊀524。加封㊀605 ㊁448 471 687。転封㊂101 347 350。叙爵㊁4。秀忠附㊀582。奥扈従㊀705。大坂冬陣㊀705。小姓組番組頭㊁239 532 576 581。持弓持筒管掌㊁595。六人衆㊁593 596。若年寄㊁625 693 ㊂101 244。島原乱㊂96 100 103。奏者番㊂101 ㊃130 630。『寛永系図伝』㊂217 332 334 743。鳳来寺修築㊂554 555 559 560 638 ㊃27 56。婦人関所手形㊂569。病気㊁53 ㊃193 480。致仕伝㊄118／㊁364 538 ㊂70 77 127 143 294 307 381 382 435 447 448 481 612 628 ㊃391 393。家士㊄29

太田資直　転封〔五〕518。若年寄〔五〕553。側用人〔五〕565。駿河村山浅間社修築助役〔六〕283。久能山東照宮修築〔六〕514 560。病気〔五〕580〔六〕557 563。卒伝〔六〕569／〔五〕53 511 515
資統（運八郎・志摩守）㊁60 691 692
資同　㊀308 322
資倍　㊀562
資武（内記・宗円）〔七〕99 101
資武（新六郎・釆女正）〔十〕542
資方（資房、帯刀）〔五〕235 515〔六〕127
資方（四郎兵衛）㊀423
資芳　㊀500
資房　→太田資方（帯刀）
資明　〔五〕392
資隆　加禄〔五〕89。病免〔五〕245 392／〔四〕596 615 631
資良　所替〔五〕292。小姓組番頭〔六〕79。書院番頭〔六〕177。側衆〔六〕305。病免〔六〕353。大番頭〔七〕420／〔四〕503 620〔五〕118 156 171 471 502 609〔八〕268 419
時玄（左京）〔十〕407
時勝（源蔵）〔十〕407
七之助　〔二〕257
七郎右衛門　〔六〕43
次郎大夫　→太田次郎大夫

太田十右衛門　㊁354
十左衛門　→大田十左衛門
重時（森田）〔六〕2
重正　卒伝〔一〕524／〔一〕192
助重　〔三〕662
庄十郎　㊁247
勝輝　〔六〕21
信勝　〔一〕705
信盛　〔三〕555
新八　〔一〕455
正員　→大田正員
正寛　〔九〕417
正直　→大田正直
正房　→大田正房
政久（金左衛門）㊁168
政継　〔五〕212
政好　〔九〕593
政資　加封〔六〕664。徳川家千代外戚〔六〕664〔七〕27 99 100／〔七〕177 367 376
政清　〔三〕64
盛意　〔二〕573〔三〕80
盛良　〔六〕557
宣重　〔二〕600〔三〕233
宗庵　〔六〕156

太田宗勝（市井医）千代姫附〔三〕56 59 167。召出〔三〕167 237
宗純　〔四〕548 550 554
主税　㊁665 670
忠勝　〔十〕212
鉄五郎　㊀55
藤左衛門　〔四〕31
藤太夫　→大田藤太夫
道寿　〔九〕441
波之丞　㊁135
美啓（伊織）㊁250
美資　㊀60
彦助　㊁639
備後守　㊁392
平大夫　㊁268
増四郎　㊁714
又右衛門　〔六〕406
頼陽　㊀409
林菴　㊀760
六左衛門　〔五〕469
正親町公通　〔四〕603〔五〕11〔六〕706
公統　〔六〕706
公明　〔九〕706 ㊀209 210
実豊　参向・二百俵下賜〔四〕350。伝奏料下

正親町　賜〔四〕519／〔三〕480 481〔四〕530 536 564 602 603〔五〕37
正親町三条　〔五〕232
央山(総持寺)　〔六〕513
近江局(老女)　甥能勢頼澄召出〔四〕28。甥能勢頼寛召出〔四〕251。賜金〔四〕71 219 370 371〔五〕29。加封〔四〕506。危篤〔五〕64。卒〔五〕65。法事〔五〕66 92 122。遺禄を親戚に分つ〔五〕72／〔三〕374 382 522 664〜666 683〔四〕141 251 252 269 275 316 360 414 431 484 513 538 614〔五〕24 63
応昌(高野山文殊院)　大坂陣〔一〕745〔二〕40。〔三〕664
黄屎(韓使従事官)　〔三〕42
多　内記　〔三〕286
岡(大奥女房)　〔二〕397
岡　越後　〔一〕487
　織部　〔一〕710
　家俊　〔二〕64
　義道　〔七〕420
　義富(宗次郎)　〔一〕487
　挙白　〔一〕659
　景孫　↓岡　度(了節)
　江雪　↓岡野融成
　孝賀(幸賀・道琢)　談伴衆〔二〕549／〔一〕622〔二〕434〔三〕130
　孝常　〔六〕379 380
　孝道　〔一〕549 552
　孝良　〔十〕114
　左衛門　〔二〕322
　才兵衛　〔五〕31
　三左衛門　〔二〕409
　三琢　〔五〕423〔六〕84 140
　寿益(道溪)　追放〔六〕122。恩赦〔六〕140 407。長福・小次郎治療〔八〕255／〔五〕525〔七〕434 440〔八〕327
　寿元(甫庵)　宅地購入〔三〕286。加禄〔三〕429／〔三〕381 392 449 466 511 522 588 657 666 679〔四〕176 290〔五〕424
　寿應(甫庵)　〔八〕749〔九〕747
　寿考(孝悦)　〔九〕747〔十〕316 320〔一〕188 243
　寿信(文庵)　〔六〕710
　寿庸(道和)　〔一〕659
　重政　〔一〕431
　丈庵　〔八〕289 316
　仁庵　〔一〕795
　正久(了節)　〔五〕362 370 393
　正房(良庵)　〔六〕84
　忠寿　〔一〕243
　忠兵衛　〔二〕64
　度(景孫、了節)　〔一〕343 369
岡　半兵衛　〔一〕456
　肥後　〔八〕797
　平内　〔一〕682〔二〕64
　了見　〔一〕711
岡井玄貞　〔四〕589
　玄卜　〔六〕84
岡谷泰重　〔三〕335 667
岡崎壱岐　↓岡島壱岐
　広忠　↓松平広忠
　国栄　〔八〕845
　国成　〔十〕568
　信康　↓松平信康
　正綱　〔一〕292
岡島壱岐(岡崎)　〔五〕415 416〔六〕728
岡田安忠　〔八〕245 257 489
　出雲守　〔二〕234
　一郎左衛門　〔六〕405
　寒泉　↓岡田恕
　義政　↓岡田善政
　久六　〔一〕450
　監物　〔一〕713
　元次　〔一〕419
　元勝　↓神尾元勝
　玄索　〔八〕434

岡田克明 ㈠280
作右衛門 ㈢100
左近 ㈨188
左門 ㈡244
重治 近習㈡582 607 ㈢549 641。営中巡察㈢555。召預㈢641。赦免㈣263 470 487／㈢184 263 322 612
俊惟 代官職務褒賞㈧645 ㈨92。石見国凶荒賑救㈨92／㈨613 631 639 678
俊博 ㈨614 649 698 716
恕（寒泉） 儒官㈠105。大奥講義㈠129。代官㈠270／㈠106 336 690 731
昌春 ㈨405 ㈩428
将監 ㈡62
勝苞 ㈠158
新三郎 ㈡116
新太郎 ㈢114
甚右衛門 ㈥713
甚左衛門 ㈥284 319
正順 ㈧122
正辰 ㈧382
正澄 ㈩525
正武 ㈩39
清左衛門 ㈡200
岡田晴弘 ㈠185 379
晴弘妹 ㈠380
丈助 ㈨316
善迂 →岡田善遷
善益 ㈩606 617
善諧 ㈦372 ㈨32 573
善看 →岡田善宥
善紀 ㈤87 399 423 ㈥251 353 682
善慶 ㈩525
善功（勝五郎・伊勢守） ㈡100 192 264 368 387
善算 ㈠74 103
善次 芝金杉新堀疏鑿奉行㈤204 251。駿府城加番㈤557／㈤87 437 455 456 ㈥190 205
善章 ㈩464 517
善政（義政） 美濃・山田奉行補佐㈡504。近江多賀社造営㈢118。美濃郡代・加納代官㈢130。美濃水害地修築㈢680。伊勢内宮造営奉行㈣289。畿内水害地巡察㈣380。禁裏修築管掌㈣394。勘定頭㈣352／㈡521 587 625 699 ㈢277 680 ㈣333 364 417 477 511 597 ㈤65 86 87
善遷（善迂） ㈠152
善同 美濃国奉行㈠503。山田奉行㈡467／㈡504 515 521
岡田善宝（将監） ㈡619 687
善房 ㈧162
善宥（善看） ㈠270
竹右衛門 ㈠161
忠郷 ㈨55
忠左衛門 ㈠656 711 725
忠政 ㈠420
東輔 ㈡63
仁左衛門 ㈤203
伯雲 ㈧94
文蔵 ㈨236
由茂 ㈧94
利永 ㈡204 ㈢147 150
利治 ㈡127
利祐 ㈥521 657
利良 ㈢241 320 405 427
岡野永源斎 ㈡507
英明 加封㈡616。家綱附㈢655。剣法㈢714。韓使応接㈣152 159／㈡360 538 ㈢127 685 ㈣87 212 479
矩明（規明） ㈧436 449 534
敬明 ㈨561
権四郎 ㈡507
重政 ㈠663

岡野尚明 〔十〕387 498
将致 〔九〕91
信明 〔六〕401
成旭(房明) 〔五〕74 407 411 〔六〕448 〔七〕60
成恒(盛恒) 昵近・中奥番〔二〕688 〔三〕167。進物番〔三〕167。駿府町奉行〔四〕597 604。甲府邸家老〔五〕74／〔四〕292 〔五〕89 132 177 184 186 222 230 233 238 269
成勝 〔六〕566 〔八〕301 435
成常 〔九〕38 700
成知(知鄰、淡路守) 〔一〕73 788
成方 〔八〕416 501 503 635
成明(明成) 閉門〔四〕182。赦免〔四〕187。関東諸国盗賊考察〔四〕625 〔五〕31／〔二〕432 〔三〕212 588 685 〔四〕190 〔五〕332 467
盛恒 →岡野成恒
宗明 大和郡山城引渡〔六〕164 168。上総大多喜城引渡〔六〕488 492／〔六〕544 〔七〕14 289
知英(出羽守) 〔二〕588
知暁 〔十〕154 271 〔一〕485 497
知鄰 →岡野成知
定明 〔十〕294
貞明 巡見使〔四〕601 628 629。大坂目付代〔五〕67 84。逼塞〔五〕277／〔四〕453 530 532 〔五〕4 128 333

岡野 〔六〕49
房恒 近江巡見〔一〕94。先手鉄砲頭〔二〕329 552／〔二〕538 616 661 〔四〕42 158
房次 卒伝〔一〕561／〔一〕119
房勝 〔五〕269 465 533 〔六〕568
房明 →岡野成旭
明成 →岡野成明
融暉(孫一郎) 〔二〕4 8 62
融成(岡 江雪) 卒伝〔一〕486／〔一〕227 295
融明(孫十郎) 〔二〕43 61
岡野局(大奥女房) 〔三〕664～666 〔四〕71 506 563 567 〔五〕3 65 84 124 250
岡上景親 〔一〕641 〔二〕529
三四郎 〔五〕605
次郎兵衛 〔五〕605 619 〔六〕8
甚四郎 〔五〕605
岡部 〔一〕35
伊右衛門 〔十〕106
一元 〔一〕378
一徳 〔九〕659 〔十〕784
右衛門 〔四〕599
右馬允 〔二〕566
永綱 〔一〕115 〔二〕237 297
佳源(佳深) 〔二〕626

岡部勘解由 〔二〕650
喜平次 〔七〕54 400
義政 〔三〕579
吉次(内記) 〔一〕450 〔三〕494
吉次(忠次、小次郎・小右衛門) 宇治採茶〔三〕587 611／〔三〕155 367 518 574 611 〔四〕435 〔五〕84
吉正 〔二〕538 552 616 661
久恒 →岡部久綱
久綱(正綱・久恒・許之) 久留米目付〔四〕545 569。府内閑地新造家屋査検〔五〕1 34。仙洞附〔五〕93 144 225 376 545／〔二〕249 〔四〕378 385 400 〔五〕211 334 515 517 607 〔六〕157
久太郎 〔五〕607 〔六〕199 478
外記 〔二〕257
経盛 〔九〕743 〔十〕30
景貞 〔二〕662
元重 〔三〕378
元清 〔一〕611
元直(外記) 〔四〕223 256 431 443 〔五〕73 93
元珍(大次郎) 〔十〕95
元良 棚倉城引渡〔九〕414 418。堺奉行兼職〔九〕669／〔九〕347 425 677 680 690 692 693 〔十〕95
行隆 致仕伝〔五〕583／〔二〕560 〔三〕214 〔五〕278 442 443 501。家士〔五〕307

岡部高成　駿府加番〔四〕423 431 479。淀川浚利奉行〔五〕31 33 57 72／〔四〕402〔五〕25 107
　興賢　↓岡部長賢
　興貞（興定、左近）〔三〕308 656〔四〕339
　修理　〔十〕106
　重我　↓岡部貞高
　重矩　使番〔六〕253 484 545 630。日光目付代〔六〕272。福山目付〔六〕339。川越城引渡〔六〕566 569／〔六〕157 259〔七〕361〔八〕131
　庄七　〔一〕498
　勝栄　田中城引渡〔七〕242 247 284／〔六〕81 235 304
　勝重（伊丹勝重、駿河守）　村上城引渡〔四〕618 621。畿内水害地巡察〔五〕190 200。勘定頭〔五〕212 293／〔三〕240〔五〕6 97 605〔六〕252 542
　勝政　中奥小姓〔四〕304。中奥伺候〔四〕388。御側小姓〔四〕410。尾張御使〔五〕259。黜免・逼塞〔六〕454／〔四〕52 338 441 591〔五〕67 238 319 499〔六〕169 298
　正綱　↓岡部久綱
　正次　〔三〕102
　正敦　定火消〔五〕427。奉職無状〔六〕296／〔四〕569〔五〕267〔六〕222〔八〕162
　正明　〔八〕171
　盛次　〔五〕285 428 477〔六〕302
岡部盛次母　〔三〕445
　盛昌（五左衛門）　㊀360 ㊁215
　盛勝（左京・丹波守）　㊁125 162 191
　盛真　〔十〕412
　盛清　〔八〕826
　盛美　〔十〕518
　盛明　定火消〔七〕247／〔七〕372〔八〕103 271 303
　宣勝　丹波一揆〔二〕81。転封〔二〕593〔三〕26 204。加封〔三〕204。高槻在番〔二〕676。西丸勤番〔三〕360。江戸城修築〔三〕149〔四〕221 229 248。致仕伝〔四〕402／〔一〕503 704〔二〕560 572 577〔三〕261 271 272 317 321 636〔四〕146 160 161 261 319 403〔五〕25
　宗綱　〔二〕662
　惣右衛門　〔二〕31
　則綱　〔二〕21
　大左衛門　〔一〕454
　忠愛（内記）　㊀537 ㊁185
　忠英　㊀78 355 537
　忠次　↓岡部吉次（忠次、小次郎・小右衛門）
　忠勝　〔三〕368
　忠蔵（水戸家士）　㊀649
　忠直（庄左衛門）　㊁525
　忠藩　〔十〕656
岡部忠房　〔二〕220
　長英（五郎兵衛）　㊀793
　長雅　天英院用人〔八〕863〔九〕8／〔九〕11 395 713
　長寛（筑前守）　㊁509
　長貴（因幡守）　㊀671
　長教　㊀633
　長敬　卒伝〔八〕347／〔五〕559〔六〕411〔八〕248 273 315 344
　長敬生母　〔六〕481
　長賢（興賢・与賢、大和守・丹波守）　小姓組番頭〔三〕230。加恩〔三〕302〔四〕33。尾張御使〔三〕467。大坂加番〔四〕89／〔二〕219〔三〕66 101 308 568〔五〕44 67 192 212
　長晧　分封〔八〕843 845〔九〕661／〔八〕502〔九〕24 498 512 515 530 763〔十〕206
　長興　家千代傅役〔六〕660 677／〔六〕557〔七〕330〔八〕213
　長剛　〔十〕585
　長周　㊀428
　長修　致仕伝〔十〕523／〔十〕375 377 386 389
　長住　致仕伝〔十〕386／〔九〕614 661 667
　長慎　㊀567
　長政　〔二〕242 364
　長盛　伏見城警衛〔一〕490。加転封〔一〕491〔二〕215 329。大坂冬陣〔一〕175。禁裏造営〔一〕547。丹波一揆〔二〕81。二条城修築〔二〕318。

岡部　卒伝㈢572／㈠443 457 ㈡90 192 375 386 536
長盛女　㈡242
長説　㈩340
長臧　㈧621 769 ㈨461 ㈩132
長泰　大和川浚利㈥535 555 557。致仕伝㈧248
　／㈣229 ㈤583 ㈥27 ㈦150 ㈧118 252
長著　致仕伝㈨661／㈧347 383 843 ㈨661
長発（弥次郎・美濃守）　㊁650 666 679
長備　卒伝㊀522／㈩519 524 726 728。家士㈩730
長房　㈩789
長和（内膳正）　㊁527 638 659
直好　側小姓㈣274 ㈤84。稟米下賜㈣292。
　元服㈣293／㈣114 292 522 532 547 618 ㈤8 ㈥
582
直清　㈩621 ㊀170 182
直明　㈨565
定長（源太左衛門）　㈤307 312 495 ㈥557 596
定長（右近）　㈥582
定直　㈣114 ㈤69 298 312 495
貞高（重我、伊右衛門）　遠慮㈨103／㈦361
　㈧336 817 ㈨465 639
貞綱女（秀忠乳母）　↓正真院
藤次　㈠593
藤十郎　㈠426 485 508
岡部徳五郎　㈩394
八十郎　㈠512 ㈡285
美勝　㊀631
福次（右近）　㊁92 96
福次（内匠）　㊁341
邦矩　㊀10
豊明　小姓㈢239 ㈣11 289。家綱傅役㈢587。
　／㈢657 ㈣63 402 605 607 ㈥81
雄救　㈤553
与賢　↓岡部長賢
了元　㊀739
良長　㈤212
岡松久逵　㈩285
久稠（岡村、八右衛門）　㊀428 453 705
八右衛門　㊁215
岡見市郎　㊀656
十左衛門　㈢366
甚斎　㊀741
清左衛門　㈣367
岡宮（有栖川・知恩院）　㈥632
岡村直賢（丹後守）　㊀779 ㊁10
直恒（備後守）　㊁477 660
直時　㈨267
直純　㈧9 647
岡村直昌　㈩427
直村　㈨228
椿之助　㈠731 733
又兵衛（生駒家士）　㈢198
岡室正定　㊀99
岡本伊豆　㈢267
石見守　㊁62
介球（玄琳）　㈢123 167 186 214 518 ㈤212
介寿（玄治）　㈩789
加助　㈡29
義政　㈢267 368
義保　㈡649 ㈢105 172 271 368
久包　㈧779 ㈨406
玄弥　㊀761
源大夫　㈥53 100 140
広豊（善悦）　㈧778
寿品（玄治）　㈨409
秀成　㈠22
諸品（玄治、啓迪院）　法橋㈠533。法眼㈡
　159。上洛㈢4。加封㈢91／㈡305 347
　470 520 532 610 612 692 ㈢81 84 131 149 151 192 210 297
　336 408 704 751
小左衛門　㊀748
松山（玄治）　㈩70 351

岡本信五郎　㊁487
正輔　㊀605
成（忠次郎・近江守）　金銀銅新鋳㊁479 485／㊁382 443 448 662
清左衛門　[五]24
惣大夫　[六]448
大八　[一]336 578 580
長刻　[八]247
騰左衛門　㊀695
半助　[三]256
豊久（善悦）　奥坊主組頭格[八]116。古画摸写[八]711 738 [九]153 302 305 568。同朋格奥詰[八]738／[八]111 821 [九]307 [十]841
豊定（善与）　[八]821
万吉　[三]368
弥十郎　㊁552
祐品（寿仙）　[五]212 275 [六]167
岡谷泰重　↓オカガヤ
岡山之英　[八]405 [九]697 703 750 [十]385
之於　[八]39 204 405
弥信　[六]136
岡山局　[五]124 542
荻田主馬　越後騒動[五]325 414〜416 [六]728／[二]35 41
隼人　[四]559
荻野（女房）　[三]193
荻野直政　㊀566
道喜入道（氏家行広）　[三]39 64　↓萩野
荻原金左衛門　㊁237
秀興　[十]697 830
重秀　勘定頭差添役[五]610。加封[五]610 [六]248 257 [七]138。各地巡察[六]101 356 369 501 508。金銀改鋳[六]238 353 [七]97。勘定頭[六]257。佐渡奉行[六]258。宝貨出納査検[六]332。諸国河功[六]518 578 603 700 [七]48 111。出仕を止む[七]100 245 266。銀座不正[七]377／[五]621 [六]285 301 318 335 337 388 469 521 544 674 683 724 [七]32 67 72 170 201 209 245 258 372
昌光　[十]619
昌春　[十]232
昌雄　[八]862
乗秀　[八]270 649 655 689 [九]160
政宗　[三]214
政明　[五]342
当隆　↓一噌当隆
美雅　勘定吟味役[七]233。金銀改鋳[七]357 386 396 400 409。勝手方[八]281 431／[七]400 [八]246 261 279 281 524 529
友政　㊀636
荻原友忠　[八]243
荻生観（惣七郎・北渓）　開筵[八]125。『唐律』[八]393。『七経孟子考文補遺』献上[八]495 549 [九]244。『度量考』上梓[八]633。書籍繕写[八]657。『喪服考』撰[八]678。賀詩文献上[九]21 358。召出[九]257／[六]595 [九]236 239 304
義堅　㊀311
景明　[六]143 266 291
徂徠　↓荻生茂卿
道済　『度量考』『鈐録』献上[八]497。『楽律考』献上[八]703
惣右衛門　↓荻生茂卿
惣七郎　↓荻生観
茂卿（徂徠）　進講[六]307 357 712 737 738。『廿一史』刊行[六]737。『六諭衍義』和解[九]245。『楽書』校閲[八]378。『三五中略』校正[八]430。『度量考』上梓[八]633 [九]257。『楽律考』[八]703。『政談』『太平策』進覧[九]257。『明律会典』和解[九]257。仏郎機の製作考究[九]265／[六]283 307 [八]263 426 [九]257
興津卯八郎　㊁582
久七郎　[六]80

興津景福 ㊀156
七郎左衛門 [二]408
甚左衛門 ㊁629 631
善八郎 ㊁2
宗能 [三]141 273 407 [四]278 292 [五]36
忠央(忠英、左京・内記) 浜松城引渡[九]734 737。出仕を止む[十]246。関宿城引渡[十]449/[十]7 451 603
忠季 [八]573 [九]51 561 579
忠義 [十]769
忠直 [五]1 34
忠通 日光東照宮修築[九]585 586 592 593。黜免[十]202/[九]102 125 425 623 693
忠能 [二]306
忠明 ㊀446 516
忠閭 加封[六]574。甲府勤番支配[八]341。諸国戸口調査[八]398。天主教考察[八]429。田安宗武傅役[八]607/[六]167 485 713 [七]73 [八]129 240 347 371 458 720 796
直季 [四]204 [五]386 509 517
直重 [二]458
直勝 [二]198
直正 [二]512 573 615
直政 [三]314 [四]31 130

興津八右衛門(八左衛門) ㊁47
兵左衛門 ㊁245
有行 [五]514
奥 盛良(宗印) 家綱の頭瘡治療[三]251 252/[三]251 253 261 286 358 381 392 429 449 466 511 522
宗印 [五]600
奥田高寛 [十]113 651 ㊀246 495 507
高起(主馬) ㊁271 525 701
高武(主馬) ㊀646 740 790
高甫 [九]550 [十]202 412 615
忠英 御前を止む[九]751/[八]669 716 [九]440 523 645 [十]94 161 168
忠祇(忠崇) [八]782 [十]113 385 405 517 ㊀150
忠虎 [四]617
忠次 [一]662 716 [三]21 29
忠信(忠朝) 巡見使[五]399 403 429。田中城引渡[五]525 530。浅草筋違多門修理[六]188 202。日光社参[六]285 287 293。江戸城北丸修築[六]316。麻布新渠[六]336 375。館林・小山・沼田巡察[六]487/[五]66 202 219 226 254 279 295 474 552 [六]20 310 489 545 [八]534
忠朝 ↓奥田忠信
忠登(左京) ㊂65 219
忠良(八十郎) ㊀64 648

奥平家昌 卒伝[一]691/[一]72 405 603 690
家昌女 [一]521 522
金弥 [一]312
九八郎 ↓奥平信昌
九八郎 ㊁484
源四郎 [五]130
源八 私闘遠流[五]125 130。赦免[五]283
公重 事歴[一]351
昌高 致仕伝㊁125/㊀10 31 567
昌純 [八]769
昌章 転封[五]548。烏山城収公[五]612。奥詰[六]39 109 739。卒伝[六]231/[五]143 220 430 [六]85 227。家士[五]401
昌成 中野犬小屋普請[六]246。転封[六]284 [八]57 [九]183。加封[八]57/[六]231 311 321 517 [七]230 [八]632
昌男 [十]527 531 723
昌暢 ㊁126 176 193
昌暢室(米姫、一橋斉敦女) ㊀706
昌敦 [八]736 [九]639
昌能 減転封[五]21 347。卒伝[五]143/[三]210 468 544 589 [四]454 [五]3 4。家士[五]4 21 125 130
昌猷 ㊀791
昌鹿 [九]681 [十]58 384。家士[十]32

奥平信昌(定昌、九八郎) 長篠役〔一〕38 158 233。姉川合戦〔一〕351。卒伝〔三〕7／〔一〕113 471 694
信昌室 〔一〕479
忠昌 加納城守衛〔一〕689。日光諸造営〔二〕111 〔三〕89 219 268 307 638 669 671 〔四〕4 105 121 201 317。福島正則改易〔二〕164。加転封〔二〕180 235。江戸城修築〔二〕447 〔三〕146 〔四〕265。榊原謀叛の風説〔二〕524。江戸城留守〔二〕623 〔四〕49 91 96 103 123 137 183 257 280。茶事〔二〕626。家光日光社参〔三〕174 589。日光風害警火〔三〕477。韓使饗応〔四〕146 164。家綱参詣警衛〔四〕524 595 596。卒伝〔五〕21／〔一〕691 〔二〕7 208 511 534 536 594 661 673 〔三〕87 125 162 174 195 267 286 287 326 343 367 368 510 518 519 544 564 692 〔四〕4 6 7 9 11 37 299 333 335 417 505。家士殉死〔五〕21 347／〔二〕279 〔三〕182 331 406 〔四〕119 145
忠昌祖母 〔二〕221 227
忠昌室(森姫・加納殿、家康女) ↓盛徳院
忠政 ↓松平忠政
忠明 ↓松平忠明
恒丸 ㊀706
定昌 ↓奥平信昌

奥平伝蔵 〔五〕125
藤左衛門 ㊀710
八郎左衛門 ㊀688
隼人 〔五〕130
弥市郎 〔五〕130
奥野俊勝 〔八〕470 661
勝政 〔二〕529
奥村因幡 〔二〕458 〔四〕282
河内守 〔一〕623 682 〔二〕128
河内 〔四〕282
季五郎 ㊁487
矩政 家重附〔八〕35／〔八〕294 〔十〕81
源太郎 ㊁289
幸忠 〔四〕23
権之丞 〔四〕23
次左衛門 ㊁607
治左衛門 ㊁594
助右衛門 ㊁710 725
正芳 家重附〔八〕35／〔九〕691 〔十〕5 224
正明 〔九〕594 〔十〕157 219 600 627 661 ㊀5 187 204
摂津守 〔一〕623 670 682
八左衛門 〔四〕23
奥谷直救 〔九〕489
直重 〔六〕451

奥 山 〔五〕381
安重 殉死〔三〕694／〔二〕600 〔三〕377 456 〔四〕23
喜内 〔七〕371
玄起(立庵) 〔五〕391 448 604
源右衛門 ㊁246
交竹院 絵島事件〔七〕371／〔七〕247
七右衛門 〔一〕81
七之助 〔二〕408
重次 〔一〕573
重正 桐間番頭〔五〕595／〔四〕13 23 〔五〕332 407 〔六〕5 123 302
通顕 〔八〕535
貞信 〔一〕639
縫殿助 〔三〕114
良恭(佐渡守) ㊁247 651 658
良寿 関東河堤修築奉行〔九〕50 65 68。日光修築〔九〕78 99 100。日記精勤〔九〕441／〔九〕513
良和 〔五〕471 496
和佐 〔九〕489 490
長田義正 ↓長田吉正
吉久 〔一〕389
吉広(理兵衛) 〔三〕409
吉之 〔八〕122

長田吉正（義正、喜兵衛）　〔一〕435〔二〕12
　金左衛門　〔四〕317
　元著（三右衛門）　㈠266 334 552 654
　元鋪　小姓〔八〕403。家督〔八〕626。高田八幡流鏑馬〔八〕788。禁裏附〔九〕553／〔八〕26 391〔九〕104〔十〕239 298 473
　元隣（元鋪、越中守）　徒頭〔七〕449。目付〔八〕293。甲斐巡見〔八〕346。勘定所作法監察〔八〕384。京都町奉行〔八〕441。小普請奉行〔八〕593／〔八〕26 181 221 255 311 362 617 626〔九〕262
　重之丞　㈡55
　七郎左衛門　〔三〕378
　守盈　㈠784 786
　守乾　〔八〕760〔九〕645
　守次　〔六〕265
　守直　〔六〕488
　秀次郎　〔十〕376
　十之丞　㈡168
　重以　〔三〕416 448〔四〕453 483 487 530〔五〕36 494
　重堅　黜免〔七〕387。浄円院江戸下向〔八〕104／〔六〕404〔七〕288〔八〕142
　重元　〔一〕166
　重好　〔六〕627
長田重視　高崎城引渡〔六〕231 239。警火〔六〕528 541／〔六〕384 436 567〔七〕99〔八〕107 332
　重昌　大井川堤防修築奉行〔四〕364 386／〔六〕276 329 568
　重政（喜平・十大夫）　徳川忠長附〔二〕203〔三〕42。天樹院附〔三〕161 230 357 369 374 416 428 448 578〔四〕234 251 617／㈠99
　重政（六左衛門）　〔二〕107
　重則　〔五〕386
　重道　〔八〕171
　正久　〔二〕600〔三〕465
　正武　〔十〕406
　政浄　〔九〕69
　忠勝　〔二〕361
　直房　㈠76 110
　白吉　卒伝〔一〕87
　白久　〔二〕180〔三〕247 299 552
　白勝　〔一〕90 416〔四〕317
　白信　〔四〕317
　白茂　〔一〕416 520
　繁繞　〔十〕209 453 527 542 ㈠99 183 308 526
　繁実　棚倉城引渡〔八〕492 497／〔八〕713 786 803〔九〕650
　繁昌　㈠781
　繁茂（求馬）　㈡94 96
長田芳充　〔八〕122
　芳忠　〔八〕122
押小路以永　〔三〕184
　公音　〔五〕96〔六〕706
　師生　〔二〕299 434
　師定　〔四〕24 25 88 123
　師庸　〔六〕707
　実岑　〔六〕707
押田栄勝　〔九〕39 54
　吉正　〔三〕678
　勝延　㈡67
　勝久　㈠55 65
　勝長　㈠650 ㈡12
　勝長女（お定の方、家慶側室）　↓清涼院
　勝融（豊後守）　㈠680
　岑勝　家治附〔九〕404／㈠298 314
　正勝　〔六〕507
　直勝　徳松（綱吉）抱守〔三〕525。御脇差役〔三〕565／〔三〕678〔五〕364 406
　藤右衛門　㈡263
　敏勝女（お楽の方、家斉側室）　↓香琳院
　豊勝　〔四〕94 414 629
　頼意　〔四〕118
愛宕　〔五〕231

愛宕通晴　〔五〕602〔六〕706〔七〕152
　通福　〔五〕96
落合英通　〔八〕721
　久彊　㊀64 529
　居久　〔十〕656
　十郎右衛門　〔九〕188
　重長　〔一〕743
　親信　↓京極高甫
　善右衛門　〔二〕572
　長作　〔一〕426 485 508
　通秋　〔三〕314 339
　道一　㊁502
　道看　㊀64 289
　道次　秀忠病中昼夜勤労〔二〕529／〔一〕691〔二〕86 560 616〔三〕117 211 217〔四〕57 65
　道勝　家綱霊廟成功〔五〕412／〔四〕57 419 443〔五〕113 258 530 581
　道直　〔五〕567〔六〕190 352
　道富　〔六〕245〔八〕58 88
　豊久　〔八〕35〔九〕401
　孫右衛門　〔九〕316
乙幡季豊　㊀405
乙部九郎兵衛　〔二〕35
帯金君松　〔一〕83 104
帯名伊八郎　㊁58
折井吉長　〔三〕587
　小左衛門　㊁477
　次吉　徳川忠長附〔二〕311／〔三〕243
　次忠　〔一〕713
　次包　〔十〕702
　正職　〔七〕48
　正辰　士籍査検〔六〕456〔七〕160 208 219〔八〕83
　正容　〔九〕732
　正利（政勝）　日光社参宿割〔四〕443／〔二〕432〔三〕167 551〔四〕356 375
　正路　〔十〕786
　政勝　↓折井正利
　明正（吉左衛門・吉右衛門）　㊀728 798
恩移弥五右衛門　〔八〕9
恩田金右衛門　〔一〕655
　忠礎　㊀537
　与□（伴次郎）　㊀79
温　恭　院　↓徳川家定

か

かじの方（家康側室・水戸頼房養母）　↓英勝院
か　ち　〔三〕593
かでの小路　〔五〕422
かのの局　〔四〕219
かはの局　〔三〕125
からはし　〔三〕522
上総村三平　〔三〕92
上遠野興古　勘定吟味役〔十〕68。江戸城々溝浚利〔十〕82。払方納戸頭〔十〕540／〔十〕286 527 689 716 743 771 797 ㊀25 91 204 231
　隆賢　〔八〕724〔九〕38
川原林蔵　㊀762
加雲（坊主）　〔三〕579
加々爪右京　㊀717
　信全　村上目付〔五〕485 506／〔六〕20 552〔七〕366 382
　信澄　逼塞〔三〕223／〔四〕245 316 519
　政尚　〔一〕199
　政豊　〔二〕220
　忠昶　〔十〕271 310
　忠澄（直澄）　大坂城造営奉行〔二〕335 436。町

加々爪
　奉行㈡524 596 693㈢3。江戸城惣郭造営奉行㈢1 29。閉門㈢79 86。大目付㈢104 177。姫路城引渡㈢129 137。長崎派遣㈢192 193 196。焼死㈢217／㈠728 740 741 746 757㈡77 313 347 379 537 549 553 573 596 600 607㈢43 109 148 162 177 201 208 210 213
直清　封地収公㈤400／㈤313 381 383 557㈥732
直澄（真澄）　処罰㈡640㈤87 400。小姓組番頭㈢119。剣法上覧㈢127。尾張邸詰㈢149 155 336 338。小浜御使㈢288。名古屋御使㈢568 569。雁間伺候㈣403。致仕伝㈤313／㈡529 539㈢513 593 597 598㈣10 61 158 359 420 425 436 448 451 452 463 477 495 511 514 525 551 561 565 583㈤28 32 38 68 86 258
直輔　㈢553
定澄　㈡666㈢223
保忠　納戸組頭㈢248 381。家綱傅㈢449。家綱御側㈣2／㈢392 522㈣386㈤131 341
保長　㈥144 333
百助　㈢656
加々美正吉　㈢525
正武　㈢525
六左衛門　㈤475
加々山隼人佐　㈠336 654
加賀井弥八郎　㈠67㈡265
加賀屋長兵衛　㈨173
加治正胤　㈠599
忠左衛門　㈠454
長兵衛　㈠454
直温　㈤619
加智局（家康側室・水戸頼房養母）　↓英勝院
加藤淡路守　㊀751
伊兵衛　㈣195
市右衛門　㈣18
一重　㈢149 155
一信　㊀165
右馬允（風庵）　㈠589㈡153 155㈢366
栄助　㊁542
嘉遐　㈣281 291
嘉矩　卒伝㈧351／㈥666㈦211 212
嘉明　関ヶ原合戦㈠69 307。江戸市街工事㈠76。江戸城修築㈠119 403 410 657。征韓七将確執㈠213。二条城修築㈠237。禁裏造営㈠547 603。駿府城修築㈠424。名古屋城修築㈠510。秀忠臨邸㈠638。大坂夏陣㈡33 267。福島正則改易㈡165。大坂城修築㈡186。転封㈡406。家光病㈡455。卒伝㈡522／㈠283 509 688
加藤
　吉久（吉次、丑之助）　家光附㈠552 573。鷹匠頭㈡563㈢465 634。昵近㈢634／㈣200 704㈡163 235 298 376 430 472 480〜482 493 502 285㈤28
吉次（喜兵衛）　㈡345
吉次（丑之助）　↓加藤吉久
休長　㈨112
休礼　㈦432
挙直（平内）　㊁696 711
景依　㈨587
景吉　㈠421
景之　㈦22
景次　幕奉行㈥89／㈣239 369 372 450㈤552 553㈥89 90 329 471 485 582 597
景治　㈠421
景主　㊀549
景重　㈢270 347 349㈣227㈤552
景春　㈤552
景信　㈥579㈦22
景親　㈡368 446
景正　㈡491
景張　㈩376
顧忠　㈩786
光暉　㊀356

加藤光広（光正、豊後守）〔二〕500 546 549 618〔三〕363
光正　↓加藤光広
光政　〔四〕487
光則　〔十〕800
光直　江戸城石垣修築〔二〕447。大坂目付〔二〕515。因幡伯耆備前引渡〔二〕553 565／〔二〕400 405 535 581
光定　↓加藤泰直
光甫　㊀385
光豊　〔十〕642
権九郎　〔八〕794
権十郎　㊁217
左門　〔六〕171
佐渡守（孫太郎）　㊁95 107 127
三郎兵衛　㊁39
三之丞　〔九〕512
氏次　〔二〕248
治次　召預〔三〕156〔四〕44。赦免〔四〕470 487／〔三〕110 156〔四〕12
寿林　〔二〕153
十兵衛　〔七〕405
重勝　〔二〕577〔三〕378
重常　〔二〕115 350
重正（重政、勘助・勘介）　〔二〕350 607 622〔三〕111

加藤
重善　〔八〕118 316 298 409
庶正　〔九〕715
条太郎　㊁487
常政　〔四〕470
常清　〔七〕203
新太郎　〔一〕419
甚兵衛　㊁263
図書　〔四〕546
助五郎　㊁55
助作　㊁162
助之進　〔七〕104
正吉　〔二〕662
正久　↓加藤正長
正景　〔八〕804〔九〕593 616
正継　〔一〕504
正元　〔三〕448〔五〕334 600〔六〕36 173
正光　〔三〕112
正行（靫負）　㊁185 421
正好　〔八〕223
正恒　〔十〕80
正之（彦右衛門・喜左衛門）　〔二〕613〔三〕577
正次（喜左衛門）　〔一〕72 629〔二〕204
正次（勘右衛門・惣市郎）　卒伝〔一〕492／〔一〕126 399

加藤
正脩　㊀464
正重（喜助）　処罰〔二〕579 605／〔一〕629 705〔二〕14 538
正重（清兵衛）　処罰〔三〕114 167／〔二〕553 600 552 613
正勝（市六）　〔一〕626
正勝（市大夫）　〔二〕450
正勝（源四郎）　〔三〕67 80
正勝（市左衛門）　〔三〕368
正岑　〔五〕386 594〔六〕201〔七〕434
正信（伝吉・勘右衛門）　〔一〕492〔三〕65 448
正信（正良、伝兵衛）　〔一〕122〔三〕283 494
正成（惣左衛門）　〔一〕492
正成（源四郎）　〔二〕578〔三〕67 80
正長（正久）　〔三〕300〔四〕331
正直　〔三〕128
正方　〔三〕190
正名　〔九〕658 662 674 682〔十〕466
正茂　〔一〕122
正利（利重、勘四郎）　〔二〕667〔三〕112 119
正良　↓加藤正信（伝兵衛）
正鄰　御前を止む〔九〕685／〔九〕545 574 628〔十〕121 171 184
成吉　〔一〕451

加藤成之 〔一〕95
成次 〔三〕46
成苗 〔十〕779
成予 〔九〕423 ㊀385
政則 ㊀429
清正 江戸市街工事〔一〕76。江戸城修築〔一〕119 403 412〔二〕281。征韓七将確執〔一〕213。名古屋城修築〔一〕248 510 521。熊本観世申楽張行〔一〕415。高台寺造営〔一〕419。禁裏造営〔一〕547。卒伝〔一〕556／〔一〕72 79 95 215 237 412 423 442 477 482 511 545 546 619〔二〕294〔八〕543〔九〕311
清正女(徳川頼宣室) →瑤林院
晴三 ㊁523
千蔭 ㊀564
千之助 〔四〕563
宗玄 ㊀558
惣兵衛 ㊀760
則吉 〔三〕307 465〔四〕200 251
則久 〔五〕274
則孝(初太郎) ㊀31
則次 〔二〕191
則春 〔九〕702
則勝 〔一〕705〔二〕168 445 540 674

加藤則直 〔六〕716
則陳 〔十〕502
則武 〔十〕125
則民(修理) ㊁236 248
則茂 ㊀54
泰尹 ㊀393
泰温 卒伝〔九〕128／〔八〕437 482 597
泰官 卒伝〔十〕369／〔九〕587 668 682
泰貫 致仕伝〔八〕430／〔六〕15〔八〕39 67
泰幹(遠江守) 大坂城修築㊁605 614。卒伝㊁711／㊀704 714 ㊁85 95 133 206
泰義 〔三〕190
泰啓 〔十〕388
泰堅(泰賢、大和守) 分封〔五〕178 183。黜免〔六〕243。赦免〔六〕294／〔四〕401〔六〕20 37 95 102
泰賢(出雲守) 致仕伝㊀647／〔十〕703 719
泰彦(伊予守) ㊁467 508 650 662
泰觚 致仕伝〔八〕39／〔五〕70 440
泰広 卒伝〔九〕668／〔八〕336 430 482〔九〕383
泰行 卒伝〔十〕306
泰亨 〔十〕155 181 192
泰恒 江戸城修築助役〔六〕521 539。卒伝〔七〕440／〔四〕567〔五〕178 279〔六〕275〔七〕209
泰候 卒伝㊀43／〔十〕436 514 ㊀10 30

加藤泰興 大坂城修築助役〔二〕186。伊予松山城在番〔二〕660。江戸城石塁修築〔三〕2。高松在番〔三〕199。防火〔三〕332 394 509 521 605 639〔四〕5。丸亀勤番〔四〕220。仙洞造営助役〔四〕395 475。致仕伝〔五〕178／〔二〕243 258 300 334 535 568〔三〕230 321〔四〕86 146 579
泰済(作内・遠江守) 卒伝㊁152／㊀135 308 407
泰儔(山城守) 致仕伝㊁244／㊀637
泰朝 〔十〕587 673 786 ㊀80
泰直(光定) 因幡目付〔三〕416 435。肥後目付〔四〕112 139。田原城引渡〔四〕504 507。駿府目付〔四〕580 591。大坂目付〔五〕14 30。鳥山城引渡〔五〕139／〔二〕334〔三〕240 487 571〔四〕255 281 401 404 405 431 531〔五〕4 226
泰都 関東河堤修築奉行〔九〕50 65 68。火災巡視〔八〕575／〔八〕602〔九〕76 505 519 549 599 669
泰統 卒伝〔八〕437／〔六〕518〔七〕440〔八〕79 98
泰武 卒伝〔十〕284／〔十〕61 89 276
泰豊(淡路守) ㊀135 733
泰茂(泰成) 宮津城目付〔五〕368 411。駿河田中城目付〔五〕433 441。京摂水道浚利〔五〕499 527。淀川普請〔五〕523 526。大坂目付〔五〕523。仙波東照宮・三芳野天神祠

加藤
修理[五]600。分封[五]178。日光駅路巡察[六]287 293／[四]480 568 624 [五]280 320 327 490 539 554 574 618 [六]285 287 319 329 351
泰衛　致仕伝[十]74／[九]128
泰和　[八]336
丹後(加藤忠広家士)　[二]153
忠倚　[九]453 466 534
忠覚　[八]794 [九]33
忠広　秀忠養女を娶る[一]557。藤堂高虎国政監察[一]563。禁裏仙洞造営助役[一]603。大坂冬陣[一]696 701。大坂夏陣[二]12。御家騒動[二]153。大坂城修築助役[二]186。江戸城修築助役[二]227 447。謀叛回状[二]547。改易[二]549 550。卒[四]81／[一]556 558 559 581 588 589 659 753 [二]64 201 203 232 376 415 429 493 504 505 534 536。家士[四]129 406
忠広母　[四]14
忠広室(蒲生秀行女・秀忠養女)　↓宗法院
忠広男(藤松)　[四]86
忠広女　[四]263
忠四郎　㊁671
忠宣(忠左衛門)　㊀364 729
忠方　[八]854

加藤長右衛門　[四]22
長左衛門　㊀749
長三郎　㊁10
直堅　[八]652
直泰　卒伝[五]440／[二]258 300 621 [三]597 658 [四]447 [五]35
貞泰　加封[一]523。転封[一]523 [二]132。禁裏造営助役[一]547。大坂城修築助役[二]186。卒伝[二]258 300／[一]547 [二]186
伝左衛門　㊁143
統利　[九]744
寅之助　㊁360
納泰　[八]602 675 [九]388 478
能成　[四]431 443 [六]5
八十郎　㊁624
半右衛門　㊁476 678
風庵　↓加藤右馬允
平左衛門　[二]153
甫成　[六]431 693 [八]583 659
邦盛　[八]360
雅次郎　㊁91
又左衛門　㊁18
万兵衛　[一]589
美作　[一]590 [二]153 154

加藤明允　卒伝㊀758／㊀395
明英　若年寄[六]88。転封[六]230。加封[六]230。金銀改鋳惣督[六]238 353。猿楽担当[六]320 [七]205。諸国巡見管掌[七]61。『武家諸法度』[七]97。卒伝[七]211。／[四]550 [五]501 556 608 [六]199 378 470 485 504 506 517 535 560 579 616 619 629 632 648 672 673 690 [七]35 47 52 53 70 106 170 204 254 [九]188
明往　[六]454
明雅　火災地巡見[八]379／[八]524 669 791 [九]389
明軌(経之助・緩之助・越中守)　㊁526 531 583
明熙　卒伝[十]265／[九]132 405 428
明教　御前を止む[七]88。日記担当[七]230。江戸城修築[七]461 [八]81 97 117 147。籠居[八]410／[六]519 643 [七]316 396 397 [八]98 149 252 281 484 562
明喬(松平)　[八]76 515
明経　卒伝[九]405／[八]351 810 826
明堯　致仕伝[十]572／[十]78 307
明策　[九]217
明治　[五]506 509 517 519
明重(正岑)　久留米目付[五]49 67／[四]263 281 291 [五]194 258 259

加藤明勝　〔三〕312 314

　明成　遺事〔二〕406。茶事〔二〕505 628 669。虚堂墨跡〔二〕536。江戸城修築助役〔三〕2 27。家中紛乱〔三〕220 221。戒飭〔三〕221。除封〔三〕312／〔一〕79 664 715〔二〕59 430 504 507 522 537 568 575 593 635〔三〕24 27 44 112 119 176 189 205 221 230 241

　明成室　〔二〕535

　明張　〔十〕213 ㊀507

　明陳　致仕伝㊀414／〔十〕530 572 ㊀246

　明定　〔四〕263

　明邦（弥次郎）　〔九〕733 737

　明邦（能登守）　致仕伝㊁536

　明友　加転封〔五〕451。卒伝〔五〕506／〔三〕167 312 314 316 352 533〔四〕77 255〔五〕495 501

　明利　三春城主〔二〕406。転封〔二〕424。江戸城修築助役〔三〕2。遺領収公〔三〕312／〔二〕86 425 593〔三〕41 172〔四〕73

　茂雅　〔六〕11 277

　杢之進　㊀708

　百助　㊁658

　弥平太　〔二〕39

　安左衛門　〔七〕444

　与左衛門　〔二〕153

　利重　↓加藤正利（勘四郎）

加藤良勝（太郎左衛門）　〔一〕95〔二〕561〔三〕171 213

加納某（徳川頼宣臣）　〔四〕19

　久恵　㊀255

　久敬　㊀89

　久堅　若年寄〔十〕262。勝手方〔十〕500。紅裏服着用許可〔十〕796。卒伝㊀2／〔八〕830〔九〕471 511 515〔十〕45 283 495 809

　久周　致仕伝㊀605／〔十〕400 ㊀208 324 355 358

　久慎（大和守）　卒伝㊁64

　久致　〔十〕344

　久儔（英太郎・遠江守）　致仕伝㊁473／㊁677 ㊁66 87 355 393

　久徴（備中守）　㊁532 548

　久通　御側申次〔八〕7 10〔九〕471。万石に列す〔八〕395〔九〕471。西丸若年寄〔九〕130 438 465。遺事〔九〕197 202 203 227。卒伝〔九〕471／〔八〕95 411 437 458〔九〕300 311 468

　久敦　↓大岡忠正（弁五郎・主膳正）

　久武　〔八〕404

　五郎兵衛　〔八〕573〔九〕233

　飛驒守　〔一〕425

加納殿（亀姫・森姫、家康女・奥平信昌室）　↓盛徳院

加茂民部　〔三〕646

加茂下左内　㊀654

加茂宮熊吉　〔十〕232

　三十郎　〔十〕232

　直能　〔三〕167 249 588

可児孫十郎　㊁433

甲斐庄三郎右衛門　㊁712

　庄五郎　㊀672

　庄次郎　〔一〕714

　正永　犬小屋普請褒賞〔六〕231 247 252。日光川筋修築〔六〕376 385。江戸城石塁修築奉行〔六〕554／〔六〕116 138 285 287 293 319 339 368 520 696〔七〕14

　正奥（正興）　〔四〕542 557〔五〕238 270 367 456 532

　正誼（喜右衛門）　㊁487 518 624

　正堅（兵部）　〔十〕196 232 260

　正恒　〔八〕272 280 305 312

　正之　美濃郡代〔五〕498 502 508／〔五〕532 547

　正寿　〔九〕29 128

　正述　宿所失火〔三〕50。改易赦免〔三〕114。遠江久野御使〔三〕208。駿河田中目付〔三〕351 354。長崎奉行〔三〕734〔四〕50／〔三〕399 441 512 555 587〔四〕32 171 373

　正親　北陸巡見〔四〕602 623 624。勘定頭〔五〕142／〔四〕469 516〔五〕26 43 192 206 369 470〔六〕114

甲斐庄正方(武助) 飛騨百姓一揆鎮撫㈩427 455。信濃百姓一揆㈩537。処罰㊀163／㊀13 372 729 740
正峯 ㈧516
正昉 ㈩476 ㊀310
正房 ㈠714 ㈡490
長三郎 ㊁461
平助 ㈧516
河合儀左衛門 ㊁127
才兵衛 ㊁668
図書 ㈤518
助左衛門 ㈤475
成盈 隠密㈨228 290 304。同朋格㈨337／㈨274 294
清左衛門 ㈤19
政春 ㈥262
隼人助 ㊀735
保政(杢右衛門) ㊀69
良承 ㈠420
河原市兵衛 ㈧545
近江守 ㊁165
喜四郎 ㈦288
喜兵衛 ㈥319 713
玄蕃 ㈣11
河原佐源太 ㈩333
正央 ㊀140
弾正 ㈢26 27
花山院持実 ㈤510 ㈥706
忠長 処罰㈠296 498。禁中濫行㈠489／㈣234
定煕 ㈠629 ㈡120
定好 ㈠629 ㈡616 ㈢84 86 88 262 267 515 516 ㈣109 110 381
定誠 ㈣491
珂天(増上寺) ㈤171 176 205 210
狩野 ㈠564
安信(右京・永真) ㈢59 ㈣250 423 559 591 595 ㈤1 63 83 91 151 156 175 201 231 253 273 277 278 351 427 457 ㈨304
伊川(栄信) ㊀427 499 780
惟信 ㈩173 489 683 741 841 ㊀269 427 499
永徳 ㈥553 ㈧496
英信 ㈨410 568 ㈩75
栄信 ↓狩野伊川
益信 ㈣77 ㈤157 253 474 ㈥97
季信(永真) ㈨215
景信 ㈧25
元信 ㈤71 ㈨215 305
元珍 ㈧25
狩野古信(栄川) 江戸城西丸修理㈧87。小金原狩場図㈧402。古画模写㈧419 488 ㈨215。放鷹真図㈨304／㈧308 386 410 426 445 522
光信 ㈣182
孝信 ㈠577 ㈣344
幸信 ㈨410
高信 ㈨215 ㈩427 489 779 841
克信 ㈧419 445 489
時信 ㈣72 78 572
主信(永叔) ㈧74 134 146 496 ㈨215
守信(探幽) 駿府参謁㈠577。大坂城障壁画㈢312。即位記の画図㈡493。探幽を称す㈢46 122。『東照宮縁起』㈢46 164 183 188。禁中絵事㈢218。増上寺障壁画㈢569。家光に丹青を伝授㈢741。日光霊廟障壁画㈣84。名画模写㈤112／㈡142 290 450 ㈢59 547 650 680 ㈣72 84 250 289 295 299 316 423 518 521 523 559 591 595 ㈤1 63 66 91 151 175 199 225 351 ㈧496 ㈨215 304
守政 ㈣329 ㈤229 253 ㈧25
守定 ㈤199 229
守富(守当) ㈨12 305 410
種信 ㈧513

狩野秀信　〔六〕699
　周信　〔七〕357　〔八〕73　134　146　410　〔九〕304　305
　重信　〔九〕306
　春信　〔五〕175　〔八〕25
　尚信　〔二〕312　〔三〕59　650
　常信　〔五〕1　63　151　201　225　229　230　253　474　〔六〕550　705　〔七〕63　137　139　〔九〕304
　岑信　〔六〕640
　親信　〔四〕583
　是信　〔八〕25
　清信　〔五〕91
　晴信　〔八〕758
　晴川　㊁32
　直信　〔五〕214
　典信　〔九〕306　308　410　〔十〕75　407　489　618　647　841　842
　洞白　㊀633　716
　敦信　〔八〕25
　波信　〔八〕522
　美信　〔十〕786
　富信　〔八〕25
　福信　〔八〕25
　命信　〔八〕25
　弥右衛門　〔三〕306
　友信　〔八〕25
狩野柳園　〔六〕699
華光院（千代姫、家治女）　〔九〕666　667　672～674　678　682　707　731
華成院（仲姫、家斉女）　㊀788
勘解由小路資忠　〔三〕541
　紹光　〔五〕256
賀子内親王（女五宮・兼宮、東福門院女）　↓二条光平室
賀島主水（蜂須賀家士）　〔二〕190
葛西園右衛門　〔五〕36
遐仁親王　↓桃園天皇
快意（護国寺）　〔六〕255　321　356　487　648　670　〔七〕42
快運（伊豆山般若院）　〔一〕579
快算（上生院）　〔六〕151
快道（浦和玉蔵院）　㊀636
快範（興福寺下松院）　〔七〕131
戒堂（増上寺伴頭）　㊁358
貝原好古（益軒の甥、益軒・恥軒）　〔九〕314
恢弁（三河大樹寺）　〔十〕364
恢応（増上寺仏心院）　〔十〕529
皆春院（お八重方、家斉側室）　㊀639　666　687　783　㊁8　63　486
海津（三好直政母）　〔二〕491
海津（月光院女房）　〔七〕445
海禅（芝泉岳寺）　㊀585
海堂（延命院）　〔三〕391　405　414　421　427　444
海保三吉　〔一〕498
晦堂（金地院）　〔七〕245
各務元礭（兵庫頭）　㊀689　791
垣岡資正　〔一〕606
垣原金左衛門　㊁216
柿沼郷吉　㊀23
郭円（伝通院）　〔三〕664
覚印（寛永寺功徳院）　〔十〕399
覚瑩（新田大光院）　〔九〕78
覚瑩（増上寺）　〔九〕510　523　539　602　604
覚遠（愛宕権現別当円福寺）　〔九〕631
覚寛法親王（霊元天皇男・仁和寺門跡）　〔六〕671
覚眼（護持院）　〔七〕50　〔八〕21　63
覚謙（津梁院）　〔十〕410　601
覚彦（湯島霊運寺）　〔六〕104　115　117　180　206　229　254　400
覚　性　院　↓徳川春之丞
覚心（寛永寺東照宮別当維摩院）　〔十〕466
覚真（観成院）　〔十〕195
覚濵（寛永寺住心院）　〔八〕264
覚深法親王（後陽成天皇男・仁和寺門跡）　〔一〕669　〔二〕344　〔三〕464　519
覚助（駒込村農民）　〔七〕333

覚尊法親王（円満院門跡）　↓公寛法親王
覚定（三宝院門跡）　[四]381
覚典（長楽寺信解院）　[八]819
覚忍（正覚院）　[十]45
覚鑁上人（根来寺）　[六]110
覚邦（林光院）　[十]808
覚雄（増上寺通元院）　[七]422
廓山（増上寺）　伝通院住職[一]469。宗論[一]472。大坂冬陣出馬供奉[一]693 718。浄土宗規則進献[二]49。『浄土宗法度』[二]62。増上寺住職[二]201 237。歿[二]352／[一]567 595 629 739 744 [二]49 95
学円（増上寺）　㊀215
学林（久遠寺）　[五]323
掛川藤左衛門　㊁697
蔭山広迢　[十一]798 ㊀42
　氏広養女（お万の局、家康側室）　↓養珠院
　親広　[六]490 541 [七]21 73 [八]157 436 492 600
　貞広　[二]4
　土佐　[二]316
蔭山の方（お万の局、家康側室）　↓養珠院
寛
　為規　仙台目付㊀375／㊀175 590
　為春　『大奥法度』[二]245。槍奉行[二]552。旗奉行[三]160／[二]553 616 [三]270 313 354 393 547 631
　為昇　[十]297 324 749
　為勝　巡見使[七]61 86／[七]141 363
　為親（豊後守）　㊁244
　元勝　[三]519 642 [四]62 445 [五]72 87
　元成　槍奉行[一]704 [二]13。閉門[二]79
　五郎左衛門　㊀746
　孝忠（伝五郎）　㊁3
　重賢　勘定奉行[八]204 225 281 351 504 667。飯沼新田巡見・検地[八]383 389 440 442。遺事[九]338／[七]449 [八]226 763
　重章　[二]568
　重勝　[二]568 [三]248
　重忠　[一]25
　助兵衛　㊁686 701
　正尹（正興、新太郎）　巡見使[七]61 86。中津城収公[八]40 42 66 81。日光近辺河渠浚利[八]195 206。出仕停止[八]383／[六]532 [七]166 246 [八]139 293 530 607
　正休　[九]389 [十]37
　正虎　[三]258
　正興（与兵衛）　㊀60
　正次　生駒騒動検使[三]198／[二]615 [三]258 303 568
　正時　↓寛　正親
　正殊　㊀637
　正重（助大夫）　[一]302
　正重（三郎左衛門）　目黒不動堂造営奉行[二]628／[三]150 280 426 [五]19
　正章　[六]651
　正職　[三]568 [五]99 189
　正信　[九]50 65 68
　正親（正時）　[三]152 [四]515
　正成　上方御料査閲[三]30 38。二条城番[三]144 152／[四]270
　正知　[十]379 577 734 764
　正忠　[三]498
　正直　[八]117 505 520
　正敏　[十]569
　正明　大坂目付[四]369 384 421 437。盗賊考察[五]83 119 152 167 173。処罰[五]237 [六]44。赦免[五]243／[四]285 341 344 417 481 [六]148
　正邑　[九]376 471
　正庸　[六]62
　正令（正例）　[五]334 [六]36 49
　成孝　[四]165
　政武（水戸家士）　[六]557
　忠長　㊀530
　長盛　[六]49

筧　伝五郎　㈡7
　兵衛　㈡378
　平大夫　㈡407
　六郎兵衛　㈣474
笠原源四郎　㈠786
　重元　㈥84
　重次（養泉）　奥医㈡345。薬材下賜㈢279／㈠642 ㈢118 502 512 533
　重政　㈢349
　述満　㈩410
　信安　㈠502
　正寿（養玄）　㈠268 269
　正明（養古）　㈣590 ㈤100
　宗印（養琢）　奥台所伺候㈢660／㈡578 ㈢426 533 ㈣446
　宗卯（養泉）　奥台所伺候㈣326
　武嘉　奥詰㈠233
　養玄　㈠449
　良玄　㈠784
風早越前権介　㈠755
　公長　㈤517 ㈥706 ㈦347
　実種　㈤164 517 ㈥706
　実秋　㈩424
　実積　㈥572 707
風祭求馬　㈡23
　古明　㈠241
　国辰　㈨714 ㈩747
柏原源左衛門　㈠697
　宗具　㈠697
樫井七郎右衛門　㈥448
　浄融　㈤493
　惣左衛門　㈤455
樫井宮　↓承真親王
樫田弥太郎　㈡120
梶　才兵衛　㈢114
　重正　甲信論地巡察㈤318 322／㈤524 533 ㈥44 74 187 389
　勝嘉　㈠50
　勝俊女（おとせの方、家斉側室）　↓妙操院
　勝成　㈠612 652
　勝忠　↓梶　正道
　正胤　㈩46 237
　正持　㈢144
　正勝　㈠652 ㈢144
　正仲（与兵衛）　㈠415 446
　正直　㈢685
　正道（勝忠）　卒伝㈠652／㈠612
梶　正標　㈤604 ㈥39 ㈧862
　正峯　㈩273
　正容　掛川城引渡㈥617 619。巡見使㈦61 86。壬生城引渡㈦229 233／㈥643 692 ㈦388 ㈧651 ㈨489 555 572
　宣総　㈢443
　忠郷（助右衛門）　㈡202 210
　定良　腰物持㈢319。小納戸㈢319 ㈨188。日光霊廟定番㈣55 155 157 ㈤405 ㈥325 747。隠退・伝㈥329。卒㈥331／㈢532 612 688 ㈣3 5 6 74 156 444 459 538 604 ㈤55 406 481 482 ㈥181
梶の局（家康側室）　↓英勝院
梶川左門　㈣589
　次郎右衛門　㈡686
　秀進　村上城引渡㈧225 231／㈧268 327
　秀澄　㈠48 334 394 567
　十次兵衛　㈡580
　重昌　家綱附㈢654。錠口締戸役㈣138／㈢32 525 ㈣63 179 373
　重良　㈡345
　庄左衛門　㈡95
　勝重　㈡345
　甚五佐衛門　㈣589
　正盌（庄兵衛）　㈡609

梶川正次　〔三〕32 118
正照　〔八〕655
正友　〔五〕490
清次郎　㊁167
忠栄　盗賊考察〔八〕669 680／〔六〕450〔八〕491 640 844〔九〕445
忠久　〔三〕128
忠助　増上寺修理奉行〔二〕565。裏門切手番〔三〕65 141 251／〔二〕553 600
忠政（三左衛門）　〔三〕413〔四〕589
分勝　〔一〕635
頼照　大坂城目付〔五〕490 511。腰物奉行頭〔六〕282 413。浅野長矩刃傷〔六〕432 436／〔六〕643〔七〕3 155〔八〕145 195
梶田安和　〔六〕273
五郎兵衛　㊁560
彦大夫　〔八〕196
梶野矩満（平九郎）　㊀76 182 380 387 773
満実　〔八〕111
茂三郎　㊁10
良材（平大夫・土佐守）　簾中用人㊁5 10 14。金銀分銅新鋳㊁434 479 485。利根川分水路普請㊁499。印旛沼普請㊁499 501／㊁378 388 399 404 425 474 507
梶山加左衛門（嘉左衛門）　〔五〕509 517
春日家吉　二条城大手門番〔二〕342〔三〕132／〔二〕540〔三〕132
家久　〔三〕413 571
家次　〔五〕274
義陣　〔五〕274
行雅　〔十〕673
行乗　〔十〕673
行条　禁裏造営奉行〔六〕696 700〔七〕71 72／〔七〕141〔八〕129〔九〕82
顕常（左次郎）　㊁590
左太郎　㊀702㊁130
四郎五郎　㊁407
信吉郎　㊁604
則　〔一〕641
直次　〔二〕97
貞顕　〔五〕483 577〔六〕445
又助　㊁589
満英　〔五〕561
倫柯　〔五〕274
春日岡厳海　〔二〕477
亮運　〔一〕667
春日局（斎藤利三女・家光乳母）　家光乳母〔一〕114 566〔二〕297 444。家光忠長嫡庶争い〔一〕
春日局　566〔二〕298 299。上洛〔二〕465 467 468 553〔三〕191 196 203。春日局の称号下賜〔二〕468。家光・家綱臨邸〔三〕64 273。病気、家光・家綱見舞〔三〕326 327 330。卒伝〔三〕331。天沢寺造営〔三〕332。遺事〔二〕456〔三〕332 740〔八〕524／〔二〕401 465 468 505 516 530 549 581 603 620 660 665〔三〕12 27 37 50 55〜57 61 64 78 90 107 125 126 144 150 153 167 186 189 231 232 236 241 251 306 320 368 520〔四〕1〔五〕521
粕谷金大夫　〔九〕490
糟谷新三郎　〔二〕111 126
糟屋義矩　〔十〕105
義行（糟谷）　〔三〕145〔五〕8
義成（糟谷）　〔三〕145〔五〕8
吉成　〔三〕129 145
正易　〔十〕203
正長　〔十〕105㊁49 77
正房（糟谷）　〔六〕82 140
数田平七　〔八〕835
風吹塵右衛門　〔一〕590
片岡十右衛門　〔二〕39
信允　〔十〕772
信就　〔八〕794
信勝　〔十〕579㊀107

片岡信方　〔十〕579
　和隆　〔九〕612
片桐為元　卒伝〔四〕119／〔二〕203〔三〕116 456 688〔四〕70 75
　為次　〔四〕57 172
　石見守　㊀768
　吉助　〔一〕702
　孝利　人質〔一〕702。大坂城修築課役〔三〕186。高野山大塔造営奉行〔二〕605。卒伝〔三〕116／〔一〕520 705〔二〕11 65 220 375 386 534 535 555
　之晴　〔二〕35
　重貞　〔四〕33
　且元　千姫婚姻〔一〕85。淀川堤修築〔一〕103。江戸城修築費賦課〔一〕119。秀頼輔導〔一〕235。東山大仏殿再興奉行〔一〕470 479。禁裏造営課役〔一〕548。加封〔一〕620 668。大坂惣奉行〔一〕660。大仏鐘銘事件〔一〕660～684。大坂冬陣〔一〕687～762。大坂夏陣〔二〕11～44。所領収公〔一〕689。卒伝〔二〕65／〔一〕113 117 264 416 447 478 508 512 545 596 608 631 649 663 664 667～671 673 674 676 677 680 681 684 687～689 693 753
　且昭　〔四〕172〔六〕17
　信慶　〔九〕658
　信馮（長兵衛）　㊀729 ㊁12
片桐信隆　〔三〕374〔五〕176
　新丞　㊁270
　輔五郎　㊀756
　成三郎　㊁706
　貞音　卒伝〔九〕516／〔九〕11 487
　貞桓　㊀497
　貞起（貞紀）　卒伝〔九〕11／〔七〕46 134 225 373
　貞固　〔七〕373
　貞昌　人質〔一〕702。知恩院造営奉行〔二〕594 599〔三〕224。国郡奉行〔二〕695〔三〕282 294〔五〕20。西国巡見〔三〕346。河川堤防巡見〔三〕384 491 673〔四〕94 96 364。石州流茶道〔四〕550〔五〕351。卒伝〔五〕176／〔二〕142 333 416 536〔三〕376 491 533〔四〕3 250 364 417 453 609
　貞彰　致仕伝㊀758／㊀49
　貞信　致仕伝㊁440／㊁226
　貞晴　〔二〕416〔四〕35
　貞中　卒伝㊁506
　貞芳　致仕伝○53／〔九〕516 670〔十〕7 44 385
　貞房　卒伝〔七〕134／〔四〕144 290 338 388〔五〕176 204 279 291 507 571〔七〕103
　貞隆　禁裏造営課役〔一〕548。人質〔一〕702。大坂天王寺再建奉行〔二〕143。卒伝〔二〕416／〔一〕545 563 608 674 676 677 688 708 755〔二〕33 345 375
片桐　386
　房之丞　㊁437
　友従　〔十〕717
　友晴（友清）　処罰〔八〕523 740〔九〕487。下館城引渡〔八〕602 607／〔八〕396〔十〕30
　佑賢　㊀242 303 489
片倉小十郎　〔三〕19 729〔四〕361 383〔五〕104 114 350 ㊀685 ㊁440
　重綱　〔二〕28 29
片山外記　越後騒動〔五〕325 416／〔六〕541
　源右衛門　〔三〕267
　国家　〔二〕5 104
　国久　〔三〕289
　国次　〔二〕5
　宗哲（与安）　法眼〔一〕80。『烏犀円』『万病円』『雲母膏』〔一〕544 560 592〔二〕159。配流〔二〕88。赦免〔二〕146／〔一〕258 346 416 475 532 693〔二〕87 205 240
　宗琢（与庵・与安）　処方筆記〔二〕523。薬園〔三〕212。奥医〔四〕371／〔二〕668〔三〕137
　主水　〔五〕488
交野時香　〔五〕517〔六〕706
活民（増上寺）　㊀396
勝　　→スグル
勝　斧三郎　㊁516

勝　桓兵衛　㊁588
正朝　長局修築㊁214 227 251／㊁45 217 220 233 412
忠昌　㊀176 436
与八郎　㊁21 124
勝田愛通　[八]404
元寿　㊁168
元忠　[十]783 ㊀392 601
元著　[七]303 409 [八]636
元溥　[七]303 [九]643
光寛　[八]814 856
寿迪　[七]80
帯刀　㊀686 ㊁210
著邑　[七]303 383
典愛　[六]718 [七]59 177 [八]45
典経（左京）　㊁522
典陳　[九]579
土貞　[四]559
道央　[十]645
勝の局（お梶の局、家康側室）　↓英勝院
勝姫（高田御方、秀忠女・松平忠直室）　↓天崇院
勝部甚五左衛門　㊁277
正房　[三]335 490 501
直正　[二]335

勝本湛羨　[九]397
桃仙　㊀703
理庵　㊁478
勝矢政次　[一]120
利政　[一]120
勝屋源之介　[十]679
正次　[二]625
正成　[三]316
成庸（庄左衛門）　㊀637 730
長吉　[二]555
豊明　[十]388
利元　[三]316 642
利綱　[二]439
利政　[二]439
桂川国華　[十]474
国訓　[十]13 57 841
国瑞　[十]557 558 736 ㊀165 215 219
国宝（甫謙）　㊀417 564 679
甫賢　㊁169 533
甫筑　㊁167
邦教　[六]698 [八]415
桂原四郎左衛門（四郎右衛門）　[三]688 715
桂宮御方　㊀92
桂　姫　[七]72 112

桂山義樹　書籍校合・謄写・編聚・撰定[七]289 [九]79 241 242 244。評定所勤役儒者[八]141 509。日記校正[八]840／[六]268 749 [九]257 482
三郎兵衛　㊀690
但馬守　㊁78
葛谷藤右衛門　[三]273 279 280 480
虎之助　[三]275
葛野市郎兵衛　[十]513
抄房（太鼓師）　↓田中左平太
角屋七郎次郎　[一]48 [三]544
金井市左衛門　[四]25
半兵衛　[四]18 25
六右衛門　[七]283 371
六助　[七]371
金沢安貞　㊀315
千秋（瀬兵衛）　㊀270 474 593 633 664
金丸権左衛門　[四]22
猶右衛門　[九]23
金森市正　[三]502
可英　[八]668 [九]725 [十]442
可寛　[六]655
可郷　[九]617
可始　㊀574
可次　[二]361

金森可允(美濃守) ㊁571 587
可重 名古屋城修築[一]510 639。禁裏造営課役[一]547。秀忠臨邸[一]571。岸和田守護[二]21 40。卒伝[二]64/[一]442 457 559 573
可俊 [四]58
可端 [九]617
可儔 ㊀398
紀林 ↓木下紀林
九蔵 ㊀692
近供 [六]270 [八]285 540
近舒 [六]270
近忠 [十]601 ㊀79
左京 ㊀695
左兵衛 ㊀582
重義 [二]244 570
重久 [四]31
重郷 [五]591
重近 [二]64
重次 [一]446 [二]64 349
重勝 [三]676
重澄 ↓酒井重澄
重直 [三]676 [四]167
重友 [五]257
重頼 松平忠輝御預[二]147 363。『雲山肩衝」
金森
売却[二]530。加藤光広御預[二]550。酒井重知御預[二]597。卒伝[三]676/[一]642
[二]64 72 148 162 535 570 654 [三]533 563 713
重利 [三]26 243
瀬兵衛 ㊁39
台賢 ㊀280
長近(兵部卿法印素玄) 彦根城修築[一]113。卒伝[一]442/[一]99 123 129 365
長光 卒伝[一]563/[一]442
藤栄(木下) [五]160 320 [八]363
中務 ㊀678
範明 [五]538 539
頼業 卒伝[五]126/[四]304 547 591 604 609 [五]22 35 [八]727
頼錦 天学精通[九]89 125。美濃郡上騒動[九]719。除封[九]724/[八]727 796 [十]121。家士処罰[九]724。
頼元 [九]89 724
頼興 ㊀71 72 358
頼旹 奥詰[六]42 739。側用人[六]44。昵近[六]72。転封[六]149 298。卒伝[八]727/[五]126 178 235 418 506 [六]545 [七]209
頼直 卒伝[四]547/[二]413 [三]676 [四]10 70 75 122 220 449 453 [五]126
金森鉚之丞 ㊁553
蟹江典膳 ㊀649
与兵衛 [一]589
印牧玄順 [十]645
玄碩 ㊀668
金子熊太郎 ㊁487
正賀 鳥見[九]364
正房 [六]579
八大夫 [八]668
半五郎 ㊁369
金田安房守 ㊁387
市郎右衛門 [九]700
市郎兵衛 ㊁58
丑之助 ㊁550
大蔵 ㊁110
故十郎(故三郎) ㊁549 550
勝直 [六]634
正彜 ㊀508
正宇 ㊀74
正延 ㊀42 167 463 480
正喜(伝左衛門・伝右衛門) ㊀263 316 548 593
正誼(式部) ㊁711
正恭 ㊀521
正賢 [八]670

金田正在　〔七〕118　〔八〕293　〔九〕272　374　409
　正祥　〔十〕351
　正勝　館林城代〔五〕406／〔四〕509　556　〔五〕421　579　〔六〕314
　正辰　〔四〕42　204　396
　正親　〔四〕396　401　〔五〕229　596　〔六〕276
　正則　〔六〕196　314　700　〔八〕124
　正長　〔四〕113
　正朝　〔六〕314　〔八〕673　780
　正澄　〔六〕634　〔八〕48
　正通　〔五〕8　〔六〕344　634
　正適　〔九〕716
　正扶　火災地巡察〔十〕450　518／〔十〕395　667　800　㊀253　521
　正甫　〔八〕48　639　〔九〕133　574　616　〔十〕165　195　475　525
　正峯（正岑、主水・主殿・丹波守）　火災地巡察〔八〕779。沼田城引渡〔九〕47　51／〔九〕29　425　494　587　〔十〕22　115　159　297　395
　正峯（幸次郎）　〔十〕623
　正房　〔一〕25
　正末　〔三〕630
　正明　〔六〕45　95　131　731　746　〔八〕159　299　612
　正利　〔八〕124　470　〔九〕107　710　716
　泰豊　〔五〕364　406
　民右衛門　〔十〕155

金田忠左衛門　㊁616
　忠真　〔六〕668　〔七〕74
　藤七郎　㊁565
　主殿　㊁126
　房通　㊀415
　六郎左衛門　〔十〕155
金元休菴　〔三〕588　〔四〕38　65　〔六〕316
金保元孝　↓多紀元孝
　元尚（道訓）　〔三〕426　〔四〕446
　元勝（安斉）　〔五〕538　〔六〕84
　玄泰（兼康・兼保、安斎、元泰）　〔一〕642　〔二〕327　〔三〕45　118　279　518　533
兼松源兵衛　㊁247
　甚兵衛　㊀665
　正尹　〔八〕327
　正栄　〔三〕417
　正吉　〔一〕688
　正僑　〔十〕149
　正春　〔四〕484
　正紹　〔八〕162
　正勝　〔三〕417
　正寔　〔六〕617　620
　正成　〔一〕705　〔二〕116　〔三〕435
　正長　〔三〕435

兼松正直　高崎御使〔二〕612。播磨引渡〔三〕24。島原乱〔三〕80　86　87。長崎御使〔三〕147　152。生駒騒動検使〔三〕198。大目付〔三〕491。唐津御使〔三〕507　509。江戸西窪絵図〔三〕639。熊本御使〔三〕643　653。家綱附〔三〕655。日光葬儀目付〔四〕6　7。京都御使〔四〕13　21。諏訪御使〔四〕112。家僕成敗〔四〕187。館林城引渡〔四〕399～401。精勤褒賞〔四〕548／〔二〕449　538　595　695　〔三〕136～139　153　176　181　223　247　306　311　317　319　376　383　384　452　457　464　491　503　529　533　543　589　591　592　599　614　617　623　635　〔四〕81　93　94　159　160　177　351　352　575　590
　正貞（正員）　〔五〕102　386　509　517
　正方　〔三〕417
　正尾　争論〔二〕491。剣法〔三〕714。金改鋳奉行〔四〕259　264　338　371／〔二〕116　639　〔三〕102　110　139　347　536　655　685　736　〔四〕161　〔五〕152　183　189
　又右衛門　〔六〕197
　与三郎　〔二〕147
兼保頼継（備中守）　〔一〕296　486　492
兼康栄玄　㊀689
　元孝　↓多紀元孝
　弘順　〔六〕362　〔七〕443
　弘道　㊀8

樺山久高　[一]480
蒲田十兵衛　[四]399
鎌田正義　[四]334 438
　清豊　[九]90
　典膳　㊀704 727
上泉秀綱　↓コウイズミ
　主水　↓コウイズミ
上川井又五郎　㊀567
上曾甚五右衛門　[五]131
上村清兵衛　㊁260 267
　文助　[八]612
上柳平次郎　[七]397
上山検校　[一]682
　兵部　[二]232
上領範諷　[八]656 855
　利岑　㊀612 614
上冷泉　[五]232
神　善四郎　↓ジンゼンシロウ
神谷伊織　㊁114
　英直　[八]599
　久敬　出羽御料巡見[八]638 642。聴訴管掌[八]691。勝手方[九]365。御前を止む[九]479／[八]303 431 610 637 667 [九]104 119 450 452 497
　教彪（八郎右衛門）　㊁467
神谷三正　[一]479 [二]517 [三]145
　三盛　[三]413
　次重　[三]134
　脩正　㊀328
　十左衛門　[四]252 265
　鉦次郎　㊁487
　正羽　[八]171
　正次（縫殿助）　[二]368 463
　正次（又五郎）　[二]695
　正重　庖所頭[二]368 609 [三]175／[三]210 551
　正親　[九]568
　政成　[一]641 [二]628 [三]149
　清俊　巡見使[九]350 364 397／[九]529 605 612 628 632 707
　　[十]234 311 461 491 549
　清正　[一]705 [二]14 402 538 552 616 [三]44
　清房　[五]247 603 [六]249 461 635 653
　清頼　[八]412
　丹波　[二]458
　忠栄　[三]314 [四]60 63
　忠左衛門　㊁61
　忠篤　[十]520
　直次　[二]94
　直重　[五]524
　直勝　[九]70
神谷直清　[二]132
　直泰　[九]389
　藤三郎　㊀705
　藤次郎　㊁275
　縫殿助　㊁517 523
　弥右衛門　㊁350
神屋信濃守　[二]128
神山八右衛門　㊁502
亀井矩賢　致仕伝㊁22／[十]716 ㊀510 ㊁243
　矩貞　甲斐河渠堤防修理助役[十]211 222 656 658 659。致仕伝[十]718／[九]574 592 [十]122 ㊁22
　　243
　熊之助　㊁118
　経矩　[二]478 [四]533 [五]14 30
　権右衛門　[八]788
　茲胤　卒伝[九]574／[九]54 67 71
　茲延　致仕伝[九]67／[八]725 [九]40
　茲監（隠岐守）　㊁243 586 595
　茲休　[十]234 ㊀62
　茲矩　禁裏造営課役[一]547。卒伝[一]597／[一]
　　443 457 483 492 507 527
　茲賢　[八]506 517
　茲恒　[八]506
　茲次　[四]556

亀井茲尚（珪次郎・大隅守・隠岐守）　卒伝㊀243／㊀665　㊁22　191　208
茲親　小姓・奥詰〔六〕117　122　739　〔七〕28。雁間詰〔六〕144。中野犬小屋普請助役〔六〕252。禁裏造営助役〔六〕698　〔七〕71。唐船打払〔八〕413。卒伝〔八〕572／〔五〕332　402　457　571　572　〔七〕141　399　〔八〕140　427　567
玆政　出雲隠岐両国在番〔三〕79。消防〔三〕332　394　〔五〕277。浜田城在番〔三〕555。江戸城修築助役〔四〕327　〔四〕300　322。卒伝〔五〕402／〔二〕174　396　472　501　535　〔三〕350　401　〔四〕21　475　533　〔五〕65　239　307
茲長　〔六〕387
茲補　〔八〕517　〔九〕742
玆方（能登守）　致仕伝㊁385／㊁243
茲峯　〔十〕673　697
茲満（茲備）　所領撫救褒詞〔八〕630　〔九〕206。卒伝〔八〕725／〔八〕427　567　572　603
勝利　㊀222
政矩　昵近〔一〕122　400。津和野城引渡〔二〕134。卒伝〔二〕174／〔一〕122　395　504　597
政直　〔四〕57　479
清永　〔十〕573　764
清容　㊀65　344　351　367　630

亀井清亮　㊀446
帯刀　㊀657
主税助　㊁697
忠亮　〔八〕700　822　〔九〕524
定好　↓菅沼定好
孫次郎　㊁369
与十郎　㊁221
亀田大隅　〔二〕22　40
三清　〔九〕694
亀の局（家康側室・尾張義直生母）　↓相応院
亀姫（加納殿、家康女・奥平信昌室）　↓盛徳院
亀松（家光男）　↓徳川亀松（家光男）
亀屋栄仁　〔一〕119　546　580
源太郎　〔七〕397
鴨池道順　〔十〕428
蒲生郷喜　〔一〕487
郷治　〔一〕487
郷春　〔一〕663
郷成　〔一〕431　487　663　668
源左衛門　〔二〕453　554
源三郎　〔二〕89
源兵衛　〔二〕89
三郎兵衛　〔二〕89

蒲生氏郷　〔一〕195　207　586
秀行　江戸市街工事〔一〕76。家号下賜〔一〕431。御家騒動〔一〕431　487。秀忠臨邸〔一〕431　472。禁裏造営課役〔一〕547。卒伝〔一〕586／〔一〕126　484　486　487　539　559
秀行室（振姫、家康女）　↓正清院
秀行女（加藤忠広室）　↓宗法院
忠郷　高田城築城〔一〕649。御家騒動〔一〕663　666　〔二〕89　223。蒲生郷成病卒・退身者召返〔一〕668。江戸城石垣修築助役〔二〕190。日暮門〔二〕321。秀忠・家光臨邸〔二〕321　322。卒伝〔二〕405／〔一〕586　589　598　690　703　〔二〕148　163　164　223　233　248　372　376　401
忠左衛門　〔二〕89
忠知　新地上山城〔二〕396。伊予松山転封〔二〕406。茶事〔二〕505。面命〔二〕534。御家騒動〔二〕554。卒伝・絶家〔二〕659　〔五〕113／〔一〕589　642　〔二〕209　211　376　400　401　441　504　514　536　557
忠知室（内藤政長女）　↓正寿院
内記　〔二〕322
彦大夫　〔一〕487
唐橋在家　〔九〕63
在熙　〔十〕371
在種　〔二〕159　501

唐橋在庸　〔五〕68 517
在廉　〔六〕707
昭種　↓一色昭種(内膳)
昭晴　↓一色昭晴(主馬)
唐橋局(中院通勝女)　〔一〕489
烏丸光栄　〔九〕299 385
光賢　〔二〕120 125 384 490 〔三〕9 12 93
光広　禁中濫行〔一〕489 498／〔一〕96 〔二〕121 401 583 654 〔三〕5 7〜9 45 51 108 719 721
光雄　〔四〕398 〔五〕164
資慶　〔三〕134 400 〔四〕87 193 446
資董　〔十〕796
時直　〔二〕384
宣定　〔五〕570
苅部文助　〔八〕716
川井久永　〔四〕354
久盈　〔十〕762
久敬　河渠浚利〔十〕222 245／〔十〕180 351 354 475 483
久次郎　〔九〕105
久昭　㊀221
久宗　〔二〕662
久道　〔十〕419 466
久徳(越前守・長門守)　江戸城内修復㊁32 43 50 60 65 80 95 106 117 123 133 164 171 186 262／㊁87 182 264
久文(久交)　〔五〕270 275 494 〔六〕44 124 138
三郎兵衛　〔九〕105
三次郎　〔十〕232
小膳　㊀718
昌俊　卒伝〔一〕656
昌等(河井)　〔一〕656 〔二〕142 〔三〕102
信与(信興)　〔八〕9 〔九〕549
政忠　〔一〕412 689
伝五郎　〔六〕225
藤左衛門　〔七〕235
半九衛門　〔二〕494
又五郎　〔二〕494 545
与左衛門　〔六〕459 〔八〕334
川合忠次(河合、助左衛門)　〔五〕475 〔六〕43
政信　〔三〕42
太郎左衛門　㊁22
川勝光隆(川崎)　〔九〕68 366 377 397 551
広業(中務)　㊀633
広綱　禁裏造営課役〔一〕547。大坂目付〔二〕490 549。巡見使〔二〕581〔三〕231。豊後目付(府内目付)〔三〕64 108 293 320。因幡目付〔三〕334 354。駿府目付〔三〕386 405。越前御使〔三〕410 415。肥後目付〔三〕674〔四〕28／㊁176 191 324 369 529 538 660 691 〔三〕117 156 213 257 485 612 〔四〕405
広次　㊀504 537
広達　〔九〕613
広長　㊀125 136
広当(左京・近江守)　〔九〕90 95 381〜383 〔十〕319 466
広当(左京・讃岐守)　〔九〕410
広豊　〔八〕66 81 403
広有　〔四〕601 620
氏睦(今春)　↓竹田氏睦
氏令　〔八〕344 436 〔九〕23 648
秀氏　〔一〕406 438
重氏　〔三〕444
貞徳(員徳)　〔九〕38 666
藤次郎　㊁487
隆安　〔十〕518
隆恭　〔十〕525
隆尚　〔三〕444 445 〔五〕484 556 562 〔六〕257 546 717 〔七〕48 440 445
隆忠　〔十〕457 662 ㊀73 377
隆明　〔八〕378 684
隆雄　館林城引渡〔九〕414 418／〔八〕684 841 〔九〕576 717
川上右近　㊀688 749
金吾助　㊁536

川上金兵衛 ㊁430
川口尹緒 [十]405 430 ㊀94
尹当 [十]769
近次 [一]705 [二]121 166
恒久 ㊀67 80
恒寿 [九]388 529 645 [十]314
権平 [八]16 214
勝保 [九]89 410
信友 [九]698 [十]354 365
正信 豊後府内目付[四]244 268。大坂目付[四]550 575。巡察使[四]601 618 620。駿府目付[五]22 31／[三]474 589 635 643 685 [四]158 191 396 397 419 483 503 520 [五]192 250
正武 [一]705 [二]166
政平（信平） [五]304 323 [六]85
宗憲 [四]132 334 362 [五]332 384
宗恒 江戸城修築[四]334 363／[四]475 [五]4 97 289 429 500 559 581 [六]184 351 389
宗次 [三]104
宗重 豊後目付[二]611 [三]274。蟄居[三]317 344。因幡目付[三]376 403／[二]533 560 570 665 [三]473 [四]132
宗勝 卒伝[一]579
宗信 卒伝[一]674
川口宗世 [三]324
宗直 山形城引渡[六]396 420。刈屋城引渡[六]488 492／[六]427 546
宗定 [一]674
平宗 巡見使[七]61 86
孫作 ㊀793
川窪信安 ↓武田信安
信俊 ↓武田信俊
信貞 ↓武田信貞
信雄 ↓武田信雄
信亮 [六]507 [七]48
信友（主税・主殿・七郎右衛門） ㊀781
信有 [七]48
伝左衛門 [六]140 364 408
川前郡右衛門 ㊁110
川崎正名 [七]409
頼母 ㊀794
知高 [五]130
定安 [十]577
定盈 [十]246 262 577
定孝 [九]295 [十]248
平右衛門 ㊁616
川崎局 [四]219 506 [五]65 124 175
川路聖謨（三左衛門・左衛門尉） 佐渡奉行㊁408。小普請奉行㊁434。大坂町奉行㊁670。勘定奉行㊁694／㊁354 363 366 378 466 474 477 484 489 510 526 711
川島景泰（豊前、伊達家士） [一]542 545 549 551
重勝（了俊、喜平次、河島） [一]122 [二]182 489
昌久（周庵） [五]423 [六]84 140 408 [七]122
昌言（宗端） ㊀347 524
繁正（周庵） [四]446 [五]43 60
茂継（周庵、了俊、河島・河崎） [二]489 [三]118 253 286 401 493 518 634 660 [四]64
川尻次郎左衛門 [四]478
春之 ↓河尻春之
宗久 [一]362
鎮員 ↓河尻鎮員
鎮吉 ↓河尻鎮吉
鎮宗 ↓河尻鎮宗
川澄新五郎 ㊁23 47
正智 ㊀588
川副以直（宗碩、毛利吉就医） [五]485
重次 [二]362 368 450 [三]35
重頼 [六]228 596
頼紀（勝三郎） ㊁276 673
頼賢（川添） 松姫用人[六]710 718／[八]68 659
頼常 [八]659

川田貞英 〔十〕257
貞恒 〔五〕581〔六〕157
貞次 〔二〕141
貞則（貞利） 〔二〕141〔三〕656〔四〕338
貞陳 ㊀247
川名幸八 〔八〕111
川野源右衛門 〔二〕662
川俣右門 ㊀752
川村勘兵衛 〔二〕363〔四〕56
義通（瑞軒） 奥羽米運漕〔五〕487。召出〔六〕322 749／〔五〕605〔六〕303 328 360
金右衛門（猿楽） ↓岡本源大夫
玄東（市医） 〔六〕156〔九〕397
修就（清兵衛） 新潟奉行㊁500 597／㊁212 447 474 568
脩常 〔九〕127 228
脩富（壱岐守） ㊁284 289 334
重久（善次郎） ㊀120 400〔三〕297 538
重久（権十郎） 〔五〕189
重正（河村） 東海道巡察〔四〕210 213／〔四〕198 291 330〔五〕112 189
瑞賢（瑞軒） ↓川村義通
助左衛門 ㊁3
正記 〔七〕44
川村善大夫 ㊁391
忠功 〔十〕327 660
徳宦（徳官） 〔九〕127
包教 〔九〕660
弥五左衛門 ㊁507
与左衛門 ㊁153
六右衛門 〔四〕264
川毛備後守 ㊀635
皮屋助右衛門 ㊀120 395
河井三弥 ㊀732
河合小太郎 ㊁536
河方永養 ㊀83 104
河口藤右衛門 ㊀679
河崎和泉 〔二〕31
河島国実 〔十〕82
重国 〔七〕431
重勝 ↓川島重勝
善貞 ㊀421〔三〕460
茂継 ↓川島茂継
河尻春之（肥後守、川尻） ㊀185 489 528 611 762
甚五郎 ㊀762
鎮員（川尻） 〔三〕374
鎮吉（川尻） ㊀49 167
鎮宗（川尻） 〔三〕102 374
河尻与兵衛 ㊁249
河田往親 〔九〕404 575
親翁 〔九〕575〔十〕535 781 ㊀5
親久 〔十〕554
親生 〔十〕554
清宅（納戸坊主） 〔五〕440
泰親 ㊀192
鉄蔵（河内） ㊀318 337 581
河西親秀 〔三〕114 167
孫右衛門 〔六〕488
河辺正信 〔八〕345
河鰭家（川鰭） 〔三〕98〔五〕231
基季 〔三〕131
実陳 〔四〕459
河村久兵衛 〔三〕315
重信 ㊀475
重正 ↓川村重正
重忠妻（秀忠乳母） ↓正真院
庄介 ㊁226
新八郎 〔二〕29
甚右衛門 〔六〕237
宗澹 ㊀668
長右衛門 〔二〕104
与惣右衛門 ㊀93 697

河村与六郎　〔一〕459
瓦林嘉久　〔六〕566 597 〔八〕165
　嘉明　〔八〕165
　助次郎　㊁2
　良時　〔八〕252
　良泰　〔十〕494
　良中　〔六〕566 597 〔八〕252
上林久忠　〔十〕742
　久豊　〔八〕158 232
　久茂(久徳)　〔一〕411
　重胤(峯順)　〔六〕367
　勝永　〔一〕411 718 〔二〕88
　勝盛　〔二〕88 585 594
　政郷　〔十〕776
　政信(竹庵)　〔三〕298
　政武　〔七〕81 〔八〕645
　定政(竹庵)　〔四〕596 〔五〕331
　又兵衛　㊁152
甘露寺国長(大夫)　〔十〕770
　嗣長　〔三〕539
　尚長　〔六〕706
　輔長　〔六〕40
　方長(大納言)　〔五〕502 509
咸有院(純姫、尾張宗睦養女・上杉治広室)　〔十〕706 ㊀772
看海(浦和玉蔵院)　〔一〕447
神尾一位殿(阿茶局、家康側室)　→雲光院
　元孝(市左衛門・備中守)　学問吟味㊁97。日記取調㊁97。医学館㊁97。国政取締㊁97。江戸城内各所修復㊁240 248 262 283。日光東照宮修復総督㊁259 266。宗門改㊁259／㊀336 ㊁58 220 227 242 243 285 536 539
　元勝(岡田)　養子〔一〕419。会津御使〔二〕329。花畑番〔二〕329。大坂御使〔二〕362 519。大坂目付〔二〕436。作事奉行〔二〕568。長崎奉行〔二〕637 〔三〕104。町奉行〔二〕104／〔二〕475 538 616 693 〔三〕47 49 76 121 181 186 264 292 429 709 711 〔四〕60 71 119 120 219 256 342 378 381 442
　元清　歩行頭〔三〕656。新番頭奥勤〔五〕163 164 168。大坂定番引渡〔五〕512／〔四〕119 120 196 239 244 291 323 531 〔五〕25 92 428 〔六〕196 350 363 457
　元知　中奥小姓〔四〕185。御側小姓〔四〕417。病免〔六〕257 277／〔四〕292 388 441 579 591 〔五〕8 20 53 60 64 71 82 88 237 270 499 〔六〕167 302
　元籌(元寿)　館林城引渡〔八〕493 497。寛永寺本坊修理〔八〕765 782。上野新田古墳〔八〕809 815。阿蘭陀通商制〔十〕41／〔八〕662 842 〔九〕119 425 437 462 473 482 486 487 539 545 549 575 576 589 618 〔十〕67 153
　元珍(元鎮)　外様伺候〔三〕123。家光廟新造奉行〔四〕11 15 49。大坂目付〔四〕503 521。仙台目付〔四〕602 625。福知山城引渡〔五〕48 53。信濃飯田城引渡〔五〕139。仙洞造営奉行〔五〕257 271 272／〔二〕551 575 〔四〕44 65 66 68 182 346 370 483 〔五〕272 433 471 538 581
　元陳　〔七〕230 〔八〕226 372 431 735 858 〔九〕53
　元定　〔五〕233 〔六〕396 504
　元伝　㊀182 336
　元雋　〔十〕405 446
　元肥　〔九〕500
　元連　〔六〕677 〔七〕55 348
　五助　〔二〕368
　幸綱(光忠)　〔三〕526 〔五〕20
　幸之　〔九〕585 601
　幸政　山王社造営奉行〔二〕491／〔一〕573 〔二〕553 600 609 〔三〕40
　高久　〔三〕78
　守尹　〔八〕93
　守盈　〔九〕577 〔十〕530 802 ㊀131
　守好　〔四〕158 261 449 479
　守重　〔二〕526 〔三〕122

神尾守俊　〔四〕158
　守勝　肥後局と婚姻〔一〕445。姫路御使〔三〕364。宇治茶詰〔二〕587〔三〕718／〔一〕705〔二〕46 538〔三〕45 110 136〔四〕70 158
　守親　〔八〕93
　守世　焼火間番頭〔三〕46 72。秀忠鷹狩〔三〕218。寄合〔三〕368 394／〔一〕580〔二〕4 368 538 613〔三〕49
　守政　明正院附〔五〕167 583〔六〕7／〔五〕388 553〔六〕144 301
　守宣　〔八〕93
　守富（豊後守）　㊁689
　守邦　日記管掌〔九〕441 502／〔八〕860〔九〕357 425 444 523 577
　守郷　〔六〕81 140〔八〕78
　周右衛門　㊁70
　春央　新田の事〔八〕759。金銀改鋳〔八〕822。河渠浚利〔九〕68 442 465。五畿東海道巡察〔九〕95 107 110。米価調節〔九〕231。勝手方〔九〕365。知行割・会計〔九〕445／〔八〕503 625 718 758〔九〕57 82 90 91 415 418 539 545 561 564 567 598
　春始（五郎三郎）　㊀305 678 690
　春田　〔九〕619 746〔十〕149 220 586 ㊀182
　甚四郎　㊀151

神尾正広（堀田）　〔一〕573
　忠次　〔一〕573
　忠重　〔三〕48
　忠蔵　〔九〕449
　長好　〔九〕709
　長厚　〔九〕709〔十〕109
　長房　〔三〕656
　鉄次郎　〔九〕601
　道器（道著）　〔九〕589 601
　保重　〔一〕474〔三〕44 78
　房成　卒伝〔一〕474
神田伊兵衛　〔一〕454
　九兵衛　〔一〕737
　将為（穆又）　〔十一〕43 578
　将高　〔二〕183
　将武　〔十〕578
　将朋　〔九〕702〔十〕43
　正之　〔九〕697 ㊀246
　正秀　〔六〕578 660〔七〕84 289
　正重　〔三〕65
　正俊　〔二〕356
　正照　〔九〕4 435 697
神原藤十郎　㊁355
　徳門　〔九〕37

神戸盛信　〔三〕258
神部式部　〔五〕591
　保平　〔六〕32
　与右衛門　〔二〕615
勘野喜六郎　〔九〕490
寒河金六郎　㊁216
寒松（足利学校）　『貞観政要』〔一〕103 341。江戸城内御文庫創建〔一〕342。御文庫目録編聚〔一〕342。『東鑑』〔一〕425〔二〕289
閑院宮　創設〔七〕114／〔七〕263
　籌宮　〔十〕357
　方宮　↓公顕法親王
　佳宮　㊁420
　直仁親王　親王宣下〔六〕548。宮家創設〔七〕114／〔九〕592
　直仁親王女（五十宮、家治室）　↓心観院
　淳宮　〔九〕87
　五十宮（閑院宮直仁親王女・家治室）　↓心観院
　典仁親王　㊀209 254
　裕宮　↓田安斉匡室
閑栄（知恩院）　〔五〕424
閑　斎　〔一〕346〔二〕153
閑室（円光寺）　御談伴〔一〕343。寺社行政〔一〕587／

閑室 〔一〕522 531 563 577 586
感光院（舒姫、家斉女） ㊀483 506
寛義親王（曼殊院） ↓公啓法親王
寛俊（勧修寺門跡） 〔五〕38 43 65 67
寛順（醍醐寺報恩院） 〔六〕117〔七〕388
寛全親王（中御門天皇男・仁和寺門跡） ↓遵仁親王
寛宅（遠江可睡斎） 〔四〕372
寛徳院（真宮、伏見宮貞致親王女・吉宗室） 卒〔七〕105／〔七〕104〔八〕1 273 406 534 658〔九〕39 554 735
寛宝法親王（勧修寺門跡） 〔九〕450
寛明（鶴岡八幡宮別当相承院） 〔八〕733
寛隆法親王（仁和寺門跡） 〔五〕497〔六〕225 455
寛　量　院 ↓清水斉明
還無（鎌倉光明寺） 増上寺住職〔三〕212。檀林無住の地査検〔三〕229／〔三〕230 288 343 387 403 577
勧修寺経慶 〔四〕306 329〔五〕164 634 635 643～646
　経広 昵近衆〔三〕93／〔二〕372 384 394 434 620〔三〕64 66 69 184 400〔四〕281 306 329 397 450 476 494〔五〕133 232
　経敬 〔六〕706
　光豊 武家伝奏〔一〕251／〔一〕513 542 600〔二〕120
勧成（増上寺月界院） 〔十〕436
歓喜心院宮（日光門主） ↓公澄法親王
鑑了（増上寺伴頭） 〔五〕569
観光院（近姫、田安斉匡女・一橋斉礼室） ㊀566 ㊁20 228
観樹院尼（紀伊宗直生母） 〔八〕689
観如院（充姫、近衛忠照女・紀伊斉彊室） ㊁705
観　世 江戸城町入能〔一〕423 424。蟄居赦免〔一〕577／〔一〕387 406 430〔二〕83 210 503〔四〕467 ㊀766
　小次郎 〔二〕293
　黒雪 〔一〕520
　権九郎（猿楽） 〔五〕476 509
　左吉 〔三〕728
　左吉（太鼓師） 〔十〕672
　左近 逐電〔一〕520。家光寵眷〔三〕739／〔二〕279 670〔三〕739〔四〕40 176 186 537〔五〕396
　左近 〔十〕843
　三十郎 〔三〕406
　新九郎（猿楽師） 〔五〕476 509
　新九郎（鼓吹師） 〔八〕680〔九〕312
　新九郎（猿楽） 〔十〕513
　新九郎子 〔三〕548
　宗雪 〔一〕84 722
　稠賀（猿楽） ↓藤本（稠賀源右衛門）
観世慕閑 〔二〕293
観善（増上寺伴頭） ㊀316
観善（浅草幡随院） ㊀608
観智国師（増上寺） ↓存応
巌宿（増上寺） 〔五〕180 376 379 455

き

きよ(大坂商家、孝女)　〔十〕242
木内蕃直　〔三〕243
　安右衛門(水戸家士)　〔三〕687 714
木島長左衛門　㊁183
木城金朝(貞右衛門)　㊀500 ㊁173 183
木津船右衛門　〔一〕646
木津屋吉兵衛　〔八〕845
木曾万年(治郎右衛門・七郎左衛門)　㊀176 354 ㊁253
木田理右衛門　〔一〕646
木谷五郎兵衛　〔六〕623
木梨新兵衛　〔一〕150
木下寅亮(菊潭)　〔六〕183 〔八〕174 218 〔九〕235 236 239 247
　栄俊　〔七〕424 〔八〕285 673 846
　延次(延由)　〔三〕271 〔四〕290
　延俊　名古屋城修築〔一〕510。禁裏造営課役〔一〕547。大坂城修築課役〔二〕185。熊本城請取〔二〕551。江戸城惣郭経営助役〔三〕1。島原乱〔三〕72 76。卒伝〔三〕271／〔一〕457 659 〔二〕329 535 591 〔三〕151
　延知　〔四〕192 319 〔五〕294
木下延由　↓木下延次
　家定　卒伝〔一〕466
　主計　㊁22
　紀林(金森)　〔八〕363 〔九〕592
　公定　宮津城請取〔五〕368 411。赤穂城収公〔六〕433 436。禁裏造営課役〔六〕696 698 〔七〕71。致仕伝〔八〕499／〔四〕497 〔五〕320 358 442。家士〔五〕320
　公福(量寛)　〔六〕464 553
　左京亮　〔一〕744
　左門　㊁98
　次郎四郎　㊀711
　守恒(道円)　㊀185
　守清　〔三〕165 199 212 242 375 448 450 494
　守直　〔五〕490 〔七〕179
　守明　〔八〕289
　秀三　〔六〕457 〔八〕393
　秀就　〔八〕548
　重俊　〔六〕629
　俊胤　卒伝〔十〕521／〔十〕261 329
　俊在　卒伝〔八〕583／〔八〕521
　俊治　消防〔三〕332 394 509 605 639 〔四〕5。豊後府内城在番〔四〕179。卒伝〔四〕388／〔三〕271 278 339 626
木下俊重　〔三〕626
　俊昌　〔十〕602 617
　俊泰　卒伝〔十〕288／〔九〕470 514 〔十〕110
　俊長　新院造営課役〔四〕396 438。致仕伝〔六〕669／〔四〕258 388 525 〔五〕5 10 65 493 499 579 〔六〕320
　俊直　〔十〕659 ㊀173
　俊徳　〔九〕121 〔十〕580
　俊敦(左衛門佐)　致仕伝㊁590／㊀760 ㊁586
　俊能　卒伝〔九〕470／〔九〕27
　俊方(大作)　㊁559 590 595
　俊懋　致仕伝㊀647／〔十〕675 681 682 771 ㊀597
　俊隆　㊀173 417
　俊良　卒伝㊀760／㊀597
　俊量　卒伝〔八〕521／〔五〕427 〔六〕669 694 〔七〕388
　順庵　↓木下貞幹
　順之助　㊁60
　勝俊(長嘯)　〔一〕466 494 〔三〕750
　信喜(杉原)　〔一〕466
　信真　〔六〕462 〔七〕60
　信名　宇和島国目付〔七〕162 208。古河城引渡〔七〕242 278 284。東照宮〔八〕443 726 731 735 769 776 780 821 823 831。諸駅管掌〔九〕121。国用沙汰〔九〕365／〔七〕232 405 〔八〕65 104 393 421 473 600 619 836 〔九〕79 159 592 632

木下泰助　㊁190 679
　内匠助　㊀786
　長監　卒伝㈨27／㈧812
　長治　㈤181 ㈥61
　長保　卒伝㈧812／㈧583 597
　貞幹(順庵)　召出㈤455。『三河記』校正㈤499 ㈥737。『武徳大成記』校正㈤585。『秘伝花鏡』上進㈦268／㈤468 476 ㈥183 283
　藤栄　↓金森藤栄
　東五郎　㊀559
　平五郎　㊁264
　政之助　㊁59
　本之助　㊁12
　利愛(肥後守)　致仕伝㊁594／㊁65 592
　利安(主殿)　㈥430 546
　利安(利恭、三之丞・備中守)　㊁592 594 596
　利意　㈨33 347 614
　利徴　致仕伝㊀561／㊀478
　利恭(万之助)　㊀249
　利恭(三之丞・備中守)　↓木下利安(三之丞・備中守)
　利潔　卒伝㈧858／㈧434 499
　利三　↓木下利次

木下利次(利三)　㈡301 326 329 373 401 637 ㈤168 605
　利値(利徳、左門)　㈣318 ㈤605 ㈥457
　利常　㈩591 683 ㊀56
　利嵩　㊀56 292
　利忠　致仕伝㈩754／㈧858 ㈨614
　利貞　卒伝㈤320／㈣456 493 498
　利当(俊当・利常)　江戸城修築課役㈢149 190。仁和寺造営奉行㈢219 286 291。槍術名人㈣412。卒伝㈣412／㈠677 ㈡377 ㈢15 ㈣412 548 ㈤65
　利徳(左門)　↓木下利値
　利徳(肥後守)　卒伝㊁65／㊀561
　利彪　致仕伝㊀387 412／㈩708 719 754 756 ㊀404
　利房　卒伝㈢63／㈠466 ㈡80 329
　利亮(左兵衛・内記)　㊁241 478
　量寛　↓木下㕣福
　和之助　㊀778
木原義久　桔梗間詰㈡450。大工頭㈡450 ㈢47 65 76 190 267 457 479 485 588／㈡557 609 639 ㈢242 372 ㈣3 5 43 123
　吉次　㈠473
　弘正　㈥405 ㈧768
　重義　㈠591
　重弘　江戸城石垣竣工㈣291。山王社造営㈣306。浅草溝渠成功㈤26／㈣514 ㈤422 431 ㈥80 ㈦386
　清白　寛永寺綱吉廟造営奉行㈦64 72。寛永寺本坊修理㈧251 277／㈥504 ㈦299 334 ㈧529
　白郷　㊀18
　白敏(兵三郎)　㊁431 438
　兵三郎　㊀649 711
　又左衛門　㊁686
木部安欣　㊀25
　庫太　㊁121
　直春　㈢138 190
　直清　㊀110
　直年(庄八郎)　㈨129
　直方　㈡445
木股清左衛門　㈠168
木俣右京　㈠262 743 744
　守勝　㈠76
　土佐　㊀684
木村安根　㈩254
　安重　㈥176
　右衛門　㊁409
　永昌　㊀336
　勘解由　㊀689

木村季益 [六]362 420
　季伯 [十]247
　喜左衛門 [一]752
　輝安 [六]213
　吉次 [二]120
　吉清 [一]194
　久正 [二]579
　元継 [二]203
　元正 [一]705 [二]129
　元宣 [三]551
　元直 [九]670 700
　五右衛門 [五]246
　弘徳院 [七]104
　光休 ㊀274
　恒佐 ㊀104
　恒忠 [八]119 286 810
　高敦 [九]3 56 244
　権兵衛 [九]241
　左衛門 [九]229
　佐次右衛門 [八]545 587
　三郎右衛門 ㊁141
　三郎左衛門 [三]34
　次郎太郎 ㊁176
　七右衛門 ㊁483 572

木村周蔵 ㊀735
　重成 禁裏造営課役[一]548／[一]263 271 683 693 732
　　742 751 [二]15 31
　重勇 ㊀510
　春湖 [六]213
　春徳 [八]489
　勝元 [二]501
　勝正 [一]93 [二]40 117
　勝清 過書船支配[二]472／[一]697 710 [二]7 [三]579
　信久 [一]464
　信継 [六]557
　信祐 [十]236
　助九郎（紀伊家士） [三]686 714
　正敦 ㊀336
　正邑 [一]697
　清兵衛 [二]491
　盛重 [四]544
　専助 ㊁20
　善十郎 ㊁623
　宗喜 [二]25
　宗綱 [二]179 500 [三]552
　宗重（主計頭） [一]733
　宗明（主計頭） [二]31
　惣四郎 [六]714

木村則綱（則継） [二]179 237
　忠四郎 ㊁435
　長安 ㊀739
　長羽 [九]489
　長吉 [一]604
　長正 [二]403
　定元 [一]194
　貞休 ㊀388 503
　藤五郎 [四]21
　道伯 [四]589
　年冬 ㊀179
　彦兵衛 [四]171 229
　平九郎 ㊁248
　平八郎 ㊁631
　炳虎 ㊀343 369
　保元 [一]641
　又助 ㊁20
　弥右衛門 [三]114
　鎗蔵 ㊁404
　養順 ㊀711
　頼春 [九]473
　良綱 [二]209
木屋長十郎 ㊁363
　弥三右（左）衛門 暹羅渡海朱印[一]413 442 491

木屋　524 595 646。東埔寨渡海朱印〔一〕464。呂宋渡海朱印〔三〕71／〔一〕626〔二〕304
吉良義央　初謁〔四〕73。官位〔四〕252 449〔五〕387。庇護料〔四〕299。京御使〔四〕432 434 436 445 449 493 538 542 597〔五〕124 166 168 217 219 229 231 269 271 272 303 305 380 386 409 469 472。公卿館伴〔四〕512〔五〕180 204 232 280 309 310 360 369 372 397 399 404 408 447 476 496。伊勢御使〔五〕52 54 182 184 254 255。韓使饗応〔五〕456 458。家を継ぐ〔五〕19。浅野長矩〔六〕432 433。高家辞免〔六〕436。致仕〔六〕457。卒〔六〕492
義郷　〔一〕23
義祗　↓蒔田義祗
義周　〔六〕276 499 611
義俊　↓蒔田義俊
義所　〔九〕14 367
義処　〔八〕388
義昭　〔一〕32
義成　↓蒔田義成
義冬　初謁〔二〕142。京御使〔二〕383 453 455 457 489 499 609 615 643 652 699〔三〕1 7 47 66 89 230 247 297 372 396 405 422 425 443 444 448 460 474 477 496 510 551 560 609 635 673 678〔四〕16 28 31 70 80 82 125 130 169 172 258 260 300 303 433 504 507。秀忠遺金下賜〔二〕539。
吉良　伝奏旅館造営〔二〕694。高家〔三〕1。韓使饗応〔三〕43 322〔四〕160。伊勢御使〔三〕151 166 169 203 619 624。公卿館伴〔三〕269 388 438 458 482 483 548 563 641〔四〕7 27 251。後光明天皇〔三〕300 301。家を継ぐ〔三〕335。琉球使応接〔三〕359 617 618〔四〕93。官位〔三〕405〔四〕31。奉幣使の作法〔三〕436。酒井忠清就封披露〔三〕611。家光贈位〔四〕8 12。家綱将軍宣下〔四〕12 25。家綱右大臣〔四〕88。浴湯〔四〕511。卒〔五〕19
義弥　官位〔一〕474 541〔二〕310 311。京御使〔一〕540〔二〕302 309 310 317 331 383 437 541 643 644 653 695〔三〕23 27 118 121 175 191 192 204 209 242 247 278 281 303 312 315。家光将軍宣下〔二〕299。秀忠遺金下賜〔二〕539。韓使饗応〔三〕43 321。公卿館伴〔三〕66 69 132 269。後光明天皇〔三〕300。卒〔三〕335／〔二〕120 643〔三〕169
義豊　〔九〕744〔十〕670㊀280
氏朝　卒伝〔一〕90／〔一〕482
式部　㊁532
成高　〔一〕90
中務　㊁105
孫六郎　㊁508
弥清　〔二〕567
吉良頼久(蒔田)　卒伝〔一〕482／〔一〕90
頼康　〔一〕90 482
紀伊岩千代　↓紀伊治宝
岩千代　↓紀伊重倫
栄姫(紀伊光貞女)　↓上杉綱憲室
鎗姫(紀伊治宝女)　↓一橋備千代室
久松　↓松平頼純
慶福　↓徳川家茂
光貞　病気〔三〕109 114 115 619〔四〕427 493 530〔五〕293 295〔六〕584 589 590。特饗さる〔三〕144。銃学〔三〕144。浴湯〔四〕69 72 73 137 141。尾張光友の治療を議す〔四〕86。婚姻〔四〕242。在国令〔四〕273。恩貸金〔五〕29 466 517〔六〕222。薬種下賜〔五〕29 58 86。『創業記攷異』献上〔五〕141。茶事〔五〕257 307。封地火災〔五〕396。邸辺消防の制〔五〕429。邸宅火災〔五〕466〔六〕222。湯島聖堂に典籍献上〔六〕85。致仕伝〔六〕326。隠退〔六〕331。特遇〔六〕451。落飾〔六〕475。卒〔六〕591。吉宗を称讃す〔九〕135／〔二〕499 526 665〔三〕48 52 62 147 177 179 188〜190 196 219 233 242 248 272 341 342 344 381 445 448 590 642〔四〕74 120 121 174 333 417 493 613 619〔五〕31 33 91 335 350 412 434〔六〕8 74 339 386 397〔八〕1 80 83 240 243 505 765〔九〕621

紀伊光貞生母 [三]365[四]282
光貞室(安宮、伏見宮貞清親王女) ↓天真院
光貞妹(松姫、紀伊頼宣女・松平〔鷹司〕信平室) ↓松寿院
光貞女 ↓一条兼輝室
光貞女(栄姫) ↓上杉綱憲室
光貞女 ↓佐竹義苗室
綱教 元服・偏諱[五]131。婚姻[五]420。浴湯[五]583 584 586。卒[六]581 584／[五]63 91 196 251 306 401 470 472[六]9 582 627[八]230
綱教生母 [六]180
綱教室(鶴姫、綱吉女) ↓明信院
鍇姫(紀伊治宝女) ↓伊達斉宗室
治貞 婚姻[九]649。紀伊家相続[十]459。恩貸金[十]517。病気[十]661 670 782 795 808㊀19。封地凶荒[十]686。卒㊀108／[九]20[十]396 464 499 513 553 602 669㊀38
治貞実母 [十]430
治貞養女(方姫、紀伊重倫女・水戸治紀室) ↓恭岳院
治貞叔母(従姫、紀伊宗将女・尾張治行室) ↓聖総院
治宝(岩千代) 婚姻[十]687㊀51。元服・偏

紀伊
諱[十]688。邸宅火災㊀392。封地損毛㊀667。致仕㊁108。乗輿免許㊁226。卒㊁704／[十]553 689 712 772 782 797㊀112 130 179 226 410 640 711 712 770
治宝祖母 ㊀427
治宝室(種姫、田安宗武女・家治養女) ↓貞恭院
治宝側室 ㊀288
治宝叔母(丞姫、紀伊重倫女) ↓池田治道継室
治宝叔母(保姫、松平頼興女・紀伊重倫養女) ↓松平頼啓室
治宝養方祖母(備姫) ↓前田斉敬室
治宝女(鍇姫) ↓伊達斉宗室
治宝女(鎗姫) ↓一橋備千代室
治宝女(豊姫) ↓紀伊斉順室
治宝女(豊姫) ↓前田利命(裕次郎)室
修理(頼宣男) [三]39
重倫(岩千代) 病気[九]507[十]356 395 406 421。婚姻[九]576。元服・偏諱[九]649。邸宅焼失[十]214㊀659 747。致仕伝[十]459。卒㊁207／[九]454 521 648 659 758[十]42 205 215 264 276 301 309 326 327 353 681㊀7 724
重倫祖母 ↓永隆院

紀伊重倫妹(懿姫) ↓一条輝良室
重倫女(方姫、水戸治紀室) ↓恭岳院
重倫女(丞姫) ↓池田治道継室
重倫養女(保姫、松平頼興女・紀伊治宝叔母) ↓松平頼啓室
従姫(紀伊宗将女・尾張治行室) ↓聖総院
丞姫(紀伊重倫女) ↓池田治道継室
斉彊(清水恒之丞・清水斉彊、家斉男) 清水邸相続㊁172。婚姻㊁392。紀伊斉順の養子㊁562。卒㊁624／㊁173 282 563 564
斉彊室(充姫、近衛忠照女) ↓観如院
斉順(松平菊千代・徳川菊千代・清水斉順、家斉男) 病気㊀526 678 679㊁105 546 559 562。賄料三万苞㊀658。清水邸に移徙㊀659。邸宅火事㊀664。元服・偏諱㊀744。婚姻㊀770。西丸修築助役㊁351。卒㊁562／㊀466 467 518 543 565 566 771 778㊁30
斉順室(豊姫、紀伊治宝女) 婚姻㊀770／㊀790㊁546
宗将 元服・偏諱[八]511。病気[八]546 717[十]18 22 28 74 77 82 84 89 148。婚姻[八]827[九]8。優待[九]454。再婚[九]736 739。卒伝[十]180 183／[八]186 227 509 651 714 717 845[九]75 454 461 467

紀伊
宗将生母　〔九〕722　469　655　691　705　711　〔十〕150
宗将室（富宮、伏見宮貞建親王女）　↓浄眼院
宗将継室（一条兼香女）　↓明脱院
宗将妹　↓京極宮公仁親王室
宗将妹　↓丹羽高庸室
宗将男（直松）　↓紀伊直松
宗将女　↓池田重寛室
宗将女　↓前田重教室
宗将女　↓松平重富室
宗将女　↓松平頼真室
宗直　紀州家相続〔八〕2。偏諱〔八〕20。放鷹地下賜古制に復す〔八〕73。邸宅焼亡〔八〕523　〔九〕559。封地蝗災恩貸金〔八〕615。邸宅防火制〔八〕664。病気〔九〕438　442　448　456　551　600　654。優待〔九〕477　487　617　632　643。卒伝〔九〕689　691／〔六〕415　632　〔七〕201　276　375　〔八〕39　102　137　186　253　430　581　653　825　〔九〕435　588　665　711
宗直側室　↓永隆院
宗直女（利根姫、吉宗養女・伊達宗村室）　↓雲松院
宗直女　↓細川宗孝室
宗直女　↓池田宗泰室
紀伊宗直女　↓伏見宮邦忠親王室
宗直女　↓丹羽高庸室
宗直女　↓前田重靖室
宗直女　↓松平頼済継室
宗直女　↓京極宮公仁親王室
等姫　↓池田治恕室
豊姫（紀伊治宝女）　↓紀伊斉順室
豊姫（紀伊治宝女）　↓前田利命（裕次郎）室
虎千代　↓徳川虎千代
直松　↓紀伊宗将
直松（紀伊宗将男）　〔九〕78　110　428
備姫　↓前田斉敬室
久松　↓松平頼純
松姫（紀伊頼宣女・松平〔鷹司〕信平室）　↓松寿院
保姫（松平頼興女・紀伊重倫養女）　↓松平頼啓室
頼職　三万石下賜〔六〕292。紀伊家相続〔六〕584。卒〔六〕594　597／〔六〕258　582　593　597　620　630　〔七〕358　〔八〕70　380　505
頼宣　婚姻〔一〕96。加封〔一〕96　121　〔二〕171。水戸城主〔一〕96。大坂陣〔一〕274　688　726　〔二〕33　34。武辺の教育〔一〕369。病気〔一〕423　〔二〕229　521
紀伊
528　537　541　547　581　619　〔三〕51　52　54　64　88　98　99　104　105　149〜151　154　166　169　231　236　238　277　287　336　338　341〜343　348　351　357　358　364　371　448　456　461　466　467　576　619　645　649　653　〔四〕70　81　141　142　170　229　258　265〜267　377　379〜382　394　399　474　537　559　575　597　〔五〕57　88　91。転封〔一〕480　502　574　〔二〕116　171。八大名を麾下に附す〔一〕502。家康・秀忠・家光に陪従（相伴）〔一〕541　651　〔二〕316　423　430　431　437　475　476。豊臣秀頼の入洛を接待〔一〕544　548。禁裏造営課役〔一〕547。中村一氏の水主を悉く召出す〔一〕609。春日社近辺の古跡を遊覧〔一〕723。家康遺命〔二〕94。駿府宝庫の宝物下賜〔二〕97。久能山神廟本地堂造営〔二〕97。久能山神柩日光移遷審議〔二〕120。日光参詣〔二〕124　432　〔三〕8　181　183　184　242　262　544　〔四〕330。江戸城内宅地下賜・営築〔二〕146　203。家康遺金下賜〔二〕269。秀忠来邸〔二〕315　361　428　477。家光来邸〔二〕316　341　361　429　478　〔三〕188。二条城修築助役〔二〕318。江戸城修築用材献上〔二〕329　〔三〕636。米倉昌縄を扶助〔二〕409。江戸城石垣修築助役〔二〕447　〔三〕308。会議（密談）〔二〕479　549　550　592　643　〔三〕312　327　334　338　348　483　614　〔四〕21　22　123。茶

紀伊
事〔二〕480 574 669 686 〔三〕24 27 62 118 175 364 486 619。浴湯〔二〕521 〔三〕283 286 287 325 327 431 436。秀忠遺物〔二〕533 536。加藤忠広の事を議す〔二〕549。放鷹地下賜〔二〕585。酒井忠世の赦免請願〔二〕666。風流張行〔三〕55 62。島原乱の出兵不許可〔三〕87。別墅地下賜〔三〕113 〔四〕73。よりかかりのたんぼ居風呂献上〔三〕127。特饗〔三〕144。優遇〔三〕162。薬材下賜〔三〕165 299 337 466。国政沙汰の事〔三〕190。日光の事を審議〔三〕235 352。日光奥院の石垣修築・相輪塔建立〔三〕291。鉄砲台献上〔三〕299。禁中の事を審議〔三〕300。中根正盛使して来邸〔三〕306 316 346 474 576。松平信綱の来邸を秘す〔三〕361。鄭芝竜乞師〔三〕459 460 461。廻米の事〔三〕462。乗輿献上〔三〕594。寛永寺法華堂造営〔三〕720。家綱補導〔四〕52。霊廟進謁の制〔四〕55。尾張光友の治療審議〔四〕86。執政・近習の輩と交替して伺候す〔四〕177。明暦大火後の処置を議す〔四〕213。常府免許〔四〕330。玄関前門まで乗輿許可〔四〕388。老中連署の制を建白〔四〕496。致仕伝〔四〕610。吉川惟足従

紀伊
時を尊信す〔四〕619 〔五〕468。卒〔五〕91。由井・丸橋に名を借りらる〔五〕339 341。安藤直次に咎めらる〔五〕342。家綱より国家の大事を諮問さる〔五〕344／〔一〕83 414 423 463 481 485 487 513 543 544 551 558 〔二〕115 132 279 330 369 376 392 429 520 527 532 628 658 665 〔三〕1 131 135 146 147 149 192 279 281 322 335 343 348 367 408 502 598 613 625 629 638 684 689 〔四〕10 47 51 72 74 82 89 〜 91 93 174 〔五〕66 〔八〕1。家士〔一〕420 538 561 591 〔二〕317 〔三〕231 426 〔四〕19 129

頼宣母（お万の方・蔭山の方、家康側室） ↓養珠院

頼宣室（加藤清正女） ↓瑤林院

頼宣男（修理） ↓紀伊修理

頼宣女 〔三〕98

頼宣女（池田光仲室） ↓芳心院

頼宣女（松姫、松平〔鷹司〕信平室） ↓松寿院

頼方 ↓徳川吉宗

城戸兵蔵 ㊀592

喜済（処士） 〔三〕524

喜　多 〔五〕186

恒能（猿楽） ↓中条恒能

七大夫 諍論〔三〕611。頓死〔四〕534／〔二〕429 466 503

喜多
598 604 671 〔三〕644 679

宣政 ↓森 宣政

直景（七大夫） ↓中条直景（加兵衛）

喜多川正芳 ㊀146

宗右衛門 ㊁603

喜多見重恒 ↓喜多見重俊

重治 〔六〕35

重俊（重恒） 勘気〔二〕306 345 347。豊後府内目付〔三〕37 650。駿府城修造奉行〔三〕105 107 136。生駒高俊家中騒動検使〔三〕198。高槻城引渡〔三〕204 212。村上目付〔三〕258。越前目付〔三〕478 480 497。屋敷小割奉行〔四〕186 228 229 249／〔三〕155 198 240 320 409 447 559 588 〔四〕96 121 212 222 385 628 〔五〕71 131 〔六〕37

重勝 小納戸〔二〕511。手水番〔二〕529。歩行頭〔二〕616。大坂目付〔三〕674 688 〔四〕99 115 173 195 255 275／〔二〕539 553 〔三〕102 230 314 318 376 444 518 548 606 〔四〕32 71 136 139 158 164 225 230 277 〔五〕502

重政 京坂御使〔五〕356。御側小姓〔五〕384。側用人見習〔五〕461。万石に列す〔五〕469。連座〔六〕35。絶家・除封・卒伝〔六〕37／〔五〕408 434 502 530 552 565 〔六〕38 174 733 746

勝重 ↓喜多見勝忠

勝忠（勝重） 近江国奉行〔二〕115。堺政所〔二〕

き

喜多見 119 158。堺・摂河泉奉行〔二〕158 172 303 336 419／〔一〕747〔二〕135 220 336 377 430〔六〕37
　正忠 〔一〕692〔二〕197〔六〕37
　長五郎 〔三〕285
喜多村安正 ㊀778
　安斉 ㊁449 478
　喜右衛門 〔一〕194
　慶庵 〔六〕84
　正矩 〔八〕9 765 794〔九〕262 441 658
　正秀 〔十〕831 ㊁51
　直信（安斉） 〔五〕362 393 433 490
　直明（安斉） 〔五〕579 584
　哲三 ㊁487
　与□（伴次郎） ↓恩田与□（伴次郎）
喜連川梅千代王丸 ㊀676
　熙氏（左馬頭） ㊁649 650
　恵氏 致仕伝㊀109 111／〔十〕291 492 493
　左兵衛督 ㊁236
　氏春 卒伝〔八〕240／〔五〕455〔七〕366
　氏信 〔五〕35
　氏連 卒伝〔十〕75／〔九〕648 700〔十〕67
　昭氏 卒伝〔七〕366／〔四〕29〔五〕445〔七〕209
　尊信 〔二〕485 539〔三〕557
　彭氏 致仕伝㊁238
喜連川茂氏 〔八〕54 240 357〔九〕698 700
　頼氏 卒伝〔二〕485／〔一〕298〔二〕52
貴志角之丞（角之允） 〔一〕732〔二〕31
　正吉 〔一〕83 529
　正久 〔一〕83 631
　正勝 〔二〕573
　正成 〔一〕83
　正盛 〔二〕155
　忠左衛門 〔六〕105
　忠治 〔三〕110 111
　忠秋 〔六〕473 494
貴屋（伝通院・増上寺） 明暦大火焼死者供養〔四〕218／〔四〕36 59 192 197 245 280 286 297 303 334
輝岳（禅侶） 〔三〕222
輝光院（鍋姫、家慶女） ㊁601 610
徽宗帝 〔七〕337
宜（東福寺長老） ㊀677
義延法親王（実相院門跡） 〔五〕283 285 509〔六〕115 635
義演准后（三宝院門跡） 〔一〕622 625
義海（世良田長楽寺願王院） 〔九〕740
義嶽（東海寺） 〔十〕411
義種 ↓天一坊
義順（寛永寺凌雲院） 〔十〕398
義尋（大乗院門跡） 〔三〕367
義仙（釈義仙・柳生宗矩男） 〔三〕464
義尊（実相院門跡） 〔二〕324〔三〕367 399 400 548 549〔四〕103
義諦（高野山成福院） ㊀622
儀庵（京医） 〔三〕649
儀我定郷 〔十〕214
　定恒 〔八〕797
　兵大夫 〔八〕337
儀貞（護持院） ㊀313 326 327
菊亭 ↓今出川
菊姫（武田晴信女・上杉景勝室） ↓上杉景勝室
菊間丈右衛門 ㊁4
岸九兵衛 〔二〕22 40
　藤介 〔六〕330
　与三右衛門 〔三〕560
岸井芳庵 〔六〕126 156
岸田忠助 〔六〕110 133
岸並総検校 ㊁193
岸本一成 ㊀89 499
　伝蔵 ㊁78
北尾張 〔一〕110
　保室 ㊀436
北角作右衛門 ㊁146
　勝有 〔八〕778〔九〕168 289 426

北川次郎兵衛　↓北川宣勝
　次郎兵衛男　[四]263
北川宣勝(次郎兵衛)　[一]694 744 [二]29 41 59
　又左衛門　[三]85
北河原与作　[三]300
北小路宗正　[五]353
　道芳　↓本庄道芳
　徳光　[六]706
北島(国造)　[三]444
　市正　[九]104
　玄甫　[五]326
北畠親顕　[二]434
北見孫右衛門　[三]273
北村季吟　事歴[六]62 749。／[六]62 192 390 457 592
　季文(再昌院)　㊁471
　湖元　[六]592 593
　湖春　[六]62 156
　三右衛門　[一]697
　善大夫　[二]21
　直信　[五]370
　杢之助(木工)　[四]367 [五]24 195
北山経武　[六]665 [七]35 401 [八]863 [九]372 410
吉　助　㊀63
吉首座(南禅寺)　[三]341
吉長老(相国寺)　[四]345
吉　庵　[一]684
吉川亀之進　㊁614
　経永　[九]50 66
　経倫　日光社修理助役[十]564 616／[十]227 617
　監物　㊀715 ㊁48
　広家　[一]100 105 747
　広紀　[五]249
　広達　[六]522 539
　左馬助　[三]628
　尚五郎　㊁369
　美濃　[三]628
衣笠宗伯　[六]714
樹　下　↓ジュゲ
久運(薬樹院)　[一]677 746
及円(池田光政家医)　[三]547
旧応(江戸崎大念寺)　[三]174
休庵(奥坊主)　[二]629 [三]740
休　閑　[一]199
休古(坊主)　[四]114
急加斎　↓奥平公重
清岡輝忠　[十]796
　政長　[六]707
　長時　[六]706
清須幸信　[六]507
　幸登　[十]285
清野半右衛門　㊁42
　満成　[二]453
　満波　[二]453
清原秀賢　[一]340
京極安知　[四]570
　伊兵衛　[十]164
　右兵衛佐　㊁432
　織之助　㊁469
　熊丸　[一]98
　内蔵助　[四]513
　源三郎　㊀710
　高以　㊀600 617
　高為　[八]229 612
　高永(黒田)　卒伝[十]25／[八]414 690 794
　高栄　卒伝[八]243／[六]548 [七]391 395
　高寛　卒伝[八]414／[八]243
　高規　卒伝[四]571／[四]137 252 570 [五]380 [六]529 589 602
　高久　下館城引渡[六]501 505。逼塞[七]241。若年寄㊀69 71 140。卒伝㊀604／[六]529 [八]618 [九]524 [十]225 ㊀143 483 525 542 553 601
　高供　卒伝[五]183／[四]469 575 [五]4 130
　高矩　関東水害地河渠堤防修築助役[九]50

京極 66／〔八〕345 557 598 655〔九〕213
高景(右近将監) 致仕伝㊁623／㊁388 532 560
高慶 卒伝〔九〕660／〔八〕657 696 ㊀321
高継(京極高広の誤カ) 〔三〕198
高賢 ㊀253 321
高虎(尊虎) 〔九〕711〔十〕523 753
高広 就封〔二〕159 416。大坂城修築助役〔二〕185 335 451。家襲〔二〕231。茶事〔二〕505 626。『雲山肩衝』買入〔二〕530。面命〔二〕534。江戸城修築助役〔三〕2。致仕伝〔四〕110／〔一〕546 572 707〔二〕115 225 236 253 356 376 457 504 535 536 556 568 605 679〔三〕160 366 399 460〔四〕111 112 194 ↓京極高継
高広室 〔二〕535〔三〕466
高行(修理・甲斐守) 卒伝㊁595／㊀149 679 ㊁246 263
高厚 〔九〕710〔十〕667
高国 江戸証人〔二〕311。初謁〔二〕666。合力米〔三〕422 613 674。除封・伝〔四〕570。卒〔五〕229／〔三〕44 324 339 399 636〔四〕77 132 281 571〔五〕380
高国母 〔三〕213 375〔四〕309
高国男 〔四〕570
高国女 〔四〕570
高三 分封〔二〕231。江戸城修築助役〔三〕25。

京極 卒伝〔三〕33／〔二〕512 536 569
高之 卒伝〔八〕300／〔五〕568〔六〕365〔七〕395 449
高次 彦根城修築助役〔一〕113。卒伝〔一〕484。御家騒動〔一〕495／〔一〕233 380 457 484
高次室(浅井長政女) ↓常高院
高治 〔二〕577〔三〕249 325
高治母 〔三〕165
高住(高任) 禁裏造営助役〔六〕696〔七〕71。致仕伝〔七〕391／〔四〕621〔五〕180 312 422〔七〕391 ↓京極高住
高重 〔六〕368〔七〕229
高純(京極高住カ) 〔五〕202
高昌 〔四〕528 530 574
高勝 逼塞〔四〕570 631／〔三〕4〔四〕122〔五〕492
高成 〔四〕442 574
高盛 転封〔五〕16。致仕伝〔五〕180／〔四〕250 599
高亶 会津目付〔九〕549 562。鹿児島目付〔九〕656 673。河川堤防浚利〔九〕686 694 709 713／〔九〕633 714 758〔十〕159 272 441 462 659 785
高知 江戸城修築助役〔一〕403 657。禁裏造営課役〔一〕547 603。大坂城修築助役〔二〕185。卒伝〔二〕231／〔一〕457 652 689〔二〕34 57 179 225
高中 諸河川修理助役〔十〕212 222 ㊀10 30 491。卒伝㊀666／〔十〕334 386

京極高長 致仕伝〔十〕197／〔七〕396〔八〕300 399
高迢 〔九〕702
高直 証人交替〔三〕221〔四〕72。江戸城石垣修築助役〔三〕510。卒伝〔四〕453／〔三〕33 426 492〔四〕47 58 69 194 304 453
高通(主膳正) 江戸証人〔一〕598。分封〔二〕231。江戸城修築助役〔二〕447。由井正雪与党召預〔四〕22。水口在番〔四〕541 555。卒伝〔四〕574／〔一〕598〔二〕80 163 538 638〔三〕272 481 561〔四〕3 555 574 575
高通(壱岐守) 致仕伝〔八〕696／〔六〕471〔七〕156
高定(大学) ㊁84
高庭 〔十〕45
高典(尊典) 〔十〕753
高冬 〔五〕166
高篤 ㊀149
高寧 ㊀483
高伴(伊兵衛) 〔十〕164
高備(上総介) 〔十〕426 ㊀483 623 698 ㊁193
高品 致仕伝㊀153／〔十〕25 61 78
高富(啓次郎) ㊁560 623
高文 致仕伝㊀321／〔九〕660〔十〕355
高甫(落合親信) 召預〔四〕570〔五〕380／〔七〕71 209 396〔八〕16 355 505

京極高豊　卒伝[六]201／[四]395[五]88 202 236 265 266 277 278 380 417 424 567[六]127
　高房　[四]395 441[五]265 266
　高本　[九]50 119 353 427 432 475 710
　高明　致仕伝[六]365／[五]130 183[六]368
　高門　[四]585[八]229
　高有（加賀守・飛驒守）　致仕伝㊁246／㊀253 679
　高林（寺島）　[四]570[五]380[六]603
　高朗（長門守）　致仕伝㊁646／㊁191 211 628
　高和　新封[三]79 90。播磨山崎在番[三]199。転封[四]259。卒伝[四]441／[三]167 332 387 434 601[四]10 73 77 86 146 248 261 395 396 441
　高或　福山城在番[六]331。禁裏造営助役[六]696[七]71。卒伝[八]345／[六]242 247 471 694 696[九]267
　国晴　[五]332
　三左衛門　㊀724
　親信　↓京極高甫
　忠高　江戸城修築助役[一]403。就封[一]486[二]57 609 628。禁裏造営課役[一]547 603。大坂冬陣[一]689 695。大坂夏陣[二]34 41。大坂城修築助役[二]185。面命[二]534。茶事[二]626。転封[二]653。石見銀山[二]701[三]6 79。卒伝[三]78／[一]98 406 408 484 579 581[二]81 314 334 376 415 431 435 479 493 536 568 605[三]56
　忠高室（初姫、秀忠女）　↓興安院
　対馬守　㊁271
　定家　↓藤原定家
　伝助　㊁394
　備前（備前守）　[一]694[二]40
　万作　[一]593
　満吉　[二]688
　主水　㊁10
　朗徹（源三郎）　㊁628
京極局（後水尾天皇女御）　↓壬生院
京極宮家仁親王　[九]49
　公仁親王　[九]639 746
　公仁親王室（紀伊宗直女）　[九]746
　公仁親王女（寿賀宮、一橋治済室）　↓桂芳院
　公仁親王女　[九]663
　文仁親王（富貴宮、霊元天皇男）　[六]268 596 706[七]150[九]455 590
供長老（建仁寺）　[三]146
恭岳院（方姫、紀伊重倫女・水戸治紀室）　[十]669㊀99 181 240
教因（増上寺伴頭）　㊀623
教運（伝通院）　[十]411
教宮（伏見宮貞敬親王女）　↓清水斉明室
鏡像（久遠寺）　[五]323
刑部卿　↓一橋宗尹
刑部卿局　[二]42 203[三]230 357 369 374 428 522 677
堯永（高野山蓮明院）　[六]125
堯円（花山院定好男・専修寺門跡）　[三]497 564[四]469 576 609[五]247 249 259 260 322 422 424
堯延（一身田門跡）　[四]387
堯延法親王（妙法院門跡）　[六]706[七]130[八]139
堯海（山王別当最教院）　[四]308
堯憲（日厳院）　[三]540
堯厳（隋心院）　↓九条尚実
堯秀（専修寺）　[二]566
堯恕法親王（妙法院門跡）　[四]76 419 459 629[五]479[六]228
堯然法親王（妙法院門跡）　[二]434[三]9 17〜19 21 24 184 202 485 547 549 688[四]7 75 103 122 123 362 364 381
堯朝（一身田門跡）　[三]5 372 497[四]76 77
堯道（仏光寺門跡）　[四]182
堯範（山王社観理院）　[十]44
堯庸（仏光寺門跡）　[五]218 219
堯恵（大和宝生寺）　㊀444

玉室(大徳寺)　㊁43 463 464 555
玉樹院(家慶男)　↓徳川竹千代
玉沢(蓮光院付)　㊀103
玉甫(総見院)　㊀628
玉峯(英勝寺・水戸頼房女)　㊃135 ㊇76
玉峯院(水戸頼房女・英勝院猶子)　㊁526 640
玉蓉院(鐐姫、家慶女)　㊁544
玉竜(本山派武蔵不動院)　㊀622
桐屋甚右衛門　下僕㊇92
　藤七　㊈173
欣子内親王(後桃園天皇女・光格天皇中宮)
　↓新清和門院
金　寿鼎(朝鮮人)　㊈461
　世濂(朝鮮信使)　㊂42
　履喬(朝鮮信使)　㊀672
金右衛門(上総千葉村の里正)　㊇441
金吾秀秋　↓小早川秀秋
金六(伝馬人足)　㊀693
崟長老(相国寺)　㊂433
銀木重成　㊂465

く

九鬼和泉守　㊀794
　久澄　㊂332
　久隆　転封㊁591。江戸城修築助役㊂1。摂津高槻城在番㊂207。卒伝㊂602／㊁562 591 612 626 ㊂394 401 509
　定五郎　㊀758
　守隆　大船収公㊀495。禁裏造営課役㊀547。大坂冬陣㊀725〜745。船奉行㊁14。御談伴㊁282。卒伝㊁591／㊀452 457 495 721 ㊁70 105 147 534 537 548 562
　精隆(賢次郎)　㊁674
　貞隆　㊀588 ㊁591
　副隆　小姓・奥詰㊅110 739。雁間詰㊅178。卒伝㊅303／㊄588 ㊅72 270
　勇五郎　㊀794 ㊁2
　隆英　㊇840
　隆寛　致仕伝㊉214／㊆218 298 ㊇256 723
　隆季　分封㊁591。江戸城修築助役㊂1。大和高取城在番㊂175。消防㊂354 361 437 639 ㊃179。封地火災㊃464。致仕伝㊄197／㊁562 ㊂283 303 ㊃146 383 447 510
九鬼隆祺　卒伝㊀26／㊉656 660
　隆恭　㊈426
　隆郷　卒伝㊀606／㊀26 293
　隆幸　㊄401
　隆国(長門守)　致仕伝㊁499／㊀365 372 ㊁354 447
　隆之　㊇795
　隆重　㊃383 386
　隆昌　江戸城修築助役㊃274 327。消防㊃484。宮津城在番㊃571。卒伝㊄52／㊂602 ㊃102 143 146 299 322 417 448 498 562 ㊄6
　隆常(澄常)　卒伝㊅330／㊃122 ㊄197 202 442 548 ㊅325
　隆相　㊉241
　隆晁　㊉569
　隆張　諸河川浚利助役㊀10 30。致仕伝㊀372／㊉479 785 800
　隆直　致仕伝㊆298／㊅276 330 576
　隆抵　㊅492 652 694
　隆貞　卒伝㊉656／㊈565 ㊉214 220
　隆都(式部少輔)　㊁70 528 711
　隆度　致仕伝㊁70／㊀606
　隆徳(長門守)　㊁274 393 499 586 595
　隆方　小姓並㊅375 437。致仕伝㊅652／㊅303

九鬼 326 535 555 557
隆由 〔八〕794
隆邑 致仕伝〔十〕785／〔九〕385 453
隆律 摂津御料地査検〔五〕311。卒伝〔五〕588／〔五〕52 202 422 442 493 576
良隆 卒伝〔二〕626／〔一〕588 604 〔二〕562 591
九条兼晴 〔五〕88 381 425 556 〔五〕164 270 271
兼晴養女（一条光平女・徳川綱重室） ↓隆崇院
幸家 〔二〕352 513 535 566 598 608 615 620 651 654 672 〔三〕51 351 352 447 448 450 498 547 549 〔四〕88 89 269 275 381 425 545 546
幸家室 〔三〕564
幸教 〔八〕214 317
幸教室（尾張吉通女） ↓信受院
師孝 〔七〕305 314 317 318 338
尚実（堯厳） 〔九〕73 〔十〕567
武若丸 ↓松殿忠孝
千代鶴丸 ↓松殿道昭
稙基 〔八〕850
稙基室（尾張宗勝養女） 〔八〕850
道前 〔九〕761 〔十〕16 22 ㊀161
道前室（恭姫、尾張宗勝女） ↓光相院
道房 〔二〕555 566 577 587 〔三〕214 397 399 474
九条道房室（鶴姫、松平忠直女・家光養女） ↓廉貞院
道房女 ↓松平綱賢室
輔実 〔五〕404 〔六〕706 〔七〕93 244
輔実末男 ↓九条尚実
輔実女（尾張吉通室） ↓瑞祥院
九郎左衛門（印工） 家光印章作製〔二〕304
久貝俊斉 〔八〕72 78 〔九〕497
俊偏 〔十〕259
正郷 〔十〕348
正俊 大坂夏陣〔一〕270。徒頭〔一〕400。米子城監使〔一〕491。勘気〔一〕635。使番〔一〕705。大坂町奉行〔二〕176 311 337 486 603 615。摂津河内両国奉行〔二〕486。小倉廻船〔三〕77／〔一〕485 705 〔二〕96 133 176 438 539 655 〔三〕271 272 497 554
正順 〔八〕436
正信 安房検使〔三〕483。土浦目付〔三〕579。金具漆画奉行〔四〕197。桑名目付〔四〕237 250。／〔二〕657 〔三〕148 607 〔四〕338 432 〔五〕4 71 81 155 198
正世 姫路目付〔三〕608。駿府加番〔四〕127。甲府在番〔四〕384 401。中川番〔四〕447／〔四〕81 157 166 286 〔五〕47
正貞 〔十〕759 ㊀152 601
久貝正典（甚三郎・因幡守） ㊁169 225 436
正偏（正偏） 〔三〕365 426 488 606 〔四〕196 228
正甫 〔十〕699
正保 〔九〕68 106
正方 駅路・国絵図〔六〕355 494。留守居分掌〔七〕59。御側並〔七〕283～285。菊間縁詰〔八〕9／〔五〕204 223 387 616 〔六〕596 〔七〕305 〔八〕131
正満（遠江守） ㊁28
久下兵庫 〔一〕454
久志本左京 ㊀726
式部 ㊀664
常依 〔三〕5
常尹（常好、式部） 御側医〔三〕46／〔二〕472 502 513 520 528 530 532 610 〔三〕16 37 58 115 323 336 339 435
常元 〔二〕306 352 〔三〕207
常好（常良） 〔三〕5 〔四〕10 306 357
常衡 〔二〕84
常氏 ↓久志本常諄
常治（常尹） 〔六〕84
常諄（常氏） 〔三〕24 118 130
常勝（常倫） 〔五〕311 423 579 591 〔六〕51 261 634
常信 〔六〕643
常澄 〔六〕84
常範 〔二〕216

久志本常武　〔十〕247
常福　〔八〕753
常良　↓久志本常好
常亮　〔一〕474　〔二〕352
常倫　〔二〕677　〔四〕57　150　151　174〜176　249　266　267
久島十郎兵衛　〔六〕568
久代与左衛門　㊀655
久須美祐明(佐渡守)　㊁488　544　575　624　701
六郎右衛門　㊀767
久隅彦十郎　〔六〕140
久　世　〔五〕232
栄通　〔八〕718
暉之　致仕伝〔九〕468／〔七〕209　〔八〕202　713　734
吉九郎　㊀710　726
広運　卒伝㊁235
広愷　㊀154　255
広楽(日向守・大和守)　㊀660　689
広寛　駿府城代〔九〕745　〔十〕157／〔九〕449　454　〔十〕328
広業　↓久世広徳(斧三郎)
広景　〔十〕489　㊀68　170
広慶　〔九〕50　65　68　〔十〕78
広賢　〔六〕664
広孝(安芸守)　㊀708
広之　初謁〔二〕142。役職〔二〕329　406　577　640　〔三〕192　196　555　〔四〕91。知行・領分〔二〕361　〔三〕235　563　〔四〕330　412　497。関宿〔五〕44　73。官位〔三〕45　〔四〕476　〔五〕89。高野山学侶行人訴論裁断〔三〕614。中根正盛配下附属〔四〕158。若年寄〔四〕412。老中〔四〕473。病気〔五〕53　55　57　58　312〜314。卒伝〔五〕314。越後騒動〔五〕417　〔六〕729／〔三〕215　217　443　555　614　623　624　681　692　737　740　〔四〕3　57　64　106　109　112　123　124　139　142　145　158　189　195　198　220　394　412　413　553　〔五〕22　319　434
広之室　〔五〕125
広之女　〔四〕560
広次　分封〔五〕319　320／〔七〕138
広周(大和守・出雲守)　老中㊁611　681／㊁393　527
広昌(平九郎)　㊁619　679
広琛(斧三郎)　㊁33　54
広正(丹後守)　㊁478　487
広宣　専権〔一〕445。処罰〔一〕446。亡命〔一〕453。召返〔一〕726。五十人組頭〔二〕142　158　182。御談伴〔二〕283／〔一〕145　733　735　〔二〕76　164　188　361
広籌　分封〔八〕202　〔九〕469／〔七〕361　〔八〕270
広氏　〔九〕376　384　〔十〕59　69
広貞　〔九〕39
広当　争論〔二〕494。百人組頭〔三〕148　319　362　407。
（久世広之）築城地巡察〔三〕407。剣法〔三〕714／〔二〕158　361　538　606　〔三〕43　231　319　323　360　362　364　484　685　〔四〕373
広徳(広業、斧三郎)　〔十〕462　665　㊀40　136
広徳(鉞三郎・鉞太郎)　㊁468　500
広敦　〔十〕314　495　780　㊀162
広胖　〔九〕503
広武　〔九〕43　〔十〕30
広民(丹後守)　処罰〔十〕747。関東郡代㊀180／〔九〕677　〔十〕297　761　㊀55　136　406　420　756
広明　恩貸金〔九〕699　〔十〕314　446　613　633　645。転封〔十〕317　446。京都所司代〔十〕552　616。老中〔十〕662　674　766。卒伝〔十〕770／〔九〕73　74　468　520　〔十〕703　709
広誉　致仕伝㊀794
広隆　〔八〕92
権左衛門　〔三〕559
左京　㊁254
左近　〔二〕104　〔三〕403
三左衛門　〔二〕116
三之丞　㊀688　㊁379
次郎助　〔五〕50
重之　初謁〔五〕36。家を継ぐ〔五〕319。領分〔五〕494　566　〔六〕298　600　〔八〕106　202。荒井関番〔六〕480。

久世 中野犬小屋〔六〕596。乗馬監閲〔六〕596 617 629 651 670 693 695 708 709。射芸監閲〔六〕597 618 631 649 671 690〔七〕117 118 155 156。老中〔七〕343。金銀改鋳〔七〕441。病気〔八〕101 197。卒伝〔八〕197 202。遺事〔九〕144 161 197～200／〔五〕320 418 434 442 609〔六〕9 274 554 625 637〔七〕129 146 205 208 393〔八〕82 91 118
重利 進物番〔三〕316／〔五〕202 590
正広 〔七〕402〔八〕119 251
丹波守 ㊀766
忠右衛門 ㊁237
通夏 〔五〕510
通根 〔九〕730
日向守 ㊀786
大和守 ㊀710
久津見充信 〔五〕104〔七〕340〔八〕356
息信 〔九〕564 660
頼久 〔三〕532 577 587 656 679〔四〕63 99 132 313
久野安宗(三郎左衛門) →久野宗能
後藤太 ㊁345
俊正 〔九〕241
宗俊 〔五〕55
宗辰 〔二〕554〔三〕551〔四〕470 487
宗成 転封〔二〕171。卒伝〔二〕352／〔一〕497 502 504 693

久野 〔二〕316
宗晴 〔二〕352
宗能(安宗) 久野城下賜〔一〕77。卒伝〔一〕497
宗房 〔十一〕683
久保玄長 ㊀687
十郎兵衛 ㊁51
重清 〔七〕422
勝氏 〔三〕659
勝時 〔三〕413
勝周 下館城引渡〔四〕471 474。大坂城目付〔四〕517 539。宮津目付〔四〕606 628。駿府目付〔五〕49 59。女院附〔五〕132／〔四〕446〔五〕211 312〔六〕17
勝重 〔三〕673 680
勝正 〔二〕148
勝成 〔八〕661
勝房 〔二〕485
勝庸 〔九〕377 521
正永 精勤褒賞〔五〕120／〔四〕544 545〔六〕44
正元 右筆〔二〕203 368 453〔三〕44 378 620。『東照宮御伝記』清書〔三〕453。『高野山法度』〔三〕620。手習臨本献上〔四〕31。精勤〔四〕72。日光山文書浄書〔四〕167／〔二〕368〔三〕378 422 658〔四〕455〔五〕268

久保正綱 〔九〕616
正之 〔四〕443
正秀 〔六〕627
正俊 剃髪・御側伺候〔二〕220。右筆〔二〕368 453／〔二〕368
正信 〔五〕443 452
政周 刈屋城引渡〔七〕111 119／〔九〕126
丹後 〔三〕88 286
徳孝 大奥治療〔五〕381。法眼〔五〕393。外班〔五〕553／〔四〕589〔五〕202 221 325
徳直 〔六〕44 415
久保江教平 〔九〕349
久保倉右近 〔五〕15
久保田勘兵衛 〔五〕44
久吉 〔二〕370
久重 〔二〕370
政隅 〔八〕345
政邦 出仕を止む〔九〕587。河渠浚利〔十〕616 625。勘定奉行㊀67／〔九〕709〔十〕613㊀18 99 346 377
新之丞 ㊁605
十大夫 ㊁376
十左衛門 ㊁137
藤右衛門 〔三〕273 280

久保田平十郎　[三]280
　又右衛門　[五]203
　弥太郎　㊁106
久間三郎兵衛　㊁72
　盛美　[十]392
久米左平次　[一]492 495
　新助　[九]650
　清吉　[一]277
　清兵衛　[二]628
久留和泉守　㊀701
　哥貴　[十]831
　敬武　㊀139
　次正　[三]46 525 588 666
　十左衛門　㊁387
　重次　[六]646
　正次　[三]46 119
　正親　蔵奉行[三]273。長松(綱重)新知諸国点検[四]17／[三]150 [四]341
　正清　[六]305 414 597 [七]43 70 [八]384 404
　正孫　[四]299 [五]328 454
　正邦　㊀561
　弁之助　㊁114
　孫大夫　㊁238
久留島光通　卒伝[十]167／[七]430 [八]179 268

久留島通胤(靱負)　㊁684
　通嘉(伊予守)　卒伝㊁571／㊀467
　通迥　分封[四]150 166／[四]58 [六]336
　通虎　相良御使[九]720 721／[十]182 607
　通孝　[六]611
　通春　大坂城修築課役[二]185。島原城在番[三]89。卒伝[四]149。来島を久留島に改む[四]150／[一]581 [二]338 377 536 [三]2 147 337 [四]5
　通政　卒伝[八]179／[五]48
　通清　島原乱・封地厳戒[三]76。卒伝[六]424／[三]23 227 [四]319 493 [五]332 567 605 [六]419
　通貞　分封[四]150 166。大坂目付[五]255 268。駿府目付[五]380 393。巡見使[五]399 403 424。横須賀城引渡[五]440 445。禁裏附[五]452 465 559／[四]370 400 [五]223 274 [六]330 677
　通同　卒伝㊀391／[十]775
　通富　延岡城引渡[七]242 284。烏山城引渡[八]397 402／[九]397 632
　通明(出雲守)　致仕伝㊁684／㊁653
　通祐　卒伝㊀158／[九]553 [十]221 789
　通用　[六]540
　通容　卒伝㊁656
　長親　卒伝[一]581／[一]547

具志川王子　[九]476
宮内卿局　[一]448 [二]39 415
福　島　↓フクシマ
福島国雄(伝兵衛)　㊀280 ㊁65 70
空鏡(中性院)　[一]530
空慶(喜多院)　[三]12 17
空憲(護光院)　[三]541
空性法親王(随庵、後陽成天皇弟・大覚寺門跡)　[一]528 [三]146 656 [八]21
日下景秀　[七]299 360
　主馬　[八]751
　宗勝　[二]655
　宗忠　[三]413
　房正　[十]484 681
　弥三郎　[八]703 751 [九]107
日下部延貞　[八]792
　源太郎　[二]31
　三郎右衛門　[二]31
　正定(正貞)　小納戸[二]420 [九]188。中奥番[三]102。小納戸頭[三]325 612 645。江戸城天守修理[四]80 93。留守居番[四]113／[二]539 [三]339 534 612 626 645 [四]3 5 6 234 338
　正冬　[一]548 564 654
　宗好　宇治茶使[一]619 [二]89。大坂城石垣修

日下部 築奉行〔二〕335／〔一〕728〔二〕168 513 538 590
宗芳 〔五〕9
定久 駿府目付〔五〕165 171／〔五〕203 328
定好 甲斐代官〔一〕163。伏見城留守居〔一〕434〔二〕106／〔一〕111 123 434〔二〕106
定勝 〔二〕617
博貞 桑名城引渡〔七〕149 156。女御邸造営奉行〔七〕362 410 444／〔六〕97〔七〕246〔八〕423 615
兵橘 ㊀710
櫛笥隆胤 〔四〕350
隆賀 〔六〕706
隆久 〔十〕383
隆秀 〔八〕718
隆朝 〔二〕434〔三〕515
楠田六右衛門 〔六〕83
葛岡園右衛門 〔五〕350
葛野九郎兵衛 〔二〕671
抄房 ↓田中左平太
葛巻九郎左衛門 〔四〕342
楠 重五郎 ㊁707
正敦 〔十〕351 512
朽木栄綱 ㊀625 631
紀綱 〔九〕671〔十〕221 285
金綱 ㊀79 447 532
朽木賢綱(志摩守) ㊁429
元綱 禁裏造営課役〔一〕547。御談伴〔二〕283。卒〔三〕575／〔一〕200 229 457〔二〕28 97 317 444 457
玄綱 卒伝〔十〕344／〔八〕423 486 496〔九〕739〔十〕329
綱常(周防守) 給仕肝煎㊁249 369 451
綱条 卒伝㊁275／㊁41
綱泰 ㊀55
綱張(近江守) ㊀532
綱貞 致仕伝〔十〕634／〔九〕68〔十〕361
綱美(弥市郎) ㊁684
綱方 致仕伝㊁41／㊀503 519
左門 ㊁673
主膳 ㊁123
寿綱(弥五右衛門) ㊁334
周綱 〔七〕25〔八〕314
衆綱 〔八〕273 330 628
尚綱 〔八〕383 751〔九〕393 409
昌綱 致仕伝㊀433／〔十〕540
真綱 ㊀69 79
宣綱 禁裏造営課役〔一〕547。比叡山塔堂造営奉行〔二〕605〔三〕249。致仕〔四〕337／〔一〕457〔二〕91 539 555 575〔四〕213
則綱 中奥小姓〔四〕596。転封〔五〕48。奥勤〔五〕287 312 313 322 323 357。西丸御側〔五〕427。処
朽木 罰〔五〕555。大奥修理〔七〕432／〔五〕270〔八〕104 116 192 256
大八 ㊀668
智綱 〔三〕442〔四〕226 436〔五〕31 100
長綱 処罰㊀97／〔八〕436 797〔九〕511㊀223
朝綱 〔十〕160
直綱(主膳・和泉守) 〔八〕327 436〔九〕129
直綱(直之允) 〔十〕292 318
稙元 〔五〕164〔六〕699〔七〕304〔八〕36 87
稙綱(民部少輔) 家光附〔二〕155。出頭人〔二〕310。加封〔二〕340〔三〕30 151 511 578。弓矢鳥銃管掌〔二〕601。小姓組番頭兼若年寄〔二〕694〔三〕116 119 578 579。韓使饗応〔三〕43 321 322。家光茶事〔三〕99 136 149 160 216 238 261 307 308 331 414 421 447 510。日光社参下知状〔三〕177 263 529 535。諸士一統驕奢の風習厳禁〔三〕212。若年寄〔三〕244。諸番士家督認知〔三〕294 300。諸番士の武備等査検伝命〔三〕383。土浦転封〔三〕579。熊本御使〔三〕643 653。剣法進覧〔三〕692。寵眷を蒙る〔三〕734。家光大祥忌〔四〕69。鷹の事を惣督〔四〕130。寛永寺法会担当〔四〕224。卒伝〔四〕379／〔二〕220 559 575〔三〕16 60 147 149 166 184 389 443 452 494 732〔四〕3 5 6 130 195 318

朽木 368 371
稙綱(伊予守) 卒伝[八]405／[八]192
稙治 致仕伝[八]486／[五]306 [八]94 405 425
稙昌 雁間詰[四]381。転封[五]43。致仕伝[六]
699／[四]124 370 436 448 450 513 519 582 583 604 [五]37
258 309 [六]479 [七]368
鎮吉 ㊁667
定盛 御前を止む[七]88。新金改鋳[七]303。
小石川薬園開設[八]245／[七]401 [八]97 189
436 [九]380 421
定朝 万石に准ず[五]32／[四]395 [五]100 [六]679 694
[八]847
貞綱 [四]421
道綱 [十]205 278 ㊀94
徳綱(修理) [十]291
徳綱(五郎左衛門) ㊀785 790
肥児太郎 ㊁115
兵庫助 ㊁219
鋪綱 卒伝㊀50／[十]351 665
茂綱 [二]627
明綱 [十]66
弥五郎 ㊀787
友綱 宇治採茶使[二]587 591 599 [三]718。歩行頭
[三]45。目付[三]499／[二]147 575 [三]45 139 230

朽木 [四]92 442
祐盛 [十]127
倫綱 卒伝㊀503／㊀11
良綱 [四]397 575 577
国 ↓出雲阿国
国岡新左衛門 ㊁473
国 松 ↓徳川忠長
国安六左衛門 [三]336
首取源吾 ↓渥美源吾
窪島長正 ㊀368
長敦 [七]335 [八]645
長敷 [七]335
窪田喜右衛門 [六]195
吉正 卒伝[二]228
久重 [二]316
久正 [六]541
久豊 [六]541
左治右衛門 [三]481 [四]546 549
三郎七 [八]157
三右衛門 [七]335
次持 [二]228
俊存(浚孝) 大和論地見分[六]397 412 414／[八]
515
小兵衛 ㊀646

窪田庄蔵 ㊁444 669
甚右衛門 [六]669
助左衛門 ㊁196
助太郎 ㊁469
正愷(主水) ㊁530 547
正次 [二]611
正重 [二]209
正勝 [九]550 [十]71
正忠 [十]566
正道 [六]85 294 406
正武 [九]695
正平 [三]282
正良 [六]660 [八]789
忠任 精勤褒賞[七]46。家宣霊廟造営奉行
[七]271 343 357／[九]578 603
通正 江戸城本丸造営[三]190。浅草廩米奉
行[三]282。蔵奉行[三]190 274 465／[三]274 465
平十郎 [三]279
平助 [六]115
又八郎 [六]244
与左衛門 ㊁124
与四郎 ㊀119 395
窪寺正房 [八]535
熊谷杏祐 [三]209

熊谷慶伝（伯安） 〔二〕332 546 594 638 〔三〕8 122 437
　三郎兵衛 〔四〕18 19 21
　宗祐 〔一〕573 631 〔二〕112 486 〔三〕449
　大助 ㊁387
　長左衛門 〔三〕365
　直英 ㊀185
　直輝 〔六〕672 676
　直盛 〔一〕21
　道誉 ㊀794
　平内 〔九〕229
　主水 〔一〕495
熊倉茂央 〔九〕725
　茂雅 〔八〕35 760 〔九〕483 494
　茂周 ㊁20 24
　茂政 〔十〕527
熊沢忠勝 〔二〕529
　蕃山 〔五〕134
　良泰 〔六〕314
熊次郎（大坂商人） 〔十〕790
粂　吉十郎 〔一〕455
倉谷武正 ↓福田武正
倉地時教 〔一〕475
　忠見 〔九〕362
　満房 〔八〕111

倉橋 〔三〕98
倉橋（大奥年寄） 〔七〕363
倉橋員尉 〔十〕195 745
　久悦 〔八〕208
　久清 〔五〕454
　久盛 〔二〕370 〔四〕453 〔五〕164
　久朝 〔五〕454
　久富 吉田城引渡〔七〕242 279 284。飯山城引渡〔八〕72 78。鳥羽城引渡〔八〕397 403。新番頭・大坂定番交代引渡〔八〕605／〔五〕559
　　〔八〕146 〔九〕526
　久雄 ㊀160 169
　景平 〔九〕745 747
　尚政 宮津目付〔四〕606 628／〔二〕613 〔三〕134 141
　勝利 〔十〕802
　政厚 〔二〕613 〔九〕188
　政勝 弓奉行〔一〕126。先手鉄砲頭〔一〕705。先手弓頭〔二〕14／〔一〕705 〔二〕46
　政長 〔一〕642 〔三〕368
　政範 〔一〕625
　政翼 ㊀295 314
　政利（三郎五郎） ㊀659
　泰栄 〔十〕383
　泰吉 〔三〕184

倉橋泰房 〔四〕495
　忠尭 〔二〕417
　与四郎 ㊁379
倉林昌知 〔一〕99
　政重 〔二〕445
　則房 〔二〕377
　房博（五郎右衛門） ㊀97 ㊁232
栗崎正羽 〔六〕110 〔七〕319
　正明 ㊀345 499
　道枢（道継） ㊀566 ㊁513
栗田兵右衛門 〔九〕271
栗林峰筠 〔二〕116
　友多 ㊀20 636
栗原嘉平次 〔六〕253
　玄丹 ㊁45
　源左衛門 〔六〕407
　昌庵 〔十〕645
　清次 〔二〕212
　利乙 ㊀177
　利規 〔九〕14 81 96
栗本外記 〔五〕431
　俊行 〔六〕156
　昌綱（元格・瑞見） 〔八〕542 819 842 〔九〕86 〔十〕57 441 840

栗本昌臧(昌滅、元格)　〔十〕787　㊀97 112 152 155 183
　昌友(元格・瑞見)　〔十〕441 464 483 487　㊀88
　直方(瑞見)　〔八〕10 504
栗山大吉　〔二〕592
　大膳　〔二〕592　〔三〕709
栗生茂栄　〔一〕125
栗栖直保　〔八〕79
　直右衛門　㊁671
車　善七　〔二〕295
　善七　〔九〕170
　善三郎　〔九〕170
　丹波　〔一〕110　〔二〕295
紅林吉直　〔二〕700　〔三〕44
　源之助　㊀784
　弥右衛門　〔二〕156
畔田正成　〔一〕605
畔柳寿学　駿府城書院造替奉行〔一〕559。江尻橋改架〔一〕561／〔二〕95
　武英　〔二〕228
　武済　〔六〕448
　武重　三方原役に家康を護る〔一〕149。〔二〕268。中間頭・騎乗〔一〕469。五本骨扇家紋〔一〕150　〔二〕229
　武成　〔六〕150

黒川伊左衛門　〔四〕31
　正香　㊀7
　正秀　〔一〕490
　正増(正敦)　遠慮〔六〕692。巡見使〔七〕61 86／〔七〕242 247 284　〔八〕398 435
　正直　代官〔三〕142 243。辻番所〔三〕409。目付〔三〕513。長崎奉行〔三〕690。大目付〔四〕528　〔五〕71。宮津城御使〔四〕571 578／〔三〕518 520 523 559 564 592 610　〔四〕521　〔五〕81
　正敦　大坂定番引渡〔六〕440／〔六〕441 448 626
　正封　〔九〕735 737　〔十〕246 339
　正明(左京)　㊁4 8
　盛胤　㊀453
　盛匡(伊賀守)　㊀678
　盛恭(八左衛門)　㊁55
　盛至　使番並指物〔二〕565。小田原城修理〔二〕583 603。伊豆海辺山水道路図〔二〕628。改易〔二〕696。赦免〔三〕551。本領安堵〔四〕32／〔二〕534 538 553 556 616
　盛次　〔二〕662
　盛治　〔三〕141
　盛章　〔十〕289
　鉄之丞　〔十〕289
　徳左衛門　〔三〕197

黒木藤七郎　〔二〕31
黒坂藤右衛門　㊀152
黒沢角次郎　㊀658
　次郎兵衛　〔五〕193
　重久　〔二〕145
　甚兵衛　〔一〕732 734　〔二〕3
　正助　㊀430　㊁477
　清右衛門　〔九〕224
　定紀　〔八〕111 158 436 486　〔九〕79 265
　定幸　〔二〕356 420
　定当　〔六〕655
　杢之助　〔九〕522
　右仲　〔十〕448
黒田家　長崎警衛〔四〕112　〔七〕414
黒田為忠(小平太)　㊁156
　犬万丸　〔四〕400
　吉之(左京・大隅守)　〔六〕101 276 555　〔七〕107
　継高(官兵衛)　異国抜荷船打払〔八〕142 203 204 413。朝会陪座〔八〕179。長崎巡見〔八〕199。致仕伝〔十〕319／〔七〕376 407　〔八〕105 176 563　〔九〕268　〔十〕135 136 271 451 454 473
　継高女　↓池田宗政室
　監物　〔三〕92
　光之(長之)　家号偏諱下賜〔三〕573。長崎警

黒田
備〔四〕110。証人交代〔四〕127 141 174 307。蛮船着岸警備〔五〕19。致仕伝〔六〕29／〔二〕669 〔三〕303 324 480 〔四〕99 105 110 132 146 624 〔五〕153 255 256 442 〔六〕29 655 656
孝高　中国九ヶ国平定〔一〕72。卒伝〔一〕106／〔一〕251
高永　↓京極高永
高政　分封〔二〕308。江戸城惣郭経営〔三〕2。卒伝〔三〕175／〔二〕25 377 535 〔三〕91 147
綱之(万千代)　廃嫡〔五〕255／〔四〕525 〔五〕60 153
綱政(長寛)　光之嗣子〔五〕255 256。卒伝〔七〕169 175／〔四〕478 〔五〕35 274 〔六〕29 85 212 〔七〕119 168
綱政室　〔六〕709
佐左衛門　〔三〕92
三五郎　㊁152
之勝　在府〔四〕228。卒伝〔四〕478／〔三〕175 176 〔四〕102 146 173 211 244 395 438
次郎左衛門(次郎右衛門)　〔三〕273 280
治高　卒伝〔十〕707 710／〔十〕686 689
治之(一橋、隼之助)　卒伝〔十〕683 686／〔十一〕135
重政(長賢、左京)　〔九〕447 471 474 204 228 271 319 325 383 397 492
新太郎　㊀777
甚九郎　〔九〕274

黒田斉清(長順、官兵衛・備前守)　長崎警備大筒鋳造㊀397。元服・偏諱㊀609。長崎港の事㊀701／㊀294 310 608 ㊁665
斉溥　↓黒田長溥
斉隆(斉畠・斉高、雅之助)　就封中止㊀146。優待㊀203 275。卒伝㊀294／〔十〕710 711 715 768 ㊀87 131 135 146 209 293
政冬(徳松)　〔一〕734
宣政(政則)　長崎警備〔七〕377 〔八〕105。蛮船追捕〔八〕67 94 98。致仕伝〔八〕176／〔六〕425 〔七〕119 175 454 〔八〕31 〔九〕96 ↓鍋島吉之
忠恒　〔九〕599
忠之(万徳・右衛門佐)　大坂陣〔二〕1 44。就封〔二〕57 〔三〕382。大坂城修築課役〔二〕185 335。参勤〔二〕370 514。茶事〔二〕415 424 441 480 〔三〕160。熊本城請取〔二〕550。御家騒動・本領安堵〔二〕592 〔三〕709。勘気赦免〔二〕597。江戸城修築助役〔三〕1 2 4 19 47 636。島原乱〔三〕76 80 84 90〜92 95。長崎蛮船警衛〔三〕147 492 〔四〕110。在封奉書〔三〕217。廩米下賜〔三〕281 366。筑前守〔三〕480。卒伝〔四〕110／〔一〕603 609 611 755 〔二〕223 232 308 376 395 507 535 536 626 669 〔三〕165 211 319 320 499 501 572 〔四〕99 105。家士〔三〕60

黒田忠之母　〔二〕669
忠之室(松平忠良女・秀忠養女)　↓梅溪院
長寛　↓黒田綱政
長軌　卒伝〔七〕448／〔六〕308 〔七〕140 225 443
長恵　尾張美濃伊勢河堤修築助役〔十〕276。卒伝〔十〕452／〔十〕79 325 386
長堅(千之助)　致仕伝〔十〕771／〔十〕668 672 675
長賢(左京)　↓黒田重政
長元(甲斐守)　㊀788 ㊁235 499 524
長興　分封〔二〕308。島原乱〔三〕91。女院御所造営助役〔四〕395 475。卒伝〔四〕538／〔二〕25 359 377 536 〔三〕2 139 434 492 514 521 〔四〕21 86 146 239 319 539
長之　↓黒田光之
長重　奥詰〔六〕109 739。奏者番〔六〕149。江戸城西丸山里火番〔六〕183。雁間詰〔六〕690。卒伝〔七〕140／〔四〕538 〔五〕202 280 417 424 〔六〕697 712 〔七〕28 134
長順(官兵衛)　↓黒田斉清
長舒(長恵)　長崎港警衛㊀146 403。卒伝㊀601／〔十〕771 774 ㊀417 597
長韶　致仕伝㊁235／㊀601 602
長政　筑前守〔一〕79。『東鑑』献上〔一〕109。江

黒田　戸城経営〔一〕119 403 410 657 680。参勤〔一〕481
655。鉛三千斤献上〔一〕748。卒伝〔三〕308
／〔一〕76 78 85 107 110 213 218 222 510 547 603 688 704
〔三〕33 146 267 301。家士〔一〕513
長清　分封〔六〕29。奥詰〔六〕42 162 739。長崎警
備〔七〕377 454〔八〕105。卒伝〔八〕190／〔五〕467〔六〕
51 86 534 547〔八〕185
長知（倢若・官兵衛）　㊁612 697
長貞　東海道河渠浚利助役〔九〕442 465。卒伝
〔九〕628／〔七〕448〔九〕626
長溥（斉溥、官兵衛・美濃守）　上米㊁351。
江戸城西丸造営助役㊁387 413／㊁115
119 240 612
長邦　卒伝〔十〕79／〔八〕716〔九〕628 659
直英　〔十〕540 745 755
直温　卒伝㊀465／㊀417
直基　〔七〕452
直賢　〔十〕600 772
直弘　〔十〕154
直亨　卒伝〔十〕745／〔九〕81〔十〕523
直候　致仕伝㊁96／㊀693
直綱　〔一〕695〔二〕57 322
直純　館林城守衛〔八〕727。転封・築城・恩
貸金〔九〕44／〔八〕256 607 681〔十〕51
黒田直常　〔四〕598〔八〕336
直清　〔六〕448
直静　㊁96
直相（用綱）　館林（綱吉）附家老〔四〕396／〔二〕
322 329〔四〕408
直達　徳松傅役〔五〕364。牧野成貞養子面命
〔五〕470／〔五〕66 428
直方（源右衛門）　〔九〕514
直方（豊前守）　致仕伝㊀693／㊀465 770
直邦　徳松傅役〔五〕364。加封〔五〕406 560〔六〕30 95
131 219 249 424 497 593〔八〕607。伊勢長島城修
築助役〔七〕110 155。西丸老中〔八〕607。卒
伝〔八〕681。遺事〔六〕733〔九〕195／〔五〕620〔六〕497
560 723〔七〕4 6〔八〕57 678
直良（五左衛門）　㊁640 647
直連　〔五〕464
孫右衛門　〔三〕280
万吉　〔四〕570
用綱　↓黒田直相
力之助　㊀692
黒野源太左衛門　㊁520 601
桑島吉宗　〔一〕504 511〔二〕368〔三〕156
吉郎右衛門　㊀688
持蔵　〔九〕747
桑島政恒　〔九〕602 627 700
政周　〔八〕111 319
政醇　〔九〕710 743〔十〕79
半左衛門　㊁509
豊秀　〔八〕42
桑名仁左衛門　〔四〕145
弥一兵衛　〔二〕30
桑原昌盛　〔六〕213 247
清全　↓石谷清全
盛員　目付〔十〕275 ㊀205。褒賞〔十〕629。勘定奉
行〔十〕707 ㊀50 72。大目付㊀106。万石
以上諸家系譜㊀110／〔十〕12 317 700 747 ㊀
433
盛方　㊀72
盛倫（遠江守）　㊀469 598 680
長茂　〔六〕706
桑山一尹　水口在番〔五〕307。除封・伝〔五〕448〔六〕732
／〔四〕203〔五〕266 291 443
一英　〔五〕267 448〔六〕184
一規　〔六〕521〔八〕305 780
一慶（玄道）　分封〔五〕266。処罰〔五〕448。山形
城引渡〔六〕396 420／〔五〕39〔六〕682〔七〕59 230〔八〕
544
一玄（一言）　高取城番〔三〕79。京三十三間

桑山
堂修理奉行㊂493 499 576 582。致仕伝㊄266／㊁377 400 ㊂32 62 342 387 434 ㊃192 447 599 ㊄93
一信 ㊈27
一晴 卒伝㊀104／㊀283 417
一直 禁裏造営課役㊀547。争論㊁113。多武峯造営奉行㊁143。大坂城修築助役㊁185。巡見使㊁581。江戸城修築助役㊂1。卒伝㊂32／㊀104 117 417 709 ㊁40 94 185 536 548
猪兵衛 ㊀760
栄晴 江戸城堤築奉行㊃360。大坂目付㊃623 ㊄17／㊁468 ㊄170
元晴 分封㊀417。禁裏造営課役㊀547。卒伝㊁197／㊀418 457 504 ㊁41
元稠 小田原城引渡㊄568 571。白河城引渡㊅150 154／㊆73 ㊇175 195
元武 ㊆402 ㊈605 632
玄仍(一慶) ㊄94
玄道 ↓桑山一慶
孝晴 ㊈6
重晴 卒伝㊀417
政要 ㊉259 ㊀361
清晴(清時・清明) ㊀418 457 504

桑山清明 ↓桑山清晴
晴喜(十郎右衛門) ㊀724 748
晴和 ㊀288
盛政 ㊇9 305
直晴 ㊄425 428 ㊅58
通政 ㊇9 728 ㊈35
貞寄 ↓桑山貞政
貞政(貞寄) 米沢目付㊃63。屋敷小割奉行㊃186 228 229 249。仙台目付㊄385 403。大坂目付㊃462 479。江戸城西丸修築奉行㊃514 541 542。山田奉行㊃563。伊勢内宮造営㊄453／㊂122 635 643 ㊃32 255 430 432 453 592 ㊄506 518
貞晴(左近大夫) ㊀547 ㊁41 539 554
貞晴(主殿・加賀守) 大坂城修築助役㊁185。卒伝㊁468／㊁197 210 303
貞利 ㊁581 622 ㊂122
靭負 ㊁418

け

けいつる ㊇399 680 689 791 ㊈263
毛屋主水 ㊀225
外郎 ↓ウイロウ
華陽院(松平清康室) ㊀22 23 674
圭海(尊重院) ㊃598 ㊄25
冏鑑(増上寺) ㊇457
邢 時挺 ㊄460
計泉けっあん(唐商) ㊀646
恵海(大楽院) ㊃460
桂昌院(玉、家光側室・綱吉生母) 伝㊂427 ㊄353。御附・召出㊄387 484 498 499 526 ㊅26 512。位階㊄526 ㊅465 466。三丸移徙㊄388 ㊅60 89 270。亮賢寵遇㊄400。隆光㊄572。護国寺㊄473 621 ㊅7 67 84 104 116 134 151 166 178 198 208 212 227 257 274 304 306 321 325 339 347 364 365 383 384 399 419 432 451 452 469 481 487 503 504 516。増上寺㊅208 228 257 259 271 291 325 449 473 516。寛永寺㊅7 404 470。知足院㊅67 210 230。護持院㊅255 273 307 322 346 382 398 432 450 469 481 502 506 517。浅草寺㊅240 400 518。牛御前㊅400。誓願寺㊅420 518。円勝

け (桂・啓・竟・恵・敬・経・慶・慧・瓊・馨・月・見・兼・憲・賢・顕)

桂昌院　寺[六]438。長谷寺[六]364。感応寺[六]438。穴八幡[六]198 432。寺領寄付[六]175 213 406 430 515 518。白山権現[六]71 367。愛宕山[六]228 257 291 449。王子稲荷[六]438。氷川明神[六]368。牧野邸[六]10 30 35 61 67 75 93 96 106 121 128 227。本庄邸[六]28 71 107 137 155 175 181 197 212 223 242 256 274 287 288 310 321 461 484。柳沢保明邸[六]302 307 438。紀州邸[六]437 483 505。水戸邸[六]485。墨田川逍遙[六]106 400。孔子廟[六]210。七十の賀[六]249。病気[六]583。卒[六]584。遺物[六]591。葬儀・霊牌所[六]584 587 588 594 600~602。法会[六]596 599 619 623 627 656 [七]167 168 [八]77 431 568 760 [九]619。遺事[六]730 731 736／[三]414 427 445 522 566 [四]12 [五]607 [六]116 266 270 466 502 630

桂昌院姉　[六]20

桂芳院(寿賀宮、京極宮公仁親王女・一橋治済室)　[十]235 258 261 263 264 337

啓歯(楞伽院)　[十]727

竟天(幡随院)　[一]262

恵覚院(誠姫・延姫、田安宗武女・伊達重村室)　[九]14 562 734

恵賢(知足院)　[五]364 559

恵源(永平寺)　[一]583

恵仁親王　↓仁孝天皇

恵性院　[五]323

恵忠(日光竜光院)　[九]119

恵澄(日光修学院)　[十]547

恵道(日光竜光院)　[十]334

敬崇院　↓一橋治国

敬法門院(松木宗条女・東山天皇生母)　[八]592 606 609

経寛(清水寺)　[四]527

慶海(寛永寺大慈院)　[七]28

慶暹(朝鮮信使)　[一]334 435

慶仁親王　↓中御門天皇

慧雲院(満姫、一橋治済女・尾張五郎太室)　[十]767

慧珊(浅草大護院)　[一]436

慧苗(若狭空仰寺)　[一]289

慧林(黄檗山万福寺)　[五]384

瓊岸院(家斉女)　[一]133

瓊玉院(万釵姫、家慶女)　[二]389 407

馨香院(貴姫、尾張光友女・尾張綱誠養女・浅野綱長室)　[五]211 248 485

月渓院　↓徳川亀松

月光院(左京局、家宣側室・家継生母)　賄料[七]57 [八]145 [九]325。席次[七]283。献物停止[八]13。移徙[八]37。卒伝[九]574。遺事[七]468／[六]650 [七]49 219 [八]36 [九]375 574~576 581 582 600 625 717 [二]675

見性院(武田信玄女・穴山梅雪室)　卒伝[一]299 552 617 [二]228。保科正之養育[一]552 617／[二]141

見星院(織田信長女・松平信康室)　[一]32

兼空(金剛院)　[三]541

兼澄(護持院)　[八]152

憲海(蓮華院・常照院・雲蓋院)　[三]9 261 550 [四]122

憲子内親王(霊元天皇女)　↓台岳院

憲宗院　↓徳川亀五良

賢空(寛永寺観成院)　[七]28

賢慶(護持院)　[一]542

賢広(護国寺)　[六]111 113

賢降(二尊院)　[三]9

賢寿院(太田主馬生母)　[十]155

賢盛(竹林坊)　[一]580 585

顕子内親王(後水尾天皇女)　↓妙壮厳院

顕啅(相国寺)　[二]301

顕理(通米院)　[十]464

顕了(江戸崎大念寺)　[一]564

顕霊(相国寺)　[五]458 459

元郁（金地院）〔九〕10 24
元云（金地院）〔七〕232
元寛（金地院）〔六〕111
元晃（金地院）〔七〕203 211 232
元札（金地院）〔七〕245 288 330 363
元照（吉祥寺）〔一〕438
元真（金地院）〔九〕76 401 639
元汸（金地院）〔九〕650
元雄（金地院）〔八〕74 77 79 266 402 616 820
元雍（金地院）〔十〕733
元良（金地院）『金地院法度』〔二〕679。『寛永系図伝』編纂〔三〕341／〔二〕301 〔三〕45 109 113 325 429 525 〔四〕119
玄音（長谷寺北坊）〔一〕530
玄音（水戸八幡宮社務）〔一〕631
玄恵（増上寺）〔一〕568
玄索（二丸坊主小頭）〔三〕362
玄照（湯島覚樹王院）〔九〕602 612
玄達（瓜連常福寺）〔八〕676
玄召（東福寺）〔二〕301
玄的（医師）〔四〕63
玄鎮（市医）〔三〕493
玄徹（永平寺）〔二〕456
玄棟（東福寺）〔七〕99

玄方（言方、以町庵）柳川調與一件〔二〕674 〔三〕710 〔四〕263
玄由（医師・寿徳庵玄由）〔二〕151
原澄（江戸崎大念寺）㊀393 564
源右衛門 〔一〕593
源心院（吉宗側室）→深心院
源三（吉宗男）→徳川源三
源兵衛（大坂商人）㊀121
厳海（千妙寺）〔三〕67
厳耀（理性院）〔五〕96

こ

こう（孝女）㊀116
こ　ち 〔三〕357
こちやの局 〔一〕448
こ　は 〔三〕677
こほ（女房）〔三〕565
こん（太田政資姉・家宣側室）→法心院
こんの局（竹本正長女・吉宗側室・田安宗武生母）→本徳院
小揚五郎八 〔九〕692
　利兵衛 〔八〕422
　理兵衛 〔八〕406
小池永貞 〔八〕26
　義久 〔六〕479
　義勝 〔三〕190
　休蔵 ㊁278
小池晋左衛門 ㊁710
　孫七郎 ㊀738
小泉かよ ㊁122
　出雲 ㊁122
　覚三郎 ㊁122
　義真 〔八〕566

小泉吉綱 〔二〕529 〔三〕168
吉次 〔一〕125 605 〔二〕310
吉勝 〔一〕605 〔二〕445 464
吉辰 〔二〕310
次大夫 〔六〕43
正賀 ㊀156
清三郎 ㊁122
大内記 ㊁122
養正 〔六〕127 168 205 349 614 〔七〕60
小出尹重 〔四〕549 〔五〕191 380
尹従 〔八〕277 280 433 540 571 618
尹春 ↓小出有仍
尹貞(尹員) 加封〔二〕677 〔三〕138 222 〔四〕370。歩行頭〔三〕45 549 555 〔四〕126。加賀御使〔四〕283。京代官〔四〕370 381 383。寛永寺家光廟修理奉行〔四〕370／〔二〕203 539 〔三〕8 153 184 263 265 612 619 737 〔四〕5 10 11 15 44 62 64 69 195 224 283 287 346 370 539 549
尹当 〔九〕54
尹明 〔二〕577 〔四〕453 487 526 〔五〕79 494
尹与(伊親) 〔四〕381 549 〔五〕445 〔六〕198
尹利 火消役〔六〕388 551 648／〔七〕166 406
右京亮 ㊀590
右近 〔八〕845

小出英安 卒伝〔六〕135／〔四〕64 〔五〕71 171 203 392 442 518 538 〔六〕86 131
英鈞 ㊀117 360 417
英益 卒伝〔六〕157／〔五〕245 〔六〕135
英貴 〔八〕711
英輝 〔六〕222 〔八〕131
英及 除封・卒伝〔六〕274 733／〔六〕222
英教(明之助・信濃守) ㊁503 605 614
英治 〔八〕741
英持(英時) 若年寄〔九〕465 〔十〕261。卒伝〔十〕265／〔七〕457 〔九〕377 408 415 418 427 429 575
英持母 〔十〕117
英勝 〔四〕572 〔六〕222 〔七〕100
英常 卒伝〔十〕481／〔九〕638 〔十〕332
英信 〔四〕192 572 〔五〕581
英孫 〔十〕30
英知 致仕伝〔五〕169／〔五〕5 10 47 291
英致 〔八〕435
英長 卒伝〔六〕222／〔五〕581 〔六〕157
英直 〔四〕580 〔五〕171 542 〔八〕322
英陳 〔九〕39
英通 〔十〕301
英貞 〔六〕286 576 618 〔八〕370 373 593 〔九〕103
英道 〔六〕50

小出英発(伊勢守) ㊁505
英伴 〔八〕487
英方 〔八〕131 312
英本 〔四〕192 572 〔五〕605
英明 ㊀97 103
英雄 〔七〕35
英利 宮津城請取〔五〕368 411。致仕伝〔六〕576／〔五〕19 169 465 523 〔六〕540 549 〔七〕298。家士〔五〕309
英連 〔八〕717
織部 ㊁275 280
輝英(宮内) ㊀103 793 ㊁4
吉英 出石城下賜〔一〕108。右京大夫・大和守〔一〕605。家襲〔一〕614。勘気赦免〔一〕742。転封〔二〕180。秀忠遺金下賜〔二〕535。出雲隠岐両国在番〔二〕611 〔三〕79。高野山大塔造営奉行〔三〕104 164。封内銀山下賜〔四〕473。卒伝〔四〕572／〔一〕274 547 690 693 703 708 709 736 〔二〕25 186 562 〔三〕1 514 601 〔四〕10 101 146 173 239 396 475 498
吉英室 〔二〕535
吉重 致仕伝〔五〕171／〔三〕218 249 〔四〕591 604 609
吉親 出石城下賜〔一〕614。勘気赦免〔一〕742。転封〔二〕180。巡見使〔二〕581。地図献上〔二〕625。高取城番〔三〕79。郡奉行〔三〕294

小出
416 695 [四]314 614。東国巡見[三]346。畿内近江水害地巡見[三]673。詰衆並[四]317。大坂加番[四]541。宮津城請取[四]571。致仕伝[四]613／[一]513 736 742 [二]25 186 345 534 535 562 [三]2 41 42 430 [四]3 9 378 [五]19
吉成 豊後目付[三]334。西尾城引渡[三]406。大坂目付[三]587／[二]182 [三]149 190
吉政 卒伝[一]614／[一]108 403 508 547
吉忠 [四]631 [五]19 189
吉直 [五]19 163
堅覚 [六]630
玄蕃(志摩守子) ㈠784
広命(相模守) [八]845 [九]96
三尹 分封[一]108。巡見使[二]581 [三]279。国郡奉行[二]695。御料巡廻[三]91。播磨山崎御使[三]199。西国中国辺郡奉行[三]282。卒伝[三]278／[一]77 99 547 [二]21 536 622 [三]2
持教 [十]379 604 690
守安 [八]234
守明 [八]234
守里 中奥小姓[五]77 78。御側小姓[五]127／[五]149 270 431 494 495 [六]65 262 351 373
秀家 卒伝[一]77／[一]108

小出秀政 卒伝[一]108
十右衛門 [八]57
重堅 ↓小出重勝
重興 無嗣除封・卒伝[六]269／[五]284 [六]107 174 733
重守 [六]269
重章 [二]85
重勝(重堅) 岸和田城引渡[三]204。西尾城引渡[四]301 303。掛川城引渡[四]301 303／[二]161 [三]199 343 518 [四]47 86 288
勝縄(勝綱) [八]841 [九]592 747 [十]81
照方 飛騨郡代㈠429 439。留守居㈠526
晨英 [六]630
正英 ↓保科正英
宗賓 [四]395 [五]269 420 590 [六]258 655 715
直次 ↓一柳直次
直昌 [八]502
定勝 [三]680
貞則(尹房) [四]374 381 549
半大夫 [八]42 406
主水 ㈡446
有敬 [七]405 [八]42 838
有重 駿府城加番[五]82 113。卒伝[六]174／[四]58 261 [五]28 231 436

小出有仍(尹春) 大坂目付[五]553 570。綱豊家老[六]51。西丸側衆[六]555。加恩地収公[六]577／[五]507 517 529 585 [六]38 575 [七]289
有乗 宇都宮城引渡[十]457／[十]433 494 523 ㈠33 81
有宗 ↓小出有棟
有相 [九]490 578 [十]466
有陟 [九]648
有棟(有宗) 卒伝[五]28／[二]203 [三]278 479 601 688 [四]447
有福 ㈠49
有里 ㈠162
小岩井五左衛門 [三]114
小狩助八郎 ㈡146
小口祐三郎 ㈡153
小熊(剣法者) [一]352
小督(本理院附老女) [四]367
小　坂 ↓オサカ
小坂勝吉(新助) [一]647 704 [二]13
力五郎 ㈡688
小柴為盛(池菴) ㈠785
伯盛 [八]710
保盛 [十]768
小島安順 ㈠711 739

小島維和 〔六〕213
市之丞 〔五〕527〔六〕407
円斎 〔三〕522 566
外守 ㊀195
活安 ㊀563 568 711
儀兵衛 ㊁110
久右衛門 〔一〕479
賢広 〔二〕201
源左衛門 〔九〕494
源八郎 〔五〕527〔六〕407
重俊 〔三〕77 588〔四〕72
春庵 〔六〕156
恕範 〔十〕648
庄兵衛 〔一〕689 755
昌流 〔十〕645
正重 〔二〕89
正宣 〔八〕850
正朝 〔五〕477 527
正直 〔四〕566
正房 〔五〕528
正余 〔三〕145
長十郎 〔九〕494
朝邦 〔五〕527
彦五郎 〔六〕488

小島武左衛門 〔五〕530〔六〕81
祐昌 〔五〕362 370 389 619〔六〕128
小須賀甚左衛門（甲府家用人） 〔六〕47
小塚右衛門佐 〔一〕419
小菅氏征 〔十〕607
新五左衛門 ㊀591
新左衛門 ㊁692
正胤 〔九〕523 673
正重 〔一〕537
正昭 処罰・赦免〔三〕618〔四〕394 405。精勤褒賞〔四〕289／〔三〕355 612〔四〕113 167 179 356 371
正親 諸国巡検〔八〕58 84。日光堂社修理奉行〔八〕539 559 584／〔八〕421 436 470 600 619 665 675〔九〕363
正武 奉職無状・黜免〔六〕20／〔五〕426 530 555 589 610〔六〕29
正容（備後守） ㊀595 613 781
武第 掛川城引渡〔九〕414 418。久能山御宮修理〔九〕644 648 658 671 674／〔九〕633 697〔十〕241 334 531 677 695
小太刀半七 〔二〕293
小谷太郎右衛門 ㊁424
小谷の方（五の丸方・三の丸方・お伝方・綱吉側室） →瑞春院

小把源大夫 〔十〕468
小知重周（重固） 〔二〕183 409
正俊 〔二〕409
小寺検校 〔三〕740
八郎兵衛 〔三〕197 198
小長谷時之 〔四〕627〔五〕381
時実 敵討〔五〕381／〔四〕627〔五〕415
時尚 〔四〕251
時友 〔一〕588
時雄 〔十〕453
時連 〔三〕121
正栄 〔二〕662
正綱 〔四〕487
正次 〔三〕121
正則 〔三〕121
正長（長門守） ㊀740
政平 〔三〕526
政芳 〔十〕134
政房 〔十〕584
小西行長 遺臣〔三〕72
助右衛門 ㊀761
正盛 〔三〕284
正峯 〔九〕745
正雄 ㊀29

小西長左衛門 [一]438 477 646
小早川左兵衛 [一]731 733
　秀秋 [一]70 224 294 295
　隆景 [一]186
小林（コバヤシ）　↓小林（オバヤシ）
小林一豊 [三]243
　市左衛門 ㈡128
　雅知 ㈠67
　喜平次 [八]716
　義次 [三]102
　吉大夫 ㈡236
　九兵衛 [三]85
　源四郎 [七]392
　行孝 [十]756
　行中 [八]162 419
　三郎左衛門 ㈡537
　左平太 [八]98
　時喬 代官[三]29 30 81 96 205／[一]477 [二]569 [三]81 205 551
　十郎兵衛 ㈠702
　重堅 [三]314 [五]586
　重勝（左次兵衛） [一]421 [三]34
　重勝（十郎兵衛） [一]477
　重正 [二]459

小林重成 [六]593
　重宣 [三]494 512
　重忠 [二]655
　重定 処罰[三]279 294 [四]31／[二]516 565 611
　春郷 盗賊考察[九]524 531／[九]131 507 561 608 [十]231 237
　庄左衛門 [六]337
　昌山 [九]405
　昌芳 ㈠409
　信政 [九]435 528
　助左衛門 ㈡70
　助蔵 ㈠662 ㈡706
　正吉（権大夫） [二]310 578 638 [三]65 302 [四]244
　正吉（忠吉、十大夫） [二]335 [三]119
　正堅 ㈠210
　正憲 [十]436
　正玄 [三]102
　正広 [六]143
　正恒 [八]725
　正綱 [三]588
　正興 [十]745
　正次 [一]704 [二]11 200
　正寿 [七]100
　正秀 [六]578 652 [七]100

小林正重 [二]616 [三]110 136 137
　正重男 [三]136 137
　正勝 [三]587
　正稙（正種） [九]537 649
　正信 [一]489 [二]356 [三]80
　正村 [三]362
　正忠（兵部大輔） [一]489
　正忠（勝之助）　↓小林正直（勝之助）
　正忠（吉大夫） [八]402
　正直（正忠、勝之助） [二]200 471 538 [三]65 158 [四]66
　正直（惣兵衛） [八]724 [九]642 648
　正府 [八]603
　正武（彦兵衛） [二]609 617
　正武（又兵衛） [十]453
　正平 [四]66
　正房 [九]648
　正有 [十]542
　政員 [六]273
　政教（権大夫） ㈡434
　政孝 [六]193
　政重 [五]600
　政成 [三]162 413
　政房 [八]645

小林善従 〔十〕546
宗次 〔三〕246
惣左衛門 ㊀738
忠吉 →小林正吉（十大夫）
忠重（政直） 〔二〕609 617
長吉 ㊀667
長章（五郎八・安大夫） 〔八〕97 〔九〕437
長章（左十郎） 〔十〕764
長善 〔九〕437 〔十〕763
直次 〔二〕511 539 〔三〕77 477
直時 〔八〕566 856 〔九〕6
直守 〔四〕500
直政 〔四〕372
繁右衛門 ㊀176
半之丞 〔七〕333
彦五郎 〔三〕278
平右衛門 〔八〕270
平六 〔八〕522
保良 〔九〕113
芳隆 〔八〕35 97
本信 〔九〕528
孫三郎 ㊁249
弥之助 ㊁646
祐賢 〔五〕232

小林祐良 〔六〕415 〔八〕540
頼英 〔六〕213
利啓 〔九〕6
小斐仁左衛門 〔一〕498
小堀惟貞 畿内河川修理評議〔八〕761／〔八〕645 662 813
一作 ㊁229
梅之助 ㊁197
越前守 〔一〕547
克敬 〔七〕231
国隆 〔八〕813
式部 〔九〕657 ㊁674
周防 →堀周防
正之 駿府加番〔四〕328 368。卒伝〔五〕197／〔二〕472 〔三〕476 496 637 688 〔四〕146
正次 備前国制法沙汰〔一〕99。卒伝〔一〕105 〔三〕496
正十 讃岐目付〔三〕199 274／〔二〕70 625 698 〔三〕118 378
正春（政春） 〔二〕615 〔三〕479 496 〔四〕273
正誠 〔八〕813 〔九〕25 27
政一 備中の国務管掌〔一〕105。禁裏造営奉行〔一〕414 547 627 〔二〕155 418 660 〔三〕201 289。召出〔一〕417。駿府城作事奉行〔一〕475。名古屋城天守造営奉行〔一〕605。備中米を大坂に輸送〔一〕736。伏見城本丸書院

小堀
造営奉行〔二〕143。姫路の事を管掌〔二〕143 579 〔三〕129。転封〔三〕177。大坂城修築奉行〔二〕197 248 311 360。近江奉行〔二〕243。二条城造営奉行〔二〕329 444 606。江戸城茶室庭園造営〔二〕460 473。秀忠茶事〔二〕515。家光茶事〔二〕585 〔三〕316 327。宇治茶庫・番所造営監督〔二〕594。近江伊庭の茶亭造営〔二〕606 661。水口城修築奉行〔二〕606。五畿内検断〔二〕641。家光上洛祝金配分奉行〔二〕648。畿内等の田穀巡察〔二〕689 〔三〕271。東海寺中新亭造営〔三〕20 123。比叡山天海影堂造営奉行〔三〕395。茶技〔五〕351。卒伝〔三〕478 496／〔一〕119 744 745 〔二〕47 52 384 472 533 539 598 〔三〕4～6 195 274 279 298 375 387 476
政尹（浅井政尹） 宮津目付〔五〕26 43／〔二〕594 〔三〕326
政因 〔六〕682
政可 〔三〕638 〔四〕111 334 362
政貴 〔四〕143
政共（下総守） ㊀158 780
政郷 〔六〕375 376
政弘 〔十〕483 664 ㊀22 79
政行 〔二〕70 〔三〕496

小堀政恒　駿府加番〔五〕222。出羽上野山下賜〔六〕134。卒伝〔六〕191／〔四〕313〔五〕197 442〔六〕121
　政寿　〔九〕474
　政春　↓小堀正春
　政昌　〔十〕709
　政代　〔二〕500
　政貞　中奥小姓〔五〕128／〔四〕28 204 251 292 536 605 607〔六〕682
　政展　〔九〕447 474 592 763〔十〕45 160
　政寧　〔八〕751
　政蕃　〔八〕355
　政方（主殿・土佐守）　加恩〔九〕26 670 718 759／〔八〕366〔九〕299 303 323 406〔十〕53 245
　政方（金次郎・備中守・和泉守）　処罰〔十〕789㊀63／〔九〕683〔十〕36 84 327 585㊀67
　政芳　〔九〕532
　政峯　若年寄〔九〕465 662 760〔十〕29。雁間〔九〕547。卒伝〔十〕36／〔七〕361 384〔八〕320 666〔九〕376 752
　政報　〔八〕647
　政房　卒伝〔七〕361／〔六〕191 601
　政明（左京）　〔九〕695
　政明（式部・土佐守）　火消役〔十〕280 370／〔九〕657〔十〕683㊀5 141 158
　政養　〔八〕526
小堀政利　〔六〕76
　政良　〔九〕25 617 673 695
　主税　㊁498
　中務　㊀548㊁77
　兵次　㊁210
　邦直　〔八〕813〔九〕25 27 638㊀95
　邦明　㊀547
　祐真　㊁45 129
小牧一郎左衛門　〔三〕560
小俣求馬　〔九〕470
　半右衛門　〔九〕470
　半次郎　〔九〕470
　平右衛門　〔九〕470
小南三十郎　㊀499
　達寛　〔九〕229
小峯藤右衛門　〔五〕418
小宮山安次　〔三〕190 273
　伊右衛門　〔六〕105
　儀三郎　㊁403
　吉重　〔三〕223
　吉成　〔二〕334
　源右衛門　〔四〕623
　源次郎　〔九〕494
　広正（宣房）　〔四〕344 397
小宮山佐太郎　〔九〕494
　三郎兵衛　〔五〕543
　昌吉　〔一〕181
　昌言　〔七〕378
　昌彦　〔十〕626
　昌純　〔一〕704
　昌世　黜免〔八〕661。閉門〔八〕699。代官〔九〕227／〔八〕281 313 317 319 365〔九〕245 264 273
　昌則　㊀150
　昌方　〔五〕410〔七〕207 221 289 302〔八〕299 312
　勝親　〔一〕572
　信祥　〔六〕693
　新右衛門　〔九〕494
　清四郎　〔八〕805
　清次郎　〔四〕107
　宣興　〔三〕273
　宣正　〔一〕573〔二〕6
　宣房　↓小宮山広正
　太郎兵衛　〔十〕700
　長清　〔十〕305
　長則　㊀64
　又七郎　〔二〕13
小室又三郎　㊁291
　茂兵衛　〔二〕39

小森頼英　〔八〕578
　頼堯　〔十〕682 683
小谷郡栄　〔八〕98
　栄久　〔八〕98
小　山　〔三〕566
小山（大奥女房）　〔六〕66
久　我　〔五〕231
　広通　〔四〕381 419
　広通室　〔四〕271
　広道　〔四〕398
　信通　〔九〕730
　通兄　〔九〕33
　通誠　〔五〕244
　通誠女　〔六〕474
　通名　〔四〕536 〔五〕60
　通明養母　㊀359
　豊忠　〔五〕60
木造三郎左衛門　〔二〕417
　七左衛門　〔十〕164
　俊雅　〔三〕259
　俊之　〔三〕413 571
　俊次　〔三〕259 413 559。家士〔三〕559
　俊春　㊀25
　俊宣　〔一〕589 〔三〕559
木造長吉　〔一〕705
木室貞太郎　㊁507
古賀煜（小太郎）　㊀622 ㊁95 544
　樸（弥助・精里）　聖堂取締㊀364／㊀317 367 451 622 ㊁95
古岩（増上寺）　〔五〕567 568 〔六〕133
巨勢大内蔵　㊁462
　至信　加恩〔八〕116 353 591。遺事〔九〕218／〔八〕111 〔九〕555
　至親　〔十〕718 ㊀13
　至忠　〔九〕129 592 710 731 〔十〕70 222 598
　縫殿助　㊁647
　由利　御側首座〔八〕116／〔八〕111 152
　利永　〔十〕476
　利喬　〔十〕496 750 ㊀526
　利啓　詩歌〔九〕299 303／〔九〕347 580 〔十〕199
　利和　火災地巡見㊀193 290／㊀85 324 394
児島正親　河渠浚治〔九〕465／〔九〕68 365 593 〔十〕152 289
　正利　〔一〕525
　平蔵　〔九〕236
児玉治右衛門　㊁637
　直正　〔六〕646
　豊前　〔二〕18
　利屋　〔十〕348
虎洞（大楽院）　〔八〕728 〔九〕119
胡舜（芦浦観音寺）　〔五〕549
高麗安性　㊀248
　高演　〔六〕414
　長好　〔五〕389 393 502
湖冏（霊巖寺）　㊀266
湖竜（新田大光院）　〔二〕494
五井純禎　〔九〕258
五雲子（京医）　〔四〕229 269
五官（明人）　〔一〕419 445 477 608 646 〔二〕106
五　条　〔五〕232
　為致　〔五〕517
　為適　〔一〕498 〔二〕120 401 435 〔三〕183 238 〔四〕6 8
　為徳　〔十〕568
　為範　〔六〕707
　為庸　〔三〕400 534
　広仲　〔六〕707
五島運竜　㊀301
　玄雅　卒伝〔一〕579／〔一〕547
　三六郎　㊁209
　主膳　〔三〕319
　常信　〔八〕111
　盛運　〔十〕212 321 325 542 ㊀632
　盛恭　〔十〕402 ㊀109

五島盛次　卒伝四166／三291 319
盛尚　七157 八414 九121 744 十204
盛勝　致仕伝五272／四166 334 507
盛住　唐船渡航水路査検七437。致仕伝八479／六121 236 534 八185 413
盛清　四108 166 五328
盛暢　卒伝六121／五178 272
盛道　致仕伝十320／八392 479
盛繁　㊀568 632
盛峯　九744 十355 419
盛利　渡海朱印一119 387。島原乱三76。異国船厳禁三147 217 291。卒伝三291／一92 579 588 二476 536 570
盛朗　六439 七26 八414
筑前守　㊁530
五丸の方(小谷の方、綱吉側室)　↓瑞春院
五味求馬助　五120
金七　二14
金十郎　二140
小兵衛　六234 415
平馬　㊀686 702
豊旨　四382 五211 391
豊成　五391 八724 九445
豊直　武相両国巡見一626。上洛宿割役一705。禁裏造営奉行二122 155 四81 149。上洛駅路『撰銭禁令』二130。後陽成天皇葬礼一135。池田山崎の知行割二143。広島領地割渡・禁裏御料管掌二175。知恩院造営奉行二176 191。丹波国奉行二243。伏見城修造奉行二254 258。二条城本丸西丸作事奉行二335。京上下賀茂末社・貴船社造替奉行二421。徳永・別所収公二427。仙洞・公卿収公の釆邑宅地二470。廻船三77。畿内西国の田穀巡察三271。『禁裏仙洞附條約』三329。高野山学侶行人の争論査検三425 444。旗本の廩米を議す三462。『伏見奉行条約』三488。畿内近江の水害地巡見三673。禁裏附・新院附費用の支出四136／一602 642 二617 三126 416 426 448 四360 484
豊法　六234
五郎右衛門(農民)　六733
五郎兵衛(犬医)　六207
呉　允謙(朝鮮信使)　二134
子明(唐商)　八366
順伯(朝鮮人)　五460
後光明天皇　三300 303 335 689 四124～126 362
後光明天皇女(孝子内親王)　↓礼成門院
後西天皇(良仁親王)　四88 165 378 448 五225 540 566 567
後西天皇女御(明子、高松宮好仁親王女)　五364 423
後西天皇男　↓八条宮長仁親王
後西天皇女(南都中宮寺)　↓尊秀
後桜町天皇　九734 十89 134 136 342 ㊀715
後　藤　二84 279 五503
猪左衛門　↓庄三郎(光暢)
基次(又兵衛)　一262 693 694 732 733 739 741 742 751 754 二15 29
基次(又兵衛)男　三592
吉五郎　㊁550
吉勝　一91
久次　三420
源右衛門　三627
源左衛門　二245
源次郎　七171
光次(庄三郎)　貨幣鋳造一332 401。外国の事討議一343 561。貨財管掌一343。丸山寺創建一347。江戸市街地分与管掌一588。大坂冬陣一707 715 728 742 746 749 754 755。大坂夏陣二18 19 23 45／一236 340 489 558 564 592 595 597 598 608 630 632 703 二75 155

後藤権之助 〔八〕666
三右衛門 ㊁421 449 479 549
庄左衛門 〔二〕436 〔三〕182
庄三郎（光重） 〔六〕353
庄三郎（光富） 〔七〕98 〔八〕385 823
庄三郎（光暢、猪左衛門） 〔十〕396 526 546 573 ㊀655
庄三郎（光包） ㊀655
四郎兵衛（光昌・程乗） 〔四〕529
四郎兵衛（光寿・通乗） 〔七〕147
四郎兵衛（光理・寿乗） 〔八〕414
四郎兵衛（光孝・延乗） 〔九〕70 730
四郎兵衛（光美・真乗） ㊀549
四郎兵衛（光晃・方乗） ㊁485
新太郎 ㊁59
正経（意伯） 〔五〕493 503
正次 〔一〕420 421 〔三〕41 413
正俊 〔三〕41
正勝 〔一〕421
正備 〔八〕648 666
宗印 海外渡海朱印〔一〕412 449／〔二〕436
忠正 〔一〕708
忠直 〔一〕91 708
長記 〔九〕683

後藤徳乗 〔一〕479
縫殿之丞 〔九〕2
縫殿助 絵島事件〔七〕371。正徳新銭鋳造〔七〕397。享保『大奥法度』〔八〕45。染色〔八〕618 753 〔九〕765。大坂払米〔十〕701 731 760 ㊀9。装束修補㊀80 ㊁174 197。文姫装束㊁153。所業不正㊁466／㊁152
半三郎 〔二〕436
孫兵衛（伊達家士） ㊀685 ㊁440
弥五兵衛 ㊁19
与次右衛門 〔四〕154
利正 〔三〕441
利邑 〔六〕105
礼三郎 ㊁503
後奈良天皇 〔八〕615 846
後北条氏 〔一〕59
後水尾天皇 〔一〕236 544 550 558 640 〔二〕87 288 382 383 440 470 492 536 694 〔三〕37 182 230 232 236 437 439 444 537 689 718 〔四〕241 532 608 〔五〕53 142 171 180 232 269 273 370 372～374 422 454 455 〔七〕241
後桃園天皇 〔九〕714 〔十〕342 353 410 513 614～617 627 ㊀92
後陽成天皇 〔一〕56 513 544 588 665 〔二〕135 〔三〕607 618
上泉秀綱 〔一〕351
主水 〔一〕731

上坂勘解由 〔三〕199
九左衛門 〔三〕198
丹後 〔三〕198
公延法親王（安楽心院宮、大覚寺・日光門主） 〔十〕537 548 552 553 555 624 626 703 785 794 ㊀157 222 231 512
公淵（根津権現別当住心院） 〔七〕223
公海法親王（久遠寿院准后、毘沙門堂門跡・日光門主） 日光山〔三〕9 63 183～186 192 266 315 372 424 481 537 538 541 544 563 618 632 〔四〕5 7 9 10 48 51 59 73 92。天海病気・寛永寺の寺務相続〔三〕117 127。天海の葬地〔三〕333。輪王寺寺務を執る〔三〕355 358。江戸城西丸安鎮の修法〔三〕653。寛永寺御宮柱立の修法〔三〕655。天下泰平の祈禱〔四〕29。退隠〔四〕127 128。江戸城本丸安鎮の修法〔四〕319。毘沙門堂料寄附〔四〕483。洛外に寺地十万坪下賜〔四〕526。附弟教育料〔五〕283。准三宮〔六〕144。浴湯〔四〕180 423 430。卒伝〔六〕242／〔二〕533 620 〔三〕61 66 67 256 261 349 350 375 386 445 507 524 577 597 〔四〕3 96 102 118 287 514 515 〔五〕39 94 145 158 205 360 409 446
公侃（伯耆大山学頭） 〔五〕298

公寛法親王（覚尊法親王、日光門跡）㈦219 362 367 375 387 418 429 ㈧84 534 555 562 582 640 683 737 745 764 791 792 797
公珪（寛永寺宝樹院別当）㈩780
公啓法親王（寛義法親王、日光門跡）㈨523 537 572 573 752 ㈩6 84 385 390 392
公顕法親王（方宮、毘沙門堂門跡）㈩428
公遵法親王（随自意院、毘沙門堂門跡・日光門主）㈧683 745 764 766 791 846 847 ㈨99 357 488 573 584 602 612 614 621 629 673 ㈩62 391 394 395 399 402 414 537 555 571 624 625 703 ㊀64
公紹法親王（日光門主）㊁165 505 541 560 569
公璋法親王（日光門主）㈩469 519 520
公然（伝法院）㈧14
公澄法親王（歓喜心院宮、日光門主）致仕㊀640／㊀157 158 226 278 643 ㊁190
公福（寛永寺護法院）㈩15 409 410
公弁法親王（大明院准后、日光門主）上洛㈥164 646。天台座主宣下㈥172 658。譜代大名家に臨む㈥230 301 386 407 420 423 452 468。病気㈥404 ㈦427。六義園に臨む㈥504。准后宣下㈥676。『徳川系図』進呈㈦49。隠退㈦429。卒㈦463／㈤446 452 573 ㈥74 91 166 168 216 252 297 321 425 527 617 651 ㈦57
公弁法親王　106 133 ㈨187
公猷法親王（自在心院宮、光格天皇男・日光門主）㊁505 506
公猷法親王生母　㊁505 506
広海（春性院）㈤382 409
広大院（茂姫、島津重豪女・近衛経熙養女・家斉室）婚姻㈩522 675 ㊀78。姫君と称す㊀50。婚儀資装呈上㊀81 82。卒伝㊁528／㈩663 675 687 714 716 758 769 ㊀87 200 225 301 311 341 346 503 689 699 ㊁72 426
広大院生母　㊀469
甲賀左馬助　㈠388
光瑛（光栄、東本願寺門跡）㈡443 444 ㈢178 277 342 547 549 562～565 681 ㈣44 59 250 275 532 ㈤101
光円（西本願寺門跡）㈢126 128 351 564 ㈣75 153
光海（東本願寺門跡）㈤288 310
光海（増上寺伴頭）㊀525
光格天皇　㈩617 626 646 651 ㊀62 125 141 242 786
光寛（寛永寺常徳院）㈤252
光暉（西本願寺門跡）㈩329
光啓（西本願寺門跡）㈧860
光現院（松姫・磯姫、尾張綱誠女・綱吉養女・前田吉徳室）婚姻㈥693 698 710 715。入輿の吏員㈥710 713 715。入輿日衣服
光現院　制㈥714。入輿日諸士拝賀㈥714 715。卒㈧207。吉宗に厚遇さる㈨178／㈥692 713～716 ㈦65 76 95 139 207 219 384 ㈧247 284 414 610 733 ㈨48 400 574
光源院（市場殿、家康妹・筒井政行室）婚姻㈠24 525。卒伝㈢588／㈠657 ㈡535
光厳（福聚院）㈩347
光佐（本願寺）㈠218
光寿（東本願寺門跡）㈠218 588
光寿尼（細川藤孝室）㈡153
光寿尼（島田直次郎母）㈨616
光樹院（碓井姫、清康女・酒井忠次室）㈠22
光従（東本願寺）㈡349 566 ㈢151 342 547 549 ㈣71 87 174
光性法親王（東本願寺門跡）㈦113 115 ㈨105 125
光松院（織田信良女・徳川忠長室）㈡512
光照（本願寺）㈠218
光照院宮（尊清、後陽成天皇女）㈤36
光常（西本願寺門跡）㈣451 462 479 486 ㈤156 404 ㈦94
光晴（一条昭良女、東本願寺門跡）㈣419 517 ㈤288 310 329 333
光相院（恭姫、尾張宗勝女・九条道前室）㈨761
光闡（西本願寺門跡）㈨432
光超（東本願寺門跡）㈧838

光遍（東本願寺門跡） 〔九〕734
江月（竜光院） 〔二〕175 463 464 560 〔三〕222
江子（浅井長政女・秀忠室） ↓崇源院
行恵（大楽院） 〔三〕267
行盛（上乗院）〔三〕67 261
行呂（高野山無量寿院） 〔一〕530
孝勝院（振姫・利久姫、池田輝政女・秀忠養女・伊達忠宗室） 婚姻〔二〕141／〔一〕549 〔二〕535 685 〔三〕365 〔四〕202 249 279
孝順院 ↓徳川竹千代
孝蔵主 卒伝〔二〕362／〔一〕126 295 495 〔三〕214
孝端（日光修学院） 〔十〕689
孝明天皇 ㊁485
幸 五郎兵衛 ↓宇治五郎兵衛
幸 小右衛門 〔二〕671
　清二郎 〔八〕759
　藤太郎 ↓伊東勘右衛門
幸 阿弥 〔二〕245 〔四〕327
　伊織 〔八〕45
　伊予 〔八〕134 318
　与兵衛 〔三〕627
幸庵（市医） 〔三〕493
幸海（世良田長楽寺） 〔五〕267
幸海（寛永寺林光院） 〔十〕403 523
幸教親王（後水尾天皇男・日光門主） ↓守澄法親王（日光門主）
幸然（心観院霊牌所別当） 〔十〕370
幸田継治 〔三〕119
　孝治 〔四〕582 591
　常治 〔九〕125
　親平 ㊀146 154
　正信 〔六〕284
　友治 〔三〕294 〔四〕95
幸（光）大夫 ↓大黒屋幸大夫
幸徳井三位 〔二〕96
　主馬首 〔三〕213
幸野吉郎左衛門 〔八〕636
幸 松丸 ↓保科正之
幸若伊右衛門 〔七〕330
　伊之助 〔七〕330
　小八郎 〔三〕468
　大夫 〔一〕258 378 〔二〕279
　与三大夫 〔一〕161
河　内 〔二〕397
　胤盛 〔二〕402 521
　胤次 〔二〕521
　胤録（釆女正） ㊁509
　梅千代 〔一〕632
河内勘右衛門 ㊀709
　吉久 〔三〕223 346
　久豊 〔六〕486
　常英 〔六〕67
　常記 〔十〕173
　常政 〔五〕386
　信弘 〔三〕42
　正国 〔三〕5
　正次 〔二〕162
　正明 〔二〕162
　知親 〔一〕605
　三千五郎 ㊀654
　弥右衛門 〔六〕105
河内局（綱吉乳母） 〔六〕55
河内山八兵衛 〔四〕22
河野安嗣 処罰〔十〕128 458。尾張伊勢河渠修理〔十〕276 277 283。猿江材庫大川舟庫周囲浚利〔十〕342 402。天主教考察〔十〕589。鶴岡八幡宮修理〔十〕672 678／〔十〕205 231 467 520 618 619 631 781 786 821
　安通（河合） 〔九〕103
　一郎右衛門 ㊁647
　英通 〔十〕660 ㊀202 223
　喜三右衛門 〔一〕414

河野教通　㊀13
高嘉　[三]579
権之助　㊀169
作左衛門　㊁246
氏吉　[一]135
氏勝　[三]149
氏保　福山城目付[六]351 355 377／[六]507
庄左衛門　[二]147
照守　[二]573
照辰　[三]122
照盛　[二]80 [三]42
照良　[三]149 273
定右衛門　[七]461
盛政　[二]140
通英(主馬)　[九]478 [十]127 419
通英(宗阿弥)　[十]774
通延　盗賊考察[九]437 443。一橋家老[九]501／[八]505 [九]407 727 [十]78 216
通久　[十]402 ㊀183
通休(仙寿院)　[八]708 842 [九]69
通喬(通暁)　松本城引渡[八]383 386。船手兼帯[八]781 842。遺事[九]319。表右筆所日録指揮[九]367 441。家治婚儀[九]604 631／[八]489 517 721 728 [九]46 104 119 399 456 462 467 479 501

河野
通賢(四郎次郎)　[四]35
通賢(十郎左衛門)　[十]606
通玄　[二]244
通虎(一学)　[十]422
通虎(八左衛門)　[十]492
通護　[六]397 456 502
通孝　[二]434
通幸　[二]202 [三]130 261 374
通次　[二]244 579
通寿(十郎左衛門)　[六]631
通寿(庄次郎)　[九]702
通重(権右衛門)　処罰・赦免[二]28 79 [三]484 551 614。家綱附[三]655／[一]271 [二]30 400 459 538 555 616 [四]35。所属同心[三]484
通重(十兵衛)　[四]252
通重(勘右衛門)　駿河相模河渠巡察・浚利[七]28 45 48 111。江戸城内巡見[七]132／[六]473 694 704 714 [七]143 172 175 201 209 296 [八]221 363
通俊　[二]141
通純　[十]399
通常　[九]431
通新　[三]174

河野通成　大坂城雷焼検察[十]731 733／[十]621 ㊀183 250 516
通政　[二]573
通宗　医員・法眼[四]132／[二]658 [四]268 367 371 450 534 546 549 560 583 [五]9 32 119
通定　福山目付[四]449 481。大坂目付[四]537 556。処罰[五]619／[四]239 483 497 565 568 [五]127 331 574 607 618 [六]148
通哲　㊀47
通渡　㊀231 299
通毘　㊀523
通房　[六]84 [七]100 439
通明(良以)　㊀476 532 551
通明(鉄三郎)　㊀542
通要　[五]117
通頼(源右衛門)　[五]99 117
通頼(源右衛門)　[九]675
通頼(松庵・仙寿院)　[十]57 808 ㊀13 136
通利　[二]567
通良　[五]144
貞通　[六]248 [七]136
伝兵衛　㊁621
徳五郎　[十]376 385
八左衛門　㊁77

河野半兵衛　〔八〕207
　利通　㊀542
　六兵衛　〔二〕31
洪長老（南禅寺）　大仏鐘銘事件〔一〕676／〔三〕320 321 433
香琳院（おらくの方、家斉側室・家慶生母）　㊀215 650 651 765 ㊁180 226 327
紅玉院（徳川綱重継室）　〔五〕137 160 164 〔六〕589 〔八〕279
晃海（寛永寺最教院）　〔二〕575 683 〔三〕9 67 256 261 314 333 355 391 414 445 538 540 550 〔四〕8
晃尊（東大寺知足院）　〔八〕379
晃耀院（晴姫、家斉女）　㊀569
高　岳　尼　〔六〕71
高　継　〔一〕91
高賢（鷹司教平男・三宝院門跡）　〔五〕23 25 403 〔六〕674
高原院（浅野幸長女・尾張義直室）　婚姻〔一〕95 479 513／〔二〕9 14 347 〔三〕52
高巌院（浅宮、伏見宮貞清親王女・家綱室）　家綱に嫁す〔四〕233。御台所と称す〔四〕323。卒伝〔五〕243。法会〔五〕263 265 266 268 292 295 453 455 〔六〕149 413。霊牌所〔五〕414 422。真像〔五〕423。忌辰代参制〔五〕493 〔六〕60／〔四〕225 237 〔五〕82 241 243 244 265 267 291 319 368 409 451 493 595 〔六〕411 〔八〕380
高坂検校　〔五〕114
　昌信　〔一〕39 40
高仁親王（後水尾天皇男）　〔二〕400 437
高泉（万福寺）　〔六〕231
高台院尼（秀吉室）　卒〔二〕329／〔一〕112 276 387 494 545 〔二〕59 190 202 301 323 326 〔三〕751
高徳（崇源院侍女）　〔二〕416
高谷盛政　〔二〕449
　盛直　〔八〕103
　盛道　〔二〕449
高力右近　㊁532
　季長　召預〔五〕6。領分安堵〔五〕380 474 482 498／〔四〕564 〔五〕9
　健三郎　㊁575
　高長（隆長）　蛮船着岸時出兵〔四〕431。除封・伝〔五〕6／〔一〕602 〔二〕303 574 638 〔四〕171 453 507 〔五〕9 474
　高長男　〔二〕587
　常長　↓高力忠弘
　政房（正房）　〔二〕484 551 〔四〕171 319 〔六〕61
　清慶　〔八〕577
　清長　岡崎三奉行〔一〕33 302 454。卒伝〔一〕453
　清弥　〔八〕489
　宗長　〔六〕61 157
高力忠弘（常長）　召預〔五〕6。領分安堵〔五〕380 474 482 498。殺害さる〔六〕251／〔四〕270 〔五〕9 556 〔六〕11
　忠房　家襲〔一〕453。遺事〔一〕503 〔五〕6。小田原城勤番〔一〕647。貝桶役〔二〕425。談伴衆交番出仕〔二〕549。就封〔二〕563 626。転封〔二〕179 〔三〕100。長崎警衛〔三〕384 492 593 〔四〕112。唐津城派遣〔三〕508。卒伝〔四〕171／〔一〕384 482 548 602 678 〔二〕21 33 41 84 142 375 386 484 511 537 574 613 638 659 675 〔三〕5 12 16 38 41 66 69 99 383
　忠房母　〔一〕602
　長行　福井監使〔八〕365 390 399。御前を止む〔九〕57／〔八〕327 436 437 470 667 822 〔九〕493 514
　長氏　〔六〕205
　長次　卒伝〔一〕659／〔一〕485 548
　長昌　御前を止む〔十〕115／〔九〕348 677 750 〔十〕370 647
　長房　〔二〕479 507
　直賢　㊀5
　直行（左京・丹波守）　㊀757 761 ㊁251
　直道（平八郎）　㊀5 57 318 337 375 581 757
　定重　〔六〕265
　隆長　↓高力高長
高隆（護持院）　㊀539
康伝（仏師）　〔七〕74 357 〔八〕73 79 415

與安院（初姫、秀忠女・京極忠高室） 〔一〕85 〔二〕478 479
與意法親王（聖護院門跡） 〔一〕484 〔二〕56 200
與玄（伝通院） 〔十〕663 770
鴻池善右衛門 ㊀708
鴻野屋平八 ㊁61
豪海（正覚院） 〔一〕667 669 670
豪海（日光竜光院） 〔四〕238 460
豪慶（正覚院） 〔三〕538 〔四〕9
豪俔（双厳院） 〔三〕67 261 333 355 414 550 562 610 642
郷渡高陳 〔十〕485
　高本 〔十〕485
郷町七郎右左門 〔九〕10
　七郎右衛門継母 〔九〕10
郡 九郎太郎 ㊀658
　宗保 〔一〕713
　良邦 〔一〕548
　良列 〔一〕754 756 〔二〕37
国泰院俊山雲竜 ↓豊臣秀吉
国呑（鴻台総寧寺） 〔五〕604 606
国府又次郎 〔九〕240
国分権兵衛 〔一〕454
　左太夫 〔一〕454
国領一吉 〔三〕530
国領重吉 奥州論地見分并常陸川巡察〔六〕349 359 377
　重次 〔五〕451 607 610
　重真 〔八〕280
　正為 ㊀402
　忠次 〔八〕416 491 〔九〕33
　忠利 〔十〕463
　豊次 〔九〕44
粉川福常坊 〔一〕732
近衛家熙 〔七〕144 171 242 244 314 317 326 329 433 445 〔八〕40 〔九〕241
　家久 〔六〕430 〔七〕33 34 〔八〕127 411 765 766
　家久女（森姫、田安宗武室） ↓宝蓮院
　家久女（尾張宗睦室） ↓転陵院
　基熙（若岩） 〔四〕113 394 〔五〕225 231 235 275 320 369 371 〔六〕615 616 〔七〕98～102 130 141 144 159 202 219 222 258 305
　基熙室 〔五〕566 〔六〕11
　基熙女（家宣室） ↓天英院
　基前 ㊀184 750 ㊁40
　基前室（俊姫、尾張治行女・尾張宗睦養女） ↓蓮沼院
　基前女（津軽雅之助室） ㊀667
　基前女（鷹司政熙女・尾張斉温室） ↓俊恭院
　経熙 ㊀411
近衛茂姫（島津重豪女・近衛経熙養女・家斉室） ↓広大院
　尚嗣 〔三〕214 229 437 〔四〕37 90
　信尹 〔一〕112 651 735
　信尋 〔二〕149 492 〔三〕161 184 624 625
　信尋女 ↓水戸光圀室
　内前室（頼姫、尾張宗春女・尾張宗勝養女） ↓霊樹院
　内前 〔八〕746 749 〔九〕364 373 416 437 683 〔十〕287 567
　内前妹（近衛家久女・尾張宗睦室） ↓転陵院
　森姫（近衛家久女・田安宗武室） ↓宝蓮院
狛 近弘 〔三〕9
狛 帯刀 ㊀749
駒井為隣 ㊀65
　景親（駒井親昌カ） 〔四〕21
　寿正 日光諸堂修理〔八〕821 823 831 845 854。長崎目付〔九〕10。騎射〔九〕260。船手〔九〕385 475 502。江戸城々溝浚利〔九〕617 〔十〕82／〔八〕701 723 〔九〕119 127 357 383 399 425 434 466 487 489 490 498 539 545 567 585 〔十〕162
　昌信 豊後府内目付㊂374 405。江戸城三丸修理奉行㊂478 565。膳所城引渡㊂691

駒井昌勝　江戸城堤修築奉行〔四〕360。大坂目付〔四〕588 612〔五〕292 307。島原城引渡〔五〕48 55。駿府目付〔五〕191。巡見使〔五〕399 403 427／〔四〕574〔五〕334 453 460 501
　昌長　〔一〕401
　昌保（頼重）　江戸城造営〔二〕448〔三〕1 29。使番並指物〔二〕565。島原乱〔三〕92 99／〔一〕98〔二〕163 257 307 373 502 553 616 639 653〔三〕588
　勝重　〔二〕243〔三〕149
　勝岑　〔五〕502〔八〕55 294 363 587
　勝門　〔十〕7 246
　信貫　〔十〕840 ㊀421
　信義（相模守）　㊁472 496
　信俊　〔四〕406
　信成　〔八〕297
　親行　巡見使〔五〕399 403 423／〔六〕235
　親興　〔六〕450
　親昌　高野山訴論〔三〕623 628。日光御使・供奉〔三〕638 663〔四〕5 6 10 68 72 259 367 371〔五〕189 190。駿濃江巡検〔四〕17。正雪与党追捕〔四〕18 19 29。江戸城天守修理〔四〕80 93／〔二〕450 494〔三〕149 303 554 612 614〔五〕246 274 ↓駒井景親
　親勝　〔六〕93
駒井親澄　〔五〕530 577〔六〕97
　親直　津和野派遣〔二〕108。豊後萩原目付〔二〕304。京坂目付〔二〕425／〔一〕401〔二〕511
　成治　〔二〕662
　政潔　〔十〕115
　政周　諸国巡検〔八〕54 84／〔六〕235 375 381
　政春　備中松山城目付〔六〕186 193／〔六〕205 228
　長成　〔三〕294
　貞盛　〔六〕141
　藤五郎　㊁106
　半蔵　㊀681
　半蔵　㊁431
　孫四郎　〔一〕498
駒木根　〔一〕366
　政永　〔十〕529 573 631 779 ㊀23 254
　政次　豊後萩原横目〔二〕594。大坂目付〔三〕51。島原乱〔三〕86 90。佐貫城引渡〔三〕127。加納城引渡〔三〕129 136。豊後府内目付〔三〕138 172 395。駿府目付〔三〕353 371／〔二〕560
　政親　〔九〕88 519 677〔十〕12 149 496 529 631〔三〕183 612〔四〕403
　政武　宮津城目付〔五〕14 30／〔五〕99 139
　政方　掛川御使〔六〕600 602。江戸城造営〔八〕81 84 118 133。公事方〔八〕281。判金改鋳〔八〕
駒木根　414／〔六〕450 504 518 597 609〔七〕405〔八〕61 75 98 101
　利政（利久）　〔一〕705〔二〕14 152 598 813 856〔九〕31 363
米田監物　〔一〕709
　正幸（藤太郎）　㊁469
　正芳　〔六〕669
惟任光秀　↓明智光秀
今春氏春　↓川勝氏春
　氏睦　↓竹田氏睦
金剛大夫　〔五〕157
金　春　〔一〕387 406 423 424 430 489 560 566
　三郎右衛門　〔八〕680〔九〕312〔十〕513 ㊁649
　三郎左衛門　〔六〕257
　三九郎　↓真下九郎右衛門
　氏睦　↓竹田氏睦（弥三郎）
　助三郎　〔六〕630
　惣右衛門　〔八〕759〔九〕312
　大夫　〔一〕279〔三〕488
　彦九郎　〔五〕542
　六十郎　↓山本六十郎
近藤淡路守　㊀582
　威興　〔九〕489
　石見　〔一〕168
　英用　〔九〕523 601 691〔十〕388

近藤季用　卒伝〔一〕585
義貫　〔九〕69 568
義休　〔十〕318
義種　㊀459
吉久　〔一〕83 104
吉次　〔二〕526
吉直　〔三〕434
玄奇　〔六〕749
玄寿　〔六〕268〔八〕805 862
三右衛門　㊀668
七郎右衛門　㊀770
守重（重蔵）　㊀502 525 604
寿敬　〔十〕585
寿俊（宗三）　〔八〕805〔九〕260〔十〕585
寿忠　〔十〕585
寿用　〔十〕452 580 ㊀643
秀勝　〔二〕414
秀正　〔二〕395
秀用　小田原城番〔二〕73 335 397 506。勘当・帰参〔一〕76 374。御談伴〔二〕283／〔一〕585 586 691 705 739〔二〕13 104 147 166 204 220 339
十郎左衛門　〔二〕104 363〔三〕366
重堯　↓近藤重直
重興　宇都宮城引渡〔六〕293 298。日光在勤目付〔六〕331／〔五〕448〔六〕262 313 502

近藤重勝　卒伝〔一〕109
重信　中川番〔五〕566／〔五〕609〔六〕184
重蔵　↓近藤守重
重直（重堯）　甲州在番〔三〕355。駿府加番〔三〕625〔四〕509。山王社修築奉行〔四〕45。天樹院・本理院邸造営奉行〔四〕220 273／〔二〕150 157 370〔五〕95 280 448
昌用　〔四〕46
常吉　㊀797
正之　〔六〕284
正武　〔九〕52
政共　〔八〕540 602 844
政香　㊀113 234
政章（名女川）　〔六〕619
政勝　〔四〕386 392
政成　卒伝〔二〕150／〔一〕79 109 548
政徳　火消役〔七〕155／〔八〕200 355 497〔九〕222
政方　〔九〕725
政房　〔九〕695〔十〕268 567
政明　㊀42 141 300 396 540
昔用　〔八〕306 564 661〔九〕26
善右衛門　〔七〕452
宗左衛門　㊁461

近藤太左衛門　㊀485
太郎兵衛　〔四〕619〔五〕26
頼母　㊁392
忠右衛門　〔一〕276〔二〕276
忠秀　〔八〕835
貞用　頼宣附〔一〕604。召返〔二〕204。水口在番〔三〕282 371／〔二〕219 529 538 555 637〔三〕323 685〔四〕69 87 131 159〔五〕204 448
登正　〔四〕42 98
徳用　〔五〕105 448〔六〕65 381 389
縫殿助　㊀687
寧用　〔九〕75
平三郎　㊀680
平助　㊀659
平兵衛　㊁217
満右衛門　㊁19
孟郷　『藩翰譜備考系図』編集㊀641／㊀398 410 412 467
与左衛門　〔九〕601
用為　〔十〕572 ㊀532
用尹　〔三〕501 511〔四〕435 439
用可　〔二〕106 224
用義　〔二〕397
用久（遠藤）　川越城引渡〔六〕187。江戸城北

近藤
丸塁溝営繕奉行〔六〕311 321／〔四〕46 〔六〕325 546 647 〔七〕158
用穹　〔九〕599 〔十〕161
用慶　火消役〔五〕583 〔六〕101／〔五〕591 〔六〕221 393 〔七〕134 147
用賢　〔四〕374 〔五〕518
用弘　〔五〕241 469 〔六〕2 82 114
用行　宇治採茶〔二〕587 673 〔三〕718／〔二〕553 616 〔三〕7 136 315 〔四〕12 184 519
用載　〔八〕439 749 780
用治　遠江本坂（気賀）番所〔三〕226／〔四〕382 496 〔五〕296 299
用寿　〔九〕609 〔十〕62 184
用傚　〔十〕139
用純　火災地巡察〔八〕622／〔八〕146 175 797 〔九〕80 96
用章　大坂目付〔五〕279 295。越前大野城引渡〔五〕444 451。高田目付・同城引渡〔五〕553 567 571。長崎奉行・精勤〔六〕414。天主教考察〔六〕456／〔五〕530 597 〔六〕85 134 187 519 549
用将　甲府在番〔三〕482 550。下館在番〔四〕142 186。定火消役〔四〕279／〔三〕315 〔四〕22 293 481 〔五〕156 438 518
用常（与三兵衛）　〔五〕242
用常（彦九郎・隼人）　〔十〕522 ㊀113 213
近藤用随　〔九〕565 〔十〕677
用政　〔一〕705 741 〔二〕347
用清　金銀改鋳奉行〔四〕259 264 338 371／〔三〕135 139 259 281 473 〔四〕5 6 10 〔五〕241
用忠　〔二〕17
用張　村上城引渡〔六〕545 549／〔七〕39 115 〔八〕265 436 676 〔九〕33
用貞　〔六〕635 〔七〕422
用貞妻　〔七〕109
用赴　〔八〕676
用武　〔八〕495 550
用邦　〔二〕397
用由　荒井舟奉行〔五〕453 463。封地損亡・所替〔七〕60／〔五〕296 332 〔六〕148 〔八〕495
用予　㊀622
用倫　㊀213 537
用連　〔七〕455 464
用和　〔十〕695 ㊀326 423
与左衛門　〔九〕601
与兵衛　〔六〕713
理左衛門　㊁512
六大夫　〔三〕481
権阿弥　〔一〕394
権右衛門（越後浅野村里正）　〔八〕441
権太小三郎　改易・家財没入〔一〕542 671／〔一〕536
権田熊太郎　〔十〕232
権大納言の局　『中宮御所法度』〔二〕396 397／〔二〕440 489 658 677 〔三〕37 138 212 243 318 571 573
権中納言の局　〔二〕194 195

さ

さこ(左五、天樹院附女中)〔三〕230 357 374 428
さしの局〔四〕71 192 219
さのの局(家光側室)↓定光院
左京(大仏師)〔五〕368 421 433
左京の局(家宣側室)↓月光院
佐柄木弥太郎㊁81
佐川田喜六〔三〕751
佐久間安次〔二〕562〔三〕122 ↓佐久間勝長
　安政　妻子江戸移住〔一〕452。御談伴〔二〕282 410。卒伝〔二〕410／〔一〕704 719〔二〕33 80 370
　安長(忠長)　江戸城修築〔二〕447。卒伝〔二〕562／〔二〕355 410 534 537
　喜左衛門〔三〕358
　久七郎〔三〕32
　蔵人〔二〕31
　五郎兵衛㊁13
　光雄〔十〕399
　実勝　禁裏造営課役〔一〕547。江戸城修築〔二〕447〔三〕1 29 47 76 190。五の字差物許可〔二〕565。家光茶事〔二〕585。家光来邸〔三〕69 91 115 156 165 166 171 175。熱海旅館修築〔三〕

佐久間〔三〕144／〔一〕112 692 733〔二〕112 538 568 615 653 693〔三〕118 150 296 728
　勝元(六之助)〔五〕457 580
　勝興〔三〕291
　勝之　妻子江戸移住〔一〕452。御談伴〔二〕282。韓使饗応〔二〕331。江戸城修築〔二〕447。大坂加番〔二〕413 551。卒伝〔二〕664／〔一〕538 704〔二〕42 80 375 386 534 537 623〔三〕673
　勝茲(勝親)　召出拒絶・除封〔六〕13 732／〔五〕499 558〔六〕12 101
　勝種　召出〔三〕673 674／〔五〕457
　勝春　↓佐久間盛遠
　勝尚(源兵衛)〔五〕457 580
　勝親　↓佐久間勝茲
　勝盛　江戸城修築〔三〕2 147 166／〔二〕574 664
　勝宗〔二〕88
　勝長(安次カ)〔二〕623
　勝年〔二〕116 493 664
　勝豊　江戸城修築〔三〕487 495。駿府加番〔四〕423 431 479。卒伝〔五〕558／〔三〕138 291〔四〕177〔五〕499。家士〔三〕510
　勝友　江戸城修築〔三〕147 166。卒伝〔三〕291／〔二〕420 664〔三〕261 272
　信尹〔十〕473㊀116 144

佐久間信近(備後守)㊀740
　信実〔二〕197
　信就　安中城引渡〔五〕407 419。宇都宮城引渡〔五〕425 428。小諸城引渡〔五〕444 447。越後高田目付〔五〕471 496。山形城引渡〔五〕584 588／〔五〕401 533 597〔六〕20 63 362 457 519〔七〕304 313
　信重〔二〕551〔三〕109 240 409〔八〕195
　信勝　卒伝〔三〕65
　信貞〔九〕6
　信房(佐房)　肥前・筑前の山論巡察〔六〕170 179。盗賊考察〔七〕162 345／〔六〕296 385 403 550
　正勝(三浦)〔二〕283 479 635〔八〕181 291
　政実　彦根城修築奉行〔一〕113。大坂冬陣〔一〕260 691 715 756。江戸城修築奉行〔一〕405。駿府経営奉行〔一〕424。名古屋城修築奉行〔一〕559。越後監使〔二〕103／〔一〕762〔二〕112
　盛遠(勝春・盛充)〔五〕457 580
　盛郎　江戸城修築奉行〔三〕128〔四〕78。今市旅館修築奉行〔三〕598。越前目付〔三〕626。木挽町築地奉行〔四〕261／〔四〕14 16 502 514
　中予(四郎五郎)〔五〕457 580

佐久間平兵衛　㊁394
　孫四郎　[三]79
　茂之　㊀81 119 157 223 336
　頼照　[三]449 [五]21
　頼直　↓大森頼直
佐合宗諄　[六]420 362
　宗孫　㊀351
佐　々　↓サッサ
佐々政晴　鷹匠組頭[八]810。出仕停止[九]494／[十]542
　内記　[一]548 637
　孫助　[一]637 713 [二]37 66
　孫平次　[一]590
佐々井官豊　[十]356
　久茂　㊀152
佐々木一勝　[二]600 [三]242
　一陽（三蔵・近江守）　書籍献上㊁202。江戸城修築㊁455 528 532 536 541 553 554 559。紅葉山修築㊁453 463。御家人由緒調査㊁485。寛永寺修築㊁545
　石見（印工）　[八]37
　淵竜（万次郎・文山）　能書・召出[七]168。韓使対話許可[七]182。朝鮮・琉球返簡[七]193 201 289／[八]234
佐々木数馬　[八]234
　義賢（承禎）　[一]36
　義治　[一]599
　儀左衛門　[九]271
　金右衛門　㊁116
　顕発（脩輔・信濃守）　近江郷村騒動裁判㊁509。貨幣改鋳㊁532 554 573 596 614 640 662 681。宿場助郷救助㊁575／㊁541 616 640
　元綱（伊達家士）　[三]199
　元次　[一]461
　高定（大原）　[三]198
　高和（大原）　[一]79 [二]91 198
　綱定（市五郎）　[十]376 385
　秀升　↓吉田秀升
　秀長　↓吉田秀長
　順策（養元）　[十]831
　承禎　↓佐々木義賢
　助左衛門　㊁154
　正位　↓佐々木正成
　正次　[二]491 [三]466
　正信　[三]466
　正成（正位）　[三]185 [四]354
　正富　[八]330 448 473 550
　正茂　[三]466
佐々木正庸　盗賊追捕[八]410 414／[七]232 367 [八]288 395 436 826
　正和　[五]448 475
　成有　㊀111 139
　貞利　[五]448
　伝右衛門　㊁114
　道誉　[九]311
　文次郎　[十]168
　孟雅　[十]353 451
　孟成　車仕掛の巨砲製作[八]739 [九]265。大筒役[八]809。丁火矢試射[九]265／[八]504 559
佐々竹三四五郎　㊁595
佐治喜右衛門　[三]485
佐田政房（玉川）　[九]676 [十]57
　定之（玉縁）　[五]326 [六]156
　定重（玉川）　[四]364 367 439 469 534 557 [五]196 215
　道故（玉淵）　[七]432
　道昆（玉川）　[五]538 [六]84
佐竹義格　利根川・荒川浚利[六]551 577 578。卒伝[七]440／[六]505 513 [七]156 363 435
　義核（左近）　↓佐竹義堯
　義堯（義核、左近）　㊁629 635
　義堅　卒伝[九]30／[六]487 [八]212 721 [九]499
　義厚（徳寿丸・次郎・右京大夫）　治績褒

佐竹
賞㊁352。卒伝㊁568／㊀755㊁124 148 176 193 354 429 527
義厚室 ㊁412
義厚後室 ㊁469
義祇 致仕伝㊀232／〔十〕412
義賓 〔三〕607〔四〕228
義重 卒伝〔一〕583
義純（壱岐守） ㊁586 622 635
義処 日光社参〔三〕601 602。秋田大火〔五〕184。聖堂祭器献上〔六〕85。卒伝〔六〕511 513／〔三〕452〔四〕132〔五〕61 123 323〔六〕344 351 429 464 509
義真 卒伝〔九〕599／〔九〕97 499 534
義宣 石田三成を助く〔一〕64 213。関ヶ原合戦〔二〕295。秋田久保田城修築〔一〕83 118。大坂冬陣〔一〕258 700 706 731 732。大坂夏陣〔二〕46。禁裏造営課役〔一〕547 603。高田城修築〔一〕649。封内産金銀献上〔一〕653。江戸城修築〔二〕190 447。本多正純召預〔二〕234。家康茶事〔一〕445。秀忠茶事〔二〕480。家光茶事〔二〕493。卒伝〔二〕589／〔一〕457 619〔二〕129 363 376 447 534 536 568 582
義知 卒伝㊁63／㊀232 493 510
義忠 致仕伝〔十〕643／〔十〕115 191 412。家士〔十〕191
義長（茂長） 分封〔六〕431。芝口門修築助役〔七〕83 124。致仕伝〔八〕126／〔五〕31〔七〕344 355

佐竹
義珍 〔六〕157
義都 分封〔六〕431。致仕伝〔八〕212／〔五〕467〔六〕53
義道 致仕伝〔十〕117／〔七〕435〔八〕44 126
義敦 江戸邸火災〔十〕383。封地火災・恩貸金〔十〕420 582。卒伝〔十〕776 780／〔九〕709 732〔十〕109 184 397 492
義苗（義林） 〔五〕407 533〔六〕36 199 370
義苗室（紀伊光貞女） 〔六〕36 175
義敏 〔九〕607
義峯 江戸邸火災〔八〕76 188 223。義堅を嗣子とす〔八〕598。卒伝〔九〕496 499／〔七〕440 442〔八〕133 139 623 634 766 831
義峯母 〔八〕562
義睦（次郎） ㊁114 580 666 679
義明 卒伝〔九〕706 709／〔八〕749〔九〕599 600 638
義隆（岩城、吉隆・義隆） 佐竹義宣養子〔二〕363。秀忠茶事〔二〕415 424 480 504。家光茶事〔二〕493 505 626 669〔三〕120。江戸城修築〔三〕2 27 384 425 636。証人交代〔三〕176 221 351 387 434 481 689〔四〕74 108 141 174 222 307。卒伝〔五〕118 123／〔二〕200 307 333 376 582 589 597 609 635 684〔三〕44 294〔四〕53 592〔五〕57
義隆母 〔三〕121〔四〕356

佐竹義林 ↓佐竹義苗
義和 江戸河川浚利㊀178 476 492／〔十〕780㊀78 232 575 755
義和母 ㊀658
源大夫 〔一〕354
次郎母 ㊁56
徳寿丸母 ㊀769
佐藤一斎 ↓佐藤捨蔵
延吉 〔三〕258 304
織部 ㊁332
吉次 ↓佐藤成次
久満八 ㊁714
継成 大坂夏陣〔二〕12。江戸城修築奉行〔二〕448。日光造営奉行〔二〕516。今市旅館修築奉行〔二〕547。巡見使〔二〕557。三河刈屋城引渡〔二〕560 566／〔一〕691〔二〕368 553 570 663
堅忠 〔一〕531 604
源五郎 ㊁352
佐次右衛門 ㊀715
三室（慶南） 江戸に招致〔一〕423。大奥治療〔五〕381。処罰〔五〕549／〔四〕590〔五〕407 433 513 558
三室（慶南） 〔十〕13
重矩 ㊀167

佐藤昌信 ㈧686
信賢 ㈠637
信顕（美濃守） ㈠780 ㈡2 251 257
信固（駿河守） ㈡285
信香 ㈠157
信次 ㈤502
信勝 ㈥2 97 265
信成 ㈡501 539 ㈢46
信富 ㈩643
捨蔵（一斎） ㈡444 472 544
成次（吉次・忠次） 船橋離邸修築奉行㈢140。医員宅地奉行㈢348。薩埵峠道作奉行㈣142 166。伝奏屋敷修築奉行㈣227。高倉屋敷修築奉行㈣269。今市旅館造営奉行㈢316 ㈣334。日光修築奉行㈢384 ㈣460 514 537 612 613 ㈤86／㈡663 ㈢279 ㈣345 ㈤77 89
主税 ㈠649
忠信 ㈦135 266 ㈨213
天信（祐仙） ㈩580
伝助 ㈡507
藤九郎 ㈧337
道仙 ㈡45
友五郎 ㈠79

佐藤半九郎 ㈧377
文仲 ㈡45
保族 ㈩569
豊恭 ㈥62
豊昌 ㈩805 ㈠167 179
豊信 ㈩184
万蔵 ㈧337
茂助 ㈡167
祐久（慶南） ㈩57 212 669
祐天（慶庵） ㈤513 532 549 558
佐野安敬 ㈥202 ㈨93
為綱 ↓佐野正重（福阿弥）
為成 ㈨29 616 ㈩163 195
市郎左衛門 ㈤193
宇右衛門 ㈠593
運寿 ㈧159 ㈨31 44
越中守 ㈡168
基連 ↓大沢基連
義行（肥前守） ㈠355 396 ㈡221
吉綱（吉総） ㈡219 ㈢121
久綱 赦免・召出㈠673 ㈢44。府内巡察㈢240。日光社参宿割奉行㈢588。薩埵峠道修理㈣480 481／㈢121
金之丞 ㈡625

佐野公当（公富） 薩埵峠道作奉行㈣431 432／㈢44 121 ㈤498
康貞（肥後守） ㈡350
綱正（政信、肥後守） ㈠66
綱満 ㈥81
左太郎 ㈢572
察行 田安宗武傅㈧835／㈧662 797 ㈨414 433
資行（大隅守） ㈡439 446
時行（亀之進） ㈡626
十左衛門 ㈠322
昌副 ㈠278
勝由 ㈥172 574 ㈦89
信吉 禁裏造営課役㈠547。勘気㈠637。居城破却㈠654。除封・卒伝㈠673／㈠126 653 654 ㈡224
新五左衛門 ㈤193
甚左衛門 ㈡646
甚助 ㈤193
正吉 ㈡211
正行（政行、吉之丞・修理大夫） ㈤306 333 421 428 612 ㈥17
正周 会津御使㈢326。畿内・近江巡見㈢673。黜免㈥20。減禄㈥45／㈢121 ㈤

佐野

正重(為綱、福阿弥) 〔一〕560〔二〕182 400 445 451 610〔六〕81

正重(平兵衛) 〔一〕707

正重(九右衛門) 〔三〕121

正長(八郎・福阿弥) 〔二〕182 400〔三〕254

正長(伝右衛門) 〔二〕107 365

正直(政直、左京亮) 御側出頭人〔二〕310／〔二〕538〔三〕16 43 136 571

政一 〔一〕538〔三〕42

政宴 ㈠299

政言 〔十〕746 747

政行(日向守) ㈡602 611 639 662 692

政高 〔十〕376

政次 〔三〕121

政秀 〔一〕497

政春 宮津城引渡〔八〕69 78／〔八〕222 414 633〔九〕50

政勝 近習〔一〕450

政信(肥後守) ↓佐野綱正

政信(内蔵丞) 〔五〕99〔六〕207

政信(与八郎) 奉職無状〔六〕699〔七〕14／〔五〕420〔六〕252 497 520 619

政親(豊前守) ㈠47㈡32 118

政数 ㈠570

政成(治部、大須賀) 〔一〕662

佐野政成(外記) 〔二〕466

政宣 関東巡察〔二〕218 219／〔二〕365 667〔四〕173 204 479

政知(与八郎) ㈡542

政長 〔八〕759

政直(左京亮) ↓佐野正直

政直(次郎兵衛) ㈠124

政甫 〔九〕637

政房 〔四〕482

泰政(新蔵) 〔八〕480 498

泰政(伊右衛門) 〔八〕9〔九〕272

仲行 〔十〕7

忠成 〔一〕221

直行(吉之丞) 〔六〕17 574〔七〕203〔八〕213

徳行 〔十〕412

半四郎 〔三〕151

彦大夫 ㈡190

平兵衛 〔五〕265

満存(満孝) 〔十〕789

茂好(鉄之進) ㈡631 686

茂幸 処罰㈠96 292／〔十〕769㈠21 62 287 448

茂承 御側申次〔十〕312。加恩〔十〕449／〔八〕728 779〔九〕487 624 670〔十〕57 202 600 689 734㈠7

茂包 〔五〕498〔七〕111 123

主水 ㈠714

佐野庸寿 処罰〔八〕198〔九〕635／〔九〕35 593 614 631

庸貞(肥前守) 武器修復㈠685。江戸城修築㈡58 100 114 125 155 176 200。増上寺修築㈡161 172 193 194。聖堂修築㈡175。山王社修築㈡183。下勘定所修築㈡192／〔十〕789

六十郎 ㈡485 501

佐橋佳遐 上野沼田城引渡〔八〕543 545／〔九〕447 557

佳周(佐藤) 〔六〕492〔七〕248 337〔九〕54

佳重 〔六〕350

佳純 〔五〕423 433

佳如(長門守) 国用の事㈠178／㈠99 227 259 274 388 691

佳成 〔五〕399 428

佳晴 〔六〕29

佳蔵 〔九〕123

佳富(甚兵衛) ㈡94 96

佳方 ㈠477

吉久 〔一〕77 126 128

吉金 〔一〕504〔二〕615

吉堅 〔一〕642〔二〕182

吉次(忠兵衛) 〔一〕642

吉次(甚兵衛) 加恩〔二〕615〔四〕71／〔三〕501 523〔四〕66 290

佐橋吉道　㈥29
忠右衛門　㈠690 749
遠江守　㈡539
兵三郎　㈡543
佐原義行　㈠575
久蔵　㈧728
景治　㈧805 861
元久　㈠622
元正　㈥284 ㈦6
正房　㈩799
万年　㈠575
良屋(勘右衛門)　㈡332 365 386
良高　㈨427
良之　㈢295
佐山(女房)　㈥646
正之(源左衛門)　㈢364
正邦(左門)　㈡191
長正　㈡421
朝義　㈩443
朝之　㈧855
道房　㈠166
佐波善四郎　㈦210 436
佐脇安雅　㈡457 ㈢46 248
安住　一橋宗尹用人㈧505／㈨613 622
佐脇安信　㈡457 501
四郎右衛門　㈢378
次郎左衛門　㈥481
竜章　㈥406
相良清兵衛　㈢203
長寛　河渠浚利㈠222 235／㈩301 305 ㈠477
長興　致仕伝㈧237／㈥540 ㈦245 318 431
長在　卒伝㈧809／㈧199 237 268
長秀　㈡514
長福(遠江守)　㈡548
長毎　禁裏造営課役㈠547。椎葉山一揆㈡173 174。熊本城請取㈡551。卒伝㈢25／㈠79 112 ㈢16
長毎母　江戸証人㈠112 ㈡463 ㈢25
半兵衛　㈢203
福将　卒伝㈩301／㈩243
頼央　卒伝㈨747／㈨713 731
頼完(頼寛)　卒伝㈩243／㈨747 ㈩179
頼寛(壱岐守)　島原乱・蛮船厳制㈢147。公卿館伴㈢174 182 337 396 434 601 ㈣250 304。本領安堵㈢209。致仕伝㈣502／㈡199 ㈢25 37 174 ㈣5 146。家士㈢203
頼寛(長次郎)　↓相良頼完
頼喬　本領安堵㈢209。公卿館伴㈤152 305。
相良　椎葉山警備㈤425。卒伝㈥506／㈢434 ㈣502 ㈥492 497
頼之(護之助・護之進・近江守)　㈠735 739 ㈡11 386
頼真　㈤386
頼泰　㈤154
頼徳(志摩守)　㈠260 477 735 739 ㈡11
頼福　利根川荒川浚利助役㈥551 577。致仕伝㈦245／㈥79 506。家士㈥578
頼峯　卒伝㈨713／㈧809 ㈨483 589
相楽治部大輔　㈤478
座光寺伊奈介　㈡616
為賢　㈠103
為穏(為攄)　㈧419 503
為治　㈤419 ㈥215
為実　↓座光寺為真
為寿　㈠103 495
為重　㈢378
為勝　㈤237 ㈧419
為真(為実)　㈡699 ㈢173 378 ㈤237 419
為正　㈢173
為泰　㈤419 ㈥575
為忠　㈧503 ㈩439
為攄　↓座光寺為穏

座光寺為長 [六]581 [八]213
為明 [九]660
忠之助 ㊀649 762
藤三郎 [十]468
三枝右近 ㊁631 693
主計 ㊁92
勘兵衛 [二]31
喜兵衛 [六]25
吉勝 [三]42 80
宗四郎 ㊁227 261 356
恵久 [三]695
左源太 [六]347
守一 [九]590
守英(源蔵) [二]555 590 [三]120
守英(右近・丹波守) 黜免[八]125/[七]25 387 401
守応 消防褒賞[九]414 425/[九]398 524 602 731 747
守貴 ㊀226
守輝 火消役[五]331 370 387 511/[四]113 [五]556 [六]134
守義 [十]580 759 ㊀22 611
守恭 ㊀26
守恵(守重) 加封[二]356 596。奥勤[二]310 478 [四]23。与力同心給地下賜[二]701/[二]361 379 401 538 583 594 689 [三]259
三枝守経 [九]533 [十]629
守行(宗四郎) [八]427
守行(左兵衛) 目付㊁333。山田奉行㊁406 429/㊁351 378
守興(外記) [六]537
守貢(中務少輔) ㊁100 113
守蔵 浜松城引渡[九]734 737。出仕停止[十]246/[九]701 [十]387 579 ㊀223 283 334 453 490
守次 [八]679
守治 →三枝守相
守秀 [八]763
守重 →三枝守恵
守俊 甲府在番[四]75 112。駿府城代[五]379/[三]224 [四]13 23 200 219 220 370 542 [五]82 319 368 [六]248 265
守昌(守正) 徳川忠長附[二]237。万石に列す[二]325。甲府守衛[二]512。卒伝[三]204/[三]34 89
守仍 [四]194 [五]250
守常 [六]537 545 549
守信 [八]105 436 517 545
守正 →内田守昌
守清 加禄[四]441 591/[四]401 410 [五]8 82 83 88 [六]510 545 683 [七]162
三枝守盛 召返[三]34。掛川城引渡[四]288 301 303/[一]641 [四]336 338 [五]175 241
守全 日光旅館改造奉行[三]553 603 630/[二]202 [三]204 677 [四]158 299 [五]237 250
守相(守治) 松姫入輿[六]694 712。大奥広敷等管掌[七]59。鳥銃管掌[七]100/[四]554 [六]457 500 569 [七]283 285 305 [八]177
守総 [十]798
守知(平六・善右衛門) [一]762 [二]143 [三]42 80
守知(左兵衛) [九]658 [十]442
守繁 吹上花圃の営築[六]667/[六]481 519 546 [七]158
守苗 ㊀67 80
守富 [十]132
守緜 [九]453 489
守明 日光修理監察[九]744 746。大奥修築[十]37/[九]670 707 748 759 [十]137
守茂 ㊀41
守隆 [八]643 [九]1 533
守令 [九]598 685 697
昌吉 駿府城修築[一]424 704。大坂陣[一]704 [二]13 26。小諸城代[二]237/[一]126 [二]80 325
甚五左衛門 [五]461
政養 ㊀393

三枝善右衛門　[九]34
　大学　㊀779
　長十郎　[八]480
　伝三郎　㊁387
　虎吉　[一]292
　隼人　㊁220
　万之助　[六]170
　靭負　㊁676
　頼増　↓諏訪頼増
　頼直　↓諏訪頼直（勘兵衛）
才阿弥　[二]555
才阿弥母　[二]555
西園寺賞季　[九]680
　実晴　[二]210 [三]664 670 [四]6 8 123 381 [五]37 38
　実輔　[五]535
　公遂　[五]164
　致季　[六]706
　致孝　[九]563
西光院（築山殿、家康室）　[一]29 43
西郷岩蔵　㊂265 616 678 711
　員寿　㊀605
　員昭（賢之丞）　㊁346 486 619
　員総（筑前守）　[九]685 [十]232 306 664 799 ㊀5 159
　員豊（孫九郎・斎宮・筑前守）　㊀159 256 541
西郷
　延員　688　↓西郷筑前守
　　佐倉城番[三]268。大坂加番[三]355 413 557 618 [四]263 274 319 468 511。韓使饗応[四]146。
　　田中城在番[五]433 441。致仕伝[六]93。
　　謹慎[六]143／[二]334 [三]121 275 [四]6 10 123 163 [五]202
　勘兵衛　[一]424 [三]256 [四]619
　行員　[四]619
　康員　謡曲始着座[一]501 507 607。卒伝[一]625／[一]501
　斎宮　㊁275 346
　氏員（寿員、熊之助）　[五]190
　次右衛門　㊀750
　寿員（靭負・越中守）　処罰[六]183 237 [七]14／[六]22 93 138 [八]722 796
　重員　[四]387
　信貞　[一]20
　正員（正貞）　小田原城勤番[一]647。館山城勤番[一]681。伏見城加番[二]130。福島正則改易警衛[二]165。江戸城修築[二]447 [三]2。卒伝[三]121／[一]626 704 [二]203 396 399 420 534 537 655
　頼母　㊀705
　筑前守（西郷員豊カ）　㊁275
西郷忠員　[一]380
　忠英　[九]613 638
　八郎左衛門　㊁539
　茂員（茂貞）　[五]437 529 535
　用員　[三]115
西郷局（家康側室・秀忠生母）　↓宝台院
彩恍院（家慶男）　↓徳川銀之丞
最胤法親王（梶井門跡）　[二]434 [三]9 17
最岳（金地院）　[六]242
最玄院（家慶女）　㊀777
最樹院　↓一橋治済
最純（覚王院）　[六]673
最妙（昌泉院）　[八]35
蔡香院（上杉重定室）　[九]410 690
斎庵（市医）　[三]493
斎田元勝　[三]77
　光陳　[六]411
　作之丞　[三]656
　正勝　[三]588
　半左衛門　[九]69
斎藤安栄　㊀219
　伊豆　[二]153
　伊豆守　㊁660
　応総　[八]213 388

斎藤嘉兵衛　〔二〕570
　暉昌　〔七〕111　〔八〕338
　義次　〔二〕530
　吉重　〔二〕448
　吉勝　〔三〕287
　九右衛門　〔四〕22
　金一郎（金三郎）　〔一〕785　〔二〕502
　検校（勾当）　〔四〕526　578　597　〔五〕84　299　545
　幸規（幸規）　〔七〕366　402　〔八〕174
　幸恭（幸泰）　〔二〕700　〔三〕377
　幸親　〔八〕372
　幸鋥（寺銓）　〔一〕429
　幸雄　〔八〕372
　高章　〔一〕598
　権之丞　〔六〕235
　作左衛門　〔二〕8
　三安　〔八〕385　701　〔九〕131　580　644　690
　三英　〔一〕547
　三益　〔九〕757　〔十〕247　290　352　719　728
　三賢　〔四〕290　308　423　526　605　607　〔五〕107
　三政　乗輿免許〔五〕565／445　464　535　539　〔六〕41　〔七〕14　〔八〕385
　三宣（左門・内蔵頭）　〔二〕2　219　438
　三存　〔二〕311　354

斎藤三友　家光に献茶〔三〕213　286。日光社参〔三〕263　265　534　535。小姓組番頭奥勤〔三〕643　670。挽歌詠進〔三〕695。家光日光葬儀〔四〕3　5　6　10　28／〔二〕500　529　539　619　〔三〕8　45　100　116　138　146　166　238　286　400　555　592　612　〔四〕22　55　74　75　132
　次綱　〔二〕219
　七次郎　〔一〕785　〔二〕502
　十郎大夫　〔九〕229
　重吉　〔一〕472
　尚政　〔三〕656　〔四〕63　99　114
　信吉　卒伝〔一〕508
　信正　〔二〕345
　信利　卒伝〔一〕525
　森衛　〔一〕776
　甚助　〔六〕473
　正元　〔三〕401
　正高（春藤正尚）　〔五〕583　595　〔六〕429　748
　正勝　↓斎藤忠勝
　正峯　〔九〕52　〔十〕315　616　647
　正右　〔十〕773
　政吉　〔三〕159
　政忠　〔一〕438
　盛安　馬政管掌〔八〕453　700　〔九〕264。水馬〔八〕538　605。ケイヅルに学ぶ〔九〕263／〔八〕453　516

斎藤盛次　〔十〕435
　善吉郎　〔二〕106
　善兵衛　〔二〕387
　宗利　↓斎藤利宗
　惣左衛門　〔二〕484
　総成　〔十〕317　439　458　〔一〕13
　総摸（聡摸）　〔十〕115
　丹次郎　〔二〕343
　主税　〔九〕188
　忠旧　〔八〕774
　忠矩　〔七〕333　〔八〕159　774
　忠勝（正勝）　〔二〕600　〔三〕465
　忠成　〔四〕251
　忠明　〔十〕728
　長八郎　〔一〕740
　直房　〔九〕479
　道慶　〔二〕45
　八右衛門　〔二〕57
　八左衛門　〔二〕244
　半右衛門　〔三〕401
　彦右衛門　〔八〕668
　平左衛門　〔一〕690
　八十郎　〔十〕584
　弥五郎　〔二〕272

斎藤与一郎　㈡96
利安　日光社参㈢532。家綱守役㈢532 587。江戸市中仮橋奉行㈣222。富士川奉行㈣364。天竜川堤修理奉行㈣385／㈢679 ㈣563 ㈤163
利伊（伊豆守）　㈡174 655
利意　下館在番㈣79 349 387。強盗追捕㈣549 552／㈢496 ㈣318 ㈤131 280 387 515 517
利紀　㈥487 490
利久　㈥347 473 ㈦111
利恵　㈠240 435
利兼　㈩794 ㈠122
利次　㈠128
利治　㈡347
利照室（定光院〔家光側室〕妹）　㈢513
利常　日光目付代㈥294。岩村城目付㈥477 680。秋田目付㈥517 537／㈤494 ㈥170 288 ㈦62 409 448
利政（利正）　大坂目付㈡590。高遠城引渡㈢29 33。因幡目付㈢51。島原乱㈢92 100 101 109。豊後目付㈢116 151 334 ㈣179。常陸宍戸引渡㈢407。米沢目付㈢478 480 496。唐津収公使㈢507 509 629。長門目付㈣34／㈠128 ㈡538 616 ㈢87 221 388 399
斎藤　612
利宗（宗利）　大坂夏陣㈡11。召出㈡458。小田原城番㈡623。越後村上巡察㈢310 312／㈡479 538 552 ㈢105 125 164 258 353 496
利長（長利）　明石城引渡㈤441 451。代官町官廩普請奉行㈤507 529。駿府目付㈤553。大坂城目付㈤594 611。遠慮㈤547／㈤530 ㈥11 274 302
利鎮　㈩608
利定　㈩374
利武　笠間城引渡㈨431 435／㈨413 425 591 744
利保　㈧29 359 716 ㈨64 598
利有（帯刀）　㈧29
利有（左源太）　㈩349 374
利雄　㈠570
利頼　㈩379 463 ㈠103
在心（伝通院・知恩院）　㈠632
在信（増上寺）　㈠156
在禅（増上寺）　㈠393 600 709
在定（伝通院）　㈩529 637
在妙（川越蓮馨寺）　㈠480
坂　以策　㈢159 190
喜兵衛　㈢600
桂巌（玄昌）　㈡142 301
坂
元歓（寿庵）　㈥84 140 408 ㈦122
元周（立雪）　家光治療㈢646 669／㈢632 ㈣363 446 ㈤520
玄養　㈠738
寿仙（三益）　㈢447 631
松碩（長寿）　㈡627
宗之（真庵）　奥詰医㈠459 736／㈠522 728 788
宗純（上池院）　側医㈤259。大奥治療㈤554／㈣488 618 ㈤250 358
宗真（実庵）　奥の日録管掌㈤491 493 602／㈤250
宗説（宗悦・上池院）　家法の奇薬献上㈢130。亀松の治療会議㈢493。西丸大奥伺候㈢660。宝樹院治療㈣28。奥の庖所伺候㈣326 367／㈡331 ㈢137 279 447 685 ㈣176 201 290 326
宗僊（宗仙、洞蓊・洞庵）　㈠470 ㈡142 162
東鴻　㈠738
友三（寿三）　㈢522 ㈥84 140
友昇（春達）　㈩580 629 788 ㈠670 780
友章（春章）　㈥408 ㈦122
友信（幽玄）　㈩57 480 580
友正（寿三・幽玄）　㈢425 ㈣147 159 ㈥84 140 408
友世（春也）　㈢201 357 396 493 511

坂　幽玄(寿三)　秀忠治療〔二〕501。家光治療〔二〕610〔三〕49 54 91。前田利治治療〔三〕314。天海治療〔三〕323。頼宣治療〔三〕336／〔二〕439 573〔三〕78 123 201 357 367
坂井十兵衛　㊁523
成実(松平)　〔四〕314〔五〕317
成将(成頼)　〔五〕424 425
成政　〔二〕342
成直　〔四〕452 483〔五〕165
成令(酒井)　新蔵廩造営奉行〔三〕371。日光社参供奉〔三〕518。大坂目付〔三〕556 577 650 677〔四〕93 164 178。日光山〔三〕607〔四〕32 52 55 70 73 119 124 140 142 193 196 231 237。大坂城代番〔四〕76。駿府目付〔四〕240 256。船手頭〔四〕276〔五〕17。三浦・走水仮番〔四〕457。各浦巡察〔四〕602 620 622／〔三〕149 513〔四〕276 452 457 483〔五〕310 317。所属水主〔四〕470
政親　〔七〕49
政朝(伯元)　『寛永諸家系図伝』〔三〕341〔四〕273。召出〔四〕167。『明月記』書写監督〔四〕423 430。『本朝通鑑』編纂〔五〕74／〔四〕131 202 316 406
政直(伯隆・伯立)　〔六〕56 293
坂入大三郎　㊁684
坂入半七　〔九〕271
半平　〔七〕51
坂川次郎作　㊁691
当徳　㊀149
坂崎勘兵衛　〔二〕108 274
孝親　↓坂崎成政
成政(孝親・直盛・政道)　関ヶ原合戦〔一〕224。富田知勝と確執〔一〕388 389 620 635 636。大坂夏陣〔二〕38。千姫奪取計画〔二〕108 274。家士左門〔一〕636 637
直盛　↓坂崎成政
坂田釆女　〔一〕733
甚兵衛　〔三〕114
坂原定賢　〔八〕803〔九〕397 709
坂部金大夫　〔一〕593
元高　㊀126 285
広吉　↓坂部広高
広近　〔四〕192
広慶　〔六〕445
広候　〔八〕843
広高(広吉・広孝)　㊀75 126 175 284 285 326 570
広勝　大須賀家を専断〔一〕445 446。禁錮〔一〕453。帰参〔一〕726。大坂冬陣〔一〕735。召出〔三〕76。五十人組頭・与力給地下賜〔三〕
坂部
114 142 181。御談伴〔二〕283／〔二〕164 188 241
広象(広家)　〔四〕452〔五〕608〔六〕235
広達　〔七〕288 299
広通　〔三〕502〔四〕283
広保　〔十〕696 726 733
広命　㊀629
広利(広勝)　先手頭〔二〕693。韓使警衛〔三〕44。水口勤番〔三〕282 303 339。琉球使勤番〔三〕362／〔二〕246 369〔三〕258 356 536〔四〕220〔五〕256 327
五左衛門　〔二〕163〔三〕252
五郎左衛門　〔八〕807
左吉　〔三〕630
三左衛門　〔五〕548
種之　〔七〕283 402〔八〕790 796
重宗　〔一〕651
勝元　〔八〕656
信興　㊀116
正儀　〔十〕491
正重　〔一〕114〔二〕163〔三〕32 252 630
正勝　〔二〕349
正直(孫四郎)　〔三〕242
正直(惣左衛門)　㊀359
正片　〔三〕631
宗次　〔三〕273

坂部直之(善次郎) ㊁10
　伝十郎 ㊀738
　明之 盗賊考察㊈744㊉10／㊈698㊉13 387 566 589
　与右衛門 ㊀740
　与五左衛門 ㊀737
坂本伊八郎 ㊁197
　源蔵 ㊁487
　五郎兵衛 ㊅630
　資錦(養春) ㊀164 222
　資堅(求八郎) ㊀222
　資元(養安) ㊃590㊅140
　治之 ㊅184
　重安 ㊂432
　重治 加恩㊃441㊄32 367 410 463。寛永寺家綱廟造営㊄412。高田城没収㊄417 419 425。万石に列す㊄463。日光修理㊄485。紅葉山廟修理㊄584。処罰㊄600／㊂432㊄9 213 270 410 428 436 567㊅45 184 733
　甚右衛門 ㊈561
　正詮 ㊉181 289
　正尤 ㊂573
　成方 ㊄513
　太郎十郎 ㊁691
坂本忠菊 ㊉619
　直規 ㊈60
　直鎮 ㊀5
　直富 ㊉420㊀5 55 182
　直諒(小大夫) ㊀620
　貞一(外記) ㊁33
　貞吉 卒伝㊀423
　貞政 ㊂432
　武右衛門 ㊁559
　孫之丞 ㊁409
　茂左衛門 ㊂364
　養順 ㊁127
酒井安芸守 ㊁537
　伊織 ㊀784
　伊予守 ㊀731
　以翼 ㊀255
　一作 ㊁567
　市郎右衛門 ㊁510
　因幡守 ㊁502
　右近 ㊁134
　采女 ㊁631
　織部 ㊁557
　可一 ㊂145
　可睿(可齎) 火災地巡察㊇688／㊇602 819㊈23㊉24
酒井
　家次 転封・加増㊀121㊁132。森川重俊召預㊀564㊁407。大坂冬陣㊀704 718 720。大坂夏陣㊁12 27 33。高田城在番㊁103。卒伝㊁147／㊀607㊁96
　勝七郎 ㊁549
　喜左衛門 ㊀567
　吉次 ㊁339
　吉昌 ㊂302
　求次郎 ㊁655 676
　近治 ㊅537
　金三郎 ㊀455
　熊之助 ㊈663
　元嘉 ㊈537
　源十郎 ㊁140
　源次郎 ㊀785
　五郎左衛門 ㊀17
　光昌 ㊈538 543
　康治 卒伝㊀471
　資尹 →本庄資尹
　七郎左衛門 ㊇127
　実季(酒井実英カ) ㊅43
　実重 ㊁356
　実清 ㊈663

酒井実明 [一]401
主膳 ㊁387
種治 [二]415
重英 久留米目付[六]598 619。刈屋城引渡[七]111 119／[六]79 487 [七]123 440 [八]187 295 529
重見 [八]199
重賢 [五]189 [七]340 [八]145 280
重行 [三]32 77 551 [四]191 [五]77
重之 [三]120 262 677 [四]190 373
重次 [五]157
重春 [六]679 [七]141 410
重勝 伏見城警衛[一]490。卒伝[一]624／[一]353
重知(重政) 配流[二]597 [三]292。赦免[三]292 [四]82 132／[六]79
重忠(重見) 卒伝[二]133／[一]114 380 690 703 [二]90
重澄 酒井氏を称す[二]243。江戸城修築[二]447。卒伝[二]597 [三]292／[二]537 547 [四]82
重良 [二]599
昌村 [七]54
勝英 関東河堤修築奉行[九]50。河渠浚利[九]67 68／[九]260
勝吉 [二]115 212 [三]66
勝行 ㊀329 358
勝重 [十]254 446
酒井勝俊 [八]541
勝保 ㊀358
乗寿(酒井忠吉カ) [二]693
信凭 ↓酒井忠晴
親愛 伊勢長島城修築[七]110 155。利根川・荒川浚利[七]388。卒伝[八]190／[六]613 687 [七]230 [八]25 30
親本(忠丘、外記) 宗家養子[八]25。立太子賀使[八]471 477。卒伝[八]579／[七]382 [八]26 190 273 318 574
仁三郎 ㊁7
仁之助 ㊁631 657
正吉 [二]640
正恒 [五]468 [八]532
正次 [二]212 335
正純 [九]621
正植 ㊀182
正親 [一]23 30 137 289 [五]402
政栄 [十]79
政治 [八]424 734
政醇(作右衛門) ㊁568
政成 [一]193
政長(美作守) ㊁331
大内記 ㊁7
酒井忠以(忠次) 日光修理[十]604 616 617。優待[十]752。国用助力を請う㊀66。卒伝㊀128 130／[十]247 418 737 773 801 ㊀123
忠夷 ㊀103
忠位(忠信) [六]616 [八]316
忠意 [九]713
忠一(次郎・安芸守) ㊁430 677
忠音 韓使館伴[七]149。家継廟修築[八]3 69。江戸邸焼亡[八]55。大坂城代[八]293 331 [九]194。吉宗自筆絵画下賜[八]507。日光修理物督[八]544 584。卒伝[八]684 689／[六]633 698 [八]123 259 483 599 603 682
忠胤 卒伝[七]245／[五]475 609 [七]148
忠宇 ↓酒井忠寧
忠英(伊勢守・下総守) 処罰[六]400 405。采地替[八]366。恩貸金[八]368／[六]223 298 384 [七]48 86 [八]365 727 738
忠英(八之助) [七]439
忠盈 [六]148
忠衍 改易[八]379 380／[六]370 [八]353
忠温(伴五郎・摂津守・左衛門尉) 卒伝[十]242／[九]387 658 665～667
忠温(三郎助・駿河守) 致仕伝㊀24／[九]554 [十]122 395

酒井忠穏　佐倉城引渡[六]445 448／[六]635[八]159 278 352 372 827[九]98 441

忠佳　[五]432[八]827[十]167

忠解　分封[三]510。卒伝[五]32／[四]198 425 474

忠誨（安房守）　㊁587 597

忠学（直之助・雅楽頭）　格式引上㊁264。上納金㊁288 449 520。卒㊁529／㊀726㊁79 255 351 393

忠学室（謙光院・喜代姫、家斉女）　㊁8 79

忠貫（伊織）　[四]490

忠貫（忠実、主馬・紀伊守）　消防褒賞[八]146。佐倉駒下賜[八]196。小金原田猟[八]366／[七]434[八]83 256 299 436 850[九]630

忠貫（修理大夫）　[十]211 229 250㊀490

忠寛　分封[五]402。遠慮[五]418。卒伝[六]530／[五]218 442 538[六]519。家士[六]353

忠記　[十]346 537

忠起　[九]520

忠寄（忠寿、主計・左衛門尉）　日光修理助役[八]831 854。上洛使[九]19 23。預所返却[九]207。老中次座[九]498。恩貸金[九]655。家治夫人出産蟇目役[九]658 667。韓使惣督[十]64。老中辞職不許[十]109 150。譜代侍従首座[十]154。卒伝[十]222／[八]182 577 578 603[九]353 357 378 589 594[十]134 216

酒井忠寄（帯刀）　[十]466

忠器（新太郎・左衛門尉）　上納金㊁263。転封㊁416 436。致仕㊁460／㊀470㊁351 393 439

忠宜（忠宜、一郎四郎・阿波守）　[九]639 702[十]51 56

忠義（小五郎・左衛門尉）　羽黒山検断[五]14。家綱廟造営助役[五]369。越後騒動[五]418。卒伝[五]436／[四]58 457 505 595 596 614[五]6 73 412 429

忠義（修理大夫・若狭守）　恩貸金㊁604。溜詰格㊁653／㊁192 413 464 509 653 704 710

忠義養母　㊁657

忠菊　卒伝[八]266／[六]47 626[七]370[八]77

忠吉　大留守居役見習[二]334。大姫婚姻供奉[二]613。女手形[二]625。伊豆海辺図作成[二]628。千代姫入輿[三]153。赦免[三]171。『日光社参留守法度』[三]181 264。家国用査検[三]284。髪置式[三]305 508。家光面命[三]351 429 430 433 463 464。廩米審議[三]462。城内勤番規定[三]534。江戸城普請惣督[三]677 682[四]80 220／[二]417 453 459 538 590 596[三]46 148 153 159 213 303 370 414 523 525 612

酒井忠久　[四]17 37 42 51 64 89 95 181 184 219 255 316 322 323 377 440　↓酒井秉寿

忠久（左京亮）　[二]417 499 539[三]31

忠久（彦大夫）　[六]325

忠丘（外記）　↓酒井親本

忠丘（忠佳、越中守）　至心院葬儀[九]450 452。月光院葬儀[九]575 576／[八]857[九]67 655 695

忠休　若年寄[九]493[十]56 59。恩貸金[九]655㊀11。江戸邸火災[九]659。碁対局[十]135 202。紅葉山修理[十]619。記録管掌[十]653。世子御用掛[十]657。種姫降嫁[十]785。卒伝㊀34／[八]610 615[九]421 472 542 580 629 656 667 760[十]495 499 618 796㊀27

忠求（大内記）　[十]729㊀558 646

忠居　[八]222 373 455 667 715[九]54

忠挙　安宅丸上覧陪侍[四]424。日光社参[四]448。湯治[四]492 496[五]53 55 194。庇蔭料下賜[五]32。遠慮[五]418[六]729。逼塞[五]432。赦免[五]434。雁間詰上座[五]442。雁間詰半年交代暇[五]508。病気[五]152[六]50[八]211。上野沼田点検[五]533。聖堂祭器献上[六]85。伊奈忠篤の支配地を検察[六]223。溜間詰[六]274 396 412。鶴岡社助役[六]283。大留守居[六]320 396。

酒井　優待〔八〕20〔九〕183 188。武器武具進覧〔九〕212。致仕伝〔六〕673／〔三〕593〔四〕170 511 530 531 556 588 609〔五〕33 42 89 148 161 171 175 391 402 432 439 466 596〔六〕2 310 445 573 617 659〔九〕183〜188。家士〔六〕313 316
忠挙女　↓柳沢安貞室
忠恭　日光差遣〔九〕97 98。本丸政務担当〔九〕99。老中首座〔九〕130。継統誓詞点検〔九〕372 378。韓使管掌〔九〕397 456 462。紅葉山修理惣督〔九〕400。田安・一橋封地管掌〔九〕400。板倉勝該に縁座〔九〕435。転封〔九〕481。封地水害〔九〕496〔十〕259。京御使〔十〕133 140。江戸邸火災〔十〕383。卒伝〔十〕392 394／〔八〕579 658 846〔九〕90〔九〕424 481 483 490〔十〕56 391
忠恭室(榊原政邦女)　〔九〕583
忠恭女　↓池田治政室
忠強(与八郎・下野守)　㊁664 667 708
忠郷　〔八〕550
忠仰　〔九〕399 465〔十〕56 58 256
忠欽(采女)　㊁622
忠垠　〔五〕463〔六〕82 195 235
忠啓　〔十〕478
忠経(民部)　〔三〕201

酒井忠経(兵部)　家綱小姓〔三〕335。家綱傅役〔三〕587。駿府城加番〔五〕50 84 553 588／〔三〕159 370 414 656〔四〕5 6 261〔六〕351
忠景　〔八〕331
忠敬(因幡守・若狭守)　日光修理〔十〕619。敦之助出産祝㊀312 317／〔十〕457 580 759㊀195 223 309 532 730
忠倪　〔十〕586
忠顕(小平次)　〔九〕633 707〔十〕167
忠顕(新三郎)　㊁384 623
忠言　致仕伝㊀366／〔十〕127 446㊀170 232
忠広　〔一〕17
忠交　卒伝㊀531／〔十〕112 335㊀176
忠行　大坂冬陣〔一〕704。家康霊柩供奉〔二〕96 西丸奏者〔二〕311。韓使返簡〔二〕333。加封〔二〕349 595。江戸城修築課役〔二〕447。日光代参〔二〕503 532。瞽者戒諭〔二〕628。公卿門跡饗応〔二〕647。遠慮・赦免〔二〕656。老臣首座〔三〕47。卒伝〔三〕47／〔二〕4 434 435 476 504 511 512 537 558 576 637 654 681 699〔三〕6 17
忠幸　〔十〕703
忠厚　〔八〕861
忠恒(大学・大学頭)　分封〔三〕510。江戸城

酒井　修築課役〔四〕198。卒伝〔五〕222／〔四〕476 514〔五〕88 215 219
忠恒(志摩守)　㊁246 537 664 667
忠洪(忠供、下総守)　名古屋御使〔五〕71 72／〔五〕50 113 245 411 414〔六〕157
忠香　若年寄〔十〕197 599 600 662 750。致仕伝㊀73／〔八〕578〔九〕133 714〔十〕54㊀62 63
忠候　〔八〕316 657 779
忠高(午之助・牛之助)　〔五〕441〔六〕61
忠高(善左衛門・丹波守)　盗賊考察〔十〕62
忠綱(内記)　↓酒井忠興(内記)
忠興(忠綱・忠重、内記・伊予守)　駿府城加番〔四〕363 401。尾張御使〔四〕567 570／〔二〕587〔四〕468〔五〕23 412〔六〕147
忠興(善左衛門)　〔六〕235 236〔八〕157
忠告(忠吉)　就封停止〔七〕148〔八〕57。致仕伝〔十〕122／〔六〕530〔七〕455〔九〕427 549 554 710
忠国　分封〔五〕17。朝班に列す〔五〕19。水口在番〔五〕184 221。卒伝〔五〕475／〔五〕358 391 431 456 469
忠之(宇右衛門)　〔五〕424
忠之(主水・内蔵助)　〔七〕437〔九〕627
忠氏(与七郎)　㊁192

酒井忠嗣（与十郎・大和守・越前守）　上納金㊁354 393／㊀659 ㊁130 430 677

忠次（左衛門尉）　清康女を娶る[一]22。吉田城主[一]33。姉川合戦[一]36 146 290。長篠役[一]156。信康自殺[一]160。小牧長久手戦[一]169。鳶巣城攻[一]267／[一]34 38 139 140 144 175 177 179 453

忠次室（碓井姫・清康女）　↓光樹院

忠次女　[一]375

忠次（蔵人）　家綱附[三]655／[二]417 528 539 [三]267 543 [四]46 170 203 299 318 426

忠時　[三]370 414 606

忠質　㊀780

忠実（蔵人）　[五]520 523 [六]71

忠実（徳太郎・河内守・雅楽頭）　河渠浚利助役㊀787。卒㊁605／㊀363 726 735 ㊁66 264

忠実室　㊁174

忠秀　[六]42

忠重（内記・壱岐守）　熊毛投鞘対槍下賜[二]661。蟇目役[三]512 513。家綱附[三]523。日光社参供奉[三]524／[二]417 428 490 538 545 573 596 661 [三]7 218 376 415 526 568

忠重（右京・長門守）　八千石下賜[二]235。

酒井

忠重　江戸城修築[二]447 [三]2。出羽鶴岡城番[二]623。封地百姓一揆[三]81。除封[三]96。改易[四]549／[二]142 534 537 608 [三]325

忠脩（忠正、右近・大隅守）　㊁4 89 127

忠術　↓酒井忠衍

忠俊　[三]144

忠順（内膳・伊予守・備中守）　大坂城代引渡[十]26 29。御前を止む[十]127 243／[九]548 716 [十]125 290 402

忠順（修理大夫）　㊁180 263 704

忠助　[六]351 449 552 679 [七]369 434

忠恕（登）　㊀544

忠恕（長次郎）　㊁628

忠尚　[一]25

忠勝（讃岐守・空印）　官位[一]501 [二]575 [三]337。封地[一]738 [二]241 328 361 417 566 653。家光附[二]190。秀忠遺金[二]537。老中[二]625 693。評定所制[二]696。『諸士法度』[二]697 698。在府料所[三]3 [四]184。在洛料所[四]184。大老[三]20 116 [四]160 169 174 184。家光別邸に来臨（初見）[三]50。風流興行[三]54。鷹場[三]153 463。家綱別邸に来臨（初見）[三]519。大奥巡察[四]10。浪人問題[四]35。病気[三]59 218 261 [四]47 165 166 243

酒井

306 350 404 422 423。致仕伝[四]184 186。隠居[四]187 193。剃髪[四]348。『関ヶ原合戦始末』軸物献上[四]185。『東鑑』献上[四]393。卒[四]430／[一]500 501 [二]362 414 421 432 441 477 486 552 652 656 688 [三]8 9 99 117 150 164 175 375 399 441 444 453 458 461 473 481 612 619 644 681 682 693 [四]12 33 209 299 366 [五]343 346

忠勝（宮内大輔）　大坂夏陣[二]33。転封[二]162 235。加封[二]235。福島正則改易[二]165。江戸城修築[二]447。会津城在番[三]313。卒伝[三]502 510／[一]446 478 [二]147 163 [三]370 396 427 536 550 551 608 623 [三]97 401

忠丈（隠岐守）　↓酒井忠大（隠岐守）

忠辰（藤松・主膳・壱岐守・甲斐守）　↓酒井忠良（藤松・主膳・壱岐守・甲斐守）

忠辰（小五郎）　[六]696

忠真（小五郎・左衛門尉）　聖堂祭器献上[六]85。側用人[六]163 164。奥詰[六]162 201 463 739。閉門[六]479。諸駅修築[六]675 692。

忠真（内蔵助）　[七]340 437

卒伝[八]577／[五]333 436 603 [七]171 [八]365 419 573

忠進（讃岐守・若狭守）　恩貸金㊀617。紅葉山霊廟修復㊁12。卒㊁180／㊀33

酒井

615 733 749 ㊁27 179

忠囊(右京・飛驒守) 恩貸金㊁183／㊀360 366 ㊁8 182

忠囊(主殿) ㊁54 225

忠崇 致仕伝㊀395／[十]258 ㊀39 103 334

忠世 秀忠補佐[一]380。家光補佐[二]73 248 298 308 [三]699 701。加封[一]385 480 [二]106 180 241。大坂陣[一]704 706 713 717 720 726 [二]4 9 11 13 33。誓書呈上[一]652。禁裏造営[一]548。江戸城修築[二]447 701。外交[一]436 [二]137 215 304 305 332 333 338 396 415 417 468。『伏見城在番法度』[一]490。『東海道宿駅法度』[二]129。転封下知[二]172。『箱根関法度』[二]456。福島正則改易[二]163 171 173。黒田騒動[二]592。争論聴断[二]122 153 218 456 477 514。幕府年中行事制定[二]280。老中職掌規定[二]625 693。留守居[二]575 623 666 679 693。二条城行幸饗応使[二]375 384。後水尾天皇譲位[二]470。明正天皇即位[二]491～493。中院通村失脚[二]492。邸火災[二]524。蟄居[二]656 665 666 [三]732。卒伝[三]6 17／[一]379 454 514 535 580 [二]142 163 190 249 256 258 261 352 432 433 476 481 [三]369 720

忠正(下総守) 小姓組番組頭[二]239。甲府

酒井

城在番[三]98 101 138 [四]76。増上寺修築奉行[三]408 479／[一]539 [二]91 124 128 453 504 538 [三]176 262 533 [四]140 157

忠正(藤松・主膳・壱岐守・甲斐守) ↓酒井忠良(主膳・壱岐守・甲斐守)

忠正(右近・大隅守) ↓酒井忠脩

忠成(忠雄、新次郎) [五]475 [七]397

忠清 奏者[三]116 [四]11。叙任[三]120 236 321 [四]31。千代姫入輿[三]151 153。江戸城修築[三]166 486 495 510。増上寺修築[三]227。蟇目役[三]232 [五]402。尚質襲封謝恩使召見[三]617。御内書担当[四]33。連署[四]81 565。韓使饗応[四]161。酒井忠能旧領召預[四]423。加封[四]448 [五]331 332。放鷹[四]481 [五]20。上野国地図撰定[四]506。利久の茶杓献上[四]582。伊達騒動[四]358 361 [五]97。越後騒動[五]326 414 417 [六]728。宮将軍迎立[五]354 355。病免・退居[五]391 [六]724 727。邸収公[五]397 525。致仕伝[五]402。万機委任[六]724。下馬将軍[六]728／[二]476 [三]47 165 172 213 233 257 285 325 389 403 404 451 452 464 502 518 529 536 611 612 682 691 [四]28 29 31 42 53 58 61 72 88 90 91 137 143 146 152 169 170 208 230 277 282 285 286 309 341 344 359 363～365 377 378

酒井

446 448 455 459 504 510 530 532 [五]110 335 432 [七]1

忠清母 [三]522

忠清室 [五]250

忠晴 [五]619 [六]6 32 126 378 411

忠節 [九]696

忠宣(但馬守) ㊁131 241

忠善 ㊀504

忠相(忠助) 卒伝[六]681 687／[五]280 442 554 [六]673 [九]214

忠存(忠孝、与八郎) [八]631 689 760

忠村 家綱廟造営[五]412／[五]120 232 412 547 [六]207 216

忠大(大助・大和守) 出仕を止む[九]387。卒伝[九]661／[八]763 [九]36 417 474 576

忠大(忠文・忠丈、隠岐守) 御前給仕㊁386。給仕肝煎㊁438／㊁277 334 451

忠知 巡見使[二]557。作事奉行[二]568 693 [三]104。小田原城修理[二]583。江戸城本丸作事奉行[三]47 76。島原乱[三]86 90 103。処罰[三]136 137。赦免[三]551／[二]616 656 [四]32 [五]81

忠稠(忠相) 卒伝[六]626／[四]620 [五]463 607 [六]481

忠儔(与八郎) [八]457

忠儔(数馬) [九]627 [十]346

酒井忠迢　㈠631
　忠朝　若年寄㈡693 694 [三]116 [四]412。日光社参[三]172 183。籠居召出[三]399 402／㈡528 [三]59 408 [四]417　↓酒井忠明、酒井忠利
　忠聴　処罰㈠22。病免㈠40 324／[十]441 495 ㈠395
　忠直（靭負・修理大夫）　日光社参供奉[三]589 [四]335 436 448 457。日光代参[四]107 108 223 226 [五]397 398。水野勝種後見[四]448。牛込別邸焼亡[五]3 4 5。渾天儀献上[五]60。閉門[五]261。越後騒動[五]417。卒伝[五]463／[三]138 273 305 323 345 376 379 384 476 481 486 502 612 [四]105 184 204 269 367 423 531 560 572 [五]17 71 112 132 391 454。家士[四]342 524
　忠定　[二]538
　忠貞　㈠614
　忠哲　[十]799 ㈠24 557
　忠当（忠富）　八朔御礼席次[三]325。江戸城修築[三]666。封地災害[四]67。病気[四]342 343。卒伝[四]347／[二]417 419 572 [三]510 514 523 589 [四]204。家士[三]673
　忠棟　[九]54
　忠讜（内蔵助）　㈡390 557 643
　忠道（大炊頭）　[十]76 340 365
酒井忠道（雅楽頭・主計頭）　致仕㈠735／㈠120 154 726 ㈡334
　忠得　[九]421 635 [十]56
　忠徳　就封延期[十]696 800。東海道河渠浚利助役㈠60 510。処罰㈠103。致仕㈠562／[十]231 255 389 ㈠470
　忠徳室（修姫、田安宗武女）　↓仙寿院
　忠篤（忠尊）　卒伝[八]763／[七]245 442 [八]298
　忠寧（忠宇、信濃守）　㈠508 793
　忠能　初謁[二]575 617。領地[三]47 [四]423 [五]321 432 [六]732。三丸奏者[三]323。家綱元服[三]388 389 392。日光代参[三]409 410 424 427 473 476。日光社参供奉[三]573 575 633 644 646 [四]29 348。日光祭礼奉行[四]348 512 622。江戸城修築[三]531 591 594 597 [四]335 436 448。日光祭礼奉行[四]348 512 622。『西丸法度』[三]658。西丸宿直[三]663。家綱将軍宣下[四]25。家綱転任[四]88。嘉定[四]145。公卿参詣[四]282 329 398 451 492 513。除封・伝[五]432 [六]732／[三]232 249 253 255 286 305 325 365 381 404 419 480 519 521 522 569 612 [四]11 30 35 189
　忠発（小五郎・摂津守・左衛門尉）　利根川分水路・印旛沼古堀修復㈡499 524 710／㈡143 460 501 531
酒井忠発室（鐐姫、田安斉匡女）　㈠710
　忠美　竹千代附㈠188。敏次郎附㈠226／[十]99 334 372 483 661 ㈠6 169 262
　忠毗（右京亮）　㈡437 511 520
　忠武　卒伝[八]578／[八]33 266 317
　忠文（隠岐守）　↓酒井忠大（隠岐守）
　忠平　[六]192 208 262 336
　忠方（十郎兵衛）　[二]577
　忠方（春之進・大学・石見守）　致仕㈡552／㈡63 127
　忠宝（雅楽頭）　㈡529 605 711
　忠豊　[四]483
　忠房　㈠64 182
　忠明（備後守）　[三]61　↓酒井忠朝
　忠囿　聖堂祭器献上[六]85。津山城請取[六]306。江戸城修築[六]540 552。卒伝[六]633／[五]386 578 579 [六]629 630。家士[六]552
　忠雄（権佐）　福山城目付[六]373 397／[五]473
　忠雄（助十郎）　[六]61 148
　忠雄（織部・下総守）　[九]695 696 [十]155
　忠雄（新次郎）　↓酒井忠成
　忠与（忠興、内記・壱岐守）　[六]147 171 296 532
　忠与（忠興、宮内）　[八]769 [九]681 685
　忠予　大坂加番[五]287 319 515 554。卒伝[八]615／

酒井
忠用 [五]222 406 476 [六]244 寺社奉行[九]421 427。韓使管掌[九]427。大坂城代[九]444。京都所司代[九]565。雁間詰[九]659。致仕伝[九]681／[八]769 861 [九]566
忠頼 [十]629 680 ㊀83 347 517 579
忠利(備後守) 家光附[一]451 [二]99 298。封地[一]494 [二]104 180。大留守居役[一]494 [二]106。大坂陣[一]690 701 703 [二]11。武川衆軍役[二]9。家光を居城川越に迎う[二]234 298 339 360。家光上洛供奉[二]258。卒伝[二]417／[一]419 500 647 652 [二]165 369
忠利(備後守、酒井忠朝カ) [二]638 [三]117
忠陸(市郎兵衛・善右衛門) [八]157 419
忠陸(兵部・紀伊守) [九]630 696 [十]152 280 316
忠隆(靫負佐・遠江守) 卒伝[五]578／[四]170 [五]112 423 454 462 463 533 539 567
忠隆(小平次・因幡守) 小諸城引渡[六]487 489。家継来臨[七]120／[六]362 519 624 [七]119 [八]103 164
忠良(忠辰・忠正、藤松・主膳・壱岐守・能登守・甲斐守) 家綱に昵近[四]515。家綱参詣沓役[四]524 542 547 555 559 569 572 573 582 591 592 596 610 618 630 [五]1 2 25 31 33

酒井
78 81。家綱参詣刀役[五]83。加恩[四]557 [五]89 330。小姓組番頭奥勤[五]82 96 136 145 176 181 199 203 205 229 231～237 245 257 269～271 293 296 314 357。閉門[五]152／[三]158 243 [四]21 [五]499 533 [六]62 129
忠良(与八郎・伊賀守) 致仕伝㊁246／㊀793 ㊁106 111 144
忠亮 [十]172 269
忠鄰 致仕伝㊀215／[九]661 [十]132 179 ㊀165
忠礼(大学頭) 卒伝㊁63／㊀294 395 ㊁8
忠和(玄蕃・大膳) [十]759 ㊀5
忠和(能次郎・大和守) ㊀165 215 659
直次 新知下賜[三]235。江戸城修築[二]447。卒伝・絶家[二]478／[二]406 463
直治 [三]140
定吉 ㊀195
貞治 摂河両国堤防奉行[四]397 400／[六]473 537
舎人 ㊁283
長門守 ㊀760
万千代(酒井忠清四男) [五]432
山城守 ㊁162
弥門 ㊁86 210
友完 召出[六]556／[八]73 173 [九]8 33 554 598
与左衛門 ㊁674

酒井与三左衛門 ㊀704 727
与七郎 ㊀585
頼助 ㊁630
若狭守 ㊀738
酒依義武 [八]590 [九]262 [十]278
吉政(吉風) [三]158 [五]78
吉風 ↓酒依吉政
昌次 [一]450
昌冬 [八]788
昌方 [六]262 [七]14
昌満 [九]534
昌隆 [六]549
信道 巡見使[九]350 364 397／[十]292 464 572 ㊀232 246
逆水五郎兵衛 [六]55
境野英昇 ㊀577
英常 [八]125 167
宗尚 [六]457
八左衛門 ㊁43
栄宮(知恩院) ↓尊光法親王
榊原伊豆守 [一]548 691
采女 ㊀786
越中守 ㊁174
織部 ㊀790
織部 ㊁543

榊原加兵衛　〔一〕336
　嘉兵衛　〔一〕579
　希翊　〔九〕235
　久寛　〔九〕133 669
　久近　〔四〕292 388 443
　久重　〔二〕639
　久政　家綱附〔三〕249 251。日勤褒賞〔四〕291／〔二〕639 〔三〕656 〔四〕239 267 323 〔五〕554 〔六〕49
　久通　〔四〕452 483 〔五〕78
　久明　出仕を止む〔十〕259／〔八〕793 〔九〕349 〔十〕47 373 400
　喬長　〔六〕191 445 479 〔七〕288 〔八〕151
　元義（柳原）　城中蔵普請奉行〔二〕335。韓使管掌〔三〕41 314 318。京坂駅馬査検〔三〕252。新院附〔三〕329。大内の事受命〔三〕460／〔三〕327 330 334 〔四〕139
　源左衛門　〔十〕94
　源太郎　〔十〕94
　源八　〔九〕241
　康勝　大坂陣〔一〕273 704 721 732 〔二〕13 27 33。禁裏仙洞修築〔一〕548 603。卒伝〔二〕43 75／〔一〕104 384 408 557 564
　康政　小牧長久手戦〔一〕51 169 303。伏見騒動〔一〕63。在洛料所〔一〕97。遠州攻略〔一〕144。姉川合戦〔一〕147。長篠役〔一〕156。軍法〔一〕175 249。御家人知行割惣督〔一〕190。加封〔一〕191。小山陣〔一〕306。文禄役・江戸留守居〔一〕380。関ヶ原合戦〔一〕382 〔二〕264。卒伝〔一〕408／〔一〕34 126 164 400
　康政女（池田利隆室）　↓福照院
　小平太　㊀705
　小兵衛　㊀666 671 759
　左衛門　㊁229
　佐五郎　〔八〕166
　三右衛門　㊁265
　次郎太郎　㊁196
　重勝　〔三〕627
　秀親　〔四〕629
　庄右衛門　〔六〕252
　昭郷　㊀204
　勝寿　㊀80
　勝直　赦免〔四〕618 624 631／〔六〕20 30 252 361 364
　照休　〔九〕82 133
　照久（清久）　家康神柩〔二〕95 96 120。久能山神領〔二〕188。久能山祭主〔二〕227 229 232 〔三〕316 464。参内昇殿〔二〕232。家康遺命〔一〕284 285。卒伝〔三〕452／〔一〕435 449 〔二〕150 533 552 639 〔三〕40 44 66 183 224
榊原照昌　〔八〕635 〔九〕82
　照清（忠清）　家光日光社参〔三〕9。久能山門番〔三〕452。久能山御殿毀材下賜〔四〕514／〔二〕257 639 〔三〕393 464 〔四〕4 108 502 〔五〕128 192 280 600 〔六〕445
　乗門　〔五〕280 320
　職尹（職武）　諸国巡察〔十〕39 62／〔九〕751 〔十〕246 400
　職員（職尹）　〔三〕568
　職序（左門・左衛門）　㊀305 669 ㊁108
　職常（八左衛門・八右衛門）　〔五〕463 〔六〕153 448
　職常（小源太・左衛門・隼人）　㊁135 275 472
　職信　島原乱〔三〕95 106 188。鋳金管掌〔四〕347 371／〔三〕568 614 〔四〕6 10 346 〔五〕99 147。所属同心〔四〕332
　職長　〔八〕359 445
　職直　大坂陣〔一〕738 〔二〕51。二条城修築奉行〔二〕318。長崎奉行〔二〕679 698 〔三〕19 38 72。島原乱〔三〕76 95 106 188。府内巡行〔三〕408。水口在番〔三〕456 493 496。鎖国〔三〕720／〔一〕221 〔二〕538 596 〔三〕5 6 247 360 568
　職房　〔五〕147
　職武（職序）　〔十〕400
　甚五兵衛　〔二〕421

榊原正吉　卒伝〔一〕103
正重（政重）　〔二〕584〔三〕502 652
正心　㊀316
正成（政成）　梅林坂門定番〔二〕596 661／〔一〕103 〔二〕401 419 538 554 616
正晴　〔三〕413 414 563
正朝　〔三〕551
政愛（兵部大輔）　↓榊原政恒
政永　本領安堵〔九〕23。神田橋邸収公〔九〕23。高田に転封〔九〕24。二丸消火〔九〕425。処罰〔十〕346。五万石格〔十〕705。致仕伝㊀95／〔九〕522 592〔十〕31 32
政央（藤右衛門）　㊁409 431
政喬　赦免〔四〕618 624 631／〔五〕306 602〔六〕127
政堯　㊀600
政恒（政愛、兵部大輔・式部大輔）　㊁379 531 591 674
政殊　赤穂城目付〔六〕436 441。延岡城引渡〔七〕247 284／〔六〕127 189〔八〕164 280
政岑　籠居〔九〕23 209／〔八〕617 632。家士〔八〕638
政信　〔四〕523〔五〕351
政盛　宮津目付〔四〕584 612／〔五〕203 524〔六〕127
政敦　致仕㊀654／〔十〕307㊀95
政武　〔十〕152 688
榊原政邦　増上寺修築〔六〕36 59。聖堂祭器献上〔六〕85。転封〔六〕540。駿府城修築〔六〕676 700。京都賀使〔七〕142 149。家宣廟造営〔七〕271 355 366。領地〔八〕197 327〔九〕206／〔五〕480〔八〕65 76。家士〔六〕60〔七〕357
政房　史館防火〔四〕553。卒伝〔四〕612 614／〔三〕606 607〔四〕282 528 556 610
政明　〔六〕667
政祐　〔七〕367〔八〕334 453 608
政養　致仕㊁379／㊁173 351 352
政倫　村上に転封〔四〕614。越後騒動・高田城請取〔五〕417 419 420 423。卒伝〔五〕480／〔五〕39 74 131
政令（兵部大輔・遠江守）　㊀217 654 671㊁173
清次　〔二〕500 554 575〔三〕657
清政（清正）　卒伝〔一〕435／〔一〕285 420 426 435
宣経（宣臨）　〔二〕685〔三〕165 295 568 574〔四〕404 629
宣臨　↓榊原宣経
善右衛門　㊁697
宗好　〔三〕460 657
太郎右衛門　㊀667
忠英　㊀98 282
忠栄　〔三〕609
忠義（一郎右衛門）　〔四〕239
榊原忠義（弥兵衛・駿河守・主計頭）　増上寺霊廟修復㊁442 455。御目見以下由緒書調査㊁485。利根川分水路・印旛沼古堀修復㊁504。大成殿修理㊁510。閉門㊁549／㊁163 352 409 435 498 502 508 524
忠久（忠文）　亀山城引渡〔九〕90 96。鳥取目付〔九〕488 505／〔九〕481 517 737
忠国　〔八〕404
忠之（隼之助・主計頭）　公事方㊀761。両国橋修復㊁92 100。新大橋修復㊁108。永代橋修復㊁118。貨幣改鋳㊁161。防火堤築立㊁221。町会所貸付金㊁252 268／㊀590 608 739 754 785㊁8 21 278 330 341
忠氏　〔八〕427
忠次（松平、国千代）　家督〔一〕444〔二〕75。領地〔二〕354〔三〕319 606。国政補導〔一〕446 502。頼宣附〔一〕502。大坂冬陣〔一〕707。江戸城修築〔二〕159 447〔三〕2 146 636。上洛供奉〔二〕163 249 253 256 372 637。日光社参供奉〔二〕228 347 661〔三〕177。謀叛の風説〔二〕524。今市旅館修築〔二〕547。家綱附〔三〕510〔五〕341。留守居〔四〕456 457。病気〔四〕493 521 526～529。卒伝〔四〕530 534／〔一〕457〔二〕75 84 88 164 227 249 375 376 386 534 657〔三〕3 47 87 126 162 171 172 177 182

榊原　191 286 504 519 521 529 534 536 563 589 593 692 〔四〕31 183 296 377 386 448～450 457 458 466 469 504 515。家士〔二〕279 〔三〕166
忠次母（松平康元女・菅沼定芳室）　〔一〕445 653
忠重　紅葉山巡察〔四〕432 〔五〕81／〔二〕607 〔四〕405 〔五〕24 71 175 561
忠勝　〔一〕588
忠真（忠直）　〔二〕402 578 〔三〕55 60 609
忠政（忠正）　〔一〕25 148
忠知　閉門〔六〕252。岩村城目付〔六〕477 480。清揚院改葬〔六〕596 597。大坂定番引渡〔八〕483 486。古書献上〔九〕241／〔六〕127 487 504 635
忠長　卒伝〔一〕104 〔七〕12 〔八〕57 129 378 515 〔九〕241
忠朝　岩槻城引渡〔七〕150 159／〔五〕561 〔八〕360 427
忠豊　卒伝〔二〕607
長規（長規）　〔八〕612 〔九〕481 658 676
長義　㊀99 227
長治　〔九〕130 740
長勝　〔二〕244 〔三〕283
長定　〔九〕676
長貞（九郎兵衛）　〔一〕557
長貞（平兵衛）　㊁248 289 331
長里　〔九〕740 〔十〕527
榊原長良　〔九〕669 〔十〕138 ㊀204
長路　〔十〕527
直矩　〔六〕580
直政　〔二〕578
定吉　〔三〕128
鉄次郎　〔十〕527
伝蔵　㊁588
藤五郎　〔十〕94
藤十郎　㊁518 673
友之助　〔十〕94
友左衛門　〔十〕74
隼人　㊁565
弥左衛門　〔八〕858
弥平治（弥平次）　〔八〕166 171
亮長　〔八〕635
向坂寛政　亀山城引渡〔五〕568 577／〔六〕24 205
吉久　→向坂政国
吉次　〔二〕248
吉長　〔二〕248
言政　久能山修理〔九〕669 670。盗賊考察〔九〕695 706／〔九〕583 671 〔十〕78 162
権六郎　㊀794
政以　〔六〕440 445
政賀　〔九〕615
向坂政興　〔十〕162 487 ㊀175 236
政国（吉久）　〔五〕525 〔六〕114
政勝　〔一〕662
政定　徳松傅役〔三〕452 508／〔三〕134 297 541 565 〔五〕406 500
政庸　〔八〕313 314
宅政　〔九〕1 79 598
知興　㊀155
直政　〔九〕598
崎山五郎四郎　〔八〕111
真宮理子（伏見宮貞致親王女・吉宗室）　→寛徳院
鷺　仁右衛門　〔一〕560 〔三〕238 449 516
鷺坂検校　〔三〕750
桜　囚獄　〔一〕731
桜井依勝　亀山城引渡〔九〕479 483。駿府目付・甲府巡見〔九〕668／〔九〕447 〔十〕107 235
応勝　〔十〕235
喜内　㊁304
貴惟　〔十〕795
貴氏　〔十〕418
吉久　〔三〕159 243
九右衛門（桜井富屋カ）　㊁651
久重　〔三〕80

桜井久忠 〔三〕80
兼供 〔五〕517 〔六〕706
氏敦 〔六〕707
四郎五郎 〔三〕495
七左衛門 ㊁167
守長 〔三〕576
昌栄 〔十〕522
昌忠 〔十〕104 321 522
勝温（虎五郎・庄之助） 館林城引渡㊁561 563／㊁515 688
勝強（備中守・備前守） ㊀533 614 729 ㊁174 198
勝彦（庄兵衛） 日光家光廟修復㊀441 449 474。御目見以下由緒調査㊀485。大成殿修復㊁510／㊁347 432 457 532 541 581
勝次（庄之助） 〔一〕151 277 〔二〕77
勝次（又右衛門・庄之助） 処罰〔六〕72 141／〔七〕335 〔八〕57 83
勝正 処罰〔三〕317 344 〔五〕547。仙台目付〔四〕533 554 〔五〕105 120。大坂目付〔四〕606 628 〔五〕320 334。亀山城引渡〔五〕38 42。禁裏修築奉行〔五〕163 210 226。大和郡山城引渡〔五〕320。沼田目付〔五〕431 436。宅地転換〔五〕559／〔四〕574 〔五〕4 141 401 492 502 596 〔六〕61
勝成 帰参・伝〔一〕277 〔二〕77 311。巡見使〔三〕557。

桜井
出仕停止〔三〕317 344／〔二〕99 560 607 616 〔四〕270
信義 〔六〕235
信乗 〔六〕255
信忠 卒伝〔一〕573／〔一〕437
正吉 〔三〕159
正充 〔七〕271 283 〔八〕551 728
政英 一橋宗尹附〔八〕410 630／〔八〕117 804 835 〔九〕103
政種 〔九〕1 397 648 〔十〕307
政長 ↓桜井富屋
政徳 ㊀422
政甫 黜免・籠居〔九〕692／〔九〕562 586 597 644 〔十〕196
政茂 〔三〕39
政良 〔三〕243
太郎左衛門 〔六〕713 〔七〕288
忠昌（林崎） 〔六〕693
定博 〔九〕69
貞幹（藤四郎） ㊀153 195 593
貞吉（藤四郎） ㊁545 570
友三郎 ㊁487
八右衛門 〔四〕503 548 604
富屋（政長、九右衛門） ㊁40 82 384 475
木工頭 〔三〕369
茂左衛門 〔七〕288
楽山 ㊁507

桜井林右衛門 ㊁194
桜庭兵助 〔一〕110 393
桜町天皇 誕生〔八〕181。親王宣下〔八〕212。立太子〔八〕450 471 472。即位〔八〕676 692 698 699 703。譲位〔九〕426。卒〔九〕514／〔八〕745 780 〔九〕5
鮭延越前 〔三〕232
笹川長直 ㊀637
笹木兵左衛門 〔六〕694
笹瀬吉久 ↓篠瀬吉久
笹本伊八郎 ↓松岡元知
忠鋼 〔十〕600 ㊀64
忠省 盗賊考察〔十〕110 117 136 150 162 191／〔八〕826 〔九〕398 〔十〕103 201 548 657
忠良（彦太郎） ㊀391 716 780 ㊁33
笹山彦之丞 〔六〕406
雀部重羽 〔五〕87
重賢 高崎城引渡〔七〕111 118／〔八〕53 116 176 〔九〕232。所属徒士〔八〕116 118
重利 〔五〕87
辰直 ㊀477
直時 〔八〕729
篠岡右京 〔三〕31
篠本彦四郎 ㊁693
篠山具晴 〔六〕563 〔八〕861

篠山景義（十兵衛）　㊀79 645 776 794
　景徳（十兵衛・摂津守）　処罰㊁409。紅葉山修復㊁504。大成殿修復㊁510 574 693。江戸城修復㊁528 532 541 554 563 638 640 641 676 690 696 701。勘定奉行官邸修復㊁573。仙波東照宮修復㊁597。猿江材木蔵修復㊁605。日光修復㊁614 625 632 645 651 668 669。増上寺修復㊁616 680 701／㊂127 260 270 417 487 541 705
　光官　〔十〕318 420 474 661 ㊀48 134
　資房　㊀351
　資門　〔六〕512
　資容　〔六〕512
　資良　〔三〕518 588
　春徽　〔八〕526
篠瀬吉久（笹瀬）　〔四〕523
　吉次　〔二〕435
楽宮（有栖川宮織仁親王女・家慶室）　↓浄観院
指田延久　〔三〕165
定の方（家慶側室）　↓清涼院
定宮（勝子内親王、霊元天皇女）　↓勝厳院
幸の局（梅渓通条女・家重側室・家治生母）　↓至心院
佐　々　↓ササ
佐々淡路守　〔一〕362
　伊織　〔六〕696
　喜蔵　〔一〕430
　権八郎　㊁124
　実政（佐々木）　〔八〕119 286
　正重　〔九〕426
　成意　盗賊考察〔八〕614 630 710／〔八〕348 360 436 600 746 〔九〕100 396
　成応　河渠浚利〔九〕68／〔八〕776 〔九〕106 415 426
　成政　〔一〕174 281
　成澄（盛澄）　巡見使〔五〕399 429。闘死〔六〕325／〔五〕507 517 〔六〕46 134
　政態　㊀308
　長次　神田橋・雉子橋修理奉行〔二〕701。豊後目付〔三〕64 108 651。加納城引渡〔三〕129 136。生駒騒動〔三〕198。巡見使〔三〕231。二本松城請取〔三〕313 316 326。安中城引渡〔三〕407。大坂の地理風俗報告〔三〕432。亀山目付〔三〕503。浜田城引渡〔三〕556 629／〔三〕172 175 302 304 343 399 416 612
　長重　〔一〕681
　長俊　〔八〕790 840
　長成　〔一〕112 547 〔二〕342
佐々長著（権兵衛）　㊁479 502
　定吉　〔二〕356
　定次　〔一〕401 〔二〕356
　隼之助　㊁504
　兵之丞　㊁217
　与右衛門　㊁105
　隆真（佐々木、隆直）　丸亀城引渡〔四〕264。西条城請取〔四〕545。巡見使〔四〕601 622 624。島原目付〔五〕37 55。仙台目付〔五〕127 143／〔四〕434 473 490 510 〔五〕4 264
　隆直　↓佐々隆真
　良政　〔五〕264
　若狭　〔三〕19
察常（大善寺）　㊀628
里野局　〔六〕178
里見梅鶴丸　↓里見忠義
　越後守　〔二〕73
　義高　〔一〕635
　義康　卒伝〔一〕96
　源左衛門　㊁693
　十左衛門　〔五〕97
　忠義（義康、梅鶴丸）　偏諱下賜〔一〕418。禁裏造営〔一〕547 603。除封〔一〕681。卒伝〔一〕681 〔二〕229／〔一〕96 419 457。家士〔四〕406

里見民部 ㈡73
里村景益（昌程） ㈣597
景美（昌逸） ㈩711 ㈠308 373
景敏（昌琢） ㈠458 ㈡521
玄仍 ㈠423
紹叱 卒伝㈠84
昌陸 ㈤173
善右衛門 ㈡171
真田一当斎 →真田信之
勘解由 ㈡35
源太郎 ㈤274
幸貫（信濃守） 老中辞職願㈡517。封地地震恩貸金㈡585。致仕㈡689／㈡434 435 447 454 497 520 521
幸久 ㈨592
幸教（雄若） ㈡633
幸弘 致仕伝㈠387／㈨647 662 699 ㈩211
幸信 ㈡39
幸政 因伯横目役㈡566。因幡目付㈢244 274。大坂目付㈢27 509。昵近公卿慰労㈢92 128。川越目付㈢97。浜松城引渡㈢100。姫路城引渡㈢129 137。豊後目付㈢188 218 354 355 386 553 685。駿府目付㈢320。江戸城修築㈢387 444 609 672。犬追

真田
物作事㈢498／㈡538 615 ㈢45 77 87 117 612 ㈣42 98
幸専 ㈠50 387 476 492
幸村 大坂入城㈠695。大坂冬陣㈠742 743 747 754。大坂夏陣㈠275 ㈡29 35 38。蒲生家騒動㈡554／㈠696 ㈡15
幸村室 ㈡42
幸道 江戸城修築㈣274 327。本所防火㈣525。高田領査検㈤492。日光修理㈤485 500。諸駅修築㈥675 692。松代城火災㈧80。松本城警備㈧382。卒伝㈧433／㈣490 ㈤6 85 188 218 238 273 ㈥85 524 ㈦149 ㈧427。家士㈥693
権之助 ㈦368
主膳 ㈤261
昌幸 関ヶ原合戦㈠71 174 181 381。卒伝㈠505／㈣179
信安 ㈧718 745 801
信音 ㈦362
信紀 ㈨566
信吉 大坂冬陣㈠754。大坂夏陣㈡33。分封㈡236。江戸城修築㈡447。卒伝㈡664／㈡534 537 623
信賢（政之丞） ㈨49

真田信弘 卒伝㈧745／㈥412 524 ㈧433 470 741
信幸 →真田信之
信之（信幸・信政、一当斎） 大坂冬陣㈠704。高田城警備㈠510 ㈡103。高田城修築㈠649。伊奈材木伐採㈠602。加封㈡236。江戸城修築㈡447 ㈢2 147 166 384 425。参勤交代㈢271 272。致仕伝㈣198／㈠126 457 ㈡209 534 536 555 596 623 635 ㈢261 563 ㈣11 58 213 283
信就 ㈢555 ㈣542 556 606 ㈤430 ㈥29 205 336
信重（信雄） 江戸城修築㈡447 ㈢2 147 166 425。参勤交代㈢271 272。卒伝㈢568／㈡236 539 623 635 ㈢140 261
信昌 大坂冬陣㈠727 737 747。御談伴㈡283。／㈡538 548 562
信勝（左馬助） ㈠495
信勝（正信・正真、内蔵助） 播磨宍粟目付㈢618 629／㈡355 ㈢655 ㈤144 274
信親 ㈥208 412 524
信政 大坂冬陣㈠754。大坂夏陣㈡33。分封㈡236。江戸城修築㈡447 ㈢2 425 ㈣242。参勤交代㈢271 272。卒伝㈣259 270／㈡130 537 623 625 ㈢140 261 555 ㈤430。家士㈢425

真田信清 [九]49
　信澄 [三]140 147 166 331 425 [四]198 →真田信利（兵吉、伊賀守）
　信雄 →真田信重
　信利（熊之助） 卒伝[三]134 140／[三]2
　信利（善左衛門） [五]274
　信利（兵吉・伊賀守） 公卿館伴[四]280 [五]23 88。封地朱印[四]507。両国橋材運送遅延[五]430。除封・卒伝[五]430 [六]2 732／[四]456 475 489 [五]218 266 →真田信澄
　正信 →真田信勝（内蔵助）
　正真 →真田信勝（内蔵助）
　辰之助 [五]431
　貞四郎 ㊁252
　又八郎 [三]27
真方正氏 [十]436
沢　幸純 ㊀435 567
　実久 ㊀197
　実重 [六]230
　実詮 ㊀382
　実武 [六]655
　実福（左吉） ㊀430 680
　実房 ㊀331
　寿歳 [十]797
沢　重次 [二]376
　真清 [二]472
　善之丞 ㊁233
　宗久 [二]507 689 [三]253
　半左衛門 [一]450
　奉実 [六]243
沢井信明 [六]273
　茂方 ㊀540
沢井局 [三]589 650
沢田甚右衛門（藤堂家士） [三]688 715
沢野忠庵（長崎訳官） [三]327
沢村佳仲 [六]18
　治右衛門 [三]256
　大学 [一]241
三　官 交趾渡海[一]646 [二]3 86。暹羅渡海[二]71
三条公広（転法輪） [二]120 210
　公充（転法輪） [六]572 707
　公富（転法輪） [三]224 [四]305 [五]65 67
　実起（転法輪） [十]325
　実治（転法輪） 古書献上[九]241／[五]38 96 [六]706
　実治女（転法輪） [六]638
　実秀（転法輪） 加封[五]38 43／[二]409 620 [三]562～564 [四]75 381
三条　実万女 ㊁628
三条西公福 古書献上[九]241／[五]96 [六]706 [八]577 [九]299
　実教 日光参殿[三]184 537 539 541。昵近衆[三]224／[四]88 499 585 588 589
　実条 勅使[二]298。家光参内[二]302。行幸礼式[二]373。諸寺出世制[二]413。猶妹春日局[二]468。後水尾天皇譲位[二]492。中院通村失脚[二]492。卒[三]209／[一]659 660 706 736 753 762 [二]88 199 258 342 375 409 431 460 494 513 546 673 [三]6 7 9 10 17 91 130 131 134 183 184
三丸殿（家光側室・綱吉生母） →桂昌院
三丸（お伝の方、綱吉側室） →瑞春院
三宮（後西天皇男・円満院門跡） →永悟法親王
三要（足利学校） 古書翻刻[一]72。足利学校[一]341。『東鑑』刊行[一]425。西洋渡海朱印[一]453／[一]416
算応（根津権現） [八]654

し

シドッチ　〔七〕370
しづの局（秀忠側室・保科正之生母）　↓浄光院
しやかうへ　〔二〕71
しやくしやいん（蝦夷酋長）　〔五〕48
しやびゑる　〔三〕72
しゆりんこわひこ　〔三〕522
しんによろ　交趾渡海朱印〔一〕608。柬埔寨渡海朱印〔一〕640 646。呂宋渡海朱印〔一〕646〔二〕71
止鏝（修学院）　〔九〕119
四　官　〔一〕646
四　条　〔五〕232
　隆安　〔六〕706
　隆師　〔十〕325
　隆術　〔三〕400
　隆春　〔六〕707
四条の局　〔七〕79
四宮与右衛門　㊀693
　与兵衛　〔一〕752
至心院（お幸の局、梅溪通条女・家重側室・家治生母）　出産の事〔八〕741 743 746 749 753。御部屋の称号〔八〕753。卒伝〔九〕449。法会〔九〕451 483 510 531 611 757〔十〕624／〔八〕789〔九〕13 378 450
志賀定継　〔一〕538〔二〕368〔三〕315〔四〕31
　藤四郎　㊁566
　理助　㊁409
志水甲斐守（尾張家士）　㊀669
　亀庵　追放〔六〕84 749。赦免〔六〕140 407
　宗清女（お亀の方、家康側室・尾張義直生母）　↓相応院
　忠継（尾張家士）　〔四〕339
　忠政（忠正、尾張家士）　〔二〕247 248〔三〕34 154
　忠宗　〔二〕72〔三〕293
志村鋭之助　㊁427
　嘉兵衛　㊀793
　資只　〔一〕493〔二〕227 330 335
　資長　〔二〕335〔三〕316
　庄右衛門　㊁2
　昌利　〔八〕410
　慎幹（三左衛門）　『廿一史』刊行〔六〕738。綱吉に進講〔六〕307 737 738
　正高　〔四〕66
　政常　〔二〕421
志村政豊　〔六〕627〔七〕172
　貞昌　大坂夏陣〔二〕79／〔三〕190〔三〕8
信太内蔵助　大坂夏陣〔一〕732。大坂冬陣感状〔一〕734〔二〕3
清水敦之助（家斉男）　㊀311～313 315 317 324 325 394 408
　一秀　㊀168 309
　賀豊　〔五〕317
　義永　〔十〕774 ㊀303
　義成　〔二〕73
　吉春　〔三〕204 655
　久右衛門　〔一〕479
　金次郎　㊀698
　五郎左衛門　㊁209
　恒豊　召出・伝〔二〕139／〔三〕228〔四〕585〔五〕317
　次郎助　㊁651
　時良　㊀317 324
　重好　松平万次郎と称す〔九〕111。浅草に出遊〔九〕635 645 651 655 666 668～690。千住に遊行〔九〕681 691。浜邸遊覧〔九〕640 644 647～649 654 658 660 663 670 673 674 677 678 691 735。邸宅下賜〔九〕721。元服偏諱〔九〕743。待遇〔九〕744 746。別邸下賜〔十〕15 95。十万石新封〔十〕81。傅役を家老と改む〔十〕82。貞章院と婚姻〔十〕101 125 131 132 134～136 139。

清水
　卒伝㊀287 288／[九]103 111 122 131 441 501 636 638 646 648 658 661 740 751 755 [十]46 66 91 95 681 691 ㊀178
　重好生母(おせちの局、家重側室)　↓安祥院
　重好室(伏見宮貞建親王女)　↓貞章院
　瑞室(亀庵)　家光病気治療㊂58 81 646 688 689。診療㊂192 209 336 476 477 479 487 488。采邑宅地下賜㊂237。西丸・奥の庖所に伺候㊂660。『外台秘要』校合[四]81／[二]638 [三]118 130 167 357 381 392 425 449 518 522 689 [四]28
　正親　[二]111 228
　斉彊　↓紀伊斉彊
　斉順　↓紀伊斉順
　斉明　清水家相続㊀779。婚姻㊀792 ㊁84。元服・偏諱㊁41。十万石下賜㊁95。卒伝㊁165／㊀639 689 764 783 ㊁50 104
　斉明室(教宮、伏見宮貞敬親王女)　婚姻㊀792 ㊁84
　政永　[八]213 254
　政吉　[二]391
　政広　[四]344 552 [五]200 603
　政声　[五]200
清水政利　[二]511 539 [三]204
　宗見　[三]357
　竜千代(清水斉彊男カ)　㊁499
　丹後　松平忠直家中騒動[一]600 601。改易[一]623。卒[二]330
　恒之丞　↓紀伊斉彊
　豊春　㊀119 129
　友右衛門　[六]448
　弥五右衛門　㊁510
清水谷家季　[八]718
　雅季　[六]707
　公栄　[三]352
　公寿　[十]424
　公美　[九]680
　実業　[五]154 517 [六]706
　実任　歳首賀使[三]388 435 480 524 670 690 [四]48。家綱元服式[三]389／[三]351 352 387 393 481 547 689 [四]71
設楽七左衛門　㊁518
　勝正　[六]170 179
　神三郎　㊁709
　善大夫　[六]84
　太郎兵衛　[六]43
　貞慶　[二]116
設楽貞光　↓設楽貞代
　貞好　上総勝浦巡察[九]552 554／[九]347 711 [十]236 372 526 587
　貞高　[六]672 [七]239 [八]445
　貞根　[九]603 707 [十]365
　貞時　[二]637 [三]119
　貞重　[一]20
　貞辰　[二]637 [四]446 [五]229 406 448
　貞信　[二]368
　貞親　[五]562 600
　貞成　[七]146 156
　貞政　虎門修築奉行[五]9 25。仙台目付[五]178 195。陸奥論地巡察[五]257 259／[五]203 313 322 576 [六]114
　貞清　[二]530
　貞代(貞光)　大坂冬陣[一]704。徳川忠長改易・甲斐郡内在番[二]570 587。上総佐貫城番[二]623 667。甲府城番寄合[三]4／[三]165 530 537 [三]3 119
　貞長(甚三郎)　㊁172 183
　貞文(市左衛門)　㊁355
　貞通　[二]566
　貞猶　[十]621 801
　能該　[九]599

設楽能業　㈢262
　能賢（内記・長右衛門）　㈨389 652
　能賢（兵蔵）　㈨675
　能政　㈢262
次右衛門　㈣549
自心（回向院）　㈣218
自証院（おふりの方、家光側室・千代姫生母）
　卒伝㈢203／㈢51
持明院基氏　㈩371
　基時　㈢691 ㈤312
　基定　家光疱瘡見舞勅使㈡456。秀忠病気見舞勅使㈡521／㈡523 ㈢400 435 ㈣103 459 461
　基輔　㈤127 ㈥706
　基雄　㈥707
慈胤法親王（清宮、後陽成天皇男・梶井門跡）
　日光山㈢9 17 183 184 547 ㈣75。加封㈣534。卒㈥389／㈢135 376 549 691 ㈣7 300 459 ㈤206
慈瑗（比叡山惣代鶏頭院）　㈨91
慈眼（摂念、増上寺）　㈢128 130
慈眼大師　→天海
慈空（津梁院）　㈩347
慈光院　→徳川広忠
慈受院宮（瑞光尼王、後西天皇女）　㈥632
慈秀（寛永寺覚王院）　㈩398
慈照院（信姫・保姫、一橋宗尹女・島津重豪室）　婚姻㈨745 ㈩102／㈨90 ㈩313
慈仁法親王（仁和寺門跡）　㈧691
慈性（尊勝院）　㈢17
慈性法親王（日光門跡）　㈡569 711
慈徳院（一橋治済側室・家斉生母）　㈠788 ㈡180 203
慈弁（大樹寺）　㈩483
椎名伊予　㈤421 501 ㈦74 357
　助右衛門　㈡417
　土佐　㈡464
　平蔵　㈨568
塩　亀太郎　㈠169
　藤右衛門　㈠97 98
塩入次左衛門　㈣285
　重信　㈡260
　重成　㈡260
　重良　㈤611 ㈥30
　利恭　盗賊考察㈠292 313／㈠179 283 353
塩江甚助　㈠729
塩小路家　㈢98
　通規　㈡434 ㈢131
塩田順菴（宗信）　㈦49 440
塩谷惟寅（正義、大四郎）　㈠305 429
　宗定（桃菴）　㈥308 310
　奉正　㈠280
潮田鹿右衛門　㈠22
鹿垣長右衛門　㈤498
鹿田孫市　㈠732
識仁親王　→霊元天皇
重田伊兵衛　㈥495
　金四郎　㈠96
　師美　㈠20
　守久　㈢243
　守定　㈢243
　信征　㈠388
　惣右衛門　㈠755
滋野井　㈤232
　教広　㈣498 573
　公敬　㈩693
　公澄　㈨240
　実光　㈣498 602
　季吉　日光東照宮正遷宮㈡679。日光法華曼陀羅供㈢184／㈣75
宍倉弥三郎　㈧184
　与兵衛　㈧184

宍戸備前守 [一]715
鹿倉格甫（名倉、以仙） ㊀395 551 773
　有勝（以仙） [八]654
　有信（以仙） [六]593
鎮目惟吉 [二]153
　惟重 [二]584
　惟成 ㊀574
　惟忠 [二]423
　惟貞 [二]423
　惟明 大坂夏陣[二]16。佐渡奉行[二]115。佐渡代官[二]413／[一]126 682
七沢清宗（宝樹院義父） [四]1
七条家 [三]98
　信方 [六]706
　隆修 [三]184
　隆豊 [四]491
　左京 [九]568
七戸隼人 [三]327
安仁親王（仁孝天皇男） ㊁41
日延（安房小湊） [二]480
日筵（身延山） [五]323
日遠（池上本門寺） [二]478 489
日奥（妙覚寺） [二]477〜479
日乾（身延山） [二]478
日観（池上本門寺） ㊀322
日堯（興津妙覚寺） [四]553
日恵（平賀本土寺） [四]553
日経（法華宗僧） [一]472
日継（池上本門寺） [十]475
日賢（中山法華経寺） [二]478 480
日憲（池上本門寺） ㊀429
日謙（池上本門寺） [十]556
日顕（池上本門寺） [十]29
日広（池上本門寺） [十]387
日弘（平賀本土寺） [二]478 480
日亨（身延山） 紫衣許可[六]617 626。観世音字義を講ず[六]685
日樹（池上本門寺） [二]399 455 477〜479
日充（下総中村能化） [二]478 480
日遵（玉沢） [二]478
日祥（千駄谷寂光寺） [六]350
日章（池上本門寺） [九]602
日照（小湊誕生寺境妙院） [六]350
日進（武蔵碑文谷） [二]478 480
日進（安房成川妙燿寺） [六]350
日性（池上本門寺） ㊀446
日暹（身延山） [二]455 477 478 489
日善（中道寺） [六]350
日僧（寛永寺浄円院） 天台に改宗[四]551／[四]592 597
日脱（身延山） [五]322 [六]175
日衷（三田大乗寺） [六]350
日長（三松） [二]478
日通（瑞竜寺） [四]513
日通（身延山） [五]322
日東（藻原） [二]478
日棟（真間弘法寺） ㊀377
日道（谷中延命院） ㊀517 518
日鏡（谷中感応寺） [六]350
日附（碑文谷法花寺） [六]350
日芳（池上本門寺） [八]729
日誉（智積院） [一]660 668 669 [二]59
日利（池上本門寺） [十]257
日隆尼（水野重良女、鎌倉高松寺） [五]140
日了（雑司谷妙法寺） [四]553
日領（上総小西能化） [二]480
日遼（谷中感応寺） [六]350
実翁（伊豆山般若院） [一]585 587 595
実海（増上寺） ㊀293 602 633 ㊁36 221
実興（根津住心院） [六]636 637
実自（乙訓寺、湯島根生院） ㊀322 329
実乗（金光院） [三]538

品川伊氏　従四位下〔六〕288。加封〔六〕640。韓使応接〔七〕170 185 196／〔六〕26 449〔七〕289
言氏　㊀636
高久　〔一〕287〔二〕539〔三〕161
高如　御太刀役〔三〕389 507 515 578 597 633〔四〕24 27 87 137 160 224 265 459 460 491 531 596 607〔五〕2 64 80。日光代参使〔三〕404 435 437 474 481 483 493 494 510 514 540 576 593 618 633 638 639 650 651 657 658 663 664 679 681 685 691〔四〕48 49 67 71 158 207 210 280 281 296 297 348 450 452 512 595〔五〕15。公卿・門跡の芝・上野参詣管掌〔三〕438 458 483 548 601 602 641。三河滝山東照宮代参使〔三〕455～457。京都謝使・賀使・御使〔三〕519 605 606 609 673 678〔四〕86 105 125 126 194 197 259 412 440 445 473 475 499 503 525 553 556〔五〕33 35 58 60。伊勢代参使〔四〕333 336 610 614〔五〕14／〔二〕334〔三〕161 351 379 468 655〔四〕381 531〔五〕80 107 526
高如室（おらくの局姉・増山正利姉）〔三〕415〔四〕1
駒之助　㊀724
氏維　㊀213
氏如　〔十〕626
氏長　㊀67
氏繁（豊前守）　㊁658
品川信方　〔七〕339〔九〕503
範増　〔七〕339
篠崎吉右衛門　〔二〕169
源大夫　㊁84
長義　〔九〕747 748〔十〕171
長瑞　〔十〕61 527
長正　〔十〕527 668 683 ㊀188 343
長発　㊀343 369
篠沢忠知　〔六〕458
篠田次郎四郎　㊀712
藤四郎　支配所増地㊁459。利根川・印旛沼工事㊁499 501／㊁507
篠原佐五左衛門　〔七〕428
佐左衛門　㊁281
藤助　〔七〕428
彦四郎　㊀648
柴崎十郎右衛門　㊀607
柴田（処士）　〔二〕639
衛守　㊁23
勘左衛門　㊀96
外記（伊達家士）　〔五〕97
元泰（玄養）　〔十〕761 ㊀458 473 615
元良　㊁501
玄菴（牧野備前守家医）　㊁501
柴田玄意（町医）　〔十〕294
玄佐　㊁501
玄徳（牧野忠精家医）　㊀380
幸長（才右衛門）　㊁601
幸通　召出〔八〕9／〔九〕567 638 700
康闊　盗賊考察〔九〕111 121 385／〔八〕859〔九〕100 395 550 714〔十〕266
康完（康允）　鷹狩供奉〔八〕285／〔八〕436 720 779 843〔九〕521
康久　日光騎馬供奉〔三〕535／〔三〕406 426 504 652
康哉　〔十〕726 ㊀48 175 ㊀210
康重（万助）　〔四〕21
康端　藤堂高敏所領監察〔七〕47 81。村上城引渡〔七〕123。長崎目付〔七〕450／〔六〕704〔八〕147 838
康長　蟄居〔一〕572。赦免〔二〕312。小姓組番頭〔二〕605／〔一〕103 122 384 548〔二〕336 538 596〔三〕6 35。所属与力同心（七人衆）〔一〕572
康直　㊁538 670
康能　巡見使〔五〕399。会津使番〔五〕451 469。宇都宮城引渡〔五〕551 556。高野山訴論裁断〔六〕144 147 150／〔五〕443〔六〕162 322 626
康福　火災地巡視〔十〕372。火消役〔十〕442／〔十〕613 ㊀367

柴田康平　火消役〔九〕601／〔九〕757〔十〕228 253
康明(新兵衛)　家綱附〔三〕655／〔三〕231〔四〕316〔五〕327
康明(久五郎)　〔九〕557
康利　処罰〔五〕481 532。留守居首座〔五〕508／〔五〕52 83 238 330 396 507〔六〕494
康鄰(河内守)　㊁6
左近　〔一〕608
才右衛門　㊁613
三右衛門　㊀680
七左衛門　㊁5 7
七郎左衛門　〔六〕716
重政(康忠)　〔一〕141
荘五郎　㊀709
勝家　〔一〕29 281
勝興　薩埵峠地図作成〔四〕431。薩埵峠修復奉行〔四〕432 480 481／〔二〕606〔四〕526〔五〕331 393
勝曠　〔九〕103 537
勝之　〔八〕346
勝重　〔二〕547 562 579
勝政　〔三〕456
勝定(求馬)　〔八〕495
勝富　川越谷村両城引渡〔六〕566 569／〔七〕21 397〔八〕146 258 314
柴田勝彭　盗賊考察〔十〕729 747／〔八〕495〔十〕201 680㊀366 492
勝房　御前を止む㊀357／〔十〕841㊀48 278 355 380 584
勝満　〔十〕255
勝明(出雲守)　㊁218 602
勝門　小諸城引渡〔五〕444 447。烏山城引渡〔五〕614 618。日光東照宮修理奉行〔六〕76 80。村上城引渡〔七〕114／〔五〕519 543 597〔六〕115 169 177 255 445
正吉　〔三〕155
正勝　〔三〕284
善之丞　㊁356 409
忠豊　大名・社寺御朱印〔十〕7。韓使聘礼〔十〕64／〔九〕651 667〔十〕125
中務(伊達家士)　〔五〕104
八郎左衛門(八郎右衛門)　〔七〕46 201〔八〕346
半平　〔四〕286
日向守　㊁711
芳庵　㊁45
又十郎　㊁3
柴野久四郎　㊀587
邦彦(彦輔、栗山)　儒臣㊀57。御前を止む㊀126。聖賢画像調査㊀208／㊀58
柴野　72 363
柴村一学　㊁21
常勝　㊀206
正次　〔二〕617 629
盛香　〔九〕281
盛方　〔十〕786㊀209 497
盛庸(源左衛門)　㊀497㊁244 260
長次　〔二〕568
柴山市十郎　〔十〕548
吉次　宿割役〔一〕705〔二〕14。大坂冬陣〔一〕705
正永　〔七〕288
正次　〔四〕282
正信　〔四〕66
正貞　〔七〕288
伝右衛門　㊁501
弥三左衛門　〔四〕574
芝　正春　㊀429
芝崎正利　㊀219
芝山永澄　〔三〕555
広豊　〔六〕706
好和　↓芝山正知
持豊　〔九〕657
正胤　〔六〕617 621
正員　〔一〕388

芝山正次　〔一〕590 642
正親　〔一〕388 654 697 703
正知(好和・和次)　両国橋新架〔四〕274 382／〔一〕590 642
正武　日光家光百年忌法会〔九〕498 512 515。盗賊考察〔九〕756〔十〕10 25 67／〔九〕131 716〔十〕103 321
正雄(柴山)　〔十〕755 830
宣豊　〔四〕240 281 306 397 450 476 494〔五〕164 517
定豊　〔五〕164 517
渋江虬(長伯)　㊀236 569
氏胤　診療〔三〕56 81 109 192。家光病気治療〔三〕58／〔二〕667〔三〕118 167
新之助　㊁81
長順　㊀703
直慰(長意)　診療〔四〕10 342 404 511 623〔五〕53 88 96 245／〔三〕467 569 570〔四〕450〔五〕149
直治(松軒)　家宣を診脈〔七〕246。診療〔四〕107〔五〕457 483／〔五〕451 476〔七〕246〔八〕534
直有　〔六〕613〔八〕364
内膳　〔一〕732
弥十郎　㊁602
渋川敬尹　〔八〕238
敬直(六蔵)　御前を止む㊁520。オランダ
渋川
書簡翻訳㊁531。召預㊁549
光洪　星度測量〔九〕645 652 689。処罰〔十〕168
春海(筭哲・春哲)　新暦献上〔五〕530／〔六〕749
助左衛門　改暦㊁477／㊁459 468
則休　改暦〔九〕294 414。測量の事〔九〕509
渋谷伊豆守　〔二〕316
釆女　㊁673
重次　〔一〕93
助右衛門　〔二〕672
松五郎　㊀661
良寛　㊀637
良紀　御前を止む〔十〕458／〔十〕228 298㊀152 159
良信　吉宗訓言を筆録〔九〕329〜331。家重の散楽を諫む〔九〕336／〔八〕9 353 395 436 458 591〔九〕337 590 606
島一信　代官町御倉普請奉行〔五〕507 529。鳥羽城引渡〔六〕102 111／〔六〕82
一正　大坂冬陣〔一〕714 739 746／〔一〕98 647〔二〕369
一巽　盗賊改〔十〕28 45 79。処罰〔十〕80／〔九〕637〔十〕28 96 245
喜三郎　〔三〕368
元政　〔三〕40
元能(元利)　長松・徳松駿濃江所領点検〔四〕17 30／〔三〕40
島
権左衛門　〔三〕25
左近　〔一〕67
三安　召出〔一〕563。水口旅館造営奉行〔二〕604。日光東照宮造替奉行〔三〕12。壬生城目付〔三〕125。掛川城引渡〔三〕129 136。関宿城引渡〔三〕208／〔二〕606〔三〕87 199
四郎左衛門　〔四〕46
正祥　亀山城引渡〔八〕104 109。駿河古文書採訪〔八〕722。処罰〔九〕79／〔八〕602 747 750〔九〕398
正成　窪町土橋修理奉行〔三〕225／〔三〕512
正長　久能山東照宮修理奉行〔四〕201 225 235。桑名目付〔四〕290 307。宝樹院霊牌所修理奉行〔四〕469 516。駿府論地見分〔五〕61。禁裏普請奉行〔五〕194 195 258 259／〔五〕577〔六〕11 325 373
正備　〔十〕144 238
正方　〔八〕181 211 212
正利(島田)　豊後目付〔三〕274。地震破損修理奉行〔三〕486。日光社参の旅宿管掌〔三〕512 588〔四〕442。佐倉目付〔四〕396 397／〔三〕369
豊久　〔二〕578
豊勝　〔九〕599
弥左衛門　㊀707

島浦益一　〔六〕703〔七〕62〔八〕357 716
島崎一郎右衛門　㊀716
　恵一　〔八〕530
　忠政　〔八〕724〔九〕523 637
島治九郎右衛門　〔五〕13
島津安芸(島津家士)　〔三〕628
　以久　佐土原城下賜〔一〕94。時服献上〔一〕457。篠山城新築〔一〕519。『島津肩衝』献上〔一〕519。卒伝〔一〕519／〔二〕465〔三〕185 186 591
　惟久　佐土原築城〔六〕364。致仕伝〔八〕305／〔五〕247 546〔六〕75 329 338
　家久(忠恒)　官職〔一〕112 416〔二〕132 376 510。渡海朱印〔一〕119 393 445。参勤・就封〔一〕129 530〔二〕57 59 127 172 209 364 449 514 654 673 684〔三〕717。琉球征伐〔一〕130 416 480 483 486 489 529。琉球を賜う〔一〕335 489 503 529。琉球に監使派遣〔一〕530。琉球王を伴い駿府・江戸参府〔一〕335 519 520 523～527 530〔二〕653。家久と改名〔一〕412。遺命〔一〕282〔二〕95。家康時服献上権輿〔一〕457。秀忠茶事〔一〕529〔二〕424 441 480 504。明国と通商互市の事を議す〔一〕606 620。大坂冬陣〔一〕701 711 712 736 747 756 762。大坂夏陣〔二〕12 14 40 45。鉄砲薬袋・火縄・硫黄献上〔二〕49 401。

島津
家号〔二〕137 510。江戸証人〔二〕330〔三〕717。秀忠来邸〔二〕482。家光来邸〔二〕481。家光茶事〔二〕493 505 626。病気〔二〕507 611〔三〕37 64 71 78。面命〔二〕534。卒伝〔三〕96 101 102／〔一〕88 110 530〔二〕7 72 172 185 209 253 342 377 392 568 605〔三〕44。家士〔一〕438
　家久女　↓松平定行室
　義久(竜伯)　家康に服す〔一〕214。琉球征伐〔一〕334 489。卒伝〔一〕540 541／〔一〕91
　義弘　朝鮮征伐〔一〕62 210。関ヶ原合戦〔一〕70。呂宋国通交〔一〕405。病気〔二〕148 151 169。卒〔二〕172／〔一〕502 503〔二〕52
　吉貴　元服・家号下賜〔六〕61。琉球使参府〔七〕42 134 161 246 383 406〔八〕41 136 167。蛮船注進〔七〕242。密貿易査検〔七〕381 382〔八〕158。致仕伝〔八〕233。卒〔八〕233〔九〕441／〔六〕552 583〔七〕136〔九〕245 268 440　↓島津忠行
　吉貴女　〔七〕242
　久寿　新田分封〔六〕75。島津惟久後見〔六〕75／〔五〕247 332 493〔六〕184
　久周　〔八〕575
　久荏　〔十〕182
　久直　〔二〕503 510
　久般　防火褒詞〔十〕385／〔十〕355 451 594 779 ㊀68 129

島津久武　〔七〕357
　久芬　沼田城在番引渡〔八〕564 567／〔八〕538 700 764
　久柄　日向児湯郡百姓一揆〔九〕739。致仕伝〔十〕775／〔九〕449 606 615 ㊀491
　久房(又吉郎)　㊁84
　久睦　〔七〕430
　久雄　証人交代〔三〕221 349 386 478 637 688〔四〕72 108 140。禁裏造営助役〔四〕395 438。卒伝〔四〕493／〔三〕63 574 639〔四〕21 436
　継豊(又三郎)　密輸・唐船打払〔八〕413。竹姫と婚姻〔八〕501 502 519〔九〕178。封地蝗災恩貸金〔八〕611。致仕伝〔九〕407 408。卒〔十〕25／〔七〕421 423〔八〕211 233 268 517 520 734〔十〕24
　継豊生母　〔九〕96
　継豊養母　〔八〕830
　継豊室(竹姫、清閑寺煕定女・綱吉養女)　↓浄岸院
　玄蕃　〔一〕733 734
　光久(忠元)　証人交代〔三〕115 195 370 435〔四〕74 108 141 178。家光茶事〔三〕120。金山採掘〔三〕281〔四〕194 219 411。天主教徒追捕〔三〕283 284。犬追物〔三〕435 504～506 712。琉球〔三〕350 361 362 405 414 658〔四〕92 94 95 176〔五〕108 494。明国

島津
滅亡・来航船処置㊂460 461。病気㊂608 609 613 617 ㊃144。江戸城西丸造営用材を献上㊂636。韓使漂着㊃146。琉球国王に襲封免許㊄48。致仕伝㊄606。卒㊅217／㊁342 503 510 ㊂101 103 204 605 606 613 ㊃12 36 50 93 159 ㊄3 271 332。家士㊂628
光久室　㊃270
光久妹　㊂401
綱貴(又三郎)　琉球貿易定額制㊄590。聖堂典籍献上㊅85。卒伝㊅549 552。／㊃313 630 ㊄72 606 620 ㊅247 248 301 337 487 489 545 547
綱久(虎寿丸・又三郎)　金山採掘㊃187。卒㊄153／㊂215 324 617 620 623 ㊃36 53 92 95
左京　㊀693
式部　㊀650
茂姫(島津重豪女・近衛経熙養女・家斉室)　→広大院
下野　㊁503
十郎左衛門入道　㊂505
重豪(又三郎)　『寛永古図』献上㊈673。『地志要略』献上㊈673。一橋宗尹女と婚姻㊈745 ㊉102。病気㊉458 ㊀23 192 707。

島津
御縁女の方に拝謁㊉687 714 758 769。優待㊉757 764 ㊁23。琉球凶荒恩貸㊉781。致仕伝㊀20。藩政後見辞退㊁44／㊈644 707 710 ㊉44 75 397 409 492 ㊁118 241
重豪室(信姫・保姫、一橋宗尹女)　→慈照院
重豪女(茂姫、近衛経熙養女・家斉室)　→広大院
重年　琉球使㊈501 578。美濃・伊勢・尾張河渠修理助役㊈641。卒㊈641 644。伝㊈644／㊈500 501 534 641
斉興(又三郎・豊後守・大隅守)　家格㊁46。恩貸金㊁248 466。十万両上納㊁270 353。金米下賜㊁401 658。致仕㊁664／㊀536 544 668 768 779 798 ㊁520
斉興実母　㊁564
斉興室　㊁111
斉宣(又三郎・渓山)　琉球人召連手当金㊀138 266 331。薬種下賜金㊀500。川々修築助役㊀568。致仕伝㊀629。卒㊁441／㊉806 ㊀10 25 74 76 ㊁140 441
斉宣母　㊀670
斉彬(邦丸・又三郎・薩摩守)　英姫と婚姻㊀692。日光東照宮修復助役㊁666

島津
斉彬室(英姫、一橋斉敦女)　㊀692 679／㊁114 115
宗信　嫡子代々松平氏を称す㊇831。尾張宗勝女と婚姻㊇847 ㊈484 485。短刀下賜㊈180。卒㊈495 500。伝㊈500 501／㊇675 763 767 839 844 ㊈407 424 476 494 495
宗信室(房、尾張宗勝女)　→冷池院
忠雅　卒伝㊈606／㊆421 ㊇305 315 765 783
忠紀　㊁510
忠元　→島津光久
忠行　㊄546　→島津吉貴
忠恒　→島津家久
忠高　公卿館伴㊃562 ㊄93 203。卒伝㊄247／㊂176 433 ㊃313 573 ㊄48 229
忠興　熊本城請取㊁551。卒伝㊂63／㊀519 537 547 649 667 ㊁158 535 ㊂2
忠持　㊉679 800 ㊀765
忠徹(筑後守・筑前守・飛騨守)　三河矢矧橋修造助役㊀795 ㊁10／㊀768 ㊁387
忠朗　㊂103
又四郎　㊀710
竜伯　→島津義久
島田為忠　㊈608
義助　㊄342

島田久次郎　〔一〕748
幸庵　〔七〕246 362
三郎四郎　〔四〕35
三右衛門　〔六〕488
次兵衛　〔一〕709
時之（時郷）　徳川綱重附家老差添〔四〕396。召預〔五〕72〔七〕2／〔四〕245 292 408 454 469〔六〕290
時成　〔四〕93
守恒　久留米目付〔六〕598 619。諸国巡察〔七〕86。／〔七〕51 231
十左衛門　〔二〕707
十次郎　〔二〕674
重次　大坂冬陣〔一〕704 735。大坂夏陣〔二〕13 26／〔二〕260〔三〕80
重則　〔四〕35
重頼（重形）　失心者検使〔五〕229／〔四〕483 487 524 562〔五〕79 268 414〔六〕246
重利　宍戸城引渡〔三〕407／〔一〕592〔三〕262 551 579
春世　〔二〕597
庄五郎　〔一〕659
正之　火災地巡察〔八〕431／〔八〕538 564 594 711
成重　〔二〕342
政温　〔十〕244
政輝　〔七〕103

島田政広　〔十〕235
政辰（治兵衛）　鳥銃考察〔六〕703。芝口郭門造築奉行〔七〕80 124。屋敷地検察〔七〕232／〔六〕447 546 700〔八〕143 231 303
政弥　盗賊考察〔十〕398 419。市街巡察〔十〕467／〔十〕239 397 517 604 749
政庸　〔十〕685〔一〕80
盛相　〔七〕402〔八〕161 234
盛貞　〔八〕819〔九〕34 362〔十〕237
丹波守　〔二〕274
忠政（利木）　大坂目付〔四〕298 317。駿府目付〔四〕397 406。伊達騒動〔五〕97。黜免・閉門〔五〕407／〔三〕295〔四〕173 278 318 342 354 355 421 429
直寛　〔九〕36 560 601
直次（清左衛門・刑部少輔）　家光近習小姓〔二〕220。日光祭礼諸大夫の被物役送〔三〕267／〔二〕333 334 444 539 573〔三〕322
直次（五郎兵衛）　秀忠附花畠番〔二〕420。寛永通宝新鋳・上方派遣〔三〕26 33。家綱附〔三〕655／〔三〕473〔四〕69 161 184〔五〕139 140
直時　大久保長安事跡を案検〔一〕626。大坂冬陣〔一〕741 748。大坂町奉行・堺政所兼任〔二〕420。堺公料管掌〔二〕430。卒〔二〕

島田
444／〔一〕691〔二〕176 334 337 438
直正　〔五〕189 217
直盛　〔五〕217
直次郎　〔九〕616
道柑　〔八〕362
兵三郎　〔六〕532
孫助　〔五〕72
幽也　→島田利正
利喜　〔三〕295
利久　〔九〕709
利久母妹　〔九〕709
利氏　〔一〕475 592
利春　→高林利春
利正（幽也）　『江戸市中法度』〔一〕619。大坂冬陣〔一〕703。高野山僧侶尋問〔二〕122。最上騒動〔二〕232。身延池上争論聴断〔二〕477。関東巡察〔三〕271 272。江戸城濠浚利を審議〔三〕273。卒伝逸事〔三〕295 710／〔一〕475 641 652〔二〕122 167 277 325 332 337 537 701〔三〕80 171 181 215 264 287
利宣　〔三〕295
利直（利友）　〔三〕240 656〔五〕153 317
利木　→島田忠政
利由　〔五〕148 176 597〔六〕26 221 592 606

島田利友　↓島田利直
　隆政　〔八〕383 572 573
　和氏　関東水害地河堤修築奉行〔九〕50 67 68。巡見使〔九〕349 364 390／〔八〕564 701〔九〕575
島原仲輝　〔五〕118
　仲頼　〔五〕118
島村市庵　診療〔五〕17 23 86 121 166 211 213／〔四〕590〔五〕221
　俊久　〔一〕179
　仙庵　〔五〕423
　総右衛門　〔一〕725
　孫右衛門　〔一〕454
下枝正元　〔十〕289
　正重　〔十〕289
　正忠　国廻目付〔三〕314。相模巡見〔三〕314／〔四〕56
下川又左衛門　〔二〕153
下河辺新蔵　〔一〕673
下坂安国（武蔵太郎）　〔八〕163
下島政寛　〔十〕393
　政重　〔五〕469
　政真　巡見使〔二〕557。上方の会計管掌〔三〕119 村上領引渡〔三〕349 355。勘定〔三〕349 355／〔二〕244
　政友　〔九〕389 482 622 646
下島与政　〔三〕119
下条信隆　分封〔五〕177。禁裏造営奉行〔五〕194 195 258 259／〔五〕194 195。
　弾正　〔一〕144
下津棒庵　〔二〕153
下曾根信辰　〔五〕393
　信正　〔一〕455
　信敦（金三郎）　〔二〕630
　信由　島原城目付〔三〕89 95。検使〔三〕199 420。高槻城引渡〔三〕204 212。伊予目付〔三〕320。村上目付〔三〕331 355 356 497。日光石垣修築奉行〔三〕442。越前目付〔三〕478。山形城引渡〔三〕556 563 564。米沢目付〔四〕63。肥後目付〔四〕165 192。丸亀目付〔四〕240 267。仙台目付〔四〕290 317。館林目付〔四〕396 401。大坂目付〔四〕445 468 623〔五〕17。久留米目付〔四〕545 562 577。長崎管掌〔四〕562 577／〔一〕455〔三〕240 296 304 515 612〔五〕20 94 393
下田師古　『本朝年代記』〔八〕291。国学管掌〔八〕318。燈燭料下賜〔九〕240
　重盈（八大夫）　〔二〕480
　等英　〔一〕343
下斗米秀之進　↓相馬大作
下野道仁　〔二〕29
下間玄忠　〔九〕405
　少進　『関寺小町』再興〔一〕567／〔一〕378 560 580
下村徳順　〔六〕714
下山勘兵衛（中山）　〔六〕53 448
　光直　〔三〕118
　重次　〔一〕122〔二〕662
　勝英　〔八〕270
　勝盛　〔三〕190
　正次　〔一〕122
　弥八郎　〔二〕681
下冷泉為景（細野）　下冷泉家再興〔三〕485 550 719。『法華八講記』著作〔三〕545／〔三〕539
　為経　〔六〕706
　為元　〔四〕350〔五〕96
　為俊　〔六〕707
　為直　〔五〕96
舎利仏源八　〔九〕174
謝愷臣（唐船主）　〔八〕564
綽淳（本所霊山寺）　〔一〕91
寂恩（寛永寺円覚院）　〔十〕398
寂現（東漸院）　〔十〕706 808
寂天（東本願寺願成坊）　〔九〕466
寂念（鴻巣勝願寺）　〔一〕633
守教（東福寺）　〔一〕676

守玄(寛永寺信解院)　〔十〕398
守　斎　〔一〕199
守随彦五郎　〔十〕461
　彦太郎　秤売買免許〔五〕28〔七〕228／〔九〕80 456
　兵三郎　〔一〕194 655
守澄法親王(幸教親王、後水尾天皇男・日光門主)　輪王寺門主に契約さる〔三〕355。病気〔三〕502 639〔五〕64。家光に対面〔三〕504。家綱に対面〔三〕597〔五〕43 113。二品宣下〔三〕525。一品宣下〔三〕614。痘瘡〔三〕639 640 645 646。本坊移徙〔四〕128 394。天台座主〔四〕164。江戸城本丸安鎮修法〔四〕319。『東照宮縁起』重修〔五〕319。卒〔五〕358／〔三〕372 496 498 499 506 507 519 520 538 544 547 551 563 573 575 576 609 611 612 618 619 623 632～634 685 688〔四〕4 7 9 10 59 68 73 75 96 118 154 164 515 570〔五〕2 42 80 122 185 202 222 230 238 254 263 278 295 296 321
朱　佩　章　〔九〕257 260
珠光院(豊姫、尾張光友女)　〔四〕144 152
珠白(徳川満徳寺)　〔七〕129 397
珠　林　〔三〕593
寿　庵　〔一〕608
寿光院(大典侍局、清閑寺熙房女・綱吉側室)　落飾〔七〕5。浜御殿住居〔八〕616 617。卒
寿光院　伝〔九〕25／〔六〕694〔八〕75 145 520
寿洪(天竜寺)　〔二〕301
寿清(女房)　〔四〕395
寿福尼(前田利常母)　〔二〕509
樹下永成　〔十〕44
充　誠　院　→徳川悦五郎
秀海(本所霊山寺)　㊀550
秀教(新田大光院)　〔十〕133
秀算(小池坊)　〔三〕178
秀　寿　丸　→牧野成春
秀盛(鳳来寺医王院)　〔九〕95
秀存(三河松応寺)　㊀548
周奥(伊勢慶光院)　〔九〕126
周海(凌雲院)　〔四〕190
周香(伊勢慶光院)　〔六〕473
周広(僧)　〔一〕530
周　斎　〔二〕559
周順(寛永寺恵恩院)　〔十〕399
周勝(永代寺)　〔十〕475
周清(伊勢慶光院)　〔三〕351
周長(伊勢慶光院)　〔三〕351
周哲(医)　〔三〕493
周棟(水戸正宗寺)　〔九〕425
周遍(鳳来寺医王院)　〔八〕709
秋子内親王(東山天皇女)　〔六〕393
十翰(禅僧)　〔三〕222
重順(奈良不動院)　〔一〕596
重順(竹林坊)　〔一〕669
重包(刀工)　〔九〕268
宿谷尹行　〔七〕444〔八〕109 326〔九〕220
　俊照　〔八〕109
　富房　〔七〕447〔八〕109
俊海(寂光院)　〔二〕477
俊海(随心院門跡)　〔四〕518〔五〕23 25 403
俊覚院(家宣男)　→徳川虎吉
俊岳院(家斉男)　→徳川虎千代
俊恭院　(鷹司政熙女・近衛基前養女・尾張斉温室)　㊁414
俊光(烏山泉溪寺)　〔十〕143
俊祥院(水戸治紀祖母)　㊀610
俊与(弥勒寺)　〔六〕113 125
春光院(家斉男)　→徳川富八郎
春察(太田資宗医師)　〔三〕342
春甫(井上正利医師)　〔三〕342
春良(土井利勝医師)　〔三〕342
浚海(黒谷金戒光明寺)　㊀393
浚　明　院　→徳川家治
舜海(仙波喜多院)　〔十〕383

舜従（新田大光院） ㊀413 633
舜仁親王（日光門主） ㊀640
淳脱院（孝姫、家斉女） 卒伝㊀731／㊀700
淳和天皇 [三]391
順庵（医師） [八]289
順性院（お夏の局・順証院、藤枝氏・家光側室・綱重〔長松〕生母） 卒[五]492。墓所検察[七]329／[三]357 374 428 677 [四]12 236 296 373 392 433 [五]3 4 175 [六]659 665 [七]340 433 435
順則（寛永寺凌雲院） [十]455 461 468
順徳天皇　陵[五]334 349
順良（高野山三宝院） [二]569
順礼（前田家角力頭） [一]113
遵仁親王（政宮、中御門天皇男・仁和寺門跡） [八]809
如雲院 ↓一橋金次郎
正田鹿平 ㊁248
庄　直重（庄田） [一]401 [二]662
　直能 [一]401
　直保 [十]251
　良資 [七]58
庄蔵（小梅村農民） [九]159
庄田安議 [五]47
　安久　盗賊考察[十]425 441／[十]297 406 451 579 ㊀110
庄田安次 [一]450 [二]27
　安勝 [五]47
　安照　最上騒動[二]233。府内目付[二]403 649。日光東照社造営[二]673 [三]12。島原乱[三]92。江戸城々溝疏鑿奉行[三]359。江戸城西丸石垣修築奉行[三]444 672／[二]155 534 538 553 556 565 616 [三]171 198 242 609 [四]200
　安信　旗奉行[一]691 [二]11 34。閉門[二]79
　安清 [六]650
　安利　高厳院霊牌所修理奉行[五]368 414／[五]552 567 586 [六]187 390 391 448 600
　小左衛門（五六郎） ㊁468 497
　隼人（上野国農民） [四]32 545
庄林隼人 [二]153
庄兵衛（長崎商人） [二]435
尚　益（中山王） [七]136
　敬（中山王） [七]281 442 [八]805
　質（中山王） [三]414 617 623 [四]126
　貞（中山王） [五]494
　寧（中山王）　捕えらる[一]130 483。江戸・駿府に参府[一]335 525〜527 529 530／[一]334 519 520 524 528
尚彦（護国寺） [八]290
尚純（大慈院） [十]455 558 602
尚詮（寛永寺凌雲院） ㊀579
承堅（天竜寺三秀院） [九]535
承秋門院（承和門院、東山天皇中宮） [六]393 [七]48 [八]184
承真親王（梶井門跡） ㊁423
承兌（西笑、相国寺） 『東鑑』校正[一]425。卒伝[一]449／[一]112 334 416 436
承胆（相国寺） [十]144
昌盛（法門坊） [三]541
昌　竜 ↓松平光直
松雲（朝鮮僧） ↓惟政
松栄院（浅姫、家斉女・松平斉承室） 婚姻㊀792 ㊁30／㊀526 564 637 657 ㊁147 148 203 210
松岳紹長（大徳寺） [二]43 175
松薫（大中寺） [二]49
松寿院（松姫、紀伊頼宣女・松平〔鷹司〕信平室） 婚姻[四]97／[三]125 [四]65 97 109 141 [五]295
松頓（関宿総寧寺） [四]235
昭超（興正寺） [三]564
昭仁親王 ↓桜町天皇
紹益（建仁寺常光院） [一]654
紹長（大徳寺） ↓松岳紹長
象先（本所羅漢寺） [九]295
勝厳院（定宮・勝子内親王、霊元天皇女） [八]

勝厳院　36

照耀院　↓徳川家慶男

証明院（比宮、伏見宮邦永親王女・家重室）　家重と婚姻〔八〕317 500 584〜586。江戸下向〔八〕559 564 565。姫宮と称す〔八〕566。御附有司補任〔八〕568 571 582。婚礼調度〔八〕576 577 579 582。出産〔八〕631〜633 639。卒〔八〕640〜642。用人転職〔八〕644。新廟営築〔八〕659。法会〔八〕665 698 835〔九〕128 498 602 694／〔八〕584 611 642 645

丈剛（高野山高祖院）　㊀277

乗台院（万寿姫、家治女・尾張治休室）　婚姻〔十〕274 275 278／〔十〕55 58 90 93 302 406〜408㊀88

城　高茂　〔三〕225

次郎左衛門　㊀679

時茂　〔三〕134

昌茂　大坂冬陣〔一〕261 268 714 717 738。奏者〔一〕691。蟄居〔一〕717。卒〔二〕448／〔一〕548

信茂　九州巡見〔二〕574 581 625／〔二〕78 448 538〔三〕145

朝茂　巡国使〔三〕231。吉田城引渡〔三〕285。江戸城々溝疏鑿奉行〔三〕399 441〔四〕628。江戸城石垣修築奉行〔四〕220 248 283。宅地奉行〔四〕228。伊達綱村取扱の通渠巡察〔四〕385／〔二〕420〔四〕43 195 211〔五〕71 250

常胤法親王（妙法院門跡）　覚深と座班を争う〔一〕669。大仏殿住職〔二〕56 59

常高（円満院門跡）　〔四〕564

常高院（浅井長政女・京極高次室）　京極高次に嫁す〔一〕380。大坂冬陣〔一〕749 753〜755〔二〕7 8。大坂夏陣〔二〕14 42。卒〔二〕609／〔一〕86 216〔二〕8 359 425 494 535　↓松丸方

常子内親王（級宮、後水尾天皇女・近衛基熙室）　〔五〕388

常純（長楽寺五仏院）　〔十〕352

常淳（林光院）　〔十〕395

常尊（円満院門跡）　三井寺長吏職を輪番交代〔三〕400／〔二〕324〔三〕397 399 498 549〔四〕103

常勤（興正寺門跡）　〔六〕360

浄円院（巨勢利清女・吉宗生母・紀伊光貞側室）　江戸下向〔八〕104〜109 111。卒伝〔八〕406。霊牌所営築・焼失〔八〕417 418 751 752。法会〔八〕430 473 602 799〔九〕39 389 517 710。吉宗の孝養〔九〕325 326／〔八〕1 114 147 186 190 407 415

浄観院（楽宮、有栖川宮織仁親王女・家慶室）　家慶と婚姻㊀523 612 634。姫宮と称す㊀612。御簾中と称す㊀638。出産㊀708 735 772 777。卒㊁397／㊀532 544 548 638 639㊁72 397 546

浄観院実母　㊁213

浄岸院（竹姫、清閑寺熙定女・綱吉養女・島津継豊室）　保科正邦と婚姻〔六〕704 710 716。有栖川宮正仁親王と婚姻〔七〕114 133 455。邸宅造営〔八〕75。消防避難制〔八〕263 520。島津継豊と婚姻〔八〕501 505〜512 514〜520 555〔九〕178。添番設置〔八〕694。阿弥陀仏像自作〔九〕178／〔七〕76 88 151 197 444 447〔八〕14 75 145 520 561 630〔九〕373〔十〕75 400 401

浄眼院（富宮、伏見宮貞建親王女・紀伊宗将室）　〔八〕827〔九〕75 684

浄薫院（琴姫、家斉女）　㊀763

浄光院（おしづの局、秀忠側室・保科正之生母）　〔一〕552

浄光院（鷹司教平女・綱吉室）　綱吉と婚姻〔四〕479 505 512〔五〕353。牧野成貞邸外諸処臨駕〔六〕59 109 150 439 503 688。落飾〔七〕5。卒〔七〕9 11。霊牌所造営・供養〔七〕13 45 73 74 419。遺言〔七〕25。法会〔七〕82 145 409 418〔八〕220 361 493 624〔九〕3 702。霊牌所正忌のみ代参使〔七〕284／〔四〕562〔五〕4 34 363 497 543〔六〕113 431 504 695〔七〕6

浄心院（三沢局、小堀政一側室・家綱乳母）　卒伝〔四〕180

浄譚院（猗姫、田安斉匡女・松平定和室）㊀707
浄徳院　→徳川徳松（綱吉男）
浄宝（本所弥勒寺）㊀621
浄明院（松平康元女・毛利秀元室）㊀581
浄門院　→徳川久五郎
浄琳院（八十宮、霊元天皇女）家継に降嫁㊆263 441。八十宮と称す㊆442。御附用達廃止㊇23
白井伊織　㊆371
　主計　㊆155
　勝久　㊂406 465 ㊃546 575 ㊄24
　勝昌（絵島兄）㊆371
　平七郎　㊆371
　利庸　㊉747
白岩忠業　→五十幡忠業
白川雅喬王　㊄312
　雅冬　㊅706
　資延　㊉742
白崎八左衛門　㊂169
白須助太郎　㊁522
　政休　㊄499 ㊅551 ㊇664
　政賢　加恩㊉178 291 315。家治に登用さる㊉827／㊈659 ㊉832
白須政親　㊇664 835
　政徳（甲斐守）御側御用取次㊁125／㊀789 ㊁378 393 512
　政雍（甲斐守）㊉635 684 ㊀70 254 262 779
心越（唐僧）㊇699
心観院（五十宮、閑院宮直仁親王女・家治室）吹上遊覧㊈515 522 549 599 731 757。家治と婚姻㊈604 629 ㊉1。資装呈上㊈626。御附有司補任㊈628。出産㊈656 658 662 663 665〜667 ㊉39 42。御台所と称す㊈765。用人の子、召出要請㊉80。卒・葬礼㊉365 367／㊈473 481 482 486 487 629 670 678 ㊉18 40 150 181 187 247 369 726 727
申繻（韓使）㊂321
信応（本所弥勒寺）㊀351
信賀（大乗院門跡）㊄422
信雅（大乗院門跡）㊄425 427
信覚（大乗院門跡）㊅82
信受院（尾張吉通女・尾張継友養女・九条幸教室）㊇214
信盛（知積院）㊅110 113
信尊（大乗院門跡）受戒㊀660。門跡領幷境内の判物下賜㊃552／㊁352 521 ㊂329 ㊃550
信有（大護院）㊇21 35
信祐（自証院）㊃598
真敬法親王（一乗院門跡）㊄58 ㊅446 625
真如（身延山）㊄323
真如院尼（紀伊光貞側室・松平頼職生母）㊇688
真照（千本上善寺）㊀618
真宗（僧侶）㊀530
真隆（高野山金剛院）㊀193
神　織部　㊁544 609 627
　忠釆　㊀521
　忠休　㊉589
　忠居　㊉628
　忠次　㊁476
　忠聴　㊈112
神証（円福寺）㊂114
深広院（陽姫、尾張宗勝女・浅野重晟継室）㊉297
深珠院（達姫、家慶女）卒伝㊁14／㊀734 745
深心院（お梅の方・源心院、吉宗側室・一橋宗尹生母）卒伝㊇251
深真（大覚寺門跡）㊀420
深達院（俊姫、一条兼香女・一橋宗尹室）㊈12 52 53 493
深徳院（おすまの方、吉宗側室・家重母）卒

深徳院　㊆357。法会㊇386 513 642 776 ㊈130／㊇173 ㊈327 341 500
進
　鬼太郎　㊁100
　成之　中奥伺候㊃181。処罰㊄610 ㊅20／㊂571 612 ㊃443 448 450 ㊄139 148
　成美　㊀305
　成睦　出石城引渡㊅620 626。道奉行㊇210。盗賊巡見㊇410 473／㊇383 690 ㊈85 281 495
進士清三郎　㊀494
進藤勾当　㊄336
　五郎右衛門　㊀653
　権右衛門　蟄居㊂317／㊂238 317
　三左衛門　㊀759
　資長　㊅207 391 697
　正次　加封㊀88。御談伴㊀583。卒伝㊀582 583／㊀88 233
　正成　㊀582 ㊂42
　正盛　㊄523
　正忠　㊂518
　正麗　萩目付㊀177／㊀322 334
新宮行朝（左馬助）　㊀709
　左馬　㊀694
　氏弘（若狭守）　㊁42
　若狭　㊀709
新家知義　㊀360
新五郎（生島）　㊆371
新広義門院（新中納言局、園基音女・後水尾天皇女御）　㊄154 264
新皇嘉門院（鷹司政熙女・仁孝天皇女御）　㊀796
新朔平門院　→仁孝天皇女御
新上西門院（鷹司教平女・霊元天皇中宮）　病気㊅553 555。六十の賀㊆210。卒㊆225／㊄50 59 166 598
新庄鹿之助　㊁386
　直規　致仕伝㊀521／㊀255 421
　直救　㊉242 276
　直矩　卒・封地収公㊄239／㊄58 191
　直計　㊀478 ㊁554
　直賢　黜免・閉門㊅500／㊅11 306 ㊇83
　直好　転封㊁241。岩槻城番㊁318。大坂城加番㊁373 402 ㊂286 ㊃234 278。公卿門跡館伴㊁548 555 672 ㊂481 ㊃47 122 192 349。駿府在番㊁570 594。駿府加番㊁701 ㊃53 94。水口在番㊂456。佐倉城在番㊃368 369 378 380。下館在番㊂387。卒伝㊃435 ㊄191／㊀446 ㊁80 150 257 331 447 534 537 623 ㊂361 502 515 547 555 563 592 646 ㊃197 378
新庄直恒　㊃397 ㊄600 ㊅58
　直侯　卒伝㊉400／㊈535 647 662
　直綱　島津家久病気慰問使㊂71 78。播磨山崎目付㊂199。巡見使㊂231／㊁599 601 665 ㊂8 155 198
　直興　㊂526 ㊃278 ㊄60
　直之　牛込普請奉行㊂123／㊁91 363 ㊂144 ㊃410 ㊄239 380
　直氏　柏原御旅館奉行㊁186 305／㊁163
　直治　㊁627
　直時　分封㊃21 ㊄191。公卿館伴㊃448 562 ㊄196。大坂加番㊃468 ㊄135 164 261。関宿在番㊄35。一万石特賜㊄239。転封㊄241。卒㊄266 268／㊂127 ㊃202
　直勝　㊅606
　直常　㊁470
　直政　㊄380
　直詮　沼田城在番㊄431 436。笠間城警備㊅485。下館在番㊅486。卒伝㊅696／㊄259 268 515 554 579
　直忠　㊁186
　直長　江戸城諸門造営奉行㊃334 362。江戸城西丸修築奉行㊃514 541 542／㊃597 ㊄113 175 264

新庄直澄 〔八〕435

　直定 召出〔一〕103。三万石下賜〔一〕103。御談伴〔一〕103 633。勘気〔一〕569。卒伝〔二〕150／〔一〕548 632 704 730〔二〕84 114

　直道 〔八〕90

　直徳 〔四〕21

　直内 ㊀372 458

　直武 〔十〕734

　直方 御成道橋梁改架奉行〔三〕672。江戸城外郭修理奉行〔四〕194。明暦大火・各所木戸仮橋奉行〔四〕211 222。禁裏造営奉行〔四〕397 477。唐津城引渡〔五〕285 294／〔二〕629〔四〕574 619 630〔五〕20 94 114 239 268 438〔六〕246

　直房 分封〔一〕632。神奈川御旅館作事奉行〔二〕502。家光に仕う〔二〕243。高崎目付〔二〕590 603。紀州御使〔三〕218 424 571／〔一〕421〔二〕500 538 549 558 565 616〔三〕33 323 540 542 630〔五〕191

　直有 処罰〔十〕236。天主教考察〔十〕533。一橋治済の家計管掌〔十〕572／〔十〕132 163 317 335 433 529 533 535 617

　直祐 致仕伝〔八〕703／〔六〕619 696

　直容(長門守) ㊁527

　直頼 御談伴〔一〕103 633。赦免〔一〕398。勘気〔一〕569。卒伝〔一〕632／〔一〕246 474 548

新庄直利(鹿之助) ㊁35

　直隆 致仕伝〔九〕647／〔八〕601 703 725

　主殿頭 ㊁393 528

新清和門院 (欣子内親王、後桃園天皇女・光格天皇中宮) 〔十〕593 ㊀239 242 427 ㊁565

新中納言局(園基音女・後水尾天皇女御) ↓ 新広義門院

新中和門院(中御門天皇中宮) 〔八〕183

新典侍局(綱吉側室) ↓清心院

新藤満右衛門 ㊁269

　与兵衛 〔三〕73

新見市左衛門 〔六〕498〔八〕431

　義清 卒伝〔一〕471

　信義 〔四〕493〔五〕154 581

　正員 〔八〕723

　正栄 鳥取目付〔九〕488 505。美濃伊勢尾張河渠修理巡見〔九〕641 644。日光修理査検〔九〕708 711 737 746 749。日光巡見〔十〕467／〔九〕645 690 758〔十〕60 178 452 479 531

　正温 ㊀441

　正言 〔八〕665 823〔九〕98

　正恒 〔十〕796

　正次(勘三郎) 〔一〕53

　正次(市左衛門) 久能山神領取扱〔四〕510 514

新見 〔五〕192。自殺〔五〕217／〔五〕380

　正治 〔七〕86〔八〕45

　正勝 〔二〕655〔三〕338

　正信 加封〔二〕356〔三〕625〔四〕396。長崎御使〔三〕407 410 413。福知山城御使〔三〕561 562。徳川綱重附家老〔三〕625。綱重婚儀京御使〔四〕438 442。処罰〔五〕297。勢威並びなし〔五〕298／〔二〕637〔三〕303 376 448 464 502 518 549 593 627〔四〕88 236 373 392 404 493〔五〕195 298〔七〕1

　正則 〔十〕661 777 ㊀13

　正知 〔六〕553〔七〕102 434

　正長 〔六〕508

　正朝 〔八〕218

　正登 ㊀309 427 433

　正徳(藤四郎) ㊁581

　正徧 ㊀360 609

　正房 ㊀449

　正鋒 ㊀263

　正治(正治、平助) 〔五〕47

　正利 〔六〕475

　正隣 ㊀317

　正路(伊賀守) ㊁193 314 610

　政勝 〔一〕401〔二〕205

　政成 〔一〕401

新見平右衛門　[五]217 380
　又十郎　[十]37
　隆屋　[五]47
新村加兵衛　[一]218
　主計頭　㊁520
　義矩（登八郎）　㊁249 276 469 475
諏乗（長楽寺遍明院）　[九]48
任絖（韓使）　[三]42
甚右衛門（大坂薬商）　[一]398
陣野佐左衛門（細川家士）　[三]96
神　善四郎　西国の秤検点[九]86。秤[十]550 ㊀547／[七]210
神保元茂　[五]525 [六]221 347 488 [八]259 437 659
　氏寿　[八]121
　氏勝　[二]342
　氏信　[四]87
　氏長　[二]342
　氏房　[二]342
　重利（長之）　家光附[二]243。日光社参宿割[二]347。駿府城修理巡察[四]194／[二]145 360 538 616 [三]377 382 553 [四]10 113 266 267 290
新五左衛門　㊀560
　政矩　[六]288 [七]131
　政利（忠利）　日光東照宮修理[四]502 514。北

神保

陸巡見[四]602 623 624／[四]383 [五]113 204
　清満　[八]207
　相茂　亀山城造営[一]522。大坂陣[一]716 [二]29 35
　忠正　過失[九]222／[八]527 864 [九]633 742
　忠利　↓神保政利
　長貴　[十]376
　長休　[九]660
　長近　[四]113
　長光　濃勢両国河渠浚利巡検㊀92。日記管掌㊀106／[十]667 749 ㊀130 308 360 600
　長孝　山王祭神輿護送[十]630／[十]517 ㊀130 261 394 455
　長之　↓神保重利
　長治　[七]296 448
　長勝　巡見使[九]350 364 398／[九]645 [十]292 329
　長政　[九]728
　長澄（神尾）　亀山城引渡[八]104 109／[八]326 741
　長道（修理）　㊁265
　長利　[二]145
　定興　家治婚礼[九]631／[九]565 568 694
　定宗　[二]418
　出羽守　[一]548
　伝八郎　[八]121

神保八郎　㊁563
　武周　巡見使[九]350 364 393
　茂映　[九]73
　茂興（三千次郎）　㊁609
　茂常　㊀241 401
　茂清　大奥修理[十]623／[九]516 685 [十]125 222 352 655
　茂済　[十]755
　茂宣（礒三郎）　㊁220 281 367
　茂知　[五]467
　茂明　甲府在番[三]178 226 394 451 [四]349 385。安宅丸修理[三]663 [四]422 424。駿府加番[四]123 [五]82／[二]539 637 [三]262 [四]146 163 319 424 571 [五]467
　茂和（右近）　㊀581 687
　弥兵衛　[四]589
　与左衛門　[六]440
　庸長　[三]553

す

すま 三230
すめの局(家宣側室・大五郎生母) ↓蓮浄院
角南寛体 九643
内蔵助 ㊀660 679
国英 ㊁385
国寛(重頼) 九495 547 550 608 643
国通 高崎城引渡八66 74。消火指揮を誤る八146／六529 611 八228 534
国明 ㊀24 42 76
国庸(国用) 御前を止む九685 十161／九623 670 十9 644 ㊀47
重義 卒伝一493
重国 数寄屋橋堀浚奉行四111／三223 543
重世(重秀) 仙台目付五178 195。深川船庫修理奉行五380。大坂目付五578 586／五602 六20 190 302
重頼 ↓角南国寛
主水 ㊁510
首藤俊章 八93
素鵞宮 ↓後光明天皇
須賀勝政 大坂陣一704 二33／三79
須山 一416
須田為昌 廊下番六123／五278 425 554 565 581
大炊助 大坂冬陣一731 733 734 二3
祇寛 五426
玄貞 六84
広庄(広荘) 大坂陣宿割役一705 二14。摂津河内郡代三595
三十郎 ㊀718
将寛 八239
甚右衛門 ㊁707
正時 三119
盛員 徳川綱重廟造営奉行六579 600。岩槻城引渡七150 159／六611 七367 八372 504 550
盛永 二329
盛英 九396 645
盛近 一617
盛経(甚三郎) ㊁51
盛氏 六414 425
盛昭(与左衛門) 増上寺修復㊁47。寛永寺東照宮修築㊁86。鶴岡八幡宮修築㊁170 194。江戸城修築㊁220 226。日光東照宮修築㊁225 226 235 239 266。府内鳥銃指物調査㊁259／㊁360
盛森 三190
須田盛正(久左衛門) 三377
盛正(平左衛門) 九686 720
盛澄 八573 九13 125 406
盛貞 八539 650 658
盛輔 加恩四557 五275 367 616／四266 五9 270 420 490 539 543 六256 494
盛満 近郊放鷹の制二445。原禄収公三121。材木奉行三121
盛明 高田城引渡九32 36／八550 九609 671 十229
盛庸 十615
鉄五郎 ㊁688
留之助 九96
須藤市右衛門 ㊁430
須磨良川 六362 603 七440
良川 九643
良川 十608
数原元善(通玄) 十801 ㊀176 251
玄英 ㊀784
高盤(清順) 四127
高盤(清庵) 五423
尚恭(玄仲) 十788 793 801 ㊀12
尚白(通玄) 九14 287 632 十216
清庵 ㊀731

数原宗勝(清庵)　[九]469
宗達(通玄)　[六]84 [七]246 439
宗得　㊀731
宗和(清庵)　家光に養生術を問わる[三]130。治療精研[三]303。亀松治療[三]475 476 479。家綱附・治療[三]477 479 685。病者治療[三]487 488 632 639 640 645 [四]175 196 207 229〜231 391 423。奥の庖所伺候[三]660 [四]326。『外台秘要』校合[四]81。家綱筆『神農図』拝領[四]335。薬事を議す[四]347／[三]512 522 588 666 674 [四]176 290 298
諏訪鎮次郎　㊀703
越中守　㊁10
左衛門　㊁233
正孝　左京〔右京〕局用人[六]687 718 [七]22／[七]301
正晴　[七]22
正利　[八]812
盛恭　巡見使[九]350 364 390／[十]445 673
盛就　[七]332
盛条　日光堂社造替奉行[六]80／[四]580 [六]116 235
為次郎　㊀731
知栄　[八]135
諏訪忠虎　相模国河渠浚利助役[七]85 111。卒伝[八]574／[五]129 [六]228 [八]391
忠厚　致仕伝[十]681／[十]75 192
忠恒(松千代)　参勤交代[三]271。卒伝[四]208 222／[一]421 449 [二]132 621 [三]208 366 372 373
忠粛(因幡守)　致仕伝㊀778／[十]680 723 ㊀775
忠恕　㊁405
忠尋　[六]548
忠晴　火災巡見[五]5 10。高田城在番[五]525 547。卒伝[六]228／[三]434 [五]466 489 493 [六]215。家士[五]492
忠誠(因幡守)　㊁406 528
忠林　二丸消防[九]425。致仕伝[十]127／[八]237 574 578 [九]416 575
松千代　↓諏訪忠恒
頼安(伊織)　[六]566 [九]73
頼安(縫殿助)　㊁593
頼伊　火災地見廻[十]452／[十]594 ㊀23 224 334 355 362 461 631
頼一(頼均、隼人・内膳)　一橋邸消防[九]414。二丸消防[九]425／[九]39 554 597 [十]402
頼蔭(頼薩、兵部)　分封[四]222。盗賊考察[六]37 138。閉門[六]346。赦免[六]405／[四]127 [六]37 138 222 256 258 677
諏訪頼音　[三]434 [五]59 89
頼寛(甚四郎)　[八]208
頼戩　村上城引渡[八]66 78。駿府城番[八]146／[七]367 402 [八]55 141 413 862
頼紀　㊀422
頼軌　[五]250
頼逵　四国巡視㊀86／㊀115 184 204
頼久　分封[四]222。大坂目付[五]244 257／[四]127 [五]396 [六]80 175 636
頼郷　徳川綱重附家老[三]625。加封[三]625 [四]396。諏訪捜索[三]679／[一]604 [二]473 500 538 [三]366 372 574 590 [四]7 10 236 373 392 404 429 546 [五]59
頼均(七左衛門)　[八]775 [九]35 86 589 617
頼翶(靭負)　㊀689 738
頼功(数馬)　㊁346
頼喬(左京)　[九]509 513
頼寿　[十]704 ㊀270
頼秋　桜田邸寄合[六]566。証明院御迎[八]559／[七]444 [八]83 199 334 457 729 [九]8
頼常　[四]353 578
頼深　吉田城引渡[八]501 503／[八]437 649 832
頼水(頼永、小太郎・因幡守)　伊奈の木材伐出[一]602。大坂陣、甲府在番[一]

諏訪
703[二]13。長岡城警衛[二]103。江戸城西丸石垣修理助役[三]146。致仕伝[三]208／[一]126 384[二]159 363 534 537 623。家士[三]166
頼整 ㊀280
頼増（三枝頼増） 今市旅館客舎造営奉行[三]464 598／[二]202[三]204[四]560 562[五]189。家士[五]31
頼存（備前守） 給仕肝煎㊁12 122／㊁21 22 162 264
頼長（頼直、左門） 赦免[三]42。諏訪忠晴の後見[四]208／[二]186[四]112 158 231 481[五]203 250
頼長（源太郎） [九]362
頼直（勘兵衛、三枝頼直） [八]592[九]564 636
頼珍 [十]337
頼定 [六]405
頼篤（七左衛門・美濃守） 京都町奉行[七]396。田安宗武傅役[八]576／[六]317[八]312 812[九]35
頼篤（庄右衛門） 小姓組㊀634。日光社参大宿割㊁466。『御家人由緒書』調査㊁485／㊁528
頼保（若狭守・備前守） ㊁474 547

諏訪頼雄（頼雅） [十]244
頼庸 [十]7 182 244 344
諏訪部鎌五郎 ㊁550
堅雄（賢雄） 進献馬管掌[九]355。清水重好に騎法伝授[九]723 749／㊀158
正勝 [一]77
成定 御馬預り[六]286／[四]169 198[六]314
定軌 田安宗武に乗馬教授[八]369 516 563 583 646。南部馬管掌[八]445。峯岡牧[八]453／[八]788[九]355
定吉 八条流馬術[一]353 441。御馬預り[一]353 354 563 675[二]368[三]112 531。養馬[一]354。駿府御厩[一]441。駿府の園池修治・養魚[一]674 675。韓使献物[三]43／[二]316 368[三]112 531
定久 [二]628
定矩 弟を討つ[二]628。韓使献物[三]321。日光奉納馬差添[三]418／[二]368 418[四]3 101 160 169 285 315
定堅 [六]314
定之 [三]42
定治（平兵衛） [六]314
定治（喜右衛門） [五]193
定直 家綱附[三]465 532／[三]532 588[四]101 160 169 198

諏訪部道順 ㊀222 250
図司末親 [九]624
水南（牛込済松寺） [四]497
出納豊後守 [二]300
瑞雲院 →松平広忠
瑞光院（桂昌院姉） 卒伝[六]201
瑞春院（お伝の方、綱吉側室） 鶴姫・徳松生母[五]353。牧野成貞邸に臨む[六]13 35 43 58 71 83 92 102 124 137 153 179 505。落飾[七]5。賄料[八]145。卒[八]800。法会[八]800 826 850[九]92 517 618／[五]363 485 499 539 541 556[六]26 39 266 270 434 517 518[七]88 219[八]800 804 806
瑞祥院（九条輔実女・尾張吉通室） 簾中と称す[七]16／[六]400 474[七]276 365 393[八]567
瑞芳院（儔姫、家慶女） ㊀745 746
瑞誉（増上寺） ㊁469
瑞竜院（定姫、尾張光友女・有馬頼元室） [五]177
随庵（後陽成天皇弟・大覚寺門跡） →空性法親王
随性院（八重姫、鷹司輔信女・房輔養女・水戸吉孚室） 綱吉養女[六]285。婚姻[六]294 298 319 327 330〜333 335 336。水戸邸焼・新邸成[六]521 547。通行制[六]707。落飾養仙

随性院　院[七]64。新邸移徙[七]109 167。卒[九]390。葬埋[九]390。法会[九]428 462 563 711。宝塔[九]409 410／[六]121 324 386 504 581 599 618 685 [七]138 219 [八]67 223 [九]52 122 192 392
随念院（松平清康妹・松平乗勝室）　[七]100
随波（伝通院）　増上寺寺領法度判物[二]632／[三]531 624 687
随範（瑞蓮院）　[十]290
随庸（仏光寺門跡）　[五]405
崇源院（秀忠室）　↓ソウゲンイン
崇五（金地院）　[四]334 516
崇善院　↓徳川家治男（貞次郎）
崇達（金地院）　僧録[七]363 365。五節朝会の奏者番唱名停止[八]21
崇伝（金地院）　耶蘇禁教[一]336 640 652。大坂挙兵の風評[一]676 679。細川家指示[一]689 706 718 720。大坂城惣責の日時撰定[一]744 [一]258 697 700 720 747。大仏鐘銘事件[一]663 671〜673 675 676 678 679。外交文書作成[一]463 464 489 521 522 536 589 590 599 630 [二]101 135 137 156 187 215 216 304 305 320 326 333 338 396 415 417 467 468 [三]710。公武諸法制の総裁[一]659。寺社の争論査検[一]531 595 599 600 612 617〜619 621 655 669 677 [二]1 57 122 175 218 414 429 456 460 477
崇伝
479。寺社の沙汰[一]343 587 596。『諸寺院法度』[二]42 60。僧録司法度[二]178。『多武峯神領法度』に連署[一]586。武家法令審議[二]52 55 111 280 371。『公家諸法度』制定[二]280。『箱根関法度』考定[二]456。良辰撰定[二]185 188 197 198 200 201 208 217〜219 223 255 304 321 324。諸家礼法調査[一]757。摂家親王の席次制定[二]280。行幸の礼式を議す[二]373。公卿待遇の礼節を議す[二]498。諸家拝謁次第勘申[二]167。家康神号を議す[二]98。秀忠追号を議す[二]534 535。家光・忠長の実名撰進[二]199。乗輿免許の証印文字撰進[二]318。改元を議す[二]188 [三]373。中院通村失脚[二]492。徳川忠長の赦免奏請[二]531。古書謄写[一]342 529 660 706 708 718 760 [二]2 9。銅製活字版[一]342 675 [二]86 87 89 288。編著[二]323 372 493 494。喪制を議す[二]320。霊牌の書法を議す[一]631 [二]408 413。秀忠の葬式を内議す[二]533。国師号勅許[二]400。卒伝[二]582／[一]520 535 563 595 596 609 660 664 667 674 [二]76 219 304 413 414
末高正勝　[三]413
末高政峯　[八]573 814
　政利　㊀343
　半兵衛　㊁161
末次政直（平蔵）　[二]357
　平左衛門　[三]630
　平蔵　安南国渡海朱印[一]118。暹羅国宰臣より贈物[二]468。東京渡海奉書[二]516。阿蘭人を訴う[二]567。島原乱[三]182。阿蘭陀型大船製造[五]109。遠流[五]237／[二]513 581 [三]182
　平兵衛　[五]237
末吉長方　[二]191 [三]141
　長明　[三]141
　利貞　㊀509
　利方　[一]332 428
　利隆　増上寺修理[十]631。濃尾勢河渠浚利[十]726 728。出仕を止む[十]747。長崎の事受命[十]799／[十]557 579 ㊀24 98
菅　三大夫　[三]198
　八郎右衛門　[三]198
　友拍　[三]197
菅浪久忠　㊀322 435
菅沼伊予守　㊀747
　右膳　㊁278

菅沼吉官　↓田中吉官
　給左衛門　㊁173
　虎常　盗賊考察〔十〕313 329／〔九〕659〔十〕234 348 580㊀98
　権右衛門　〔二〕29
　左大夫　㊀785
　次勝（正義）　〔三〕297〔四〕191 204 302
　次大夫　〔五〕131
　勝重　護国寺護持院造営〔六〕302／〔六〕284 315〔七〕348 386
　勝利　〔二〕501
　新八郎　㊁57
　正於　〔八〕496〔九〕101 488
　正義　↓菅沼次勝
　正氏　〔七〕100
　正次　↓菅沼政次
　正直（図書）　〔八〕145 496
　正定（主膳正）　〔九〕303
　政安　㊀53
　政次（正次）　〔二〕368 539 612
　政勝　黜免・閉門〔十〕700。家治より懇詞を受く〔十〕830／〔十〕291㊀120
　大膳　㊁664
　忠政　↓松平忠政（摂津守）

菅沼忠隆　〔一〕605
　定盈　卒伝〔一〕114／〔一〕33 37
　定易　一年半の在邑許可〔八〕285／〔五〕311〔八〕721
　定官　↓田中吉官
　定寛　〔十〕700
　定喜（越前守）　蝦夷地管掌㊀477。処罰㊀363 484 621 728
　定吉　大番組〔一〕203。卒伝〔一〕413／〔一〕116
　定亨　出羽庄内目付〔十〕326。盗賊考察〔十〕438
　定敬（伊賀守・信濃守）　㊁453 516 640 685 466／〔十〕271 387 438 531 585
　定堅　駿府目付〔十〕326。佐渡奉行〔十〕333 410／〔十〕271 410 427
　定賢（兵庫・民部）　本所深川火災巡見〔九〕701／〔九〕673〔十〕263
　定賢（新八郎・摂津守）　㊀482 513 518
　定虎　〔八〕9 16 495 780〔九〕80
　定広　〔六〕231 239
　定好（亀井）　〔八〕152
　定行　↓田中吉官
　定候（左京亮）　㊀212㊁15
　定興（彦十郎）　〔八〕680
　定氏　卒伝〔一〕116
　定志（新八郎）　㊁206

菅沼定治　〔六〕187〔八〕57 115
　定実　分封〔三〕310。兄定昭の祀を奉ず〔三〕517。甲府在番〔四〕180 227。平川口門番〔四〕286。駿府加番〔四〕580 623。万石に列す〔五〕32／〔三〕258〔五〕475〔六〕14 127
　定秀（貞秀）　関東水害地の河堤修築奉行〔九〕50 65 68。日光火災地見廻〔九〕350 359。法会管掌〔九〕394 696。長崎目付〔九〕520／〔八〕859〔九〕375 414 502 520 532 684 729
　定重（伊賀守）　〔一〕111
　定俊　〔一〕413 418
　定昭　韓使の大津旅館を巡警〔三〕314。火防番〔三〕361 394 447。卒伝〔三〕503 517／〔二〕641〔三〕214 310 499
　定勝　〔八〕412 436 737
　定賞　家綱附小姓〔三〕239。分封〔三〕310。兄定昭の祀を奉ず〔三〕517。家綱傅役〔三〕587／〔三〕657〔四〕14 183 184〔六〕412
　定仍　卒伝〔一〕420／〔一〕114
　定辰（定良）　〔八〕691〔九〕37 385 586 673
　定政（藤蔵）　小牧長久手戦〔一〕170。土岐に復姓〔一〕372。家康の知遇〔一〕373／〔一〕212
　定政（蔵十郎）　府内巡察〔三〕240。江戸城外郭修理奉行〔四〕194。府内木戸仮橋奉

菅沼
行㈣211 222／㈡370 ㈣345 ㈤246 264
定勧 ㈩409
定前 ㈩670 ㊀213 364
定則 ㈠20
定村 ㈠114
定泰 ㈨60
定邦 ㊀543
定芳 伊賀上野城勤番㈠468 470。婚姻㈠653。大坂冬陣・大筒百挺連発㈠747 748。大坂夏陣㈡35。封地水害㈡183 603。恩貸金㈡183 603 685。加封㈡215 653。転封㈡215 653 657。韓使饗応㈡331 ㈢41。封地の朱印下賜㈡658。天守下桔槹橋番㈢162。日光社参『江戸留守法度』㈢263 264。参勤交代㈢271 272。卒伝㈢310／㈠121 122 420 511 547 604 653 735 ㈡191 215 318 335 375 386 536 587 ㈢46 287
定用 ㈧778 ㈨376 553 ㈩99 202 281
定庸 ㈨637 ㈩332 383
定利室 ㈡220
定礼（主膳） ㊁50 61
貞業（菅波貞業） ㈧667
武勝 ㈨693
弥三郎 ㈨493
菅野彦兵衛 ㈧318 ㈨258
菅　谷 →スゲノヤ
菅原左衛門 ㈡197
信歓 ㈨125
杉　源八郎 ㊁393
重義 ㈩488
宗貞 ㈦335
貞泰 ㊀74
杉浦安重（玄徳） ㈥672 676
安定（玄徳） ㊀165 193 244 473
右衛門兵衛 ㈤21
加賀守 ㊁568
勘解由 ㊁572
喜左衛門 ㈢122
吉正（正吉） 奥方番頭㈢192 248 253 338
吉成 ㈡678
久勝 ㈠154
久真 ㈡154 622 ㈢219
休孝 ㈧361
五郎左衛門 ㊁134
好政 ㈩374
重勝（勝重、八大夫） ㈡691 ㈥105
銃之進（銃之進） ㊁634 714
昌重 ㈡517
杉浦勝吉 卒伝㈠570
勝興 盗賊考察㈩495 517／㈩100 474 ㊀315
勝次 川越道路堤防修理奉行㈠598。愛宕山堂舎普請奉行㈡409／㈡478 485
勝重（伊平太） ㈩443
勝照 盗賊考察㈧330 361／㈧254 436 684
勝乗 ㈢588 ㈣72 249
勝信 ㈨758
勝成 ㈤80
勝倖（長門守） ㊁12
親次 ㈡155
親俊（杉原） 伏見城勤番㈠437。金銀出納奉行㈠642。金銀山奉行㈢568／㈢574
親勝 ㈠119 ㈢150 ㈣244 356
親正 ㈠119
親則（親明） 家綱附㈢654／㈢666 ㈤47 590 591 ㈥50
親明 →杉浦親則
助左衛門 ㊀531
是道 ㈣118
正義（出雲守） ㊁368 475
正綱（正昭、市十郎・内蔵允） 江戸城天守修理奉行㈣80。甲府在番㈣304 352。

杉浦 戒諭〔五〕475／〔二〕579〔四〕286 451 548〔五〕17 28 369 378 615〔六〕373
正昭 ↓杉浦正綱
正勝（出雲守） 恩貸金㈠431／〔十〕165 246 306 758 ㈠5 206 582
正稙 〔四〕127
正職（正昭、内蔵允） 〔六〕393〔七〕19 153
正知 〔八〕748
正直（若狭守） ㈠723 748
正奉 佐倉野飼養馬を下賜〔八〕196。出仕停止〔八〕593／〔七〕450〔八〕15 271 405〔九〕70 364
正友 大坂夏陣〔二〕12。談伴衆交番出仕〔二〕549。宅地下賜〔二〕560。留守居〔二〕693。上納金銀査検〔二〕693。証人事務管掌〔二〕693。庖所費用査検〔三〕165。倹約令〔三〕166。家光日光社参の留守居〔三〕181 264。租税財穀出入事務〔三〕284。国用の事査検〔三〕284。大奥宿直〔三〕284。日光巡察〔三〕297 365 367 451。伊勢遷宮〔三〕351。日光山〔三〕361 447 485 486 488 501 511 513 537 538 543 547 564 572 577 618 620 657 663〔四〕42 90 92。亀松宮参供奉〔三〕414 444 445 525。面命〔三〕429 430 433。旗本廩米の事を議す〔三〕462。三河鳳来寺造営〔三〕555 559 560。上野東照宮遷宮〔三〕687／〔一〕691〔二〕368 377 539〔三〕153 165 252 361 494 498 563 564 612〔四〕17 169 269 362
政英 〔八〕216
政記（右近将監） ㈡415 433
政信 〔五〕560
政清 家光槍術〔三〕653。薙髪〔三〕694。中奥伺候〔四〕181。加恩〔四〕292 396〔五〕404。綱吉附家老差添〔四〕396／〔二〕578 691〔三〕550 612〔四〕261 396 408〔五〕145 364 395 560〔九〕188
政盛 〔五〕8 364〔六〕362 609〔七〕433 445
政令 清揚院改葬警衛〔六〕596 597／〔四〕401〔六〕427〔七〕230 385
善三郎 ㈡650
頼母 ㈡185
長勝（正勝、平右衛門） 〔五〕89 270〔六〕81
貞宣（貞宣） 宮津城引渡〔六〕293 298／〔六〕497 711
貞舒（松浦） 川越城引渡〔十〕275／〔十〕518 557〔八〕211 352 438
貞隣（松浦） 盗賊考察〔九〕402 427／〔八〕667〔九〕100 587
典治 〔五〕364 406 690〔十〕214 229
藤右衛門 ㈡497
直三郎 ㈡355
杉浦八十郎 ㈡714
富周 ㈠318
房次郎 ㈡190
文右衛門 〔三〕573
平八郎 ㈡23
主水正 ㈡20
杉江十次郎 ㈠697
杉枝実直 〔九〕13 713
真一 長福の病気治療〔八〕298。大奥の針治管掌〔八〕323／〔六〕638
仙良 ㈠710
杉岡甲斐（最上家士） 〔三〕459 ↓椙岡甲斐
検校 〔六〕183
信途 〔八〕404
正親 〔五〕462〔八〕175 556 574
能成 〔九〕520 572
能連（松岡） 貨幣改鋳〔七〕357 386 396〔八〕142。国用管掌〔八〕281 691。訴訟管掌〔八〕431。買米管掌〔八〕587。蝗災地賑救〔八〕637。駿河古文書採訪〔八〕722／〔七〕233〔八〕577 661 808
杉島丹宮 ㈡436
彦五郎 ㈠687
不一（検校） 〔六〕579
杉田元伯（玄伯） ㈠558

杉田五郎三郎　㊀704
　重政　㈡446 ㈢596
　勝行　弓馬点検㈥464。警火㈥547 575。八王子千人組同心指揮㈥567／㈥21 205 449 581 699 ㈦14
　勝政　㈣353
　忠委　㈨396 ㈩201
　忠次（直昌）　巡見使㈡557。出雲隠岐の賦税検断㈡611／㈡177 611 631 ㈢79
　忠福　㈧652 ㈨43 56
　忠明　㈩600 ㊀47
　直次　↓杉田直昌
　直昌（直次）　作事方会計管掌㈢119。石見より帰謁㈢121。江戸城本丸造営㈢190／㈡414 ㈢79 119 121 ㈤120 493
　直泰　㈤493
杉原掃部助　㈠548
　信喜　↓木下信喜
　四郎兵衛　㊀707 715
　守富　㊀630
　重玄　江戸城修築助役㈢487 495／㈢403 416。家士㈢509
　重長（長房）　大名火消㈢354 361。卒伝㈢403／㈡454 ㈢2 214 287 416
杉原正永（正長）　島原乱目付㈢89 95。江戸城本丸造営用材を捜索㈢150。池田家士処分検使㈢199。因幡目付㈢244 274。館林目付㈢319 355。信濃小室目付㈢503。肥後目付㈢674 ㈣28／㈢461 ㈤77
　正吉　㈤77
　正勝　大坂目付㈤266 281／㈤523 552 ㈥33 284 ㈦111
　正長　↓杉原正永
　正武　㈩35 163
　大之丞　㈩169
　忠明　奥方番㈢160／㈡311 ㈢565
　長房　妻子在府㈠538。禁裏造営課役㈠547。加封㈠559。大坂冬陣㈠704。大坂城修築課役㈢186。卒伝㈡454／㈡345 375 386 434
　常陸介　大坂冬陣㈠260 733 734 ㈡3
杉本為利　㈥630
　元真　㈤611 ㈧59
　元政　㈣571 590 ㈤173 288
　左馬之丞　㈡553
　良（忠温・仲温）　㊀259 347 393 616 648
杉森市郎兵衛　㈠733
杉森兵庫（椙森、毛利家士）　㈢684
杉屋太左衛門（池田家士）　㈢197 198
杉山義制（義則）　㊀48 72 355
　源市郎　㊁116
　三右衛門　㈡79
　昌長　㈥540 549
　正久（権右衛門）　㊀64 735
　美成　㊀7 72
　彦七郎　㈨374
　平四郎　㈦371
　和一　関東惣検校職㈥141／㈤334 553 ㈥57
杉若半右衛門　㈣31
勝　↓カツ
勝　正扶　㊀402
　正甫　㈥650
助川弥八郎　㊁167
佐の局　㈠245
菅谷嘉平治　㊀664
　源二郎　㊁714
　政因　㊀395
　政憲　㈥697 ㈦393 ㈧213 392
　政香　㈧35
　政照（菅沼）　駿府加番㈣241 282 545 584。盗賊捜索㈤5。小普請金納役㈥76／㈥

菅谷　173

政常　〔十〕344

政則　〔六〕431

政輔　盗賊考察〔九〕576 588 597／〔八〕738 〔九〕550 606

政峯　〔九〕606 〔十〕523 〔一〕225

政和(兵庫・山城守)　〔二〕64 124 174 366

長昌　〔一〕409

貞寄(菅沼)　〔八〕615 〔九〕440 697

範重　家光江戸留守警衛〔二〕370 546 660 〔三〕533。八丁堀船入の番〔二〕623。甲府在番〔三〕135 191／〔三〕262 609

範政　卒伝〔一〕95 595

範貞　大坂夏陣〔二〕22 26。卒〔二〕150／〔一〕595 704 〔二〕142

範平(菅沼、貞寄)　火災地監察〔八〕488／〔八〕615

山城守　〔二〕370

鈴木安節　〔十〕409 608

安通　〔六〕708 〔七〕55 〔八〕64 711 804 〔九〕44

安貞　草鹿の射法再興〔八〕610 〔九〕259。『射法的図口伝聞書』〔九〕261。家治に射法伝授〔九〕500／〔八〕35 693 〔九〕449 501 633

伊直　猿楽〔一〕516 581 599。大坂冬陣〔一〕714／〔一〕691 〔二〕157

鈴木一学　〔二〕167

一五　〔十〕155

一之　日光社参宿割〔三〕240。江戸城西丸造営〔三〕672。金具漆画の奉行〔四〕197。禁裏造営奉行〔四〕397 477 577

岩次郎　〔一〕430

石見　〔一〕424

右源太　〔二〕110

右左衛門　〔七〕455

右兵衛　〔一〕728

運八郎　〔九〕113

英政　高田八幡流鏑馬の射手〔八〕788／〔九〕603 615 669 703 〔十一〕237

栄蔵　〔二〕209

栄泰　〔九〕432

主計　〔二〕54

勝次郎　〔二〕344

吉左衛門　〔九〕715

久右衛門　〔三〕417

久右衛門　〔二〕392

久左衛門　〔二〕519

久三郎　〔一〕151 313

蔵人(伊達家士)　〔一〕691 727

源五右衛門　〔〇〕708

鈴木五郎右衛門　〔六〕495

五郎作　〔六〕566

権右衛門　〔一〕690

権兵衛　『東照宮御伝記』浄写〔三〕453。『神祖三十三回忌記』撰上〔四〕36。御臨本奉呈〔四〕167／〔三〕368

伝左衛門　〔三〕138

左仲　〔一〕655

佐兵衛　〔二〕168

左馬助　〔三〕25

三郎大夫　〔一〕424

三五郎　〔九〕280

之盛　〔四〕397

之房　〔九〕87 617 〔十〕374 387

自興　〔八〕663

七右衛門　〔一〕455

主膳　〔九〕220

修理　〔四〕291 〔五〕409

十左衛門　〔一〕454

重一　〔六〕241

重員　〔七〕455

重宇(安右衛門)　竹姫用人〔七〕429 447／〔八〕167

重栄　〔五〕264

重貫　〔四〕629 631

鈴木重吉 〔五〕67
重供 〔五〕73
重元 桂昌院附〔五〕479／〔五〕499 591 〔六〕50
重恒 〔三〕339 659
重皓（消計） 〔七〕455
重三 〔二〕312
重之（兵左衛門） 〔三〕413
重之（十兵衛） 〔四〕380
重氏（氏重） 大坂目付〔三〕145 161。久留米目付〔四〕165 193。山形城引渡〔三〕319 355。家光日光社参・旅宿管掌〔三〕512 〔四〕70。寛永寺天海御影堂造営奉行〔三〕395 617。家綱日光社参・宿割奉行〔三〕588／〔二〕142 〔三〕32
重視（重親） 日光修築奉行〔五〕537 554 566。日光川筋修築〔六〕376 385／〔六〕330 404 504
重次 〔二〕205
重俊（重直、四郎左衛門・八左衛門） 徳川綱重抱守〔三〕413 532 587／〔五〕67
重俊（市郎兵衛） 〔八〕247 345
重春 〔一〕438
重勝 〔五〕583
重辰（長辰） 〔四〕99 508
重信（久七郎） 〔二〕220
鈴木重信（与五右衛門） 〔六〕256 191
重正 →鈴木重政（長左衛門）
重成（喜左衛門） 御膳部の頭〔三〕210。庖丁の役〔四〕344 369 552／〔三〕207 588 592 724 〔四〕3
重成（三郎九郎） 秀忠に御薬献上〔二〕522。島原乱〔三〕80／〔三〕238 〔四〕98 99
重成（四郎三郎） 〔二〕357
重政（重正、長左衛門） 〔一〕525 〔三〕482 〔四〕372
重政（久兵衛） 〔三〕284
重政（式部） 〔四〕522
重泰 新院附〔四〕446／〔三〕32 672 〔四〕449 459 503 〔五〕152 264
重長 〔四〕627 628 〔五〕502
重直 →鈴木重俊（四郎左衛門・八左衛門）
重比 〔二〕500 578 〔四〕3
重祐 盗賊考察〔六〕223 291／〔五〕337 380 〔六〕85 575
重利 〔二〕335
庄兵衛 ㊁613
勝之 〔九〕86 599
勝仲 〔九〕417
定右衛門 ㊁5
常十郎 ㊀795
信吉（八兵衛） 〔三〕46
鈴木信吉（作兵衛） 〔三〕451 634
信光 卒伝〔一〕455
信順 〔九〕52
信照 〔三〕278
信正 〔二〕143
新三郎 〔八〕663
新蔵 〔八〕184
甚左衛門 〔五〕475
正義（相模守） ㊀262 ㊁60
正久 〔三〕588
正恒（伝一郎） 溜池山王社修復㊁110 116／㊀288 ㊁273
正興 祖先の負金返済〔八〕158。飢民賑救〔八〕645／〔九〕429
正国（九大夫） ㊁126
正守 〔六〕652
正勝 信濃百姓一揆〔十〕537。五街道宿駅警衛㊀13／㊀287～289 412
正米 〔九〕765
正方 ㊀103
政賀 碁将棋師と対局〔十〕373／〔十〕633 ㊀18 225
政弘（政之丞） 〔八〕157 280 296
政次 〔三〕613
政重（九郎右衛門） ㊁193 382

鈴木政審　㈩651 697
政成　㈧539 ㈩351
政直　㈩41
政徳　㈠513
政武　㈠356
政房　㈧838
清蔵　㈡183
盛英　㈠430
善政　㈠632
宗活　㈩762
宗清　㈡349
太兵衛　上総安房両国の農耕巡見㈢314。廻国目付㈢314。中根正盛附属の国目付㈣63
泰元　㈠522
長右衛門　㈠454
長記　㈠182
長次　㈡477 557 688
長常　㈡688 ㈢479 ㈤26
長頼　㈥294 600
直秀(政方)　㈧623 ㈨1 100
直澄　桐間番頭格㈥557。家千代(家宣男)抱守㈥660／㈦144 437 ㈧183 322
直武　花畑営築㈥687。目付・大坂目付㈥703。韓使管掌㈦143 175 201 ㈧156 173。江戸城殿舎修理㈦172 210 283。家継継統の大礼管掌㈦283。浜御殿管理㈦330。春屋新造㈦332。琉球使参府㈦397。浄円院下向守護㈧104。寛永寺家光廟焼亡監視㈧189。江戸城幸橋門修築㈧600 619。鷹狩管掌㈨269／㈥564 596 597 ㈦201 410 ㈧299 786 796
直峯　㈥180 ㈧183
直裕　㈩797 ㈠5
直容(兵部)　㈡370
対馬守　㈡627 646 653
定辰　㈨588 717
定綏　㈨717
定泰　㈧498
定長　㈧35 391
伝左衛門(伝右衛門)　㈢114 152 153 211
伝蔵　㈩151 163
徳之進　㈥61
八兵衛　㈡209 210
半八　㈡390
彦左衛門　㈢296
美正　㈧167
日向守(寺部城主)　㈠19
鈴木福一　㈥326 464 567 ㈧42
平右衛門　㈢197 198
平蔵　㈡631
平兵衛　㈠626
兵九郎　江戸城二丸東照宮上棟㈢65。江戸城本丸造営㈢76 190／㈢65 76 190
房平　㈨374 524
邦教(清兵衛)　㈠136
孫四郎　㈠714
茂郷　㈠614
茂左衛門　㈡420
茂正　㈩291 699
利祐　江戸城中門警衛㈩5 18／㈧846 ㈨416 529 ㈩37 334 370
利雄　江戸城郭内外巡察㈦70。徳川綱重廟造営㈦103 118 122。韓使管掌㈦172 175 201 204 ㈧157。日記管掌㈦208。家継将軍宣下管掌㈦297。道奉行㈧494／㈥207 307 ㈦43 206 230 ㈧494 787 804
立珉　㈥408
隆次　㈠504 ㈢15
隆政　㈢15
薄田兼相　禁裏造営課役㈠548。豊臣秀頼の使者㈠575 645。片桐且元の討手㈠684。

薄田　大坂冬陣㊀713 715 727～759。大坂夏陣㊁29。
住吉広守(内記)　鶴岡八幡宮の歌仙を画く㊇738。大嘗会再興を画く㊇808 ㊈152 307。佐竹義峯の歌仙絵巻物を写す㊈307。病免㊉414／㊇670 848 ㊈307 410
広澄(具慶)　召出㊄542 ㊅750。奥伺候㊄543。土佐の一家を立つ㊅750／㊅114 580
広通(具慶)　㊄319
内記　㊀633
角倉玄懐(与一)　㊇645
玄紀(庄七)　㊂81
玄起(与一)　㊄55 56
玄義(兎毛)　㊈360
玄之(与一)　安南国渡海㊀596。江戸城修築用の巨材運搬㊁143／㊀98 670
玄徳(与市郎)　富士川・天竜川・保津川鑿通、淀川過書船・河原町支配㊀333
玄篤(与市)　㊈360
光好(了以)　安南国と通商㊀100 453 507。東京渡海朱印㊀118 395 414 477 608。天竜川・保津川・富士川鑿通㊀333 452。河原町・淀川過書船支配㊀333。大井川漕運㊀401。高瀬川疏通・禁中造営の材木を運搬㊀569。卒伝㊀670
長因　↓吉田長因
貞順(与一)　過書船上米管掌㊁117。安南渡海朱印㊀539。京都大仏殿造営㊀569。大坂冬陣・鳥養堤を築く㊀747
角屋七郎次郎　↓カドヤ

せ

せちの局(家重側室・清水重好生母)　↓安祥院
世良田小伝次　㊀498
妹尾源次郎　㊇153
施薬院宗雅　㊂144 191 ㊃87
宗伯　江戸在番㊀475。家法の奇薬を奉呈㊂130。家光の養生術を止む㊂130／㊀537 ㊂137 144
瀬尾兼武　㊇59 164
淳範　蘭人に瘍医の治療を問う㊄568／㊄512 532 ㊅15 ㊇125
昌玄　㊉645
瀬田掃部　㊀207
瀬戸久貞　㊀374
瀬名義行　㊅21 35
義珍　巡見使㊈350 364 390／㊈617 693 ㊉45
正勝(十右衛門、瀬名政勝カ)　㊀542
政勝(十右衛門)　㊁95
清貞(市郎左衛門、瀬名源五郎清貞カ)　㊀542
清貞(源五郎)　㊁95

瀬名貞栄　〔十〕221
貞教（伝右衛門）　㊁652 673
貞隅　西丸焼火間組頭〔六〕557。桐間番〔七〕330
／〔六〕666〔八〕166 438
貞固（源五郎）　㊁698 707
貞国　〔一〕98
貞刻　〔十〕781 ㊀334 559
貞如　〔十〕213 ㊀47
貞正　〔三〕525
貞雄　奥右筆所詰同心組頭に准ず㊀104。
『御九族記』献上㊀123／㊀326 336
瀬利甚右衛門　㊀730
正栄尼（渡辺糺母）　鐘銘事件・淀殿の使者〔一〕
677 679。豊臣秀頼母子の使者〔一〕678 679
681〔二〕7 8 14。片桐且元を疑う〔一〕680
683。大坂夏陣自殺〔二〕37
正雲院（吉姫・芳姫、吉宗女）　〔八〕283 284 287
正応（高野山行人）　〔六〕151
正寿院（内藤政長女・蒲生忠知室）　〔五〕113
正純（山王権現別当観理院）　〔八〕826
正真院（大姥の局、秀忠乳母）　卒伝〔一〕610
正清院（振姫、家康女・蒲生秀行室・後浅野長
晟室）　歿〔二〕135／〔一〕650〔二〕75 86
正的（尾張藩儒）　〔三〕341
正　徳　院　↓徳川陽七郎
正隆（市井医）　〔三〕342
生順（宗光寺）　〔四〕130
西光院（築山殿、家康室）　↓サイコウイン
西笑（相国寺長老）　↓承兌
成海（増上寺伴頭大善寺）　㊀290
成閑（市医）　〔三〕493
成誉（大樹寺）　〔一〕22
性演（蓮華光院）　〔四〕422 424
性応法親王（大覚寺門跡）　〔七〕114 242
性承法親王（後水尾天皇男・仁和寺門跡）　〔三〕
601〔四〕381 518
性真法親王（後水尾天皇男・大覚寺門跡）　〔四〕
381 564〔五〕429
斉　信　院　↓徳川家慶男
政算（高野山宝性院）　〔三〕417 552 620
政盤（高野山明王院）　〔六〕124 125 151
政遍（高野山宝性院）　遍照光院頼溪の専横を
家康に訴う〔一〕514。家康に真言の密
旨を授く〔一〕587。真言宗論義〔一〕587。
卒〔一〕659／〔一〕344 586
青綺門院（二条吉忠女、大女院・桜町天皇女御）
〔八〕644 ㊀116
済院和尚（石田三成男）　〔一〕234
済深法親王（勧修寺門跡）　外戚処罰・蝕日誕
生忌〔五〕429。顕密二教論講〔六〕255／〔五〕
472〔六〕457
清安（西洋人）　〔一〕337 684
清雲院（お夏の局、家康側室）　柬埔寨等渡海
朱印〔一〕608。落飾〔二〕96。江戸移徙、厨
料下賜〔二〕97／〔一〕545〔二〕536 685〔三〕29〔四〕165
清雅（高野山増福院）　〔六〕151
清閑寺熙定女（竹姫、綱吉養女・島津継豊室）
↓浄岸院
熙房　〔四〕123 476〔五〕231 232
熙房女（大典侍局、綱吉側室）　↓寿光院
共綱　〔三〕59 183 400〔四〕494
共房　歳首賀使〔四〕48 139 240 281 306 450。転任宣
旨〔四〕87。家領新加〔四〕451／〔二〕124 513 583
清韓（東福寺）　鐘銘事件〔一〕672 674 676。紫衣勅許
〔三〕238 310 311 542〔四〕71 110 193 240 257 329 381 389
査検〔一〕677 678。逮捕〔二〕73。下獄〔二〕89
清薫尼（水戸宗翰女・英勝寺）　↓霊光院
清月尼（水戸宗翰女・英勝寺）　〔十〕285
清山（英勝寺）　登営〔三〕347〔四〕445 559〔五〕1 33 63 91 201
229 253 277 303。紫衣許可〔三〕524。奥へ上
る〔四〕489〔五〕151 331／〔四〕523
清順尼（伊勢慶光院開基）　〔一〕90

清浄観院（八百姫・誠子内親王、後西天皇女）　〔五〕422

清浄光院（綾宮、霊元天皇女・伏見宮邦永親王室）　〔六〕659

清心院（新典侍局、綱吉側室）　懐妊〔六〕714。落飾〔七〕5。賄料増進〔八〕145。卒伝〔八〕838／〔八〕254 255

清助　〔七〕371

清操院（松平頼真母）　〔十〕564

清泰院（亀姫、水戸頼房女・前田光高室）　家光養女〔二〕549。婚姻〔二〕576 608 613 615。綱紀誕生〔三〕336。雲雀賜〔三〕365 450 494 557 610 651。卒〔四〕196。法会〔四〕197 241〔五〕25 295 462〔九〕646 647／〔三〕61 89 125 182 238 266 303 346 397 410 564 575 595 641〔四〕7 10 12 26 50 67 135 196〔六〕595

清湛院（淑姫、家斉女・尾張斉朝室）　尾張五郎太と婚姻〔一〕130 217。尾張（一橋）斉朝に再嫁〔一〕307～309 329 418。御守殿造営〔一〕381。家斉来邸〔一〕507 531 750／〔一〕91 92 94 99 129 138 297 393 468 478 480 493 519 543 563 595 620 634

清池院（築山殿、家康室）　→西光院

清宮（後陽成天皇男・梶井門跡）　→慈胤法親王

清宮（霊元天皇男・梶井門跡・盛胤法親王資子）　〔六〕178

清涼院（松平忠昌母）　鐘銘事件〔一〕675。東大寺大仏修理募縁状〔一〕676。松平忠直事件〔二〕246／〔二〕260〔三〕29 192 196 201

清涼院（お定の方、家慶側室、達姫・嘉千代・発之丞生母）　〔二〕579

盛胤法親王（英宮、後水尾天皇男・梶井門跡）　大原の寺修理料〔五〕18／〔四〕381 459〔五〕362

盛化門院（近衛内前女・後桃園天皇女御）　〔十〕730

盛憲（竹林坊・安居院）　毘沙門堂門跡公海の寺務を助く〔三〕355／〔三〕67 261 333 541

盛高（本所弥勒寺）　〔一〕454

盛子内親王（美喜姫、桜町天皇女）　〔八〕780〔九〕393

盛徳院（亀姫・茂利姫・森姫・加納殿、家康女・奥平信昌室）　本多正純と確執〔二〕221 227。卒伝〔二〕345／〔一〕39 479〔三〕356

棲真院（総姫、家斉女）　〔一〕327 352

聖総院尼（従姫、紀伊宗将女・尾張治行室）　〔十〕464〔一〕541

聖諦院（仲姫・貞姫、田安宗武女・池田重寛室）　婚姻〔十〕248 253 605

聖澄（勝林庵）　〔一〕676

聖道（伝通院・知恩院）　〔一〕390

靖安院（脩姫・二条治孝女・一橋斉敦室）　〔一〕299 393 394 509 510

靖厳院（池田光政女・家光養女・一条教輔室）　〔三〕607 628〔四〕327

精運（阿波通法寺）　〔一〕560

精純院（岸姫・安姫、家斉女）　卒伝〔一〕673

誠子内親王（八百姫、後西天皇女）　→清浄観院

碩純（市谷月桂寺）　〔九〕535

関　一政　転封・加封〔一〕523。禁裏造営課役〔一〕547。家士争論・収公〔二〕153／〔二〕300

一利　〔一〕431

市十郎　〔四〕584

永盛　→関　長盛

永張　中川番〔八〕556〔九〕4／〔八〕102〔九〕14

大蔵少輔　〔二〕186

岡之進　〔二〕440

儀庵　〔三〕649

吉兼　〔一〕129

吉直　〔一〕129

久盛　〔六〕222 551 634

休庵　〔三〕551

行篤（保右衛門）　日光東照宮修復〔二〕614 625

関
632 645 668 669。貨幣改鋳㈢532 554 573 596 614
640 681 699。日本橋修復㈠575。紅葉山
廟修復㈡578 597。日光廟修復㈢651。
江戸城五十間上梅林櫓多門修復㈡
698
左馬之助 ㈠225
氏盛 召出㈢153。家光上洛宿割㈢598 624。
久能山東照宮修理奉行㈢176 192。日
光三仏堂・新宮拝殿造営奉行㈢384
㈣460。大安宅丸修理奉行㈢663 ㈣422
424。今市小屋奉行㈣144 166 334。天樹
院・本理院邸造営奉行㈣220 273／㈠
537 ㈡116 539 ㈢84 176 192 ㈤31
治庵 ㈢684
七郎兵衛 ㈡248
十兵衛 ㈢554
信久 ㈢243
新七郎 ㈧691
正玄 ㈤425 610 ㈥20 445
正成 書物奉行㈢615。金沢文庫本律令書
写㈢37。富士見宝蔵秘籍㈢148。『明
月記』書写監督㈣423／㈢511 539
正峯 ㈧843
成煥(備前守) 致仕伝㈠424

関
政辰 卒伝㈩452／㈩12 400 440
政富 卒伝㈩12／㈧602 666 794
盛時 ㈩234
盛泰(盛恭、亀之助・播磨守) ㈠495 ㈡7
196 436 507
盛平 ㈠495
盛有 ㈠236
仙庵 ㈢666
善左衛門 ㈦377
宗琢 ㈢722
宗徹 ㈢666
主税 ㈧668
忠庵 ㈢649
長輝 致仕伝㈡30／㈠245
長継 ↓森 長継
長広 卒伝㈧602／㈧363 399
長左衛門 ㈤203
長治 転封㈥304。致仕伝㈧363 364／㈤43 ㈥
45
長政 証人参府㈢44。致仕伝㈥45／㈣304
541
長盛(永盛、左門) ㈡577 ㈤42 ㈥127
長誠 致仕伝㈠298／㈩519
長通(備前守) ㈡414

関
貞直(三右衛門) ㈩37
伝蔵 ㈠681
道与 ㈢715
内記 ㈨14
平三郎 ㈧668
保英 ㈩245
保忠 ㈧860 ㈨547 594
卜養 ㈢557
弥八郎 ㈠661
陽之助 ㈠724
良助 ㈡81
六蔵 ㈢551
関河式部少輔 ㈠548
関口義広 ↓関口親永
作左衛門 ㈤265
正知(三左衛門) ㈧503
柔心 ㈨229
次郎兵衛 ㈡687
親永(義広) ㈠29 135
関本重長(岡本) ㈢518 532 631 634
長幹 ㈩399
長宣 ㈥582
伯造 ㈠733
伯典 ㈠585 697

関本伯□　㊁41
関屋弥一右衛門　㊀794
浙江王　㊂211
雪斎（臨済寺）　㊀328
雪念（増上寺）　㊂169 212
摂取尼（竹本長鮮母）　㊅684
摂念（増上寺）　→慈眼（増上寺）
芹沢新平　㊀456
千利休　㊁330 ㊃582
千家　㊂444
　内膳　㊈104
千賀久頼（道隆）　㊉171 480 483 ㊀164
　久和（道有）　㊈405
　信親　大坂冬陣㊀725 728 734／㊀721 737
　道栄　㊀649
　道有　㊀569 778
　芳久（道隆・道有）　㊉662 683 ㊀164
　孫兵衛　㊀734 735
　弥八郎　㊁106
千虎（永平寺）　㊁456
千束善右衛門　㊂72
千田格翁（玄知）　㊅672 676
　恭副（玄知）　㊀459
　玄知　㊀654 661
千姫（秀忠女・豊臣秀頼室・本多忠政室）　→天樹院
千本掃部　殉死㊀428／㊁104 363
　嘉隆　㊉143
　義昌　㊁306
　義定　㊁155 306
　義等　卒・絶家㊁582／㊂306 370 517 539 ㊂122
　居隆（吉之丞）　㊀253 535 694
　金之助　㊄265
　倶隆　㊇573 ㊈669
　資勝　㊀681 ㊁501
　内匠　㊃493
　長勝　家光上洛江戸城留守㊁370。上洛中江戸川口の番㊁623。今市旅館修理助役㊂171 172。士籍を削らる㊂369。赦免㊃542 556／㊁219 ㊂267 ㊄212 265
　頼隆　㊅563 ㊇388
　和隆　浅草御厩修理奉行㊃71。久能山東照宮修理奉行㊃200 225 235。伝奏屋敷造営奉行㊃378 400。日光社参宿割㊃442。日光東照宮修理奉行㊃514 537。徳島城目付㊃582 606。仙台目付㊄20 35。大坂目付㊄112 130／㊁228 517 ㊂122 ㊃618 ㊄274
仙長老（天竜寺）　㊂146
仙庵　㊂494 679 685
仙雅（伝通院）　㊉133
仙光院（増山正利母）　→泉光尼
仙石越前守　㊀762
　久祇（弥三郎）　㊁456 483
　久近　館林城引渡㊇666 667／㊇639 ㊈24 131 519 608
　久功（大和守）　㊀140 183 303 ㊁90
　久行　卒伝㊉787／㊉352 659 726 728 730
　久散　→仙石久貞
　久治　㊅388 487 ㊆95 ㊇187 338 804
　久住　火事場巡察㊇819。江戸城二丸火事宿衛㊈424 425／㊈68 508 548 ㊉139
　久俊（久邦）　崇源院宝塔改造奉行㊂549。増上寺修理奉行㊂565。禁裏造営惣奉行㊄177 259／㊁402 ㊂679 ㊃255 275 276 546 ㊄47 59 433
　久尚　分封㊄433。日光社参管掌㊅285 287 293。犬殺しの査検㊅305。鉄砲査検㊅339。鳥銃修理点検㊅464。井伊直朝失心査検㊅600 602。韓使道中巡察㊆89 123 134 170 201。日記管掌㊆208 ㊇102。長崎管掌㊆405 410。『正徳新令』伝達㊆413

仙石　／〔五〕249 270 275 〔六〕127 191 232 〔七〕67 226 〔八〕143 326 553 554 608

久信　〔五〕523 547 602 〔六〕9 131 284 373

久大（能登守）　〔二〕700 707

久貞（久散、丹波守）　〔一〕778 〔二〕241

久当　大火消防〔十〕385／〔十〕258 381 522 665 〔一〕3 94

久道（越前守）　〔一〕68 510 734

久徳（山城守）　〔二〕130

久邦　↓仙石久俊

久峯　〔一〕347

久利（道之助）　〔二〕176

久隆　家光上洛宿割〔三〕373。会津引渡〔三〕407。神田辻番地所改の奉行〔三〕502。相模底倉御旅館造営〔三〕502。五の字の差物許可〔三〕565。高崎百日の目付〔三〕617。道路修理〔三〕620／〔一〕121 704 〔二〕130 142 335 538 563 569 616 679 698 〔三〕7 16 223 425

監物　〔一〕783

秀久　関ヶ原合戦〔一〕381。禁裏造営課役〔一〕547 高田城築造〔一〕649。謡曲始着座許可〔一〕663。卒伝〔一〕663／〔一〕126

政因　〔六〕456

政義　〔六〕712 〔七〕5

政啓　〔九〕434 587 〔十〕78 321 387 570 587

仙石政広　〔一〕532

政寿（修理）　〔二〕236

政俊　大坂加番〔三〕58 111 231 643 〔四〕27 29 164 502。江戸城々溝疏鑿〔三〕2。韓使館伴〔三〕41 42。勅使館伴〔四〕47。消防〔三〕226 437 639 〔四〕77 456。西丸用材献上〔三〕636。致仕伝〔五〕35／〔二〕432 537 624 635 〔三〕367 〔四〕420 〔五〕37

政勝　分封〔五〕35 37。盗賊改〔五〕298 332／〔二〕626 〔四〕526 528 〔五〕212 298 563 610 〔六〕276

政辰　関東水害堤防修築助役〔九〕50 65。卒伝〔十〕615／〔八〕687 777 824 〔十〕157

政則　〔二〕626

政美（美濃守）　卒伝〔一〕112

政芳　〔九〕524

政房　卒伝〔八〕687／〔六〕705 〔八〕82 152 288 658

政明（政晴）　公卿館伴〔五〕364 〔七〕399 400。田中城請取〔五〕433。高田城在番〔五〕513 547。護持院新堂造営助役〔六〕281 299。転封〔六〕611。卒伝〔八〕82／〔五〕24 35 431

政和　〔一〕629

宗也　大坂冬陣〔一〕693 694。大坂夏陣〔二〕15 37。

主税　〔一〕657

忠俊　〔四〕57 235

仙石忠政　伊奈木材の伐出〔一〕602。高田城在番〔二〕103。江戸大火〔二〕209。転封〔二〕223 236。加封〔二〕223 236。卒伝〔二〕432／〔一〕663 671 704 〔二〕33

美濃守　〔一〕752

山城守　〔二〕143

仙寿院（脩姫、田安宗武女・酒井忠徳室）　〔十〕255

仙竹（市医）　〔三〕342

仙波吉種　〔二〕146 368

七郎左衛門　〔二〕8

種澄　〔十〕717

正種　〔三〕243 335

道種　貨幣改鋳〔七〕366 410。金座〔七〕400。放鷹管掌〔八〕65。寛永寺家光廟焼亡監視〔八〕189。／〔六〕708 〔七〕232 〔八〕330 628 768 〔九〕279 280

年種　〔八〕220

宣海（寛永寺東漸院）　〔四〕452 608

宣義（寛永寺観成院）　〔十〕497 679

宣契（小金東漸寺）　〔一〕393 623

宣純（寛永寺東漸院）　〔五〕455

宣存（伝法院）　綱吉に仏教進講〔六〕125／〔五〕455 〔六〕183

宣峯（国府台総寧寺）　〔一〕398

宣祐（寛永寺東漸院）　㊃77 220
泉光尼（仙光院、増山正利母）　罹災・二千両下賜㊄5 14／㊃246 296 431 523 559 ㊄1 33 175 201 229 277 303 362
専戒（愛宕円福寺）　㊅152
専弘（京六角堂頂法寺）　㊉479
専光院（おほらの方、家光側室・家宣・清武生母）　↓長昌院
詮応（増上寺）　㊄211 212 375
詮察（増上寺）　㊆386 ㊇14 57
詮量院　↓徳川直丸
璿玉院　↓徳川嘉千代
全阿弥　㊀326
全海（日光大楽院）　㊄272
全海（増上寺伴頭）　㊀380
前鬼津具　㊂23
善鬼　㊀745
善恵（喜多院）　㊉410 455 706
善秀（駿府華陽院）　㊇593
善住（大樹寺）　㊉734
善徹（増上寺）　㊁574
善徳院　↓松平清康
善六　㊆371

そ

その方（吉江政福女・家斉側室）　↓本性院
祖官（明人）　㊀596
祖恵（日蓮宗道心者）　㊇122
祖秀（駿府宝台院）　㊈129
祖心尼（牧村直良祖母）　大奥造営㊂677。浜松寺開基㊄494／㊂522 646 ㊃477 ㊄79 217 494
祖辰（東福寺）　㊄458
祖父江原輔　㊁195
　正秀　㊉37
曾我伊賀守　㊀705 ㊁116
　近祐　加恩㊁417 ㊃204 262。江戸城々溝浚利奉行㊂273。因幡目付㊂334 354。亀山目付㊂503。東海寺修理奉行㊂577。日光東照宮銅瓦葺奉行㊃90 104 117／㊁402 ㊂221 489 ㊃167 264 271 273 404
　熊之助　㊀481
　古祐　召出㊀330。武家法令の国字書記㊁111。加恩㊁417 616 651。府内巡察㊁535。肥後国御使㊁551 565。五の字の指物許可㊁565。日光神田検断㊁627。家光日光社参供奉㊂5 6。韓使往還
曾我
管掌㊂41。畿内西国巡察㊂271。高野山学侶行人争論査検㊂417 418 425 444／㊀330 ㊁292 538 585 640 649 655 658 698 ㊂120 139 232 355 430 497 ㊃186 262
　五左衛門　㊀762
　広祐　㊀110 158
　孝助　㊈53 54
　寿養　㊄454
　諝祐（又左衛門）　㊁574 582
　助員（左兵衛）　㊁188 227
　助賢　諸国巡見㊇33 55／㊈43
　助元　小姓組番頭欠員選挙㊇298／㊅154 ㊇653 670
　助興　綱吉附㊃349。館林家老㊄281。加恩㊄404 ㊅71／㊄364 395 ㊅284 ㊆60
　助柴　㊈404 ㊉291
　助寿　江戸城市谷門造営奉行㊄9 25／㊃349
　助順（伊予守）　㊁566 572
　助篷（主水）　㊉706 ㊀621 631
　助馬　㊉644 681
　助有　廩米収公㊇653／㊈372 685
　助猷（伊賀守）　㊀625 ㊁111
　助理　㊇844

曾我助路
尚祐　留書役㊄363／㊄199㊆305
御内書以下書法制定㊀80。召出㊀80。濃毘数般渡海朱印の書法を議す㊁101／㊁360
正路　㊅168
善祐　浜田・津和野目付㊇736 766。日光東照宮修理㊈100／㊈104㊉245
丹後守　㊁412
仲祐　宮津・鳥羽目付㊄407 411
長祐　刈屋城引渡㊆242 279 284。池田継政封地監察㊆420 442。居邸焼亡・諸国巡検使有免㊇56。浪合関監視㊇250 252／㊇515
朝祐　㊀483
包助（太郎右衛門）　桑名宮渡船割奉行㊁622。浅草観音堂火事㊂257。宇治採茶役㊂521。火警巡視㊂563。槍技進覧㊂567。家光法会㊃9 10 195 224。加恩㊃349 396。浄光院下向迎使㊃507 512／㊁360 402㊂145 554 566 612㊃48 349 375 404㊄195 199
祐興　㊄354
祐忠　召出㊃349／㊃353㊄553㊆408
祐有　㊈668
曾雌定行　卒伝㊀667／㊀121

曾雌定次　徳川忠長附㊁311 335㊂168
定俊　㊁335
定昌　㊂243
定政　㊀121
定清　㊁335㊂243
定敷　㊉569
定勇　㊇779
定容　㊈613
曾谷杏祐　㊄513
慶伝　㊁499㊂261
玄鳳　㊅156
宗祐　㊁190 499
祐貞　㊉351
曾根家次　㊁232
喜次　㊄451 469
吉広　㊂630
吉次　清泰院・松平光長参府㊁306。由利御使㊁307。関東勘定頭㊁500。巡見使㊁557。関西堤防巡察㊁609 613。勘定奉行職掌㊁693。神戸城請取㊂24。亀山城引渡㊂26。惣勘定頭㊂46。勘定頭㊂80 149 165 190 249 348 416 645。評定の席に列る㊂80。江戸城本丸造営㊂149 190㊃195 248 328。庖所費用査検㊂

曾根
165。倹約令指揮㊂166。借米指揮㊂274。城米幷廩米員数査検㊂277。租税財穀出入管掌㊂284。崇源院法会㊂286㊃55。各邑賑救討論㊂292 293。館林封地引渡㊂348。伊勢遷宮㊂351。代官所領の戸籍作成㊂379。日光管掌㊂543。家光霊柩供奉㊃3 6。日光家光大祥忌役㊃69 73。御所造営㊃220／㊁163 660 687㊂212 249 339 429 430 464 645㊃60 61 64 95 285 03 439
吉重　㊁578㊂630
吉勝　㊂127
五郎兵衛　㊁196
次移　㊉259
次孝（内匠・日向守）　増上寺霊廟修復㊁172 227 242
次彭　㊀497 516
次明　㊉259
重辰女（おてふの方、家斉側室）　㊀457
昌信　㊀442
信次　㊇371
崇次　㊄9 25 66 70 95 332㊅246
政親　㊉763
主税　㊁240

曾根長解(日向守)　㊀773 779
長賢　〔六〕707 〔七〕408
長之　〔八〕637
長次　〔一〕635
長友　〔九〕470 765
澄次　〔九〕39
貞尅　〔六〕123
孫大夫　〔二〕76
頼久　〔五〕548
頼次　〔四〕87
良次(内記)　㊁115 164
良隆　〔九〕382
曾呂利伴内　〔一〕200
佐八掃部(内宮御師)　〔五〕15
宗　義功　韓使聘礼㊀63 146。封内凶荒・韓使来聘恩貸賜金〔十〕617 707 ㊀557 637 691。致仕㊀693。卒㊀707／㊀110 125
義質(対馬守)　封地火災恩貸金㊀727 ㊁91 248。米穀下賜㊀755 775。水害損毛恩貸金㊁216。加封㊀785。卒㊁372
義如　封地蝗災恩貸金〔八〕611。封地火災下賜米〔八〕657。朝鮮人参・交易恩貸金〔八〕670。朝鮮貿易制〔八〕761 762。韓使聘礼〔九〕398 456 461。卒伝〔九〕561 562／〔八〕566 609 625 〔九〕398
義章　㊁372 469
義真　韓使聘礼〔四〕146 159 160 164 266 267 〔五〕412 442 460 〔六〕214。韓船漂着注進〔四〕267。封地火災下賜米〔四〕343。朝鮮戍舎火災〔五〕121。『韓使館伴令条』〔五〕442。朝鮮貿易定額制定〔五〕583。聖堂に典籍献上〔六〕85。『朝鮮人参売買令』〔六〕85。致仕伝〔六〕144 145。卒〔六〕480／〔三〕325 442 〔四〕270 307 〔五〕427 525
義成　家督相続〔二〕80。秀忠茶事〔二〕424 441 504。家光茶事〔二〕493 505 626 〔三〕120 160。柳川事件〔二〕674 675。合力米〔三〕141 399 613。証人交代〔三〕351 386 434 481 637 689 〔四〕72 108 178。蘭船交易〔三〕146。韓使聘礼〔二〕134 228 332 333 〔三〕42 43 321 〔四〕82 109 159 160 164。朝鮮国産品献上〔二〕359 361 〔三〕192 630。朝鮮援兵〔二〕451。天道菩薩祈禱献上〔二〕526。朝鮮騎法〔二〕677 〔三〕330。卒伝〔四〕245 252／〔二〕80 121 137 200 451 536 570 687 〔三〕45 278 320 325。家士〔三〕710
義誠　韓使聘礼〔八〕138 172。恩貸金〔八〕139。邸宅焼亡〔八〕188。卒伝〔八〕545 556 557／〔八〕137 221 545。家士〔八〕496
宗　義智　朝鮮僧引具上洛〔一〕123 383 〔二〕80。韓使〔一〕123 333 383 418 435。加封・三年一度の参勤〔一〕400。卒伝〔二〕80／〔一〕619
義暢　韓使〔十〕82 114。韓使船失踪〔十〕230。恩貸金〔十〕255 494。邸火災〔十〕383。卒伝〔十〕567／〔十〕82 148 492
義蕃　朝鮮交易恩貸金〔九〕643。封地火災恩賜金〔九〕750 〔十〕79。韓使〔十〕34 192。致仕伝〔十〕80。卒〔十〕478／〔九〕562 566
義蕃養母　〔九〕612
義方　邸火災〔六〕344 521 〔七〕363。韓使〔六〕450 577 〔七〕39 43 155 156 185 〔八〕21 72 80 81。韓聘儀注〔七〕183 197 198 201 204。朝鮮人参売買制〔六〕674。中奥番奥右筆添〔七〕186。柳川調興の領地を返賜〔七〕196。卒伝〔八〕129 137 138／〔六〕214 〔七〕183。家士〔七〕176
義方室　〔六〕630
義和　㊁590 608
義倫　卒伝〔六〕210 214／〔五〕280 533 〔六〕145 207
彦千代　〔七〕345
方熙　封地火災下賜米〔八〕600。致仕伝〔八〕609。卒〔九〕757／〔八〕556 565
宗栄(後西天皇女・霊鑑寺)　↓普賢院
宗喜(古田重然茶童)　〔二〕53

宗桂(棋師) →大橋宗桂
宗賢(市医) 〔三〕342
宗三郎(印工) 〔二〕304
宗山(遠江竜泉寺) 〔一〕684
宗珊(可睡斎) 〔一〕575 608 682
宗順(凌雲院) 紅葉山管掌〔五〕561／〔五〕267 298 461 563
宗　純 →一休宗純
宗　心 〔二〕2
宗親(清水寺) 〔四〕527
宗哲(片山宗哲) 〔一〕346
宗法院(蒲生秀行女・秀忠養女・加藤忠広室) 〔一〕557 〔二〕535
宗与(紅葉山附坊主) 〔四〕114
相応院(お亀の局、志水宗清女・家康側室・尾張義直生母) 駿府城火災扶助〔一〕448。秀忠御成〔二〕247 437 508。家光御成〔三〕34。病気〔三〕287 292 293。卒伝〔二〕440 513 〔三〕293／〔一〕449 〔二〕97 248 480 515 535 685 〔三〕29 34 146 283 293
相馬益胤(吉次郎) ㊀710 711 715
義胤(孫次郎・長門守) 孫義胤後見〔二〕350 370。卒伝〔二〕694／〔一〕457 〔二〕396 537 603
義胤(虎之助・大膳亮) 家督相続〔二〕350 370。江戸城石垣造営〔二〕447 〔三〕2 637。川越在番〔二〕653 676。韓使往還管掌〔三〕41。江戸大火消防指揮〔三〕217。二本松城在番〔三〕313 316。三春在番〔三〕387。江戸城西丸用材献上〔三〕636。卒伝〔四〕43／〔三〕45 354 361 437 575 576 618 624
相馬樹胤(因幡守) ㊀392 710 713
叙胤 致仕伝〔七〕42／〔六〕268 407 430 506
恕胤 初謁〔九〕531 709。処罰〔十〕369。矢矧橋修理助役〔十〕664 667。封地にて病み目付検察〔十〕732。致仕伝〔十〕734。家士〔十〕668
昌胤 公卿館伴〔五〕364。高田城在番〔五〕435 445 483。奥詰〔六〕39 45 739。御側衆〔六〕45 54。護国寺新堂造営助役〔六〕281 299。致仕伝〔六〕430／〔五〕235 326 329 418 〔六〕128 〔八〕483
将監 ㊀713
祥胤 封地凶荒恩貸金〔十〕763。処罰〔十〕763 ㊀67。致仕伝㊀455／〔十〕541 773
信胤 伊賀・美濃・但馬論地巡察〔六〕364。山城・伊勢論地見分〔六〕397。百姓誅求・采地削減・黜免逼塞〔七〕85。鉄砲玉薬奉行〔七〕85
斉胤 〔十〕399
盛胤 〔一〕485
尊胤 公卿拝謁時に伺候〔七〕222。利根・荒川浚利助役〔七〕388。日光修理助役〔八〕547 561 584 〔十〕109 134 137。源頼朝下賜の旗・古文書を進覧〔九〕87 214。野馬追図進覧〔九〕215。家伝の戎器を進覧〔九〕267。致仕伝〔十〕190／〔六〕717 〔七〕42 〔八〕140 483
相馬大作(下斗米秀之進) ㊁81
忠胤(相良) 江戸城本丸修理助役〔四〕197 242 269 284。譜代の列〔四〕301。卒伝〔五〕172／〔四〕456 525 529 〔五〕93。家士〔四〕275
貞胤(小次郎) 〔二〕310
貞胤(出羽守) 卒伝〔五〕329／〔五〕23 172 202 325 326
徳胤 〔七〕388
福胤 〔九〕112
利胤 時服献上〔一〕457。大坂冬陣〔一〕704。卒伝〔二〕350 370。火災消防〔三〕226／〔二〕244
崇源院(お江、浅井長政女・秀忠室) 卒伝〔二〕394。高野山宝塔造営〔二〕413。法会〔二〕415 442 565 〔三〕111 112 287 288 〔四〕55 59 60 〔八〕381 383。宝塔改造奉行〔三〕549。徳川忠長を鐘愛〔三〕699。忌辰代参制〔五〕493 〔六〕60／〔一〕83 85 〔二〕271 297 298 314 348 369 395 397 399 401 〔三〕111 112 288 486 〔四〕276 280 〔五〕213 220
琮樹院(愛姫、田安斉匡女・尾張斉温室) ㊁81

霜月（大樹寺）　[四]36
惣帰居士　[一]246
添田豊寿　[六]714
袖岡景久　[一]170
　宗恵　[六]141
外池信濃　[二]89
　良重　[一]663
外村りえ　[十]232
　釜之丞　[十]231
　大吉　[十]231 232
園　基音　後水尾天皇二条城行幸[二]384。家綱元服式[三]389。歳首賀使[三]388 480 670 690。家綱転任式[四]88。卒[四]139／[二]376 616 [三]84 86 88 262 387 689 [四]48 103 123
　基香　[六]572 707
　基勝　[五]256 [六]706
　基村　[九]706
　基福　[四]329 602 603 [五]579
　基理　[十]383
　左兵衛　[三]88
　本之助　[三]286
園池公屋　[五]517
　公翰　[十]539
　実守　[六]706

園池実徳　[九]657
　宗朝　[三]458 [四]257
園田新助　[一]737
園部五郎右衛門　[五]26
　五郎左衛門　[四]619
染木正信　[二]107
存応（普光、増上寺）家康に血脈伝授[一]465。紫衣勅許[一]471。観智国師号勅許[一]523。新田氏墳墓地捜索[一]297 567 568。仏理の談話[一]567 631 639。寺領朱印下賜[一]585。卒伝[二]201／[一]283 465 529 629 631 [二]46 53 95
孫 文 彧（朝鮮使者）　[一]334
尊胤法親王（悦宮、霊元天皇男・知恩院門跡）門跡領判物[八]528 652／[八]153
尊果（光照院宮、後西天皇女）　[八]175
尊雅（文察尼王・円照寺宮、後水尾天皇女）→宝池光院
尊空（知恩院）　宗論[四]486／[四]230 283
尊慶（長谷寺小池坊）　[三]664
尊光法親王（栄宮、後水尾天皇男・知恩院門跡）精廬新造[四]355。病気[四]475 [五]22 78 278。住居焼失[五]3。学問所罹災・造営[五]5 24。浴場[五]38 42。合力米下賜[五]55 266。作事料下賜[五]328。卒[五]331

尊光法親王　／[四]186 250 251 418 461 491 563 [五]80 211 274 287
尊弘（高野山大徳院）　[九]80
尊秀（後西院皇女・南都中宮寺）　[八]266
尊純法親王（青蓮院門跡）　日光参向[三]9 12 17 184 548 [四]75。二丸東照社正遷宮[三]66 69。増上寺参詣[三]147 269 507 550。家光茶事[三]164。『東照社縁起』作進[三]182。守澄法親王師傅[三]551。寺領加恩[三]551 568 569。家光の寵遇[四]48／[二]434 [三]64 130 376 498 504 516 523 550 551 691 [四]7 48
尊勝（知恩寺宮、後西天皇女）　[六]505
尊賞法親王（一乗院門跡）　[七]219 241
尊性法親王（大覚寺門跡）　[二]562 [三]402 688
尊清（後陽成天皇女）→光照院宮尊清
尊勢（一乗院）　春日社造替[一]595 596。家康茶宴[一]596。興福寺衆徒に訴えらる[一]650 655。法相論義の講師[一]660
尊澄法親王（青蓮院門跡）　類焼[四]381。病気[五]409 411 412。卒[六]212／[四]48 362 [五]65 88
尊統法親王（知恩院門跡）　[七]90 93 94 161
尊峰法親王（知恩院門跡）　[九]612 [十]110
尊祐法親王（青蓮院門跡）　[六]690 692 706 [七]445

た

たあ(大奥女中)　〔三〕522
たまの局(お玉、家光側室・綱吉生母)　↓桂昌院
たんはん　〔一〕191
田鎌仁兵衛(元本多忠平家士)　〔五〕443
田上右京　〔二〕67 79
　左京進　〔一〕548
　秀行　〔一〕728
田川丈左衛門　㊁666
田口喜古(五郎左衛門)　㊀528 669
　喜行(五郎左衛門・加賀守)　諸国絵図作成㊁372／㊁346 355 370 432
　五郎左衛門(田口喜行男)　㊁432
　是心　〔六〕56
田沢意春(青雲)　薬材下賜〔三〕279。雑司谷薬園〔三〕507／〔三〕160 446 507 518 〔四〕263
　季茂(七右衛門)　㊁20
　之達(道哲)　〔六〕84 140 407 408 〔七〕122
　七左衛門　㊁20 48
　昌喜　〔九〕397
　昌吉　〔二〕210
田沢正義　〔三〕128
　正斯　〔十〕747
　正次　〔三〕510 679
　正勝　〔十〕786
　正則　〔二〕637
　正忠(丹沢)　〔一〕364
　正房　〔十〕329
　宗伯　㊁20 552
　仲助　㊁532
　等高　〔十〕150
　道賀(清雲)　延齢丹献上〔二〕220。召出〔二〕616。養生術下問〔三〕130／〔二〕325 336 〔三〕118 160
　美健(玄兆)　㊀485
　隆珉　㊀781
田島清右衛門　㊁348
田代賀次　〔六〕451。家人磔刑〔七〕461
　賀治　〔八〕534
　信久　〔四〕23
　養玄　〔二〕79
田鶴宮(貞子、伏見宮貞建親王女・清水重好室)　↓貞章院
田付円方(四郎兵衛)　↓田付景利(四郎兵衛)
　主計(彦四郎)　下田警衛場備用銃新鋳㊁518。大銃新鋳㊁559 582 692。褒賞㊁575。
田付
　砲技演習㊁589
　景次　〔二〕368
　景治　〔二〕179 666
　景澄　銃技妙手〔一〕641。大坂冬陣〔一〕754。卒伝〔二〕179／〔一〕475
　景庬　〔八〕441 〔九〕621 640
　景利(円方、四郎兵衛)　島原乱〔三〕80。大筒試射〔三〕494。仏郎機試射臨監〔三〕651。大奥修築〔四〕8／〔三〕498 569 〔四〕24 332 360 367 582 〔五〕177 182 383
　景利(又四郎)　㊀439
　景林　〔十〕307 580
　直温(四郎兵衛)　㊁44
　直寛(四郎兵衛)　㊁94
　直久　火賊追捕〔八〕55。郭内巡察〔八〕61 107。砲技褒賞〔八〕158 197 763／〔八〕807 808 〔九〕35
　直政　砲技褒賞〔八〕763 〔九〕465 571／〔八〕808 〔九〕35 265 690
　直清　家定の持筒鋳造㊁137／㊁391 478
　直素　㊀72
　直平　鉄砲方加役〔五〕470。鉄砲方〔五〕557／〔五〕563 〔六〕11 338 437 640
　鉄次郎　㊁587
　鉄太郎(四郎兵衛)　㊁639 692

田付利清　㈣555
田所兵三郎　㈡100
田中一郎右衛門　㈠698
　喜古(休愚・丘隅)　㈧504 ㈨227
　喜道　㈨599
　義矩　㈠178
　義忠　㈢41
　吉官(菅沼、定行・定官)　召出㈠412。駿府在勤㈠548。大坂冬陣㈠705。勘気㈢51 306。赦免㈢345 347。田中吉興の養子㈡241。留守居㈢666／㈠541 ㈡128 241 256 538 596 655 ㈢172 175 ㈣50 265 275
　吉興　致仕伝㈡241
　吉次　㈠487
　吉信　㈠403
　吉政(兵部大輔)　卒伝㈠486／㈠79 232
　忠政(筑後守)　㈠603 747
　休愚(丘隅)　→田中喜古
　休蔵　㈠521 616
　金兵衛　㈡468
　内蔵允　㈢30
　元陳　唐馬飼養㈧274／㈨40 129
　玄秀(俊莽)　㈨566 662
　玄方(俊川)　㈨662
田中高成　信濃川中島目付㈣394 411／㈢465 ㈣425 442
　高稙　㈤570
　権十郎　㈡344
　左平太(葛野、抄房)　㈥147 717
　三郎左衛門　㈠704
　三大夫　㈢360
　志摩　㈠705
　実五郎　㈡652
　秀乗(十左衛門)　㈠471
　小左衛門　㈠794
　抄房　→田中左平太
　松栄　㈤493
　勝以　㈢652
　勝行(一郎右衛門・市郎右衛門)　㈡479 521 528
　勝助　→田中藤助
　勝芳　㈩289
　勝豊(三郎右衛門)　㈠5
　正意(庄左衛門)　㈤489
　政諳　㈠453
　政重　㈢578
　清佳　㈠328
　太左衛門　㈡266
田中多次郎　㈧482
　忠右衛門　㈥630
　忠勝　小十人頭㈡560 616 ㈢110 117。先手頭㈢304 323 362 494 652
　忠政　江戸城修築㈠119 657 689。名古屋城修築㈠510。禁裏造営㈠547。大坂冬陣㈠689 701。善導寺家康廟造営㈡104。大坂城修築㈡186。卒伝・除封㈡198／㈠487 504 657 ㈡12 44 77
　直政　㈥411
　定安　㈥157 464
　定員(定賢)　㈥157 302
　定格　下館在番㈣304 352。逼塞㈤481／㈢225 ㈣481 487 562 619 620 ㈥110 148
　定官　→田中吉官
　定堅　㈨34
　定賢　㈣555 ㈥148 157
　定行　→田中吉官
　貞宣　㈩203
　藤助(京市人)　㈠561
　牧庵　㈥362
　末吉(一郎右衛門)　㈩289 538 682 ㈠5
　友明　松平綱国失心検察㈤418。駿河田中城請取㈤433 436。天主教考察㈤464 607。

田中 処罰[五]619／[四]559 561[五]99[六]301
邑信 ㊀155
理知 ㊀209
良顕(竜之助) ㊁551
良佐 ㊁449
六左衛門 [二]43
田辺安直 [三]190 273
惟中(十左衛門) ㊀515㊁608 613
伊予 [八]470
宇大夫 ㊁225
加右衛門 [六]147
三右衛門 [二]48
資教 ㊀387
十郎左衛門 [一]659[二]140
重真 [一]541
庄右衛門(池田輝澄家士) [三]197 198
信豊 ㊀27
伝三郎 [三]318 499[四]486
東一郎 ㊁153
仁兵衛 [五]489
八左衛門 [一]733
庸広 ㊀390
良栄 [四]87
田辺屋又左衛門(田那辺屋、又右衛門) 呂宋
田辺屋 渡海[一]118 395。暹羅渡海[一]464
田沼意壹 卒伝㊀441／㊀330
意行 召出[八]9。近習頭取[八]662。詩歌詠進[九]299 303。冷泉為久門人[九]301／[八]676
意次 加封[九]472 646 716[十]75 253 311 379 542 668 766。転封[九]720。小姓組番頭・昵近[九]472。評定所出座[九]716 765。清水邸造営管掌[九]749。側用人[十]253。老中格・昵近[十]311 379。紅葉山霊廟修築[十]617 619。家基一周忌法会惣督[十]624。世子御用掛[十]657。病免[十]668 809。二万石収公㊀5。致仕㊀46。逸事[十]825 826 836／[八]606 653 676 782[九]437 523 548 583 758[十]134 311 498 618 626 785 808㊀15 22
意信 卒伝㊀521／㊀255 441
意正(水野、忠徳、玄蕃頭) 転封㊁91。側用人㊁124。致仕伝㊁271／[十]480㊀540㊁25
意誠(意致) 一橋家司[九]728／[九]527 747[十]327 437
意尊(玄蕃頭) ㊁410 536
意知 若年寄[十]731。卒伝[十]746／[十]142 312 744
意致 加封[十]694。西丸御側取次[十]663 694／
田沼 [十]437 578㊀2 5 33 324
意定 卒伝㊀540／㊀521
意明 一万石特賜㊀46。河渠浚利㊀77。戒飭㊀170。卒伝㊀330／㊀167 326
意留 致仕㊁271／410
市左衛門 ㊁254
大膳 ㊀666
忠徳 ↓田沼意正
備前守 ㊁460
田原郷右衛門 ㊀695
勝成 [十]609
唯七 [九]266
田丸新九郎 ㊀137 410
直澄(長門守) ㊁477 487
文次郎 [八]118
田村安栖 ㊁43
伊八郎 ㊁130
右京大夫 ㊀787
建顕(右京大夫) 奥詰[六]109 149。津山城請取[六]304 307 313。浅野長矩切腹[六]433。卒伝[六]689／[四]516[五]270 286 599 601 619
顕彰(伊予守) 火消屋敷修築㊁589。江戸城門修築㊁595 612 614 634 660 678 694。江戸城櫓修築㊁614 640。江戸城西丸修築

田村 ㊁641 662 691。大樹寺東照宮修築㊁607 696。増上寺廟修築㊁616 635 640 661 715。虎の門外勘定奉行邸修築㊁656。大銃鋳造場造営㊁657。矢矧橋修築㊁696
顕寛 【五】178【六】277
顕紀 【九】44
顕始 【六】445
顕当 【六】412 424
顕普 【八】436 645
顕豊 【六】488 490
元慶 ㊀208
元長 【十】521
玄台(玄雄・元雄) 【十】122 521
源十郎 ㊁176
幸教 【九】521
権右衛門 【一】728
権右衛門(東叡山目代) 【七】35
三知 【九】28
七郎次 ㊀727
誠顕 卒伝【八】436／【六】256 689【七】35 83 124【八】431
宗顕(右京亮) 【五】98
宗顕(紀三郎) 卒伝㊁181／㊀377 378 444
宗左衛門 ㊁363

田村宗仙 ㊁43
宗良 伊達綱村後見【四】361【五】97。伊達騒動【五】97 98。卒伝【五】286／【四】383【五】281 350
村顕 卒伝【九】647／【八】436
村資 致仕伝㊀377／【十】583 690 719
村隆 卒伝【十】690／【九】567 647 682
太左衛門 【五】487【六】415
泰顕 【八】26
長頤(安栖) 【一】396
長衛 三崎船改番【三】415。三浦走水巡見【三】431／【二】631【三】24 468
長祇(安栖) 【一】641【二】367
長矩(安栖) 【二】662
長賢 ㊀98
長伯(安栖) 【六】84 749
長有(安栖) 御談伴【二】283 549／【一】396【二】286【三】225
直佳 ㊀303
直吉 卒伝【一】557
直久(直重) 【三】46
直光(直久) 【三】46
伝右衛門 ㊁76
邦顕(左京大夫) 歿㊁270 417／㊁181
邦行(禄之丞) ㊁417

田屋右馬助 【一】752
屋道 【八】35 521 553 577 689
道堅 ㊀218 223
田安愛姫(田安斉匡女・尾張斉温室) ↓琮樹院
猗姫(田安斉匡女・松平〔久松〕定和室) ↓浄潭院
郁之助(田安斉匡男) ↓一橋斉位
英菊(田安宗武男) 【九】572
鋭姫(田安斉匡女・津軽信順室) ↓縁理院(婚約中歿)
延姫(誠姫、田安宗武女・恵覚院) ↓伊達重村室
乙菊(田安宗武男) 【九】589
匡時(益千代) ㊀559 718
錦之丞(田安斉匡男) ↓松平慶永
群之助(田安斉匡男) ↓田安慶頼
慶頼(群之助・右衛門督) 田安家相続㊁379。元服・偏諱㊁386。婚姻㊁387 420 572／㊁404 500
慶頼室(暉姫、家慶女) ↓貞明院
慶頼室(閑院宮佳宮) ㊁420 572
小次郎(田安宗武男) 【九】344 380 417 606 647
鑠姫(田安斉匡女・松平定通室) ↓貞寿

田安

院

定姫（田安宗武女、松平治好室）↓麗照院

治察（寿丸）　田安宗武嗣子㊈610 611。元服・偏諱㊉167。扶助金増額㊉227。『泣血集話』『克一堂遺稿』㊉448。卒伝㊉448／㊈646 681 ㊉166 205 280 326 328 363

脩姫（田安宗武女・酒井忠徳室）↓仙寿院

淑姫（田安宗武女・鍋島重茂継室）↓円諦院

誠姫（延姫、田安宗武女・恵覚院）↓伊達重村室

斉匡（慶之丞）　田安家相続㊀35。元服・偏諱㊀134。婚姻㊀235 298 299。邸宅火災㊀334 ㊁80。致仕㊁276。歿㊂605／㊀37 208 219 249 435 468 494 513 515 549 562 718 ㊁30 57 166 539

斉匡室（裕宮、閑院宮美仁親王女）㊀234 235 298 299 ㊁132 287

斉匡女（猗姫、松平〔久松〕定和室）↓浄潭院

斉匡女（鋭姫、津軽信順室）↓縁理院

斉匡女（鑅姫、松平〔久松〕定通室）↓貞寿院

斉匡女（千重姫、松平武成室）↓永寿院

斉匡女（近姫、一橋斉礼室）↓観光院

斉匡女（銕姫）↓津軽信順室

斉匡女（筆姫）↓鍋島斉正継室

斉匡女（鐐姫）↓酒井忠発室

斉荘　↓尾張斉荘

節姫（田安宗武女・毛利治親室）↓邦媛院

宗武（小次郎・右衛門督）　本城移徙道路制㊇39。抱守㊇163。附属有司㊇378 380 399 410 423 442 492 498 567 573 576 709 780。『論語』暗誦㊇494 ㊈179。出遊時供奉の制㊇498。元服偏諱・厨料三万俵拝領㊇508。傅役創置㊇511。松平信興編輯『甲冑の書』を望む㊇517。『飾抄』『桃花蘂葉』拝領㊇517 ㊈180。『天地丸の木図』拝領㊇538 ㊈179。吉宗自筆下絵紋の陣羽織拝領㊇544。『春日験記』拝領㊇546 ㊈180。田安邸に移徙㊇576。紅葉山文庫の典籍拝領㊇586 ㊈243。古式の逆頬箙拝領㊇607 ㊈179。弓場初の式興行㊇651。鞠突㊇656。古楽を好む㊇657 ㊈180。婚姻㊇659 710。田安一橋御家人養子召出の禁㊇730。郭内外通行時の制㊇779 780。簾中用人等玄猪参会停止㊇834。田安邸の勤番交代㊈12。吉宗自撰の『式内染鑑』拝領㊈29。甲府城舞台拝領㊈54。弓・靫・矢箪笥・鉄砲・長柄拝領㊈133 180。吉宗の寵愛㊈178。紅葉山東照宮参詣の作法㊈179。矢開の宴、鎌倉室町の故実に拠る㊈179 ㊉358。好学㊈179 180。冠服・調度博捜㊈180。小笠原持広に入門㊈260。吉宗教諭㊈338。十万石拝領㊈399 400。別墅㊈406 ㊉76。三年籠居㊈488。笏の古制考察㊈771。一万両拝領㊉76。卒伝㊉358。編著㊉359。優待㊉825／㊆444 ㊇41 93 175 374 379 381 385 415 416 424 426 437 441 459 470 478 479 482 484 499 502 521 525 545 608 653 655 676 862 ㊈17 78 110 118 345 352 375 378 544 610 ㊉280 353

宗武生母（おこん、吉宗側室）↓本徳院

宗武室（森姫、近衛家久女）↓宝蓮院

宗武長子（裕姫、随縁院カ）㊈78

宗武男（英菊）↓田安英菊

宗武男（友菊）↓田安友菊

田安宗武男（乙菊）　↓田安乙菊
　宗武女（延姫・誠姫、恵覚院）　↓伊達重村室
　宗武女（種姫、紀伊治宝婚約者）　↓貞恭院
　宗武女（脩姫、酒井忠徳室）　↓仙寿院
　宗武女（節姫、毛利治親室）　↓邦媛院
　宗武女（仲姫、池田重寛室）　↓聖諦院
　種姫（田安宗武女・紀伊治宝婚約者）　↓貞恭院
　千重姫（田安斉匡女・松平武成室）　↓永寿院
　近姫（田安斉匡女・一橋斉礼室）　↓観光院
　銕姫（田安斉匡女）　↓津軽信順室
　豊丸（田安宗武男）　↓松平〔久松〕定国
　房之助（田安斉匡男）　↓一橋慶寿
　筆姫（田安斉匡女）　↓鍋島斉正継室
　友菊（田安宗武男）　〔十〕835
　鐐姫（田安斉匡女）　↓酒井忠発室
多賀九郎右衛門　〔九〕746
　源助　〔三〕199
　光吉　〔三〕223
　高国　〔八〕16 214
多賀高但　〔十〕412
　高補（三右衛門）　〔一〕718
　三郎四郎　〔五〕43～45
　常往　〔五〕43
　常之（常元）　越後高田目付〔五〕455 475／〔六〕175
　常次　〔二〕584
　常昭　関東河堤修築奉行〔九〕50 65 68／〔九〕720
　常勝（当勝）　和田倉門修築奉行〔三〕46。加藤忠広検使〔四〕81 85。金具漆画奉行〔四〕197／〔二〕373 622 668〔三〕240 280
　常長　江戸城西丸大手橋修築奉行〔二〕324。大坂横目役〔二〕566。上総佐貫城引渡〔二〕608。堀尾忠晴収公使〔二〕611。豊後府内目付〔三〕26 244 283 441 466 512 564。出雲隠岐目付〔三〕79。因幡国目付〔三〕151 172。生駒騒動検使〔三〕198。家光茶事〔三〕211。会津城請取〔三〕313 326。姫路目付〔三〕375。赤穂城引渡〔三〕405。亀山城引渡〔三〕691。肥後国目付〔四〕63 95。京橋通土橋架設奉行〔四〕211。丸亀城引渡〔四〕220 237／〔二〕535 538 585〔三〕77 126 600 612〔四〕183
　常直　〔二〕132
　常方　〔六〕290
　常房　〔八〕36〔九〕59 67 319
多賀善司　〔一〕649
　又市　〔九〕652
　又左衛門　〔三〕284
　茂左衛門　↓多喜茂左衛門
　羅兵衛　〔二〕23
多賀井又八郎　〔三〕220
多賀谷　〔一〕411
　市左衛門　〔六〕406
　重経　〔二〕363
　宣隆　〔二〕363
多紀安元（安長）　〔二〕79
　安長（安元）　〔一〕666〔二〕28 79
　元簡（安長）　〔一〕137 138 469
　元孝（金保・兼康、安元）　随自意院治療〔九〕622 632。医学館新築〔十〕189 204／〔八〕702〔九〕443〔十〕230
　元悳（安元）　医学館再建〔十〕414 791。処罰〔十〕467。家治伴読〔十〕817。『済急方』撰述〔十〕838／〔十〕57 494 532〔一〕126 138
多喜資元　〔二〕458〔三〕46
　資勝　〔二〕458
　資武　〔一〕373
　茂左衛門　〔九〕753 759
多胡助左衛門　〔二〕22 40

多田起庵 〔九〕405
三左衛門 ㊁290
三八 ㊁465
昌綱 〔一〕125
昌繁 徳川忠長附〔二〕311／〔三〕168
昌邦 〔九〕389
正吉 〔一〕437
正幸 ㊀234
正次 〔二〕121
正長 〔一〕437〔四〕442
正峯 ㊀499
正房 〔六〕197
正明 〔三〕659
大学（河内壺井八幡宮神主） 〔六〕439 473 626
藤弥 〔一〕694
豊後守 〔一〕731
満仲 ↓源 満仲
頼辰 〔九〕553
頼顕 〔十〕700
頼右 ㊀168
多奈井小路（霊元天皇宮人） 〔五〕49
多宮平兵衛 〔三〕686 714
多羅尾光雅 高槻城修築〔二〕143／〔二〕539 568〔三〕6
光好 〔二〕472 581〔四〕625
多羅尾光綱 〔一〕514
光之 〔五〕488 498〔八〕812
光重 〔三〕298 358
光俊 〔一〕165
光政 〔二〕472
光忠 〔五〕549
光武 〔五〕386 488
光豊 〔八〕645
光房 〔三〕6 298
光茂 〔四〕302
四郎次郎 ㊀731
半左衛門 〔一〕697
靭負 ㊀772 ㊁332
伊達安芸 最上城請取〔二〕235。伊達騒動〔五〕97／〔五〕104
安房 江戸城修築〔二〕191 192 201。最上城請取〔二〕235
伊織 ㊀777
吉村（藤次郎） 日光東照宮修築助役〔七〕198 349。鷹・馬献上〔八〕104 525 629 824〔九〕181。江戸邸焼亡〔八〕142 327 563。宗村を輔佐〔九〕75。優待〔九〕67 76 180 182。病気〔七〕34〔九〕181 556。致仕伝〔九〕74。歿〔九〕556。逸事〔九〕180～182／〔六〕250 276 514 537〔七〕315〔八〕251
伊達 〔九〕537。家士〔六〕524 560〔七〕76 140 205 297 445〔八〕46 94 135 177 211 252 286 318 389 416 442 485 514 515 545 581 614 643 687 704 706 707 736 777 810 837 860〔九〕23
吉村生母 〔八〕94 593
吉村養母 〔六〕625
吉村室（久我通誠養女） 〔九〕127
金三郎 〔八〕629
景次（本覚） 召出〔一〕539〔二〕347。家光の眼疾治療〔二〕345。秀忠の眼疾治療〔二〕513 529。奥の庖所に伺候〔三〕660／〔二〕347 373 419〔三〕118 533 588
景長（本覚） 卒伝〔一〕539
景豊（本益） 〔六〕84
慶邦（慶寿、藤次郎・陸奥守） 寛永寺霊廟修築㊀463 502／㊁348
慶邦室 ㊁683
光宗（万助） 元服・偏諱〔三〕134／〔三〕109 339 366 367 370 387 408 410 414
綱基 ↓伊達綱村
綱宗（巳之助） 家中騒動〔四〕358 361 362〔五〕98。江戸府内溝渠疏鑿〔四〕344 352〔五〕350。致仕伝〔四〕361／〔三〕451 601〔四〕131 274 292 356〔七〕166
綱宗母 〔四〕298
綱宗継母 〔四〕299

伊達綱村（亀千代） 相続㊃379。鷹場返上㊃404。家中騒動㊄97 98。伊達宗勝三万石返還㊄104。聖堂に祭器献上㊅85。致仕伝㊅514。逸事㊅516 730／㊃384 497 570 ㊄3 6 60 139 164 165 209 211 220 253 378 419 ㊅80 247 248 ㊇158。家士㊄114 ㊅80 129 159 186 215 246 277 315 353 390 426 459 495
主馬 ㊀689
秀宗 宇和島領主㊀761。秀忠茶事㊁415 504 505 626。家光茶事㊂160。証人交代㊂176 221 351 387 433 510 590 637 686 ㊃74 108 140。唐船漂着㊂172。明国滅亡、来航船処置令㊂461。江戸城西丸修築㊂636。紅葉山に樹木献上㊃93。致仕伝㊃235。歿㊃270／㊀452 ㊁91 185 186 242 376 423 536 569 676 ㊂2 399 613 ㊃235
秀宗室（井伊直政女） ㊀452
周宗（政千代） 蝦夷地出兵㊀616。致仕㊀684／㊀326 358 620 688
周宗室（綾姫、家斉女） →麗玉院
重村（藤次郎） 関東河渠浚利助役㊉240 250。仙台通宝鋳造㊉760。致仕伝㊀125。歿㊀315／㊈182 562 564 647 665 707 732 ㊉384 397 492 764。家士㊈672 698 721 747 ㊉67 100 137 171 203 235 253 263 290 318 345 387 399 426 480 530 556 585 616 644 708 736 760 ㊀93
重村室（延姫、田安宗武女、恵覚院、婚約中死去） ㊈14 562 734
重村室（近衛内前養女） ㊀561
将監（伊達家士） ㊀685
正信 ㊃215
成実 ㊁141 142
政宗 大崎葛西一揆㊀60。関ヶ原合戦㊀72。江戸市街修治㊀76。仙台城修築㊀89。家康遺命㊀282 ㊁91。九戸一揆㊀292。大坂冬陣〔軍議㊀297 730 741 759。秀頼使者逮捕㊀707 714〕㊀691 700 701 706 726 740 744～746 753。大坂夏陣㊁27。家康の鷹場を犯す㊀366。京の歌舞妓召見㊀415。家康・秀忠・家光来邸㊀421 424 532 539 619 ㊁148 183 310 317 429 430 480 ㊂19 729。御家号㊀456 480。茶事㊀532 ㊁148 424 441 480 493 628 669 670 ㊂728。禁裏造営課役㊀547 603。封地地震㊀567。封内真言宗争論㊀621。越後高田城修築㊀649 656 658 663 665 667。江戸邸焼亡㊁72 209。江戸参府㊁112。山形城請取㊁233 235。不忘山噴火㊁330。加藤明成と戯言㊁406。封地に別邸造営㊁407。江戸城経営〔半高役㊁446〕㊀407 541 542 550 ㊁189 191 199 201 447 464 ㊂2。争論㊁491。異心の者討伐を言明㊁534 ㊂702。土井利勝諸大名を試む㊁547 ㊂363。領知判物㊁658。家光に猿楽進覧㊁670 ㊂728。卒伝㊂21。逸事㊂22 23 727／㊀366 406 ㊁187 351 446 568 658 664 ㊂15 713。家士㊀420 552 ㊂105
政宗室（田村清顕女） ㊁480
政宗女 →松平忠輝室
斉義（陸奥守） ㊁25 85 95 173 174
斉宗（総次郎・徳三郎・陸奥守） ㊀684 686 691 ㊁21
斉宗室（錯姫、紀伊治宝女） ㊀645 691 724 ㊁168
斉村（総次郎） ㊉787 ㊀45 125 239 323。家士㊀184
斉村室（鷹司輔平女） ㊀314
斉邦（陸奥守） ㊁180 181 186 206 436
宗贇 四品㊄513。大成殿再建助役㊅530 554。十万石拝領㊅265。卒伝㊆148／㊄512 603 ㊅180 696 ㊆147 156。家士㊅555

伊達宗翰（紀伊守） 致仕㊁500／㊀778 ㊁341
宗紀（遠江守） 致仕㊁523／㊁113 124 176 192 280 537
宗孝（若狭守） ㊁500 666 679
宗高 〔二〕364 365 372 376
宗綱 〔二〕114 150
宗興 〔四〕352 〔五〕98
宗時 〔二〕242 423 〔三〕324
宗実 〔二〕242 423
宗純 分封〔四〕235。禁裏造営助役〔四〕395 438。公卿館伴〔五〕202 364 538。致仕伝〔六〕114／〔四〕94 256 259 614 〔五〕22 442
宗勝 伊達綱宗逼塞を伝命〔四〕358。伊達綱村の後見〔四〕361 〔五〕97。伊達騒動〔五〕97。配流・伝〔五〕98。封地返上〔五〕104。歿〔五〕327／〔二〕574 〔三〕351 426 〔四〕146 164 173 250 383 〔五〕350
宗城（遠江守） ㊁382 523 543
宗城室（水戸斉昭女） ㊁382
宗相 〔六〕650
宗村 婚姻〔八〕682 687 704～707 〔九〕181。優遇〔九〕182。二丸消火〔九〕425。寛永寺修築助役〔九〕539 560 568。卒伝〔九〕662 665／〔八〕396 582 751 835 〔九〕74 549 611 638 662。家士〔九〕80 103 350 406 442 473 500 524 554 578 605 630 651

伊達宗村母（久我通誠養女・伊達吉村室） 〔九〕127
宗村室（利根姫、紀伊宗直女・吉宗養女） ↓雲松院
宗村女 ↓鍋島重茂室
宗泰 〔二〕364 419 429 430 480 684
宗保 卒伝〔六〕183／〔五〕540 〔六〕114
宗利 江戸城修築助役〔四〕274 299 327。伊達綱村の後見〔五〕99。越後騒動〔五〕423。致仕伝〔六〕180／〔四〕33 235 252 264 322 488 570 〔五〕167 325
村賢（能登守） 卒伝㊀120／〔十〕47 131 153 ㊀10 30
村候 二丸消火〔九〕425。延暦寺修築助役〔十〕29 102。関東河渠堤防修築助役〔十〕654。家格復旧〔十〕659。武技褒賞㊀200。卒伝㊀262 266／〔八〕680 690 〔九〕66 422 〔十〕397 492 ㊀189。家士〔十〕103 657
村候室（鍋島宗茂女） ㊀99
村寿（遠江守） 致仕伝㊁113／〔十〕530 ㊀266 423 602 768 ㊁143
村信 致仕伝〔十〕131／〔八〕714 766 794
村澄 〔八〕639
村年 溜池浚利助役〔八〕144 165 〔九〕183。恩貸金〔八〕611。卒伝〔八〕686 690／〔七〕156 236 373 〔八〕162

伊達村芳（若狭守） 致仕㊀778／㊀120 704 714 227 686
村豊 卒伝〔八〕766／〔六〕183 540
村明（兵五郎） ㊀602
村和 封地還附・伝〔六〕386／〔五〕220 〔六〕337 375 379。家士〔六〕375
但馬守（紀伊家士） ㊀656
忠宗（虎菊丸） 婚姻〔一〕549 〔二〕141。江戸城修築助役〔二〕192 201 281 〔三〕20。秀忠上洛供奉〔二〕253 365 367。秀忠茶事〔二〕415 504 505 626。家光茶事〔三〕120。相続〔三〕21。封地水害・恩貸金〔三〕100。狩場拝領〔三〕118。伴天連追放〔三〕172。鎌倉英勝寺法会〔三〕561。江戸城西丸造営用材献上〔三〕636。安宅丸船魂祭〔三〕713。証人交代〔四〕74 141。封内に東照宮建立〔四〕106。小石川溝渠浚利〔四〕263。病気〔二〕507 511 〔三〕208 367 672 〔四〕158。卒伝〔四〕274 278／〔一〕80 452 570 608 〔二〕111 209 310 317 328 342 364 376 445 471 475 536 568 635 661 676 〔三〕20 30 44 210 227 324 366 411 561 729 〔四〕12 53 108 109 140 178 210 213 274
忠宗母（田村清顕女・伊達政宗室） 〔三〕365 〔四〕68
忠宗室（振姫、池田輝政女・秀忠養女）

伊達　↓孝勝院
　定宗　〔二〕142
　藤五郎(伊達家士)　㊀685
　虎千代(伊達忠宗男)　〔二〕429 430 480
　兵庫(伊達家士)　〔五〕104
　房次　〔二〕365 〔三〕65 158
　房実(房成)　〔二〕365
　房征　〔八〕849 〔九〕69
　三河守　〔一〕732
　本　〔一〕752
体門院(家斉男)　↓清水敦之助
泰庵(越後家医)　〔三〕685
泰翁(誓願寺)　〔一〕135
泰受院(美代姫、水戸吉孚女・水戸宗尭室)　〔六〕685 686 697 708 〔七〕136 405 430 〔八〕31 〔九〕388
泰明院(泰姫、家斉女・池田斉訓室)　㊁250 416 418 439
大(水野忠政女、家康母)　↓伝通院
大覚院　↓尾張斉荘
大覚寺休意　〔三〕362 364
　庄五郎　〔三〕364
　清阿弥　〔三〕362
大玄(増上寺)　〔九〕605 667
大虞院(浅井長政女・豊臣秀吉側室)　↓淀殿

大黒某(京市人)　〔一〕596
　作右衛門　通用銀改鋳㊁409 436 449 479
大黒屋幸大夫　㊀227
　助左衛門　〔一〕121
　長左衛門　〔一〕399
大樹寺殿　↓松平広忠
大聖寺宮　〔五〕232
　永享(後水尾天皇女)　↓本元院
　英宮(霊元天皇女、永秀尼王カ)　〔八〕378
　恵仙(後陽成天皇女)　↓天祥院
大膳亮杏寿　㊀691
　好菴　㊀784
　三悦　〔三〕357 404 431
　宗春　㊀691
　道彝　大奥伺候〔五〕296 306。奥の日録〔五〕491 493／〔五〕526 606
　道孝　〔八〕725
　道峻　〔四〕56 57 65 146 271
　道知　〔八〕725
　道和　〔五〕296
　良俊　㊀654
大道寺内蔵助　〔一〕70
　玄蕃　〔二〕247 〔五〕275
大次郎　㊁698

大道寺直次　〔二〕631 699 〔三〕43 〔四〕35。所属同心〔三〕231
　直富　大坂城目付〔五〕594 611。江戸城筋違橋石垣普請奉行〔五〕507 517／〔六〕716
　直侶　〔八〕659
大納言局　〔三〕329
大弐(中宮女房)　〔二〕397
大浜(増上寺伴頭・鴻巣勝願寺)　㊀409
大文字屋忠兵衛　↓忠兵衛
台獄院(憲子内親王、霊元天皇女)　〔五〕38
醍醐輝久　〔十〕462
　昭尹　〔六〕706
　冬基　〔五〕283 285 310
孝子内親王(後光明天皇女)　↓礼成門院
高井伊織　〔二〕317
　勝太郎　㊁608
　五郎左衛門　㊁382
　国尋(対馬守)　㊁469
　佐渡守　㊁31
　式房(左京・隼人・但馬守)　㊁106 226 383
　実員　㊀98 185 366
　実次　〔三〕300
　実重　〔一〕170
　実政(鍋之助)　㊁64
　実徳(山城守)　㊁236

高井実美（鉄五郎・鉄之丞）㊁163 408
綽房 〔十〕492 ㊀5 64 299
常春（常房、但馬守）㊀797
信房 小姓組番頭に準ず〔九〕131。加封〔九〕405 474 646。西丸御側申次〔九〕646。馬献上〔九〕649。放鷹常時扈従〔九〕649／〔八〕294 〔九〕578 667
真政 〔十〕81
真展 〔十〕607
清寅（飛騨守）㊀790
清益 〔十〕485
清章（飛騨守）㊁575
清信 〔八〕57 186
清正 〔二〕178 317
清方 〔五〕441 〔六〕2
清房 家重附〔八〕35。二丸昵近〔八〕307。二丸側衆〔八〕352／〔八〕642
但馬守 ㊁530
端清 〔六〕262
忠郷（対馬守）㊁285
忠篤 ㊀281
直熙 〔十〕776 781
直政 〔八〕724 〔九〕551
直清 卒伝〔二〕178
高井対馬守 ㊁658
貞重 〔一〕450 〔二〕97 105
貞清 〔二〕105 700
鉄五郎 ㊀708
兵助 〔六〕147
主水 ㊁581 587
弥五左衛門 〔六〕319
友清 江戸城三丸春屋等修築奉行〔三〕187。駿河田中目付〔三〕587／〔三〕149 〔四〕265 292 604 607 〔五〕2
高泉木工 ㊀747
高尾嘉文 〔二〕66 〔三〕659 〔四〕364
次右衛門 〔二〕71
信熹 ㊀364
信仍 〔六〕63 221 〔七〕158
信福 ㊀521
惣十郎 ㊁57
忠正 〔二〕617
良幸 〔三〕278
高丘紹季 〔九〕706
高垣兵右衛門 〔一〕732
高木為治 〔六〕388 421
為信 勤番懈怠・閉門〔三〕317 344／〔三〕296 304 399 655 〔四〕380 442
高木市太郎 ㊁693
允貞 〔九〕603
衛貞 美濃河川浚利〔六〕505 507 508／〔五〕401 〔七〕429 〔八〕482
易貞 〔五〕157 163 〔六〕634
演貞 〔十〕673
吉長 〔四〕523
久助 ㊀667
九郎右衛門 〔一〕737
元英 〔四〕523
元吉 〔二〕546
元茂 〔八〕164
玄蕃 ㊁353
広正 三方原役〔一〕151。忍城代〔一〕413。卒伝〔一〕413
宏次 〔十〕260
左太郎 〔六〕430
左内 ㊁72
作右衛門 〔二〕106 468
作右衛門 ㊁567
資賢 ㊀604
主膳 ㊁509
守久 采邑収公〔一〕500。家光上洛、熱田船割役〔二〕373。宿割役〔二〕561。日光相輪

高木
塔修造奉行〔三〕292 324 326。加恩〔三〕328 〔四〕521。禁裏附・黒印条約下賜〔三〕329。駅路管掌〔四〕315。日光社参巡察〔四〕333 418 437 463。二条城破損・巡見〔四〕484。常陸谷原新田水害巡察〔四〕582 584 589 599／〔二〕511 539 〔三〕303 327 330 334 376 〔四〕263 269 356 362 389 397 450 〔五〕79 120 246 250
守興　〔六〕335 〔八〕302 306 727
守興室（久留島通清女）　〔七〕287
守次　〔一〕500
守勝（善七郎）　〔六〕534
守節　〔十〕290
守明　〔八〕779 〔九〕424 425 495 〔十〕49
守養（守勝、善左衛門・伊勢守）　江戸水路滞塞巡察〔五〕379 382。松平光長封地収公〔五〕417 420 430。火災地巡察〔五〕470。二条城破損・巡察〔四〕484 487。駅路管掌〔五〕494。諸駅に生類憐愍下令〔六〕23。高野山衆徒行人訴訟裁決〔六〕144 147 150／〔四〕81 〔五〕66 385 400 〔六〕237 335
修理　㊀691
重胤　〔四〕87
重刻　〔五〕301 〔六〕448
助方　〔三〕223

高木新三郎　㊀784 ㊁26
甚五兵衛　〔五〕246
甚左衛門　〔五〕246
正永　〔六〕140
正盈　〔九〕616 624
正栄　会津目付〔八〕607 623／〔八〕689
正弘　分封〔二〕509。駿府番代〔三〕146。駿府加番〔三〕152 209 496。寛永寺納経〔四〕6 10。卒伝〔四〕279／〔二〕530 621 〔三〕2 261 286 〔四〕46 269
正好　分封〔二〕509 676／〔二〕530 621 〔三〕26
正幸　㊀185 289 569
正恒　卒伝〔九〕74／〔八〕451 〔九〕7
正綱（喜左衛門）　〔一〕494
正綱（九助）　〔一〕413 638 641
正綱（頼母助）　↓高木正親
正剛（主水正）　致仕伝㊁151／〔十〕666 ㊀147 ㊁113
正次（九助）　〔一〕270 〔二〕41
正次（主水正）　大坂冬陣〔一〕703 726。大坂夏陣〔二〕33。一万石拝領〔二〕304。家光上洛供奉〔二〕249 257。卒伝〔二〕509／〔一〕302 384 548 〔二〕143 229
正次（九兵衛・筑後守）　大坂冬陣〔一〕705 739。越後の国務沙汰〔二〕103。松平忠直配所監使〔二〕250 260。越前北庄御使〔二〕306。蒲原旅館造営奉行〔二〕599。佐渡御使〔二〕612。紅葉山修造奉行〔三〕367。秀忠墓所修造奉行〔三〕486／〔二〕100 260 368 401 533 538 552 557 585 598 606 617 〔三〕159 259 533 〔四〕35

高木
正秋　〔九〕700
正俊　〔三〕155
正勝　〔三〕159
正照（喜左衛門）　〔六〕31 38 41 50
正照（帯刀）　㊁125 376
正信（喜左衛門）　〔二〕192
正信（九助）　〔九〕2 127 521
正親（正綱）　〔四〕46
正成　小田原城代〔二〕529 575。加封〔二〕596。卒伝〔二〕676／〔二〕396 509 512 538 672
正省　〔八〕381
正盛　吹上勤番〔四〕319。卒伝〔五〕71／〔三〕555 〔四〕363 401 413 〔五〕41 51 71
正則　忍城番〔二〕597。家光上洛供奉〔二〕637。中川番〔四〕398／〔一〕641 〔二〕584 616 〔三〕136 499 〔五〕297 502
正村（玄済）　〔六〕349
正坦（亨之助・主水正）　㊁604 609 688
正長（喜左衛門）　江戸城本丸修築夜警〔三〕

高木
155／〔三〕149 588〔四〕444〔五〕295 299
正長(玄済)　治療〔三〕188 373 447 503〔四〕222。尾張
義直中風治療〔三〕487。日光社参供奉
〔三〕518 532／〔三〕81 199 212
正長(正村、安竹)　〔三〕518
正長(九助)　〔八〕131
正直(元之助・主水正)　卒伝〔十〕666／〔十〕560
645
正直(善左衛門・善右衛門)　〔五〕41
正陳　吉宗狩猟、別墅に臨む〔八〕527 528。卒
伝〔九〕7／〔五〕419〔六〕44〔七〕248
正鼎(正弼、帯刀・筑後守)　〔十〕387 ㊀426 464
正弼(主水正)　出仕を止む〔十〕400 554。卒伝
〔十〕645／〔九〕74 679
正府　〔六〕692
正方(内蔵允)　㊁32 211
正豊　卒伝〔五〕419
正房　〔三〕676 685
正明(宇右衛門)　〔四〕627〔五〕502
正明(主水正)　致仕㊁609／㊁151 536
正雄(左京)　㊀107
政春　〔三〕218
清右衛門　㊁437
清英　〔八〕267

高木清左衛門　㊁210
清秀　卒伝〔一〕523／〔一〕445
清長　〔五〕518
清本　〔三〕505
多膳　㊁168
大次郎　㊀659
帯刀　㊁392
忠次　〔三〕182
定清　江戸城外郭修復奉行〔四〕546。仙台目
付〔五〕154 168。日光山目付代〔五〕187 293 388。
大坂目付〔五〕266 281 453 477。巡見使〔五〕399
428／〔四〕620 631〔五〕517 518
貞一　美濃伊勢河川修築〔十〕227／〔九〕675〔十〕255
貞往　〔九〕644〔十〕227
貞輝　〔七〕429〔八〕562
貞元　〔三〕30 285
貞固　〔十〕255 ㊀183
貞蔵　〔八〕796〔十〕413 414 648
貞之　〔四〕554
貞次　〔五〕238 291〔六〕353
貞重　〔五〕163
貞俊　〔二〕600
貞勝(権右衛門)　〔三〕30 285〔五〕104
貞勝(藤兵衛)　〔五〕369〔六〕373

高木貞辰　〔六〕508
貞盛　〔一〕88〔二〕600
貞臧　〔九〕765〔十〕227
貞則　〔五〕104〔六〕301
貞長　〔五〕157
貞明　〔九〕644 652
貞友　美濃国河川修築〔二〕335 600〔三〕285／〔二〕622
貞庸　〔六〕507 719
貞利　〔一〕88
貞隆　〔六〕508〔七〕157〔八〕29
頭牧　〔九〕520
藤兵衛　㊁86
篤貞　〔九〕644〔十〕227
彦右衛門　〔六〕413
兵庫　㊀184
武頭　㊀630
孫兵衛　〔三〕642
主水正　〔一〕168
主水正　㊁509
六左衛門　〔五〕615
六兵衛　〔六〕430
高城胤親(清右衛門)　㊁464
胤則　卒伝〔一〕117
重胤　日光御使〔三〕555〔四〕82 122 126 142 144。福知

高城 山御使[三]561 562。大坂目付[三]674 688／[一]117 [三]518 671 693 [四]90 99 277 338
清胤 上田城引渡[六]620 622。巡見使[八]59 90／[八]436 665
高倉永慶 衣紋役[二]300 [三]9 10 183 321 343 538 [四]48 87。昵近衆[三]93。江戸宅地下賜[三]135 719。下賜米[三]225 388 [四]24 71 240。家綱元服式[三]389。優待[三]719。家綱将軍宣下[四]24。罹災下賜金[五]231 232／[二]124 372 394 615 620 643 656 [三]7 9 10 130 134 139 192 266 316 324 342 348 434 435 480 481 488 524 547 600 605 664 670 689 690 [四]22 26 71 110 193 240 281 329 381
永敦 衣紋役[三]10 183。新院伝奏[四]306。家人に殺さる[五]430／[三]547 692 [四]177 329 397 494 564 602 [五]37 127
永福 [六]706
永房 [六]706 [九]240
幸左衛門 [八]122
助五郎 [二]599
高崎和泉守 [一]759
高階経道 [十]665
経和 [七]217
小伝次 [二]403
伝次郎 [二]18
高島久長（祐庵、朔庵） 種姫診脈[十]530／[十]741 805 [一]160
兼通 [十]191
兼明 [六]79 [八]417
広行 [十]522
広道 [一]475
左近 [三]257 258
四郎大夫 ↓高島茂敦
秋帆 ↓高島茂敦
長親（左近） [三]166
長親（又左衛門） [四]538
茂敦（四郎大夫・秋帆） [二]464
高須隼人 [一]735
高瀬喜朴 [九]235
高瀬屋新蔵 [一]113
高田安政 [二]631 [四]338
一学 [四]46
九兵衛 [二]270
斎宮（小笠原忠真家士） [三]691 715
三節 [二]517
治左衛門 [八]362
政孝 直訴取計・戒諭[九]233。家伝の戎器進覧[九]267。大坂定番引渡[九]376／[七]402 [八]102 427 436 591 [九]385 713
高田政信 [四]443 [五]154 492
宗碩 [六]359
千代姫（家光女・尾張光友室） ↓霊仙院
直政 [一]705 [二]14
又兵衛（小笠原忠真家士） [三]691 715
高田方（勝姫、秀忠女・松平忠直室） ↓天崇院
高月則忠 [一]186
高辻 [四]495 [五]231
総長 [六]706
福長 [十]462
高梨主膳 [二]35
高野（大奥老女） [七]437
高野勝左衛門 [三]280
喜三郎 [三]278 280
権兵衛 [二]147
庄右衛門 [三]279 280
庄兵衛 [三]280
道入 [五]570
彦兵衛 [三]279 280
文十郎 [三]280
保光 [六]615
保春 [六]706
万太郎 [三]279 280
山三郎 [三]280

高橋(大奥老女) ㊀193
高橋屋称 ㊀293
角左衛門 [四]17
掃部入道 [一]412
喜兵衛 [八]637 810
吉左衛門 [七]102
久兵衛 [二]640 641
景保(作左衛門) ㊁46 63
元種 [一]547 636
源大夫 [五]487 489
源之助 ㊁335
小太郎 ㊁535
恒佐 [八]111 [九]127 662
恒成 ㊀293
次左衛門 ㊁291
次郎作 ㊁410
治左衛門 ㊁442
十三郎 [三]39
正元 大番[四]627／[四]503 [五]496 [六]5
忠左衛門 ㊁4
長左衛門 [十]766
直次(主膳正) ↓立花直次
鎮種 ↓立花鎮種
半三郎 [三]39

高橋半兵衛 ㊀718
彦八郎 [八]91
平作 ㊁588
茂左衛門 ㊁189
与右衛門 ㊁469
高林市郎右衛門 [五]274
吉久 [三]80
吉次 [二]617 [三]80
佐久衛門 [六]193
次郎兵衛 [三]524 674
昌重 [二]134
昌成 [四]432 444 519
昌雄 [十]240
政末 ↓高林直重
直次 [三]199
直重(政末) 浦方巡察[四]602 629／[四]430 483 523 527 [五]2 83 274
平七郎 [三]444
平十郎 [三]445
平兵衛 [六]21
又兵衛 [八]82
明慶 [十]199
与惣右衛門 [六]454
利愿(丹後守) ㊁512

高林利之 大坂目付[五]141 155／[六]257 [七]89 231
利春 巡国使[三]231。江戸城濠浚利奉行[三]273／[二]182 333 [三]295
利直 ㊀622 631
利要 閉門[八]637 638／[八]436 437
利要妾 [八]637 638
高原仲輝 [五]101
仲頼 [五]8 101
直久 [二]420 [三]189
高樋政胤 [六]337
高間伝兵衛 [八]623
高松宮好仁親王女明子女王 ↓後西天皇女御
幸仁親王(後西天皇男) ↓有栖川宮幸仁親王
智仁親王室 [二]535
良仁親王(後陽成天皇男) [三]105
高宮右京 [四]497
高室四郎左衛門 ㊁13
昌成 [二]99
昌貞 [六]43
昌明 [六]492
政有 [十]512
高屋七郎兵衛(長崎商人) [一]712
種久 [二]402

高屋利尹 [九]26。領民[七]240
高安高豊 →岩田高豊
　三太郎 [八]759[九]312
　彦太郎 [三]293
高柳政右衛門 ㊁20
高山右近 →高山友祥
　記通（紀通） 大坂定番引渡[九]38 44／[八]405 [十]81
　守真 [十]830
　正成 [三]77
　盛聡（盛総） [一]547
　平左衛門 ㊀705㊁555
　兵左衛門 [六]714
　友祥（右近） 阿媽港に遠流[一]336 654 655 695。天主教禁断[一]654／[一]647 652
　淀一（検校） [一]626
　利永 [二]414
鷹司有姫（任子、鷹司政熙女・鷹司政通養女・家定室） →天親院
　教平 [三]9 16[四]197 381
　教平女（信子、綱吉室） →浄光院
　兼熙 縁組[五]152。『寛永寺根本中堂供養作法』作定[六]343。関白宣下[六]501。罹災居宅造営費贈与[六]706／[五]369 371
鷹司
　424 472[六]340 691[七]93
　兼熙室 [五]271 384
　兼熙養女 [六]469
　信敬 ㊀509
　信充（松平） 歿㊀509／㊀181 427 452
　信正（松平） 卒伝[六]127／[五]136 251
　信成（松平、豊松） 致仕伝㊀427／[十]479 492 717
　信清（松平） 加増・実封一万石[七]21。卒伝[八]341／[六]127 362
　信平（松平） 召出[三]670 677。婚姻[四]97。御家号[四]107。邸宅下賜[四]120。邸宅罹災[五]8。卒伝[六]58／[三]663[四]28 36 46 109 131 192 201[五]43
　信平室（紀伊頼宣女） →松寿院
　信房 [三]521[四]103 110
　信房女（家光室） →本理院
　信明（松平） 卒伝[十]479／[十]216 374 398
　信友（松平） [八]341 437
　信有 致仕伝[十]374
　政熙 [十]743
　政熙室（蜂須賀重喜女） [十]743
　政熙女（有姫・任子、家定室） →天親院
　政熙女（仁孝天皇女御） →新皇嘉門院
鷹司政通 ㊀525
　政通室（鄰姫、水戸治紀女） ㊀525
　輔信女（八重姫、鷹司房輔養女・綱吉養女・水戸吉孚室） →随性院
　輔平 家治室〔心観院〕に対面[十]20 187。廩米下賜[十]716／[九]679[十]16 22 46 410
　輔平男（操丸） [十]436
　輔平女 →伊達斉村室
　輔平女（房姫、尾張治興室） [十]495
　房輔 邸宅下賜[四]152。家計窮乏・下賜金[四]585 624。罹災下賜金[五]164。加恩[五]444。歿[六]393／[四]197 394 451 515[五]50 152 406 438
　房輔室 [五]164 271 327
滝
　勘右衛門 [五]430
　又蔵 ㊁647
滝川唯一 ㊀227
　一益 [一]137 167 173 174
　一時 卒伝[一]83／[一]89
　一純（清右衛門） ㊁41 393
　一乗 滝川一積後見[一]118[三]116／[一]89[三]180
　一成 [三]525 674
　一積（三九郎） [三]116 554 555
　一積（十三郎） [十]572
　一貞 [十]775

滝川一明 〔四〕470 487
　具章 加恩〔五〕89 275。黜免〔六〕488／〔五〕84 86 270 〔七〕289
　元長 宮津城引渡〔六〕293 298。小普請組支配〔八〕159。大坂城代引渡〔八〕542 545／〔九〕126 348 366 394 444 445
　十次郎 ㊁570 655
　絨太郎 ㊁278 279
　春章 〔十〕105
　正則 卒伝〔二〕351／〔一〕509 〔二〕66
　忠往 〔一〕424 691
　忠征 名古屋城修築奉行〔一〕511。大坂冬陣〔一〕714。大坂城濠埋立〔一〕746 747 756。尾張義直附〔二〕116／〔一〕762 〔二〕247
　直政 〔二〕116 〔三〕114 571
　彦次郎 ㊀654
　雄利 卒伝〔一〕509／〔一〕508
　利久 〔九〕490
　利教（大吉・大内蔵・安芸守） 火災巡見㊁112 176／㊁48 206 388 392
　利錦 〔五〕251 〔七〕14
　利元 〔八〕256
　利広 〔十〕556
　利章 〔九〕467
滝川利端 〔九〕751
　利貞 天樹院葬儀〔四〕561。江戸城菱櫓前亭造営〔五〕35。江戸城大奥茶室造営〔五〕78 155／〔二〕351 499 539 551 553 577 〔三〕166 167 〔四〕190 561 〔五〕4 231 264
　利雍（安芸守） ㊀609 ㊁40
滝野（大奥表使） ㊀193
滝野為伯 〔一〕428
　甚四郎 〔七〕172
　定一 〔一〕400 〔三〕357
　道寧（元寿） ㊀339
宅間紀峰 〔十〕805
　憲之 〔三〕525 543 〔五〕246 264
　憲勝 〔二〕662
　憲照（与右衛門） ㊁172 176
　憲清 〔五〕264
　忠次 〔二〕146 617 668
　忠上 〔八〕656
　良豊 〔十〕268 285
卓玄（小池坊） 〔六〕110 113
暉長老（鹿苑院） 〔一〕617 654
沢庵（東海寺） 紫衣事件・配流〔二〕463 464。国安堵〔二〕555。赦免〔二〕633。東海寺創建〔三〕101 135。東海寺万年石〔三〕123。東海寺寺名下賜〔三〕137。宅地下賜〔三〕210 212。家光茶事〔三〕210 211 299 311。詠歌〔三〕730 751。家光帰依〔三〕713 750。二丸東照宮頌詞〔三〕721。柳生宗矩〔三〕433。酒井忠勝山荘内梵刹山号〔三〕722。『養生編』〔三〕737／〔二〕175 701 〔三〕51 70 75 104 165 169 170 192 222 230 375 424 741 750
沢真（伝通院） 〔九〕671
沢隆（最勝院） 〔十〕670
沢亮（館林善導寺・飯沼弘経寺） ㊀243 542
竹井次郎助 ㊀765
竹尾宇大夫 〔三〕280
　吉十郎 ㊁147
　元教 ㊀575
　元貞 ㊀102 170
　俊久 〔一〕443
　俊昌 〔五〕320 334
　俊勝 〔一〕443 〔二〕245
　俊方 因幡目付〔三〕303 320。大坂目付〔三〕568。亀山城引渡〔三〕691／〔二〕561 〔四〕345
　清右衛門 ㊁590 608
　善助 ㊀795
　伝左衛門 〔五〕156
　八十太郎 ㊀584

竹垣三右衛門 ㊀728 740
庄蔵 ㊁155
直照 〔十〕802
竹川経秀 〔三〕302
信経 〔二〕311
武助 ㊁262
明親 〔六〕216 252 257
明忠 ㊀518
明直（飛驒守） ㊁439
明美（善兵衛） ㊁657 685
明苓 〔九〕585
竹腰勝起 〔九〕614〔十〕39
信行 〔二〕413
信良（源太郎） 〔一〕664
正映 〔六〕631
正好 〔一〕129
正辰 〔五〕173 442 568
正信 加封〔一〕401 451〔三〕182。兵器調度下賜〔一〕401。駿府城火災・家康来駕〔一〕448 449。一万石拝領〔一〕451。尾張義直附〔一〕451。尾張国務沙汰〔一〕576。銃技進覧〔一〕580。大坂冬陣〔一〕688。大坂夏陣〔三〕27。五島盛利の事等老臣と会議〔三〕476。病気〔三〕433 480 511／〔一〕505 538 543 576 577 671〔三〕89
竹腰 99 247 248 453 640〔三〕3 6 34 109 153 154 293 416
正信女 〔二〕515
正晴 〔三〕416〔四〕57 67 141 269 346 437
正武 〔七〕139〔八〕727
成方 〔二〕312 453〔三〕34
睦群 〔十〕769
友正 〔六〕42
竹島周防守 〔一〕600 601 623
竹田永翁（武田） 〔一〕694 733〔二〕39 42〔三〕673
顕斯 〔十〕321
公欽 ㊀568
公豊 〔十〕293㊀256
氏睦（今春・川勝、弥三郎） 〔六〕693
政賢 〔六〕599
政清 〔二〕441〔三〕374
政知 ㊀606
政武 根津権現造営〔六〕625 637。浜離邸修築〔六〕690。紅葉山廟修築奉行〔七〕5 21 118。禁裏造営奉行〔七〕72。黜免〔七〕239／〔六〕681〔七〕131 143 172 210
政容 ㊀279
政量 ㊀151
専益 〔四〕595
大助 〔一〕731 733
竹田忠雄 家継廟造営〔八〕73／〔七〕271 283 452〔八〕12 237
定快（治部卿） 〔三〕568〔五〕173 606〔六〕51 155 156〔七〕115
定賢（慶安） 〔二〕519
定昌（宮内卿） 〔二〕627
定勝 〔四〕98
定宣 奇薬奉呈〔三〕130。養生術下問〔三〕130。薬種下賜〔三〕279／〔一〕456〔二〕532〔三〕137 374
藤左衛門 ㊀569
直五郎 ㊀776
半之丞 ㊁656
兵衛 〔一〕731
兵庫 〔一〕733
芳庵 〔四〕81
苞丸 ㊁517
竹中元恭 〔十〕266
元智（遠江守） →竹中重寛
元儔 〔九〕615〔十〕655
元昶 〔十〕236 245
元長 ㊀34
元美 鳥羽城引渡〔八〕104 109／〔八〕474 721
元敏 〔六〕596〔九〕602
源三郎 〔二〕624
重栄 美濃小熊川舟梁〔七〕70／〔五〕467〔八〕285 286 504

竹中重寛（元智、遠江守）〔十〕735 800 ㊀518 587
重義（采女正）　禁裏造営課役〔一〕547。福島正則改易〔二〕168。森川重俊殉死遺書〔二〕533。長崎奉行罷免〔二〕585。私曲自刃〔二〕624／〔二〕377 434 538 565　↓竹中重次
重高　〔四〕21 487〔五〕299
重之　分封〔四〕526。駿府論所見分〔五〕61。姫路目付〔五〕436／〔六〕481 504
重次（采女正、竹中重義カ）〔二〕246 516
重常　甲府在番〔三〕98 101。久能山修築奉行〔三〕209 245。三河滝山東照宮造営奉行〔三〕385 394 460。近江柏原辺公料管掌〔三〕41 478／〔二〕525 539 638〔三〕138 456 560 653
重職　〔六〕514
重信　韓使饗応〔二〕331。配流〔二〕624／〔二〕375 434 538〔三〕147
重長　〔五〕299 393 467
重定　〔一〕504 538
重富　〔八〕165
重門　名古屋城修築、木曽山材木奉行〔一〕466 510。禁裏造営課役〔一〕547／〔一〕637〔三〕300 525
重利（源助・伊豆守）　江戸築城費課役〔一〕119。禁裏造営課役〔一〕547。福島正則説諭伝命〔一〕690。大坂冬陣〔一〕690 695。福島正勝勢引率〔一〕703。正勝後見〔一〕736
重利（権佐）　〔二〕219 373
図書　㊁569
主税　㊁116 418
通庵　〔六〕362
定矩（鷹司信平二男）　火災地巡察〔八〕268。甲府城引渡〔八〕331。黜免〔九〕490／〔八〕311 860〔九〕639
定弘　㊀139 158
竹内　〔五〕232
英仙　㊀737
雅庸　〔四〕459
吉勝　〔二〕655
久六　〔一〕288
久米之丞　㊀318
源右衛門　㊁65
源左衛門　㊁40
源蔵　㊁187
孝治　〔三〕439
幸広　〔十〕542
幸綽（大隅守）　㊁285
四郎左衛門　〔三〕413
式部　〔九〕725
竹内重常　〔四〕519
俊治　〔二〕434〔三〕184
信安（次郎兵衛）　〔五〕605
信吉　〔三〕284
信次　〔一〕108
信就　召預〔五〕605／〔四〕523 566〔五〕351〔六〕140
信重　〔一〕108
信将　㊀270
信正　〔三〕242
信澄　〔五〕605〔六〕140
正武（平左衛門）　㊁230 237
長庵　㊁631
繁久　〔十〕126
保徳（清太郎）　㊁691
弥一左衛門　㊁19
竹の局（松平忠輝側室）　〔二〕560
竹林（吉田出雲）　〔一〕354
竹淵刑部大輔　〔五〕429
竹俣美作（上杉家士）　㊀693
竹光伊豆守　〔二〕37
竹村嘉英　江戸城西丸修築〔三〕673。勘定〔三〕673／〔三〕533
嘉躬　〔八〕107 213
嘉教　〔十〕754

竹村嘉勝　㈡524
　嘉珍　㈧184
　嘉武　㈦271　357
　嘉利　㈡414　519
　嘉理　㈡470　524
　喜兵衛　㈦15
　九郎左衛門　㈡384
　源左衛門　㈡581
　助兵衛　㈠552
　道清　卒伝㈡682／㈡700
　万嘉　絶家・卒伝㈢4
竹本権之助　㈠704
　重次　→阿部重次
　正依（茂兵衛）　㈡421
　正温　㈩618　㈠64　358
　正矩　㈨364
　正綱　㈧117　㈨536
　正時　㈢284
　正章　小姓組番頭格・申次役㈨718／㈨757　㈩289
　正岑　㈧119　286
　正仲　㈧644
　正美　㈨519　㈩494
　正誉　㈠445
竹本長景（徳三郎、大岡忠光弟）　優待㈩831／㈩8　9　373　734　830
　長鮮　㈧207　285
　長直　㈥270
　長宥　㈩9　28
　直次　㈡363
　土佐掾　㈤335
　隼人　㈠590
　隼之助　㈡11
　武兵衛　㈡139
　茂存　㈥556　㈧177
　茂兵衛　㈠666
竹　屋　㈤231
　光長　㈡125　㈢352　537　㈣123　257
　勝孟　㈩539
武井幸十郎　㈧663
　善八郎　㈧663
　孫七　㈧663
武島菅右衛門　㈡442
　左兵衛　㈨96
　定五郎　㈡188
　七九郎　㈧558
　七十郎　㈨95
　脩茂　㈠223
武島正茂　㈠156
　茂雅　㈥213　㈧382
　茂広　㈧810
　茂幸（茂秀）　㈠166　639
　茂次　㈢44
　茂秀　→武島茂幸
　茂昭（武田）　㈨433
　茂正　腰物奉行㈡573／㈢44　337
　茂孫　㈧436　571　810
　茂貞　㈠99
　茂利　㈥423
武田護信　㈠601
　上野介　㈠31
　国隆　㈨290
　秀安　㈠705　714
　勝頼　㈠38　40　41　44　156　291
　信安（川窪、与左衛門）　新番頭㈤223。大坂定番引渡㈤586。日光孟蘭盆使㈥17／㈣487　㈥353　373
　信安（主水）　㈩617
　信胤　㈧720
　信温　㈧796
　信喜　㈦289
　信吉　卒伝㈠90／㈠50　299。家士㈠83

武田信郷(長春院) [九]662 [十]57 430
信玄 ↓武田晴信
信虎 [一]21 143
信広 [六]415
信興 [六]426 427 [八]808
信実 [一]39
信守(鎗三郎) ㊁567
信重(竹田、道安) 秀忠治療[二]520。家光治療[二]612 [三]684。紀伊頼宣治療[三]99 105 150 151 236 238 343。回生丸[三]687。家綱治療[四]288。病者治療[三]56 109 117 410 433 635 636 639 [四]283／[二]253 575 638 [三]25 152 190 414 434 435 452 686 687 [四]204
信俊(川窪) [二]403
信親 [十]642 ㊀365 507
信成 [五]286
信村 家光百回忌法会[九]498 512 515。駿府城代[十]280／[十]605
信直 [十]794
信貞(川窪) 大坂陣[五]88。黜免[五]498／[三]156 [四]521 619 622 [六]655 [七]100
信典(左京大夫) ㊁106 195
信徳(兵庫) ㊁183
信復 [十]388 402

武田信豊 [一]39
信友(川窪、信常) [六]635 [八]338
信雄(川窪) [二]403 538 576 596 [三]156
信良(竹田) 亀松治療[三]493。病者治療[三]685 [四]124 430／[三]18 625 [四]557
信礼(和泉守) ㊁475
信禄(兵庫) 火災巡見㊁500 600／㊁612
晴信(信玄) 駿遠分領誓約[一]33。違約[一]34 36。三方原役[一]37 38 41 148 149 [二]285 [三]518 519。歿[一]38 153／[一]144
武富長右衛門 [二]415
武野紹鷗 [一]578
武見弁助 ㊁420
武光平太左衛門 [九]188
建部荒次郎 ㊁242
賢弘 家宣の印章彫刻[七]137。暦数[八]212 445 487 521 [九]292。諸国地図[八]383／[七]402 [八]624 646
賢文 [一]346
賢豊 [三]77 625
賢雄 [八]295
賢朗 ㊀481
広寛 [十]458
広逵 [九]702 [十]174

建部広喜 石見国目付[八]736 766。磐城平城引渡[九]431 435／[九]425 581
広高 [十]9 421
広載(六右衛門) ㊁368 379
広次 田安宗武傅役[八]693／[八]436 838
広充 [八]685 [九]592
広誠 [十]402
広長 [九]47 51
広通 [九]533 [十]522
広般 秋田目付[九]737 750。盗賊考察[十]613 626 653 662 679 694／[十]653 773 ㊀418 430
広明 [六]556 [八]299 436 651 668
広鱗(源左衛門) ㊁485 499
光延 韓使馬術御覧所設営[四]158。禁裏造営奉行[四]397 449 454 575 577／[二]333
光重 尼崎郡代[一]444。卒伝[一]520
光政 ↓建部政明
高光(寿徳) 卒伝[一]444
秀行 [八]787 [九]267 [十]255
秀詮 ㊀282
秀澄 ㊀490
昌孝 小石川離邸修築[六]179。犬小屋普請[六]231 247。世尊院造営[六]236／[六]59 94 179 216 265

建部昌興　秀忠上洛供奉㈡368。家光上洛供奉㈡637。右筆㈡576／㈡368㈢339 588㈣72
昌勝　㈤168
政宇（政寧）　駿府加番㈤245 269 553 588。伏見奉行㈥350 359。禁裏造営奉行㈥696㈦72。卒伝㈦421／㈣556㈤66 102 152㈦162
政賢（賢政）　致仕㊀695／㈩162 184㊀636
政周　致仕伝㈧611／㈥490 502 505㈦421
政醇（鶴太郎・内匠頭）　致仕㊁621／㊀655 695㊁356 393 532
政辰　㈤554
政長（内匠）　一万石拝領㈡59。転封㈡138。尼崎城修築㈡139。明石城修築㈡148 157 175。大坂冬陣㈠697 709。江戸城修築課役㈢1。播磨山崎目付㈢199。致仕伝㈣620／㈠520㈡536 622㈢342㈣22 146 173 498
政民　致仕伝㈩85／㈦430㈧611㈨557
政明（光政・政長）　卒伝㈤66／㈣61 620㈤16
政和（三之助）　㊁609 621
長教　卒伝㈩162／㈧855㈩85
直恒　㈢339
直昌　㈡321㈢303㈤168

建部半次郎　㈩461
立　田　↓タテダ
立花貫長　卒伝㈨432／㈥236 361㈧611
鑑一　㊀111
鑑寛（左近将監）　㊁586 595 711
鑑賢　㊀560㊁191 207
鑑虎　伊達綱村の後見㈤99。浅草新渠助役㈥23。致仕伝㈥265／㈣265 521㈤72
鑑寿（鑑樹、左近将監）　本所辺河川浚利助役㊀472 492／㊀235 359 506 768
鑑通　居城修築・恩貸金㈩420。致仕伝㊀359／㈨401㈩384㊀31 108 354
鑑任　根津権現祭礼改正㈧65。卒伝㈧237／㈥85 265 298 390 520 537
鑑備（左近将監）　㊁270 282
鑑門　㈩438
左近将監（立花鑑備カ）　㊁560
種温　卒伝㊁624
種吉　㈡500㈢425
種恭（徳之助・鏡之助）　㊁624 696
種次（稙次）　転封・加封㈡208。卒伝㈡479／㈡127 140 185 303
種秀　㈨513
種周　淑姫婚儀㊀308。愷千代移徙㊀380。

立花
蝦夷地管掌㊀401 477。蟄居㊀566 570／㈩26 92㊀224 365
種善（順之助・和泉守）　㊀571 578 658 661
種長　蛮船厳制伝命㈢147。公卿館伴㈢327 456㈣447㈤35。致仕伝㈤438 441／㈡479 499㈢1㈣261 347 464
種澄　㈣525
種徳　㊀297
種明　卒伝㈥361／㈣313㈤438 473
宗一　↓立花直次
宗茂　加封㈠94 524㈡201 272。転封㈡201 272。大坂城修築課役㈡185 186。御談伴㈡282㈢133 730。秀忠供奉㈡410 416 428 429 431 444 453～455 458 459 465 466 468 469 471 476 505 508 515。家光供奉㈡409 411 416 417 430 431 440 457 459 464 466 468 476～478 480 513 516㈢34 39 115 120 169 170。秀忠茶事㈡415 424 441 457 504。家光茶事㈡480 493 626 628 669㈢27 112 118 144 160。家光閑談㈡569 570 572 574 575 605 629 687。江戸城修築㈢1。島原乱㈢72 76 84 91 92 103。家光臨邸㈢111 145 749。蛮船法令㈢147。致仕伝㈢132／㈠370㈡534㈢44 144 166 173 193 213 230 297
忠茂　島原乱㈢83 91。合力米下賜㈢141 399

立花
613。証人交代〔三〕221 349 385 433 481 588 637 686 688〔四〕72 108 140 173 220。明船処置令〔三〕460。長崎警衛〔三〕492 495。伊達綱宗逼塞伝達〔四〕358 361。致仕伝〔四〕502／〔二〕242 673〔三〕132 160 189 215 230 636 691〔四〕12 252〔九〕188
長熙　致仕伝〔十〕92／〔八〕680〔九〕432 487
直敬　㊀92
直次(宗一)　大坂冬陣〔一〕704。略伝〔一〕611。卒伝〔二〕140／〔一〕618 690
直時　〔八〕644
鎮種(高橋)　〔一〕611
貞俶　〔八〕237
貞晟　〔五〕245〔八〕216
貞則　卒伝〔九〕401／〔八〕830
茂辰　〔五〕245
立原久大夫　〔三〕169 170
館
羽隆　㊀496
伝助　〔四〕342
館野勝詮(忠四郎)　美濃伊勢震災地修復㊁31 39 42。相模海岸警衛㊁69。防火堤築立㊁221。貨幣鋳造㊁240。増上寺諸廟修築㊁243 249。江戸町会所貸付金㊁252／㊁169
橋
元孝(降庵)　〔六〕613〔九〕379
橋
元周(降庵)　治療〔十〕759 803／〔十〕64 305 497 736 ㊀189
元春(降庵)　〔十〕662 683 ㊀97 190
元常(薬師寺)　召出〔五〕579。柳沢吉保治療〔六〕408 416／〔五〕581〔六〕158 314 509〔七〕60
尚白(降庵)　興学の建議〔九〕237／〔九〕304 338 339
達長老(建仁寺)　↓中達(九巌)
蜕庵(佐野信吉家士)　〔一〕80〔二〕288
立田正明(岩太郎)　上野世良田東照宮修築検視㊁524 525。江戸城修築㊁532 541 668 690 696。江戸町会所米穀収納㊁552。関東諸川修築㊁567 582。貨幣改鋳㊁662 681 699／㊁539 668 690 696
楯岡義久(杉岡、光直、甲斐、最上家士)　〔二〕232 459
谷
衛吉　〔四〕203
衛広　駿府加番〔五〕267 296 609。卒伝〔六〕72／〔四〕61〔五〕177 442〔六〕63
衛之　〔二〕418
衛寿(衛明、主計)　〔十〕780 ㊀503 613
衛秀　卒伝〔十〕642／〔十〕149
衛周(衛将、帯刀)　〔五〕551 556
衛将(大学)　卒伝〔十〕149／〔九〕359〔十〕78
衛勝　〔一〕641
谷
衛衡　致仕伝〔十〕78／〔八〕20 90 152
衛政　江戸城修築課役〔三〕1。大和高取在番〔三〕175。卒伝〔四〕453／〔二〕418 536 568〔三〕302 481〔四〕70 75 146 319
衛清　〔二〕418〔六〕29
衛直　〔六〕627〔七〕14
衛冬　〔二〕418
衛弥　卒伝㊁49／㊀777
衛弼(弘三郎)　㊁537
衛昉(鷹之助)　㊁49 172
衛万　卒伝㊀777／㊀470
衛明(庄右衛門)　〔十〕786
衛明(頼母)　㊀83
衛明(主計)　↓谷　衛寿
衛友　禁裏修築課役〔一〕547。大坂冬陣〔一〕704。御談伴〔二〕282。卒伝〔二〕418／〔一〕457 672〔二〕375 386
衛友男　〔一〕470
衛利　〔五〕118
衛量　卒伝㊀470／〔十〕642 785 800
行次　〔十〕690
次教(金五郎)　㊀74
次利(庄兵衛)　国廻目付〔三〕314／〔三〕122〔四〕112〔五〕43

谷　治兵衛　㈩339 348
　俊次(内田、六右衛門)　㈠635 654 ㈡450
　照憑　奥詰㈥83 109 739。致仕伝㈧90／㈤546 ㈥72
　正次(内田、全阿弥)　卒伝㈠418／㈠78 120 447
　清之　㈤419
　清明　㈩755
　大学頭　㊀727
　直泰　㈩459
　転衛　磐城平城引渡㈨668 670。郡上城引渡㈨725 731／㈩246 266
　登十郎　㊀649
　博衛　㈨262
　博作　㊁2
　房之助　㊀710
　兵右衛門　㈢114
　本教　㈨235
　頼衛　㈥711
谷口正乗　㈧646 691
谷田正則　㊀123
　則成　㊀390
玉井定祐　㈠487
玉置安置　㊀140
玉置安平　㈨268
　喬直　㈦217
　大和守(尾張家士)　㊀686 702
玉田盛章　㊀559
　盛勝　右京局の事管掌㈥687。法心院用人㈦288 447／㈥687
　忠四郎　㊁393
　雄三郎　㊁714
玉の局(湯川孫左衛門姉)　㈠760 ㈡39
玉の局(家光側室・綱吉生母)　↓桂昌院
玉虫栄茂　㊀119
　左兵衛　㊁380
　時茂　㈣211
　十左衛門　㊁384
　重茂　松本政務沙汰㈡595／㈡538 616 619 625 ㈢323 ㈣200
　俊茂　徳川忠長附㈡243／㈢42 168
　千茂　㊀159 513 599
　宗茂　家綱附㈢655／㈢311 325 339 499 ㈣69 234 337
　忠兵衛　㈠171
　八兵衛　㈠734
　繁茂　篠山城修築㈠467。松平忠輝附㈠538。改易㈡67。徳川忠長附㈡243
　茂嘉　㈧333 507 ㈨359 431
玉虫茂雅　御供弓㈧247。小金原田猟褒詞㈧366。徒頭㈨262／㈧662
　茂郷　㈨629 ㈩117
玉目丹波(加藤忠広家士)　㈡153
為井祐安　家重附㈧35／㈧473 ㈩488
　祐貞　㊀255
垂井七兵衛　㊁21
樽屋藤左衛門　一里塚㈠104。江戸上水道管理㈠194。枡改め㈠194 ㈤36 52 82 ㈧75 380 ㈩492。醸造取締㈤120
丹内伝助　㊁705
丹波貞機(正伯)　㈧270
旦　長　老　㈢320 321
単笛(伝通院)　㈩529
単伝(妙心寺)　㈡464 555 633
湛有(妙道院)　㈨119
諶恵(大楽院、日光山東照宮別当)　㈩547
弾左衛門　㈠104 ㈨170
檀察(伝通院)　㈧676

ち

ちようの方（家斉側室）→曾根重辰女
ちをの方（ちほ、津田氏・家治側室）→蓮光院
千せの局（家重側室・清水重好生母）→安祥院
千　種　[三]98
　惟忠　[十]231 262 807
　勝弘　[十]83
　直豊（清右衛門）　[九]725 729 [十]211 231
　鉄十郎　㊀98
　有維　[五]525
　有条　[十]539
　有政　[九]680
　有統　[六]706
　有能　伝奏[五]214 233／[三]11 131 [四]350 491 [五]231
　有補　[十]54
千々輪五郎左衛門　[三]92
千葉季供　[八]419
千村義形　[五]579 [六]262
　義道（義通）　[五]579 [六]262 294
　義年　[五]579
千村良重（良直）　[一]99 [二]4 493 585 628
千代宮（伏見宮貞建親王女カ）　[十]143
千代姫（家光女・尾張光友室）→霊仙院
知育（川越蓮馨寺）　㊀72
知海（真乗院）　[十]377
知楽（知恩院）　[四]538
知鑑（知恩院）　[四]561
知久昌直　[五]108 264 [六]514
　図書助　㊁40
　則直（和久）　[二]4 200 628 [三]378
　千馬佐　㊁352
　直次　[五]107
　直政　[二]699 [五]107
　直明　[三]190
　主殿　㊁362
　頼久（和久）　錦の母衣進覧[八]266。信濃浪合関修築[八]283／[六]73 [八]283 [九]106
　頼啓　[十]221
　頼中　[九]515 [十]626
　頼直　[八]564 [九]732
　頼膺　㊀30 436
知哲（増上寺）　[四]435 [五]42 47 49
知法院（喜知姫、尾張綱誠女・綱吉養女）　綱吉養女[六]323／[六]325 335
智瑛（増上寺）　[十]345 408
智岳院（邦姫、尾張宗勝女・浅野重晟室）　[九]680
智願（凌雲院）　[十]558 727 753
智厳（知恩院）　㊀577
智光院（知光院、霊元天皇女）　[五]36 49
智湛（瑞蓮院）　[九]766
智堂（増上寺）　㊀177 405
智童（増上寺）　[二]689 [三]125
智童（増上寺）　㊀119 120
智栢（国府台総寧寺）　㊀108
智法院（尾張光友養女・織田信武室）　[六]71
近山安敬　[七]337 [八]158
　安高　[四]619 624
　安親　㊀526
　安成　[三]262
　安道　[五]580 591
力石元泰　㊀91
　武福　㊀91
竹翁（養源院）　[三]541
竹林（吉田出雲）　[一]354
竺隠（金地院）　[七]363 434
秩父重能　[一]538
茶阿局（家康側室・松平忠輝生母）→朝覚院
茶々丸　[四]72

茶屋延宗(四郎次郎)　㊂627
　清延(四郎次郎)　㊀46 165 178
　清次(四郎次郎)　㊀281 575 677 ㊁6
　道澄(四郎次郎)　㊁451
　四郎次郎　㊆397
　四郎次郎　㊀77
　宗有　㊈241
　長曾　㊆397
　文之丞　㊀590
中山王　→尚
中珣(相国寺長得院)　㊇830
中　条　→ナカノジョウ
　景息　㊆271 283 372 ㊈121
　景房　㊆59 ㊉232
　恒能(喜多、市右衛門)　㊅299
　信義　㊀23 55
　信慶　宅地替㊃371 385／㊃243 252 261 545 546 ㊄497 ㊅450
　信実　韓使管掌㊆172。公事職原㊈240／㊅625 ㊆337 ㊇71 436 829
　信秀　㊇247 ㊈53
　信徳(大和守)　㈡227
　信復　高家肝煎㊉628。籠居㊀366／㊀429 548 550 616 659
　傶沆　㊉696
　泰安　㊅714 ㊆231
　直景(喜多、加兵衛)　処罰㊄567 600。召出㊄602／㊄157 542 608 ㊅149 ㊈312
　出羽守　㊀19
　初登代　㈡679
　平助　㈡627
中将(大楽院行恵弟)　㊂355
中達(九巌、建仁寺)　㊂433 ㊃159 160
中和門院(前子、近衛前久女・後陽成天皇女御)　女院㊁191。歿㊁489／㊁378 482 485 490
冲縁院(格姫、家斉女)　㊀386 387 410
忠　庵　→沢野忠庵
忠庵(京医)　㊂649
忠運(知楽院)　日光門主と訴論㊄553／㊂162 255 508 ㊃178 530 608 ㊄80
忠海(寒松院)　㊃70
忠高(知楽院)　㊂8
忠尊(知楽院)　江戸城二丸東照宮㊁685 ㊂65〜67。歿㊂162／㊁143 575 ㊂61
忠兵衛(大文字屋カ)　㊁71
忠誉法親王(照高院門跡)　㊈586
丁好寛(韓使)　㊀334 435
長　義虎　㊇788
長　九郎左衛門(九郎右衛門、前田家士)　㊁36 458
　左兵衛　㊃282
　信好　㊄502
　信政　㊀541
　繁由(市右衛門)　㊀454
長庵(前田光高医)　㊂342
長円(野間大御堂)　㊀552
長海(無量寿院)　真言宗論義㊀587 653／㊀586 617
長元院(多劫姫、松平広忠女・松平忠吉室)　㊀24 495
長源(高野多聞院)　㊀592 595 623
長広院(矢田姫、松平広忠女・松平康忠室)　卒伝㊀81／㊀24 ㊁154
長光院(矢田姫、松平広忠女・松平康忠室)　→長広院
長算(愛染院)　㊁241
長昌院(お保良の方、徳川綱重側室・家宣生母)　家宣生母㊆1。改葬㊅578 596 597 599 ㊆221 230 233 288 289／㊅604 630 ㊆281 290 300 301
長勝院(家康側室・松平秀康生母)　㊀433
長曾我部右衛門大夫　㊁41
　元親　㊀693 694
　盛親　㊁15 41

長存（高野聖）〔三〕413
長命甚六郎　〔一〕560
　助三郎　〔六〕630
朝印（宝性院）〔二〕59
朝覚院（茶阿局、家康側室・松平忠輝生母）
　卒伝〔二〕212／〔五〕489
朝仁親王　→東山天皇
朝舜（芦浦観音寺）〔五〕443
朝賢（僧）〔一〕693
超操院（おりをの方、朝比奈矩春女・家斉側室）
　㊀386
超及（増上寺仏心院）〔七〕162
超誉（松平親忠男・知恩院）〔一〕19
趙綱（韓使）〔三〕321
澄意（根生院・大護院）〔六〕690
澄栄（高野無量寿院）〔三〕417 552 620
澄海（山王観理院）〔八〕728
澄心院（寿明姫、一条忠良女・家定継室）㊁
　634
潮天（新田大光院）〔十〕756
寵姫（前田利常女）→前田利常女（寵姫）
沈　大成　〔九〕260 262
珍祐（日増院）〔一〕628 676
陳　采若　〔九〕260

つ

つまの局（下山の方、秋山康虎女・家康側室）
　→妙真院
つる　〔三〕374
津江武左衛門　〔三〕551
津金胤久　〔一〕99
　胤清　〔三〕608 611
　胤貞　〔十〕438
　胤卜　〔二〕426
　久清　卒伝〔一〕541／〔一〕438
　又右衛門　〔五〕456 462
津軽伊豆（津軽家士）〔三〕39 435
　為信　卒伝〔一〕446／〔一〕93
　意伯　㊀730
　楽信（意三）〔六〕84
　季詮　〔十〕205
　建意　㊀417
　建運　〔六〕349
　建広　〔二〕421 〔三〕216 246
　建次　〔三〕401 518 532 634
　建信　〔九〕537
　健儀（建儀）　遠慮〔六〕165／〔三〕216 〔四〕443 〔六〕44 156
津軽健寿　〔十〕467 532 683
　玄意　㊁12
　玄伯　㊀122
　寿世（寿正）　館林城在番〔八〕836 856／〔九〕630
　春栄　㊀730
　順承（順徳、新之助）㊁105 133 382
　承叙（本次郎）㊁679
　承保（出雲守）㊁405 679
　承祐（越中守）㊁679
　章（玄意）㊀360
　勝保　㊁382
　信英　〔四〕171 174
　信義（政義）　柳川調興召預〔二〕674 〔三〕710。家中騒動〔三〕31 39 96。証人交代〔三〕221 434 481 688 〔四〕73 108。卒伝〔四〕171／〔二〕503 510 537
　信興　〔六〕619 〔七〕355 609 628 635
　信寿　増上寺修築助役〔七〕329。致仕伝〔八〕566／〔五〕379 599 〔六〕242 〔七〕139 225 451
　信秀　〔四〕442
　信順（雅之助・新之助・大隅守）　致仕伝㊁382／㊀739 ㊁58 123 124 163　→津軽雅之助
　信順室（鋭姫、田安斉匡女）　→縁理院

津軽信順継室（銕姫、田安斉匡女）㊁58
　信政　蝦夷征伐加勢㊄60。日光山修築助役㊄485 500。越後高田領査検㊄492。卒伝㊆139／㊃174 307 453 556 603 ㊄278 312 406 525 571 575 612 ㊅19
信政室（増山正利女）㊃430 507 ㊄160
信著　江戸幸橋門修築助役㊇600 618。卒伝㊈96／㊇556 566 721 760
信寧　封地地震㊉210 212。甲斐河渠堤防修築助役㊉211 212 468 473。恩貸金㊉227 737。卒伝㊉744／㊈96 585 659 ㊉492
信枚　禁裏造営課役㊀547。婚姻㊀557。卒伝㊁503／㊀446 ㊁119
信枚室（満天姫、松平康元女・家康養女）
　↓葉縦院
信敏　寛永寺火番㊄254／㊃318 ㊄501
信明　卒伝㊀162／㊉493 744 748
親足　致仕㊁133／㊀624
政兕（正兕）㊅175 ㊇659
千之助　㊃250
武之助　㊁705
著教　㊈90 ㊉744
著高　㊇804 ㊈753 ㊉537
典暁　㊀567

津軽寧親（越中守）蝦夷地警衛㊀233 536 616 624 665 745 785 ㊁56。加封㊀536 616 624。致仕㊁123
　備寛　㊉245
　雅之助（津軽信順カ）㊀664 667
　松千代　㊃250
　美作（津軽家士）㊂39 613
津川左近　㊁39
　親行　㊀548 754
津久井七右衛門　㊄492 567
津田可敬　㊄131
　河内守　㊀547
　勘兵衛　㊁458
　輝久　㊉698
　刑部　㊀734
　宮内　㊃226
　監物　㊀548
　元勝　㊀450
　玄賢　㊆289
　玄蕃　㊀710 725
　小平次　㊁176
　左門　㊀703
　四郎兵衛　㊁327
　秀政（正秀）卒伝㊂672／㊀220 396 ㊁97
　秀敏　↓前田秀敏

津田重氏　上方巡察㊂217 219 247／㊂226 337
　紹意　㊀575
　信久　家基御伽㊉374。奥詰小納戸頭取上席㊀102／㊀205
　信之　加封㊉315 557 ㊀9／㊉698 ㊀5 72 102
　信成　㊈585 698
　信貞（織田、雅楽助）㊀734　↓織田信貞
　信牧（信枚）㊅273
　信邦　㊅458
　正安　㊉496 ㊀279
　正氏　㊅441 545
　正秀　↓津田秀政
　正重　松本城目付㊂89。豊後目付㊂138 172 ㊃179 202。岸和田城引渡㊂204。巡国使㊂231。赤穂城引渡㊂387 405。唐津収公使㊂507 509 629。熊本目付㊃4 28 53 112 139。江戸城修築奉行㊃220 248 283。仙台目付㊃362 383／㊁97 401 625 629〜631 ㊂77 280 296 304 317 344 420 447 487 612 ㊃333 334 411
　正春　㊉445
　正峻　㊈614
　正勝　㊂272
　正常　越後騒動㊄409 423 424。甲府家老㊄497／㊄502

津田正文 〔十〕248 789
正補 ㊀393
正芳 〔十〕257
正房 巡見使〔八〕54 84／〔六〕557 〔七〕272 〔八〕123 412
正明 〔九〕81 589
正良(外記) ㊁125 336
政恒 ㊀318
清幽 〔一〕229
大次郎 ㊁673
丹後守 〔一〕548
長庵 〔九〕405 406
長玄(伯栄) 〔五〕465 543
長玄(宇内) 〔六〕510 749
武左衛門 ㊁516 575
平次郎 ㊁226
民部少輔 〔一〕687
主水 〔三〕37
津戸左次兵衛 〔三〕113
左門 〔一〕498
孫右衛門 〔三〕113
柘植盈貞 〔八〕587
英成(左京亮) ㊁61
兄正 〔八〕254
晃正 二条城巡察〔九〕521 522／〔九〕414 536

柘植三左衛門 〔四〕310
守清 ㊀63 71
重次 〔三〕466
正英 ㊀552
正弘 徳松傅役〔二〕452 508／〔三〕565
正時(三四郎) 秀忠上洛宿割〔二〕362。因幡伯耆備前引渡〔二〕553 565。巡見使〔二〕581。豊後府内目付〔三〕37。江戸城辺修築奉行〔三〕139 147。長崎奉行〔三〕195／〔二〕538 574 616 〔三〕87 108 121 130 192
正秋 〔十〕393
正勝 〔一〕113 421
正常(三蔵) ㊁128 137 664
正寔 道路水道管掌〔十〕298。佐野政信刃傷事件、戒飭〔十〕747／〔十〕789 ㊀363 391 482 489
正信(織田) 大坂目付〔五〕583 597／〔六〕672 717 〔七〕66
正代 〔四〕601 626
正直 江戸城内各所修築奉行〔三〕187 478 565 609 〔四〕220 248 283。熊本目付〔四〕4 28 53。薩埵峠道作奉行〔四〕142 166。関宿城引渡〔四〕194。仙台目付〔四〕362 383。福山目付〔四〕449 481。宮津城引渡〔五〕38 43／〔三〕395 672 〔四〕339 425 500 545 554 606 628 〔五〕4 127 226

柘植正明 〔三〕310
政定 〔二〕453
清広 〔一〕166 434
清左衛門 ㊁257
宗吉 〔一〕166
宗広 〔八〕571
宗次(宗逢) 常陸・下総に射鳥〔三〕498。稲富直賢の同心附属〔三〕524。井上正継考案の鳥銃・銃具拝見〔三〕569／〔二〕342 667 〔三〕278 498 523 569 651 〔四〕8 24 33 167
宗達 〔三〕249
宗普 〔三〕65 131
宗逢 ↓柘植宗次
竹東 〔十〕281
竹苞 ㊀363
忠左衛門 〔四〕229
伝兵衛 〔一〕166
八郎右衛門 〔八〕406
都筑為次 〔二〕538 616 〔三〕136
為政 明石城築城〔二〕148 157 175／〔一〕99 〔二〕242
為得 〔八〕404
市之助 ㊁199
義淳 ㊀128
吉久 〔一〕507

都筑景春　[二]95　↓都築景忠
　景忠　[一]285　↓都築景春
　景明　㈠329
　玄成　[二]242
　言成　[一]99
　源左衛門　[三]167
　秀賢　[九]635
　十左衛門　㈡130
　重次　[一]708
　正次　[二]530
　正重　[二]472
　正忠　[二]530
　政慶　[十]469
　政親　[六]67 140 335
　政武　[一]122 [二]220 356
　政方　[九]591 622
　太郎次郎　㈡518
　長三郎　㈡613
　長十郎　㈡7
　藤一　[一]355
　藤左衛門　㈡421
　鍋五郎　㈡604
　半之助　[六]544
　峯重（金三郎）　貨幣改鋳㈡436 699。大砲新鋳㈡692／㈡698 701
都筑
　峯尾　[十]569
　弥左衛門　[二]290 [四]418
通　玄　[五]154
塚越元邦（藤助）　㈡701
　次良　㈠169
　定正　[二]667
　藤右衛門　㈡542
塚田木工助　㈠752
塚原四郎左衛門　㈠795
　昌重　[二]397
　昌信　[三]293 331
　昌詮　[三]448
　政信　[二]662
塚本次左衛門　㈠711
筑山伊右衛門　㈡13
　貞暢　㈠461
　茂左衛門　㈡570 632
筑山殿（関口氏、家康室）　↓西光院
筑紫安門　[十]476
　于門　㈠476
　応門　㈠315
　広門　[二]414 [三]464
　佐渡守　㈡263
筑紫従門　[八]631
　信門　[三]524 597
　通門（宇兵衛）　巡見使[九]350 364 395／[十]344
　通門（従太郎）　㈠105
　徳門（右近）　㈡434 695 707
　茂門　越後高田目付[五]539 555。信濃坂本目付[五]438 443
　門右衛門　[六]192
佃　玄鑒　[二]283
辻　久右衛門　㈡701
　久吉　[二]3
　高親　[五]494 [七]445
　高政　↓上　高政
　左兵衛　[六]430
　山盈　[八]624
　守郷（進太郎）　㈡379 436 446
　守参　出納査検[六]332。美濃河川巡察[六]542。長島城修築[七]115 159。葛西の水利管掌[八]174。利根川辺の村邑巡見[八]199。勘定所公事方[八]281 431。酒井忠挙の推薦[九]187／[六]356 508 [七]302 [八]122 591 601 [九]160
　守貞　㈠417
　守美　[十]631 ㈠103 158

辻　守雄　㈧606 691
春達　↓上　高政
将監　↓上　将監
定右衛門　㈡432 631
盛陰　元方納戸頭㈩527／㈩273 333 754 759
盛居　㈦345
大膳　㈧807
伝右衛門　㈡421 436 449 479
半弥　㈢484
富守(守富)　㈨715 ㈠144 314 326 567
伯耆(京伶)　㈢88
辻内刑部左衛門　㈣592
蔦木盛次　㈠438
盛方　㈩437
土田貴久(源六郎)　㈥630
宗兵衛　㈡476
貞休　家重右大将・将軍宣下、賀文詩詠進㈨21 358／㈥654 749
貞仍　家重右大将・将軍宣下、賀文詩詠進㈨21 358／㈨630 759 ㈩537
武貴(石川)　㈩579
土橋右近将監　㈠548
弥六　↓土屋弥六
土御門泰広　㈢10 183 538
土御門泰重　秀忠・家光参内㈡301 372 394 643。家綱転任㈣87。昵近衆㈢93。巳日の祓㈢346 385 431 476 578／㈡384 409 521 523 ㈢388 389 691 ㈣22 24 26
泰福　名越の祓㈤289 452 516 549 604。陰陽師主管㈤497。『新訂七曜暦』献上㈤530／㈤418 ㈧79
泰邦　㈨384
泰連　㈦45
福寿麻呂　㈣411
土屋安直　松江目付㈧607 627／㈧776
一左衛門　㈡459
寅直(釆女正)　㈡387 413 599 611 655
宇右衛門　㈥575
英直　卒伝㈠519／㈠123 130 468
易直　㈩246 276
応直　㈩370 412
勝四郎　㈡518
河内守　㈠694
寛直　歿㈠678／㈠519 557 567
基意　㈥740
給三郎　㈠673
匡直　㈩696 ㈠68 213
喬直　↓土屋宗直
土屋業直　㈩496 ㈠707
敬直　㈩446
彦直(相模守)　㈠678 767 ㈡193
愿直(弾正)　㈡221
虎永　㈡135
虎隆(虎昌)　㈡135 615
五郎右衛門　㈤28
好直　㈦210 ㈧605 ㈨96
左馬助　↓土屋昌春
作左衛門　㈡476
之直　近習手水番㈡450。日光火番㈢590 591。加恩㈣292 ㈤172／㈡539 551 553 576 579 637 ㈢43 166 167 280 640 ㈣61 315 316 508 ㈤223 274 328
氏純　㈨705
守直　㈩531 755
寿直　卒伝㈩552／㈩520 521 531
秀直　使番㈧300。心観院下向㈨473 487／㈧437 458 765 ㈨494 534 627
重吉　江戸城修築鋳物奉行㈣269。飯田町舟入奉行㈣497 519／㈢32 ㈤223 229
重治　㈠141
重正(重政)　㈢32
重成　㈠477 558
庄左衛門　㈠686 702

土屋昌春(左馬助)　〔一〕245 433 481
　昌兪　㊀82 507
　昭直　〔五〕265
　勝正　近江巡見〔一〕94。小田原城引渡〔二〕574。伊勢国務管掌〔二〕592。鳥羽城引渡〔二〕594。伊勢神領検断使〔二〕599／〔二〕408 535 538 583 612 695〔三〕41 78 238 432
　信名　〔十〕259
　甚之丞　㊁628
　数直　廩米〔二〕333。加封〔四〕203 251 412 505 579〔五〕44。転封〔五〕44 50。叙任〔二〕333〔四〕556。近習〔二〕182 243。進物番〔三〕231。小姓組番頭〔四〕91。若年寄〔四〕412 414。老中〔四〕556 565。評定所出座〔四〕562。和歌山御使〔三〕638 640。昼夜御前伺候〔四〕91〔五〕314。禁裏修造巡察〔四〕149 150。与力分属〔四〕158 413。卒伝〔五〕311／〔二〕115〔三〕66 487 488 492 493 733〔四〕101 160 161 167 176 220 379 455 504 556 559 624〔五〕31 44 51 52 81 95 182 307
　正英　〔八〕751
　正延　〔十〕783
　正吉　〔三〕155
　正敬　上野沼田城請取〔五〕431 436。八王子千人組火番免除〔六〕691／〔五〕189 495〔七〕177 230
土屋
242
　正慶　浄円院下向宿割〔八〕105。鷹狩遠巻作法褒賞〔九〕272／〔八〕860〔九〕438 587 599
　正克　〔六〕521〔八〕220 440
　正真　〔三〕587
　正長　〔十〕328
　正備(筑後守)　㊁29 176
　正甫　㊀416
　正方(長三郎・越前守)　津和野城引渡〔九〕63 67。琉球使節〔九〕467 479 481。日光家光百年忌法会〔九〕497 512 515。日光東照宮修築目付〔九〕520 524 529。吉宗給仕の士籍点検〔九〕549／〔九〕414 425 650〔十〕209 285
　正方(源四郎)　〔十〕366
　正猶　〔二〕205
　政久　〔二〕414 499
　政重　〔一〕568〔四〕453
　政直　乗輿免許〔四〕588。相続〔五〕311。転封〔五〕437 614。加封〔五〕517〔六〕196〔七〕202〔八〕106。雁間詰〔五〕313。大坂城代〔五〕528。京都所司代〔五〕555 557。叙位〔五〕556。老中〔五〕612 615〔七〕83 85〔八〕63 106。駿河田中城御使〔五〕433 436。朱印改め〔五〕507 510 515。服忌令追加〔六〕120。綱吉臨邸〔六〕182 240。大
土屋
奥規則〔六〕271。韓使応接〔六〕442 577〔七〕67 170 200。『武家諸法度』〔七〕258。家継将軍宣下〔七〕296。八重姫婚儀〔六〕298。家綱法会惣督〔六〕251 260。桂昌院法会惣督〔六〕619〔七〕10。綱吉法会惣督〔七〕5。致仕伝〔八〕156〔九〕196／〔四〕113 293 413〔五〕51〔六〕572〔七〕80 171 258〔八〕43〔九〕141 144 196
　宗直(喬直)　宇治採茶使〔七〕221 232／〔五〕215〔八〕104 388
　惣三郎　㊁40
　大膳亮　㊁539
　泰直(義直)　関東諸川修築助役〔十〕654 656。卒伝㊀123／〔十〕552 730 780。家士〔十〕657
　達直　荒井舟奉行〔五〕453 463／〔五〕319 616〔六〕19 167〔七〕408
　知義　〔四〕314
　知治　宇都宮城引渡〔六〕293 298／〔六〕456
　知寿　〔十〕578 ㊀209
　知貞　植村直宗検使〔二〕511〔三〕222。諸国秋稼巡見〔三〕61。府内昼夜巡察〔三〕240。関船分預〔三〕463／〔二〕638〔三〕280 320 406 426 463〔四〕63 223〔五〕188 242
　致直　㊀40
　忠英　〔九〕81

土屋忠次 [一]481
　忠直(民部少輔) 卒伝[一]582／[一]254 465 581
　忠直(民部少輔) [三]514
　長有(三郎右衛門) ㊁391 411
　朝直 [五]600 [八]260 278
　陳直 卒伝[八]652／[六]576 [八]156 203 450 452 457 629 643
　定直 [六]262 578
　貞直(弥学) ㊁278 279 638
　道直 ㊀130
　篤直 卒伝[十]521／[八]652 [九]520
　八左衛門 [二]96
　半三郎 [八]663
　平三郎 ㊁593
　平八郎 ㊁210
　邦直(伊賀守・佐渡守) ㊁150 372 451 467 698
　茂直(義直) [五]223 328 370 [八]573 608
　弥六 [二]79
　友直 [九]391 [十]263
　雄直 [十]697
　与直 [九]529 [十]246 647
　頼香 ㊀268
　頼直 [三]567 [五]215 319
　利意 [六]632 [八]176
　利起 [九]534
土屋利次(忠次郎) 加恩[四]245 497。奈良奉行[四]497。閉門[五]58／[三]499 [四]5 6 9 246 269
　利重 [四]203 482 [五]147 483 [五]147
　利勝 遠江横須賀城引渡[五]440 447／[四]314
　利常 ↓土屋利清
　利清(利常) [二]368 529 570 607
　利族(勝右衛門) ㊀735
　利直 紅葉山修築奉行[二]159。近習[二]219。大坂加番[二]19 27 62 281 331 603 672。江戸城消防[三]156。参勤交代制[三]286 368。卒伝[五]215／[一]582 602 [二]447 496 538 638 [三]8 409 681 [四]3 22 285 453 541 [五]222
　利統 [九]348 548 [十]60
　利陽 [四]269 483 [五]147
　亮直 [九]103
土山紀補 ㊀166
　孝之 ㊀52
筒井義勝 [五]258 [八]573 [九]10
　義武 [九]739 [十]27
　義量 [四]222 [五]236 258
　広之 [一]657
　重白 [五]493
　順亨 ㊀584
筒井順長(権左衛門) ㊁563 587
　順定 [一]459 [三]7
　正盈(左膳) ㊀755 773
　正次(政次) 自殺[一]657／[一]525 704 [三]20 21 26
　正信 [二]539
　正成 [三]679
　政憲(伊賀守) 江戸諸橋改架㊁118 186 227。貨幣改鋳㊁161。防火堤築立㊁221。褒賞㊁252 268 345 414 585 597。処罰㊁457 466 510。学問所㊁545 594 595 686 698。史料編集精勤㊁686／㊁195 579 614
　政行 卒伝[一]525 657／[一]24 525
　政行室(市場姫、松平広忠女) ↓光源院
　政次 ↓筒井正次
　政勝 駿河田中城目付[五]433 441。鶴姫執事[五]537 541／[五]619 [六]351
　政常 ㊀152
　忠英(平右衛門) ㊁372
　忠嘉 [十]43 604
　忠儀 [八]412
　忠景 中奥伺候[四]181／[三]612 [四]299 [五]264 [九]188
　忠高 [四]29
　忠重 納戸専管[二]688。留守居番[三]264 270 534。日光山巡見[三]487 509 511 512 516 534 556 566 571

つ（筒・堤・恒・常・椿・坪・壺）

筒井 572 578 606 607 630 646 691〔四〕30 49 60。紅葉山〔三〕572／〔二〕331 552〔三〕117 145 339 416 487 494 612〔四〕158
　忠助〔四〕222〔五〕492
　忠昌 ㊀321
　忠清 越後高田目付〔五〕519 542／〔六〕697〔七〕35
　忠当 ㊀311
　忠雄 大井川修築目付〔八〕714 721。寛永寺修造〔八〕765 782／〔十〕314
　定広〔一〕657
　定次 正倉院修理奉行〔一〕75。彦根城修築〔一〕113。封地収公〔一〕201。改易・配流・伝〔一〕458 459。切腹〔二〕7／〔一〕104 419 657
　半之丞 ㊁402
　武矩（次左衛門） ㊁123 149
　弁之助 ㊁467 471
　与右衛門〔二〕655
堤
　為任〔六〕707
　為量〔六〕707
　輝長〔五〕517
　敬長〔十〕301
　光迢 ㊀386
　親広〔七〕152
恒岡資久〔三〕494
恒岡資正〔一〕622
恒川鉄十郎 ㊁660
常見氏連 田安宗武抱守〔八〕42／〔八〕629〔九〕469 ㊀12
　直逵（直達、三右衛門） ㊀582
　直与 ㊀24
椿井政安〔二〕416
　政長 伝〔二〕416
　政長女（紀伊、高徳）〔二〕416
坪井永重 ↓壺井永重
坪内伊定〔五〕558
　家定 大坂夏陣〔二〕11 12。水口在番〔二〕667〔三〕53。府内警邏〔三〕408／〔一〕112 508 691〔二〕552 606〔三〕360
　公定〔四〕274
　清介〔六〕286
　清之助 ㊀96
　定央（定英） 宇都宮城引渡〔九〕507 510。高田馬場流鏑馬〔九〕578。不忍池浚鑿〔九〕602 608。三河吉田橋改架監視〔九〕611 614／〔十〕71 ㊀526
　定鑑〔七〕375 396 456〔八〕145 322。与力〔八〕155
　定系（定景） 火消役〔十〕538 807／㊀328
　定堅〔九〕522〔十〕59
　定賢（源五郎） ㊁235
坪田定孝 池上本門寺警衛〔十〕91／〔十〕267 435 475 530
　定次 大坂冬陣〔一〕721。剣法試技〔三〕127 685 714。逼塞〔三〕223／〔二〕561 616〔三〕110 130〔四〕481〔五〕171
　定治〔六〕67
　定守〔五〕16
　定重〔八〕167
　定仍（宗仍） 水害地巡見〔三〕673。江戸城天守修理・桔槔橋警衛〔四〕87。致仕〔四〕356／〔一〕546〔二〕538 667〔三〕574〔四〕69 166 212 346 356
　定常〔六〕672 675 699
　定長〔四〕292〔六〕9 92
　定通〔六〕415
　定明 ㊀363
　藤右衛門 ㊁126
　山城守 ㊁246
　利定 卒伝〔一〕508
　重勝（松平吉邦家士）〔七〕202
壺井永重 巡見使〔二〕557。関東会計〔三〕119 384。山形領引渡〔三〕35 349 356
　義智〔九〕240
　次右衛門〔六〕314
　信俊〔六〕423〔八〕155
　長記〔九〕53
　長教 ㊀41

妻木市之丞　㊁19
市之進　㊁116
公繁　〔十〕541 669
光広　〔八〕241 244
之徳　〔二〕368〔三〕208
重吉　〔三〕119
重直　→妻木頼熊
彦右衛門　㊁116
頼栄　〔九〕415〔十〕398 ㊀364
頼次　〔四〕303 306
頼忠　〔二〕306
頼直　〔八〕787〔九〕360
頼徳（平四郎）　㊁420 530
頼保（頼信）　信濃高遠城請取〔六〕54 58。長門周防目付〔六〕205／〔五〕327〔六〕667
頼門（小源太）　㊁510
頼熊（重直）　韓使来聘・道橋巡見〔四〕141 145。仙台目付〔四〕290 317。日光法会〔四〕425 452 583 604 607。宝樹院法会〔四〕514。天樹院法会〔四〕561。関東開墾地巡察〔五〕44 59／〔三〕672〔四〕360 418〔五〕88 147
頼利（権左衛門）　美濃堤防修築〔二〕600。桑名・宮渡船割奉行〔二〕622。近江多賀社修築奉行〔三〕3 118／〔一〕514〔二〕355 519 562

妻木
566〔四〕98
頼隆　越後村上城引渡〔七〕111。桑名城引渡〔七〕148 149 156。巡見使〔八〕58 95／〔八〕146 733〔九〕129 130
鶴　正次（鷗）　〔九〕498
飛騨　〔八〕218 283
鶴岡庄太郎　〔四〕31
与右衛門　関東廻国〔三〕30 38／〔三〕278 280
与右衛門子　〔三〕280
鶴田多右衛門　〔四〕342
武忠　㊀163
武里（他之助）　㊀163
鶴見忠左衛門　㊁346

て

出来島隼人　〔一〕458
出口元智　㊀293
出羽（東福門院女房）　〔二〕397
定印（生実大巌寺）　㊀26
定恵（建仁寺西来院）　〔一〕531
定慧院（庸姫、一橋治済女）　〔十〕723
定月（伝通院・増上寺）　増上寺住持〔九〕668。養老料特賜〔十〕345／〔九〕669〔十〕88 235
定光院（おりさの局・おさの局・貞心・家光側室）　略伝〔三〕513／〔三〕385 414 526
貞海（結城弘経寺）　㊀123
貞鑑院（元姫、家斉女・松平容衆室）　婚姻㊀786 ㊁45 55／㊀606 607 689 758 ㊁61
貞恭院（種姫、田安宗武女・家治養女・紀伊治宝室）　家治養女〔十〕479。婚姻〔十〕687 718 785 ㊀21 38 51。卒伝㊀239／〔十〕479 530 621 695 805 ㊀20 21 240
貞教院（内藤定次郎祖母）　㊁526
貞暁（日光修学院）　〔五〕252 382〔六〕147
貞顕（無量院）　〔九〕119
貞厳（深川霊厳寺）　㊀431

貞寿院（鏻姫、田安斉匡女・松平〔久松〕定通室）㈠705 ㈡18
貞粛院（今出川実順妹・一条忠香養女・慶喜室）㈡613 710
貞惇院（和姫、家斉女・毛利斉広室）㈠699 789 ㈡91 149 182 211〜214 218 232
貞章院（伏見宮貞建親王女・清水重好室・田鶴宮貞子）婚姻㈩101 125 131 135 136 139。卒伝㈡44／㈠290 391
貞心（おりさの局、家光側室）→定光院
貞心（大奥尼）㈣548 550
貞宗院（秀忠外祖母・宝台院母）㈢222 ㈥694
貞道（久能山徳音院）㈧860 ㈨50
貞道（安養院）㈩529 ㈠608
貞明院（暉姫、家慶女・田安慶頼室）卒伝㈡406／㈠146 387
貞了院（斎宮貞子内親王、後陽成天皇女・二条康通室）㈤215
程　順則　㈨245
楨長老（天竜寺）㈠677
鄭　芝龍　㈢458 459 460
　成功　㈢460 ㈣388
　道行　㈨461
諦観（佐渡長谷寺）㈩767
諦明院（咸姫、家慶女）㈡141
鉄牛（万福寺）㈤39
鉄　孫左衛門（孫右衛門）㈠731 734 ㈡3
寺内忠厚　㈥116
寺尾庄右衛門　㈡39
　善三郎　㈡4
　直安　㈠151
　土佐　㈤61
寺沢堅高　江戸城修築㈢1。島原乱㈢72 76 83 91 92。減封㈢99 100。赦免㈢138。証人交代㈢221 357 434 481。自殺㈢100 507。遺領収公・伝㈢507／㈡203 334 595 605 ㈢147 399 492 495
　広高　長崎代官㈠81。江戸城修築㈠119 403 657。名古屋城修築㈠510。禁裏修造㈠547 603。河内渋川郡所管㈠690。伴天連追放㈠690。仏郎機㈠746 ㈢492。大坂夏陣㈡41。大坂城修築㈡185。秀忠茶事㈡424 441 480 504。家光茶事㈡493 505。家光と閑談㈡570 572 574。卒伝㈡595／㈠457 481 588 651 688 ㈡113 130 171 202 209 376 534 536 568
　忠晴　㈠571 ㈡225
寺島高林　→京極高林
寺島尚常　㈧35 195
　尚包　㈩4
寺田監物（本多正純家士）㈠755
寺西内蔵太　㈡187 439
　忠左衛門　㈢197 198
寺根七郎　㈢628
天一坊（義種）㈧498
天英院（照姫、近衛基熙女・家宣室）御浜御殿㈥594 618 630 652 695 710 ㈦52 89 119 151 221 ㈧679。婚姻㈦2。落飾㈦275。一位殿㈦312。『大奥法度』㈧44。吉宗厚遇㈧145 ㈨325。家宣遺教㈨141。卒伝㈨4。法会㈨32 60 415 417 418 510 531 562 585 679／㈤313 326 ㈥379 566 577 ㈦16 28 43 48 76 310 312 463 ㈧118 556 576 647 789 ㈨5。用人㈧560 834 ㈨8
天淵院　→徳川家斉
天海（慈眼大師）家康遺命㈠282 377 ㈢93。天台論義㈠628 635〜638 645 647 665 669 671 673 675 676 678 682 ㈢12 302。天台血脈㈠664 673。鐘銘事件㈠672 676。大坂冬陣㈠717 720 746。史書新写㈠718。勘気者赦免㈠758 ㈢555 666。天台僧紫衣独占㈢48。豊国社移転㈢56。家康葬儀㈢95。家康

天海
神号[二]98 101 106。秀忠神号[二]288。日光家康廟[二]111。秀忠葬儀[二]533。秀忠追号[二]534 535。寛永寺創建[二]353[三]720。身延池上争論[二]477 479。日光山法制[二]547 630。近江坂本東照宮法会建白[二]657。家光日光社参[三]12 242 267。江戸城二丸東照宮[三]65 66。『東照宮縁起』[三]26 159 160 181 182。家綱幼名[三]233。家綱宮参り[三]243。家光茶事[二]470[三]136 164。家光来臨[三]76 97 112 128 176 210 211 225 237 245 261 327。家康秀忠家光の批評[三]704。新刻『一切経』[三]551。病気[二]513 692[三]16 26 117 127 134 209 243 244 323 331 332。大師号勅賜[三]333 504 534[四]154。略伝[一]377。卒伝[三]333。法会[三]334〜336 416 624[四]318 621 622[九]47／[一]364 583 629 638 654 665[二]120 123 124 188 226 287 432 460 533 583 608 615 691[三]7〜9 12 51 58 61 66 67 141 165 183 184 192 214 233 235 255 267 291 302 311 315 320 326 721 725
天岳尼(伏見宮邦永親王女・松平宗衍母) [八]578 808[九]180
天狗魔右衛門 [一]590
天斎(大徳寺) [二]43
天樹院(千姫、秀忠女・豊臣秀頼室・本多忠刻室) 大坂入輿[一]83 85 383。大坂夏陣[一]275[二]38 268。本多忠刻[三]107 108 274 364。坂崎成政[二]274。落飾[二]401。秀忠遺金[二]535。伊勢貞衡[三]50。家光来臨[二]598[三]229。家綱[三]238 273[四]26 207 255 514 523。増上寺参詣[三]343 515[四]102 280 490。庖所に狂人乱入[三]579。明暦大火[四]209 213。邸宅新造[四]220 227 251。大奥参入[四]234 377 490。賜雲雀[三]365 450 494 557 610 651[四]231 274 541。賜鶴[四]248 258 284 288 301 303 330 414 436 478。卒伝[四]561。遺邸分賜[四]566。法会[四]592 596 598[五]2 3 6 122 435 436[六]319[七]409／[一]83 380[二]64 400 512 572 598 673[三]50 61 229 266 357 369 374 428 435 563 595 627 677 689[四]7 10 12 26 50 197 207 225 227 266 268 295 296 300 327 341 345 433 445 459 466 513 518 560[五]278 279 283[七]1 418
天秀尼(豊臣秀頼女・東慶寺) 卒伝[三]383／[二]41
天祥院(恵仙、大聖寺宮、後陽成天皇女) [三]368
天勝院 [三]153
天真院(安宮・伏見宮貞清親王女、紀伊光貞室) [四]242[五]63 229[六]648[八]147 296
天真法親王(益宮、日光門跡・後西天皇男)
綱吉に対面[五]360 500 532 560 574 603 620[六]13。祈禱料[五]384。家綱法会導師[五]446。賄料[五]541。病気[六]62。卒伝[六]69／[四]242 250 316[五]91 151 201 253 277 303 331 358 383 433 445 461 463 476 480 487 505 506 512 514 523 524 533 537 549 551 554 560 561 566 585 591 594 599 609 611[六]3
天親院(有姫、鷹司政熙女・鷹司政通養女・家定室) [一]433 443
天崇院(勝姫・高田殿、秀忠女・松平忠直室)
婚姻[一]559 562[二]246。湯沐料[二]320。別墅条目[二]369。屋敷火災[四]207 213[五]3。屋敷造営[四]220 228 362[五]14。山王祠の故地拝領[四]338。卒伝[五]124。法会[五]177 280 507[六]3 4 190 320 532／[一]560[二]260 306 535[三]50 61 192[四]7 12 26 50 168 225 269 296 309 459 466 518 538 563 606 631[五]4
天崇院養女(九条道房女) →松平綱賢室
天徳院(禰々姫・子々姫・珠姫、秀忠女・前田利常室) 卒伝[二]231／[一]383 621 670[三]140 404
天南(大中寺) [二]490
天祐(大徳寺) [三]222
天祐(日光竜光院) [五]421

て・と

天竜(松本全久院) ㊀582
天朗(山王権現別当観理院) [十]573
典海(鎌倉光明寺・増上寺) ㊀711 185 602 ㊁13
転陵院(近衛家久女・尾張宗睦室) [九]567 602 [十]581
伝海(日光修学院) [三]481
伝察(伝寮・増上寺) [二]500 510 531
伝通院(お大の方、水野忠政女・家康生母) 婚姻[一]23 31。離別[一]24。家康と対面[一]31 287。卒伝[一]72。法会[一]467 [四]562 [六]446 [九]550。贈位供養㊁674／[一]23 [四]45
伝の局 ↓瑞春院

と

とう(奥女中) [三]593
とせの方(家斉側室) ↓妙操院
とます(伴天連) [一]477
とめ(奥女中) [三]593
十市玄蕃允 [一]165
土岐益頼 ↓土岐持益
懐山(格庵) [四]618
喜八郎 [四]313 314
光安 ㊀431
光常 [四]437
光貞 [四]228
光隆 [四]515
持益(益頼) [二]539 [三]201
勝家 [一]719
十左衛門 ㊀747 ㊁530
大学頭 ㊁420
朝恒 [十]681
朝治(豊島) 召出[八]9 35。吉宗諫言[九]135／[八]252 307 626 636 642
朝澄(豊島) 水馬[八]605 [九]266。馬方支配[八]700。西丸小姓組番頭[九]221 222。小金・

土岐

佐倉牧管掌[九]264。小金原鹿狩[九]272。吉宗の愛犬を誤殺[九]322 323／[八]9 251 695 [九]267 337 565
朝直 [八]788 [九]764 [十]60
朝貞 美濃郡上城引渡[九]733 737／[九]322 634 [十]115 455
朝利(信濃守) ㊁221 778
定義 伏見城在番[一]490 491。大坂冬陣[一]704。大坂夏陣[二]17 33。加転封[二]143。卒伝[三]178／[一]572 583 627
定吉 卒伝㊀1／[十]727
定経 大坂城代[十]664 665 669／[九]640 644 [十]475 495 662
定政(菅沼) 小牧長久手戦[一]170。土岐に復姓[一]372。家康の知遇[一]373／[一]212
定則 [八]769
定富 卒伝㊀127／㊀1 117
定武 [七]242 [八]572
敦山 治療[三]506 633 634 [四]264 287。家光治療[三]684／[三]503 525 575 631 679 [四]4
内記 ㊁211
兵部 ㊀705
豊前守 ㊀788
靭負 ㊁11

土岐与左衛門 〔四〕60
頼殷 加封〔四〕631〔五〕129〔六〕95。罹災〔五〕8。小姓組番頭・奥勤〔五〕222 230 237 270。宗家嗣子〔五〕286 287。下野烏山城請取〔五〕614 616。転封〔六〕98 134 682〔七〕228 232。住吉神社修理惣督〔六〕682。大坂城代〔六〕682〔七〕232。致仕伝〔七〕339／〔四〕54 596 615 631〔五〕293 313 442 490 523 556 605〔六〕95〔七〕228 341
頼寛 〔十〕644
頼熙 二丸消火〔九〕425。就封延期〔九〕622。卒伝〔九〕640／〔八〕539 628〔九〕102 129
頼久 家綱附・三丸番〔三〕328。江戸城西丸泉石奉行〔三〕687／〔二〕428 539〔三〕8 595〔四〕487〔五〕102 139
頼恭(修理) 〔十〕230
頼郷 〔七〕443〔八〕238 607
頼賢 〔四〕627
頼元(越前守) 〔一〕470
頼元(大膳) 〔四〕58〔六〕542
頼功(山城守) 致仕㊁408／㊁393 404
頼行 転封〔三〕178 409。岩槻城番〔二〕318。沢庵召預〔二〕464。甲府城番〔二〕623 667。大坂加番〔三〕137 204 209 387〔四〕55 89 309 362 369。参勤交代〔三〕271 272。会津城在番〔三〕313。

土岐 大坂城火薬庫火事〔四〕354。致仕伝〔五〕293／〔二〕139 330 370 534 537 608〔三〕41 261 361 372 609〔四〕388〔五〕286 295
頼香 ㊀249
頼之(出羽守) ㊁409
頼之(徳之助・山城守) ㊁592
頼次 〔二〕719
頼旨(帯刀・大隅守) 江戸城々溝浚利㊁341 343。江戸城西丸修築㊁351 370 378 398 400。増上寺霊廟修復㊁366 416 455。勘定所修復㊁403。江戸城櫓門修復㊁410 421 455。貨幣改鋳㊁449。下田警衛㊁508 530。異国船渡来処置㊁539／㊁82 168 220 365 462
頼春 ㊀526
頼潤 ㊀709
頼昌(宇右衛門) 〔四〕81 91
頼勝 〔二〕539〔三〕609〔四〕555
頼常 〔十〕159 387 749
頼親 召出〔二〕691。大坂目付〔四〕344 362 421 437。常陸谷原新墾事件尋問〔四〕620。若狭小浜御使〔五〕261 263／〔二〕687〔四〕298 401 452 531〔五〕79 85〔六〕35 50
頼成 〔三〕30

土岐頼晴 〔三〕555〔五〕472 474〔六〕27 486
頼泰(頼恭、縫殿助) 徳川忠長附〔二〕356。駿河田中目付〔三〕587。大坂目付〔三〕626 641〔四〕61 63 67 79 139 159 201 231 369 384 434 449。日光山〔四〕12 15 46 48 106 109 174。消防指揮〔四〕256。駿河目付〔四〕281 290。頓死〔四〕602／〔三〕42 343 513〔四〕628〔五〕250
頼泰(兵庫) 〔六〕624 628 696
頼長(蔵人) 〔三〕30
頼長(左京亮) 〔四〕43 354 362〔五〕286
頼長(主水) 〔四〕251
頼直 〔五〕467
頼寧(英之助・伊予守) 歿㊁592／㊁408 409
頼稔 大井川堤防修理〔八〕139 283 327 475。大坂城代〔八〕539。蝗災救荒〔八〕637。転封〔九〕44。老中・京都所司代引渡〔九〕44 46。公卿戒飭〔九〕102。卒伝〔九〕98 102／〔六〕694〔七〕339 384〔八〕238 327 537 658 659 806 850 855〔九〕33 39
頼布 ㊀127 707
頼方 〔十〕215 779
頼豊 〔二〕428〔四〕571 572
頼門 〔九〕86
頼雄 〔十〕419
頼庸(大膳大夫) ㊁44

土岐頼利　㊄102
　利貞　㊁139
土佐庄五郎　㊁39
戸川安栄(因幡守)　㊁601 660
　安熙　㊉551
　安広　大坂目付㊄539 557。唐津城引渡㊅102 114／㊅187 596 690 ㊆66
　安行(内蔵助)　㊁701
　安勝　㊀275
　安正　㊂637
　安成　分封㊄48。巡見使㊄399 403 429。岩槻城引渡㊄568 573／㊃250 383
　安清(播磨守)　増上寺霊廟修復㊁512 526／㊁524 532 566
　安晴　㊇312
　安宣　卒伝㊄205／㊃250 ㊄48
　安聡　館林城引渡㊇728 733。関東水害地河堤修築奉行㊈50 65 68。黜免㊈470／㊈645
　安村　浄円院下向守護㊇104。越後村上城引渡㊇225 230 231／㊇146 435 503
　安泰　㊈645 650
　安鎮(中務少輔)　柳川立花家誓詞見届㊁560。大砲新鋳㊁692。海辺巡見㊁711
戸川
　／㊁690 696
　安禔　㊀10
　安貞　伊勢長島城引渡㊅488 492／㊆299 382
　安悌　㊀609
　安通　㊇858
　安風　卒伝㊄327／㊄205
　安平　㊂153 ㊄416 424
　安明　大坂目付㊄83 100／㊅381 468
　安尤　分封㊂428／㊂354 508 ㊃35
　安利　分封㊂428。東海寺修理奉行㊃370 400／㊂354 508 ㊂316
　安倫(安論)　小納戸頭取格・蝦夷地取扱㊀428。黜免㊀601／㊀477 760 ㊁59
　市正　㊃81
　隠岐守　㊁92
　逵安(達安)　禁裏造営㊀547。大坂冬陣㊀717 734 735。大坂城修築㊂185 186。御談伴㊂282 354。卒伝㊂428
　逵恒(達恒)　㊈478 ㊉399
　逵興(主水)　㊁274
　逵索(達索)　㊇673 ㊈478
　逵旨(達旨)　㊀617
　逵富(達富)　分封㊄205。加封㊄328／㊆420 ㊇515
戸川逵邦(達邦)　㊀74 390
　逵和(達和)　㊀274 314
　義安　㊂626
　義六郎　㊀703
　内蔵助　㊁595
　勝安　㊂139
　定太郎　㊁473 589
　正安(主水正)　㊂153
　正安(土佐守)　江戸城修築㊂1。高野山大塔造営奉行㊂104 122 164 286 291。交番防火制㊂605 639 ㊃5。禁裏造営㊃422 475。封地朱印㊃498。備中吉備宮訴論裁状㊃625。卒伝㊄48／㊂402 428 536 570 ㊂57 601
　宣安　㊄124
　村真　㊀377 420
　村由　浜田・津和野目付㊇723。巡見使㊈349 364／㊈680 ㊉167 168
　大次郎　㊁115 237
　弾正　㊁487
　万蔵　㊀694
戸倉新十郎　㊇362
戸沢正胤(大和守)　致仕㊁402
　正実(千代鶴)　㊁502

戸沢正産　卒伝㈩646／㈩202 465 496 518
正勝　卒伝㈨345／㈧685 780 794
正親　卒伝㈠330／㈠2
正諶(正湛)　分封㈧780。封内凶荒㈨657。卒伝㈩202／㈧769 ㈨345 347 387 657
正成　㈦355 ㈧67
正誠　韓使饗応㈣146。封地新庄火災㈣302 ㈤184。公卿門跡館伴㈣591 604 609 ㈤177。大坂城加番㈤39 82 419 461。日光山修理㈤485 500。江戸城修築㈥521 539。致仕伝㈦84／㈢652 ㈣102 123 456 531 549 ㈤312 605 ㈦42
正庸　譜代復帰㈦42。神田橋門修築㈧79 98 101。神田橋修理㈧92 ㈨183。牧馬献上㈧419。致仕伝㈧780／㈤578 ㈥44 ㈦84 99 210
正良　卒伝㈠2／㈩646 695
正令(能登守)　㊁402 502
正礼　㈠330
政盛　館山城勤番㈠681。最上騒動㈡233。加転封㈡236 356。家光上洛警備㈡370 623。江戸城修築㈡447 495 ㈢2 487 509 510。韓使往還・吉原饗応㈢41。山形城在番㈢319。卒伝㈢652／㈠83 367 457 503

戸沢　㈡209 427 534 537 608 672 ㈢238
庸祝　㈨348
戸島玄賀　㈥362
戸田阿波守　㊁191
安利　㈥448
意行　㈧353
一西　卒伝㈠84／㈠184 231
一西室　㈡691
釆女　㈡104
午之丞　㊁18
近江守　㊁559
嘉十郎　㊁693
角弥　㈡104
喜右衛門　㈠498 499
輝道　加封・甲府邸老職㈣592 ㈤74。摂津多田院造営奉行尋問㈤59。即位賀使㈤597 601／㈤59 89 180 181 183 191 230 232 238 245 260 263 ㈥50
宜光　㈠20
吉久　㈠497
吉政　腰物奉行㈢279／㈢249 ㈣31
金左衛門　㈡316
九郎兵衛　㈡539 ㈢551 ㈣32
憲光　㈠20

戸田憲直　㈤74 206
五助　㈠757
五郎兵衛　㈤418
五郎兵衛　㈥367
光為　火災地巡察㈩353 402 538。乱心㈠507／㈠365 377
光逸(主殿)　㊁6 206
光永　江戸城消防㈤34。封地洪水㈤192。韓使館伴㈤442。卒伝㈥576／㈣173 ㈤20 25 279 570 ㈥560。家士㈤65
光規(充規)　㈥236 ㈦464
光熙　禁裏造営課役㈥698 ㈦71。転封㈦146 居城石垣崩壊㈦247。卒伝㈧91／㈤475 ㈥576 ㈧82
光輝　戒諭㈧146。消防指揮過誤㈧256。寄合㈧733／㈦402 ㈧196 263
光賢　↓戸田光直
光言　㈧631
光弘　㈠569
光行(光壮)　尾濃勢東海道河川浚利助役㈠422 423。致仕伝㈠428／㈩807 ㈠8 10 128
光高　㈦459
光慈(光玆)　卒伝㈧612／㈧91 300 385 419 435 452

戸田
光重　457 542　参勤交代[二]271 272。江戸城修築[三]2 636。転封[三]129。江戸城西丸留守居[三]535。大坂城代[五]51 84。増上寺修理[四]96 121 122。韓使饗応[四]146。大坂城修理[四]392 403。卒伝[五]25／[二]676[三]404 504 514[四]31 37 173 174 348[五]20
光紹(下総守)　㊁329
光正(半平)　[一]626
光正(半平、戸田正好カ)　[四]69 338
光正(半澄、孫十郎)　分封[五]25／[四]505[五]4 264 606[六]475
光政　[九]363
光清　[九]623 676
光壮　→戸田光年
光則(剛次郎)　㊁472 550
光大(備中守)　㊁173 381 442
光智　[十]381㊀198 464
光澄　→戸田光正(孫十郎)
光直(光賢)　分封[五]25 26／[五]254 385[六]310
光定　[一]704[二]191
光悌　松本城焼失[十]537。卒伝[十]807／[十]453 518
光天(孫十郎)　㊁526 567

戸田光典　[十]196
光徳　卒伝[九]729／[九]489 674 685
光年(光壮)　善政褒賞㊀518。封内山中鳴動㊀622／㊀423 428㊁196 236
光票(戸田光稟カ)　㊀481
光武(隼人正)　㊁656
光邦　[十]620 673
光雄　卒伝[九]674／[八]612[九]425
光庸　致仕伝㊁550
光稟　㊀189　→戸田光票
光烈(中務)　㊁655 701
光和　致仕伝[十]453／[九]729[十]7 377 395
康光　[一]26
康光女(松平広忠室)　[一]24
康長(孫六郎・丹波守)　居城火災[一]469。加転封[一]590[二]116 120。大坂夏陣[二]36。日光家康廟造営[二]111。家光附[二]249。秀忠歿、西丸留守[二]534。卒伝[二]588／[一]384 558 607 704[二]33 46 101 130 249 256 375 386 511 536 567
康直　卒伝[二]631／[二]500 588 594
鉱次郎　㊁408
左五右衛門(佐五右衛門)　[五]77 85
氏倚(備後守)　㊁237

戸田氏尹　[九]44
氏胤　寛永寺火番[五]286 294／[六]353 445
氏永　㊀264
氏英　韓使饗応[九]422。二丸消防[九]425。代替御朱印担当[十]7 15 90。卒伝[十]282／[八]698 861[九]125 428
氏栄(寛十郎・伊豆守)　印旛沼古堀修復㊁499 501／㊁475 636
氏紀　[六]475
氏休　[十]237
氏教　飛驒代官所一揆鎮圧[十]427 457。家宣廟修理㊀289。恩貸金㊀299。韓使来聘㊀536。卒伝㊀576／[十]282 384 420㊀121 137 575
氏教母　㊀518
氏経　加封[二]616。駿府加番[四]194 243／[二]158 212[三]103 141 176[四]143[五]2 145
氏元　[九]749
氏広　[四]550[五]178 430[六]555
氏好　→戸田氏照
氏香(左京)　[九]716
氏香(主税助)　㊁33
氏興(中務)　[六]574[七]74
氏興(左近将監)　卒伝㊀375／[十]777㊀327

戸田氏之　卒伝[十]352／[九]487[十]326
氏寿(阿波守)　㊁694
氏春　↓戸田氏晴
氏純　[十]353
氏昌(主税助)　㊀626
氏紹　[十]603
氏照(氏好)　島原乱[三]77。家綱傅役[三]587。御座所泉石奉行[四]46／[三]103 141 598 656[四]8 58 143 381 382[五]16 77 242 268
氏常　[八]162[九]534
氏信　韓使饗応[四]146。江戸城二丸修築[四]198 242 270。江戸城修築警衛[四]265。二条城修築[四]423 477。致仕伝[五]107／[一]400 504[二]47[三]325 518[四]213 258 631[五]430
氏親　[四]143
氏綏(淡路守)　㊁132 146 162 393 528
氏西　江戸城二丸落成褒賞[四]223。大垣封地火災[五]303。江戸消防[五]436。韓使饗応[五]442。卒伝[五]519／[三]106[四]266[五]108 135 144 307 444 446 461 500
氏成　卒伝[八]159／[五]177[六]17 19
氏晴(氏春)　家綱附小姓[三]243／[三]657[四]36 292
氏著(能登守)　㊁632 645

戸田氏長　卒伝[八]698／[六]287[七]386[八]301 614 691
氏澄(内膳)　㊀665
氏定　浅野家人鎮撫[六]433。増上寺修築助役[六]579。桂昌院霊牌所造営助役[六]602。紅葉山家宣廟修築[七]363 384。致仕伝[八]301／[四]621[五]519[八]227。家士[六]604
氏鉄(氏銕)　藤原惺窩推挙[一]340[二]177。禁裏造営[一]547。大坂冬陣[一]704。加転封[二]134。尼崎築城[二]139。大坂城修築[二]323 335 436 437。韓使饗応[三]41。島原乱[三]77 84～86 90～93 103。家光日光社参[三]263 264 529。家綱日光社参[三]589 593。致仕伝[四]34。歿[四]139／[一]84 665[二]176 375 386 430 536 587 595 626[三]141 232 233 271 272 300 317 391 476 522 523 636[四]34 58 143
氏道　[四]401[五]268
氏寧(阿波守)　御前給仕肝煎㊁218／㊁165 395
氏敏(加賀守)　㊁660
氏彬(新次郎)　㊁571
氏富　[十]69
氏朋　[九]674
氏豊　召出[三]624 631。日光代参[三]681[四]71 89

戸田　104 122 124 240 241 378 433 435 476[五]63 64 122。京都御使[四]90 92 136 138 264 265 386 389[五]93／[三]680[四]102 491[五]39 70 147 325[六]277
氏房　家治附少老[九]130。分封[九]402。西丸宿直[九]542。家治婚礼[九]629。心観院御産[九]667。卒伝[九]749／[七]431[八]159 821[九]104 580 705 749
氏明(土佐守)　㊀661
氏孟　[十]789
氏宥　致仕伝㊁146／㊀375
氏有(近江守)　㊁546
氏庸(采女正)　増上寺修築㊁251。美濃秋田村百姓一揆㊁274。上納金㊁278／㊀316 354 576
氏養　卒伝[十]777／[十]352 466
氏利　寛永寺火番[五]156 171。致仕伝[六]17／[四]192 293
時比　[十]287 474
式部少輔　[三]90
七内　㊁561 563
種辰　[九]57 347 592[十]216
十兵衛(戸田忠延家士)　㊀668
重元　卒伝[一]530
重恒　[四]58

戸田重種　家光上洛〔二〕638。甲府在番〔三〕80 105 386 444。増上寺修理奉行〔三〕608。徳川家宣婚儀〔五〕317。大奥修築〔五〕330／〔二〕370 〔三〕262 663〔四〕30 378 380〔五〕146 193 443〔六〕17
重昭　〔四〕13
重正　〔三〕314
重政　〔三〕108 121 199
重澄（重利）　火消屋敷移転〔七〕83 86／〔五〕285 〔八〕166
重利　↓戸田重澄
勝愛　〔十〕46 115 479 ㊀254 328
勝吉　〔二〕684
勝喬（五助・久助）　㊁214 469
勝行（民吉）　㊁214
勝興　〔一〕495
勝則　〔二〕192
勝莫　㊀104 182
勝便　鷹訓養〔八〕279 288〔九〕7。准使番〔九〕390／〔八〕292〔九〕350〔十〕46 683
勝房　鷹匠頭〔八〕29〔九〕269。鷹訓養〔八〕25 26 61 65 103 201 212 252〔九〕269。巣鷹仕立〔八〕87。鷹坊費用〔八〕61。白鷹飼養〔八〕254。咎〔九〕272／〔八〕273
信光　〔一〕479～482

戸田甚十郎　㊁203
正吉　〔五〕484〔五〕380
正矩　〔八〕765
正好　↓戸田光正（半平）
正充　↓花房正充
正峯　〔九〕54
生勝　〔二〕370〔三〕337
政倚　小姓組組頭〔六〕34 63／〔六〕464
政演　㊀71
政次（藤右衛門）　〔一〕397〔二〕663
政次（七内）　徳松傅役〔三〕452／〔三〕134 297
政道　〔四〕626
政甫　〔十〕237
政峯　〔八〕437 458 548
政友　〔十〕466
政利　㊀198
清久　〔三〕65
清勝　〔一〕456
清信　〔三〕249
尊次　卒伝〔二〕56／〔一〕119 446 547
主税助　㊀631
筑前守　㊁461
忠位（庄右衛門）　〔六〕589〔七〕418〔八〕388
忠位（豊後守）　〔八〕645

戸田忠位（出雲守）　卒伝〔八〕736／〔七〕183〔八〕601 675
忠位（安芸守）　㊁209
忠胤　家治附〔九〕403／〔九〕580 646 660
忠盈　転封〔九〕494。致仕伝〔九〕622／〔九〕69 428
忠栄　〔六〕517 589
忠延（日向守）　卒伝㊁88／㊀668
忠温（因幡守・日向守）　恩貸金㊁105 264 462 601。居城焼失㊁264 601。江戸城修築費上納㊁393 520。家慶日光社参宿泊管掌㊁454。歿㊁673／㊁88 460 509 538 672 673
忠寛　転封〔十〕442。恩貸金〔十〕466 704 751。大坂城代〔十〕706。致仕伝㊀381／〔九〕617 622 635〔十〕127 750 ㊀54 62 123
忠翰　致仕伝㊀668／〔十〕586 ㊀382 621
忠義　〔六〕445
忠久　〔八〕135
忠居　㊀519
忠喬　致仕伝㊁57／〔十〕460 643
忠言　卒伝〔十〕460／〔八〕736〔九〕36 501 505
忠古　〔八〕602 607
忠光（美与・加賀守）　偏諱〔一〕576 608。歿〔二〕456
忠高　長松抱守〔三〕413／〔二〕600〔四〕521

戸田忠次 〔一〕142
忠次女 〔一〕375
忠偲(大学) ㊁634
忠諏 火消役〔十〕461 514／〔十〕428 ㊀73 152
忠就 〔六〕713 〔八〕814
忠重 〔五〕619 〔六〕133 235
忠春 〔五〕67 503 〔六〕557
忠舜 ㊀255
忠如 〔十〕291
忠昌 駿府加番〔四〕88 127 282。京都所司代〔五〕235。加封〔四〕499 〔五〕235 420 437 566 〔六〕192。転封〔五〕92 94 566。肥後富岡城主〔四〕499。恩貸金〔四〕499 590 〔六〕182。官料一万俵〔五〕310。富岡城米を預る〔四〕503。蛮船着岸警備〔五〕19。家光法会〔五〕192 206。公卿処罰〔五〕429。堀田正俊刺傷事件〔五〕520。寛永寺家綱宝塔改造惣督〔五〕533 542。家綱霊廟修築奉行〔六〕344 347 358 359。寺社領朱印頒賜〔五〕579。卒伝〔六〕378 383／〔三〕156 496 〔四〕7 10 22 197 222 241 503 〔五〕77 170 242 244 249 403 405 422 430 431 436 437 452 487 〔六〕182 377 383
忠昌室 〔六〕223
忠章 〔五〕59 247 〔七〕85 〔八〕93 106

戸田忠城 〔九〕648
忠常(三郎兵衛) 秋田目付〔六〕517 537／〔六〕589
忠常(主馬) 〔九〕579
忠辰 常陸笠間城引渡〔六〕164 168／〔六〕448 589 〔八〕856
忠真 加封〔五〕601 〔八〕106。転封〔六〕441 〔七〕118。殺犬者査検〔六〕305。護持院修築〔六〕540。江戸城修築〔六〕552。老中〔七〕395。伝通院修築惣督〔八〕252。瑞春院等管掌〔七〕460。家継法会惣督〔八〕103 114。日光社参〔八〕436 457 459 462。諸役人誓詞〔八〕23。武家諸法度〔八〕23 63。国用勤労褒賞〔八〕273。上米免除〔八〕435。優待〔八〕371 390 479 〔九〕193。逸事〔九〕144 161。卒伝〔八〕514 518／〔四〕387 〔五〕236 〔六〕383 414 447 552 〔七〕395 〔八〕303 361 459 508
忠政 ㊁600
忠誠 〔九〕587
忠貞 〔四〕442
忠能 大坂加番〔二〕439 〔三〕58。駿府城番〔二〕623 江戸城修築〔三〕2。参勤交代〔三〕272。卒伝〔三〕496／〔一〕604 〔二〕375 386 537
忠汎(忠汎) 山形城引渡〔九〕383 388。二丸消火〔九〕425。延暦寺堂舎修築監督〔九〕611

戸田 633 635／〔九〕648 665
忠文(武次郎) ㊁594 697
忠褒 〔九〕389 ㊀23
忠囿 卒伝〔八〕601／〔六〕700 〔七〕455 〔八〕57 371 597
忠余 鶴岡八幡宮代参〔八〕731。日光諸堂社修築〔八〕831 854／〔六〕489 〔八〕518 519 568
忠利 目付〔五〕387。伏見奉行〔五〕435。加封〔五〕332 435 〔六〕51。綱豊(家宣)家老〔六〕51。側衆〔六〕555 612。若年寄上班〔六〕573 590。増上寺綱重廟造営〔六〕578 596 598 600。致仕伝〔六〕700／〔五〕332 441 〔六〕564 632
忠禄(鈜三郎・長門守) 歿㊁594／㊁57 71 131 532
長重(正勝) 〔四〕338
直久 〔六〕3
直供(真供) 〔八〕628 684
直之 〔九〕54
直次 〔二〕688
直秀 〔一〕550
直春 ㊀437
直正(直政) 〔三〕297 679 〔四〕5 200
直政(勝之丞) 〔六〕406
直著 ㊀590
直那 〔十〕679

戸田直年 ㊀422
直能 ㊀219 236
直武 日光洪水巡察[五]488。天主教考察[五]557。駿河宝台院・三河高月院・六所明神・高野大徳院修理[五]604／[五]524 529 607 [六]42 43 54
直保 [五]439
直房 [六]43
直頼 卒伝[一]431／[一]434
直良 [三]198
定浩 分封[八]614。月光院葬儀[九]575 576／[六]549 [八]640 [九]695 740
貞吉 放鷹鑑札下附[二]445。加封[三]115 465。日光祭礼鷹師頭、布衣補任[三]298。野讃岐と俗称[三]736／[三]35 38 115 203 204 220 247 600 674 [四]65
遠江守 ㊁353
藤右衛門 [五]489
能登守 ㊁669
八郎右衛門 [二]25
八郎左衛門 ㊁416 438
隼人正 ㊁356
半九郎 [三]280
日向守 ㊀670
戸田保定（六右衛門・六郎右衛門） ㊁432
美作守 ㊁525
門三郎 ㊁546
由勝 [八]548
由精 ㊀97
由相 ㊀522 531
由道 [三]656
祐之 [十]453
六左衛門 [一]757
六蔵 ㊁111
戸谷三右衛門 [十]413
戸塚之末 [二]435
忠栄（豊後守） 増上寺諸廟修築㊁243 249。人足寄場㊁250。武器修復㊁250／㊁217
忠之 [二]311
忠次 [二]435
伯英 [二]455
伯直 [二]455
戸津川八蔵 [二]23
戸張胤幸 [九]533
胤森 [六]58
胤賚 [十]327
源右衛門 ㊁388
戸張織定 [二]464
半兵衛 [三]24 25
戸部大夫 [一]279 [二]66
戸村十大夫 [一]732 734 [二]3
惣右衛門 [三]185
戸渡太郎右衛門 [二]31
外山光顕 [六]706
光和 [六]707
正吉 [三]80
正春 [三]475 [四]331
正勝 [三]80
安之右衛門 [八]111
百々平八郎 ㊁233
平六郎 進物取次上番[六]535
鳥羽天皇 [三]391
登美の方（一橋治済側室・家斉生母） ↓慈徳院
富松基春 [八]853
基房 [八]616
五兵衛 ㊀704
広儔 [十]455
重基 [八]111 125
豊島教泰 [十]771
七五郎 ㊁200

豊島主膳 〔二〕35
勝直 〔二〕617
信満 大坂冬陣〔一〕728。会津監使〔二〕75。池田・山崎両家の備中知行割〔二〕143。福島正則改易御使〔二〕166。家光参内行列奉行〔二〕379。井上正就を刺殺〔二〕440／〔一〕741 〔二〕119 419
親縁 〔四〕145
忠次 天龍川二瀬船橋奉行〔一〕695。巡見使〔二〕557／〔二〕421
忠松 〔三〕209
朝治 →土岐朝治
朝澄 →土岐朝澄(八左衛門)
武経 〔十〕783
平八郎 〔七〕371
土井淡路守 ㊀729
甲斐守 ㊀670
義三郎 ㊁217
勝政 〔二〕466
甚太郎 →三浦正次
正次 →三浦正次
正房 ㊀131
伝蔵 ㊀165
利以 歿㊁223／㊀706
土井利位(六郎・大炊頭) 恩貸金㊁105 125 462。寛永寺仮霊牌所修築㊁260。大塩乱㊁364。江戸城修築㊁392 520。駒場野狩猟鞍拝領㊁460。致仕㊁603／㊀702 715 ㊁80 215 219 330 353 387 390 393 460 525 527
利意 日光祭礼奉行〔五〕461 462。私邸を評定所に充つ〔八〕92。寺社朱印状頒賜〔八〕125 166。駱馬献上〔九〕214。卒伝〔八〕339／〔五〕213 326 408 502 〔六〕356 〔八〕334
利益 分封〔四〕279。加封〔五〕214。転封〔五〕401 〔六〕98。転封・恩貸金〔五〕405。増上寺法会〔五〕383。日光祭礼奉行〔四〕567 〔五〕14 15 52 53。伊勢伊雑宮造替〔五〕605。聖堂祭器献上〔六〕86。江戸城消防〔六〕644。卒伝〔七〕340／〔四〕319 551 〔五〕193 224 303 304 〔七〕334 335
利延 卒伝〔九〕99／〔八〕741 752 789
利寛 卒伝〔九〕404／〔八〕494 〔九〕65
利器 歿㊁7／㊀637 647
利喜(武次郎) ㊁582
利義(造酒正) 致仕㊀647／㊀191 565 632
利久 卒伝〔五〕213／〔五〕171 187
利見 卒伝〔十〕560／〔十〕482 497 553
利建 〔十〕442
利謙 歿㊀706／㊀247 249 448
土井利広 ㊀277
利行(金三郎) 歿㊁368／㊁223 227
利亨(大炊頭) 歿㊁612／㊁485 603
利厚(利和、大炊頭) 封地不毛㊀11。御前を止む㊀78。京都所司代・恩貸金㊀464。琉球使参向㊀590。日光修築総督㊁11 27。加封㊁74。歿㊁80／〔十〕560 580 ㊀70 336 463 494 702 791
利剛 〔十〕195 312
利国 〔十〕496 ㊀67
利実(利貞) 蛮船取計〔八〕99。唐津・長崎監視〔八〕185。抜荷唐船打払〔八〕413。卒伝〔八〕741／〔六〕422 〔七〕340 370 449
利重 公卿芝上野参詣警衛〔四〕398 528 533 609 〔五〕38 68。卒伝〔五〕171／〔四〕333 398 417 449 458 460 464 488 489 505 541 〔五〕4 33 34 92
利章(鉎之丞) ㊁130
利勝 安藤直次に学ぶ〔一〕243。新田氏墳墓捜求〔一〕297 567 568。関東筋新田開発〔一〕328。秀忠近侍〔一〕379。加封〔一〕475 507 605 〔二〕79 594。転封〔一〕507 〔二〕594。駿府御使〔一〕523 524 531 580 612 621 648 657 670 681 〔二〕6 120。松平忠直家司訴論〔一〕600。相模中原使者〔一〕538。秀忠臨邸〔一〕573。老中

土井
640。密議㈠650 653 657 720 739 745 ㈡5 9 72 352 ㈢76 327 348。江戸諸有司等誓書捧呈㈠652。大坂冬陣㈠719。家光附㈡73 308 532 656 ㈢699。家康遺言㈡95。家康死後会議㈡96 98。小野忠明門下㈡104。伊達政宗参府慰労㈡112。外事関与㈡135 137 304 326 415 417。加藤忠広家士争論㈡153。上洛㈡190 470。寺院訴訟裁断㈡223。薫袋勅賜㈡374。四位㈡376。侍従㈡384。大老㈡396 ㈢20 115。寺院諸法度㈡413。身延池上争論聴断㈡477。明正天皇即位拝観㈡492。中院通村失脚㈡492。諸大名を試む㈡546。訴訟裁断㈡561。老臣会議㈡673 694 ㈢4。御番改㈡688。家光臨邸㈢134。生駒騒動㈢198。増上寺安国殿修築㈢247 248。加藤明成除封㈢312。家光抜擢㈢696。江戸証人制㈢717。寛永通宝鋳造惣督㈢720。卒伝㈢362／㈠243 284 380 384 387 400 467 469 481 482 490 511 525 548 559 565 567 588 595 602 611 637 646 647 655 682 690 700 701 704 719 720 ㈡4 9 11 13 27 33 79 94〜96 103 120 121 129 141 163 171〜173 181 202 232 256 264 273 298 322 373 375 403 421 425 447 460 477 491 493

土井
498 533 534 537 547 588 604 620 625 637 643 693 696 ㈢19 43 125 138 143 146 147 153 166 169 171 181 215 219 263 312 319〜321 338 342 359 361 369 ㈤214
利信　転封㈨416。韓使饗応㈨422。致仕伝㈩255／㈧658 819 ㈨71
利制　卒伝㊀247／㈩730 ㊀54 155
利清　㈧426 763 ㈩170
利善（大隅守）　㊁647
利則（大膳）　㊁612
利知　越前丸岡城請取㈥226。致仕伝㈨65／㈤487 525 ㈥308 682 700 ㈦209 ㈨8
利知祖母　㈤575
利置　㈩201
利忠（錦橘・能登守）　㊁7 172 532
利長（兵庫頭）　分封㈢367 368 ㈣279。西尾城主㈣470。日光山㈢531 ㈣92 161 335 436 448。家綱傅役㈢587。西丸奥小姓㈢657。増上寺霊廟修築㈣197 198 200 203。公卿芝上野参詣警衛㈣241 258 306 420 451 463 519 528 ㈤38。日光祭礼奉行㈣304 305 418 479。致仕伝㈤408／㈢134 136 273 468 ㈣69 ㈤326 392
利長（豊前守）　㈧305
利直　分封㈢367 368 ㈣279。西丸奥小姓㈢657。

土井
一万石拝領㈣279。公卿上野参詣警衛㈣306 329 495 551。家綱紅葉山参詣警固㈣531。卒伝㈤262／㈣290 335 502 546 ㈤218
利貞（能登守）　致仕伝㊀565／㈨404 645 685 ㈩469
利徳　致仕伝㊀54／㈩236 255 282 698
利武　㈧371
利峯　㈩441
利豊（宇兵衛）　㈨479
利豊（左門）　㊀727
利房　分封㈢367 368 ㈣279。加封㈤73 317。転封㈤441。西丸奥小姓㈢657。日光御使・祭礼奉行㈣93 328 330 348 384 461 464 530 531。公卿芝上野参詣警衛㈣241 258 282 306 350 398 420。茶亭管掌㈣476 553 ㈤86。厩方取扱㈣566。諸番士水泳奨励㈤47。京都大火御使㈤158 161。老中㈤321。高巌院霊廟修築惣督㈤368。雁間詰上座㈤442。卒伝㈤487／㈢134 136 468 587 ㈣474 504 ㈤5 16 67 329 401 483
利祐（淡路守）　歿㊁582／㊁368 532
利用（酉之助）　火災巡見㊁561 701／㊁475 521
利庸　卒伝㈧658／㈧33 339 346

土井利里　転封〔十〕94。恩貸金〔十〕314 332 387 466。卒伝〔十〕553／〔九〕99 756〔十〕49 311 383 549
　利隆　小姓組番頭兼小老〔二〕692～694〔三〕116〔四〕412。襲封〔三〕367 368。秀忠法会〔三〕475。江戸城修築〔三〕442 447 635 637。増上寺修築〔三〕229。利勝法会〔三〕363。家綱日光社参〔三〕589。日光山植樹〔四〕34。日光家光廟修築〔四〕6。古河城下火事〔四〕109。風流興行〔三〕61。致仕伝〔四〕279／〔二〕355 466 498 637〔三〕5 147 184 285 286 376 436 448 458 483 514 612〔四〕63 78 146
　利良　〔五〕262〔八〕417
　利和　↓土井利厚
　連之助　㊁403
土肥勝五郎　〔二〕39
　元成　宅地拝領〔六〕625。召出〔七〕260。田安宗武に教授〔九〕179。論語侍講〔八〕218。講説〔八〕218〔九〕236 239。平家物語真名の記事作成〔九〕304／〔七〕137〔八〕398
　宗次　〔三〕254
冬晃院(直姫、尾張光友女)　〔四〕404
東　信正　〔三〕39
　忠清　〔四〕522
　良胤　八重姫附〔六〕306 307／〔五〕391 424

東意(僧)　〔一〕111
東鋭(建仁寺)　〔三〕301
東儀兼範　桐間番入〔六〕530 673
　左兵衛　〔三〕286
　筑後　〔三〕286
東源(妙心寺)　〔二〕555 633
東西海孫左衛門　〔二〕560
東照大権現　↓徳川家康
東条安長　〔三〕81
　季勝　〔十〕830 ㊀485
　義安　〔一〕23
　義叔　〔四〕406 556〔六〕208
　行長　卒伝〔一〕468
　孝長　〔九〕527〔十〕235
　祇長(衹長)　〔十〕229
　持広　〔一〕23
　正甫　護国寺護持院修築〔六〕302。麻布離邸修築〔六〕326。寛永寺家綱廟修築〔六〕345 358 359／〔六〕408 705〔七〕22〔八〕534
　政長　〔四〕442
　忠吉　↓松平忠吉
　長煕(源右衛門)　㊁187
　長矩　〔六〕148
　長頼　〔一〕112 468 692〔二〕167

東条道潔　〔十〕499
　政之丞　㊁55
東福門院(和子、秀忠女・後水尾天皇中宮)　入内の内旨〔一〕660。入内〔二〕190 192。深曽木御祝〔二〕228。明正天皇誕生〔二〕309 400 444。皇女誕生〔二〕465 551 609。二条城行啓〔二〕377。東福門院を称す〔二〕470。病気〔二〕613〔三〕4 7〔五〕239 254 256 264 266 277 285～287。御細長幷襁褓を家綱に下賜〔三〕239。明暦大火慰問〔四〕212 215。公卿新知等を請う〔五〕283。法会〔五〕288 291 312 359 514〔六〕474〔七〕102 105。卒伝〔五〕288。遺言〔五〕293。遺物〔五〕295／〔一〕445〔二〕240 305 535 613〔三〕389 564 646 650 670 684 686〔四〕105 137 236 241 285 357 381 469 532 608 620〔五〕53 194 195 269 273 291 296
東福門院女(兼宮・女五宮、一条光平室)　↓一条光平室
東暦(京妙心寺)　〔六〕509 510 601
桃源(妙心寺)　〔二〕464
等安(村山等安カ)　〔二〕71
等如(高野金剛三昧院)　㊀630
等禎(天竜寺妙智院)　〔九〕425
統誉(増上寺)　㊀177
遠山安英　〔十〕43 245

遠山安宗　〔三〕279
安則　〔一〕514
安速　〔六〕30 38 41 49〔九〕374 401
伊氏　㊀53
伊次　寛永寺火番〔三〕687〔四〕4。甲府在番〔四〕76。下館在番〔四〕268 309／〔三〕423〔四〕394 408〔五〕131 299
伊清　金改鋳所番〔六〕239／〔六〕387 391 405〔八〕539
為庸　〔三〕571 602
掃部　〔二〕247
貫慶　〔九〕482
求馬　㊁707
景逵　〔十〕753
景義　㊀266
景吉(小右衛門)　㊀228
景元(大隅守・左衛門尉)　江戸城修築㊁270 284 289 341 346 348 647。江戸城大奥修復㊁283 285 330 343。上水修復㊁279。寛永寺霊廟修復㊁282 330。浜御殿庭園修復㊁282。伝奏館・評定所修復㊁291。宗門改正㊁348。町会所経営㊁414 552 634。浅草出水・救助船㊁570。霊厳島埋立㊁582。新大橋修復㊁624／㊁687 688
遠山景好(権左衛門)　分封〔五〕20／〔五〕89 270
景好(権十郎)　㊀5
景高　〔八〕801
景綱　〔三〕155
景次　〔三〕33
景昵　館林城引渡〔八〕685 688／〔九〕47
景秀　〔八〕66 78 550
景重　新番頭〔三〕549。家綱二丸移徙〔三〕636。日光山諸事奉行〔四〕3 6 9 10。三河鳳来寺領寄附御使〔四〕195 201／〔二〕450 655〔三〕15 77 325 339 534 612〔四〕573 576〔五〕19 20〔九〕188
景浚　〔十〕522
景祥　㊀137 164 168
景信　〔九〕616 723
景晋　蝦夷地御用㊀403 558 583㊁96。長崎御用㊀553。恩貸金㊀612。日光霊廟修築㊁1 2 11 26 29。江戸城修築㊁11 15。相模警衛㊁68。貨幣改鋳㊁161
景審　〔十〕655
景政　〔二〕155
景則(景利)　家綱抱守役〔三〕587。加恩〔四〕63 371 557。錠口締戸役〔四〕138 434。新番頭 近習伺候奥勤〔五〕17 124 131 178 204 209／〔三〕654〔四〕414〔五〕29 47 48 270 502
遠山景忠　寿光院附〔六〕677 718／〔七〕402〔八〕174
景澄　㊀386
景利　→遠山景則
康次　〔四〕397
左衛門尉　㊁204
左京　㊁209
左金次　㊁211
三郎兵衛　㊁631
三左衛門　㊀795
資為(太田)　〔二〕500〔四〕484
資実　㊀228
七大夫　〔二〕662
秀友　大坂加番〔二〕623〔三〕191／〔一〕641〔二〕191 534 537
助直　〔二〕402〔三〕42
正次　〔三〕13
政貞　→内藤政貞
政徳　卒伝〔六〕511／〔六〕188
政亮(頼直)　分封〔五〕87 88。卒伝〔六〕188／〔五〕165 195 270 359 361 607 609 610
清左衛門　㊁334
荘之助　㊁651
則英　〔五〕502〔六〕156〔七〕410
則訓(半左衛門)　蘭船入津㊁531。山王諸堂社修築㊁565。学校修復㊁574。増

遠山
上寺霊廟修築㊁616。寛永寺霊廟修築㊁665 668 680。浜御殿庭園修築㊁676 710。伝通院本堂修築㊁677。江戸城大奥仏間修復㊁678。江戸城西丸修築㊁679 690 696。武器改正㊁640。東海寺修築㊁692。江戸城櫓多門修復㊁698
則勝　〔六〕72
忠次郎　〔九〕709 710
長景　〔三〕3 353
直吉　〔一〕567
彦八郎　㊁572
風静　㊀164
平左衛門　〔六〕133
方景　〔一〕664 〔二〕539 〔三〕113
豊前守（友随、遠山友祥カ）　㊁376
主水　㊀667
友央　致仕伝〔八〕856／〔八〕274 601
友寿　㊀204 342
友春　鳥羽城請取〔五〕368 411。美濃岩村城在番〔六〕477。致仕伝〔七〕210／〔五〕217 579 〔六〕346
友将　卒伝〔八〕601／〔八〕274 381 496
友祥　↓遠山豊前守
友随　致仕伝㊀204／〔十〕148 556 571

遠山友政　卒伝〔二〕191／〔一〕700 704
友清　大火就封延期〔十〕385。飛驒百姓一揆〔十〕427 455。致仕伝〔十〕556／〔九〕489 598 615
友貞　江戸城修築助役〔三〕495。卒伝〔五〕217／〔三〕509 510 〔四〕319 488 489 498 〔五〕6 110 211
友福　〔十〕626
友明　卒伝〔九〕598／〔八〕630 856 〔九〕8
友由　大坂城加番〔七〕301。卒伝〔八〕274／〔六〕583 〔七〕210 225 〔八〕274
与右衛門　㊁538
頼直　↓遠山政亮
利安　〔七〕16
利景　奏者〔一〕441 664。猿楽拙技〔一〕516 581 599。禁裏造営課役〔一〕548。卒伝〔一〕664／〔一〕79 86
良安　〔九〕489
藤長老（東福寺不二菴、集雲守藤）　〔一〕654
藤堂和泉守実母　㊀733
英之丞　㊁511
栄次郎　㊁55
嘉以　〔二〕21 439 465
嘉次　〔二〕439
嘉忠　〔三〕214
嘉長（良利）　江戸喰違門修理奉行〔三〕128。

藤堂
江戸城修築警衛〔三〕155。久留米目付〔四〕346 372／〔三〕211
勘解由（藤堂高虎家士）　〔二〕30
宮内（藤堂高虎家士）　〔二〕30
玄蕃（藤堂高虎家士）　〔二〕30
高嘉（良宗）　巡見使〔四〕601 618 620／〔二〕633
高雅　卒伝〔十〕102／〔八〕700 746
高嶷（高敦、大学頭）　仙洞営築助役〔十〕351 東海道河渠浚利助役〔十〕625 ㊀407。消防㊀202。歿㊀583／〔十〕102 335 355 383 397 ㊀575。家士〔十〕626
高嶷実母　㊀148
高吉（宮内）　〔一〕123
高久　淀川大和川水源保護〔五〕522。湯島聖堂に祭器献上〔六〕85。優待〔六〕303。卒伝〔六〕507 508／〔三〕348 〔四〕132 〔五〕54 61 248 〔六〕208
高久母　〔五〕597 344 507 〔九〕188
高潔（大助）　㊁612
高堅　根津権現造営助役〔六〕625 637。卒伝〔七〕436／〔五〕54 〔六〕308
高虎　関ヶ原戦〔一〕69。諸城修築〔一〕116 467 491 523 〔二〕16 178 185 186 197。征韓軍引揚沙汰〔一〕209。江戸城造営〔一〕244 405 406 414 419 443

藤堂
㈡281。将軍宣下内旨㈠236。御談伴㈠253㈢87・431。家康遺命㈠284㈢93。秀忠に治国を説く㈠309。江戸証人㈠404・483。加封㈠414㈢139。転封㈠467。臨邸㈠421・486・561・581・624㈡148・150・153・244・345・416。臨駕相伴㈠537㈢128・247・321・322・341・361・407・410・411・416・428〜431・437・440・454・458・459・464〜466・468・469・471・476〜478・480。禁裏造営課役㈠547・603。肥後国政沙汰㈠563・575。茶拝領㈠592・596㈢411・415・464・469・470。宇和島の事沙汰㈠637。大坂冬陣〔軍議㈠705・725・726・746〜748・759〕㈠257・297・687〜689・701・706・707・709・713〜715・725・728・729・744・746・749・753。枚方の旅亭造営㈠721。大坂夏陣㈢8・12・15・20・27・33。日光家康廟造営㈢111。争論聴断㈢122・153・460。福島正則改易評議㈢164・274。織田信長・明智光秀を評す㈢273。加藤嘉明を推挙㈢406。阿蘭陀通信議定㈢415。卒伝㈢496。寛永寺護摩所造営㈢720／㈠470・495・558・646・647㈢94・285・460。家僕㈠744
高虎女（蒲生忠郷室）　㈢148
高虎女（蒲生忠知室）　㈢209
高興　卒伝㈩544／㈩482・519

藤堂高衡　卒伝㈩681／㈩544・614・627
高秭（佐渡守）　致仕㊁262／㊁14・171
高次　秀忠茶事㈡415・424・481・504・505。家光茶事㈡493・575。江戸城造営助役㈡681・701㈢149・155・161。生駒騒動㈢198。合力米㈢399・613。江戸城西丸用材献上㈢636。日光霊廟造営助役㈣15。証人交代㈣73・108・222・307。居城焼失㈣444。致仕伝㈤54。歿㈤248／㈠92・404㈡86・345・356・451・496・516・530・536・567・605・628・637・657・673・681㈢44・159・334㈣76・108・549・570・592㈤248。家士㈣55
高治　卒伝㈧691・696／㈧346・474・475・496・700
高崧　㊀89
高重　㈡345・511
高朶　関東甲斐河渠浚利助役㈩468・475。致仕伝㈩482／㈩341・383
高兌（和泉守）　日光諸堂社修理助役㊀445。関東東海道河川修復助役㊁58・66。歿㊁119／㊀135・275・583
高矗　関東伊豆河川浚利助役㊀11・30。卒伝㊀135／㈩681・782・800
高聴（直太郎・主水・佐渡守）　江戸城西丸造営助役㊁387／㊁171・262・263
高陳　㈦219・349・436㈧69

藤堂高通　分封㈤54。卒伝㈥308／㈣174㈤400・518
高敦　→藤堂高嶷
高般　卒伝㈨621／㈨573
高敏　封地監察㈦47。駿河相模河渠浚利助役㈦48・93。疱瘡予防薬拝領㈨182。卒伝㈧468・474／㈥545・581・582・715・716㈦318・363㈧65・188・223・319
高豊（高朗）　江戸城々溝浚利助役㈧623・643。襲封㈧696。大和預所検断㈨30。関東河渠堤防修築助役㈨50・65。桃園天皇即位慶賀使㈨423・433・440。日光修理助役㈩109・156。致仕伝㈩299／㈧474・475・544・696・749㈩773
高睦　江戸城石垣修理助役㈥520。分封㈥581。卒伝㈥713・715／㈤557・558㈥170・508・521・537・581・712
高睦生母　㈥646
高邁（撤三郎）　致仕伝㊁14／㊀591
高悠　仙洞御所造営助役㈩324。卒伝㈩334・335／㈩229・281・299・301
高猷（和泉守）　甲斐国河川修復助役㊁206。江戸城西丸造営助役㊁351。上米㊁351。江戸城西丸造営費上納㊁393。『資治通鑑』献上㊁484。江戸城

藤堂
高猷 本丸造営費上納㊁535。治績褒賞㊁607。増上寺廟修復助役㊁655／㊁124
高猷生母 ㊁147
高朗 ↓藤堂高豊
駒五郎 ㊀590
佐渡守 ㊀674
新七 ㊀714㊁30
仁右衛門 ㊀714㊁30
肥後守 ㊁413
良安(五郎左衛門) [六]181
良安(駿河守) [十]756
良永 [十]717
良英 ㊀528 547
良顕(主馬) ㊁189 279 434 487
良宗 ↓藤堂高嘉
良端 [八]332[九]562 573
良直 府内閑地新造屋舎査検[五]134。閉門[五]169 350。松平綱国失心検察[五]418。鳥銃考察[六]11。火事羽織華美禁制[六]73。犬小屋普請[六]231 247 252／[五]374 419 428[六]9 615
良徳 [十]566 726
良峰 ㊀487
良明 本所奉行[六]175／[七]288[八]208

藤堂良由 [九]601[十]43 294
良利 ↓藤堂嘉長
良連(秉之丞) ㊁688
藤八(桐屋甚右衛門の僕) [八]92
騰雲(飯沼弘経寺) [八]829
道悦(数寄屋坊主組頭) ㊀722
道寛法親王(聖護院門跡) 歿[五]233 234／[四]552[五]206
道晃法親王(聖護院門跡・照高院門跡) 園城寺長吏職[二]654[三]400。山王社歌仙の扁額染筆[四]350／[二]526 556 598 677[三]165 547 549[四]297 552
道山(恵眼院) [二]261
道周法親王(照高院門跡) [二]654 664
道恕法親王(安井門跡) [五]246
道承法親王(聖護院門跡) [六]706[七]114 388
道仁法親王(梶井門跡) 浜御殿遊覧[七]130。歿[八]631／[七]405
道仁法親王(仁和寺門跡) [九]45 ↓遵仁法親王
道晟法親王(聖護院門跡) [四]37
道石(道碩) [一]456
道仙(尾張藩儒者) [三]341
道尊法親王(後西天皇男・円満院門跡) [五]288

道澄法親王(照高院門跡) 三井寺寺務[一]484。本山当山の訴論裁決[一]622。関東調伏修法[一]715 718
道入(紅葉山東照宮番) [四]123
道祐法親王(聖護院門跡) 歿[六]93／[五]611 615 616
常磐井(女房) [五]523
禿翁(唐僧) [四]284 286
徳阿弥(同朋) [一]756
徳翁(増上寺方丈) ㊁388
徳川雲子(亀姫・茂利姫・森姫・加納殿、家康女・奥平信昌室) ↓盛徳院
永姫(家斉女・誠順院) ↓一橋斉位室
悦五郎(家慶男) ㊁203
悦五郎(家慶男) ㊁412
艶姫(家斉女) ↓法量院
乙五郎(家斉男) ↓池田斉衆
家基(竹千代) 誕生[十]95。家基と改む[十]203。大納言殿と称す[十]218。西丸移徙[十]318。歿[十]594 826。霊廟[十]595。法会[十]623 624㊀402 505㊁614
家基生母(おちほの方、家治側室) ↓蓮光院
家継(鍋松) 誕生[七]46 271。将軍宣下[七]309。婚約[七]441 451。歿[七]464。葬儀[七]464[八]

徳川
35。遺物頒与[八]15。霊廟[八]11 38。法会[八]13 68 112 269 349 455 597 795 [九]36 454
家継生母（家宣側室）↓月光院
家継室（婚約、八十宮、霊元天皇女）↓浄琳院
家慶（敏次郎）誕生㊀215 ㊁327。広大院を嫡母とす㊀225。若君と称す㊀226 233。婚儀㊀612 638。右大将㊀766。本丸移徙㊁327 537。歿㊁712 714
家慶生母（おらくの方、家斉側室）↓香琳院
家慶室（楽宮、有栖川宮織仁親王女）↓浄観院
家慶側室（おみつの方、家定生母）↓本寿院
家慶男（竹千代）↓徳川竹千代
家慶女（達姫）↓深珠院
家慶女（儔姫）↓瑞芳院
家慶女　↓最玄院
家慶男（登次郎・嘉千代）↓徳川嘉千代
家慶男（政之助、家祥）↓徳川家定
家慶女（米姫）↓瑤台院
家慶男（初之丞）↓一橋慶昌
家慶女（咸姫）↓諦明院

徳川家慶男（春之丞）↓徳川春之丞
家慶女（暉姫、田安慶頼室）↓貞明院
家慶男（悦五郎）↓徳川悦五郎
家慶男（悦五郎）↓徳川悦五郎
家慶男（直丸）↓徳川直丸
家慶男（銀之丞）↓徳川銀之丞
家慶女（吉姫）↓麗台院
家慶男（亀五郎）↓徳川亀五郎
家慶女（万釵姫）↓瓊玉院
家慶女（若姫）↓蓮玉院
家慶男（照耀院）㊁505
家慶女（鐐姫）↓玉蓉院
家慶男（田鶴若）↓徳川田鶴若
家慶女（鋪姫）↓輝光院
家慶男（斉信院）㊁633
家光（竹千代）誕生[一]114 383 [二]297。将軍宣下[二]260 299。本丸移徙[二]330。婚儀[二]347。歿[三]693 [四]2。遺命[三]693 695 752。葬儀[三]695 [四]3 6。寛永寺霊廟[四]15 71。法会[四]7〜9 18 48 49 74 223 224 [五]99 100 206 478 [六]402 [九]513
家光生母（お江の方、秀忠室）↓崇源院
家光室（鷹司信房女）↓本理院
家光側室（お振の方、千代姫生母）↓自

徳川
証院
家光側室（お楽の方、家綱生母）↓宝樹院
家光側室（お夏の方、綱重生母）↓順性院
家光側室（お玉の方、綱吉生母）↓桂昌院
家光側室（おりさの方・おさのの方・貞心、鶴松生母）↓定光院
家光女（千代姫、尾張光友室）↓霊仙院
家光男（竹千代）↓徳川家綱
家光男（亀松）↓徳川亀松
家光男（長松）↓徳川綱重
家光男（徳松）↓徳川綱吉
家光男（鶴松）↓徳川鶴松
家康（竹千代）誕生[一]23。築山殿[一]29 43。家康と改む[一]32。清華上首[一]56。将軍宣下[一]73 236。辞表[一]129 384。駿府引退[一]130 241 424。田中鷹狩[一]129 130 281 [二]86。極官[一]131 [二]89。遺命[一]282 [二]93 94。歿[一]131 [二]95。法謚[二]97。神号[一]131 377 [二]98 101 106 120。追号[二]124
家康生母（お大の方、水野忠政女・広忠室）↓伝通院

徳川家康室（築山殿）　→西光院
家康継室（朝日姫、豊臣秀吉妹）　→南明院
家康側室（お愛の方・西郷局、秀忠生母）　→宝台院
家康側室（お万の方・小督局、秀康生母）　→長勝院
家康側室（おつまの方・下山の方）　→妙真院
家康側室（茶阿局、忠輝生母）　→朝覚院
家康側室（お亀の局、義直生母）　→相応院
家康側室（お万の方、蔭山の方、頼宣・頼房生母）　→養珠院
家康側室（お梶の方・お勝の方、市姫生母）　→英勝院
家康側室（西郡局、督姫生母）　→蓮葉院
家康側室（お竹、振姫生母）　→良雲院
家康側室（阿茶局・一位局）　→雲光院
家康側室（お夏の局）　→清雲院
家康男（信康）　→松平信康
家康女（亀姫・茂利姫・森姫・加納殿、奥平信昌室）　→盛徳院
家康女（督姫、北条氏直室・後池田輝政継室）　→良正院
家康男（於義丸、秀康）　→松平秀康
家康男（長丸、秀忠）　→徳川秀忠
家康男（忠吉）　→松平忠吉
家康女（振姫、蒲生秀行室・後浅野長晟室）　→正清院
家康男（万千代、信義・信吉）　→松平信吉
家康男（辰千代、忠輝）　→松平忠輝
家康男（五郎太、義利・義俊・義直）　→尾張義直
家康男（長福、頼将・頼宣）　→紀伊頼宣
家康男（鶴千代、頼房）　→水戸頼房
家康女（市姫）　→一照院
家綱（竹千代）　誕生〔三〕232 〔四〕1。将軍宣下〔四〕12 21 24。右大臣〔四〕87 89。中奥に移る〔四〕91。婚姻〔四〕234。元服〔四〕295。左大臣辞退〔四〕306 351。綱吉を養子とす〔五〕337 355。四十の賀〔五〕331。歿〔五〕338 355。葬儀〔五〕356〜358。法会〔五〕361 446 568 575 〔六〕138 139 259 403 536 537 〔七〕226 〔八〕499 ㊁205
家綱生母（おらくの方、家光側室）　→宝樹院
家綱室（浅宮、伏見宮貞清親王女）　→高巌院
徳川家綱側室（お振の方、吉田兼敬女）　〔四〕615
家綱側室（おまる・円明院、佐脇安清女）　〔五〕296 297 312
家治（竹千代）　誕生〔八〕753 758 〔十〕1。元服〔九〕587。婚姻〔九〕604 619 626 629 630 〔十〕1。本丸移徙〔十〕2。将軍宣下〔十〕17。右大臣〔十〕637。家斉を養子とす〔十〕663 ㊀1。五十の賀〔十〕796。歿〔十〕810 ㊀1。法会㊀2 75
家治生母（お幸の局、家重側室）　→至心院
家治室（倫子・五十宮、閑院宮直仁親王女）　→心観院
家治側室（おちほの方、津田信成女・家基生母）　→蓮光院
家治側室（お品の方、藤井兼矩女）　→養蓮院
家治女（千代姫）　→華光院
家治女（万寿姫、尾張治休室）　→乗台院
家治男（竹千代、家基）　→徳川家基
家治男（貞次郎、崇善院）　→徳川貞次郎
家重（長福丸）　誕生〔七〕204 〔九〕341。婚儀〔八〕584 585 〔九〕341。家督〔九〕130。将軍宣下〔九〕351。隠居〔九〕758 760 761 766。西丸移徙〔九〕765。

徳川

歿㊈766 ㊉48 56。増上寺埋葬㊈766。葬儀㊉51 52。法諡㊉54。法会㊉53 83

家重生母（おすまの方、吉宗側室）→深徳院

家重室（比宮、伏見宮邦永親王女）→証明院

家重男（竹千代、家治）→徳川家治

家重男（万次郎、重好）→清水重好

家祥（政之助、家定、家慶男）→徳川家定

家斉（豊千代、一橋治済男）誕生㊉425 ㊀1。家治の養子となる㊉663 664 ㊀1。家斉と改名㊉681。元服㊉690。将軍宣下㊀27。婚姻㊀66 81 82 87。右大臣㊀766。五十の賀㊁70 74。太政大臣㊁160。六十の賀㊁261。引退㊁277 291 327。西丸移徙㊁381。歿㊁291 423。葬儀㊁424 425。遺物頒与㊁427。法会㊁704

家斉生母（おとみの方、一橋治済側室）→慈徳院

家斉室（茂姫・寔子、島津重豪女・近衛経煕養女）→広大院

徳川家斉側室（お万の局、勢真院、平塚為喜女）㊀91 133 187 321

家斉側室（お楽の方、押田敏勝女・家慶生母）→香琳院

家斉側室（お梅の方、真性院、水野忠芳女）㊀248

家斉側室（おうたの方、水野忠直女）㊀300 374 422 483

家斉側室（おしがの方、慧明院、能勢頼能女）㊀327

家斉側室（おりをの方、朝比奈矩春女）→超操院

家斉側室（おいとの方・おとせの方、梶勝俊女）→妙操院

家斉側室（お蝶の方・お八百の方・おいの方、曽根重辰女）㊀457 516 652 699 756

家斉側室（おみをの方・おみほの方、木村重勇女）→芳心院

家斉側室（おやちの方・おきその方・おりをの方、清昇院、大岩盛英女）㊀606

家斉側室（お袖の方・おほのの方、吉江政福女）→本性院

家斉側室（お八重の方、牧野忠克女）→

徳川

皆春院

家斉側室（おみよの方、内藤就相女・中野清武養女、専行院）㊀703 788 792

家斉側室（おいとの方、高木広充女）㊀763 ㊁17 18 122

家斉側室（おるりの方、戸田政方女）㊁23

家斉女（淑姫、尾張斉朝室）→清湛院

家斉女→瓊岸院

家斉男（竹千代）→徳川竹千代

家斉男（敏次郎、家慶）→徳川家慶

家斉男（端正院）㊀248

家斉男（敬之助）→尾張敬之助

家斉男（敦之助）→清水敦之助

家斉女（綾姫、伊達周宗室）→麗玉院

家斉女（総姫）→棲真院

家斉男（豊三郎）→徳川豊三郎

家斉女（格姫）→沖縁院

家斉女（五百姫）→瑩光院

家斉女（峯姫、水戸斉脩室）→峯寿院

家斉女（亨姫）→唯乗院

家斉男（菊千代、清水斉順）→紀伊斉順

家斉女（舒姫）→感光院

家斉女→法如院

徳川家斉男(時之助) →徳川時之助
家斉女(寿姫) →蓉香院
家斉女(浅姫、松平斉承室) →松栄院
家斉女(晴姫) →晃耀院
家斉男(虎千代、紀伊治宝養子) →徳川虎千代
家斉女(高姫) →円琮院
家斉女(岸姫・安姫) →精純院
家斉女(元姫、松平容衆室) →貞鑑院
家斉男(友松) →徳川友松
家斉女(文姫、松平頼胤室) →霊鏡院
家斉男(保之丞、斉明) →清水斉明
家斉男(要之丞、田安斉荘) →尾張斉荘
家斉女(艶姫) →法量院
家斉女(盛姫) →鍋島斉正室
家斉男(乙五郎、斉衆) →池田斉衆
家斉女(和姫、毛利斉広室) →貞惇院
家斉女(孝姫) →淳脱院
家斉女(溶姫) →前田斉泰室
家斉男(銀之助・斉民) →松平斉民
家斉女(琴姫) →浄薫院
家斉男(久五郎) →徳川久五郎
家斉女(仲姫) →華成院
家斉男(信之進) →徳川信之進
徳川家斉女(末姫、浅野斉粛室) ㈠792 ㈡57 90 191 370 498 →浅野斉粛
家斉男(陽七郎) →徳川陽七郎
家斉女(喜代姫) →酒井忠学室
家斉女(永姫、誠順院) →一橋斉位室
家斉男(直七郎、斉温) →尾張斉温
家斉男(徳之助、斉良) →松平斉良
家斉男(清水、恒之丞、斉彊) →紀伊斉彊
家斉男(民之助・千三郎、斉善) →松平斉善
家斉男(松菊、斉裕) →蜂須賀斉裕
家斉男(紀五郎、斉省) →松平斉省
家斉男(周丸、斉宣) →松平斉宣
家斉女(泰姫、池田斉訓室) →泰明院
家千代(家宣男) 誕生㈥659。年始八朔の進物制㈥665。献物の制㈥666。歿㈥671/㈥660~665 668 ㈦351。
家宣(虎松) 誕生㈦1。綱重嗣子・襲封・加封㈦2。綱吉嗣子㈥555 ㈦2。婚姻㈤329 ㈦2。将軍宣下㈦28~33。本丸移徙㈦62。江戸城辺を親巡㈦67。歿㈦248。遺言・遺書㈦248 251 272~274 283 285。増上寺埋葬㈦251 276~278。
徳川 遺物㈦282 283。法会㈦278 ㈧384 ㈩62
家宣生母(おほらの方、綱重側室) →長昌院
家宣室(照姫、近衛基熙女) →天英院
家宣側室(左京局、家継生母) →月光院
家宣側室(お古牟の方) →法心院
家宣側室(おすめの方、大典侍) →蓮浄院
家宣側室(いつきの局) →本光院
家宣男(家千代) →徳川家千代
家宣男(大五郎) →徳川大五郎
家宣男(鍋松、家継) →徳川家継
家宣男(虎吉) →徳川虎吉
家定(政之助、家祥) 誕生㈢108。若君と称す㈢121~123。婚姻㈢433 442 443 634/㈢316 337 434 469
家定生母(おみつの方、家慶側室) →本寿院
家定室(有姫、鷹司政熙女・鷹司政通養女) →天親院
家定継室(寿明姫、一条忠良女) →澄心院
家茂(紀伊、菊千代、慶福) 紀伊家相続㈢626。元服・偏諱㈢676/㈢584

徳川嘉千代（登次郎、家慶男） 殁㊁38／㊁27 28
格姫（家斉女） ↓冲縁院
鶴姫（綱吉女・紀伊綱教室） ↓明信院
鶴松（家光男） 誕生〔三〕513。殁〔三〕557／〔三〕514 525 526 556。附〔三〕525 674
鶴松生母（おりさの局・さのの局・貞心） ↓定光院
咸姫（家慶女） ↓諦明院
岸姫（安姫、家斉女） ↓精純院
紀五郎（家斉男、斉省） ↓松平斉省
亀五郎（家慶男） ㊁359
亀松（家光男） 殁〔三〕494／〔三〕385
暉姫（家慶女・田安慶頼室） ↓貞明院
菊千代（紀伊、家斉男、斉順） ↓紀伊斉順
吉姫（芳姫、吉宗女） ↓正雲院
吉姫（家慶女） ↓麗台院
吉宗（源六・新之助、頼方） 誕生〔八〕1。越前鯖江三万石下賜〔六〕292 〔八〕1 〔九〕135。紀伊家相続、吉宗と称す〔六〕597 599 〔八〕1 〔九〕136。婚姻〔六〕633。宗家相続〔八〕2 〔九〕141。本丸移徙〔八〕9。将軍宣下〔八〕26 〔九〕141。隠退〔九〕126 130 131 341。西

徳川

丸移徙〔九〕133 341。殁〔九〕134 538 〔十〕1。葬儀〔九〕538。綱吉廟合祀〔九〕539。遺物頒与〔九〕546。法会〔九〕542 568 572 593 686 ㊁651
吉宗外祖母 〔六〕691
吉宗生母（巨勢利清女・紀伊光貞側室） ↓浄円院
吉宗室（真宮、伏見宮貞致親王女） ↓寛徳院
吉宗側室（おすまの方、家重生母） ↓深徳院
吉宗側室（おこんの方、田安宗武生母） ↓本徳院
吉宗側室（お梅の方、一橋宗尹生母） ↓深心院
吉宗男（長福、家重） ↓徳川家重
吉宗男（小次郎、宗武） ↓田安宗武
吉宗男（源三） ↓徳川源三
吉宗男（小五郎、宗尹） ↓一橋宗尹
吉宗女（芳姫・吉姫） ↓正雲院
久五郎（浄門院、家斉男） 卒伝㊀793／㊀756
琴姫（家斉女） ↓浄薫院
銀之助（斉民、家斉男） ↓松平斉民
銀之丞（家慶男） ㊁261

徳川敬之助（家斉男） ↓尾張敬之助
慶喜（一橋、七郎麿、昭致） ㊁590 613 710
慶喜室（千代姫、今出川実順妹・一条忠香養女） ↓貞粛院
元姫（家斉女・松平容衆室） ↓貞鑑院
源三（吉宗男） 夭折〔八〕154／〔八〕149 150 231
虎吉（家宣男） 誕生〔七〕176。殁〔七〕193／〔七〕177
虎千代（家斉男、紀伊治宝養子） 紀伊治宝養子㊀640 645 654。卒伝㊀656／㊀598 609 621 648 650
午松（綱重男） 〔五〕160
五百姫（家斉女） ↓瑩光院
亨姫（家斉女） ↓唯乗院
孝姫（家斉女） ↓淳脱院
高姫（家斉女） ↓円琮院
綱吉（徳松） 誕生〔三〕427 〔五〕353。厨料〔三〕689 〔五〕353。館林城主・加封〔四〕396 〔五〕353。婚姻〔四〕479 511 512 〔五〕353。家綱猶子〔五〕337。将軍宣下〔五〕370。後事を託す〔六〕723 〔七〕254 255。殁〔六〕722 〔七〕3。埋葬〔六〕723 〔七〕6 8。家宣を嗣子とす〔六〕555 〔七〕2。霊廟〔七〕3。遺物頒与〔七〕13。法会〔七〕8 68 124 128 402 〔八〕202 203 207 351 485 612 859 〔九〕696
綱吉生母（お玉の方、家光側室） ↓桂昌

徳川
綱吉室（鷹司教平女）→浄光院
綱吉側室（お伝の方）→瑞春院
綱吉側室（大典侍局、清閑寺熙房女）→寿光院
綱吉側室（新典侍局）→清心院
綱吉女（鶴姫、紀伊綱教室）→明信院
綱吉男（徳松）→徳川徳松
綱重（長松、左典厩）誕生〔三〕357。有司附属〔三〕368 369 374 525 625 626 689〔四〕30 88 396 436〔五〕72 89。天樹院養子、諸大名献物制〔三〕392〔四〕13。時服献上〔四〕12。元服〔四〕89。婚姻〔四〕389。加封〔四〕396。御内書を賜う〔四〕401。狩場〔四〕403 470。綱重・綱吉恩貸〔四〕493 556〔五〕173。歿〔五〕295。法会〔五〕322 381〔六〕209 416 548〔七〕120〔八〕439。遺物〔五〕297。厨料〔五〕353。霊廟〔六〕578 579 594 596 597 600〔七〕19 107 113 119 122。宝塔〔六〕597。追贈位〔六〕597〔七〕120。霊廟代参制〔六〕598〔八〕284。花押〔六〕727。甲府領〔八〕734／〔三〕356 357 369 370 374 427 428 513 565 627 677〔四〕34 57 88 119 212 219 220 228 236 276 288 303 333 373 375 378 379 392 401 404 407 418 463 464 477 480 562 583〔五〕85 160 277〔七〕1
綱重生母（お夏の局、家光側室）→順性院
綱重室（二条光平女、九条兼晴養女）→隆崇院
綱重継室（二条光平養女）→紅玉院
綱重側室（おほらの方、家宣・清武生母）→長昌院
綱重男（虎松、家宣）→徳川家宣
綱重男（午松）→徳川午松
綱重男（清武）→松平清武
綱豊（虎松）→徳川家宣
子々姫（禰々姫、秀忠女・前田利常室）→天徳院
市姫（家康女）→一照院
時之助（家斉男）卒伝〔一〕561／〔一〕516 517
若姫（家慶女、蓮王院）→蓮玉院
珠姫（子々姫・禰々姫、秀忠女・前田利常室）→天徳院
寿姫（家斉女）→蓉香院
秀康（於義丸）→松平秀康
秀忠（長丸）誕生〔一〕43 379。上洛・元服〔一〕57 379〔二〕263。婚姻〔一〕380。世子と定まる〔一〕379 382〔二〕266。将軍宣下〔一〕129 384。本丸移徙〔一〕417。江戸城を譲る〔一〕424。引退〔二〕260 299。西丸移徙〔二〕261 329。遺命〔二〕261 532 533。歿〔二〕261 533。法諡〔二〕261 540。埋葬〔二〕261 533。葬儀〔二〕533 534。遺物頒与〔二〕533 535。霊廟〔二〕534 556。法会〔二〕582 619〔三〕86 87 342 513〔四〕102 490〔五〕397〔八〕554〔一〕431
秀忠生母（西郷局、家康側室）→宝台院
秀忠室（お江の方、浅井長政女）→崇源院
秀忠側室（お静の局、保科正之生母）→浄光院
秀忠女（千姫、豊臣秀頼室・後本多忠刻室）→天樹院
秀忠女（子々姫・禰々姫・珠姫、前田利常室）→天徳院
秀忠女（勝姫・高田殿、松平忠直室）→天崇院
秀忠女（初姫、京極忠高室）→興安院
秀忠男（竹千代）→徳川家光
秀忠男（国千代、忠長）→徳川忠長
秀忠女（和子、後水尾天皇中宮）→東福門院
秀忠男（幸松、正之）→保科正之
周丸（斉宣、家斉男）→松平斉宣
淑姫（家斉女・尾張斉朝室）→清湛院

徳川春之丞（家慶男）㊁171
初姫（秀忠女・京極忠高室）↓興安院
初之丞（慶昌、家慶男）↓一橋慶昌
舒姫（家斉女）↓感光院
松姫（家康女・英勝院女）㈢117
松菊（斉祐、家斉男）↓蜂須賀斉祐
寔子（茂姫、島津重豪女・近衛経熙養女・
　家斉室）↓広大院
信康（家康男）↓松平信康
信之進（家斉男）㊀783
振姫（家康女・蒲生秀行室・後浅野長晟室）
　↓正清院
森姫（亀姫・茂利姫・加納殿、家康女・奥
　平信昌室）↓盛徳院
盛姫（家斉女）↓鍋島斉正室
晴姫（家斉女）↓晃耀院
千姫（秀忠女・豊臣秀頼室・後本多忠刻室）
　↓天樹院
千代姫（家光女・尾張光友室）↓霊仙院
千代姫（家治女）↓華光院
浅姫（家斉女・松平斉承室）↓松栄院
総姫（家斉女）↓棲真院
大五郎（理岸院、家宣男）誕生㈥718。歿
㈦113／㈦109 114 239
徳川達姫（家慶女）↓深珠院
達子（お江の方、浅井長政女・秀忠室）
　↓崇源院
竹千代（家斉男）若君と称す㊀189 202。歿
㊀220／㊀187 188 190 192 203 204 210 211 214 219
竹千代（家慶男）歿㊀732／㊀712
仲姫（家斉女）↓華成院
忠長（国千代）家康、嫡庶の別を正す㈠
249 566 ㈡297 ㈢699。誕生㈠410。家士附
属㈠538 605 ㈡107 113 135 237 335。傅相㈡106。
甲斐国下賜㈡145。砲術を学ぶ㈡155。
西丸放銃㈡155 271。元服㈡199。小諸
城を預かる㈡236。驕逸㈡262。駿府
城主㈡328。大井川浮橋㈡374 ㈢703。
崇源院危篤・出京㈡394。高野山崇
源院宝塔造営㈡413。猿狩㈡493。甲
斐蟄居㈡512 514。秀忠の病気を問う
㈡525。勘気御免要請㈡531。土井利
勝諸大名を試す㈡547。高崎幽閉㈡
569 ㈣247。改易㈡570。旧臣処遇㈡573
615 ㈢33 42 122 301 ㈣31 406 ㈤107。自殺㈡
613。法名㈡614。所蔵宝物を返還㈡
615。法会㈢164 ㈣334 ㈤462。墓碑・祭
器等造営㈤203。家光との関係㈦266
徳川
／㈠416 ㈡83 163 185 188 199 219 224 227 279 300 310
332 339 347 350 354 359 364 376 392 407 416 421 430 431 433
436 447 454 459 469 477 490
忠長室（織田信良女）↓光松院
儔姫（家慶女）↓瑞芳院
長松（家光男）↓徳川綱重
直丸（家慶男）歿㊁231／㊁211
直七郎（斉温、家斉男）↓尾張斉温
貞次郎（家治男）歿㈩113／㈩104 105
田鶴若（家慶男）歿㊁566／㊁553
督姫（家康女・北条氏直室・後池田輝政継
　室）↓良正院
徳之助（斉良、家斉男）↓松平斉良
徳松（綱吉男）館林家相続㈤355。進物制
㈤387。勤仕制㈤388 400。若君と称す
㈤389。歿㈤486／㈤311 320 353 363 368 385 390
391 406 408 430 484 485 514。附有司㈤368 386〜
389
敦之助（家斉男）↓清水敦之助
禰々姫（子々姫・珠姫、秀忠女・前田利常
　室）↓天徳院
富八郎（家斉男）㊁80
米姫（家慶女）↓瑤台院
保之丞（斉明、家斉男）↓清水斉明

徳川鋪姫(家慶女) →輝光院
芳姫(吉姫、吉宗女) →正雲院
峯姫(家斉女・水戸斉脩室) →峯寿院
豊三郎(家斉男) ㊀374 386
万釵姫(家慶女) →瓊玉院
万寿姫(家治女・尾張治休室) →乗台院
茂利姫(亀姫・森姫・加納殿、家康女・奥平信昌室) →盛徳院
友松(家斉男) 殁㊀706／㊀622 689
有姫(鷹司政煕女・鷹司政通養女・家定室) →天親院
要之丞(田安、斉荘、家斉男) →尾張斉荘
陽七郎(家斉男) 殁㊁57／㊁6
綾姫(家斉女・伊達周宗室) →麗玉院
鐐姫(家慶女) →玉蓉院
和姫(家斉女・毛利斉広室) →貞惇院
和子(秀忠女・後水尾天皇中宮) →東福門院
徳考(寛永寺戒善院) 〔十〕585
徳潤(寛永寺凌雲院) 〔八〕831 〔九〕389
徳西堂(僧侶) 〔二〕373
徳田玄秀 〔十〕171
徳大寺公信 罹災〔五〕232／〔四〕103 459 461
徳大寺公全 〔八〕149
公迪 〔十〕770
実維 〔五〕231
実久(宣久) 禁中濫行〔一〕489 498
実堅(大納言) ㊁504
実憲女(阿部正直室カ) ㊁504
宣久 →徳大寺実久
徳永寿昌 卒伝〔一〕590／〔一〕457
小膳 ㊀781
昌英 中津城請取〔八〕40 43 59
昌寛 巡見使〔九〕349 364 404。吉田城引渡〔九〕509 513／〔十〕106 216
昌興 田原城引渡〔五〕504 507／〔五〕54 59 226
昌重 大坂冬陣・秀頼手書奉呈〔一〕701。一統時服献上〔一〕457。禁裏造営課役〔一〕547。封地収公・召預・伝〔二〕427 430。相伝の茶器等拝領〔二〕441／〔一〕590 591 〔三〕279
昌春 〔七〕101 109
昌勝 召預・蟄居〔二〕427。赦免〔二〕427 〔三〕551
昌崇 巡見使〔四〕601 621 623／〔六〕613 653
昌成 常陸下館御使〔三〕147。佐倉城引渡〔三〕208。加封〔二〕356。越前目付〔三〕523 564／〔一〕503 〔三〕501 630
徳永昌清 〔六〕376 〔七〕111
昌範 壬生城引渡〔六〕231 237／〔六〕265
正春 〔五〕226
泰代 〔九〕509 513
政右衛門 〔六〕67 79
又兵衛 〔六〕62
弥兵衛 〔六〕172
弥平 〔五〕443
徳信院(苞宮、伏見宮貞敬親王女・一橋慶寿室) ㊁387
徳原八蔵 〔一〕744
徳山英行 〔一〕419
秀栄 本所深川の火災指揮〔八〕328 330。盗賊考察〔九〕395 433 443／〔九〕694
秀起(五兵衛・石見守) 江戸両国橋修復㊁381。黜免㊁501／㊁532
重次 〔五〕590
重俊 使番・奥州目付〔六〕401 420。盗賊改〔六〕470／〔六〕496 670 〔七〕360
重政 豊後目付〔三〕416。刈屋城請取〔四〕17 32。久留米目付〔四〕165 193。本所宅地溝渠奉行〔四〕346。本所小屋場の地拝領〔四〕520。国用管掌〔五〕369。免職〔五〕407／〔三〕316 560 561 〔五〕72 186 237 590

徳山則秀　卒伝〔一〕419／〔一〕384

　直政　西尾城引渡・下知状〔二〕213。京坂目付・条約〔二〕425。美濃河堤修築奉行〔二〕504。巡見使〔二〕581。歿〔二〕633／〔一〕407 419 692〔二〕538 553

　貞時　〔十〕600 613

　貞明　〔十〕485

　頼意　〔十〕519 636

　頼屋　〔十〕30

徳力良興（金十郎）　㊁162 240

　良顕　書籍謄写〔七〕289。評定所伺候〔八〕141／〔六〕510 749

　良弼　賀文詩献上〔九〕21 358 630 759／〔九〕684〔十〕57 538

徳嶺（久能山徳音院）　〔九〕673

所谷左平太　㊁269

富岡（大奥女中）　〔七〕409

富岡訓長　〔七〕363

　明正　㊀125

　弥次右衛門　〔三〕73

富川十郎右衛門　㊀673

富沢小兵衛　㊁122

　利成　〔十〕174

　林蔵　㊁389

富田一郎左衛門　㊀795

　岡右衛門　㊀786

　甲斐守　㊀673 755 760

　久尚　〔三〕149〔五〕165

　久隆（朝比奈）　休息所造営〔五〕589。召預〔六〕19／〔四〕231〔五〕165〔六〕39

　景弘　〔二〕429

　兼久　〔一〕605

　権兵衛　〔四〕355

　下総（前田家士）　〔二〕458

　庄之助　〔三〕273

　政勝　〔三〕160

　政善　〔六〕266

　政連　〔六〕2 140 266

　知義　致仕伝〔六〕185

　知郷　加封〔六〕574。居宅焼亡〔七〕450／〔八〕486

　知郷室（永好尼養女）　〔七〕290

　知勝　禁裏造営課役〔一〕547。坂崎成政と確執〔一〕635 636。収公・召預〔一〕636／〔三〕592

　知常（大内蔵）　㊁116 631 640

　知信　彦根城経営〔一〕113。江戸城築城費課役〔一〕119。坂崎成政と確執〔一〕388 389。加転封〔一〕467。禁裏仙洞造営〔一〕603。江戸召喚〔一〕620／〔一〕451

富田知真　〔九〕630

　知徳　〔九〕27

　中務　㊁655 676

　彦兵衛　〔五〕265

　孫三郎　〔六〕19

　又左衛門　〔九〕263

　明親　㊀136

富永伊左衛門　㊁623

　雅楽助　平岩親吉と確執〔一〕478。追却〔一〕481 482

　記豊（源右衛門・弥右衛門）　巡見使〔八〕33 49／〔八〕58〔九〕145

　記雄　㊀129

　喜三郎　㊁261

　九兵衛　〔三〕104

　景昶　〔九〕599

　参尹　→富永重師

　参吉　→富永重吉

　参師（富永重師カ）　〔三〕403

　参与（源太左衛門）　㊁383 388

　三郎左衛門　㊀781

　四郎左衛門　㊁229

　師勝　→富永泰賢

　重吉（参吉）　寛永寺造営〔三〕355。普請奉行

富永
〔二〕355。北条氏政の感状・腰刀、蒲生氏郷の槍を進覧〔二〕361。水戸小貫玉造村・千賀村原野検断〔二〕451。下館巡察〔三〕310。卒伝〔三〕481／〔二〕538 552 553 616 638 〔三〕178 253 376
重元　鶴松抱守〔三〕525／〔三〕541 674
重師（参尹）　赦免〔二〕530。日光参詣の間、鎗奉行〔三〕525 536／〔二〕220 〔三〕655 〔四〕200 453
↓富永参師
勝由　千駄谷火薬庫新造奉行〔四〕524／〔一〕537 〔二〕420
甚四郎　㊁565
正義　〔二〕229
正勝　〔六〕184
大学　〔二〕71
泰供　〔十〕690
泰賢（師勝）　切腹検使〔三〕280。加封〔四〕292 〔五〕77／〔三〕685 〔四〕235 〔五〕85 147。隊士〔五〕4
泰代　巡見使〔九〕349 364 397。浜松城引渡〔九〕509 513／〔十〕116
泰通　〔五〕147
丹波守　平岩親吉と確執〔一〕478。召喚〔一〕480。所領没収・追却〔一〕481 482
直哉　〔二〕553 600 609

富永直之（仙次郎）　㊀667 673
直信　〔三〕42 441
直則　卒伝〔一〕513
直当　〔九〕389
本治　〔二〕451
弥右衛門　〔一〕700
富小路永貞　〔四〕350 〔六〕706
貞直　〔十〕462
与直　〔九〕730
富宮（伏見宮貞建親王女・紀伊宗将室）　↓浄眼院
富見安大夫　〔六〕331
富本八左衛門　〔六〕105
富安市三郎　㊁362
直安（九八郎）　㊀714
九八郎　㊁362
与三郎　㊁362
福宮（東山天皇女）　〔六〕513
友田左近右衛門　〔二〕30
伴野九左衛門　〔二〕615
権次　㊁109
三郎次郎　↓西村能重
周雲　〔九〕274
常喜　〔八〕186

伴野常次　〔三〕627
常晴　㊀210
貞吉　〔一〕538
貞皎　〔六〕174
貞政　〔三〕42
貞静　〔九〕406
貞陳　㊀168
弥五左衛門　〔六〕473
豊岡和資　〔十〕568
豊田友政　㊀95
豊臣国松（豊臣秀頼男）　捕縛〔二〕42。大坂夏陣〔二〕42。斬処〔二〕43
秀吉　姉川合戦〔一〕35 146。中国征伐〔一〕41。山崎合戦〔一〕49。長篠・小牧長久手の戦〔一〕53 168 169 292。家康の上洛を促す〔一〕54 177。石川数正を召出す〔一〕54。豊臣姓下賜〔一〕55。九州征伐〔一〕56。聚楽第行幸〔一〕56。小田原征伐〔一〕57 186。奥羽征伐〔一〕60。後事を家康に托す〔一〕61 209。歿〔一〕61 381。家康を評す〔一〕133。朝倉攻〔一〕145。東征の軍議〔一〕181。家康、信雄と講和〔一〕177。家康と交歓〔一〕178。聚楽第謡始式〔一〕197。文禄・慶長の役〔一〕203～205 209。大坂

豊臣　城の難攻不落を説く㈠265。九戸一揆㈠292。会津領主選定㈠304。成瀬小吉を所望㈠305。本多忠勝・立花宗茂を評す㈠370。科銭の壺㈠373。国泰院俊山雲龍の贈号㈢56。堀川の鉄橋㈩577／㈠379㈡294㈢395㈧744㈨213

秀吉母（大政所）　㈠54 177 303 348 380

秀吉室　→高台院

秀康　→松平秀康

秀次　小牧長久手の戦㈠53。大崎葛西一揆㈠60。聚楽第行幸供奉㈠56。関白㈠60。自害㈠61。違乱㈠202 380㈢264。足利学校の古書を京に上す㈠341

秀長　聚楽第行幸供奉㈠56。家康饗応㈠178／㈠356

秀頼　大坂城移徙㈠63。千姫と婚姻㈠85 383。三条豊華院造営㈠109。大坂冬陣㈠130。家康と対面㈠214 387 544～546。関ヶ原合戦・処遇㈠235。家康に遣使㈠441 453 575 590。社寺修築㈠444 447 470 479。家康に上洛を促さる㈠543。大仏鐘銘事件㈠675 676 683 684。禁裏仙洞

豊臣　造営㈠603。和議に不同意㈠751 752。大坂城内巡見㈠754。無頼の徒募集㈢7。大坂夏陣㈢11 19。山里土庫に火を避く㈢37。出馬を促さる㈢38。助命議㈢39。自害㈠130㈢39／㈠81 129 388 455 458 546 569 570 624 650 703 712 729 730 732

秀頼室（千姫、秀忠女）　→天樹院

秀頼男（国松）　→豊臣国松

秀頼女（天秀）　→天秀

豊原権左衛門　㊀673

鳥居吉次　㈠491

久五郎（鳥居忠耀男）　㊁549

九郎左衛門　㈠86

元忠　甲斐国郡内拝領㈠50。上杉征伐㈠66 215。婚姻㈠162。武田信玄の兵書・兵器を浜松に搬入㈠175／㈠37

源一郎　㈠144

権之助（鳥居忠洪カ）　㊁590

左京亮　㊁187

守明　㈧846

重次　養子を実子と偽る㈣265／㈢242 377㈤192 391

重正　㈢471

鳥居重陳　㊀536

正房（市十郎）　㊀380

正房（八右衛門）　㊁351 411

成次（土佐守）　関ヶ原合戦㈠232。大坂冬陣㈠704。大坂夏陣㈢33。徳川忠長傅役㈢106。福島正則改易・江戸留守㈢165。卒伝㈢515／㈠99 384㈢21 45 336

成昭　米沢監使㈧365 389／㈧840

成勝　奉職貞実・褒賞㈥564。鍋松髪置に白髪奉呈㈦109／㈥648㈧135

成信　→鳥居忠房

成豊　松江目付㈦81 118。巡見使㈧58 84／㈧436 746㈨396

忠以　巡見使㈣602 623 624／㈢553㈤561

忠威（燾三郎）　㊁63 135

忠意　吉宗法会㈨567 569。諸国神社査検㈨741。乱箱役㈨751 752。西丸若年寄首座㈩29。奏者番兼寺社奉行㈩82。本丸若年寄㈩599 600。病気㊀166 198 210 254。卒伝㊀257／㈧636 687㈨449 759㈩56 103 662 674㊀5 11

忠英　加封㈥52 230㈦212。近江水口城主㈥230。転封㈦212。家継元服式宣旨取

鳥居
納役〔七〕304。射芸監臨〔七〕346 421。卒伝〔七〕460／〔五〕555〔六〕594〔七〕172 229
忠英養母　〔六〕553
忠該　〔十〕642
忠翰　〔八〕824
忠貫　㊀21
忠吉　〔一〕29 134 136
忠求　〔九〕643 ㊀106
忠挙(丹波守)　江戸城造営費上納㊀393 528／㊁249 679
忠丘　〔八〕550
忠見(忠憲、兵庫)　㊀183
忠広　〔一〕149
忠恒　二万石拝領〔二〕236。江戸城石垣修築課役〔二〕447。江戸城々溝疏鑿課役〔三〕2。無嗣除封・卒伝〔三〕28 29。井伊家と不和〔三〕29／〔二〕442 534 573 623
忠洪(忠供、権之助)　㊀426 505　↓鳥居権之助
忠時　〔一〕420
忠春(鶴千代・主膳・主膳正)　信濃高遠城主〔三〕28。江戸城西丸石垣修築助役〔三〕147 166。江戸城惣郭城溝浚利〔三〕384 425。封地農民逃散〔四〕117。大坂加

鳥居
番〔四〕234 278 469。家臣に殺害さる〔四〕473。卒伝〔四〕479／〔三〕261 271 272 317 325 446 563〔四〕3 9
忠春母(鶴千代母)　〔三〕28
忠春(忠直、内膳・久五郎・久大夫)　〔三〕34 138 167〔六〕2 216 235
忠辰　〔四〕338〔五〕66 89 492
忠政　秀忠上洛〔一〕126〔二〕163。禁裏仙洞造営〔一〕603。大坂冬陣・江戸留守〔一〕690 703。福島正則改易〔二〕164 165。加封〔二〕236 401。転封〔二〕236。家光上洛〔二〕369。卒伝〔二〕442／〔一〕459 504 505 510〔二〕377 401 536〔三〕144
忠則(兵部少輔・左京亮)　大坂加番〔五〕141 512 515 554。家臣発狂・処罰〔六〕51 54。卒伝〔六〕51 52。封地没収〔六〕52 54 732／〔四〕338 479 487〔五〕594　↓鳥居忠利
忠知　〔六〕508
忠直　↓鳥居忠春(内膳・久五郎・久大夫)
忠憲(憲三郎)　卒伝㊁63／㊀257 540
忠房(成信)　配流〔二〕573。召返〔三〕33／〔二〕334 512 515〔三〕34
忠余　〔十〕354 541
忠耀(耀蔵・甲斐守)　相模海岸警備巡見㊁372 381 449。寛永寺霊廟修復㊁425。

鳥居
江戸大川橋改架修復検分㊁472 518。精勤褒賞㊁496。利根川分水路・印旛沼古堀修復㊁499 503。町奉行・勘定奉行兼帯㊁503。配流㊁549／㊁450 508 525
忠頼　禁裏造営課役〔一〕548。小姓組組頭〔二〕239。家光日光社参被物の役〔三〕176／〔一〕541 705〔三〕91 128 538〔四〕98
忠利(兵部少輔・鳥居忠則カ)　〔五〕104
忠瞭　日光社参山中防火〔八〕438。卒伝〔八〕687／〔六〕540〔八〕8 203 451 457
豊後守　㊁137
包重　〔六〕579
包房　〔八〕306〔九〕577
包明　㊀373
主水　㊁369
保五　㊁549
祐十郎　㊁473
六右衛門　〔五〕527〔六〕407
鳥海伊兵衛　〔八〕332
鳥飼国次　〔一〕88 233〔二〕316
鳥山精永　〔六〕329
精俊　〔一〕507
精平　〔九〕675

鳥山精明　㊀507
呑龍（増上寺）　㊀567
頓写（伝通院）　㊃597
頓秀（増上寺）　㊇811
頓肇（三河松応寺）　㊀396
曇花院宮（聖安尼王、後西天皇女）　㊆284
曇花院宮清安　㊅706
曇華院尼公　㊄59
曇華院宮聖珊（中御門天皇女）　㊈746

な

なつ（大奥女中）　㊂522
なつの局（家光側室・徳川綱重生母）　↓順性院
名倉喜左衛門（善左衛門、池田輝澄家士）　㊂197 198
名島民部　㊀694
名取信富（半左衛門）　㊀53 165
　長治　㊂284
　長知　美濃郡代㊃355／㊁629 ㊃488
　八郎左衛門　㊄222
名女川政章　↓近藤政章
　善之丞　㊅700
那須紀之助　㊁173
　久太郎　㊁173
　左近　㊁173
　資景　館山城在番㊀681。致仕伝㊁334。新封下賜㊂282 308／㊀420 522 ㊂614 ㊃45
　資虎　㊉541
　資祇　↓那須資弥
　資重　江戸城修築課役㊁447。日光造営助役㊁516 ㊂219。今市旅館修理助役㊂

那須
　171。無嗣除封・卒伝㊂282／㊁313 334 537 623 ㊂267 272 308 ㊃44
　資晴　卒伝㊀522／㊀122 457
　資徳　除封㊄612 ㊅732。赦免・召出㊅406 456。新封㊅459／㊄490 608 ㊅693 707
　資弥　乗輿免許㊃166。一万石下賜㊃519。下館領強盗追捕㊃549 582。転封㊄401。卒伝㊄608／㊃1 46 71 95 129 285 334 448 452 515 527 551 ㊄24 25 28 220 221 246
　資豊　㊄612
　資鄰　㊇638
　宗左衛門　㊀19
　弾正　㊁173
　与一　㊀667
那波道円　㊂258
奈佐勝英　㊉71
　勝梟　㊀409
　勝岑　㊀111
奈須玄竹（奈須恒徳カ）　㊀417 658
　恒考（玄格）　㊃17 487
　恒昌（那須、玄竹）　廩米采邑㊂118 429 ㊃522。養生の術下問㊂130。薬材下賜㊂279。奥の庖所伺候㊂660 ㊃326。法眼㊃24。家綱の病状報告に同席㊃175。法印

奈須 [四]298／[二]617[三]191 209 225 381 392 449 493 522 588 608 623 638 641 646 666 681 685 689[四]28 176 362 439 450 492 521 527 534 ↓奈須宗恒
恒晶(玄竹) [二]500
恒正(玄竹) [五]345
恒徳(玄竹) ㊀313 444 491 ↓奈須玄竹
恒隆(玄真) ㊀164
重恒(与三) [一]98
重貞(二郎四郎) [一]98
宗恒(玄竹) [四]230 ↓奈須恒昌
良種(春竹) [十]34
奈良橋八左衛門 ㊁40
奈良屋市右衛門 一里塚築造[一]104。市中水道管掌[一]194。府内桶屋役[八]275／㊀604
安左衛門 [八]429[九]299
長東正家 [一]65 185 216
内藤伊予守 ㊁647 660
式信 大坂加番[五]334 362 424。奥州森山公料検断[五]335。高田城在番[五]681 514。転封[六]576[八]207。大坂城代[七]228[八]123。恩貸金[七]230。致仕伝[八]362／[四]627[五]197 202 215 248 452[六]708[八]140 227
岩五郎 ㊁282
英橋 ㊁657

内藤栄澄 ㊀268
家長 [一]66 215
学文 処罰[十]324。封地水害・城移転[十]644。卒伝㊀254／[十]235 282 338 ㊀250
亀之進 ↓内藤政順
義英 [五]88[八]298
義孝(義興) 江戸城石垣修築助役[六]540 549。卒伝[七]289／[五]475 555 559 579
義泰(頼長) 日光東照宮修理助役[五]485 500。卒伝[五]559／[二]450[三]45[五]87 270 442
義稠 卒伝[八]122／[七]287[八]76 117 533 538 554 555
儀左衛門 [一]354
休明 [八]580
金一郎 ㊀700 706
矩佳(隼人正) 江戸城西丸造営掛㊂352 378。銀改鋳㊁421。関東河川修復㊁433／㊁13 32 415 439
蔵之助 ㊁526
鍬之丞 ㊁569
景忠 江戸城中丸造営奉行[五]25。処罰[五]462／[五]9 214 227 492
鉒之助 ㊀773
兼三郎 ㊁526

内藤監物 [一]271
源大夫 ㊁404
小一郎 [一]705
小伝次 [一]593
光行 [七]429[八]68
駒之丞 ㊁86
権十郎 ㊁42
定次郎 ㊁526
四郎左 [一]226
次教 ㊀104
次峯 [九]557 656 667
治部左衛門 ㊀735
持就 [九]219 325
七次郎 ㊁526 535
七次郎母 ↓貞教院
種元 [九]588
種昌 [三]77
種清 [五]139
種利 [五]139
十左衛門 ㊁431
十次郎 ㊁631
重吉 ↓内藤重時(又左衛門)
重次 諸国金銀奉行[二]420 472／[四]373
重時(重吉、又左衛門) 中奥番[三]477。御

内藤
膳奉行〔三〕477／〔四〕192 302
重時(伊織・織部・左兵衛)　土浦城請取〔五〕614 616／〔四〕192〔六〕61 67
重種　家綱傅役〔三〕295 449 587 645 656 657。名古屋御使〔三〕643 645 684。西丸数寄屋方費用管掌〔三〕660。閉門〔四〕289。赦免〔四〕330 348。致仕〔五〕274／〔三〕305 381 392 444 509 522 591 594 612 658 683〔四〕33 61 74 93 140 149 165 183 192 211 233 237 283 286
重頼　駿府加番〔四〕279 330。定火消役〔四〕370。若年寄〔五〕531。大坂城代〔五〕556 560。恩貸金〔五〕558。京都所司代〔五〕612 615。卒伝〔六〕94／〔二〕464 676〔四〕192 375 410 421 518〔五〕237 389 483 614〔六〕89 91 92 733
如安　〔一〕336 647 652 654
尚庸　〔十〕740 779
勝久　〔二〕669
信輝　卒伝〔八〕393／〔六〕200 236〔八〕362 364 384
信義　㊀164 489
信旭　卒伝〔十〕89／〔九〕721〔十〕47
信元(信通)　〔三〕175 240 656〔四〕21
信広　歩行頭〔一〕682 705〔二〕14 26。大番頭〔二〕545。二条在番〔三〕196。大坂定番〔三〕556。卒伝〔三〕651／〔二〕86 119 538〔三〕115 421 504 563 589

内藤信光　駿府加番〔四〕53 94／〔二〕219〔三〕176 589〔五〕217
信好　〔三〕447
信興　致仕伝〔十〕47／〔八〕393 714 760
信之(伊豆守)　〔二〕519
信之(靱負・兵庫)　〔六〕61
信就　久能山東照宮修理奉行〔十〕195／〔十〕115 331 446
信照　転封〔二〕419。玉室召預〔二〕464。大坂加番〔二〕623〔三〕97 108 151 281 331 488 564。陸奥三春城在番〔三〕352。大坂定番〔三〕624 626 627。大坂城代〔四〕51 61。江戸城修築助役〔四〕242 287。卒伝〔四〕529／〔二〕213 363 534 537 582〔三〕174 210 262 266 271 272〔四〕146 221
信親(紀伊守)　寺社奉行㊁510。大坂城代㊁611。京都所司代㊁655。西丸老中㊁681／㊁393 527 611
信正(信政・正信、紀伊守)　大番頭〔一〕203。近江長浜城番〔一〕704。尼崎城勤番〔二〕6。伏見城代〔二〕142。転封〔二〕354。大坂城代〔二〕175 363 419。卒伝〔二〕363／〔一〕548 592〔二〕362
信成　駿府城守護〔一〕125 406。長浜城主〔一〕407 431 432。卒伝〔一〕592／〔一〕24 99
信政(仁左衛門)　〔三〕267　→内藤政次(仁

内藤
左衛門・式部少輔)
信政(久四郎)　〔八〕565
信清　駿府加番〔五〕584 612／〔六〕29
信積　〔七〕399
信雪　〔二〕687〔四〕21
信全　〔四〕239〔五〕112 163
信相　〔九〕326 665
信直　〔二〕687〔四〕21
信貞　〔四〕589
信通　→内藤信元
信敦(紀伊守)　河川浚利助役㊀10 30。若年寄㊀789。京都所司代㊁81／〔十〕655 ㊀235 ㊁123
信凭　卒伝〔十〕655／〔十〕89 173 192
信明　小普請組支配〔八〕159／〔五〕401〔八〕436〔九〕426
信有　火消役〔五〕261 287 401。小姓組番頭〔五〕537。黜免〔六〕34／〔五〕275〔七〕204
信庸　〔十〕482 689
信良　致仕伝〔五〕197／〔二〕594〔三〕249〔四〕287〔五〕112 123
新右衛門　〔三〕223
新十郎　㊁100
甚右衛門　㊁477
甚三郎　㊀584
甚八　〔二〕59

内藤助左衛門 ㈢525 674
正起 ㈦81
正儀 ㈥694 ㈦104 445 ㈨673
正吉(甚之丞・外記) 大坂目付㈢447。播磨宍粟目付㈢618 629。定火消役㈣279。持弓頭㈣381。処罰㈤4/㈣70 111 202 293 ㈤545 619
正敬 卒伝㈨401/㈦181 ㈧88
正弘(外記・伊豆守) 浦賀奉行㊁5 6/㊁7 51 80
正興(十兵衛・越前守・丹後守) 徳松傅役㈤364/㈥524 717 ㈦385
正興(外記) ㈨590
正興(秀之助・志摩守) 卒伝㊀202/㈩339 400 443
正国 卒伝㊀503/㊀203
正次(権之助) ㈠605
正次(長助・源左衛門) ㈡242
正次(半弥) ㈡323
正次(四郎左衛門) 小石川門修理奉行㈢128/㈡506 ㈢191 245。家僕㈢245 246
正次(仁左衛門・式部少輔) ↓内藤政次(仁左衛門・式部少輔)
正治 ㈤619 ㈥272 ㈧243

内藤正守 改易・赦免㈡148 ㈢114 167/㈢242
正重(外記) 大坂城番㈠573。持弓頭㈠687 705 ㈡224。宇治採茶㈡148。増上寺秀忠廟造営㈡557。紅葉山東照宮修理奉行㈢367/㈠741 ㈡187 363 396 424 443 506 533 538 585 601 ㈢7 20 43 137 259 533 ㈣110 ↓内藤正重(右衛門)
正重(右衛門) ㈡14 45 103 ↓内藤正重(外記)
正俊(正方) 加賀目付㈣290 317。西尾城引渡㈣471。福山目付㈣496 516。大坂目付㈣572 592。島原城請取㈤11 30。仙台目付㈤74 92/㈡577 ㈤412 606 619
正純 ㈥413 415
正勝(半左衛門) ㈢209
正勝(百助) 江戸城修築助役㈡402 447。卒伝㈡464/㈡256 401
正勝(正親、平八郎・上野介) 中奥小姓㈣377 387。小姓組番頭・近侍㈤124。処罰㈤152。一万石拝領㈥182。卒伝㈥211。綱吉に抜擢さる㈥733/㈣28 402 622 630 631 ㈤2 16 20 42 53 78 209 219 225 230 231 262 270 286 287 298 307 ㈥207
正縄(豊後守) 江戸城本丸造営費上納㊀393 532/㊀503 635

内藤正信(紀伊守) ↓内藤信正(紀伊守)
正信(甚五郎) ㈥3 391 412
正信(源助) 烏山城引渡㈧397 402/㈨637
正成(甚一郎・四郎左衛門) ㈠141 150 157 159 168
正成(四郎左衛門・右京進) ㈠79 400
正成(掃部助・織部正) ㈠511 ㈡33
正清 関宿・江戸間水利浚利奉行㈣353 400
正長 ㈧708
正直 ㈧341
正貞 ㈡631
正迪(中務・外記) ㊁111 144
正哲(弾正) ㊁569
正当(正富、外記) ㊁568 645
正任 ㊀186
正範(政範) 処罰㊀22。蝦夷地御用・褒賞㊀473。恩貸金㊀559/㈩450 ㊀41
正弼 卒伝㈩339/㈨122 401 517
正武 ㈨674
正方 ↓内藤正俊
正芳 ㈨367
正峯 ㈧605
正房(新五郎) ㈦44

内藤正房（十郎左衛門）　〔七〕445
正友　転封〔六〕513。卒伝〔七〕181／〔六〕211 519
正良（与三兵衛）　〔四〕35
正良（弥一郎・半弥）　甲信論地巡察〔五〕318 322／〔五〕438
正良（主殿）　〔九〕599
成景　〔九〕14
政環　㊀416 420 453
政義（能登守）　㊁531
政吉　国松傅役〔一〕419。駿河家附〔一〕605。甲府守護〔二〕512。配流〔三〕213／〔二〕471
政尭　〔九〕578
政業　致仕伝〔十〕67／〔九〕24 648 685
政広　卒伝㊀49／〔十〕579 ㊀31
政康　〔二〕472 578
政次（左兵衛）　〔一〕705 〔二〕171
政次（仁左衛門・式部少輔）　家綱傅役〔三〕235 248 253 332 449 587 656 657 〔五〕52 55。三丸番頭〔三〕332。西丸数寄屋方費用上納〔三〕660。加封〔四〕32 289 507。歿〔五〕84／〔三〕77 266 371 381 392 394 404 509 522 536 591 594 612 658 〔四〕302 318 330 492 494 497 561 〔五〕8 78　↓内藤信政（仁左衛門）
政樹　転封〔九〕42。致仕伝〔九〕671／〔八〕122 547 561

内藤
584 〔九〕215
政脩　尾美勢河渠浚利助役〔十〕726 728 730。致仕伝㊀129／〔十〕339 344 418
政重　〔二〕565
政俊　〔三〕608
政峻　致仕㊀701／㊀254
政順（亀之進）　㊀591 735
政醇　卒伝〔九〕24／〔八〕274 360
政韶（政昭）　卒伝㊀494／㊀87 129 403
政森　奥詰・小姓〔六〕450 454 739。転封〔六〕477。奏者番〔八〕567。致仕伝〔八〕628／〔六〕181 279 563
政森室（柳沢吉保女）　〔六〕601
政森継室（柳沢吉保養女）　〔六〕613
政親（正親、右近大夫）　江戸城修築助役〔四〕222。大坂加番〔五〕75 109 187 218 307 369 548 586。上野沼田城請取〔五〕431 435。奏者番〔五〕589。若年寄〔六〕79 196。卒伝〔六〕279／〔三〕257 432 446 〔四〕112 310 487 〔五〕270
政成　致仕伝㊁234／㊀701 ㊁133
政晴　一万石下賜〔二〕662。江戸城修築助役〔三〕2。卒伝〔三〕432／〔二〕552 〔三〕173 261 271 272 303 361
政則　〔八〕764

内藤政長（喜右衛門）　〔一〕98
政長（左馬助）　大番〔一〕203。禁裏造営課役〔一〕548。館山城請取〔一〕681。柳川城請取〔二〕198。最上封地収公〔二〕233。転封〔二〕236。家光臨邸〔二〕368 485 515 〔三〕714。江戸城修築助役〔二〕447。肥後国政沙汰〔二〕550 565。蒲生家騒動〔二〕554。卒伝〔二〕662／〔一〕703 704 〔二〕9 163 180 220 234 370 491 534 536 568 577 623 626
政貞（遠山）　復姓〔六〕512。卒伝〔八〕274／〔六〕500 501
政苗　転封・築城〔九〕483。卒伝〔十〕235／〔九〕391 696 711 〔十〕49
政文（英之助）　㊁667
政徧　卒伝㊀420／㊀49 136
政民（因幡守）　㊁124 655
政優（丹波守）　歿㊁667／㊁234 249 532
政陽　処罰〔十〕251。致仕伝〔十〕344／〔九〕627 671 690
政里　卒伝〔九〕391／〔八〕440 628 637 739 〔十〕58
政和　歿㊀591／㊀494 543
清行　〔六〕505
清次　書院番〔一〕399。家光傅役〔一〕451 〔二〕99 298。小田原城勤番〔一〕647。卒伝〔二〕130／〔一〕

内藤
120 470 492 548 690 703 [二]11 14 84
清成(正成) 勘気[一]363 403 418 [二]268。秀忠傅役[一]379。関東惣奉行[一]403。御台所方[一]470。卒伝[一]470／[一]79 104 110 112 126 379
清政 卒伝[二]256／[三]130 142 401
清枚 転封[六]98。奏者番[六]305。江戸城修築助役[六]544 554。卒伝[七]383／[五]441 532 556 [六]9 94。家士[六]555
主税 [九]222
忠(近江守) ㊁372
忠移 [九]626
忠一(中務少輔) ㊁432
忠英(甚十郎) [九]765
忠英(徳三郎) ㊀521
忠義 [八]662 [九]489 520
忠吉(三之助) 亀松誕生、矢取役[三]385／[二]476 [四]319 398 563
忠郷 [九]626
忠経(重次郎) ㊁51
忠見 [十]670 780
忠広 巡見使[五]399 424／[六]302 546
忠行(恵之助) ㊁280 447
忠孝 ㊀64

内藤忠恒(十次郎) ㊁255
忠高 ㊀506
忠興 封地[二]9 77 236。三春一揆・三春城在番[二]405。大坂加番[二]439 472。肥後国御使[二]550 565。江戸城修築助役[三]2 318 487 495 509。消防令[三]162。西丸番[三]404。大坂城代[四]51 120 197 368 [五]23 87。大坂定番[四]319。日光東照宮修理助役[四]501 514。致仕伝[五]87／[一]384 720 [二]36 256 345 534 537 568 623 [三]173 262 266 268 271 272 343 504 518 603 630 [四]96 203 210 216 223 277 453 631
忠昆 [七]16
忠次 [二]297 [四]191
忠治 [二]615 [三]448
忠種(図書) [八]110 133
忠重 家光山王社初詣供奉[一]120 [二]297。加封[二]242 311 349 401 593。小姓組番頭[二]311。書院番頭[二]349。江戸城修築助役[二]447 [三]318。身延・池上争論聴断[三]477。最上家削封[二]562。徳川忠長高崎幽閉[二]569 572。転封[二]593。朱印状奉行[二]654。伊勢亀山城引渡[三]26。家光傅役[四]79。卒伝[四]79／[二]260 300 332 537 573 574 698 [三]5 12 16 45 48 66 97 100 182 195 205

内藤
210〜213 235 259 263 266 268 269 286 287 299 300 302 311 384 385 388 400 414 476 478 483 529 536 548 589 591 593 612 671 682 [四]3 7 37 69
忠俊 改易・赦免[二]505 [三]114／[一]400 [二]370
忠俊 ↓内藤飛騨守
忠如 ㊀102 273 282
忠尚 [十]338
忠勝(七之助・十三郎・和泉守) 失心・殺害[五]361 368。賜死・伝[五]362 363／[四]191 624 [五]160 166 168 236 267 268 359
忠勝(八郎左衛門) [五]226
忠辰(茂之助) ㊁706
忠正(源右衛門) [四]35
忠正(金左衛門) 大坂城修理奉行[四]515／[四]622 [五]726
忠成 [四]631
忠政(仁兵衛) 卒伝[一]413
忠政(六左衛門) [一]551
忠政(忠種、甚太郎・飛騨守) 江戸城修築助役[四]198。日光祭礼奉行[四]418 419 497 498。伊勢伊雑宮・滝原宮修理奉行[四]426。西丸火番[五]5。卒伝[五]166／[二]409 530 641 699 [四]79 241 332 350 492 495 565 583 [五]2 160

な　（内・苗・直・猶・中）

内藤忠清(金左衛門)　篠山城修築助役[一]467 493／[一]601 638

忠知　[五]166[八]65

忠通　[四]577

忠貞　[二]33

忠方　[九]594

忠由(忠吉・忠清、三十郎・出雲守)　家綱傅役[三]587。小姓組番頭[三]656[四]91。櫛笥役[三]657。日光御使[四]44 45 112 113。昼夜御前伺候[四]91[五]314。京都御使[四]119 120。加封[四]203 251。逼塞・赦免[二]625[四]388 432。詰衆並表向出礼[五]585／[二]476[三]388 389 503 522 577 599 633 663[四]13 27 54 84 92 96 117 123 158 160 161 165 167 176 183 245 253 300 301 322 346 384 413[六]81

忠予　[十]137 733

忠良　㊀510

長教　[三]111

長好　卒伝㊀172／[十]533㊀8

長頼　[六]310

直久　[十]586

直次　[五]586

直重　[八]42

直信　家光近侍[二]203。召出[二]421。評定会議の簿牒管掌[二]605。家綱附[三]413 414 525／[二]539[三]127

内藤直政　非番出仕者名簿管掌[二]310／[二]379 685

貞幹　卒伝[十]579／[十]61 67 78 496

貞恒　[八]436[九]103 575

貞次　[六]510 705

徳之助　㊁608

仁左衛門(仁右衛門)　㊀711 725

縫殿　㊀510

寧信　[九]487

八郎左衛門　㊁25

半右衛門　[一]732

半弥　㊁282

飛騨守(忠俊、如庵)　[一]695

美興　[二]450

彦四郎　㊁273

品覚　[八]322

品俊　[十]699

備後守　㊁263

平右衛門　[一]705

平左衛門　[二]14

平十郎　㊁677 687

兵右衛門　㊁147

孫七郎　㊀774

内藤巳之助　[五]8

祐橘　㊁526

頼以　致仕伝㊁36。遺事㊀792／㊀172 792㊁27

頼宇　㊁36

頼郷　卒伝[八]679／[七]358[八]233 435 452 457 479

頼尚　卒伝[十]533／[十]395 490

頼多　[十]46 373

頼長　↓内藤義泰

頼直　[二]472

頼寧　㊁403 436

頼由　致仕伝[十]490／[八]679 686[九]425[十]16 416 477

六左衛門　[四]425

苗村市之丞　[五]27

直江兼続　小山陣[一]66。上杉家陣法[一]748。蔵書進覧[二]89／[一]72 260 457 536 731 734[二]267

佐太郎　㊁559

猶原鎌十郎　㊁507

中井儀智　㊀65

九敬　㊀160

正好　[二]197

正次　大坂冬陣[一]263 739 741 742 749 751[二]18。大坂夏陣[一]325。京都大仏殿造営[一]521 560 563 581。禁裏築地課役[一]555。大坂

中井　城内外図作製[一]642 715。大仏鐘銘事件[一]674～676。奈良大仏修理[一]675。久能山東照宮造営[二]95 97／[一]312 420 465 498 516 523 546 593 715 725 [二]161
正純　[二]525
正知（大和）　[二]525 689
正知（主水）　[六]350
正侶　[二]525
誠之　[九]258
中内宗右衛門　[三]41
直満（左次右衛門）　㊀708
中江藤樹　[五]133
中尾左源太　㊁391
中岡元利　[一]401
玄利　[一]401
中方将監　[三]39
平兵衛（中高）　[三]39
中川安親（淡路守）　[十]385
出雲　[一]601 623
加左衛門　[五]13
久貴　致仕㊀757／㊀395 466
久教（修理大夫）　歿㊁418／㊀567 757 795 ㊁39
久慶　[八]781 [九]55
久恒　江戸城修築助役[四]270 273 276。切支丹禁圧[四]360 [五]27。卒伝[六]238／[四]33 591 604 [五]65 431 436 599 [六]227
久持　卒伝㊀395／㊀87 127
久昭（大蔵）　㊁418
久清　江戸城修築助役[四]258 270 276。致仕伝[四]569 570／[四]72 86 146 349 417 498 548 570 [五]431
久盛　大坂城修築助役[二]185。熊本城請取[二]551。豊後府内城番[二]624。江戸城修築助役[三]1。島原乱[三]72 76 84。唐津城在番[三]507。卒伝[四]78／[一]450 475 596 689 736 [二]41 535 591 [三]147 174 182 342 396 [四]10 21 72
久忠　中津城守護[八]40。卒伝[九]55／[七]49 100 170 375
久通　麻布薬園造営助役[六]314 326。江戸城修築助役[六]695 713。卒伝[七]100／[五]129 492 [六]238 [七]85
久貞　諸国河川修復助役[九]442 465 [十]276 283 ㊀91。恩貸金[十]352 715。居城焼亡[十]352。封内災害[十]715。処罰[十]735。卒伝㊀127／[十]385 734
久徳　[十]274 602 734
久敦（修理大夫）　㊁10
光重　[三]208 210 246
中川光勝　[三]198
三郎兵衛　㊁270
三次郎　[五]466
次左衛門　㊁275
秀成　江戸市街修治[一]76。禁裏造営課役[一]547。卒伝[一]596
重興　[八]83
重勝　[三]231
重清　[二]510
重良　[二]510
昌栄　㊀162
周防（加藤忠広家士）　[二]153
瑞春　㊀472 473
成慶　屋敷地検察[七]232。金銀改鋳[七]357 386 410。出仕を止む[八]108。左遷[九]186／[六]76 80 [七]405 [八]238
清九郎　[一]244 428
清治　[八]840
専庵　㊀615 787 796
忠英（飛驒守）　処罰㊀107 176。本所辺川浚・道程御用㊀474。相模海岸警備㊁68
忠久　[六]265
忠潔（勘三郎・飛驒守）　久能山東照宮修復㊁458 459 471。江戸城修築㊁532 541 676

中川　696 701。玉川上水普請㊁661 687／㊁467
忠幸　小姓組番[二]142。新院附[四]129 136 [五]83
／[二]638 [五]58 77 95
忠次　鴻巣道路堤防修理奉行[一]598。松本
派遣[二]595。大姫執事[二]608 [三]86 89／
[三]298
忠重　[一]86 523
忠勝　福島正則改易、広島城請取[二]167。
二条城修築奉行[二]318／[一]705 [二]450 467
忠真　[八]647
忠宣（大隅守）㊁274
忠宗　[三]300
忠澄　[九]494
忠直　[三]300
忠保　[二]147
忠房　[二]215
忠明（市右衛門）[三]587 595
忠明（半左衛門）㊁507
忠雄　烏山城引渡[五]407 408／[五]58 77 [六]252 635
忠要　[十]87
忠利　[九]409
忠和（惣左衛門）㊁13 21
長堅　㊀244
長政（忠五郎）㊁262 268 538 544

中川悌之丞　㊀753
八兵衛　[一]512 [二]285
八郎左衛門　[五]466
八郎左衛門　㊀758
又右衛門　㊁221 435
隆玄　㊀749
中黒弥兵衛　[一]737
中里平右衛門　[四]137
中沢吉次　[二]139
吉政　江戸城普請奉行[二]448／[二]520
久吉　[二]211
清永　[九]401
宗仙　[八]381 [九]405
主税助　[一]623
主税助　㊁554
中島伊勢（伊達家士）㊀685
宇右衛門　㊀748 755
喜右衛門　[六]18
景久　[八]425
景定（権左衛門）㊁674
監物　[三]19
行敬（伊予守）㊀25 309 671 678
行道　[十]400
郷左衛門　[八]9

中島在久　小納戸[八]57／[八]517 741 846
在友　長福附[八]35。西丸小納戸[八]494／[八]
57 517
三左衛門　㊁53 539 552
氏種　禁裏造営課役[一]548 733。大坂夏陣[二]
37／[一]733
資尚　[九]121
資将　[六]105 140 226
重好　卒伝[一]457／[二]70
重治　[四]483
重春　[一]699 [二]374 640 [五]36
重祐　[四]483
尚正　[八]9 [九]104
常行（五郎兵衛）[六]623
常弼　[十]502 ㊀223
常房　小納戸頭取[八]812。烽火管掌[九]265。
砲術教授[十]816／[八]10 [九]323 337 [十]85
信久　[二]579
真寧（佐渡守）㊁710 714
正健　㊀318
正勝　[三]610
正信　㊀540
盛尹　[六]508
盛興　[九]608

中島盛従　〔九〕550
　盛昌　〔九〕349 390
　盛忠　〔六〕545 624
　盛直（大蔵）　〔一〕624
　盛直（孫兵衛）　江戸城二丸奥塁溝修理奉行〔四〕197 283／〔一〕624
　盛富　〔一〕292
　盛利　〔三〕161 181
　内匠頭　御台所用人〔二〕186／〔二〕194 208 275
　長三郎　〔二〕448
　半蔵　〔二〕100
　平四郎　〔二〕539
　茂兵衛　〔二〕662
　与五郎　〔一〕548
　理右衛門　〔一〕773
　良右衛門　〔二〕559
中　条　↓チュウジョウ
　惟栄　〔八〕9
中園季顕　〔六〕706
　季顕妹　〔六〕677
　季定　〔三〕541〔四〕459〔五〕312 429
　実綱　〔十〕383
中田正則　鷹匠目付〔八〕119 286／〔八〕514
　千里　〔四〕288
中田彦右衛門　〔十〕833
　彦太郎　〔二〕457
中津新六　〔六〕700
中西元義　仙洞附〔十〕343／〔九〕581〔十〕512
　元吉　〔一〕504〔二〕579
　元寿　〔十〕241
　元如　〔一〕504〔二〕161
　元照（本多忠良、内匠助・図書）　江戸城火災消防〔五〕4／〔二〕617〔三〕656〔四〕262 292 293 338〔五〕81〔六〕532
　元朝（主馬）　〔二〕579〔四〕338
　元武　〔一〕570
　元養（主水）　〔二〕691
　広明　〔一〕234
　三清　〔一〕538〔二〕628 630
　実清　〔一〕503 514
　清次　〔二〕630
　丹波　〔五〕116
　藤十郎　〔一〕716
　彦六　〔二〕518
中根可厚　〔一〕474
　喜三郎　〔三〕296
　宮内　〔二〕245
　権兵衛　〔三〕551
中根外記　〔二〕239
　憲正　〔六〕143
　元宴　〔八〕133
　玄圭（丈右衛門・条右衛門）　〔八〕429 487 632〔九〕292
　新右衛門　〔三〕122
　正一（寅之助・定之助）　〔二〕560 701
　正延　矢取役〔三〕427 428。水戸御使〔五〕261／〔五〕378〔六〕477 667
　正峡（平十郎・能登守）　〔二〕473
　正音　〔七〕451
　正雅　〔十〕240
　正寄　逼塞〔三〕223。中国辺御使〔三〕299。新番頭〔三〕325 549。江戸城二丸巡見・図面作成進覧〔三〕636／〔三〕110 111 304 346 503 534 559
　正旗（宇右衛門）　〔二〕469 477 612 633〔四〕6 10 30 31 251〔九〕188
　正輝　〔八〕853
　正義　〔九〕552
　正吉　〔二〕356
　正均　〔十〕780
　正次（喜蔵）　小姓組番〔一〕77。箪笥奉行〔二〕12〔三〕486 494。江戸城二丸修理奉行〔三〕608／〔二〕642〔三〕292 324 326 486 494

中根正次（五兵衛・但馬守） 赦免[三]42。巡国使[三]231。新院附[三]327 330。禁裏附[三]329／[三]280 328 [四]203
正次（茂助・仁左衛門） [三]349
正次（八十郎） [四]21
正時 [一]628
正重（喜四郎） [一]120
正重（伝七郎） [二]601
正俊（九郎兵衛） [二]642
正俊（弥十郎） [八]853
正昭 [五]130
正章 巡見使[四]601 622 624。大坂目付[五]112。禁裏普請奉行[五]194 195 258 259／[四]152 [六]265
正勝（八郎左衛門） [三]102
正勝（喜四郎） [一]120 [三]129
正勝（伝七郎・日向守） 松本御使[三]284。尾張御使[三]682 683／[三]379 [五]164
正成（伝七郎・大隅守） 持筒頭[二]365 605。小十人頭[二]356。持弓頭[二]552。小姓組番頭[二]605。書院番頭[三]45。大番頭[三]294。蟇目役[三]427 428。松平定政一件[四]15。二条在番[四]15／[二]467 538 585 [三]7 127 128 158 159 328 425 593 607 608 628 633 649

中根 [四]300
正成（茂助） [二]219
正盛 小納戸[二]578。東照宮遷宮・巡察[三]65 66 703。日光御使・代参[三]176 184 238 310 311 348 371 393 403 439 464 534 610 681 [四]28 30 45 46 85 103。御側職掌[三]211。上洛[三]332 383。配下動向[三]366 444 464 559 [四]18 63 158。名古屋御使[三]477。寵遇無比[三]733。家光葬儀[四]3 5 6 10 73／[二]539 [三]83 100 138 263 265 306 316 338 346 366 382 393 402 404 410 420 474 505 576 608 612 688 [四]152
正知 越後目付[五]423 424／[四]114
正致 荒井関番[五]47／[五]87 283 518
正長（平右衛門） [九]681
正長（勘解由） ㊀493
正直 火災地巡察[八]550 680 688／[九]625 741 [十]466
正冬 山形城引渡[六]150 154。西丸留守居[六]574。烏山城引渡[五]614 618／[七]106
正寧（内膳） ㊀364
正美 [九]448
正武 巡見使[五]399 424。古河城目付[六]184／[四]114 [六]635 683 694
正包 福山城請取目付[六]335 358／[七]393 [八]41
正房（重大夫） [六]406

中根正房（半平・伝之助） ㊀74
正明 [四]421 448
正庸 ㊀558
正利 [六]541 [七]388
正和（正利） 越後騒動査検[五]409／[五]539 595 [六]36 407
成常 [七]283 [八]94 520
善右衛門 [二]182
善左衛門 [二]31
善次郎 [四]615
長左衛門 [五]325 416
貞次（友次） [二]627 [三]190
伝七郎 ㊁130
八郎左衛門 [六]431 448
平右衛門 ㊀695
平蔵 [九]232
孫之丞 ㊁379
主水 ㊀696
友次 ↓中根貞次
利重 [一]152 691
中野尹久 [七]420 442
尹政 巡見使[九]350 364 390
内蔵允 [一]279 [二]66
健四郎 ㊁602

中野弘吉　但馬銀山査検〔四〕308。府内宅地査検〔五〕1 34／〔五〕154 168
弘里　〔二〕605
笑雲　茶道頭〔二〕99／〔一〕600 693 〔二〕105 144 182 456
清翰(越前守)　㊀778 786
清備　〔十〕206
清方　〔九〕406 〔十〕364
清房　〔八〕513
清茂(播磨守)　㊁174
長風(又兵衛)　甲斐国一揆吟味㊁359。三河国一揆鎮圧㊁359。大塩の乱吟味㊁365。金鋳造㊁379 434／㊁415 421 430 433 441 653
定候　〔十〕797
房彦　〔十〕527
了雲　茶道頭〔二〕190／〔二〕105 182 190 257 373
中　院　〔五〕231
通躬　〔九〕240 299
通枝　〔八〕718
通純　〔二〕691 〔三〕5
通勝　〔一〕513
通村　勘気・失脚〔二〕492 〔三〕750。赦免〔三〕5 750／〔二〕98 241 242 342 373 375 409 413 431 460 691 〔三〕186 501 502
中院通茂　伝奏〔五〕83。加封〔六〕743／〔五〕95 96 127 154 195 〔六〕516 706
中坊広看　小普請組支配〔十〕717。処罰〔十〕747／〔十〕619 644 ㊀535
広風(駿河守)　㊁543 582
広彭　㊀611
時祐　奈良奉行・代官〔三〕116 277 〔四〕478 480。赤穂城引渡〔三〕405／〔三〕77 349 493 500 〔四〕52 〔五〕26
秀広　姫路城引渡〔六〕537 545 549。掛川城引渡〔六〕617 619／〔七〕73 218 〔八〕388
秀亨　〔九〕168 742 〔十〕522
秀時　本所奉行〔五〕401。古河城引渡〔五〕406 411。越後騒動・越後糸魚川目付〔五〕417 420 441。鉄砲査検〔六〕339／〔五〕520 523 542 544 〔六〕188 202 319 329 389
秀成　〔八〕630
秀政(飛騨守)　奈良奉行〔一〕481 622 654。春日社造替奉行〔一〕605 〔二〕529。家康臨邸・宿泊〔一〕722。大坂方一味査検〔一〕744。大坂牢人査検〔二〕8 175。福島高晴除封・大和宇多城破却御使〔二〕47 52／〔一〕681 〔二〕20 178 581 612
秀豊　〔八〕515
中坊秀祐　正倉院修理奉行〔一〕75。筒井定次と不和〔一〕458 459。殺害さる〔一〕481／〔一〕460 622
陽之助　㊁648
中丸の方(鷹司信房女・家光室)　↓本理院
中畠為昭　〔九〕532
中御門資胤　〔二〕218
資熙　〔四〕461
尚長　勅勘〔二〕178／〔三〕130 131 222 〔二〕330 492 494 546 643
宣基　〔五〕154
宣顕　〔六〕40 706
宣順　〔三〕184 344 〔四〕491
中御門天皇(長宮・慶仁親王・継躰親王)　〔六〕459 654 672 〔七〕42 57 59 60 66 134 142 259 〔八〕27 209 676 677 679 749 750 〔九〕151
中村　某　〔一〕566
伊豆守　〔一〕635
一栄　〔一〕217 218
一氏　〔一〕211 217 609
右源太　〔十〕806
右近　〔一〕737 752
温(長十郎)　㊁190 429
久章　〔八〕35 473 544
休意　〔五〕489

中村矩政　↓一噌矩政
　内蔵助　[七]377
　兼照　[六]213
　源太左衛門　㊀692
　権兵衛　[五]464
　三大夫　㊁435
　四郎右衛門　[七]377
　七五郎　㊁110
　七郎右衛門　㊁608
　順庵　[九]405
　将監　[二]153
　祥信　[八]111
　信栄　㊀322
　信興　㊀159
　信之（永左衛門・久左衛門）　㊀376 440
　正勝　㊀284
　政教　㊀322
　清房　[八]9
　知剛　㊀421
　知隆　㊀485
　忠一　江戸市街修治[一]76。家中騒動[一]100 493。籠居[一]123。無嗣・絶家・伝[一]485／[一]635
　長次　[一]99

中村藤右衛門　㊁355 468
　道碩　[一]424
　時之助　[七]378
　主殿助　[一]621
　八十郎　㊁54
　八太夫　関東甲斐河川修復㊁207。非人救助㊁372／㊁486
　日向（伊達家士）　㊀685
　平次郎　㊁468
　房喬　[六]213 749
　孫右衛門　[二]445
　明遠　[九]21 358 414
　杢右衛門　[五]464
　弥左衛門　[一]479
　弥左衛門　[六]357
　弥三郎　㊁73
　鐺三郎　㊁334
　与兵衛　㊁48
　利記　[九]389 470
　利和　[七]437
中　山　[五]232
　愛親（前大納言）　㊀209 210
　伊三郎　㊁271
　和泉守　㊁480

中山英親　[三]539 [四]350
　喜兵衛　↓下山勘兵衛
　義晨　㊀545
　吉之助　㊁116
　吉勝　↓中山信久
　久寛　[五]189
　久敬　[八]373 550
　金三郎　㊁451
　兼親　[九]240
　顕成　[九]365
　元親　[二]383 384
　宏充（宖充）　㊀172
　五十郎　[六]178
　五郎左衛門　㊁414
　志摩守　㊀718 ㊁92
　治左衛門　㊁120
　時寿　[九]616 691 [十]439
　時春　大坂河渠巡察[六]328 360。大和川水路修治[六]518。駿河相模河渠浚利[七]48 49 111。金銀改鋳[七]304 422。元禄金諸国輪送禁止[七]447。町奉行[八]155 308。隠売女審理[九]171／[六]596 694 [七]226 396 397 456 [八]261 343 [九]172
　時富　[八]262

中山時庸　関東水害地河堤巡見九50 68。表右筆所日録管掌九367 441。国用管掌九644。黜免減禄・閉門九690／九127 357 394 399 425 462 467 479 656 667
重時　二655 三107
重明　二667
勝久　五164 189
勝興　九663
勝之　信濃榑木巡察五84。常陸笠懸野新墾地巡見、陸奥・常陸論地巡察五139 143 257 259。失心殺害・自殺六178／五297 307 474 591 六126
勝信　三65
勝尋　江戸城北丸塁溝普請六321／五164 六597 七83 147
勝正（信濃守）　㊁362
勝政　一122 618
勝直　十527
勝貞　六158
勝阜　三736 五362 六665
勝富　十345 690
勝豊　七397 八489
照高　二538
照守　弓奉行一705。処罰二104。馬術二290 389。槍奉行二552 553。不時登城二596／一705 二28 104 147 363 391 568 594
中山
信吉　伏見城中捕賊一92。三家附家老一255 311 447／一448 454 二9 95 121 485 531 574 三39
信久（吉勝）　盗賊考察五421 437。勘定頭五465／二514 三603 四120 391 592 五556 六235
信敬　十616
信行　四186 五61
信興　五44
信治　四394 五131 220 231
信順　六681
信昌　水戸宗翰輔導八544 720
信将　十383 397 482 ㊀72
信勝　㊀251
信正（信政、入道風軒）　二450 506 五273
信成　五502 六672
信定　七434
信敏　七89
信庸　八411 419
信良　三673
政信　九453 455 718
専貞　㊀668
大膳　㊀664
中山内匠頭　㊁257
頼母　六178
主税　六178
忠尹　十325
忠勝　諸道具奉行三588／三126 155 518
直安　八48
直温（勘之丞）　㊀130
直寛　三河西尾城引渡九431／十662 737
直好　六451
直次　四244 五130
直守　水戸御使四392。先手頭加役五470／四449 452 五474 497 531 619
直秀　九34 43
直勝　六488
直照　四508 521 六646 七131
直彰　十343
直正　七382
直定　八条流馬術三389／一400 二538 三183 323 425
直道　六163 187 412
直範　騎法指南四202 230 235 五344／四250 296
直武　八638
直房　六501 505 624
直有（勘解由）　㊁62

中山直隆　㊀173
貞五郎　㊁153
道時　〔五〕586
篤親　〔五〕96
友之助　〔九〕663
肥後守　㊁510
備後守　㊀777
備中守　㊀777
武雅（忠助）　㊀181 790
房明　三河西尾城引渡〔九〕417 426／〔九〕700
利及　〔十〕28
良守　〔五〕590
永井　〔二〕524
安盛　〔二〕44 121 143 664
伊賀守　㊁572
為伯　〔九〕624
吉勝　非番出仕濫觴〔二〕310。奥方番〔二〕568〔三〕141／〔三〕378
吉忠　〔三〕574
九右衛門　㊁645
金三郎　㊀590 611 690
鉎次郎　㊁90
元孝　加封〔四〕478 488〔五〕89／〔五〕270〔六〕207 411
元平　㊀72

永井幸之助　㊁176
権十郎　〔八〕691
左門　㊁4 177 210 276 545
佐五右衛門　〔五〕409 487
佐七郎　〔六〕415 513
治定　金銀貨鋳造〔七〕97 400 410。広敷兼任〔八〕279 281 282／〔八〕104 645 670
七郎左衛門　㊁250
主膳　〔一〕419〔二〕615
十之助　㊀650
重勝　〔三〕45
重政　〔三〕45
尚音　↓永井直増
尚喜　㊀513
尚経　〔八〕550
尚敬　〔五〕248
尚広　〔五〕527〔六〕143〔九〕56
尚佐（肥前守）　歿㊁386／㊀135 379 ㊁176 260 277 383
尚志　〔九〕673
尚傚　〔八〕837
尚春　分封〔四〕260／〔四〕70〔五〕47
尚恕　㊀42
尚昌　遠流〔五〕572。赦免〔六〕198〔七〕61 122／〔五〕386

永井
569
尚申　分封〔四〕260。中奥小姓〔四〕279。側小姓〔四〕336／〔四〕368 380 393 605 607〔六〕265
尚征（尚正）　増上寺秀忠霊廟造営奉行〔二〕533。就封〔四〕274 277 379。山城甕原神童子村争論査検〔四〕450。転封〔五〕35。卒伝〔五〕175／〔二〕472 500 529 655〔四〕378 451 456 476 492 602
尚政（新八郎）　〔一〕438
尚政（伝八郎・信濃守）　禁裏造営奉行〔一〕548〔四〕81 107 149。加封〔二〕100 116 182 311 593。万石に列す〔二〕182。転封〔二〕593。暹羅国使節〔二〕304。伊須波国通商〔二〕320。女御立后調度〔二〕322。外国通交朱印〔二〕326。行幸の礼式〔二〕373。家光茶事〔二〕443 480 574〔三〕7 27 109 120 126 208～211 213 214 219 231 236 357 364 367 371～373 451 486 502。江戸城石垣普請〔二〕447 457〔三〕77。山里茶室露地改造奉行〔二〕459。紅葉山霊廟造営惣督〔二〕570。不毛農民対策〔三〕270。畿内西国の田穀巡察〔三〕270。秀忠法会〔三〕342 475〔四〕248。家光面命〔三〕434 435 478。寛永寺仁王門創建〔三〕720。禁裏炎上〔四〕80。致仕伝〔四〕260／〔二〕107 124 217 239 332

359 423 435 456 489 553 558 563 570 574 654 655 659 701 ㊂16 24 33 41 116 223 286 360 361 364 375 483 514 ㊃71 121 146 277 ㊈185。家士闘争㊀512 ㊁285
尚盛　↓永井直増
尚村　㊅62
尚長　雁間詰㊄177。殺害・除封・伝㊄361
尚典(山城守・肥前守)　㊁172 386 393 532 692 363／㊃573 ㊄95 175 202 224 229 277 331 368
尚徳　㊄47
尚伯　㊈618
尚伴　㊀92 103
尚備　卒伝㊉313／㊉83 89 156
尚品　㊇146 196 283
尚附　㊇55 231
尚平　卒伝㊆401／㊅648 ㊆172
尚方(丹波守)　出仕を止む㊇860／㊇688 ㊈538 567 569 606
尚方(勘解由)　㊉327
尚房　㊃57
尚右　㊃70 260
尚庸　家綱傅役㊂587。小姓㊃52 316。日光御使㊃63 335 425 436 448 452 606。分封㊃260。万石に列す㊃316。雁間詰並㊃316。

加封㊄65。鷹坊管掌㊃387 ㊄66。『本朝通鑑』編集総裁・進覧㊃509 ㊄74 348。若年寄㊃556。刀剣主管㊃566。罹災者営作管掌㊄5。京都所司代㊄65 67 68 73 74 181 184 189 192 235 246 247。腰物方管掌㊄66。封地連年凶荒・恩貸金㊄217。卒伝㊄259／㊂215 568 ㊃36 103 179 193 225 241 250 256 257 274 290 292 302 308 315 329 494 495 505 513 528 618 ㊄73 144 257
勝阜　㊂656
信斎　↓永井尚政
真英　㊆300
新十郎　㊁221
正元　逼塞㊂223。御膳奉行㊂553 ㊃173／㊃475 ㊄250
正信　㊀438
正扶　㊀64 457
清右衛門　㊁143 538 616 648
清兵衛　㊂190
忠正　㊁578 ㊂65
長十郎　㊁217
直(真之丞)　↓永井直秀(真之丞)
直允　㊅450
直宇　㊇175

卒伝㊆421／㊅631 ㊆384
直円　新封㊄368 384。致仕伝㊆133／㊃250 ㊇677
直温　卒伝㊀282／㊉173 183 ㊀64
直該　㊉346 356 473 534
直幹(若狭守)　㊁657 667
直期　致仕伝㊈448／㊆421
直輝(常次郎・遠江守)　㊁459 476 536
直義　㊁672
直丘　㊇306 657
直旧　卒伝㊀135／㊉313 318 743 761
直堯(大蔵)　㊈47
直堯(伊織・靫負)　㊀308 532
直敬　雁間詰㊄265。大坂加番㊄490 525。失儀、御前を止む㊄609。恩貸金㊄614 ㊆147。転封㊄614 ㊅483 611 ㊆146。浜離邸管掌㊆28。卒伝㊆166。拳法上覧㊈188／㊂657 ㊄192 260 425 526 554 ㊅560 578 596 597 616 631 ㊆106 117 166 172
直賢　㊇716 ㊈401
直元　備中松山御使㊂245。伊予松山御使㊂294。陸奥三春御使㊂355。江戸城々溝疏鑿奉行㊂399。江戸城修築㊃195 220 248 283。宅地奉行㊃228／㊂240 320

永井
512 [四]43 211 385 405 [五]48
直行　卒伝[九]711／[九]90 448
直侯（幸之助）　㊁269
直国　卒伝[十]183／[八]766 808
直時　雁間詰[五]99。封地洪水[五]194。卒伝[五]378／[三]465 [五]95 113 142 145。家士[五]321
直種　卒伝[六]234／[五]210 260 261 378 461
直秀（直、真之丞）　㊁524 525
直充　[七]55 [八]89
直重　分封[二]359／[二]440 538 [四]319
直勝　三家附家老由来[一]255。禁裏造営課役[一]548。嫡庶弁別上申[一]566。大坂冬陣・軍奉行[一]726。大坂夏陣[二]12 33。大坂従軍諸士剛臆沙汰[二]74。加封[二]97 139 182 241。転封[二]139 241。福島正則改易・芸備両国収公使[二]165〜167 175。山形城請取[二]233 234 236。卒伝[二]359。関ヶ原合戦・軍謀密策[二]360／[一]52 73 169 485 558 632 646 691 727 734 735 738 747 756 [二]120 226
直照　[九]56
直常（大之丞）　㊁92 96 272 289
直進　致仕伝㊀632／[十]350 565 629
直清　分封[二]359。加封[二]574 593 [三]608。転封

永井
[二]593 [三]608 [四]411。書院番頭[二]593。江戸城本丸天守造営助役[三]77。伏見奉行条約[三]489。大坂城代代行[三]520。禁裏造営奉行[四]81 372。封地火事[四]301。卒伝[五]95。遺事[三]710 [四]80／[一]566 [二]538 573 611 672 [三]166 170 263 266 268 270 271 286 292 293 320 324 420 458 611 612 691 [四]3 7 453
直増（尚音・尚盛）　処罰[五]526 567 [六]30 34／[五]527 554 [六]89
直達　卒伝[六]631／[六]234 378 540 627
直朝　[八]159 351
直澄　[六]63 [七]329
直珍　卒伝[十]350／[九]711 [十]7
直陳　転封[九]662。致仕伝[十]89／[七]401 [八]146 434 435 [九]406 417 737
直貞　分封[二]359。小姓組番頭[二]451。遺事[三]703 723／[一]114 [二]303 [四]269
直道　㊀512
直富　㊀13
直方（主税）　[五]226
直方（伝八郎・信濃守）　致仕伝㊁123／㊀282 363 ㊁95
直孟　家綱附小姓[三]240。火消役[四]318。書院番頭[五]30。和歌山御使[五]42 44。

永井
御前を止む[五]168／[二]587 [四]339 455 [五]219 225 226
直又　大坂河渠巡察[六]328 360／[五]48 [六]575
直右　駿府城加番[四]328 368。淀川堤防修築奉行[五]31 33 57。閉門・赦免・奉職無状免職[五]378 392。堺政所[五]407／[四]487 570 588 [五]22 29 72 [六]495
直与（飛騨守）　致仕㊁476／㊀428 632 652
↓
永井飛騨守
直養（信濃守）　江戸城造営費上納㊁393 532。致仕㊁657／㊁123 162 603
直亮　恩貸金[八]601。卒伝[八]766。家蔵古書献上[九]241／[七]61 133 [八]474 601
直諒（大和守）　㊀740
直令　大坂目付[九]466。処罰[十]115 122。喜連川視察[十]67／[十]708
直廉　㊀183
定之　[十]753
鉄弥　㊁678
伝次郎　㊁601
伝十郎　㊁107
道存（善右衛門）　[一]254
白元　一里塚築造[一]104 [二]282。使番[一]451。目付[一]573。巡見使[二]143 581。因幡・

永井
伯耆・備前引渡[二]553 566。大坂目付[二]663。松江城引渡[三]90。川越城目付[三]125。下館御使[三]147。失儀・蟄居・赦免[三]317 344／[一]705[二]379 396 449 538 641 701[三]182 199 441 588[四]43
白衆 処罰[十]436㊀168／[九]677㊀452 550
飛騨守（永井直与カ） ㊁206
武氏 五十宮附[九]628。万次郎傅役[九]684[十]377
武信 [九]576
平吉 ㊀31
平八郎 ㊀655
茂虎 [五]368 414
百之助 ㊁210
永倉重安（珍阿弥） [二]301[三]656
真治（珍阿弥） 同朋[二]529。家綱附[三]347／[三]429 588 612
正信（珍阿弥） [四]63
直活（珍阿弥） [三]254
永塩七郎左衛門 [四]195
永島卒次郎 ㊁547
永田運九郎 ㊀680
吉十郎 ㊀357
権八郎 ㊁432 440

永田次兵衛 [二]22
主膳 ㊁208 271
重種 巡見使[五]399 428。但馬出石城引渡[六]275 279／[六]373
重春 [二]141
重勝（勝右衛門） ↓永田重真
重乗 [一]120 589
重真（重勝） 大坂目付[二]490 628。甲州横目[二]570。豊後萩原目付[三]6／[一]127[二]379 538 616
重直 [一]120
重棟 [六]436 446
重利 [一]704 756[二]37
重路 [二]402
庄左衛門 [二]75
正勝 [四]629 631
正道（備後守） ㊀660㊁23
正邦（与左衛門） ㊁195 262
正与 ㊀91
政恒 [九]389[十]380
政次 [一]492
政明 [八]435
清熹 [九]445
宗祐 卒伝[一]599

永田直往（四郎三郎） ㊁575
直好 ㊀244 366
直行 [十]380
直之 [五]60
直時 [二]419 529[三]175
直俊 [三]416 432
直清 [八]122 227[九]551
直道（幾太郎） ㊁332 545
直満 [五]60
直茂 ㊀458
孫次郎 ㊁554
孫太郎 ㊁559
主水 ㊁358
隆倫 [十]630
永見為位 甲府勤番支配[八]687／[九]10 549
為糾（伊予守） ㊁111 128
為好 [九]729 741[十]30
為章 [九]651
為清（伊勢守） ㊁358
為貞（専之丞・伊予守） [十]272㊁33
右衛門 [一]245 433
大蔵 ↓永見長良
斧五郎 ㊁628 688
志摩 [二]517[五]212

永見重広　[四]604 628 [五]327
　重時　[四]374 [五]331
　重成　軍令違反[二]276／[一]99 450 [二]500 538 616
　重直　駿府目付[五]519 531。日光造営奉行[五]537 554 566／[五]479 [六]448 [八]131
　重貞　→永見重隆
　重隆（重貞）　岩槻城引渡[五]407 408。大坂目付[五]471 497／[六]26 635 713 [七]180
　勝定　[一]99
　長頼（松平、東市正）　[三]684 [四]22
　長良（松平、大蔵）　越後騒動[五]325 414 416 [六]728／[三]684 [四]22
永峯孫之丞　㈠679
長井吉次　吉田城引渡[三]560 566。諸国巡見[三]61／[三]264 337
　吉勝　[四]399 412
　吉正　[二]141
　吉忠（古忠、金十郎・大膳亮）　[三]123 174 300 589
　源兵衛　[四]152
　昌純（五右衛門）　㈡372
　昌豊　㈠259 292
　正基　[九]358 488
　正次　[二]66
長井正実　江戸城西丸造営[三]673／[一]508 [二]617
　盛実　[一]475 508
　忠次　[三]402
　利恒　[九]389
　利有　㈠303
　竜太郎　㈡480
長尾市左衛門　㈡60
　貫八郎　㈡12
　景継　卒伝[一]673
　景親　㈠499
　景東　㈠156
　権四郎（上杉家士）　[一]731
　権四郎（上杉家士）　㈠693
　資順　[十]662
　資正　[十]662
　全庵　㈠654
　仲大（全庵）　[九]652
　伯濬（文哲）　[七]434 [八]383 415 644
　隼人　[一]235
　保定　㈠12
　養寿（全庵）　[五]429 [七]434
長岡勘解由（細川家士）　[三]640
　河内（細川家士）　[三]316
　監物　[一]752
長岡興秋（細川）　[一]129 694 [二]29 45
　佐渡（細川家士）　[三]497 [四]401 572
　式部（細川家士）　[二]324 [三]640
　貞安（監物）　[二]21
　平左衛門　[一]129
長坂一正　[三]303 323 496
　基保　[八]745 [九]635
　基隆　[六]364
　吉次　[一]577
　吉利　勘定・上方巡察[三]218 219 247
　杲之進　㈡466 469
　高景　㈠403
　高敬　[六]689
　高美　㈠68
　三郎左衛門　[二]41
　信義（血鑓九郎）　㈡171
　信次　出訴[二]64。殺害[三]456／[一]504 573 [二]539 546 616 [三]258 368 408
　信時　[二]64 69
　信守（血鑓九郎）　㈡525
　信宅　卒伝[一]473
　正房　[二]529 [三]465
　清房　[三]465
　太郎左衛門　[二]107

長坂房貞　㊀322
長崎喜安　[一]399
　元家　卒伝[一]521
　元義　[五]9 25
　元亨　[十]115 234 605
　元政　[三]378
　元仲　浜田御使[六]553。金銀改鋳[七]97／[七]303 [八]162
　元通　江戸城石垣造営奉行[三]448。巡見使[二]557。駿府町奉行[三]570 590 632／[二]516 547 553
　元良　㊀581 ㊁4
　玄貞　[九]747 748 [十]428
　源之助　㊁10
　惣右衛門　[一]414
　貞之助　㊁630
　半左衛門　㊀690 709
　半七郎　㊁410
　良元　㊀636
長崎屋源右衛門　[八]676
長沢大蔵　㊁467
　資始　㊀236
　資親　高家同列[八]497。職事老練[九]127／[六]382 [七]183 304 [八]436 [九]119 129 240 321 475 520
長沢資武　㊀49
　資模　㊀605
　資祐　高家肝煎[十]257／[九]475 549 573 [十]517
長塩正徳　[八]436 [九]103
　長五郎　㊁466
長島嘉林（長崎、刑部左衛門）　[四]60 61
　元説　㊀703
長田勘解由　[十]608
　瑞得（立庵）　[五]391 413 448
長沼吉兵衛　㊀710
長野九左衛門　[一]689
　内蔵允（内蔵丞）　[二]1 52 69 143
　広正　[八]153
　広門　[六]557 [七]410
　佐左衛門　㊀757
　次郎兵衛　闘争[二]629。処罰[二]630 631／[一]692 [二]561 625
　七郎右衛門　㊀725
　重恒　[九]68
　重政　[一]487
　安兵衛　[三]256
　友秀　[一]99
長橋局　[二]489 [三]329 [六]163
長浜祐長　[五]539 546 [六]221
長升四郎右衛門　[一]396
長屋景恵　[六]556 [七]16
　平大夫　[二]31
長山直候　[五]462
　直幡　盗賊巡警[十]262 279 307／[十]495 541
　直利　[五]386 454 485 [六]676
半井慶友（卜養）　養生術答申[三]130／[四]96 141 [五]173
　修理大夫　㊁152
　瑞桂（通仙院）　[三]139
　瑞慶　[六]140 294
　瑞之　[六]44 114 140
　正清　[二]290
　成近（驢庵）　素絹勅許[二]500。談伴衆交番出仕[二]549。采邑下賜[二]570。勘気赦免[三]57 112 138。『聖済惣録』書写[三]81。養生術答申[三]130。家法の奇薬奉呈[三]130／[二]328 482 530 577 582 598 612 613 692 [三]18 81 117 125 130 138 149 151 156
　成高　[十]66 786
　成信　半年交代江戸在番[一]475 588。奥台所出仕[三]245／[一]700 [二]87 88 519 520 528
　成忠（驢庵）　[二]594 [三]156 191 400 [四]38 87 447 [五]391
　成美（大和守）　[十]788 ㊀120 439 ㊁40

半井成明（驢庵）　遊惰・追放［六］22 749／［五］466 620
　［六］186［八］41 256［九］14
成庸　［九］745
達時　［四］375 622［五］330 466 619
探元　［十］428
伝吉　㊀439
卜養　㊀664
又吉　㊀439
汀　佐五右衛門　［六］479 738
　三右衛門　［二］35
梨木祐之　［六］595 646 739
夏の局（家康側室）　↓清雲院
夏の局（家光側室・徳川綱重生母）　↓順性院
夏目安信　［三］128 511 568 569
和泉守　㊀688 691
吉顕　［八］192
吉次　大箪笥奉行［三］338／［一］296［二］94 538［三］338
吉尚　［三］302
吉信　三方原役・討死［一］37 149 275 277 289／［一］37
吉成　［三］338［四］374［六］2 137 173
吉政　［三］338
外記　［五］125
外記　㊀677 687
夏目信郷　㊀140
信次　帰参［一］295 398［二］94。小荷駄奉行［一］692
　／［三］255 520
信重　［六］29
信政　［十］333
信平（左近将監）　江戸城西丸・二丸大奥修復㊁97 134 196 237。伝奏屋敷修復㊁108。江戸城二丸製薬所修復㊁183／㊁98 115 123 128 153 155 167 196 205 210 228 233 237 248
信方　［六］635［七］138 147
信里　［五］331［六］9
正勝　［七］67
成久　［十］313
成高　局務検束［十］625 684 710／㊀102 246
長右衛門　㊀595 611 613
直重　［六］448
定次　［一］455
藤四郎　㊁144
保信　巡見使［九］350 364 404
万千代　［一］99
弥十郎　［一］455
勇次郎　㊁545 552
良助　㊁572
鍋島安芸（鍋島家士）　［三］95
鍋島伊平太　［三］446
伊予守　㊁128
義峯　↓鍋島直澄
吉之（肥前守、黒田宣政カ）　［九］208
吉茂（弾正）　長崎警衛［七］170 414。卒伝［八］533
　／［六］609 636 655 684［八］213 413 435 529
欽次郎（欽五郎）　㊁188 189
元延　卒伝［七］395／［七］68 297 382
元周　↓鍋島元武
元武（元周）　奥詰［六］173 739。西丸奥火番［六］579。致仕伝［七］297／［五］177［六］677 696［七］345
元茂（玄茂）　島原乱［三］83 95 108／［一］678［二］181
　209 396［三］399［四］127
光茂（翁助）　致仕伝［六］244。歿［六］407／［三］348
　573［四］258 346 353［五］3 4 17 19 52［六］85
綱茂（左衛門）　卒伝［六］655／［四］259 630［五］126［六］
　244 637 639
綱茂室　［六］364
治茂（直熙・知茂）　謹慎［十］439。封内凶荒・恩貸金［十］586。長崎警衛㊀242 397 530。大筒鋳造㊀397／［十］134 136 191 337 351 372 383
　397㊀429　↓鍋島重教
重教（鍋島治茂カ）　［十］492
重茂（右平太）　卒伝［十］337／［九］484 486 487［十］2 8

鍋島
重茂生母　37 92 103 108 335 [九]572
重茂室(伊達宗村女)　[九]31
重茂継室(田安宗武女)　↓円諦院
勝茂　江戸城造営助役[一]119 403 542 573 649 [二]183 [三]2 4 636。西洋渡海朱印[一]424。駿府城本丸造営助役[一]454。名古屋城修築[一]510。禁裏造営課役[一]547 603。岡本大八事件[一]582。大坂城修築課役[二]185 335。最上騒動、小国日向等を預かる[二]232。茶事[二]505 626。熊本城請取[二]551。島原乱[三]72 76 84 91 92 94～96。籠居・赦免[三]106 123。長崎蛮船法令[三]147。明船処置令[三]461。長崎警衛[三]492 495 [四]112。致仕伝[四]216／[一]451 537 690 707 [二]13 57 209 376 415 457 480 493 504 536 568 673 [三]106 160 227 399 446 451 497 499 613 713 [四]95 125 216 217 222
勝茂室　[二]535
正恭(正泰)　[五]254 264 462 561
正茂(孫平太)　籠居[二]502。書院番[三]304。致仕伝[三]304 [四]521／[一]503 [二]328 609 [三]7
斉正(貞丸)　婚姻㊁30 134 593。恩貸金㊁251。格式引上㊁255。江戸城西丸造営助

鍋島
役㊁387 413／㊁173 224 226
斉正室(盛姫、家斉女)　婚姻㊁30 134。卒伝㊁581／㊀667 765 ㊁82 128
斉正継室(筆姫、田安斉匡女)　㊁593
斉直(祥太郎)　長崎警衛㊀478 597 647 685 724 765 ㊁36。英船闖入・逼塞㊀611。致仕伝㊁224／㊀299 302 ㊁33 197 217 332 376
斉直室　㊁332
摂津守　㊀789 ㊁463 486
宗教(万吉)　致仕伝[十]28／[八]539 616 812 820 [十]624
宗茂(主膳)　致仕伝[八]812。歿[九]630／[八]44 47 135 212 533 563 [九]31
内匠　㊁466
主税　㊀776
忠直(翁助)　[二]122 242 672
忠茂　御側小姓[一]475。分封[一]537。卒伝[二]328／[二]72 209 220
長行　[七]148
直彜　致仕伝㊁47／㊀468 635
直員　致仕伝[十]170／[九]11 104
直永　㊁47 459
直英　卒伝[九]104／[七]395 397
直益　[十]49 126 141 381

鍋島直温(甲斐守)　諸国河川修理助役㊀154 491。致仕伝㊀774／[十]446 645 659
直寛　卒伝[十]446／[九]702 [十]91
直紀(統丸・統次郎)　㊁546 548 550
直煕　↓鍋島治茂
直宜　致仕伝㊀468／[十]372 583 601
直郷　致仕伝[十]134／[八]486 681
直堯(捨若・加賀守・紀伊守)　諸河川修復助役㊀787 ㊁586 595。卒伝㊁649／㊀575 759
直堅　仙洞・女院御所造営助役[六]705 [七]75。卒伝[八]486／[六]583 593
直賢　㊀318 448
直孝(内匠頭)　江戸町会所米穀収入㊁552。江戸出水・救助船㊁570。日本橋修復㊁575／㊁380 639
直恒　卒伝[九]512／[七]392 [八]66 78 [九]422
直興　卒伝[九]701／[九]512 534
直之　江戸城修理助役[六]534 547。致仕伝[六]687／[四]186 499 [五]36
直旨　[六]148
直称　致仕伝[八]66／[六]222 687 [七]52
直条　卒伝[六]583／[五]124 147
直正(伊予守)　㊁120

鍋島直知　卒伝㊀575／㊀262 335 417 510
　直朝　支封㊂304。長崎警衛代行㊃346。致仕伝㊄147／㊁688 ㊂214 325
　直澄（義峯）　致仕伝㊃562。島原乱㊂83 91 95／㊁694 ㊂325 399 428 ㊄36
　直澄母　㊂165 213
　直能　致仕伝㊄330／㊂173 ㊅53
　直弼　㊉45
　直富　㊄514
　直茂　龍造寺国政沙汰㊀444。致仕伝㊀451／㊀393 424 701
　直愈　仙洞御所造営助役㊉324 350。処罰㊉437 439。致仕伝㊀262／㊉170 356 372 386
　直与（摂津守）　歿㊁546／㊀774
　直亮（三平・加賀守）　㊁518 649
　飛驒守　㊀81
　伯耆　→竜造寺伯耆
鯰江和甫　→宮城和甫
　正重　→宮城正重
波川茂四郎　㊁49
並河安一（検校）　㊄25　→並河検校
　永崇　㊈241
　九兵衛　㊂74
　検校　㊃352 443　→並河安一
並河五市郎　㊇685
　志摩（加藤忠広家士）　㊁153
楢　崎　㊁334
楢原克敏　㊀386
楢村孫九郎　㊁417
　孫七郎　㊀642 ㊁94 417
楢山五左衛門　㊀662 ㊁10
成　田　㊁41
　勘兵衛　㊁15
　元貞　㊀185
　左吉　㊁39
　氏宗　卒伝㊁244／㊀704 ㊁33 114 209
　氏長　㊁114
　氏範　㊀457 ㊁114
　重長（新十郎）　㊀83
　勝定　㊂573
　勝豊　㊉589
　長泰　㊁114
　長忠　卒伝㊁114
　長邦　㊁114
　直高（宗庵）　㊅672 676
　直道　㊀390
　房長　㊁114
成島司直（邦之丞）　㊀282 412 ㊁438
成島勝雄　西丸奥儒者㊀596／㊈289 ㊉840
　信遍（道筑）　奥坊主組頭㊇301。吉宗侍講㊇778。『新葉集』㊈242。『武家華押譜』㊈242。『犬追物類聚』㊈260。『療病史伝』㊈289。古今伝授㊈299。『平家物語』㊈304。家治師範㊉816。遺事㊈153 155 230 231 236 257 258 260 269 299 302～304 306 323 ㊉817。歿㊉28／㊇845 ㊈257 258 301 547
　彦右衛門　㊁31
　峯雄　㊀283 758
　良譲（桓之助）　『御実紀』編集・副本㊁516 637。自著『南山史』呈上㊁582。二丸留守居㊁591／㊀13 614 649 670
　和鼎　奥詰儒者㊉28 490。『日光山御社参記』撰㊉511 514／㊉502 817 822 840 843 ㊀411 607
成瀬市郎右衛門　㊇157
　因幡守　㊁269
　喜右衛門　㊁145
　九兵衛　㊁344
　久次（吉平）　召返㊀91。伏見城留守㊀395／㊁120
　久次（九兵衛）　㊂335
　小吉　→成瀬正成

成瀬之虎（之成、藤蔵）〔三〕2
　之成（藤蔵・伊豆守）　百人組頭〔二〕241 243 587。
　　卒伝〔三〕663／〔二〕52 257 258 306 362 373 538
　重賢　〔七〕410
　重次　〔三〕617
　重治　家綱附〔三〕654。錠口締戸役〔四〕138。精勤褒賞〔四〕414。薬事管掌〔五〕72／〔四〕295 370 410 631〔五〕9 213 583〔六〕114
　重章　〔六〕239 655
　重能　〔二〕472
　正一（小吉・吉右衛門）　甲州領奉行〔一〕163。伏見城留守居・連判〔一〕434／〔一〕45 111 119 434 675〔二〕195 241
　正延　㊀526
　正起　陸奥棚倉城引渡〔六〕583。信濃飯山城引渡〔七〕150 162。閉門〔八〕135／〔六〕521 696 698〔七〕72 344
　正吉　〔二〕142〔三〕155
　正景　〔四〕556
　正賢　〔十〕570
　正虎（正成・正親）　小姓組〔一〕451 572。大坂冬陣・尾張義直附〔一〕742／〔二〕247 377 413 444 531 574 598 600〔三〕34 153 154 299 371 417 459 650 665 743〔四〕57 338
成瀬正幸　〔六〕228
　正次　〔八〕397
　正章　〔五〕47 400
　正勝　〔一〕675〔二〕195
　正常　〔十〕744
　正親　〔四〕57 154 339 437
　正成（小吉・隼人正）　小牧長久手戦〔一〕171。根来騎士附属〔一〕171。三家附家老〔一〕255 311。家康遺命〔一〕282。新田氏墳墓地捜求〔一〕297 567 568。秀吉に所望さる〔一〕305。尾張義直傅役〔一〕435〔三〕647。堺政所〔一〕435。禁裏造営課役〔一〕548。尾張国務沙汰〔一〕576。駿府の義直・頼宣守護〔一〕640。大坂城惣堀埋立〔一〕759。尾張犬山城主、故平岩親吉家士附属〔三〕143。卒伝〔三〕337／〔一〕272 312 433 485 558 564 576 577 629 650 657 673 676 687 688 714 715 717 719 725 〜727 736 〜738 740 743 745 749 753 756 762〔三〕4 9 11 17 27 72 95 〜97 99 121 330
　正則　〔一〕99
　正泰　〔八〕457 496
　正定　㊀308 581
　正典　〔九〕658 722
　正武　切腹〔二〕75／〔一〕385 588 666 675 700 705〔二〕13
成瀬正武室　〔二〕75
　正芳　〔四〕525〔五〕198
　藤右衛門　㊁330
　藤九郎　〔二〕625
　藤蔵　㊁473
　主殿　㊀403
　隼人正　㊀686
　彦三郎　〔十〕195
　祐秋　〔二〕75
　祐正　〔二〕75
　利春　㊀150
南条勘兵衛　㊀597
　金大夫　〔三〕280
　光明　〔一〕743
　宗右衛門　〔三〕275 280
　宗益　〔七〕74
　則綱　〔三〕123
　則勝　〔二〕431
　則門　〔二〕431〔三〕123
　忠成　〔一〕548 742 743
　兵大夫　〔三〕275 280
　隆屋　〔八〕171
　隆高（太兵衛）　㊁354 388
　隆政　〔二〕335 441

南条隆貞　[十]191
隆篤（権三郎）　㊀740
隆明　[八]810
隆友　[三]371
南部英之助　㊀784
越後守　[一]758
久左衛門　[一]694
広信　卒伝[九]12／[八]42 298
行信　凶荒・参勤免除[六]244。卒伝[六]489／[四]569 [六]145 353 390 483。家士[六]186 215 246 277 316 390 426 459
実信　[五]546
重信　封地地震[五]257。改禄・十万石[五]481。致仕伝[六]145／[四]519 570 [五]229 317 443 [六]85 474。家士[六]129
重直（直重）　就封[二]573。栗山大膳父子召預[二]592 [三]709。江戸城惣郭造営[三]2 384 399 425。参勤遅滞、勘気[三]78。蛮人漂着[三]317 318。僧玄方召預[三]710。嗣子選定請願[四]305 436。卒伝[四]519／[二]158 571 635 669 [三]176 221 349 386 433 481 588 686 [四]72 74 108 140 150 151 173 220 511
重房　[四]519
勝信　[五]464 [八]602

南部信依　卒伝[十]654／[十]103 191 245
信恩　卒伝[六]681／[六]440 489 495 506 524 560 676
信喜　㊀448
信敬　↓南部利敬
信興　致仕伝[十]191／[八]864 [九]12
信之　[九]472
信順（遠江守）　㊁462 536
信真（左衛門尉）　城主格㊁367。致仕㊁462／㊀295 308
信弥　[九]414 424 425 526
信房　致仕伝㊀308／[十]644 654 659 ㊀195
信誉（丹波守）　㊁31 69 228
信隣　歿㊁69
政信　[五]464 [六]208 [八]601
直政　越後騒動・戸川安平召預[五]416 424。雁間詰[五]610。側衆[六]21。側用人[六]26 34。卒伝[六]368／[五]23 193 279 312 443 578 600 [六]51 85 86 244
直房　卒伝[五]23／[四]519 568
通信　卒伝[八]42／[六]368 439 [八]34
養信　[九]433
利幹（利翰）　代官町北丸造営助役[六]695 714。卒伝[八]378／[六]681 [七]25 76 140 205 297 445 [八]46 94 135 140 177 212 253 288 356

南部利義　致仕㊁633／㊁606
利謹　[十]37 329
利敬（信敬、大膳大夫）　松前出兵㊀233。東西蝦夷地警衛㊀616 620 647 685 718 724 765。改禄・二十万石㊀616。歿㊁46／[十]754 ㊀6 275 551 ㊁38 44。家士[十]762 785
利剛　㊁633 645 685
利視　大井川修理助役[八]721／[八]413 488 550 585 617 629 646 738 749 777 811 823 838 861 [九]25 27 81 104 214 363 408 443 473 501 527 556
利正　甲斐河渠堤防助役[十]656 658 659。卒伝[十]754／[十]623 646 681 708 734
利済（信濃守）　旧格復帰㊁255。檜材・延鉄献上㊁353。致仕㊁606。製錬硝石献上㊁685／㊁211
利直　駿府参勤[一]514。禁裏仙洞造営[一]547 603。秀忠臨邸[一]603。砂鉄献上[一]635。越後高田城築造[一]647。大久保教隆召預[三]119。鉄砲下賜[三]145 275。江戸城石垣修築助役[三]190 447。卒伝[三]571／[一]457 514 722 [三]10 145 209 376 403 424 481 493 536
利雄　日光山本坊修理助役[九]605 628。家格争論[九]685。仙洞造営助役[十]349。卒

南部
　伝〔十〕623／〔八〕810〔九〕37 582 589 606 631 652 674 699 724 749〔十〕69 102 136 170 204 236 266 292 320 346 374 401 428 452 481 531 558 586 618
　利用（吉次郎・大膳大夫）　歿㊁131／㊁46 65 130
南明院（朝日姫、豊臣秀吉妹・家康室）〔一〕54 177〔七〕269 421
難　波　〔五〕232
　宗建　〔六〕707〔九〕385
　宗功　〔十〕742
　宗種　〔二〕434〔四〕110 240 281
　宗勝　〔一〕296 489 498
　宗城　〔十〕16
　宗量　〔四〕478 602 603
　八十郎　㊁189
難波田憲完　〔九〕737
　憲継　〔八〕186
　憲次　〔一〕192
　憲利　〔三〕119

に

二位局（渡辺筑後守勝姉）〔一〕677～679 681 683 755〔二〕7 8 14 39
二階堂左馬　㊀768
二　条　紅葉山文庫『日次記』謄写〔八〕800／〔五〕225 231 235 270
　為之　〔五〕298
　吉忠　綱吉偏諱下賜〔六〕220／〔七〕93〔八〕733 739 765
　吉忠女（桜町天皇女御）↓青綺門院
　吉忠女　↓水戸宗翰室
　光平　家光偏諱下賜〔三〕608　家光猶子〔三〕649 651。『禁中并公家諸法度』繕写・連署〔四〕504／〔二〕653〔三〕497 690〔四〕381〔五〕411 466
　光平室（女五の宮・兼の宮・賀子内親王、後水尾天皇女）　卒伝〔六〕269／〔三〕497 561 649〔四〕8
　光平女（徳川綱重室）↓隆崇院
　光平養女（徳川綱重継室）↓紅玉院
　康道　元服・家康偏諱下賜〔一〕641。家伝旧記自写呈上〔三〕293 744／〔二〕492 651 673 691〔三〕375 390 547 549 569〔四〕175 381 549 552 579　↓二条前殿下
二条綱平　家綱偏諱下賜〔五〕277／〔五〕284 411 472 496〔六〕212〔七〕35〔八〕592
　綱平室（栄子内親王、霊元天皇女）↓妙功徳院
　左大臣女（喜連川梅千代王丸室）㊀676
　前殿下（二条康道カ）〔三〕536
　治孝　家治偏諱下賜〔十〕297／〔十〕533 567
　治孝室（嘉姫、水戸治保妹）〔十〕533 ㊀257
　治孝女（彰姫、乗蓮院）↓一橋治国室
　治孝女（脩姫、一橋斉敦室）↓靖安院
　重良（忠君）〔九〕658 677 680〔十〕225
　重良室（尾張宗睦妹）〔十〕225
　昭実　家康神号勘進〔二〕106／〔二〕171 280
　斉敬　㊁107
　斉信　㊀525
　斉信室（順姫、水戸治紀女）㊀525
　斉信女　↓松平頼縄室
　宗基　〔九〕531
　宗基男（衛君）〔十〕37
　宗煕　〔八〕428 447 817
　忠君　↓二条重良
　政春　〔八〕505
二賀保挙誠　卒伝〔二〕340／〔二〕6 307
　誠教（右京）㊁470 487

二賀保誠之　〔十〕289 303 558
誠次　丸亀目付〔四〕240 267。川中島目付〔四〕394
誠純(孫九郎)　㊁61 420 411／〔二〕340 〔四〕78 443
誠尚　〔四〕301
誠昭(孫九郎)　㊁278
誠章　〔十〕388
誠信　〔六〕307 337
誠成　〔六〕406
誠政　豊後目付〔三〕188 218 553。福山御使〔三〕292／〔二〕115 340
誠善　〔十〕289 ㊀484 521
誠方　〔六〕521 541
良俊　〔二〕340 525
仁科信乗　〔九〕486
信任　㊀549
信友　処罰・赦免〔五〕529 559 〔六〕140／〔六〕351
丹羽近江守　㊁461
勘解由　〔一〕548
久馬介　㊀715
金十郎　〔二〕76
薫代　大坂城定番・寺社奉行末班〔八〕830 〔九〕194 364。封地替〔九〕194。卒伝〔九〕690／〔六〕580 〔八〕421 545

丹羽元真　〔六〕672 681
五郎左衛門　㊁571
光重　叙任〔三〕303 〔四〕292。会津城在番〔三〕313。転封〔三〕319。江戸城修築助役〔四〕242 278。封地火災〔五〕99。致仕伝〔五〕308／〔三〕53 176 221 287 349 352 385 399 433 478 563 588 635 636 686 〔四〕58 72 108 140 173 220 270 273 418 〔六〕86 439
好徹　㊀654 737
高寛　致仕伝〔九〕122／〔八〕475 482 547 584
高吉　〔一〕414
高庸　東海道河渠浚利助役〔九〕442 465。婚姻〔九〕549。増上寺修理助役〔十〕109 134／〔九〕8 122 125 414 425 〔十〕32
高庸室(紀伊宗直女)　〔九〕549 708 735
左京大夫　江戸城本丸造営費上納㊁537。大坂城修築助役㊁605 614／㊀749 762 ㊁193 240 489
佐介　〔四〕192
氏音　御家騒動〔六〕475 477。卒伝〔六〕580／〔五〕572
氏栄　卒伝〔十〕368／〔八〕645 〔九〕690
氏賢　㊁172
氏純　大坂加番〔四〕425 〔五〕43 82 158。卒伝〔五〕198／〔四〕81 164 248 〔五〕195
氏昭　卒伝㊁172／㊀307 390

丹羽氏信　大坂加番〔二〕439 623 〔三〕191 355。掛川在番〔二〕570。百人組頭〔二〕676。書院番頭〔二〕698 〔三〕101。加転封〔三〕101。卒伝〔三〕462／〔一〕604 〔二〕132 375 386 537 608 〔三〕7 272 462
氏定　刈屋城在番〔四〕17。大坂加番〔四〕77。卒伝〔四〕231／〔二〕601 〔三〕462 468 691 〔四〕146 231
氏福(勝道)　致仕伝㊀307／〔十〕368 543 ㊀152
氏明　卒伝〔五〕572／〔四〕33 〔五〕198 468 476
氏右　〔七〕307 〔八〕124
寿仙　〔八〕381
秀延　江戸城修築助役〔六〕520 543。牧馬献上令〔八〕419。卒伝〔八〕475／〔六〕429 439 〔七〕24 〔八〕448 〔九〕267
信氏　分封〔三〕462 465／〔三〕587 〔六〕265
図書　㊀715
正安　〔一〕684 690 〔二〕692
正知　〔九〕552 598
正長　江戸城修築材木捜索〔三〕150。生駒騒動検使〔三〕198。関宿城引渡〔三〕208。姫路城引渡〔三〕556 564。山形城在番〔三〕319 355。寛永寺作事奉行〔三〕478。駿府目付〔三〕620 〔四〕58 65。大坂目付〔四〕111 130 189 204 255 275 344 362／〔二〕115 〔三〕518 551 〔四〕45 150 153 170 173 235 239 364 404

丹羽正通　〔六〕140

　正道（政道）　三河吉田城引渡〔七〕242 279 284／〔九〕552

　長貴　諸国河渠浚利堤防助役〔十〕468 473 ㊀91。卒伝㊀316／〔十〕245 719 765 ㊀202

　長堅（五左衛門）　㊁56 65 451

　長行　〔十〕346

　長之　卒伝〔六〕429／〔六〕149 200 340

　長次（左近）　〔一〕97

　長次（大膳・若狭守・左京大夫）　江戸城修築〔四〕278。日光東照宮修築助役〔五〕485 500。米沢検地〔六〕137。卒伝〔六〕340／〔四〕72 270 369〔五〕308 579〔六〕85

　長視　奥詰〔十〕600／〔十〕502 707

　長守　〔六〕481〔七〕70 366 385

　長重（丹波）　封地〔一〕97〔二〕182 223 407。築城〔二〕329 407。御談伴〔二〕282。最上家改易〔二〕233。江戸城修築課役〔三〕2 27。茶事〔二〕628。卒伝〔三〕53／〔一〕231 353 446 704 733〔二〕33 316 317 332 340 341 345 407 429〜431 437 455 471 475〜478 480〜482 493 534 536 555 568〜570 572 574 575 593 635 670〔三〕27 44

　長俊　〔一〕602

　長祥　㊀196 335 510

丹羽長勝　〔八〕155

　長正　〔一〕548

　長道　南都御使〔八〕384 411／〔九〕394 450 452 550

　長富　㊁176

　長裕　㊀326

　長利　浜田城引渡〔九〕733 738／〔九〕607〔十〕411 480

　長和　〔三〕656

　貞機（正伯）　辰砂等採掘〔八〕421。『和剤局方』校正〔八〕553。『疫病備急方剤』撰定〔八〕648。『庶物類纂』続集編輯〔八〕653 798〔九〕291。諸国採薬〔九〕291／〔八〕267 494 513 657 683 846〔九〕443

　長門守　㊁204

　弥右衛門　〔三〕315

　弥惣　〔二〕76

　若狭守　㊁532

日本左衛門　〔九〕416

新里久兵衛　〔三〕280

　彦左衛門　〔三〕273 280

　彦太郎　〔三〕275 280

新関因幡（最上家士）　〔二〕232

新家広孝　〔十〕80 ㊀289

　孝之　〔九〕478〔十〕317 354

　正孝　〔八〕163

新家与五左衛門　〔八〕111

新納内蔵（島津家士）　㊀768

　刑部（島津家士）　〔三〕505

贄

　正栄　㊀628

　正寿　御伽衆〔九〕533／〔十〕592 ㊀216 303

　正周　〔八〕485〔九〕698

　正長　長福附〔八〕35／〔八〕473〔九〕445

　正直　〔八〕9 135

　善之丞　㊁555

西

　規弘（玄哲）　寄合医〔九〕414／〔九〕405 765

　宗真（類子）　〔二〕71

　定寧　㊀566

　与一左衛門　〔七〕371

　良仲　㊀558

西　類子　↓西宗真

西尾以庸　〔二〕606

　隠岐守　㊁536

　嘉教　無嗣・除封・伝〔二〕249／〔二〕112

　勝次郎　㊀795

　寛太郎　㊁387

　吉次　卒伝〔一〕415／〔一〕396

　吉定　〔一〕415 548

　教次　〔一〕112 458

　教房（兵庫助・内蔵助）　㊁334 604 613

西尾教里　㈩353
金三郎　㈠255
光教　米子城番㈠497。禁裏造営課役㈠547。卒伝㈢112／㈠457 723 729 ㈢18
剛之丞　㈡150
氏教　㈠421 ㈢112
氏之　㈤386 509 517
実輔　㈡479
充太郎　㈠499
重政　㈤317
重長　御膳奉行㈢297。二丸留守居㈣192／㈣347 ㈤317
昭倫　↓稲垣昭倫
正春（藤四郎）　㈡575
正信　↓西尾正保
正治　㈢413 571
正保（正信）　書物奉行㈡615。『律令』古本影写㈢37／㈡142 667 ㈢148 413
正利　㈤70 78
政氏　掛川城引渡㈢349 354。土浦目付㈢579。豊後府内目付㈣195 230。川中島目付㈣346 368。大坂目付㈣473 487。宮津城目付㈣571 591。駿府目付㈤78 88／㈠524 ㈢431 ㈣111 ㈤94 226

西尾政長　㈡662
政敏　但馬出石城引渡㈥275 279／㈥41 447
知政　㈨656
忠愛（式部少輔）　㈡502
忠移　恩貸金㈠11。寺社領朱印地令㈠90。卒伝㈠459／㈩213 704 764 ㈠127
忠永　禁裏造営課役㈠548。奏者㈠691。寄合組頭㈡12。転封㈡155。卒伝㈡189／㈠73 79 415 727 ㈡91
忠雅　㈨646
忠固（隠岐守）　致仕㈡502／㈡453
忠需　恩貸金㈩485。致仕伝㈩704／㈧580 ㈩49 84
忠尚　若年寄㈧664 ㈨763。加封㈨130 502 763。老中㈨130 387 418 546 566 763。黄鷹下賜㈨194 763。女手形取扱㈨763。天盃下賜㈨763。卒伝㈨763／㈥275 ㈦341 384 ㈧682 706 ㈨415 417 456 537 566 569 662 669 759 763
忠昭（忠照・忠永）　江戸城修築助役㈢447。大坂加番㈢58 111 281 331 557。加・転封㈢578。卒伝㈣131／㈡189 369 623 ㈢156 286 368 515 547 643 ㈣58 122
忠照　↓西尾忠昭
忠成　転封㈤321 439。恩貸金㈤321。遠江沖

西尾
山梨地境査検㈤501。大坂加番㈤548 586。致仕伝㈦341／㈣146 381 ㈤75 219 442 ㈥622
忠善　致仕伝㈡202／㈩744 ㈠459 ㈡196
忠知　甲州在番㈢436／㈣131 ㈤219
忠宝　㈡202
長喬　㈩469
長孟　㈠636
対馬守　㈡38
定堅　㈩665
定光　㈩71
定考（小左衛門）　㈡98 106
貞教　㈧679
仁左衛門　㈠275 ㈡35 40
包教　下館在番㈣464 474／㈣58 571 ㈤226 ㈦430
邦教　館林城引渡㈧805 810／㈧328 330 ㈩114 139
苞教　㈩258 ㈠182 191
三五郎　㈡464
利氏　卒伝㈠558
西大路　㈤232
隆栄　㈤546
隆卿　㈢98
隆平　㈣398
西岡藤次郎　㈡469

西川義郡 〔八〕118
　義直 〔八〕266
　正栄 〔二〕373
　正休（如見） 召出〔八〕861。測午表〔九〕293。天文方〔九〕294 414／〔九〕95 509 529
　正陟 ㊀6
　清左衛門 〔二〕373
　瀬兵衛 〔五〕423
　忠知 〔三〕123
　貞景 〔一〕475 521
　八右衛門 〔五〕507
　与右衛門 ㊁27
西郡の局（家康側室） →蓮葉院
西沢時重 〔三〕501
　正時 〔三〕501
　又五郎 ㊁233
西三条 →三条西
西田金次郎 ㊁23
　忠知 〔三〕533
　弥右衛門 ㊁447
西野久主 ㊀232
　久中 〔十〕308
　与三 〔一〕109
　六右衛門 ㊁186
西洞院時慶 〔一〕619〔三〕97
　時光 〔六〕7
　時成 〔四〕491〔六〕706
　時直 〔三〕97
　時良 〔三〕97
西坊城遂長 〔二〕434
西牟田玄悦 〔七〕89〔八〕238
　玄仙 〔七〕201〔八〕238
西村安芸守 〔四〕177
　喜之助 〔八〕133
　九郎右衛門 ㊁154
　外記 〔三〕555
　忠真 〔十〕290
　銕之丞 ㊁369
　仁兵衛 〔一〕99
　能重（伴野三郎次郎） 〔六〕450 477
　隼人 〔一〕417 443
西山織部 ㊁276
　勝兵衛 〔七〕351
　寛宗 〔三〕242
　内蔵丞 ㊀684
　小隼人 〔三〕256
　三大夫 ㊁626
　十左衛門 〔四〕31
西山昌近 〔三〕368
　昌綱 松平忠輝附〔一〕504。破損奉行〔二〕356。小普請奉行〔二〕553／〔二〕565 600〔三〕65 141
　昌削 〔二〕662
　昌次 〔一〕618
　昌時 〔三〕149 273 279
　昌春 論地巡察〔五〕317 322 324。逼塞〔六〕18／〔五〕584 585〔六〕436 490
　昌諄（昌淳） 三河吉田橋修理〔七〕299 334／〔八〕473
　昌勝（八兵衛） 小十人組頭・二丸門番〔二〕243／〔三〕355 472 638
　昌勝（十右衛門） 〔二〕400
　昌辰 〔六〕237
　昌信 〔二〕79
　昌生 小次郎用人〔八〕344／〔七〕271 357〔八〕212 234 430
　新右衛門 ㊀788
　宣景 〔二〕638
　繁兵衛 ㊁574
　勇次 〔十〕289
　与左衛門 〔三〕257
西脇十郎右衛門 〔九〕291〔十〕343
錦小路頼理 〔十〕677
入戸野九左衛門 ㊁369

入戸野保宜　㈠280
　門健　㈩746
　門昭（長五郎）　㈡662
　門宗（又兵衛）　㈠438 ㈢530
仁木守興　歩行頭㈥34／㈥454 473
　守武　㈧637
　守豊　㈧436 515
　充長　㈨241 242
　甚右衛門　㈥171
新田義重　㈠297 543 ㈥420 ㈡658
　義貞　㈧750
蜷川伊兵衛　㈡191
　之充　㈠656
　親煕　奥右筆組頭㈥58。黜免㈥699／㈤443 ㈥158 445
　親寿　㈨650
　親長　卒伝㈠519／㈠330
　親伯　㈤246
　親文（相模守）　紅裏着服許可㈡70／㈩613 ㈠328 718 ㈡32 162 182
　親豊　家蔵古書進覧㈨242 500／㈩461 476
　親房　巡見使㈢231。大坂目付㈢638 654 ㈣125 142 201 227 281 302。駿府城目付㈣362 374／㈢149 196 303 319 376 405 448 464 498 529 693 ㈣5 186 191 256 ㈤256
蜷川
　親雄　吉宗附㈨548。黜免㈨650。家伝書進覧㈨771／㈨67 104 119 358 397 462 473 487
　親和　古本『今川状』進覧㈨242／㈧458 758 768
　善九郎　㈠716
二宮官治　㈧613
庭　田　㈤232
　雅秀　㈣398
　重嗣　㈩371
仁孝天皇（恵仁親王）　㈠666 786 ㈡18 357 558
仁孝天皇女御（祺子・新朔平門院、鷹司政煕女）　㈡230 590
忍照（真言僧）　㈥386

ぬ

布下権左衛門　㈡238
沼田四郎右衛門　㈠649
　八郎右衛門（津軽家士）　㈢39
沼間広隆　召出㈥557／㈧340 351
　興清　召出㈠487 493／㈡322
　清許　甲州在番㈢355／㈡529 ㈢262 405 ㈣35
　清行　㈥448
　清芳（清方）　甲府在番㈣349／㈣451 528 563 592 ㈤387 465 ㈥101 222 389
　隆清　㈩307
　隆峯　㈠169

ね

根岸九郎兵衛　㊀788
　源蔵　㊁698
　左大夫　㊁595
　忠懿　㊀387
　直利（長利）　〔三〕587 595 〔五〕78
　鎮衛（肥前守）　浅間山噴火被害地復興計画〔十〕727。勘定奉行勝手方㊀37 72／〔十〕616 618 745 ㊀754 762
　定周（定因）　〔二〕651
　定仍　〔二〕651 655 660
　定則　㊀165
根来出雲守　㊁329
　伊予守　㊀670 671
　斯馨　㊀500
　小膳　㊁114
　正縄　古河城引渡〔五〕406 411／〔五〕442 〔六〕235
　正聖　㊀310
　正武　〔十〕805
　盛重　根来同心〔二〕241／〔三〕246
　盛正（根本）　因伯両国目付〔二〕335。加封〔二〕459 616。持筒頭〔二〕459 552 〔三〕431／〔二〕257 305

根来　492 494 538 594 〔三〕66 77 242
　盛庸　〔九〕616 694
　長安　大多喜城引渡〔六〕488 492／〔六〕521 541 〔七〕233 422
　長郷　〔十〕464 829 835
　長行　〔九〕597
　長守　〔五〕274
　長重　〔五〕274 〔六〕18
　長春　〔五〕467
　長信　〔六〕192 〔七〕345
　長清　宇都宮城引渡〔五〕551 556／〔六〕252 424
　長晴　〔九〕441
　長忠　〔六〕302 406
　内膳　㊀560
　平左衛門　㊁140 147
根津光貞　㊀222
　是宗　〔一〕704
　六左衛門　㊁36
根立助九郎　㊁7
根本玄之（善左衛門）　町会所経営㊁414。金銀貨等鋳造㊁479 485／㊁353 506
　成員　㊀179
　成重　〔三〕552
禰津吉直　卒伝〔二〕363

念戒（増上寺）　㊁273
念流左大夫　〔一〕276 〔二〕35

の

野一色義恭　㊀698 703
義重　伊予西条城引渡㊂24 35／㊁79 ㊂240
義忠　㊄220 470 492
義茷　亀山城引渡㊅301 308。下館城引渡㊅488 490／㊅388 421 502
助重　㊀493 604
野木右近　㊄416
野口成次　㊂32
兵三郎　㊇613
野崎小左衛門　㊁352
通慶　㊉171
野沢喜大夫　㊅568
諸延　㊇111
清位　㊈389 470
清胤（八三郎）　㊁62
清儀（半平）　㊉77 87
清庸　処罰㊇724 ㊈38 ㊉87。精勤㊈362／㊈557 604 631
彦六　㊁460
野島新左衛門　㊆406
野尻久左衛門　㊀589
野尻久大夫　㊁656
高保　㊀250
高豊　㊇111
正護　㊆169
正暹　㊀294
彦太郎　㊀678
野田久忠　㊅399
元矩（吉五郎・下総守・伊勢守・甲斐守）　御台所用人㊁137。江戸城西丸造営掛㊁351 378。江戸城大奥修復㊁421 436 439 450／㊁219 358 361 370 390 403 420 421 425 429 431 450 475 575
元清　㊀110
元偏　㊈230
源右衛門　㊅568
源五郎　㊀503
古武　㊇207 ㊈105
弘朝　㊂88 335
佐太郎（左太郎）　㊉376 385
彦之進　㊁86
野中儀右衛門　㊁22
三平　㊀684
重政　㊀150
野々宮　㊄231
野々宮定逸　㊂59 485 541 542 ㊃48 71 87 110 139 193
野々村雅春　㊀548 733
吉安　㊁37
三十郎　㊀692
四郎右衛門　㊁318
野々山兼蔚（新兵衛）　㊁188
兼吉（兼周）　女院附㊃478 480 481／㊂149 625 ㊃505 530 ㊄55 139
兼久　㊄104 148
兼玄　㊇323
兼孝　鶴姫附㊅256／㊃411 443 ㊅424
兼綱　腰物奉行㊀504。小納戸㊁511。評定会議出座簿牒保管㊁605。関東山野論所巡察㊂109。検使㊂137 198。長崎派遣㊂192 193 196。玄猪管掌㊂208。蟄居㊂223。女院附㊂327 329 330 ㊃478 497。加封㊂328／㊀115 395 538 ㊁163 539 ㊂117 125 153 323 342 458 588 592 603 664 ㊃6 7 9 73 103 113 176 180 234 473 506
兼守（弾右衛門）　㊁287
兼周　↓野々山兼吉
兼宗　中奥伺候㊃181。廩米収公㊄110／㊂612 ㊃174 241 243 277 280 443 561 562 ㊈188
兼達　㊀170 182

野々山兼貞　美濃岩村城引渡㈥487 490。但馬出石城引渡㈥620 626。伊達村年封地目付㈦162 208／㈧29
兼憑　㊀146
兼扶（弥十郎）　㊀84 319 672
兼武　越後高田目付㈤436 461／㈣482
兼隆　㈩402
元易　勘気赦免㈤223 225／㈤237 ㈦402 451
元哲（清蔵）　㊁212
左近　㈢657
秀元　㈢657
小右衛門　㊁707
新兵衛　㊁237
孫左衛門　㊁528
頼兼　㈠115
頼明　㊀165
野辺英当（庄九郎）　㈥230 297
助左衛門　㈥297
正久　㈠127
正武　㈥148
当経　㈠127
野辺沢遠江（最上家士）　㈡232
野間安節　㈢447
猪之助　㈠450
野間重安　㈢159
重成　㈡42
庄左衛門　㊁673 711
成之（安節）　㈣591 ㈥84 85
成式（玄琢）　㊀642 643
成岑（寿昌院、玄琢）　法橋㈠533。養生の術下問㈢130／㈡371 405 567 595 678 ㈢46 52 81 109 117 123 125 131 146 149 150 158 196 435
成大（寿昌院、三竹）　法印㈤32。法眼㈢123／㈢186 447 501 502 518 609 623 634 ㈣266 446 450 527
成澄（金三郎）　㊀715 729
政成　㈡190
忠次郎　㊁608
野宮定縁　㈣329
定晴　㈨659
野村為重　江戸近郊農民宅地査検奉行㈢553。／㈡72 603 ㈣182
為勝　㈡356 603
義茂　㈧42 335
元貞　㈡357
作右衛門　㈧552
七郎左衛門　㈤146
勝供　㈨671 ㈩749
野村勝林　㈨56
助右衛門　㈧270
善左衛門（善右衛門）　㈤443 ㈥55 262
長敬　㈨714
直政　㈤488
有亘　㈨703
野本虎仙　㈥458
尚久（右近）　㈠275 ㈡35 40
野呂市三郎　㊁479
市郎左衛門　㊀748
教景　㈥267 ㈦15
元忠　㊀708
行景　㊀107
実夫（元丈）　物産学・諸国採薬㈧834 ㈨291／㈨429 443
正俊　㈠598
保景　㈨667
能勢市兵衛　㊁61
一英　㈩159
一正　㈤467
久頼　㈢588
元之　大坂目付㈤38 53 57。高遠城請取㈥54 58／㈤362 ㈥448 475

能勢権兵衛 〔四〕411 〔八〕157 158
佐十郎 ㊁401
助之丞 ㊁175
帯刀 ㊁116 329 357 475
能久 〔八〕855 〔九〕24
能景 〔六〕162
兵五左衛門 ㊀55
頼安 勘定〔二〕472。勘定組頭〔二〕605。各国境界検断〔二〕605 608。島原乱〔三〕78 109。上方の会計管掌〔三〕119／〔二〕573 608
頼以 〔九〕27
頼一 『御定書』管掌〔九〕395／〔八〕436 764 〔九〕21 91 425 443 498 588 629 644
頼胤 〔八〕691
頼永 逼塞〔三〕223。家綱附〔三〕367 429。諸役人伺候座班〔四〕323。京都巡察〔四〕421 422。新番頭奥詰〔五〕168／〔二〕545 〔三〕139 174 193 596 〔四〕9 244 291 〔五〕64 77 78 467
頼寛 家綱御伽衆〔三〕339。『国絵図』作成〔六〕287／〔四〕251 292 293 388 413 441 591 〔五〕82 83 270 〔六〕11 291 336
頼紀 〔九〕360
頼久 ㊁102
頼匡 ㊀537
能勢頼喬 ㊀326
頼恒 〔七〕61 161 〔八〕411 419
頼之 姫路目付〔三〕375。米沢目付〔三〕478 480 496。山形城引渡〔三〕556 563 564。刈屋城引渡〔三〕589。大坂目付〔三〕685 〔四〕30 89 105 173 195 237 261 308 337 381／〔二〕545 〔三〕149 150 320 513 518 526 606 〔四〕83 404 481
頼次 摂津曾根一揆鎮圧〔二〕81。御談伴〔二〕283／㊀112 547 662 〔二〕214 359
頼質 〔六〕650
頼実 〔六〕137
頼種 〔十〕561
頼寿 〔十〕613
頼重 大坂目付〔二〕628 〔三〕201 214。駿府目付〔三〕35。島原検使〔三〕99。豊後府内目付〔三〕100 103 345 509。池田輝澄家士処罰検使〔三〕199。陸奥三春目付〔三〕352 355／〔二〕538 653 〔三〕87 92 191 257 387 442 612 678
頼尚 〔八〕526 826
頼常 ㊀226 400
頼成 〔八〕181 290 320 380
頼宗 中奥勤〔二〕667。加賀国目付〔四〕346 368。小諸目付〔四〕421 430。大坂目付〔四〕481 498。宮津目付〔四〕571 591。島原目付〔五〕24 43
能勢 ／〔四〕87 111 140 409 〔五〕64 65 74 102 114 117 124 130 169 299
頼宗室 〔五〕73
頼相 〔五〕344
頼泰 〔十〕321
頼忠 〔八〕787 〔九〕261 350 547 〔十〕818
頼長 〔四〕36 〔五〕25
頼暢(源蔵) 〔九〕579
頼澄 召出・中奥番〔四〕28／〔三〕656 〔四〕204 251 338 375 406 443 〔五〕64 72 234 605
頼直(伊予守) 御前を止む㊀22／〔十〕614 685 ㊀41 652
頼統(市十郎) ㊁217
頼徳(靫負佐) ㊁176
頼能 〔十〕451
頼富(織部) 〔九〕49
頼富(熊之助) ㊁671
頼平 〔六〕14 148
頼方(頼重) 〔六〕310 551 〔七〕171
頼有 〔五〕64
頼雄 〔四〕381
頼庸 御前を止む〔八〕860／〔九〕224 467 479 660
頼隆 訴論㊀536 542。巡見使㊁570 581 625 〔三〕231。会津城請取〔三〕313 326。岡崎御使〔三〕407。

能勢　大坂目付[三]492。熊本目付[三]643。長門国目付[四]112 138。関宿城引渡[四]194／[二]545 561[三]38 77 97 100 155 172 174 196 202 295 297 304 343 407 515 566 612
頼亮　[九]348
頼廉　㊀354
隆重　[八]42 68
梁津（惣右衛門）　㊁437
能登（中宮女房）　[三]397
能盛甚四郎　㊀770
莅戸九郎兵衛（莅戸）　㊀693

は

はう（唐商）　[二]3 86
はや　[三]374
はやを（天樹院女中）　[三]230 357 428
八田金十郎　[二]31
土生玄碩　㊀632 647 780 ㊁220
玄昌　㊁220
羽倉外記（用九）　㊁155 362 409 451 507
左門　㊀633
左満　田安家家人[九]240。古書採訪[九]241。／[九]152 307
春満　[九]240
秘救　㊀67 633
伯耆守　[五]164
羽柴河内守　[一]744
勘右衛門　[二]79
勘右衛門子　㊁555
秀教　[一]548
正利　[一]384
羽根常富　[十]662
羽太安芸守　㊀726
正盈　㊀513
羽太正栄（左京）　人足寄場・武器修復㊁97／㊁3 118 163
正久　[六]63 246
正堯　[九]668 670 [十]198
正次　[八]179
正色　[八]186
正定（庄左衛門）　㊁291 360
正養　蝦夷奉行㊀477／㊀399 452
有綱　[三]168
波多野杢之助　㊁243 257
長谷忠能　[五]164 517
範量　[六]706
長谷川安清　[六]81 459
安致　[九]616
安忠　[六]696
安明　[九]616
一庸（源之丞）　↓服部一庸
猪兵衛　[五]440
越前　[三]430
織部　[三]316 317
可慎　㊀102
吉右衛門　㊁185
久太郎　[三]316 317
久兵衛　[五]440

長谷川源助　[五]386
　五郎左衛門　[七]75
　広永　[二]658
　広清　[二]351
　広武　[二]658
　恒郷　[九]152
　恒助　㊁345
　権左衛門　[二]104
　権六　↓長谷川藤正
　信濃守　㊁155
　守俊　[三]262
　守勝　分封[二]574。伊予目付[三]320。地震崩所修築奉行[三]487。掛川目付[三]518 519／[一]762 [二]637 638 [三]150 608 [四]87 111 140 261 265
　寿茂　[九]536
　秀一　[一]47 165 353
　重吉　[一]414
　重次　[一]83 [二]379 530
　重次郎　㊁666
　重治　府中離館修理奉行[三]140／[三]32 149 240
　重尚　[六]541 [八]104 355
　重辰　[二]615 [三]134 141 532 612 [四]34 [五]189 [九]188
　重成　[一]83
長谷川重政　豊後目付[三]244 283／[三]140
　重隆（守知）　卒伝[二]574／[一]457 547 687 [二]375 386 435 555 559
　修理亮　㊁485
　小右衛門　[一]752
　庄兵衛　㊁148
　昌信　[二]596
　勝永　㊀515
　勝固（為次郎）　㊁392 643
　勝清　[八]520 603
　勝知（守知、式部少輔）　[二]536
　勝知（五左衛門・周防守）　大坂目付[五]401 427。使番[六]208。目付[六]223。山田奉行[六]252／[六]375 699 [七]14 [八]520
　勝乎　㊀515
　勝富（半四郎）　[九]367 645
　勝富（利十郎・丹後守）　[十]35 ㊀481 490
　慎郷　[二]658 [八]9 [九]438 453
　親良　[六]235
　甚右衛門　[三]281
　正吉　茶具奉行[一]127／[一]455
　正次（藤九郎）　[三]134 [四]373
　正次（図書）　㊁169 268 275
　正脩　中川番[十]42 240／[十]440 561
長谷川正尚　[二]574 588 623 [三]432
　正信　[二]538 [三]156
　正成　[一]559 [三]123
　正清　上方公料巡検[三]30 38。備後成羽目付[三]140 158／[三]673 680
　正誠　[八]860 [九]591 698
　正相　牛込築土離館修築奉行[四]334 362。桜田御成橋門修築奉行[四]334 362／[二]615
　正直（小膳・主膳・太郎兵衛）　盗賊考察[三]156 [五]615 [六]50
　正直（久三郎）　㊁404 441 521
　正登　[三]123
　正冬（正利、刑部）　[六]495 627
　正冬（監物）　[九]571
　正満　㊀510
　宣以　人足寄場㊀117 185／㊀282 289
　宣義（山城守）　㊁273
　宣元　[三]42 123
　宣次　[一]596 597
　宣就　[五]105 [六]568
　宣重　[三]123 551 [五]105
　宣雄　[十]371 383
　宗右衛門　[七]75

長谷川竹丸　〔一〕47
　仲寛　〔十〕803
　忠国　出羽長瀞騒動〔八〕311／〔八〕330 396
　忠崇　収集古文書献上〔八〕835／〔八〕815 〔九〕663 〔十〕540
　忠勝　〔三〕249
　長喜　〔八〕427 436 515
　長経　〔十〕758
　長綱　〔一〕104 109
　長次　〔一〕520
　長時　〔六〕297
　長重　〔一〕520
　長順　〔十〕645
　長昌　〔八〕157 280 296
　長庸　〔十〕419
　直舎　〔三〕173
　藤該　〔四〕165
　藤経(忠兵衛)　蛮船焼打〔一〕501。長崎互市〔一〕501。暹羅渡海朱印〔一〕608／〔一〕677 734
　藤広　外国船処理〔一〕335 343 501 561 592 624。天主教査検〔一〕336 337 580 690 695 734。蛮船焼打〔一〕507 508。明福建商人周旋〔一〕536。長崎互市〔一〕559 569 580。淡路洲本検地〔一〕605。堺政所〔一〕758 〔三〕115。小豆島管掌
長谷川　〔三〕48。河内・備前管掌〔三〕115 658。卒伝〔三〕139／〔一〕98 343 563 761 〔三〕46
　藤三郎　〔七〕75
　藤十郎　〔三〕631
　藤正(権六)　〔一〕507 〔二〕71 215 320 〔三〕414 415
　藤良　〔九〕513
　藤六(藤六郎)　〔三〕273 294 〔四〕31
　道可　〔五〕391 558 〔六〕126
　内膳　〔六〕189
　能登守　㊁382
　平蔵　㊁488
　保邦　㊀510
　弥左衛門　㊁110
　来助　㊁407
　利十郎　㊁392
長谷部長登　㊀39
　弥惣右衛門　㊀655
芳賀貞将　〔五〕448
葉川家房　〔六〕707
　基起　〔五〕96
葉室頼胤　伝奏〔八〕668／〔九〕240 301
　頼業　〔三〕670 〔四〕103
　頼孝　〔四〕282 607 〔六〕706
葉山菅四郎　㊁367
葉山貴綱　〔六〕5
　公一　〔十〕540
　公綱(羽山)　〔三〕588
　佐太郎　㊁367
　勝綱　〔二〕410
馬上才(韓使)　〔五〕460
馬場安清　〔五〕520
　勘四郎　〔八〕187
　源四郎　〔八〕845
　源兵衛　〔八〕157 158
　小太郎　㊁487
　幸利(平野)　〔六〕619
　氏勝(信房)　〔一〕37 39 151 152
　氏勝女　〔一〕162
　次郎兵衛　〔二〕311
　次郎兵衛　〔十〕343
　尚恒　但馬出石城引渡〔六〕293 298。赤穂城引渡〔六〕487 490／〔六〕589
　尚式　〔十〕246
　尚真　〔八〕322
　尚繁　駿河田中城引渡〔八〕543 545。市街悪徒逮捕〔九〕443／〔八〕402 478 564 〔九〕425 498 513
　信祥　〔五〕18 59 65
　信正　〔三〕243

馬場信成　㈠533
　信富　㈩196 216 ㈠13
　信房　↓馬場氏勝
　信明　㈧558
　助左衛門　㈡165
　善吉　㈠569 636
　主税　㈩343
　忠時　㈠83 103
　八左衛門　㈠639
　包広　㈧111 ㈨228 639
　友庵　㈤520
　友綱　㈢247
　利意　㈠604
　利興　㈢243 656
　利重　堀尾忠晴改易御使㈡611。島原乱㈢76 95。長崎奉行㈢116 213 348 429 430 495／㈡538 565 ㈢19 38 39 72 172 521 ㈣43 50 62
　利尚　伊予西条城請取㈣545／㈣62 443 ㈤195 494 517
　利直　㈢127
梅雲(町医)　㈢685
梅渓院(松平忠良女・秀忠養女・黒田忠之室)　㈡223
萩　玄昌　㈢393
萩野左近(荻野)　㈡64
　春庵　㈣589
　大允　㈠387
　道喜入道(荻野、氏家行広)　㈡39 64
　内記(荻野)　㈡64
　八丸(荻野)　㈡64
萩原員従　豊国社再建㈣554 ㈤25／㈣551 ㈤100 ㈥707
　雅宴　㈠136
　雅忠　高田八幡流鏑馬㈧788。家重隠退管掌㈨758／㈧834 ㈨674 ㈩452
　慶鶴丸　㈠416
　兼従　南禅寺古書新写㈠707 708。豊国社祭主罷免㈡56。所領下賜㈡112。吉田神道を吉川惟足に相伝㈤468／㈠385 535
　兼宣(利久)　㈡609 ㈢190
　兼澄　㈤570
　源左衛門　㈡423 442
　源兵衛　㈣549
　佐五右衛門　㈣300
　十右衛門　㈡21
　重正　㈡611
　従言　㈩677
萩原昌従　㈤25
　美雅　大井川堤防修築㈨167。御家人課金に反論㈨254／㈨79 126 144 172 321
　彦五郎　㈡188
　友重　㈡611
　友政(金十郎)　㈡81
　友標(弥五兵衛)　㈠708
　与左衛門　㈡455
　利久　↓萩原兼宣
白玄(増上寺)　㈥384～386 411 412
白随(増上寺)　㈧59
白天(通元院)　㈩305
伯長老(対馬)　㈣159 160
初鹿野昌久(信昌)　大坂陣㈠259 714 715 718 726／㈠171 ㈡331
　昌次　因幡目付㈢201 218。越後村上目付㈢331 355。閉門㈢365 ㈣335。赦免㈢551 679。宇治採茶㈢686 ㈣10 14／㈢201 280 ㈣481
　信吉　㈠385 ㈡350
　信久　㈡283
　信矩　㈨466
　信興　㈩102 ㈠178
　信只　㈤264 281
　信昌　↓初鹿野昌久

初鹿野信政（河内守・備後守）　㊁29 236 525
信彭　[十]102 329
正次　[五]84
定堅（伝右衛門）　㊀695
橋爪頼母　㊁282
頼助　㊁274
橋本采女　[六]442
英房　[八]9
数馬　㊁691
掃部助　[二]154
季村　[三]344
喜八郎　㊁687
吉平　[一]419
敬惟　[十]416 ㊀113
敬近　[六]337
敬賢　㊀574
敬周　[八]752
源右衛門　㊁459
公綱　[五]96 196
権之助　[六]487
作大夫　[二]154
実松　[六]706
実誠　[十]383
実村　昵近を謝す[三]344。家綱右大臣転任式[四]88／[三]439 537 541 [四]75 139 306
橋本
十左衛門　[二]557
勝之　[八]9 48
新兵衛　[五]464
正利　[一]611
善大夫　[八]488
忠辰　古河城引渡[九]735 737／㊀83
忠正　家重継統徙居[九]348。家斉に射法伝授[十]680／[九]425 ㊀40 196 210
忠良　田安傅役代務[九]95／[八]9 633 653 [九]364
房高　[九]660
房春　㊀435
房茂　㊀435
畑　角大夫　[一]752
伝八郎　[六]451
八之助　[十]437
畑中文仲　㊁45 129
秦　子石（寿命院）　家光治療[三]81／[二]609 657 [三]109 245 [四]132
寿命院　㊀726
泰石（寿命院）　[三]304 687
宗巴（寿命院）　卒伝[一]447
兵庫　[二]31
武善　[九]229 267
秦　有室（寿命院・徳隣）　[一]447 503 [二]356 373 609
畠岡五郎左衛門　㊁452
幡枝勘解由　[一]733
畠山主計頭　[二]96
基玄　加封[五]311 545 [六]26 61。日光山[五]335 336 461 462 468。京都御使[五]370 376 419 476 [六]395。有栖川幸仁親王墨田川逍遥饗応[五]333。家綱廟勅額謝使[五]413。大奥管掌[六]59。側用人[六]61。吉良義央の勤仕見習[六]288／[三]555 [五]409 450 452 459 471 476 477 599 [六]109 674 [七]100
基徳（式部大輔）　㊁653
基祐　[六]276 [九]47
基利（式部大輔）　㊁406
義一（修理）　㊀658
義紀　紅葉山法華八講[九]119。桃園天皇即位慶賀使[九]434 440／[十]83 260 303
義躬　[八]846
義真（下総守）　召出・伝[一]472／[一]600 [二]128 539 638 [三]24 [四]299
義宣（長門守）　㊁467 693
義寧　奥高家[六]388。優待[八]496／[五]285 455 [七]73 196 [八]71 645 646
義福　[十]241 ㊀480

畠山義里　伊勢代参〔四〕468 469〔五〕33 35。日光東照宮代参〔四〕499 500 567 568〔五〕82 83 182 229 230 253 254 284 309 425 426 469 470 478 479。公卿参向御使〔四〕512〔五〕207 208 241 256 280 408 410 439 477 480。京都御使〔四〕533 538 548 551〔五〕22 171 175 211 214 247 288 292 317 435 437。太刀役〔四〕595 607〔五〕2。日光門跡御使〔五〕185 224 226 251 254 268 278 306 322 327 461。明正院新造御所遷幸賀使〔五〕246／〔四〕299 446 450 452 526 623〔五〕168 312 428 434 456 457 460 578 581
景吉（毛利秀就家医）〔一〕516〔三〕167
景古（玄昌）〔二〕453
元悦〔六〕510
好菴〔六〕510
高玄〔七〕230
国祥（紀伊守）㊀680
国儔㊀471
国祐　紅葉山法華八講〔九〕119。高家指揮〔九〕695〔十〕54。病免・雁間高家末班〔十〕82／〔九〕469〔十〕476
入庵〔一〕270
常信〔八〕656 734
政如〔十一〕318 586
政信　召出・伝〔二〕66 330／〔二〕235 626〔三〕555〔四〕498 565 573 579
畠山
茂里〔五〕590
庸助㊀658
隆礼〔十〕568
八　条〔五〕225 231 233
八条宮〔五〕15
穏仁親王（後水尾天皇男）〔四〕381 440 527 528 548
尚仁親王（後西天皇男）〔五〕222〔六〕52
智仁親王〔三〕396 397 399
智忠親王〔三〕284 635 639 687
智忠親王室（知仁親王、前田利常女）〔三〕284 293〔四〕432
智忠親王弟幸丸　↓広幡忠幸
忠仁親王〔三〕299〔四〕131
長仁親王（後西天皇男）〔四〕592〔五〕217
八山十右衛門〔一〕81
蜂須賀家政　江戸城修築〔一〕119。大坂冬陣〔一〕706 753。秀忠茶事〔二〕430。病気〔二〕467 498。歿〔三〕126／〔一〕760〔二〕9 51 57 537 569
家政女（井伊直孝室）〔二〕81
吉武〔六〕636〔七〕329〔八〕377
光隆　元服・偏諱〔三〕573。証人交代〔四〕74 108 141。卒伝〔四〕573 579／〔三〕606〔四〕53 77 99 203
蜂須賀綱矩　家号・偏諱〔五〕299。閉門〔五〕364。赦免〔五〕389。咎〔五〕403。聖堂祭器献上〔六〕85。卒伝〔八〕448 546／〔五〕360〔六〕319 329 344〔七〕449 450〔八〕55 161 450 545
綱矩母〔六〕560
綱矩室〔六〕621
綱通（千松丸）　居城焼失〔四〕619。元服・偏諱〔五〕88。堀田正信召預〔五〕261 266。卒伝〔五〕293 296／〔四〕367 410〔五〕114 154 288
至英　卒伝〔九〕621 623／〔九〕615 617
至鎮　江戸市街修治〔一〕76。名古屋城修築〔一〕495 510。禁裏造営課役〔一〕547 603。江戸城修築〔一〕657。大坂冬陣〔一〕690 701 706 726～728 734 735 737 753。加封〔二〕48。大坂城修築〔二〕185 186。卒伝〔二〕187／〔一〕79 651 736〔二〕165
至鎮室（敬台院、小笠原秀政女・家康養女）〔二〕535〔三〕165 244 466〔四〕34
治昭（千松丸・敬翁）　諸国河堤修復助役〔十一〕654㊀10 30 491。致仕㊀709。歿㊀726／〔十〕254 315 326 344 383 397 398 412㊀232 240 710。
家士〔十〕657
治昭母（立花貞俶女）㊀481
重喜（政胤）　元服・家号・偏諱〔九〕628。尾美勢河堤修復助役［十］276 283。失政・籠居［十］315。致仕伝［十］315。歿㊀469／［六］672 ［九］623 638
重喜女　↓鷹司政熙室
重矩(文太郎)　［九］439 442
重隆(帯刀)　［九］577 579
正員　↓蜂須賀宗員
正上　［五］129
政胤　↓蜂須賀重喜
斉昌(千松丸・阿波守)　元服・偏諱㊀636。寛永寺本坊修築㊀762。葵紋使用許可㊁166。増上寺装束所修復㊁227。甲斐国河川修復㊁369。湯治㊁437 558 655。致仕㊁507／㊀634 709 725 ㊁275 504
斉昌室　㊁341
斉裕(松菊・淡路守・阿波守)　斉昌邸へ移徙㊁176。江戸城本丸修築㊁537。大坂城修築㊁605 614／㊁63 128 166 172 336 507
斉裕実母(お八重の方、家斉側室)　↓皆春院
宗員(正員)　家号・偏諱［八］391。卒伝［八］686／［七］405 ［八］104 377 448 470 686
宗英(隆泰)　元服・家号・偏諱［八］709。大井川修復［八］713 722。致仕伝［八］840／［八］686 794 ［九］60
宗英室　［九］48 49
宗純(左門)　［八］794 812 820
宗鎮(志摩)　元服・偏諱［八］839。韓使宿舎防火［九］450。日光東照宮修築［九］519 530 590 592。致仕伝［九］617。歿［十］640／［八］835 840 847
忠英(忠鎮、千松丸)　大坂冬陣［一］758。元服・偏諱・家号［二］306。大坂城修築［二］316。秀忠茶事［二］415 504 505 626。家光茶事［三］160。証人交代［二］567 ［三］58 209 326 368 406 491 606 ［四］23 174。江戸城修築［三］1 2 4 489 495 509 636。家士争訴・蟄居［三］430 434。明船処置令［三］460 461。細川綱利原封を特賜［三］640 646。卒伝［四］52／［二］187 190 198 306 376 467 475 515 534 568 672 ［三］229 230 245 365 399 455 613 ［四］12 47
忠英室(小笠原忠真養女)　［三］29
忠鎮　↓蜂須賀忠英
美濃(蜂須賀家士)　㊀710
隆寿　［六］391 694
隆重　家綱附［三］354。寄合［四］29。聖堂修築［六］79 93 736。聖堂に祭器献上［六］86。致仕伝［六］606／［三］355 657 ［四］203 220 ［五］288 298 ［六］9
隆泰　↓蜂須賀宗英
隆長　卒伝［七］405／［六］606
蜂谷善次(蜂屋)　［二］619
蜂屋栄次　［二］467
栄知　［三］38
栄包　［二］467
可英　［六］125 148
可寛　［八］728 ［九］442 723
可逵(可達)　［四］437 443 ［五］380
可正　［二］146
可令　［九］389 700
勝五郎　㊀756 ㊁632
義苗(善苗)　［八］599
十郎右衛門　㊁20 43
正次　［三］248 416 448
正成　［二］97
正則　［十］657
成喜　［十］27
成定　㊀593 610
清茂　㊀250 504
善遠　［二］609
善成　［二］73 103

蜂屋善苗　↓蜂屋義苗
　多宮　[八]545 587
　定賢(七兵衛)　㊁22 24
　定功(七兵衛)　㊁592 602
　定高　[六]514
　定氏　[二]239
　定次　[五]409 [八]133
　定政　[四]330 339 [六]219 604 626
　定頼　[二]11 249 493
　貞幹(左門)　㊁475 539
　貞次　[一]144 313
　貞廷　[六]414 [八]436 [九]11
　貞頼　[一]691
　半之丞　㊁567
　伯耆守　[一]470
　六左衛門　[五]97
初姫(秀忠女・京極忠高室)　↓興安院
服部伊織　㊁247
　猪左衛門　㊀472
　一庸(長谷川)　[六]147
　一郎右衛門　㊁636
　煕　㊀779
　熊次郎　㊀166
　外記　㊀166

服部元延　[三]149
　元正　[三]246
　口斎　[三]301
　弘屋　㊀79
　権右衛門　㊁217
　左次兵衛　[四]285
　重長　[二]311
　重明　[三]196
　順定　[三]588 631 660
　昌栄　㊀161
　勝種　㊀325
　常晴　[十]334
　常方　三河刈屋城引渡[六]488 492。江戸城修築仮奉行[六]521 541／[六]635 673 [七]158
　信解　信濃飯山城引渡[七]150 162／[八]654
　信親　[五]449
　信成　[五]449
　信隆　[十]435
　新五兵衛　[四]515
　正就　[一]122 399
　正勝　[四]303
　正成(半蔵)　伊賀者由来[一]166。小田原陣[一]357／[一]304 399
　政久　[二]538 583 [三]107

服部政光　[一]705 739 746 [二]77
　政次　韓使往還饗応[三]41。今切関検分[三]293／[二]334 538 [三]27
　政秀　[九]67
　政重　[二]176 [三]466
　政信　脇坂安元転封監使[二]133。韓使往還饗応[三]41／[二]77 176 538 [三]298
　清信　[五]526
　清定(了伯)　[四]239
　盛亨(主膳)　㊀74
　惣左衛門　[二]445
　丹後　㊀688
　貞治　巡見使[五]399 428。松平忠輝検使[五]489／[六]82 216
　貞勝(伊賀守)　㊁29
　貞常　日光社参権目付[四]341 362。大坂目付[四]400 417／[四]432 441 [五]47 57 188 212
　貞信　[一]165
　貞世　[五]543 [六]249 301
　貞直　加封[五]386 406／[七]363
　貞陳　[九]579
　貞富　[五]47
　貞豊　[五]212
　半三郎　[二]593

服部半八　〔一〕492 498
平三郎　〔十〕410
平次郎　〔十〕608
平七　〔二〕15
平七郎　〔一〕459
平大夫　㊁244
保英　卒伝〔一〕446
保宜　〔十〕298 614 620
保久　〔三〕212 626 〔五〕217
保郷　〔三〕574 〔四〕61
保弘　〔十〕154
保考（清助）　韓使管掌〔七〕201。召出〔七〕260。琉球賀帖返簡〔七〕289／〔六〕625 〔七〕137
保孝（八右衛門）　〔八〕39
保高　〔五〕217
保之　㊀129
保春　㊀146
保俊　加封〔二〕616 〔三〕316。荒井関番・与力同心新附〔三〕286。今切関検分〔三〕293／〔二〕538 637 〔三〕286 293 316 403 〔四〕35
保紹（市郎右衛門）　㊁616
保信　〔三〕44
保正（中）　常陸下野盗賊誅戮〔一〕558。大坂冬陣〔一〕705／〔一〕126 399 〔二〕14 112
服部保正（金左衛門）　〔十〕201
保定（三郎右衛門・安右衛門）　〔三〕242 465
保定（専蔵・伊織）　日光家光廟修復㊁1 2 11 26 29。紅葉山修復㊁43 50／㊁155 171
保貞　吉宗日光社参〔八〕450。日光諸堂社修築〔八〕854 〔九〕499 501 520 524 529。日光家光百回忌法会〔九〕498 511 515。韓使管掌〔九〕465。黒本尊堂舎造営〔九〕497。大奥修理〔九〕498／〔八〕247 436 478 〔九〕64 77 90 433 645 651
保房（主殿）　〔六〕76
保房（八郎五郎）　〔九〕545 628 〔十〕62
保庸（保広）　〔七〕74 137 202 〔八〕174 218 〔九〕236 239
保頼　〔十〕569 605
了元　㊀731
了伯　㊀781
花（家康附女中）　〔二〕266
花井右衛門　〔三〕114
勘右衛門　㊁402
義雄　〔二〕70 101
吉久　〔四〕566
吉高　〔二〕539
小源太　〔一〕113 421
三九郎　〔一〕494
花井庄九郎　〔二〕212
政蔵　㊀701
千勝（高井清直）　〔一〕604
忠吉　〔二〕242
定義　〔四〕391 392 〔五〕78
定光（定安）　〔一〕450 〔二〕158 〔三〕210
定次　〔二〕158
定持　〔八〕198 489
定連　〔二〕335
遠江守（松平忠輝家士）　〔一〕510 536
主水　〔一〕272
花形乙吉　〔十〕784
勝長　〔十〕784
花木政全　〔六〕451
花　園　〔三〕98 〔五〕231 232
公久　〔二〕434
公純　〔九〕657
実満　〔三〕539 542 〔四〕350
花房栄郷　㊀453
栄勝　↓花房勝栄
栄邦（又十郎）　㊁430
数馬　㊁112　↓花村数馬
幸佐　㊀125 516
幸次　山形城修築奉行〔二〕235。山田奉行兼

花房　船手役〔二〕591。家光上洛〔二〕601 622。家光日光社参〔三〕5 6。亀山城引渡〔三〕26／〔二〕246 331 375 402 510 538 591 592 698〔三〕26 40 231
斎宮　〔十〕412
勝栄（栄勝）　〔三〕610〔四〕334 362
職賀　㊀177
職休　〔三〕525
職喬　㊀173
職攻　〔六〕205
職之　〔一〕220 741〔二〕119
職時　〔八〕661
職重　甲府代番〔四〕111 143。下館在番〔四〕268 309／〔四〕73 487〔五〕297 605
職勝　〔七〕119
職則　〔二〕143 201
職朝　〔十〕206
職貞（作十郎）　〔十〕412
職豊　〔五〕605〔六〕719
職門（五郎右衛門）　〔十〕412
職雍　㊀9
職利　〔二〕175 539 622〔三〕568
職留　〔七〕75
正域　戒飭〔十〕247／〔九〕679〔十〕280 ㊀140 213
花房正栄　因伯目付〔二〕608 620／〔二〕631〔三〕161
正応　㊀421
正矩　〔四〕442〔八〕336
正堅　〔二〕500
正幸　〔一〕389
正恒　〔六〕448〔八〕48
正興（志摩守）　㊁174 243 287 343
正次　下館在番〔四〕112。館林在番〔四〕144。甲府在番〔四〕225 267。逼塞〔五〕582 584／〔四〕381 408〔五〕43 282 387 471〔六〕247
正充（戸田）　〔八〕48
正信　〔二〕158 579〔三〕600
正成　召出〔一〕118。禁裏造営〔一〕547。備中知行割〔二〕143／〔二〕165 171 246 273
正盛　因幡伯耆備前引渡〔二〕553 566。家光上洛〔二〕608。家光日光社参〔三〕181。佐渡御使〔二〕612。讃岐目付〔三〕199 274。日光御使〔三〕544〔四〕108 112 127 131 197 202。駿府定番〔三〕629。大坂目付〔三〕685〔四〕30 145 166／〔二〕538 603 604〔三〕159 376 444 464 475 498 503 629〔四〕58 277 484
正朝　〔九〕572
正敏　〔九〕50 65 68
正府　〔五〕496 584〔七〕14
花房正芳　㊀357
大膳（万吉・大吉）　㊁169 429 449
銕之助　㊁630
平左衛門　㊁666
万吉　↓花房大膳
花町宮良仁親王　↓後西天皇
花村伊織　㊁149
数馬（花房数馬カ）　㊁149
正親　〔五〕386〔七〕401
正彬（忠兵衛）　㊁45 48 68
正利　㊀447 480
万吉（花房万吉カ）　㊁149
塙　忠宝　㊁679
直昌　〔六〕207
保己一　㊀292 751
埴原三十郎　〔二〕39
八蔵　〔二〕39
羽田正栄（左京）　㊁372
彦助　㊁268
保之（三郎兵衛）　㊁440
保定（藤右衛門）　勘定組頭格㊀117。勘定頭格寺社奉行調役㊀372／㊁85 108
利見（竜助）　貨幣改鋳㊁479。金銀分銅新鋳㊁485。千本槍新作㊁573。大坂城

羽田　修築㊁615。町会所貸附金・籾買入
㊁634／㊁565 597 608
浜島庄兵衛 [九]416
浜田恒之 ㊀193
　三之丞 ㊁362
　清蔵 ㊁435
浜中三右衛門 ㊁549
浜野藤右衛門 [一]123
早川義大夫 [二]31
　久禄 [九]587
　九郎右衛門 [一]744
　七郎 [三]444 445
　十左衛門 ㊁627
　重好 [八]163 256
　助右衛門 ㊁359
　忠辰 [八]42
　定基 [六]156 [七]434
　定久(内蔵介) ㊀586
　定富 [十]411
　包知 [八]848
　茂左衛門 ㊀775
　六郎兵衛 ㊁613
早瀬七左衛門 ㊁130
　橋太郎 ㊁697

速水安芸守 [三]458
　守之(速見) 片桐且元糺察[一]683 684。大坂
　冬陣[一]713 733。大坂夏陣[二]37 39／[一]
　457 548 607 760
　忠重 [八]648
　伝吉 [二]39
速見善兵衛 [五]146
林　煒(式部少輔) 広忠・家基贈官位院号調
　査㊁614。『徳川実紀』副本㊁637。学
　問所改革㊀686 698。『史料』編集㊁686
　永喜 ↓林 信澄
　永甫 ↓林 信次
　亀之助 [二]168
　完熙(伴、熙完) 小石川養生所管掌[八]289
　316 [九]288。『普救類方』撰・『馬経大
　全』和解撰述[九]288／[八]257 263 513
　久次 [二]662
　久忠 [四]487
　牛斎 [六]664 666 [七]440
　牛斎(玄喜) [九]706
　金三郎 ㊁411
　内蔵助 [二]555 [五]416
　鉒次郎 ㊁30 625
　健(又三郎) ㊁594 686

林　元賓(内蔵頭) ㊁563
　玄益(牛斎) 一橋宗尹附医[八]451／[六]664 666
　[八]550 749 [九]79 ↓林 公局(玄益)
　玄曠 ㊁45
　玄章 ㊀708
　公局(玄益、林玄益カ) [七]440
　公局(恕軒) [六]714
　覜 ㊁512
　衡(述斎) 蔵板書籍献上㊀331。聖堂主法
　建議㊀367／㊀94 409 ㊁440
　左近将監 ㊁369
　三郎 [二]79
　三十郎 [二]66
　斎宮 ㊁24
　式部 ㊁369 398 418 594 595
　守勝 ↓林 靖
　重熙 卒伝[八]257／[八]231 [九]288
　重好 [八]111 263 [九]287
　重信 [二]273 [三]121
　重能(重信) [二]530
　述斎 ↓林 衡
　春盈 ㊀508
　春益 ↓林 信如
　春勝(春斎・鵞峰) 『寛永諸家系図伝』[三]

林
217 743〔四〕273。『東照宮三十三回忌記』〔四〕36。『日光山法会かなの記』〔四〕536 537。『みね山の記』〔五〕41。『本朝通鑑』〔五〕73 74 84 348。官庫書籍拝領〔四〕261。購書料〔四〕261 264。家綱印文〔四〕592。『明月記』書写〔四〕423 429。忍岡聖廟修理〔四〕374 622。史館防火〔四〕553 631。家光会議〔三〕384 451 491。『諸法度』頒布〔四〕465 466 471。日光御使〔三〕392 393〔四〕59～61 337 441 450 452 511 530。高野山争論査検〔三〕418 444。外国書翰〔四〕162 186 479。致仕〔五〕322／〔二〕663〔三〕123 331 378 393 426 466 575〔四〕130 167 202 371 408 487〔五〕337

春斎　↓林　春勝

春常　↓林　信篤

春信　『明月記』書写〔四〕429。『秀忠三十三回忌』記録〔四〕490 492。朱印状管掌〔四〕495 506。『武将小伝』〔四〕552／〔四〕194 443 511 530

春東　↓林　勝澄

春徳　↓林　靖

勝正　美濃河堤修築奉行〔二〕504。王子休息所修築奉行〔三〕217。日光相輪塔奉行〔三〕292 324 326。久能山装束所奉行〔三〕457 458 481。巡見使〔二〕557 581〔三〕231。使番〔二〕

林
687〔三〕296。越前目付〔三〕424 444 626。米沢目付〔三〕523 564。白河目付〔三〕608 611。常陸笠間城引渡〔三〕407。島原乱〔三〕73 80 83 95 108／〔三〕51 172 174 304 399 413 414 507 515 612 678

勝澄(春東)　〔五〕74 209

勝明　〔五〕519 542 543 585 590

次郎左衛門　〔六〕448

信愛　朱印状管掌〔十〕7。『武家諸法度』〔十〕7 39。韓使管掌〔十〕68／〔九〕759 760〔十〕132

信敬　大奥講書〔一〕72。昌平坂学舎講書〔一〕193／〔一〕123 221

信言　賀文詩献上〔九〕21 120 358 630 759。『御撰大坂軍記』〔九〕244。『徳川系図』新補〔十〕30。釈奠〔九〕598〔十〕381。朱印状管掌〔九〕351 404〔十〕7。『武家諸法度』〔九〕351 380〔十〕7 38。韓使管掌〔九〕399 462／〔八〕798〔九〕686 743〔十〕277 429 437

信次　〔三〕118

信充　講書〔六〕696〔七〕223 241〔八〕36 58 741〔九〕362 374。進講〔七〕45 51 106 110 118 134 142 150 161 171 176 178 182 198 204 231 236〔九〕67。孔子廟遷座〔六〕555。聖堂講書〔一〕43。逸書捜索〔八〕260。書籍進献〔八〕666 801〔九〕69 241 432。賀文詩進

林
献〔九〕21 120 153 358 630。『御文庫書目』〔六〕546〔八〕216。『文献通考』〔八〕485。『大坂記』〔九〕79。『御撰大坂軍記』〔九〕244。『再修武家補任』〔九〕8。『孝義者伝記』〔八〕406〔九〕173 174。『武家諸法度』〔七〕44 97〔八〕62 63〔九〕351 379 380。朱印状管掌〔七〕134 225 343〔八〕26 87〔九〕351 404。『服忌令』追加〔八〕731。韓使管掌〔八〕79 173〔九〕399 462。家宣遺書読誦〔七〕249。利根姫実名撰進〔八〕779／〔六〕646〔八〕38 295 436〔九〕598 686 690 720

信如(春益)　采邑収公召預〔六〕213 748。昌平坂開講〔八〕125。『令集解』校訂〔八〕238／〔六〕116 192 282〔八〕116〔九〕239

信勝(道春・羅山)　朱註『論語』講義〔一〕100 340。大坂陣〔一〕258 261 275 674 676 693 717。繕写校正〔一〕340 342 708 760〔二〕9〔三〕37。刊行〔一〕342〔二〕9 47。古今伝授秘事〔一〕344 657。秀忠初謁〔一〕421。家光附〔二〕321。采地〔一〕573〔四〕36。宅地〔一〕429 452〔二〕663。忍岡聖廟〔二〕500 579 585 668〔三〕743。薙髪〔一〕429。法印〔二〕471 475。進講〔一〕339 431 560 624 659 660 664 671 719〔二〕288 293〔三〕502 743〔四〕122 202〔五〕344。御文庫管掌〔一〕346 476。記文〔一〕669〔二〕493 613 649〔三〕51 115 214 304 390 443 545 721 722 744〔四〕

林

130。詩賦〔二〕339 353〔三〕714 745。『和漢荒政恤民法制』〔三〕5。『無極大極和字抄』〔三〕146。『本朝通鑑』〔五〕348。『寛永系図』〔三〕217 334 743。『武家諸法度』〔一〕659〔二〕672 684〔三〕717。『諸士法度』〔二〕697。宗論〔二〕477 479。『寺院法度』〔二〕632 668〔三〕38 579 620。韓使応接〔一〕432〔三〕45 325 738〔四〕162。外交書翰〔一〕536 557〔二〕304 357 415 470〔三〕461。歿〔四〕211 228／〔一〕340 432 495 664〔二〕540〔三〕58 81 373〔四〕16 115

信智(百助)　月例講書〔六〕696〔八〕21 39 47 741。進講〔七〕45 51 61 68 89 106 111 132 136 143 148 162 172 177 186 201 226 229 236。『御文庫書目』〔六〕546〔八〕216。『御撰大坂軍記』〔九〕244。『武家諸法度』〔七〕44 97 98〔八〕63。朱印状管掌〔七〕134 225 343〔八〕26 87。韓使応接〔八〕79 173／〔六〕163 646〔九〕21 77

信徴　〔十〕780 802 ㊀24

信澄(永喜)　御文庫管掌〔一〕346 476。『律令』古本影写校訂〔三〕37。家康神号〔二〕101。秀忠『手鑑』〔二〕288。秀忠追号〔二〕534 535。家光診療審議〔三〕58。加藤忠広家士争論聴裁〔二〕153。行幸礼式〔二〕373。崇源院霊牌書法〔二〕408。宗論聴裁〔二〕477

林

479。『増上寺法度』起草〔二〕632。『家光上洛供奉規約』読誦〔二〕635。外国〔二〕215 280 304 415 468〔三〕45／〔一〕456 605〔二〕218 283 471 500 540 558 563〔三〕6 118 466

信篤(春常)　家禄〔四〕592〔五〕332 562。宅地〔五〕538 540。法眼・法印〔五〕149 560 594〔六〕94。束髪〔六〕95。大学頭〔六〕95。編著〔五〕74 209 386 403 440 499 584 585〔六〕23 733 734 737 741。講義〔五〕381 382 545〔六〕84 88 97 123 132 153 170 272 436 579 696 737〔七〕24 44 57 64 79 83 87 105 110 113 137 140 142 145 149 160 166 170 177 180 193 203 222 227 230 234 239 244 329〔八〕123〔九〕235 236。韓使〔五〕461〔八〕78 79 173〔九〕154。『武家諸法度』〔五〕491 492〔七〕44 97 258〔八〕63。朱印状管掌〔五〕509〔七〕134 225 343〔八〕26 87。石槨銘〔六〕723〔七〕6〔八〕7。致仕〔七〕106〔八〕295 335／〔五〕575〔六〕4 27 72 126 729 735 736〔七〕113〔八〕260〔九〕183 188 236

信有　賀詩奉呈〔九〕630 759。宗家に准ず〔十〕375 430。家斉伴読〔十〕666／〔十〕625 785

信亮　〔九〕21 358 630 759

助之丞　〔二〕662

助之進　〔八〕808

正員　〔十〕291

正栄　〔六〕400 405 502

林

正紹　〔八〕838

正富　〔十〕801 ㊀207

正利　卒伝〔一〕470／〔一〕98

政寛　〔十〕77

清実　〔二〕455〔三〕249

靖(守勝、春徳)　〔三〕466 468〔四〕130 167 202 204

宗七　〔八〕111

宗雪　〔八〕10

宗節　〔八〕103

知古　〔四〕23

忠英(肥後守)　加封㊁74 124 379。御用取次、表大奥兼務㊁124。江戸城修築㊁331 351 378 392 393。八千石没収㊁430。差控宥免㊁437。致仕㊁437／㊀718 ㊁124 536

忠久　〔十〕139

忠旭(播磨守)　㊁437 583　↓林　播磨守

忠交(武三郎)　㊁677

忠勝(兵四郎)　〔二〕79〔三〕119

忠勝(十右衛門)　〔六〕580

忠勝(藤四郎・備後守)　〔八〕368 615

忠政　〔二〕226

忠知　↓林　忠和

忠澄　↓林　忠隆

忠定(伊賀守)　〔一〕600 601 623

林
　忠篤　〔十〕665 ㊀226 321
　忠隆(忠澄)　加封〔五〕329 547 591。天主教考察〔五〕464。大坂城代引渡〔五〕514 515／〔五〕513 〔六〕1 6 265
　忠朗　↓林　忠和
　忠和(忠朗・忠知)　小普請定小屋管掌〔六〕288。長崎巡察〔六〕356 369／〔五〕513 〔六〕336 567 580
　直秀　〔五〕386 〔八〕374
　直貞　〔四〕585
　貍宇　㊁575
　徹伯　㊀102
　伝左衛門　㊁225
　藤九郎　㊁24
　道感　〔一〕758 〔二〕2
　道春(羅山)　↓林　信勝
　友之丞　㊀584
　播磨守(林忠旭カ)　㊁499 524 676
　半助　〔一〕225
　半大夫　㊁265
　百助　↓林　信智
　平八郎　㊁651
　又三郎　㊁18
　木工頭　㊁461

林
　茂承　〔十〕494 532
　門入　〔十〕135
　友直　㊀184
　与次右衛門　〔四〕154
　羅山(道春)　↓林　信勝
　利玄　〔一〕424
林崎忠昌　↓桜井忠昌
林田善長　㊀411
林部亀次郎　㊀666
　善太左衛門　㊀666
　善太左衛門　㊁465
原
　胤定　〔五〕155
　四郎右衛門　㊁23
　親治　〔三〕42 〔四〕364
　親要　〔十〕457 829 ㊀149 150
　正久　〔二〕491
　正重　〔二〕491
　忠義　〔八〕503
　八弥　〔八〕315 316 333
　主水　天主教遵奉〔二〕64。天主教厳禁・出奔亡命・再追捕〔一〕336 579 678。追放〔一〕681。処刑〔一〕682 〔三〕307
　弥二右衛門　〔一〕397 416
原田維利　〔一〕121

原田甲斐　〔四〕361 〔五〕97
　甲斐子　〔五〕106
　覚左衛門　㊀686
　景種　〔一〕665
　孝勝　㊀79
　孝定　〔十〕569
　幸省　〔十〕699
　権右衛門　〔四〕615
　権左衛門　〔二〕31
　権左衛門　㊀655
　種延　〔四〕384
　種吉　〔二〕228
　種幸　〔六〕464 523
　種次　〔二〕182
　種春(小兵衛)　〔三〕134
　種春(兵部)　〔十〕105
　種勝　㊀202 236
　種照　〔三〕511
　種成　〔三〕425
　種清　〔六〕423
　種盛　〔六〕70
　種増　〔十〕446
　種長　〔二〕335
　種直　〔二〕12 〔三〕149

原田種定 [八]295
種芳（庄八郎） [九]121
種芳（半兵衛） ㊀677 698
種房 ㊀638
種要 [六]534 [八]430
尚堅 →平田尚堅
甚六 ㊀660
正義 [八]199
正種 [九]417
正勝（弥兵衛） [八]377
正勝（甚六） [十]629
多右衛門 [三]687 714
定勝 ㊀79
藤十郎 [八]691
半兵衛 [八]677 698
又兵衛 ㊁353
与右衛門 [四]154
孕石豊前 [三]37
豊後 [一]269
主水 [一]135
播磨御前（督姫、家康女・池田輝政継室） →良正院
春木大夫 [三]544 672
春田吉次 [一]667
春田久次 [三]102
久重 [三]121
久忠 [六]266 325
将吉 卒伝[一]393／[一]363
直応 ㊀243
直住 [六]14 32 136 314
半次郎 ㊁507
利恭 ㊀236 560
春谷以察 [十]171
春藤正尚 →斎藤正高
半三郎 [二]436
半四郎 [七]371
半田景周 [二]163
判兵部 [六]727
伴荒之助 [四]483
伊兵衛 ㊁13
右近 [六]61
栄宣 [九]577
栄藩 [六]84
賀右衛門 ㊁612
完熙（道一） →林完熙
五兵衛 ㊁208
次名 ㊀150
重正 [三]50 121
伴重盛 [二]235
重長 各浦巡視[四]620 622／[四]372 375
正山 [九]405 406
盛兼（盛次） 各浦巡察[四]602／[五]528 529 [六]66
盛幸 [五]528 529
盛次 →伴盛兼
盛政 [三]223
大膳 [一]264
富右衛門 ㊁681
彦大夫 [一]752
武信 [八]716
孫三郎（孫次郎） [五]528 529
塙安友 [三]286 381 392
宗安 加封[三]247 429。追放[五]407／[三]449 466 511 522 588 666 679 [四]34 126 138
宗悦 ㊀773
宗元 [五]391
直之（弾右衛門・団右衛門） 大坂冬陣[一]263 694 738 752。大坂夏陣、討死[二]22／[一]709
直俊 [六]445
直昌 [六]445
直貞（宗悦） 病者治療[三]476 477 479 [四]348 437 [五]230 525。家綱治療[三]477 479 685 [四]15 16 29

塙
34 51 61 78 85 87 93 97 98 125 126 129 174 176 196 226 288 362 462 606。『外台秘要』校合㊃81。医書十五部拝領㊃316。火災㊃379。屠蘇・白散下賜役㊃445。追放㊄407／㊂512 522 588 666 ㊃68 289 450 522 ㊄344 357 391
　直博　㊀191 194 397
　直利　㊃618 ㊄451 ㊅101
幡随院長兵衛　㊃237

ひ

ひさの方（家慶側室、達姫生母）　㊀734
日杉小助　㊀658
日向元秀（陶庵）　『本草綱目考異』献上㊉195／㊉171 645 808 809
　正英　㊉617
　正知　東宮御所造営奉行㊄520 523 542 544／㊅243 352
　正茂　㊅414 ㊇56
　政次（正次）　大坂目付㊂509／㊃69 161 ㊄256 268
　政成（正成）　大坂陣㊀267 741 748。徳川忠長附㊁182。甲府守護㊁512。召返㊂34／㊀279 478 605 641 691 ㊁11 66 158 182
　米五郎　㊁714
日根正重　㊂114
　正福　㊅405
　正芳　㊉544
　正嫣　㊉300 600
日根野織部　㊁46
　吉時　㊀547
　吉明　館山城勤番㊀681。大坂陣㊀704 ㊁33。

日根野
日光家康廟造営㊁111 126。松平忠直召預㊁246。江戸城石垣築造課役㊁447。加転封㊁649。島原乱㊂72。切支丹査検㊂462。准譜代衆㊂637。無嗣除封・卒伝㊃179／㊁463 534 537 555 559 585 587 637 701 ㊂358 458 ㊃112 113
　吉雄　㊁350
　九郎兵衛　㊁23 48
　弘安　㊀95 152
　弘吉　㊁362 530
　弘佐　召出㊁142。江戸城修築㊂155。韓使聘礼㊂320／㊂199 409
　弘成　㊉554
　弘政　㊄319 ㊅92
　弘宣　論地巡察㊄317 319 322 324／㊅7 45 92
　弘長　黜免㊇844／㊅579 600 ㊇436 ㊈47
　弘篤（松太郎）　㊁46
　弘方　日光社参供奉㊂261。中奥番㊃81／㊂612 ㊃296 ㊄6 32 97 407 ㊅246
　弘豊　㊉772
　高栄　㊉715
　高継　㊀547 ㊂369
　高次　㊁369 527 530
　高勝　㊈659 ㊀13

日根野高真　〔二〕369　〔四〕341
高豊　〔九〕578　〔十〕18
権十郎　㊀785
三之助　〔三〕607
十助(十介)　〔六〕247　294
将監(最上家士)　〔二〕232
松太郎　㊁46
日野伊予守　㊁7
岩丸　㊁92
鑑之助　㊁503
輝資(唯心)　御談伴〔一〕298　343　〔二〕97　283。家康
茶事〔一〕563　581　592　596。所領〔一〕614。金沢
文庫本『侍中群要抄』献上〔一〕673／〔一〕
520　560　563　564　577　596　757　〔二〕128
弘資　日光薬師堂供養奉行〔三〕11。罹災〔四〕
87　〔五〕164。伝奏〔五〕83。和歌所〔五〕195／
〔三〕164　400　〔五〕127
光慶　〔二〕302　303
資愛(前大納言)　㊁504
資栄　〔五〕56　472　474　479　543　〔六〕127　301
資矩　〔十〕325
資弘　〔三〕7　〔五〕95
資勝　伝奏〔二〕492。家光参内供奉〔二〕656。歿
〔三〕143／〔二〕120　125　494　513　546　〔三〕6　8　9　17　91
日野　131　134
資成　〔七〕138
資政　〔四〕380
資直　〔十〕318　㊀190
資舗(資舗・資輔)　〔七〕138　〔八〕813
資茂　〔五〕164
資陽(大学)　〔八〕813　〔九〕119　490　〔十〕484　㊁329
秀賢　〔一〕563
正晴　〔八〕837　〔九〕207
弥兵衛　関東巡察〔三〕218　219。私曲〔三〕278。切
腹〔三〕280
唯心　→日野輝資
日野西国賢　〔五〕602
国豊　〔六〕706
日吉(丹波猿楽)　〔一〕393
日吉右京　〔三〕314
正吉　〔六〕83
正房　〔六〕286
大膳　〔三〕414　445　〔四〕308
比企義久　〔一〕573
権左衛門　〔八〕158　856
重員　〔三〕533
清員　〔六〕270　407
善十郎　〔八〕856　〔十〕232
比企則員　〔一〕641
長左衛門　〔八〕856
能久　〔三〕304
比宮(増子、伏見宮邦永親王女・家重室)　→
証明院
比留正記　〔十〕805　㊀289
正曜(正睢、清左衛門)　〔九〕82
正珍　㊀208
正房　〔六〕230　243
与十郎　㊁454
比留間正興　㊀429
肥後局(お梅の局、星合具泰女)　〔一〕445　〔二〕244
肥田正勝　〔二〕335　668
忠親　召出〔一〕564。美濃河堤修築〔二〕504。処
罰〔二〕630　631／〔三〕557　625　629
忠頼　〔三〕114
孫三郎　㊀725
頼時　〔九〕54
頼常(豊後守)　日光東照宮修理㊀308　380。
戒飭㊀322。黜免㊁44／㊀423　660　㊁147
頼房　〔六〕602
樋口雅兼(淡路守)　〔二〕66
基康　〔十〕54
九馬丸　〔三〕400

樋口内蔵助　〔一〕727 758〔二〕2
　敬孟（敬猛）　〔三〕432
　康煕　〔六〕706
　左兵衛　〔八〕157
　信孝　〔三〕59 152〔四〕257
　信康　〔三〕184 352 539〔四〕123 305
　政勝　〔六〕157
　政常　〔六〕273
　宣康　〔十〕276
　惣左衛門　〔四〕574
　知秀　〔一〕519
　半左衛門　㊀795
樋田善太郎　〔七〕39
　善之助　〔七〕39
檜垣伝左衛門　〔五〕461 489
檜皮屋孫左衛門　〔一〕415
　孫兵衛　〔一〕121
尾藤孝肇　㊀164 165
東久世通正　〔十〕716
　通廉　〔五〕272
　博胤　〔六〕707
　博高　〔六〕707
東園基雅　〔六〕40〔九〕240
　基賢　家領〔三〕97。罹災〔五〕164／〔三〕540〔四〕491〔五〕37
東園
　基量　〔四〕603〔五〕164 602
東坊城恒長　〔三〕352〔四〕491
　資長　〔六〕707
　長維　〔二〕299
　長基　〔四〕282
　長詮　〔六〕706
東山天皇　親王宣下〔五〕467。立坊〔五〕471。元服〔五〕594。即位〔五〕596 600。病気〔六〕511 515〔七〕70。崩〔七〕73／〔五〕454〔七〕99
東山天皇男（一宮）　〔六〕163 200 201
東山天皇男（二宮）　〔六〕261
東山天皇男（直仁親王）　↓閑院宮直仁親王
疋田正言　〔七〕371
　正重　〔二〕662
　正勝　〔三〕284
　正誰　〔六〕651
　正則　〔二〕578
　泰永　勘定吟味役首席〔九〕635。二丸留守居〔九〕696。久能山東照宮修理〔九〕669 670／〔九〕557 604 631 635 636
　豊後　〔一〕352
匹田兵次郎　㊁485
　兵庫　㊁523
匹田又吉　㊁109
彦坂愛之助　㊁275
　吉成（平九郎）　〔四〕349〔五〕440
　九兵衛　㊁225 291
　九郎治　〔五〕440
　元正（元成、小刑部）　改易〔一〕403／〔一〕93 117 120〔二〕53
　元晴　〔八〕602
　光正（九兵衛）　駿府町奉行〔一〕250 257 578 595 622 657 672 676 693〔二〕47。大坂冬陣〔一〕689。久能山仮殿経営〔二〕95。紀伊頼宣附〔二〕116／〔一〕285 578 631〔二〕5 142 316
　重敬（九兵衛・壱岐守）　大目付〔八〕221。分限帳〔八〕246。大坂城代引渡〔八〕273 279。天主教考察〔八〕330／〔六〕325 593〔七〕51〔八〕433
　重好　〔八〕35
　重治　加封〔四〕592〔五〕385。府内水路巡察〔五〕379 382。寺社修理〔五〕604。黜免〔五〕610〔六〕45／〔四〕604 620〔六〕184
　重紹（正紹）　江戸城修築〔四〕46。加封〔四〕204 403。大坂目付〔四〕308 334 389。摂河辺水路巡察〔五〕472 485／〔四〕189 440〔五〕268 381 427〔六〕302
　重定　宇治採茶〔三〕91／〔二〕553 616〔三〕110 117 246

彦坂紹顕（三大夫）〔二〕273 275
紹芳（三大夫・近江守）〔一〕598 700 769〔二〕78 130
正継（美濃守）〔二〕134 143
正紹　→彦坂重紹
晴允　〔十〕435
大膳　〔二〕478
丹右衛門　〔二〕353
直郷　〔九〕640
忠孝　〔九〕553 740〔十〕547
忠昌　〔八〕433〔九〕8 104
忠篤　〔十〕607
彦大夫（賄所六尺）〔六〕652
彦根久敬　〔十〕841
久田辰之（七三郎）〔八〕10 16 208
善春（孫太郎）〔一〕571
長考　布衣〔十〕736。黜免〔一〕571／〔一〕359 363 610
縫殿助　〔二〕147
久永源左衛門　〔二〕283
重之（重行）　江戸城修築〔三〕687。日光山普
請奉行〔四〕270 331 332。寛永寺家綱廟造
営〔五〕412／〔三〕466〔四〕345〔五〕169 173 231 596〔六〕
127。隊下同心不礼〔五〕13
重章　〔三〕152〔四〕56 70〔六〕205
重勝　西国大船収公〔一〕495 538。常野両国盗

久永

賊追捕〔一〕558。武相両国巡見〔一〕626。
大坂冬陣〔一〕705。江戸城修築〔三〕448／
〔一〕99 126 399 572 705〔二〕14 464
重知　〔二〕464 538 575〔三〕77
章温　〔十〕646
章香（常香、相模守）　〔十〕646〔一〕705〔二〕42 94
章貞（主税）〔二〕261
章誉（石見守）〔二〕477
勝易　〔十〕64 196 269
勝興　〔八〕725
勝純　〔九〕35
勝信　〔十〕269 496 601〔一〕631
勝晴　古河城引渡〔六〕187／〔六〕358〔八〕195
常香（相模守）　→久永章香（相模守）
信豊（信忠）　越後村上城目付〔六〕551 577。上
田城引渡〔六〕620 622／〔七〕154〔八〕244 737
政温　大坂目付〔九〕466。仙台目付〔九〕672 684／
〔八〕244〔九〕348〔十〕352 522
政勝　〔三〕466
久松栄三郎　〔二〕176
延定　〔四〕332
七郎兵衛　〔二〕697
定延　〔四〕514 521 522〔五〕39 217
定佳（定住）　日光社参〔三〕590 591。西丸留守

久松

居番〔三〕655。西丸諸事支配〔三〕659 660。
春日局入門拒否〔三〕740／〔三〕38 65
定愷　平城引渡〔九〕668 670。処罰〔九〕740〔十〕747。
天主教考察〔十〕642／〔九〕742〔十〕798
定久　〔四〕332〔五〕603
定郷　江戸市中巡察〔九〕45。伊奈忠真を推
挙〔九〕225。月光院葬送〔九〕575／〔九〕536 580
582 597 606
定次　〔一〕105〔三〕310
定持　江戸城修築〔八〕81 84 118 133。紅葉山廟
経営〔八〕84。寛永寺修理〔八〕251 277。鷹
部屋営築〔八〕152。天主教考察〔八〕153。
韓使聘礼〔八〕174。勘定奉行〔八〕299 504／
〔八〕499 520〔九〕103
定昌　〔十〕356
定徳　〔四〕192
平次郎　〔二〕352
大和守　〔二〕176
久守佐右衛門　〔二〕713
土方義苗　〔十〕711〔一〕323
久喬（主膳）〔二〕5 8
久長　〔五〕294〔八〕473
小十郎　〔二〕96
光保　〔十〕300 320 600〔一〕134

土方光明　㊀134
勝政（八十郎・出雲守）　紅葉山廟修築㊁43 50。寛永寺修築㊁260 262。日光東照宮修築㊁266。江戸町会所改革㊁268。東海道美濃伊勢河川修治㊁270／㊀149 173 ㊁276 283
勝直　㊁368
勝芳　㊉415 429 580 ㊀149 154 173
仙之助（土方雄嘉カ）　㊁524
内匠　㊄518
長富　㊈418
貞辰　㊄518
半三郎　㊁8
彦丸　㊀773
豊義　卒伝㊇165／㊅370 595 694
豊高　㊄131
大和守　㊀773
雄嘉（仙之助）　㊁364　↓土方仙之助
雄賀　㊃313 ㊄327 519
雄久　加封㊀121。御咄衆㊀308。卒伝㊀471／㊀98 235 ㊂63
雄高（勝五郎・杢助）　江戸城修築課役㊂1。伝㊃44／㊁565 638 ㊂337 434 521
雄興　歿㊁364
土方雄氏（雄高、杢助・丹後守）　禁裏造営課役㊁547。大坂城修築課役㊁186。致仕伝㊁676／㊁536 565 ㊂128
雄次　江戸城石垣修築㊁447。江戸城惣郭壕溝疏浚㊂2。防火番㊂354 361 437 ㊃5。大坂加番㊂603 672。佐倉在番㊃379 380 400。公卿館伴㊃510 591 604 ㊄65。致仕伝㊄327／㊁219 449 534 537 ㊂214 446
雄重　大坂冬陣㊀704。転加封㊁236。卒伝㊁449／㊀471 503 ㊁345
雄端　卒伝㊈720／㊈417 508 534
雄貞　卒伝㊉711／㊉629 642 659
雄年　致仕伝㊉642／㊈720 ㊉254 305
雄豊　消防㊃342。領地朱印㊃498。駿府城加番㊄50 84 584 612。鳥羽城請取㊄368 411。卒伝㊅595／㊃173 194 456 484 493 ㊄471
雄房　致仕伝㊈508／㊇165 413
雄隆　岩槻除封㊄518 ㊅732。卒伝㊄518／㊃313 ㊄327 358 468 476 519 ㊅110
人見宜卿（友元・友玄）　家光を批評㊂704。儒役㊃396。秀忠法会記録㊃490。家光法会記録㊄209。家綱の石槨銘を書く㊄338 359。朱印状管掌㊃495 506。経書討論㊄381 ㊅737。『明月記』書写㊃423 430。『本朝通鑑』編纂㊄74。『紅葉山文庫目録』編集㊄386。『武家諸法度』管掌㊄492。『三河記』校正㊄499 585 ㊅737。韓使聘礼㊄461。堀田正俊を批評㊄521／㊃443 492 605 607 610 ㊄149 412 570 577
人見
久伴　㊅306
賢知（玄徳）　召出㊂135 167。江戸に移住㊂237 261。勘気赦免㊂551。家綱治療㊃85 174 175。綱吉治療㊃348／㊂131 253 357 381 392 425 449 ㊃176 201 396 536 ㊄198
元浩（七郎右衛門）　㊅349
玄徳　㊀711 739
行高（玄徳）　㊅349
行充（又兵衛）　綱吉法会記録㊆58。聖堂に開講㊇125／㊅293
浩林（浩、七郎右衛門）　㊈21 244
在恭（又兵衛）　㊀316
在信（高栄）　㊀386 428 568
称（七之助）　㊈358 630 759
信如（又右衛門）　㊈244
美在（又兵衛）　㊈21 244 358
美至（七蔵）　㊈358 ㊉807
美主（七蔵）　㊈630

人見必大（正竹）〔四〕618
　又玄　㊀711
　了的（卜幽）㊂341
仁杉五郎右衛門　㊁462
一橋英姫（一橋斉敦女）　↓島津斉彬室
　栄姫（一橋斉敦女）　↓奥平昌暢室
　鎌三郎（一橋宗尹男）〔十〕415
　金次郎（一橋宗尹男）〔十〕239
　儀同　↓一橋治済
　慶喜　↓徳川慶喜
　慶寿　一橋家相続㊁359 369。元服・偏諱㊁366。婚姻㊁387。卒伝㊁585／㊁367
　慶寿室（苞宮、伏見宮貞敬親王女）　↓徳信院
　慶昌　斉位養子、相続㊁330 331 334。元服・偏諱㊁335。卒伝㊁358
　小五郎　↓松平重昌
　治国（力之助）　治済嗣子〔十〕668。元服・偏諱〔十〕801。婚姻㊀138。卒伝㊀212／〔十〕800 ㊀24 123 146
　治国室（彰姫・乗蓮院、二条治孝女）　㊀138 163 167 394
　治済（儀同）　宗尹嗣子〔九〕723 728。元服・偏諱〔十〕102。婚姻〔十〕235 258 261 263 264。家計省約〔十〕178 589。諸務御免㊀400。袈裟勅許㊁11。准大臣宣下㊁129 301。殁㊁158。贈大臣宣下㊁180／〔十〕101 167 173 181 182 328 663 668 681 801 ㊀126 148 218 ㊁6 35 40 180
　治済室（京極宮公仁親王女）　↓桂芳院
　治済側室（お登美、家斉生母）　↓慈徳院
　治済男（亀之助）　↓松平義居
　治済女（輝姫）　↓涼光院
　治済女（紀姫）　↓細川斉樹室
　治済女（満姫、尾張五郎太室）　↓慧雲院
　治済女（庸姫）　↓定慧院
　斉位　婚姻㊁120。元服・偏諱㊁167。相続㊁232。殁㊂330／㊁121 330
　斉位室（永姫・誠順院、家斉女）　㊁18 120
　斉朝　↓尾張斉朝
　斉敦　元服・偏諱㊀218。婚姻㊀299 394。卒伝㊀774／㊁247 282 306 533 544。家司㊀469
　斉敦室（脩姫、二条治孝女）　↓靖安院
　斉敦男（備千代）　↓一橋備千代
　斉敦女（英姫）　↓島津斉彬室
　斉敦女（栄姫）　↓奥平昌暢室
　斉敦女（幹姫）　↓有馬頼徳室
　斉礼　斉敦嗣子㊀544 776。婚姻㊀566 ㊁20。元服・偏諱㊀723。卒伝㊁230／㊀599 679 784 ㊁2 108 166 230
　斉礼室（近姫、田安斉匡女）　↓観光院
　仙之助　↓松平重富
　宗尹　居邸造営〔八〕616 861 〔九〕25 413 436。傅役〔八〕693。元服・偏諱〔八〕696。家人の制〔八〕730 834。供連〔八〕779 780。婚姻〔九〕12 52。武具下賜〔九〕133。吉宗の教諭〔九〕338。十万石下賜〔九〕399 400。別荘下賜〔九〕406。紅葉山文庫〔八〕586 〔九〕243。卒伝〔十〕171／〔八〕239 240 272 318 389 528 546 562 563 590 595 602 606 613 615 622 624 641 653 737 778 841 〔九〕57 76 77 352 378 379 544 728 755 〔十〕18 343。家士〔八〕410 448 450 451 509 576 596 616 630 656 658 687 733 740 751 805 806 835 〔九〕7
　宗尹母（お梅の方、吉宗側室）　↓深心院
　宗尹室（俊姫、一条兼香女）　↓深達院
　宗尹女（信姫・保姫、島津重豪室）　↓慈照院
　備千代（一橋斉敦男）　婚姻㊀530。卒伝㊀537
　備千代室（鎗姫、紀伊治宝女）　㊀530
　隼之助（一橋宗尹男）　↓黒田治之
　昌丸（尾張斉荘男・一橋慶寿養子）　㊁590
　本之丞（一橋治済男）　↓松平本之丞

一橋力之助（一橋治済男）　↓一橋治国
一柳寛直　[十]303
吉直　[四]435
治左衛門　[二]96
直家　質子[一]401。分封[三]24 40／[一]503
直儁　[九]133
直卿（直郷、献吉・内記・因幡守）　卒伝[八]354／[五]245[六]578 618
直敬（順之助）　火災巡見㊀785。甲府勤番支配㊁220／㊁53
直堅　[六]376
直興　女院御所造営[四]395 475。除封・召預[四]543。赦免[五]579／[二]570[三]115 423 468
直之　[二]347
直次（小出）　公卿館伴[三]601 658[四]109 122。卒伝[四]299／[二]587
直治　駿府城加番[五]461 498。致仕伝[六]578／[三]403[五]202
直住　[十]428
直重　名古屋城修築[一]510。秀忠上洛供奉[二]130 163。家光日光社参供奉[二]433 457 546[三]8。鳥羽在番[二]592。家光上洛供奉[二]637。讃岐高松在番[三]199。卒伝[三]423／[一]503[二]158 570[三]40
一柳直昌　[六]22
直照　[三]115 423[四]617
直正（直臣）　[九]654 739
直盛　彦根城修築[一]113。米子城請取[一]485。名古屋城修築[一]510。禁裏造営[一]547。大坂冬陣[一]687 714。秀忠上洛供奉[二]130 163。大坂城修築[二]185 186。家光日光社参供奉[二]347 433 457 546。鳥羽城番[二]591 592。家光上洛供奉[二]638。江戸城惣郭石垣造営[三]2。参府[三]5。加転封[三]24。卒伝[三]40／[二]535
直宗　[二]637
直増　[五]461[六]400 555
直長　[九]35 80
直方（一太郎）　異国船㊁566。日光家光廟修復㊁611 668 669／㊁442 467 539
直頼　鳥羽在番[二]592。分封[三]40。卒伝[三]403／[二]151 570
直里（勘之丞）　㊀137
末英　致仕㊀539／[十]475 612
末栄　致仕伝[十]612／[八]775[九]7[十]627
末延（鍐三郎）　㊁249 254
末昆　卒伝[八]775／[七]221[八]111
末周（鍐三郎）　致仕伝㊁254／㊀696 710
一柳末昭　歿㊀696／㊀529 539
末礼　封地洪水[五]194。公卿館伴[五]247 473。駿府加番[五]294 323。卒伝[七]221／[四]319
[五]594[六]46
頼欽　卒伝㊀326／[十]351 608 719
頼寿　致仕伝[十]608／[九]97 473 487
頼親　㊀326 585
頼徳　↓一橋直卿
頼邦　卒伝[九]97／[七]399[八]354 611
馮六（訳官）　[一]123
平井監物　㊁449
五郎右衛門　㊁46
五郎兵衛　㊁161
光茂　[二]139
克寛　㊀422
三郎兵衛　[二]70
次久　[八]154
省庵　[六]349
常豊　[九]489
正基　[八]10 695[九]404
清庵　[五]423
長勝　[二]10[三]465
宝澄　[十]521
由軒　㊀654

平岩親吉　家康の今川人質に随従[一]25。信康初陣[一]38。信康傅役[一]43。彦根城修築[一]113。甲斐代官[一]163。立世子議定[一]234 382[二]266。尾張国政[一]434 437 478 479。尾張義直の准父[一]479。卒伝[一]571／[一]126 569。家士[一]448 513
親教　[九]626
親賢　平岩(親吉)家再興[九]217／[七]405 410 444
　[八]435
親綱　[五]418[六]89
親充(六郎左衛門)　㊁109
親信　[三]574[四]35
親仁(七之助)　㊁377
親直　[一]430
親庸　福島城引渡[五]584 588。岩槻城引渡[六]298。金銀改鋳[七]246／[六]509[七]304 360
正次　[二]552 562
正則　[八]526
正当　[三]3
善十郎　㊁433
与次右衛門　㊁61
平内大隅　↓ヘイノウチ
平岡岩次郎　㊁116
宇右衛門　[六]238 485
平岡宇右衛門　㊀673
三五郎　[七]422 423
資辰　㊀123
資頻　[六]450
資明　御前を止む[七]88 340。日光社参[七]209。
　謹慎[八]210／[八]351
資摸　『御九族記』編集㊀123／[九]656[十]625 801
十左衛門　[七]422 423
重勝　↓平岡頼資
重常　[二]567
新十郎　[四]85
正胤　[十]499
正敬　[十]343 345 524 529
正整(与右衛門)　㊁506
正明　[十]78
正頼　[九]652
千道　[一]483
筑前守　㊀703
直忠(因幡守)　㊁346
道賢　[三]533
道次　[十]428
道章　[十]414
道成　[一]483
道存　㊀256
平岡道同　㊀256
道房　[七]337
備後守　㊁149
文次郎　㊁458 499 500
孫市　[八]157
茂高　[十]321㊀50
茂曹　[十]321㊀497
弥次右衛門　㊁372
与資　[九]586
頼寛　㊀226
頼久(五左衛門)　[七]337
頼恒　[五]543[七]385
頼資(重勝)　大坂城修築[二]185 186。家光上洛供奉[二]638。除封・卒伝[四]85／[一]425 457[二]536[三]1
頼重　遺領論争・除封[四]85／[三]434[四]97[五]171
頼勝　召出[一]118 401。一万石下賜[一]118 401。卒伝[一]425／[四]85
頼長(美濃守)　加封㊀92 411 606／㊀776
頼雄　[九]26
頼陽(対馬守)　㊁378 393 575
理右衛門　[三]511
良寛　㊀111

平岡良休（良林）　㈠111 434 540
　良知　㈡143
　和由　甲斐一国代官の長司㈡243／㈢143 158
平賀義鄰（義隣）　㈩397
　景秀　㈥475 ㈧419 ㈨528
　玄純　初謁㈣589。治療㈤172 257 279 281 285 291／㈤221 393 ㈥44 415
　玄順　㈤381
　順庵　㈥714
　勝定（三五郎）　㈡331 555
　清秀　㈢346
　清博　㈩583 636
　内匠頭　㈡280
　忠勝　㈡115 ㈢298
　定次　㈢346
　貞愛（信濃守）　㈠176 791
　山城　㈠685
平子主膳　㈠737
平田伊右衛門　㈦371
　伊賀守　㈨487
　尚堅（原田）　㈨650
　尚信　㈥630
　勝吉　㈥67 140 266
　増宗　㈠480
平田太右衛門　㈤143
　治部右衛門　㈠752
　道昌　㈠778
　道有　加封㈣443 ㈤503。遠慮㈥165／㈢120 ㈤465
　道有　㈠649
　隼人　㈠695
　彦四郎　㈦371
平塚為政　㈩5 112 184
　為善女（お万の局、家斉側室）　↓徳川家斉側室（お万の局）
　為長（右近）　㈡100
　近秀　㈧42 278
　熊之助　㈡31
　五郎　㈠732
　左助　㈠732
平手十郎左衛門　㈠795
平戸助大夫　㈠118
　伝助　㈠119
平野久蔵　㈠288
　九郎右衛門　㈠658
　好恒（栄五郎）　㈠409 513
　幸利（馬場）　㈥619
　高信　㈥451 ㈦15
平野権平　㈡219
　左兵衛　㈥225 226
　氏職　㈩469
　氏長　㈧839 ㈩401 469
　次右衛門　㈠622
　重賢（三郎兵衛）　㈧157 280
　重定（三郎右衛門）　㈠364
　勝安　㈤197
　勝好　㈦423
　勝重（甚右衛門）　㈤595
　勝重（助之進）　㈧804
　勝茂（勝重、次郎右衛門）　㈡500
　正勝　㈥62
　正貞　㈡115 514
　長英　㈥506 ㈧208
　長喜　㈧266 509
　長暁　㈧227 285 ㈨65
　長好　㈩633
　長興　㈠477
　長純　㈩602
　長勝　甲府在番㈢520 547。封地火災㈤29／㈡459 539 568 ㈣1 73 330 ㈤36
　長政　おらくの方の弟㈣1 632。駿府加番㈤423 463。韓使館伴㈤442／㈣203 ㈤612

平野　㈥424
　長政女　㈤201
　長泰　禁裏造営助役㈠547。二条城修築助役㈠598 618 626。大坂冬陣㈠704。御談伴㈡283
　長直　姫路城目付㈤421 443／㈤181 581
　長利　越谷離館修理奉行㈢140。豊後府内目付㈢461 463 497
　長里　㈨121 667 ㈩25 587
　直元　↓牧野直元
　中務　㊀574
　平左衛門　㈢354 551
　孫右衛門　㈠395
　孫左衛門　㈠113 415 438 477 507 539
　弥八　㊁250
　良右衛門　㈨316 317
平林正好　㈢468
　正次　卒伝㈠571
平　　松　㈤231 232
　金次郎　㈠170
　時春　㈥707
　時章　㈩276
　時方　㈥706
　時庸　㈡124 513 ㈢537 541 542

平松時量　蹴鞠㈣603／㈢344 ㈣8 329 564 602 ㈤37 127
平山義建　㊀5
　藤蔵　㈠733
裕宮（貞子、閑院宮美仁親王女）　↓田安斉匡室
広井盈顕　㊀246 323 449
　義行　追放㈥84。赦免㈥140 408。召返㈦122
　宗意　㊀568 691
　宗寿　㊀691 786
　朝継　㈣298 326
　朝綱　㈢631
　朝方　㈩761 ㊀112
広沢久大夫　㈢559
　兵庫助　㈠623
　平兵衛　㈤298
　杢助　㈠601
広瀬左馬助　㈠269 ㈡37
広田加左衛門　㈠737
　嘉右衛門　㈠753
広戸行隆　家綱附㈢654。鈴口鎰番㈣414／㈣371 434
　重久　㈠600
　昌房　㈨433
　正親　㈢511

広戸半九郎　㈤45
広橋伊光（准后）　㈨730 ㊁87
　胤定　㈩742
　兼賢　日光祭礼㈡125。日光遷宮式㈢7 8。昵近衆㈢93。禁裏造営謝使㈢284／㈡218 ㈢9 284 400 458 ㈣48
　兼勝　武家伝奏㈠251。家康に内勅伝宣㈠753。家康と節会・官位を議す㈠762。『公家諸法度』㈡280。家光元服・参向㈡298／㈠513 542 659 660 706 736 ㈡88 199
　兼勝女　↓広橋局
　兼廉　㈥706
　勝胤　㈩16 40
　綏光　㈢10 ㈣25
　総光　㈡401
　貞光　㈤164
広橋局（広橋兼勝女）　㈠489
広幡幸丸　↓広幡忠幸
　前基　㈩539
　忠幸（幸丸、八条宮智仁親王男）　尾張義直猶子㈣137。清華に列す㈣481 484。宅地㈣553。家領千石㈣603。歿㈤57
　　60／㈢639 687 ㈣177 178 298 328 500 506 ㈤25
　忠幸室（尾張義直女）　↓普峯院

広幡忠幸女（尾張綱誠室）→瑩珠院
忠幸女（尾張光友養女・有馬頼元室）→瑞竜院

ふ

ふりの方（家光側室、千代姫生母）→自証院
布施胤将　㊀110
胤条　〔八〕645
胤致　〔十〕427 455
管兵衛　〔一〕437
毅（蔵之丞）　㊀440 ㊁125
義孝　〔三〕118
義浄　〔十〕353
義清　〔八〕685
吉成　〔三〕118
小太郎　〔一〕459
重次　〔一〕451
重俊　射芸〔五〕199〔六〕283。日光在勤目付〔六〕331。新居関巡察・経営〔六〕413 415 445 455／〔六〕79 486 508 613〔八〕164
重直　大坂夏陣〔二〕11。加封〔二〕616／〔一〕451 691 〔二〕114 538 611〔三〕553
重頼　閉門〔五〕237 243／〔三〕553〔六〕4 79
庄右衛門　〔六〕364
勝重　〔一〕475
正久　〔十〕555
布施正森　〔一〕475〔二〕501
正房　寛永寺造営〔六〕301 337。地震破損所修理〔六〕520 524 554。遠慮〔七〕440／〔六〕303 510 517 535〔七〕367〔八〕83
正隆　〔八〕83
正良　〔五〕586
盛次　〔四〕113
長吉　〔二〕236
直郷　寛永寺修築〔八〕251。日光山堂社修築〔八〕559／〔八〕164 425〔九〕125
藤兵衛　㊁378
孫三郎　㊀692
頼容　〔九〕125
富貴宮（霊元天皇男）→京極宮文仁親王
富士時則（市左衛門）　〔八〕545 587
信光（又左衛門）　〔四〕544
信政（勘右衛門）　〔五〕441
富士巻四郎（富士巻助包カ）　〔八〕691
普賢院（宗栄尼・霊鑑寺宮、後西天皇女）　〔八〕225
普光（増上寺）　→存応
普済（金地院）　〔六〕256〔七〕363
普峯院（京姫、尾張義直女・広幡忠幸室）　婚姻〔三〕639 687／〔五〕193

普雄(愛宕山金剛院)　〔九〕80
深江庄左衛門(銀座年寄)　〔七〕377
深尾永常　評定所勤役儒者〔七〕58／〔四〕557 579 〔七〕49
　永相　〔七〕58
　元治　〔三〕161
　元辰　〔十〕662
　元儔　賀文詩献上〔九〕21 358 630 759／〔十〕762
　元長(藤三郎)　〔十〕657
　元長(四郎兵衛)　㊀473
　元珍　〔五〕70 77
　職序(八大夫)　㊀671
　善十郎　㊁706
　黽明　詩歌詠進〔九〕303。出仕を止む〔九〕586／〔九〕499 513 639
深川正明　〔八〕484
　藤右衛門　㊀794
深沢佐助　〔九〕715
　新右衛門　〔三〕257
　正備　〔十〕796
　清兵衛　〔二〕183
　忠右衛門　〔一〕642
　茂十郎　㊀778
深津種盛　〔八〕255 496
　種由　〔八〕496
深津正英(弥七郎)　㊁469 488
　正逵(深沢)　㊀334
　正吉　道路堤防修理〔一〕598／〔三〕335 414
　正喬　〔九〕700
　正国　鳥羽城目付〔五〕368 411。永代島築造〔六〕332 421／〔四〕278 〔七〕441 〔八〕278
　正重　〔二〕486
　正俊　〔三〕465
　正尚　〔十〕221
　正勝(市兵衛)　〔三〕121
　正勝(弥市郎)　〔十〕502 ㊀64
　正照　〔九〕637
　正信　〔二〕414
　正則　〔二〕418
　正但　〔二〕414 655
　正貞　〔二〕638 〔四〕129 136 270 373
　正房(八郎右衛門)　〔九〕64 73
　正房(弥三郎)　㊁74
　正明　〔六〕176
　正利　〔九〕681
　政孟　〔九〕531
　盛徳(主水)　㊀625 632
　貞久　〔一〕441
　主水　㊁337
深津八九郎　〔一〕638
　弥左衛門　㊁401 613
深田宗信(尾張家士)　〔四〕542
深見玄岱　→深見貞恒
　玄融　〔八〕104
　寿太郎　㊁401
　新八　㊁240
　貞恒(直恒、玄岱・新右衛門)　召出〔七〕85 260 〔九〕256。『清会典』和訳〔九〕244／〔七〕166 201 〔八〕104
　有隣(新兵衛)　『日次記』校正〔八〕840 〔九〕241。吹上苑測量〔九〕89。書籍の事献言〔九〕98。処罰〔九〕159。『園太暦』等校正〔九〕242。『清会典』和訳〔九〕244。『律書』訳解〔九〕256。甘藷栽培法著作〔九〕316。砂糖製造法考究〔九〕316。典籍購入管掌〔九〕365／〔十〕279 318
　有忠　〔十〕318
深谷吉政　〔三〕667
　盛重　閉門〔七〕75。甲府勤番組頭〔八〕345／〔六〕557 〔八〕855 〔九〕87
　盛房(十郎左衛門・遠江守)　罪人吟味㊁195。増上寺霊廟修復㊁220 242。江戸城修復㊁342 346。宿場助郷救助㊁575

深谷 ／㊁597 704
　忠兵衛 ㊀686
深山宇源太 ㊁221 334
福阿弥(同朋) 〔一〕250
福井伊右衛門 〔五〕226 501
　久国 〔五〕226
　久次 〔二〕322
　久春 〔七〕436
　久信 〔二〕335 〔三〕168
　久富 〔四〕87
　啓発(立助) ㊀138 176
　小十郎 ㊁386
　作左衛門 〔十〕580
　承順 ㊀209
　甚五兵衛(戸田日向守家士) ㊀668
　正重 〔三〕588
　清五郎 〔六〕171
　八郎兵衛 〔五〕475
福王池次郎 ㊁363
　信尹 ㊀418
　信近 〔十〕345 353
　信時 〔九〕63
　信正 〔二〕486
　信本 〔九〕475
福王信明 ㊀498
　定長 〔八〕227
福岡太郎八郎 〔二〕76
福光瑞筑 〔十〕171
福　島 ↓クシマ
福島為重 〔一〕602
　為従 〔六〕286
　為信 〔一〕602
　為忠 〔一〕469 602
　高晴 禁裏造営課役〔一〕547。蟄居〔一〕672。家中騒動・除封〔二〕47。居城破却〔二〕52／〔五〕488
　式部 〔二〕168
　正胤 ㊀74
　正儀(又四郎) ㊀96
　正之(刑部少輔・民部少輔) 〔一〕450 457
　正之室(松平康元女) 〔一〕457
　正之(刑部少輔) 〔一〕547
　正視(正親) 日光社参供奉〔八〕436。館林城引渡〔八〕493 497／〔六〕265 〔八〕459 683 〔九〕7
　正紹 ㊀366
　正勝(忠勝、市松・備後守) 大坂冬陣〔一〕263 690 701 703 719 730 736 738。福島正則改易〔二〕167。歿〔二〕200／〔一〕556 〔二〕114 132 171 327
福島正勝(守興、市松・伊豆守) 〔三〕327 〔五〕406 408 468 472 〔六〕265
　正則 征韓七将確執〔一〕213。関ヶ原戦〔一〕68 219。大坂冬陣〔一〕688 690 695 699 704 705 747。大坂夏陣〔二〕12。上洛・参勤〔一〕111 113 500 598。名古屋城修築〔一〕248 510 511。江戸城修築〔一〕119 511。清洲城石垣奉行〔一〕682 諸城課役に不満〔一〕511。禁裏造営課役〔一〕547 603。高台寺建立〔一〕419。法然画像・聖経を調査〔一〕631。改易〔二〕163～173 262 273。歿〔二〕327／〔一〕79 85 122 228 235 283 410 455 457 546 556 〔二〕95 130 163
　正敷(左衛門) ㊁472 539
　正武 〔九〕217 725
　正利 〔二〕327 539
　宣慶 〔八〕362
　丹右衛門 ㊀775
　丹波(福島家士) 〔一〕235 713 〔二〕168
　忠勝 ↓福島正勝(市松・備後守)
　忠政 〔五〕488 494 498 〔六〕336
　定正 〔九〕483
　貞広 ㊀198
　長門(福島家士) 〔一〕713
福松尼(榊原康政女・秀忠養女・池田利隆室)

福松尼　↓福照院
福照院（榊原康政女・秀忠養女・池田利隆室）　〔一〕483〔二〕16〔三〕212 375〔四〕34 583〔五〕52 83 114
福富家貞　〔二〕64 596 606
　彦左衛門　〔五〕79
　兵部　〔六〕446
　平左衛門　〔五〕9
福正院（榊原康政女・秀忠養女・池田利隆室）　↓福照院
福田市兵衛　〔五〕155
　市郎兵衛　〔四〕577
　久左衛門　〔十〕254
　堅備　㊀459
　三郎左衛門　〔六〕331 407
　清助　〔八〕669
　武正　〔六〕618
　頼周　〔三〕588
福西吉左衛門　〔二〕322 554
福原猪之吉　〔五〕157
　伊八郎　㊁196
　越後（毛利家士）　〔一〕747〔二〕18
　越中守　〔一〕457
　刑部　㊁10 51
　久米之助　㊀524
福原資寛　〔六〕415
　資祀　〔八〕265 489〔十〕59
　資重　〔五〕158
　資清　〔五〕102 157〔六〕445
　資盛　壬生城在番〔二〕649。蟄居〔三〕369。赦免〔三〕551／〔二〕171 539 617〔三〕171 172 219 267〔四〕334 342
　資宣　〔九〕759〔十〕329 437〔五〕157。家士〔三〕614
　資倍　烏山城在番〔六〕484／〔六〕165〔八〕489
　資敏　日光勤番〔三〕267／〔二〕577
　資保　館山城勤番〔一〕681／〔二〕171 220 617
　資豊　〔五〕612
　資明　〔十〕317 329 ㊀539
　清左衛門（池田忠継家士）　〔一〕657
　総五郎　㊁156
　鈔之丞　㊁169
　内匠　㊀471 ㊁20 637
　鉄之丞　㊁196
　縫殿（伊達家士）　㊀703
　保通　〔二〕171
　茂兵衛　㊀750
福村勘右衛門　〔六〕407
　次郎八　〔六〕407
　正慰　㊀467
福村正策（久米之助）　㊀451
　長右衛門　〔五〕265〔六〕407
　伝内　㊀760
　杢之助　〔六〕407
　理大夫　㊀784
福山道庵　〔四〕590
伏見為英（勘七郎）　㊀646 654
　為規（為矩）　〔九〕363 703〔十〕709
　為矩　↓伏見為規
　為行　松本城引渡〔八〕383 386／〔八〕94 533〔九〕363
　為信　大和川修治〔六〕518。大坂川修治〔六〕527 553／〔七〕166〔八〕94
　為則　〔二〕628〔四〕122 292 296 329〔五〕87 104
　為智　〔五〕104〔六〕116 183
　為祓（勘解由）　㊁273
　景光　〔六〕403
　賢忠（主水正、伏原賢忠カ）　〔三〕539
　長景　〔一〕475〔二〕84
　長政　〔一〕475
　彦大夫　〔一〕353
伏見宮貞敬親王女（教宮）　↓清水斉明室
　貞敬親王女（苞宮、一橋慶寿室）　↓徳信院
　貞建親王　〔八〕586〔九〕622

伏見宮貞建親王女（富宮、紀伊宗将室）↓浄眼院
貞建親王女（田鶴宮貞子、清水重好室）↓貞章院
貞清親王 ㈢594
貞清親王女（浅宮、家綱室）↓高巌院
貞清親王女（安宮、紀伊光貞室）↓天真院
貞致親王 親王宣下㈣369。罹災㈤225 231 233／㈣284 398 399 552 560 ㈤422 425～427
貞致親王室（近衛基熙妹）㈣552
貞致親王女（繁宮）㈧481
貞致親王女（真宮、吉宗室）↓寛徳院
邦永親王 ㈥251 ㈦153 ㈧424
邦永親王室（綾宮、霊元天皇女）↓清浄光院
邦永親王女（比宮、家重室）↓証明院
邦忠親王 歿㈨735 736／㈨395
邦忠親王祖母 ㈨659
邦忠親王室（紀伊宗直女）㈨395
邦房親王 ㈠761
邦頼親王 歿㈠493／㈩544
邦頼親王室（水戸治保妹）㈩544
邦頼親王男（佳宮）㈩554
伏見宮邦頼親王女（多哉宮）㈠276
藤 釆女（里見家士）㈠681
　重国 ㈥144
藤井右門 ㈩256
　円四郎 ㈡601
　義政 ㈢420
　九左衛門 ㈨489 ㈩374
　金平 ㈡65
　左門 ㈠760
　善右衛門 ㈤73
　主水（松平忠輝家士）㈡46
　利八郎 ㈩374 386
藤枝氏（お夏の方、家光側室・徳川綱重生母）↓順性院
　教行（外記）㈩410 784
　教忠 ㈩399
　貞雄 ㈩410
　方教 ㈤67 ㈥557 ㈧234
　方孝（方高）㈢428 572 ㈣168 236 373 392 396 ㈤333
　豊忠 ㈥457 ㈧453 ㈨396
藤 掛 ↓藤懸
藤懸右門 ㈡462
　永久 ㈤467
　永恵（右京・釆女・出羽守）㈡64 112 471
藤懸永言 日光社参供奉㈧436／㈧365 808 ㈨223
　永次 岩槻城引渡㈤568 573。延岡城引渡㈥138 149／㈤506 533 ㈥624
　永種 ㈨701 ㈩266 303
　永重 ㈢526
　永俊（長俊）甲府在番㈢269。下館在番㈣9。淀川堤防修築㈤31 33／㈡623 ㈢406 ㈣90 189 266 307 460 ㈤467
　永昌 ㈨98
　永勝 ㈠547 ㈡150
　永常 ㈠158
　永忠 ㈠204
　永直 ㈧436 822 ㈨376
　永貞 ㈩196
　監物 ㈠738
　重俊 ㈣334
　長俊 ↓藤懸永俊
藤方安正 卒伝㈢228
　忠英 高田八幡宮流鏑馬射手㈧788／㈧861 ㈩626
　彦一郎 ㈡693
　平九郎 ㈠498
藤川重安 ㈠641
　重守 ㈥399

藤川重勝 ㊀705 ㊁14 99 617
　重信 ㊁539
藤木十左衛門（加茂社人） ㊂156
　木工頭（有栖川家士） ㊀546
藤沢次郷 ㊆15
　次興 ㊆15
　次政 ㊅317 424
　次長 ㊆15
　舎人 ㊁673
　輔長 ㊀80
　弥兵衛 ㊁570
藤田吉左衛門 ㊅623
　四郎左衛門 ㊁31
　信吉 大坂夏陣㊀273 ㊁33 37 66／㊀704
　政緝 ㊈433
　治部左衛門 ㊀684
藤　谷 ㊄231 232
　為条 ㊃177
　為信 ㊅40
藤波寛忠 ㊉424
　景忠 ㊃372 ㊅706
　徳忠 ㊄546 ㊅707
　友忠 遠流㊃82。赦免㊃527／㊁377 596 675 ㊂670 ㊃97

藤沼時房 ㊈590
　勝由 ㊅364
藤野在親 ㊀385
藤林雅良 ㊁375 ㊂330
　玄栄 ㊇270
　勝政 ㊁20 375
　宗政（藤村） ㊁581
　長兵衛 ㊅20
藤本主計 ㊁146
　元晏（養泉） ㊀360
　元慶（立泉） ㊅714 ㊇104
　交雲（市医） ㊉171
　稠賀（観世、源右衛門） 召出㊄547。桐間番頭並㊆209／㊄620 ㊇810
　稠好 ㊇810
　立泉 ㊀650
藤山清助 ㊁438
藤原祺子（鷹司政熙女、仁孝天皇女御・新朔平門院） →仁孝天皇女御
　惺窩 卒伝㊁176／㊀339
伏原賢忠 ㊂485 547 ㊃306 →伏見賢忠
　宣幸 ㊄232
　宣条 ㊇652
伏屋為次 ㊀120 ㊃303

伏屋為重 ㊃303 ㊄527 ㊅457 486
　為勝 ㊇838
　為長 ㊀120
　為貞 ㊅486 ㊇511 829 838
　新助 ㊁673
　飛騨守（布施屋） ㊀548 689
船右衛門（木津舟右衛門カ） ㊁3
船越伊予守 ㊀726 ㊁429
　為景 両国橋架橋㊄376 429。咎㊄429。御前を止む㊅71／㊄87 204 267 517 533 ㊅468
　永景（舟越） 美濃堤防修理㊁600。今切舟渡奉行㊁622。江戸城修築㊂149 190 478 666 672 ㊃195 220 238 328。日光東照宮修築㊂565 603 630 663 ㊃12 17 63 74。紅葉山東照宮修理㊂367 ㊃144。寛永寺修理㊃361。茶湯㊂211 ㊃550 ㊄351／㊀542 ㊁539 ㊂116 149 408 513 588 ㊃43 55 62 69 76 ㊄81 87
　景次 ㊇436 855 861
　景順 ㊉81 749
　景忠 ㊉15 81
　景直 卒伝㊀542
　景通 ㊄66 78 87
　景範 ㊉749 ㊀523 627
　景有（駿河守） ㊁423

船田正久 ㊀81
船橋勘右衛門(勘左衛門) ㊁393 446
久太郎 ㊁447
希賢 詩経講読〔七〕141／〔七〕46 201 〔八〕559 593
経賢 〔四〕398
元晧(長庵) 〔六〕84
玄侃(長庵) 〔八〕418
玄寛(長庵) 〔十〕588
玄鼎(宗迪) ㊀185 680 753
秀賢(舟橋) 談伴〔一〕343 563。『諸家略系図』献上〔一〕563。古書捜求〔一〕660 662／〔一〕100
秀相 〔一〕680 〔三〕400
相賢 〔五〕231
宗恒 ㊀795
半左衛門 〔三〕39
半左衛門 ㊁647
船本顕定(弥七・弥七郎) 安南渡海朱印〔一〕117 394 414 443。東埔寨渡海朱印〔一〕395。交趾渡海朱印〔一〕608 646 〔三〕3 86。安南へ派遣〔二〕156 187
冬木善太郎 〔八〕540
古内志摩(伊達家士) 〔五〕97
筑前(伊達家士) ㊀768
古川氏一(新之丞) ㊁337
古川氏英 〔八〕158
氏清(吉次郎・和泉守・山城守) ㊀662 773 ㊁42
庄助 〔二〕555
古郡重政 〔八〕548
年経 ㊀75 110
年明 〔八〕306 548
年庸 〔八〕548 〔十〕268 391 400
古坂供憲 〔八〕112 〔九〕228
達経 日光諸堂社修築〔九〕744 746。韓使聘礼〔十〕83 114。浅草米廩〔十〕286／〔九〕127
包高 〔十〕53
古田九兵衛 〔二〕29
久兵衛 〔五〕600
休真 ㊀397
左近 〔一〕548 〔二〕79
従真 〔六〕577
重広 〔二〕45
重弘 〔三〕571
重恒 江戸城修築〔二〕701 〔三〕2 495 509。大坂城修築〔三〕185 186 335 421。松江城引渡〔三〕611 〔三〕79。除封・卒伝〔三〕555／〔一〕412 〔二〕254 535 〔三〕332 354。家士〔三〕450
重勝(兵部少輔) 彦根城造営〔一〕99 113。江
古田
戸城修築〔一〕119 403。卒伝〔一〕412
重勝(織部正、古田重然カ) 〔二〕460 〔五〕351
重然(織部正) 点茶伝授〔一〕529 596 600 603。茶釜拝領〔一〕597。大坂陣〔一〕735 〔二〕75。切腹・伝〔二〕45／〔一〕547 608 619 700 ↓古田重勝(織部正)
重治 駿府城造営〔一〕424。米子城請取勤番〔一〕485。伊勢田丸城勤番〔二〕143。転封〔二〕182。致仕伝〔三〕254／〔一〕547 596 605 687 714
勝昉 〔十〕646
瑞琢 ㊀767
稠延 〔十〕385
明恒 ㊀347 524
古橋主計 ㊁395
甚兵衛 〔二〕642
久敬 ㊀537
古林見宜 〔八〕231 〔九〕287
古屋平左衛門 ㊁291 437
古山善吉 ㊁144
善蔵 ㊁329 353
文英清韓(東福寺) ↓清韓(東福寺)
文喜女王(藤宮、円照寺宮・霊元天皇女) 〔六〕488
文昭院 ↓徳川家宣

文章院 ↓徳川家継
文情（眼医） 〔三〕426

へ

へつはら（バタビヤ総督） 〔七〕420
平内大隅（与次郎、大工頭） 〔三〕65 267
別木庄左衛門 〔四〕60 61
別所吉次 改易・卒伝〔二〕427／〔一〕547
　矩満 三河吉田城引渡〔八〕501 503。上総久留里監視〔九〕43 44。日光東照宮修理〔九〕57 64 78 99 100／〔九〕348 393 433〔十〕83
　矩竜（孫四郎） 〔二〕436
　貢長 〔九〕393 645
　貢豊 〔一〕153
　治家 〔三〕464
　守治 〔二〕427〔三〕551
　重家 宅地収公〔三〕274／〔一〕450〔三〕464
　重長 〔三〕464
　常治 日光東照宮修理〔六〕275。福山城請取〔六〕331 335 344。工事後失業者保護・巡察〔六〕376。陪臣乗輿点検〔六〕461／〔六〕377 388 413 464〔七〕156 186
　常春 〔六〕377
　信範 〔一〕548
　貞英 〔一〕249
別所孫右衛門 〔二〕40
　孫次郎 争論・切腹〔二〕113／〔一〕745〔二〕41 94
　弥四郎 〔九〕13
　友治（孫三郎・孫次郎） 〔一〕283〔二〕66
　六左衛門（池田輝澄家士） 〔三〕197
辺見右衛門四郎 〔六〕682
　義永 〔六〕448
　義寛 〔六〕603〔七〕401
　義教 〔八〕739
　義次 〔十〕708 725
　義持 〔十〕437
　義周 〔十〕384
　義重 〔三〕167
　義助 〔一〕642〔二〕321
　義章 〔九〕532
　義武 博徒考察〔七〕461／〔八〕436 607
　義方 〔一〕64 255
　義峯 〔十〕437
　元長 〔八〕532 616〔九〕494
　光行 〔八〕184
　重清 〔七〕47 81〔八〕510
　勝興 〔八〕144
　忠盈 〔五〕189
　忠栄 佐渡奉行〔九〕59。勘定奉行〔九〕106。韓

辺見　使聘礼㊈399 456 462。処罰㊈479／㊇797 810 ㊈385 390 445 765
長祥（甲斐守）　㊁658
長道（甲斐守）　㊁394 471 586
長富（卯三郎・左近）　㊁4 157
副長　㊀94
弁海（月山寺）　㊁477
弁海（寒松院）　㊂67
弁秀（増上寺）　㊉235 331 345

ほ

ほらの方（徳川綱重側室・家宣生母）　↓長昌院
保木公遠　㊆378
公富　㊂424
慎初　㊇645
保坂金右衛門　㊀691 ㊁11 34 79
保科正殷　致仕伝㊇138／㊆28 419 ㊇58
正英（小出）　㊃407 ㊄226 588
正益　㊁607
正景　転封㊃411。加封㊄263。大坂加番㊃541 581 ㊄105 141。大坂定番㊄263 268 483 586。致仕伝㊄588／㊂158 ㊃293 413 453 ㊄70 71 483
正経　致仕伝㊄401／㊂569 ㊃282 339 468 ㊄25 50 85 95 365
正賢　日光祭礼奉行㊅72 227。奥詰㊅83 109 739。卒伝㊆419／㊄232 588
正光　秀忠上洛供奉㊀126 ㊁130。江戸城修築助役㊀403 573。保科正之養育㊀552 ㊁141。家光上洛供奉㊁256。卒伝㊁525 526／㊀24 77 602 ㊂103 203 375 386
保科正之（幸松・肥後守）　誕生㊀552。養育㊀552 617 ㊁141。官位㊁527 577 ㊂388 ㊃95。加封㊂28 319。転封㊂28 31 319 727。出羽白岩百姓一揆鎮圧㊂81。領内天主教徒逮捕㊂161。品川御殿茶会㊂205。家綱元服・理髪役㊂388 389。放鷹地下賜㊂465 477。桜田門邸移徙㊂611。家綱補佐㊂693 752 ㊄40 341。日光家光廟造営助役㊃6。浪人問題会議㊃35。家綱具足初㊃58。家綱転任謝使・上洛㊃92 95。老臣会議㊃125 218 365。四大老㊃161。京極高広所領訴訟会議㊃194。庖所門出入㊃323。老臣連署制建白㊃496。吉川神道信奉㊃619 ㊄468。優待㊄29。遺事㊄40。致仕伝㊄40。『みね山の記』㊄41。遺著㊄41 225。諸大名課税の議㊈251／㊁486 521 526 537 ㊂28 31 44 47 159 162 320 321 366 420 591 612 617 623 696 727 ㊃2 24 49 78 91 96 97 102 103 122 160 174 176 177 181 183 225 257 266 273 280 287 334 360 386 420 449 456 457 466 483 492 495 503 504 521 560 563 578 ㊄3 5 13 65 112 122 129 140 142 148 ㊈188
正之女　↓前田綱紀室

保科正之女 ↓稲葉正往室
正寿 大坂定番・恩貸金[八]764。卒伝[八]830／[八]58 138 203
正純(市正) 歿[五]108／[四]282 [五]16 105
正純(甚四郎・淡路守) [八]199 225 608 738
正勝 [八]804
正静 庄内目付[五]451 471。高田目付[五]539 555／[七]242
正貞 大坂夏陣[二]33 36。秀忠上洛供奉[二]130。召出[二]472。大坂加番[二]519 562。加封[二]596 [三]556。家光上洛供奉[二]637。二条在番[二]679。大坂定番[三]556 [四]145 [五]582。卒伝[四]407／[一]384 [二]537 648 [三]111 [四]145 146 149 370 [五]588
正徳 ㊀484 786
正丕(能登守) 歿㊁607／㊀786 ㊁528
正富 致仕伝[十]337／[八]830
正容 ↓松平正容
正頼 歿[四]213／[四]94 131 144 166 213
正率 大坂定番・恩貸金㊀167。致仕伝㊀484／[十]280 337 422 ㊀459
正倫 [九]109 410
誠一郎 ㊁649
弾正忠 ㊁5 77 667
保科徳五郎 ㊀769
保寿院 (千代姫、小笠原秀政女・秀忠養女・細川忠利室) [一]481〜483 [三]213 626
保秀(駿河宝台院) [四]36
保々監物 ㊁525 530
広久 [六]159
貞季 [三]151 551
貞広 [二]539 605 [九]188
貞高 [四]319
貞晴 [三]368
貞長 [十]628
貞武 [十]137
貞房 [九]572 614
穂返金右衛門 [二]67
穂坂長四郎 [一]590 593
穂高助之助 [八]854
穂波尚孝 [十]371
尚明 [九]63
北条元氏 加封[五]532 595／[五]596 [六]126 495
源五右衛門 ㊀582
国隆 [五]77
左衛門 ㊁410
氏英 [八]330 440
氏園 [八]230
北条氏燕 ㊁687
氏応 [九]533
氏乾(氏皍) ㊀236 471
氏紀 [十]397
氏輝 遺臣[一]454
氏久(彦之丞) 致仕㊁687／㊁439 451
氏喬(遠江守) 致仕㊁451／㊀469 ㊁352 447
氏皍 ↓北条氏乾
氏彦 卒伝[十]308／[九]711 [十]7
氏孝 浜松城引渡[八]501 503／[八]567 [九]21
氏康 [一]35 193
氏興 [十]780 ㊀370
氏治 水口在番[五]153 414。公卿館伴[五]255 443。卒伝[六]267／[四]490 [五]83 102
氏重 江戸城濠浚利助役[一]573。大坂冬陣[一]716 730。転封[二]182 [三]208 349 518。大坂城番[二]348。江戸城造営[二]446 [四]274。秀忠霊廟造営[二]541。田中城在番[二]570。家光上洛供奉[二]642。城主に列す[三]208。加封[三]208 349 518。韓使饗応[四]146。歿・無嗣除封[四]288／[一]474 503 544 632 704 [二]534 537 664 [三]261 286 326 343 452 514 [四]105 284
氏如 [七]307 [八]112 261 419

北条氏勝 卒伝[一]544／[一]126
氏信 卒伝[二]351／[一]458 604
氏政 天目山戦[一]44。小田原征伐[一]57／[一]35 41 43 179
氏清 [四]87
氏盛 卒伝[一]458
氏宗 家光上洛中江戸留守[二]623。致仕伝[五]83／[三]2 262 351 409
氏長（正房） 逼塞[三]223。宇治採茶[三]347 348。居宅火災[三]348。猪狩供奉[三]350。廻国[三]592 610。日光霊廟造営奉行[四]12 17 63 74。禁裏造営[四]95 97。紅葉山普請[四]144。関東野山論地検察[四]171。江戸地図作製[四]212。天主教考察[四]266 303 360 476 623。甲府城引渡[四]399 401。姫路城引渡[四]618 619 622。京坂巡察[四]619／[一]588 [二]355 637 [三]81 110 257 534 612 [四]3 6 9 10 43 51 62 69 76 128 160 189 190 433 437 607 [五]37 54 67 77 ↓北条正長
氏朝 分封[五]147 296。宗家相続[六]267。卒伝[八]704／[五]483 [八]88 285 637 690
氏澄 [五]296 [六]278 442 [八]175 179 [九]319
氏直 家康と対陣・和親[一]49 50 167 179。督姫と婚姻[一]50 167。殁・北条氏滅亡。督
北条 [一]59。家康と対面[一]179
氏直室（督姫、家康女・後池田輝政室） ↓良正院
氏珍（釆女） ㊁169
氏貞 卒伝[九]711／[七]392 [八]704 721
氏平 加封[四]443 521。家綱霊廟造営[五]412。火災地巡察[五]470／[四]412 463 464 497 526 [六]230 297 373
氏昉 致仕伝㊀469／[十]308 519 627
氏庸 御前を止む[八]595 860／[九]105 502
氏利 咎[三]282。天樹院法会管掌[四]596 597。江戸城大奥修築[四]604 [五]94。本理院新宅移徙[五]24／[二]500 558 [三]105 382 489 564 655 [四]52 344 [五]4 147
氏和（新蔵） ㊁643
新蔵 ㊀731
新蔵 ㊁476 497
新太郎 ㊁713
正長（北条氏長カ） [三]549
正房 ↓北条氏長
清左衛門 [一]731
長氏（新九郎・早雲） [一]19
遠江守 ㊁393
繁広 卒伝[一]588
北条雄之助 ㊁465
芳春院（前田利家室・前田利長母） [一]66 [三]63 717
芳心院（紀伊頼宣女・池田光仲室） 婚姻[三]339 388 395／[四]202 [六]716
芳心院（おみをの方・おみほの方、木村重勇女・家斉側室） ㊀487 524
邦媛院（節姫、田安宗武女・毛利治親室） [十]47
宝亀院 [二]59
宝鏡寺宮（理忠尼、後水尾天皇女） [六]54
宝樹院（おらくの方、家光側室・家綱生母） 家綱生母[三]232。略伝[四]1。本丸移徙[四]29。殁[四]64。法会[四]64 97 335 517 [五]28～30 246 249 328 [九]555。霊牌所造営[四]97 514～516。霊像[四]515。忌辰代参[五]493 [六]60／[三]480 522 663～666 [四]26 27 50 51 63 71 129 [五]526 530 [六]456
宝生正俊 [六]675
大夫 [五]186
宝台院（西郷局、家康側室） 秀忠・忠吉生母[一]43。従一位[一]379 [二]435。伝[一]379。法会[二]434
宝池光院（尊賀・尊雅、文察尼王・円照寺宮・

宝池光院　後水尾天皇女）〔五〕5 283

宝蓮院（森姫、近衛家久女・田安宗武室）　婚姻〔八〕659 704 710。小次郎生母〔九〕344。卒伝〔十〕791／〔八〕638 659 710 711〔九〕14 373〔十〕768 786

宝蓮院（尾張吉通女・尾張宗勝室）〔八〕416 528

法月（増上寺）㊀231

法如院（家斉女）㊀487

法城寺康定〔八〕163

法心院（おこんの方、太田政資姉・家宣側室）　太田政資邸に臨む〔七〕99。浜邸住居〔八〕37 94 616。邸宅修理〔八〕81 97 617。賄料〔八〕145。歿〔十〕224／〔七〕27 99 100〔八〕263〔九〕374

法性（久遠寺）〔五〕323

法蔵教翁〔一〕26

法珍（春性院）〔十〕391 410

法然上人　大師号追贈〔六〕273／〔一〕598

法量院（艶姫、家斉女）㊀663 671

峯　厳　院　↓徳川忠長

峯寿院（峯姫、家斉女・水戸斉脩室）　婚姻㊀512 737 738。卒伝㊁712／㊀433～435 440 454 480 544 585 588 623 733 759 657 701 732㊁48 173

逢春門院（後西天皇生母）〔五〕547

彭長老（天竜寺慈済院）〔一〕654

蓬王院（若姫、家慶女）↓蓮玉院

房演（三宝院門跡）〔五〕403〔六〕706

傍島太郎右衛門　㊁144

棒　庵　↓下津棒庵

朴安期（韓使）〔三〕324

朴慶俊（韓使）〔五〕457

星　与左衛門〔八〕803

星合具教　↓星合具枚

具泰　召出〔一〕483 537 588 619 642。加封延滞〔一〕642。家光上洛・諸駅宿割〔二〕257／〔二〕578〔三〕151

具泰女（お梅の局、神尾守勝室）↓肥後局

具通〔二〕356 402 529〔三〕81

具枚（具教）　書物奉行〔二〕615／〔二〕202 418 433 479 613〔三〕37 148 151〔四〕99

顕行　寛永寺綱吉廟普請奉行〔七〕64 72。駿府城石垣修理〔七〕154 161 298。江戸城修理〔八〕117 147 281。伝通院修理〔八〕252。浄円院霊牌所新建〔八〕407。籠居〔八〕410／〔八〕98 149 693

充郷〔二〕368 637〔四〕74

親祇〔九〕60

専来〔一〕450〔三〕224

星合頼次〔六〕315

星田正種〔二〕107〔三〕578 579

星野益庶　㊀490 570

源十郎〔九〕512

二郎八郎〔八〕603

小左衛門〔六〕141 389

長兵衛　㊁173

鉄三郎　㊁486

細井安常　㊀226 364 521

安定（細川）　日光諸堂修理〔八〕821 823。寛永寺東照宮修理〔八〕844 860。三河矢矧橋修理〔九〕345 383。一橋家老〔九〕414／〔九〕383 406 410 445 549 713

安明　家宣霊廟造営〔七〕271 343 357。江戸城西丸修理〔七〕452〔八〕12。蝗災地賑救〔八〕637／〔八〕733 739

金大夫〔三〕294

広沢（知慎、次郎大夫）　経史討論〔六〕307 357。進講〔六〕738／〔八〕338 514〔九〕236 257

勝為　東海道河渠浚利〔九〕442 447 455 465。心観院下向〔九〕473 482 486 487。黜免・小普請入・籠居〔九〕692／〔九〕425 739

勝吉　大岡十大夫誅伐〔一〕431。駿河清水船手頭〔二〕220。韓使往還〔三〕41／〔二〕190 439

細井
677〔三〕145
勝久　常陸下野草賊誅伐〔一〕558。大坂冬陣〔一〕705／〔一〕126〔二〕14 190
勝郷　加納城引渡〔七〕150 162。下田港監視〔八〕157 161 175／〔七〕246〔八〕436 545〔九〕75
勝行　烏山城引渡〔五〕139。唐津城引渡〔五〕284 294／〔六〕74 92
勝興（勝茂）　家光上洛供奉〔二〕637。逼塞〔三〕223。采邑悪所・所替〔三〕465。槍術進覧〔三〕685。駿府城修理巡察〔四〕194／〔二〕401 527〔三〕262〔四〕5 9 63 81〔五〕44 117 195 524 619
勝秀　〔十〕259
勝尚　〔九〕350 364 398
勝乗　〔七〕201
勝正　〔三〕525 674〔五〕532 590
勝村　㊀99
勝忠　〔四〕510
勝長　〔八〕498 600
勝通　〔六〕231 239 272
勝武　豊後府内目付〔三〕354 355 386／〔三〕245 294 406 426 463 652
勝房　〔十〕259
勝務　〔五〕619
勝名　〔十〕259

細井勝茂　↓細井勝興
新之丞　㊀648
正信　〔四〕470 487〔五〕117
正成　〔一〕638
正相　〔十〕260
正利　盗賊考察〔十〕214 225 251／〔十〕260
政高　〔三〕304
政昌　三河吉田橋改架監視〔九〕611 614。美濃伊勢尾張河渠浚利監視〔九〕638 641。水害地河渠堤防巡見〔九〕686。下利根川堤防修築〔九〕694 709／〔九〕656 667 711 749
知愼　↓細井広沢
智勝　〔四〕46 314〔五〕199
忠定　〔九〕381
直由　〔四〕395 483
八左衛門　㊁239
方勝　〔四〕146
細井戸為易　〔九〕531
為親　〔十〕657
細川胤次　↓細川治年
紀雄　〔九〕439
吉利（内記）　元服・偏諱〔六〕520。歿〔六〕619／〔六〕484 504
慶順（六之助）　㊀674

細川慶前（雅之進）　歿㊁603／㊁399 401 421
賢年　↓細川治年
元信　〔八〕340
元通　〔六〕176〔八〕288 340
光尚（六丸）　初謁〔二〕219。元服・偏諱〔二〕686。島原乱〔三〕83 91 100。別墅転地〔三〕320。明国滅亡・来航船処置令〔三〕460 461。南蛮船長崎来航警衛〔三〕492 495。江戸城西丸用材献上〔三〕636。封地返還を遺言〔三〕640 709。卒伝〔三〕632 640／〔二〕354〔三〕44 221 225 399 455 613 632。家士〔三〕492
光尚母（千代姫、小笠原秀政女・秀忠養女・細川忠利室）　↓保寿院
行孝　卒伝〔六〕81／〔四〕146 173〔五〕475〔六〕81
行芬（行芬、豊前守）　↓細川之寿
綱利（六丸）　光尚遺領特賜〔三〕640。元服・偏諱〔四〕97。証人交代〔四〕108 143 174 246。明暦大火・消防〔四〕210。江戸城造営助役〔四〕242 261 262 270〔六〕713。天主教徒繋獄〔四〕360 469〔五〕27。家士婚嫁届出制〔四〕389。封地洪水〔五〕52。八代災害〔五〕93 126。熊本火災〔五〕304。湯島聖堂に祭器献上〔六〕85。江戸邸罹災〔六〕344。利武、采邑返上〔六〕681。寛永寺綱吉廟

細川
造営助役〔七〕5・71。致仕伝〔七〕234。殁〔七〕405／〔三〕421・677〔四〕14・298・301・379〔五〕47・419〔六〕680・681。家士〔四〕269・274
綱利母　〔七〕93
綱利室（水戸頼房女・松平頼重養女）　〔五〕203
興栄　遠慮〔六〕129。致仕伝〔八〕486／〔四〕568〔六〕36
興貫（辰次郎・玄蕃頭）　㊁611・694・712
興建（長門守）　致仕㊁694／㊁343・442・694
興元　一万石余拝領〔一〕524。加封〔二〕101。御談伴〔二〕282。卒伝〔二〕148／〔一〕704〔二〕33
興虎　卒伝〔八〕789／〔八〕230・479・486・496
興昌　家光上洛供奉〔二〕256。大坂加番〔二〕413・623。江戸城石垣修築助役〔二〕447。駿府加番〔三〕201・242。参勤交代〔三〕272／〔二〕148・244・336・345・534・537・555〔三〕3・156
興譲（喜十郎）　㊀606
興生　長島城修築助役〔七〕110・155。致仕伝〔八〕701／〔六〕515
興晴　致仕伝㊀81／〔八〕789〔九〕561・592
興誠　〔七〕49
興貞　〔六〕578
興徳（喜十郎、長門守）　殁㊁343／〔十〕583㊀81・576・670

細川興文　致仕伝〔十〕380／〔九〕363
興里　卒伝〔九〕363／〔八〕666・701
興隆　増上寺造営助役〔三〕492。下館在番〔三〕639。江戸邸火災〔三〕691。大坂加番〔四〕180・238〔五〕158・191・490・523。沼田城在番〔五〕431・436。致仕伝〔六〕36／〔三〕446・468〔四〕86・146・493・562・598・623〔五〕4・364。家士〔三〕509・510
之寿（行芬、熊之丞・豊前守）　久能山東照宮修復助役㊁269。関東諸川修理助役㊁586・595。致仕㊁669／㊁143・171
治年（胤次・賢年）　元服・偏諱〔十〕438。卒伝㊀43／〔十〕426・476・492・787・800
重賢　元服・偏諱〔九〕442。封地凶荒・恩貸金〔九〕662。浅間山噴火、災害地方河渠浚利助役〔十〕740・742。卒伝〔十〕784・787／〔九〕450・453〔十〕320・383・397・492。家士〔十〕743
瑞易　〔二〕594
斉護（立政、与松・越中守）　偏諱㊁144。河川修復助役㊁206。上米㊁351。上納金㊁355・393。治績褒賞㊁562。大坂城修復助役㊁605・614／㊁8・28・140・143・711
斉茲（立礼・治年、六之助・越中守・左京大夫）　元服・偏諱㊀55。国用助力請願㊀65。禁裏造営助役㊀76。封

細川
地水害・恩貸金㊀194。関東諸川修理助役㊀510。致仕㊀658。湯治㊀773・779㊁35／〔十〕351・380・440㊀43・240
斉樹（六之助・越中守）　元服・偏諱㊀477。婚姻㊀284・481。阿蘇山噴火㊀753。日光霊廟諸堂社修復助役㊁26・33。卒伝㊁140／㊀476・658・687・688㊁136
斉樹室（紀姫、一橋治済女）　㊀284・481
宣紀　元服・偏諱〔七〕26。抜荷唐船打払令〔八〕413。自作の甲冑・陣羽織進覧〔八〕508〔九〕213。病気〔八〕587〔九〕206。卒伝〔八〕603・608。吉宗公事職原等を下問〔九〕240／〔七〕34・234〔八〕55・141・603
宣紀実母　〔八〕238
宣武（利武）　〔六〕680・681・694
全隆　〔一〕475・504〔二〕421・579
宗孝（六丸）　封地蝗災・恩貸金〔八〕611。元服・偏諱〔八〕616。忠興着用の甲冑進覧〔八〕717〔九〕214・439。関東水害地河渠堤防修築助役〔九〕50・67。板倉勝該刃傷事件〔九〕218・434。卒伝〔九〕438／〔八〕608・655・717〔九〕111
宗孝室（紀伊宗直女）　〔八〕717〔九〕25
宗仙　〔十〕520

細川泰和　㊄66
　忠興(三斎)　家康と前田利家の仲を和す㊀63。江戸市街修治㊀76。江戸運送廻船㊀100。病気㊀118 661 ㊁205 ㊂134 316 416。江戸築城課役㊀119。徳川家に志を通ず㊀212。征韓七将確執㊀213。家康遺命㊀282。家康に救わる㊀294。関ヶ原合戦㊀356。参勤㊀487 640 ㊁157 341 679 ㊂100。名古屋城修築㊀510 520。暹羅渡海朱印㊀539。禁裏造営課役㊀547 603。薬種数品下賜㊀645。奥殿に召さる㊀645 647。秀忠茶事㊀645 ㊁415 480。大坂謀叛、在封、国中に沙汰㊀689。大坂冬陣㊀706 718 720 747 762。大坂夏陣㊁26。帰封㊁48 175 210 350 417 569 ㊂268。羽柴姓より本姓に復す㊁77。家康の形見㊁95。大坂城修築課役㊁186。大外様衆㊁207。致仕伝㊁207。処世法㊁272。家光茶事㊂111 160。歿㊂425。優遇㊂729 730。故式の産衣献上㊂729。発句㊂751／㊀85 487 544 559 ㊁33 79 255 409 413 425 477 536 ㊂141 155 730 ㊇508
　忠利　江戸城修築㊀403 407 412 657 ㊁231 ㊂1～

細川
4。婚姻㊀475 481 483。名古屋築城指揮㊀520 522。参勤㊀656 ㊁89 207 219 498 612。大坂冬陣㊀689。大坂夏陣㊁12 41。就封㊁157 176 211 568。藤原惺窩尊信㊁177。小倉城主㊁213。大坂城石垣造営助役㊁316 322 338 439 443。秀忠茶事㊁415 504 505 526。熊本城請取㊁550。加転封㊁568。病気㊁694 ㊂69 139 221。御談伴㊁699。島原乱㊂72 76 84 91 96。蛮船の法令示達㊂147。家光茶事㊂160 166。卒伝㊂221 225／㊀118 129 407 457 544 ㊁90 91 207 232 242 376 413 535 536 691 ㊂171。家士㊁324
　忠利祖母(細川藤孝室)　↓光寿尼
　忠利室　(千代姫、小笠原秀政女・秀忠養女)　↓保寿院
　忠利妹(細川忠興女・烏丸光賢室)　㊁490
　藤孝(幽斎)　家伝『礼式』三巻献上㊀80。『室町家式』撰述㊀329。卒伝㊀526
　能登守　㊁710
　八三郎(細川宣紀男)　㊆405
　有孝　奥詰㊅162 440 739。致仕伝㊅515／㊄519
　与一郎(細川綱利男)　㊅222 349 413 ㊅81 408 ㊆243

細川頼範(讃岐守)　㊀751
　利愛　㊀637 648 687
　利寛　卒伝㊉261／㊇545 ㊈33
　利恭　致仕伝㊈33／㊆435
　利国(右近)　歿㊀648／㊀440
　利重　㊃318
　利昌　卒伝㊆435／㊄519 ㊅298 682 700
　利致　卒伝㊉666／㊉261
　利武　↓細川宣武
　利用　㊀687
　利庸　㊉666 ㊀480 491
　立孝　卒伝㊂410／㊂152 316
　立之(与松)　卒伝㊁8／㊀416
　立政　↓細川斉護
　立則(総丸)　㊁633 669
　立礼　↓細川斉茲
　隆之　㊀548
細倉喜三郎　㊁110
細田吉時　㊀523
　康次　㊀499
　康政　㊀499
　時以　買米㊇587。御前を止む㊇661。金銀改鋳㊇723／㊇431 637 745 778
　時義　㊆423

細田時賢　㊀434
時純　㊀636
時徳　[四]619 624
時敏　江戸城内修理[九]611 631。勘定奉行[九]656 675。下利根川堤防修築[九]694 713。諸国河川浚利検察[九]696 703／[九]636 650 734 739
時富　㊀103
重時　[一]523 [三]214
太郎左衛門　㊁111
細野為景　↓下冷泉為景
細見幽悦　[十]294
細谷太郎左衛門　[七]377
太郎兵衛　[七]378
定広　[五]157
細屋喜斎　[一]117
北坊良政　[三]9
堀田伊勢守　㊁392
一輝　下館在番[四]9 352。甲府在番[四]266 307。寛永寺家綱霊廟造営[五]412／[四]411 421 439 444 [五]39 331 [六]358 580
一継　御談伴[二]282 357／[二]174 487
一権(近江守)　㊁98
一幸　[六]288 314

堀田一興　[九]103
一之　[六]445
一純　増上寺修理奉行[三]608。甲府代番[四]8。宝樹院宝塔造作奉行[四]70 97。寛永寺東照宮御供所修理[四]182／[一]692
[二]377 487 538 [三]110 117 210 230 365 533 [四]304 453 629
一常　[十]241 352 462 517
一知(伊勢守・中務少輔)　給仕肝煎㊁91。恩貸金㊁263／㊁49 690
一仲　[八]453 [十]170
一朝　㊀255
一通　知恩院造営奉行[二]594 599／[二]197 357 539 677 [三]204
一定　[十]809 ㊀482
一徳　[六]665
一敦　[十]593 669
一暾　[十]749
一平　[八]436 526 645
一竜　[十]249 455
内蔵助　[九]46
五郎左衛門　㊁509
光孚　㊀636
幸直　[五]20
小膳　㊁121

堀田昌八郎　㊀668
勝嘉　禁裏造営課役[一]548。七組番頭[一]684。今福戦[一]732／[一]457 684 760
勝清　大和郡山城引渡[五]551 556／[六]63 170
勝直(正勝)　[四]22 305 355
甚左衛門　[二]625 629
甚兵衛　㊁693
正永　卒伝[八]702／[八]406
正英　分封[四]22。赦免[四]371。加封[五]389 438。若年寄[五]424。奏者番[五]547。譜代並[五]567。卒伝[六]22／[三]657 [四]13 337 526 536 [五]35 94 98 395 439 566
正貫　[十]292 ㊀48 63
正貴(土佐守)　㊀671
正義(豊前守)　歿㊁440／㊁367 393 404
正吉　召出[一]400。西丸目付[二]161／[一]401 [三]165 310 327 379 454
正休　廩米一万俵下賜[四]367。佐倉の年貢取得許可[四]369。塩硝庫爆発[四]402。閉門[五]261。一万石下賜[五]443。譜代並[五]567。致仕伝[七]432／[四]477 [五]22 412 566 [六]321 346 508
正矩　[九]96
正虎　分封[五]525。転封[六]393。相模河渠浚

堀田
利助役[七]85 111。出羽御料百姓一揆鎮圧[八]311。牧馬献上[八]419。大坂城代・恩貸金[八]484。卒伝[八]496／[五]213 467 526 579 [六]208 [八]227 483 492
正広　↓神尾正広
正功　㊀344
正高(図書助)　[二]37
正高(兵部)　分封[五]525。致仕伝[八]271／[五]526 579 [六]408
正衡(摂津守)　江戸城造営費上納㊁392 520。日光検使・封地家作一覧許可㊁468／㊁260 277 431 496 508
正穀(豊前守)　『寛政重修諸家譜』編輯㊀399 697。『旗本御家人系譜』呈上令㊀406。致仕㊀744／[十]392 581 ㊀576 730
正時　㊀487 558
正実　卒伝[九]722／[八]702 [九]521
正修(主税)　㊁187 561
正俊　分封[四]22。遠慮・赦免[四]371。転封[四]613 [五]401。加封[四]613 [五]301 305 317 401 436。若年寄[五]66。綱吉を擁立[五]337 354。農政管掌[五]368。国用管掌[五]369。酒井忠清旧邸下賜[五]397。大老[五]432。韓使虚位拝礼[五]460。安宅丸破却建議[五]462 [六]730。稲葉正休刃傷・伝[五]520〜522。『或疑論』著作[五]521 [六]745。大手門前邸収公[五]525 526。綱吉の重用[六]724 733 745。大臣の風[六]746／[三]115 422 659 [四]13 32 212 241 306 335 350 384 436 513 519 [五]67 321 329 484 492
正春　卒伝[八]556／[八]496
正順　日光本坊修理助役[十]109 134。家基法会[十]761。天主教考察簿[十]798。恩貸金㊀11 33。卒伝㊀558／[十]42 44 161 764 ㊀29 193 390 393 557。家士[十]137
正章　[九]14
正勝　↓堀田勝直
正頌(鎮太郎)　㊁644
正信　家綱二丸移徙[三]323。家綱傅役[三]587。日光御使[四]62 67 68 90 101 103 169 170 255 304 306 335。封地返上の封事呈上[四]364 365 [五]341。除封・召預・伝[四]367。召預替[五]132 261 266 360 463。自殺[五]360 364／[三]115 379 422 612 672 [四]13 22 241 282 329 350 364 369。家士[五]266
正親　[五]239 [六]22
正清　[十]134
正盛　御側[二]203 581 582 [四]22。封地下賜[二]311。小姓[二]311。出羽守[二]311。加封[二]356 401 616 673 [三]96 251 281。小姓組番頭[二]401 581 582 692。六人衆(若年寄)[二]593 596 625 [三]244。寵臣[二]597 [三]292。昵近・出頭人[四]22。宿老・連署[二]597 692 693 [三]96。転封[二]673 [三]96 251 281。評定所制[二]696。邸内老臣会議[三]5 6。家光来邸[三]58 60〜62 115 170 171 177 181 190 192 201 202 209 212 213 216 218 238 241 243 247 252 256 258 259 262 272 277 278 281 283 287 292 293 296 297 300 303 305 307 310 311 313 317 323 326 327 331 334 337〜338 341 345 346 349 351 353〜355 357 358 364 365 367 378 382 387 422 464 501 626。仙波東照宮火災・出仕を止む[三]88。品川放鷹[三]116。受命[三]201 312 405 406。御殿茶事[三]205。侍従[三]214。家光日光社参[三]265。家光と密議[三]281 366 368 559。家光と会議[三]355 364 520 640 675。病気[三]372 491 625〜628 634 730。春日局一周忌法会[三]368。殉死[三]693 [五]347。家法整治[三]694。卒伝[四]22。寵遇[四]22／[二]537 638 639 677 681 [三]62 102 105 107 113 137 143 175 225 226 263 288 320 321 350 359 362 389 424 453 493 507 529 562 579 590 592 601 602 612〜614 623 682 691 692 713 730 732 734 735 [五]309

堀田正誠(豊前守) ㊁505
正仲 乗輿免許[五]320。特恩[五]433。『三河記』校正[五]499。諸家に将軍直書等、書写奉呈を下命[五]506。『服忌新令』総裁[五]509。転封[五]522 548 582。湯島聖堂に祭器献上[六]85。卒伝[六]208。『武徳大成記』編輯総裁[六]737/[五]119 467 475 525 579
正仲室 [五]511 512
正朝 卒伝[八]173/[六]276 [七]432 [八]45 [九]187
正直 [七]28
正陳 対客日定制令[九]415。西丸若年寄首座[九]471。窮乏・恩貸金[九]605。卒伝[九]605/[八]173 227 [九]126 130 363 435 547
正篤(備中守・相模守) 増上寺霊廟修復㊁449。江戸城本丸造営費上納金㊁520/㊁62 330 333 428 506
正篤室 ㊁552
正敦 若年寄勝手方㊀128 137 ㊁457。御前を止む㊀392。『寛政以後諸家譜』編輯再調査㊀399 697。『旗本御家人系譜』呈出令㊀406。城主格㊁124。加封㊁219。致仕伝㊁260/㊀39 43 124 758 789 ㊁21

堀田正富 致仕伝㊀43/[九]722
正武(主水) [七]406
正武(三四郎) ㊀621
正方 [五]546
正邦 卒伝[十]392/[九]533 605
正峯 卒伝[八]406/[八]230 271
正民(正氏、美濃守) 歿㊁367/㊀744
正名(主税) ㊀771
正亮 分封[八]496。御前を止む[九]79。転封[九]373。浄円院法会総督[九]384 389。御判物・御朱印管掌[九]387 404。心観院下向[九]473 487。日光家光百年忌法会総督[九]477。寛永寺霊牌所修理総督[九]496 514。老中首座[九]498。日光東照宮修理[九]519 592 593。国用管掌[九]522 701。江戸城修理[九]577 742。家治婚礼[九]619 629。心観院御産[九]656 667。家重御転任御兼任総督[九]747 757。清水邸造営[九]749。加封[九]760。卒伝[十]36 42/[八]556 632 [九]90 356 365 375 391 395 397 512 529 530 548 591 592 673 755 756 [十]29 35
清十郎 ㊂79
善右衛門 [六]508
弾正(五郎左衛門) ㊁281 459 625

堀田主税 ㊁697
直次 [四]417 429
通矩 [九]488
通右 諸隊弓銃試技[七]119。日記管掌[七]208。閉門[八]128/[八]55 449 548
土佐守 ㊀691
彦三郎 ㊁477
備中守 ㊁392
孫作 ㊀648
若狭守 [一]662
淡路守 ㊀729
堀右馬助(堀利長男) [四]46
近江守 ㊁20
勘解由 ㊀704
儀左衛門 ㊁99
金十郎 ㊁664 688
内蔵頭 ㊁274
三六郎 ㊀748
之常 [十]435
之敏 ㊁235
次郎大夫 ㊀658
秀興 [十]221
秀治 卒伝[一]410/[一]126
秀重 卒伝[一]419

堀
秀信　赦免〔一〕398。非常出仕者姓名簿管掌〔二〕310／〔二〕325 379 411
秀嵩　〔二〕218〔三〕155
秀政　〔一〕353
秀雪　〔六〕178 270 316〔七〕73〔八〕133
秀隆　〔十〕677 694 785 ㊀218
十郎兵衛　㊁348 386
省之助　㊁487
信明　〔十〕406 412
親義（銕三郎・左近将監・大和守）　考案の鉄砲献上㊁631／㊁213 547
親賢　卒伝〔七〕448／〔六〕297 477
親行　〔八〕257
親幸　↓堀　親民
親昌　大坂加番〔三〕97 108 151 447 497〔四〕16 58 149 194 617〔五〕23。参勤交代順番令〔三〕271 272。日光火番〔三〕515 551。日光社参下知状〔三〕530。日光行殿造営助役〔四〕334 460。佐倉在番〔四〕378 380。転封引料〔五〕136。卒伝〔五〕166／〔二〕623〔三〕63 214 350 425 437 605 639〔四〕102 250 349 437
親常　奥詰〔六〕83 109 739。卒伝〔六〕297／〔五〕568 585〔六〕250
親宣　↓堀　親泰

堀
親蔵　卒伝〔九〕382／〔八〕481 569〔九〕213
親泰（親宣）　巡見使〔四〕601 620 622／〔三〕64 218〔五〕97
親智　〔三〕64〔四〕591
親忠（忠蔵）　卒伝〔十〕756／〔十〕463 602 605
親長（大和守）　致仕伝〔十〕602／〔九〕382 531 639
親貞　沼田城請取〔五〕431 435。高田城在番〔五〕544。卒伝〔五〕568／〔四〕16〔五〕166 188 231 364 558
親敷　白河城引渡〔九〕32 36。上野厩橋城引渡〔九〕489 490／〔九〕742〔十〕283
親審（大和守）　聖堂再建助役㊀417。加封㊁500。老中格㊁512 539。江戸城造営費上納㊁392 520 543。致仕㊁547。減封・逼塞㊁547／㊀316 380㊁153 193 540
親褒　㊀325 351
親民（親幸）　卒伝㊀316／〔十〕756㊀89
親庸　卒伝〔八〕481／〔七〕448
親良　致仕〔一〕421。加封〔一〕559〔二〕157 409。韓使饗応〔二〕331。江戸城石垣修築課役〔二〕447。大坂加番〔二〕519 562。卒伝〔三〕63／〔二〕409 434 459 582〔三〕63 64 293
親良養子（鶴千代）　〔一〕421
甚五郎　㊁679

堀
周防（小堀）　㊀512
正吉（宗伝）　〔一〕472
正勝　〔七〕59 402〔八〕65
正辰　〔八〕436 838
正善　〔一〕451
正房　〔十〕100 192
成知　〔六〕383
宗通　〔四〕519
宗伝　↓堀　正吉
宗明　↓堀　利政
帯刀　㊁370
丹後守　㊁634
弾正　㊀753
忠俊（吉五郎・越後守）　訴論・収公・召預〔一〕330 509 510／〔一〕410 418 419〔二〕219
忠俊室（本多忠政女・家康養女・後有馬直純室）　〔一〕533
著朝　致仕伝㊀201／〔十〕677㊀161
長恭　〔九〕528
長郷　〔六〕213 248〔八〕65
長慶（三宅康雄医）　〔八〕289
長政　〔十〕747
長任　〔三〕314〔四〕60
直安　㊀89 99

堀
直依 巡見使[四]601 618 620。京摂水道浚利[五]499 526 527。御前を止[六]85／[四]400 [六]205
直為 致仕伝[八]843／[六]695 [七]178 384
直英 致仕伝[八]676／[七]211 [八]174 196 424
直延 [四]319 373
直央(内匠・飛騨守) 致仕伝[八]192／[六]370 [七]173 384
直央(丹波守) ㊁526 625
直温 卒㊀691／㊀482 598
直格(内蔵頭) 致仕㊁537／㊁64
直寛 伏見奉行[九]553。致仕伝[十]288／[八]655 676 801 [九]720
直起 卒伝㊀598／㊀196 201 547
直寄 家康遺命[一]283 284 [三]93。上杉征伐[一]381。駿府城消防[一]449 532 573。弟直次と訴論対決[一]509。坂戸城収公・召出・飯山城主[一]510。加・転封[一]532 573 [三]94 104 149。禁裏造営助役[一]548。大坂冬陣[一]707 734 735。高田城在番[二]103。御談伴[二]282 596 605。江戸城修築助役[二]447 [三]2。秀忠来邸[二]471。家光来邸[二]477。池田長幸家中騒動[二]545。紅葉山・増上寺参詣供奉制[三]44。卒伝[三]157。寛永寺祇園堂造営[三]720／[二]149 375 386 477 536 629 635 639 657 687 [三]24 27 157

堀
直喜 卒伝[九]548／[九]441 467
直輝 参勤交代順番令[三]272。大坂城雷震災害[四]355。大坂加番[四]355 397 574。大坂城修理助役[四]392 403。卒伝[五]52／[三]40 63 261 [四]22
直宜(直宣) 卒伝[十]677／[十]282
直吉 江戸城修築助役[三]487 495。大坂加番[四]319 [五]187。小諸在番[四]419。卒伝[五]251／[三]312 326 [四]259 447 464 525 [五]23。家士[三]509
直久 [二]641
直旧 卒伝[九]467／[九]130 194 215 461
直教 致仕伝㊀294／[十]617 788 803 ㊀478
直郷 卒伝[十]744／[十]619 631
直堯 卒伝[十]788／[八]640 843 850
直景 因伯横目役[二]566。加封[二]616 [三]291。大和高取城御使[三]79 126。浅草観音堂火事、日夜宿直[三]257。万石に列す[三]291。因幡目付[三]303 320。浜松城引渡[三]349 353。吉田城請取御使[三]408。越前目付[三]424 444。豊後府内目付[三]461 463 497。増上寺参詣随身役[三]515。

堀
小諸目付[三]519。姫路目付[三]608。致仕伝[五]22／[二]535 538 [三]27 45 77 193 201 221 291 612 [四]81 127 275 293 309 362 488 489
直堅 卒伝[十]619／[十]37 288 332
直好 吉宗日光社参供奉[八]450。松江目付[八]607 628／[八]397 436 656
直行(三五郎・山城守・伊賀守) 加封[五]89 226／[四]309 [五]86 270 529 [六]29
直行(直江、喜内) ㊀267
直恒 [八]192
直高 [六]58 [八]372
直皓 致仕㊀705／[十]744 803 ㊀503 637
直興(益之進) 卒伝㊁64／㊀676 705
直哉 卒伝㊁235／㊀691
直之 堀直次と訴論対決[一]509。三河西尾城引渡[二]213。会津・三春城請取[二]405。大坂城造営内議[二]436。談伴衆交番出仕[二]549。訴論裏判連署[二]554 607。加封[二]596。町奉行[二]524 693。江戸城惣郭造営奉行[三]1 3 29。閉門[三]79。赦免[三]86。関東山野論地巡察[三]109。大和郡山城引渡[三]129 136。卒伝[三]291／[一]572 [二]379 418 537 598 [三]104 148 162 171

堀
直氏　↓堀　直治
直次　兄直寄と確執〔一〕330 509。配流〔一〕510／〔二〕377 471 477 638〔三〕158
直治（直氏）　日光社参宿割〔四〕443。上野安中領監察〔四〕613 617／〔三〕158 291
直時　分封〔三〕157。市谷水道石垣造営〔三〕241。参勤交代順番令〔三〕271 272。卒伝〔三〕294 312／〔二〕361 402 471 477〔三〕303
直重　〔一〕509 538 548 704
直従　〔十〕366
直俊　〔六〕511
直升　大坂加番〔二〕519。大坂城番〔二〕529 562。江戸城惣郭造営課役〔三〕2。卒伝〔三〕63／〔二〕370 539
直昌　〔九〕533〔十〕450 451 580
直昭　家光日光社参、宿割奉行〔三〕512。家綱日光社参・宿割奉行〔三〕588。寛永寺慈眼大師堂造営奉行〔三〕617／〔三〕345 610
直政　〔二〕377 538〔三〕101
直泰　〔九〕611
直達（直逵）　〔九〕498 512 515 762
直知　閉門〔八〕789 791 792／〔八〕436〔九〕709
直忠　〔一〕509

堀
直著　卒伝〔十〕282／〔九〕548
直定（千助・千介）　無嗣絶家・卒伝〔三〕258／〔三〕157 158 241
直定（三六郎）　〔四〕309〔五〕464
直道　〔六〕604
直武（富丸・長門守）　㊁537 585
直富　〔六〕165
直平（金十郎）　㊁329 476
直方（八郎右衛門）　〔七〕332〔八〕21 195
直方（三十郎・右京亮）　致仕伝㊀481／〔十〕797 ㊀294 417
直芳　〔十〕460
直房　〔二〕639
直佑　大坂加番〔五〕158 191 261 295 419 461 609。勅額使館伴作法〔七〕344。致仕伝〔八〕174／〔五〕52 231〔七〕451
直宥　卒伝〔七〕173／〔五〕213〔六〕107
直庸　㊀481
直利　越後騒動・糸魚川城番〔五〕417 420。黜免〔六〕697。致仕伝〔七〕178／〔四〕525〔五〕251 255 287 452 495
直良　大坂加番〔五〕75 109 214 244 490 523 605。卒伝〔六〕107／〔五〕22
通周　大坂加番〔五〕43 82 135 164。発狂・封地

堀
収公・卒伝〔五〕328／〔四〕276 319 504
対馬守　〔二〕39
遠江守　㊀29
富蔵　㊁516
富之進　㊁95
八郎右衛門　㊀659
彦三郎　㊁487
文敏（出雲守）　㊁532
又十郎　㊁144 510
主水　〔三〕220 221
頼依　〔四〕378
利安（直安）　烏山城引渡〔五〕407 408。姫路目付〔五〕421 443。本所宅地替地管掌〔五〕474。佐貫城請取〔五〕530 532。駿府目付〔五〕583 590。備中松山城目付〔六〕186 193。閉門〔六〕205 228／〔五〕255 268
利為　〔六〕137 389
利熙（織部）　㊁711
利躬　〔八〕829〔九〕622 690
利堅（伊賀守・伊豆守）　増上寺廟修復㊁512 516。上野世良田東照宮修復㊁528。江戸城本丸造営奉行㊁528 532 541。『日記』編集㊁679
利之　㊀538

堀　利重(左馬助・伊賀守)　禁裏造営課役〔一〕548。配流〔一〕654。宇都宮吊天井事件〔二〕227。赦免・一万石拝領〔二〕235。加封〔二〕596。寺社奉行職掌〔二〕693。卒伝〔三〕106／〔一〕509〔二〕235 402 441 537 541 548 604 655〔三〕5 16 79 106
利重(十兵衛)　〔三〕685
利照　〔九〕112
利常　〔三〕19
利政(宗明)　召出〔二〕44。豊後萩原横目〔二〕594。高槻目付〔二〕676／〔二〕44 587 616〔三〕113
利長　大坂加番〔三〕144 204 209 650。卒伝〔四〕290／〔三〕106 252 625
利直　〔二〕687〔三〕106 109
利邑　〔七〕53〔八〕288 314
利雄　父乱心、封地収公・三千石特賜〔五〕328。沿岸巡見〔八〕190。廻船籌石銭徴収管掌〔八〕272／〔五〕370〔六〕441 672〔八〕185 344 521
利庸　〔九〕548〔十〕259
堀江教賢　卒伝〔一〕483
成親　〔四〕263 291
成定　〔二〕470
芳極　流作田再開発〔八〕853〔九〕7。韓使聘礼〔九〕399 462。東海道河渠浚利〔九〕442 447 453
堀江　465。小普請入、出仕を止む〔九〕473／〔八〕853〔九〕365 445
堀尾可晴(吉晴)　上杉征伐〔一〕67〔二〕265。国政執行〔一〕116。家康詰問使〔一〕211。卒伝〔一〕555／〔一〕112 457
吉晴　↓堀尾可晴
源七　〔九〕232
忠氏　卒伝〔一〕116／〔一〕79 85〔二〕265
忠晴(三之助)　江戸市街修復〔一〕76。家督〔一〕116 555。元服・偏諱〔一〕542。禁裏仙洞造営課役〔一〕547 603。大坂冬陣〔一〕733。福島正則改易・広島城勤番〔二〕167。大坂城修築課役〔二〕185 186。秀忠茶事〔二〕415 504。卒伝・無嗣除封〔二〕610／〔一〕457 521 542 544 588 733〔二〕59 376 505 536 568 608 609〔五〕488
堀　川　〔五〕231 232
広益　召出〔七〕140。御側高家〔七〕140／〔七〕160〔九〕119 437 438 514 517 566 665
広之　↓有馬広之
康胤　〔二〕178 620〔三〕8 9 351 352 542
康綱　〔五〕38
則康　〔五〕248
堀越定次　〔二〕357
堀越貞勝　〔二〕402
堀中主鈴　㊀775
堀内安之　〔八〕118
安但　〔八〕835
喜右衛門　㊀654
源左衛門　〔九〕188
氏久　〔二〕42
氏成　〔六〕49
氏張　〔八〕360 654
氏有　㊀436
小膳　㊁13 163
善次郎　㊁268
堀本彛珍(一甫)　小普請入、出仕を止む㊀164／〔十〕748㊀360 524 592
元悌(好安)　㊀532 539
重顕(一甫)　〔六〕156 273
堀谷紀雄(堀屋)　㊀224
正厚　〔二〕368
弥七郎　〔三〕175
北郷久直(島津家士)　〔二〕481 503 510 699
本阿(高田八幡別当、放生寺)　〔八〕764
本　阿　弥　〔一〕357〔三〕84 269 279 654
一郎右衛門　〔五〕16
九郎左衛門　〔四〕554

本阿弥光悦　[九]311
　光察　[五]16 503
　光長　[六]14
　三郎兵衛　[八]127 133 549 577 [九]311
　次郎左衛門　[八]824
本因坊察元　[十]202
　算砂　[一]378 424 448 453 529 563
　道策　[六]14
本賀順昌　㊀658
　貞保（平賀）　[五]513
　貞珉　㊀658
本元院（大聖寺宮永享、後水尾天皇女）　[五]232 570
本光院（いつきの局、家宣側室）　[七]111
本郷元朝　[四]589
　三泰　[十]230
　勝吉（重泰）　島原乱御使[三]85 89。大和高取目代[三]116 117。三河西尾城引渡[三]349 358。豊後府内目付[三]374 405／[二]538 583 616 628 [三]51 61 612
　信富　召出[一]74 329。奏者役[一]74 329 396。卒伝[一]396
　泰固（丹後守）　加封㊁478 541。江戸城本丸造営㊁532 541
本郷泰行（大和守）　㊀5 718
　長泰（泰勝）　高田離館修理奉行[三]559。御成道橋梁改架奉行[三]672。屋敷小割奉行[四]186 228 229 249／[三]685 [四]385 [五]74 199
　利泰　[六]431
本寂院（田安宗武男）　↓田安友菊
本寿院（おみつの方、家慶側室・家定生母）　㊁203 412
本庄近江（上杉家士）　㊀693
　資尹（酒井）　卒伝[十]199／[十]62 67 81
　資訓　甲府城警衛[八]331。転封[八]494 [九]499／[七]218 [八]313 [九]121 422 502 564
　資俊　加封[五]406 [六]484。雁間詰並[六]2。転封[六]484 [七]375。家号下賜[六]574。駿河相模河渠浚利助役[七]48 93。卒伝[八]313／[五]364 [六]197 380 383
　資順　[八]544
　資承　致仕伝㊀329／[十]112 199 225 489 749 753 802 ㊀309
　資昌　転封[九]725。致仕伝[十]67
　正宗　[一]358 [四]613
　正武　[八]75 752
　宗允（大隅守）　封内異事㊀533。致仕伝㊀607／㊀318 329
本庄宗胡　六郷渡場修築助役[七]110 138／[七]74
　宗資　加封[五]404 499 [六]2 60 155 197。万石に列す[六]2。笠間城主[六]155。卒伝[六]376 380／[五]8 [六]20 197 217 724 733
　宗秀（秀次郎・伯耆守・図書頭）　㊁115 153 506 527
　宗長　召出[六]423。家号下賜[六]574。二万石下賜[六]596。卒伝[七]74
　宗発（富次郎・伯耆守）　封地不作・居邸焼失・恩貸金㊁210。江戸城西丸造営費上納㊁392。歿㊁413／㊀605 607 729 ㊁153 195 246 277 413
　宗弥　[六]360 574
　道貫（安芸守・伊勢守・近江守）　㊁19 27 439 497 520 551
　道矩　卒伝[九]353／[八]227 384
　道堅　卒伝[十]9／[九]666
　道堅室　[十]10
　道高　[五]8 [六]302
　道昌（式部少輔・河内守）　致仕伝㊁19／㊀160 461 586 ㊁7
　道章　卒伝[八]384／[六]302 385 513 574 [七]12
　道信　卒伝[十]241／[十]9 162
　道芳　加封[四]34 396。召出・家号下賜[五]353

本庄　／㈢561 565 ㈣102 242 522
道揚　卒伝㈩374／㈩241 293
道利　致仕伝㈠461／㈩374 ㈠155 439
道倫　致仕伝㈨666／㈨353 423
主殿　㈠700
秀次郎　㈠729
豊前(最上家士)　㈡232
巳之助　㈩654
本荘七郎右衛門　㈠710
本乗院(近衛家煕女)　㈦111
本性院(おその方、家斉側室)　㈠631 663 673 700 731 ㈡40 80
本清院(本性院、今出川公規女・水戸綱条室)　㈤293 ㈦16 276 332
本田章胸　㈨90
正家(本多)　㈡157 163
正堯　㈠5
正兼(本多)　㈥339
正鋪　㈠105
正方　㈨40
本多安房守　↓本多政重
安房守(前田家士)　前田綱紀輔佐㈣286／㈡128 458 459 615 ㈣270 282 ㈠758 765　↓本多政重

本多安明　㈤538 545
伊予守　㈡539
意気揚(酒井河内守家士)　㈠735
犬千代(本多政遂男)　卒伝・無嗣除封㈢199／㈢119
岩之助　㈥171
近江守　㈡244
織部(本多重益家士)　㈥228
勘解由　㈠686 ㈡43
学澄　㈢280
寛方　㈩809
季直　㈠628
紀意(筑前守)　㈡448 467
紀智　豊後佐伯城御使㈨38 45／㈧737 ㈨739 ㈩30
紀貞　卒伝・絶家㈡249／㈠573 ㈡147
紀当　㈥675
紀品(本田)　盗賊追捕㈩104 117 255 257／㈩374 580
義昌　㈢123
久徴(相模守)　㈡701
久命　㈨50
金左衛門　㈠664
景次　家綱附㈢655／㈡334 529 ㈢66 265 280 ㈤2

本多　212
監物(松平綱国家士)　㈤418
玄覚　㈢449
玄堅(主税)　㈠560 ㈡403
玄重　㈢248 296 ㈣457
玄清　㈧846
玄盛　㈠536
玄能　㈨522
玄路　㈤561
小五郎(平岩親吉家士)　㈠448
光重　一里塚築造㈠104 ㈡282。東海中山道筋植林㈠104／㈠450 ㈡440
光正(光政)　府中離館修理奉行㈢140。大坂目付㈣381 394 434 449／㈡440 ㈣341 526 530 ㈤294
光政　↓本多光正
光貞(嘉平次)　㈠760 773
光直　㈡440
光平　㈡235
行貞　㈩451
康完　卒伝㈠590／㈩688 782 801 ㈠43 423
康桓　致仕伝㈩178／㈨440 448
康紀　禁裏造営課役㈠547。卒伝㈡306／㈠543 569 604 756 762 ㈡33

本多康匡　卒伝〔十〕687／〔十〕372 528 572
康慶　江戸城消防〔六〕644。京都火番〔六〕697〔七〕70。致仕伝〔七〕370／〔四〕337〔五〕313 374 400 442〔七〕370。家士〔五〕318〔六〕387
康孝　〔一〕56
康重　姉川合戦〔一〕36。江戸城留守〔一〕380。卒伝〔一〕543／〔一〕304 491
康俊　禁裏造営課役〔一〕547。大坂冬陣〔一〕688 704。纏頭〔二〕59。卒伝〔二〕209／〔一〕457 475 507 604～606〔二〕33 165
康将（廉将）　家綱附小姓〔三〕239。京都大火、皇居災上〔五〕158。致仕伝〔五〕313／〔二〕670〔四〕337 378 554〔五〕202 291。家士〔五〕87
康穣（猶三郎・猶五郎）　㊁678 685
康政　卒伝〔十〕201／〔十〕178 189
康長　〔二〕577 621〔三〕214
康禎（下総守・兵部大輔）　致仕㊁583／㊀590 ㊁393 531
康伴　卒伝〔十〕372／〔十〕201
康敏　卒伝〔九〕440／〔七〕370〔八〕179 231 267 453
康命　奥詰〔六〕154 440 739。卒伝〔八〕179／〔五〕483〔七〕370 384〔八〕82 83
康明　卒伝〔八〕543／〔八〕372 528
康融（隼人）　㊁169 583

本多左大夫　〔五〕475
左太郎　〔六〕171
作之進　㊁558
次郎右衛門　〔五〕130
時興　〔六〕391 406
時令　〔五〕239　↓本多重令
七左衛門（松平光長家士）　越後騒動〔五〕415／〔五〕416 576〔六〕728
主馬　㊁263
修理　㊀701
秀房　㊀72
重英　〔九〕522
重益　処罰〔六〕54 225 732。赦免〔七〕51 119 122。卒伝〔六〕225／〔五〕115 234 474〔八〕483
重賀（飛騨守）　㊀59
重看（長観）　分封〔二〕401〔三〕395／〔二〕402〔三〕511
重矩　〔六〕125
重恒　〔六〕181
重次　岡崎三奉行〔一〕33 302／〔一〕162 182 303 312 316
重修　↓本多重条
重昌　〔二〕578
重昭　韓使饗応〔四〕146 164。卒伝〔五〕234／〔三〕374〔四〕473〔五〕158
重条（重修）　〔六〕115 225〔七〕51

本多重信　〔六〕40
重世　召出〔三〕148。近畿四国巡察〔三〕80 231。江戸城本丸造営夜警〔三〕155／〔二〕203 242 311 579〔三〕201 214 304
重成　〔五〕270
重能　上洛供奉〔二〕621。日光廟造営助役〔四〕15。卒伝〔四〕44／〔一〕421〔三〕249 394
重良　韓使饗応〔四〕161／〔一〕626〔二〕370〔四〕212 554
重令（本多時令カ）　御錠口鎰番〔四〕449。召預〔六〕391／〔四〕346 371 410 414〔六〕153 556
重路　分封〔五〕561／〔六〕127〔八〕593
俊之　〔二〕685
俊次　加封〔二〕209〔三〕26 690〔四〕33。転封〔二〕209〔三〕26 690〔四〕33。掛川在番〔二〕570。江戸城本丸造営助役〔三〕47 149 190〔四〕299。参勤交代順番令〔三〕272。西丸勤番〔三〕283。韓使聘礼〔三〕317〔四〕146。亀松誕生・箆刀役〔三〕385。二条城石垣修理助役〔四〕363 448。致仕伝〔四〕511／〔一〕538〔二〕375 386 489〔五〕537 623 628〔三〕31 261 360〔四〕101 183 337 488 489〔五〕21。家士〔四〕349 448
俊春　〔五〕197
俊昌　〔二〕539〔五〕84
俊政　卒伝〔一〕511／〔一〕457

本多俊方 [八]846 [九]695
助盈 卒伝[十]438／[八]777 [十]416
助久 分封[三]347 402 416。韓使饗応[四]146。荒井関番[四]483 486 493 609 [五]47／[三]118 [四]146 152 318 423 431 480
助賢(豊後守) 江戸城造営費上納㊁392 531 536。帝鑑間席取締㊁437。日光家光廟修復助役㊁475／㊀574 582 585 ㊁260 277 403 437 484 584
助孝 [八]615
助之 卒伝[十]438／[九]590
助受 御前を止む㊀333。致仕伝㊀582／[十]438 628 723
助信(六郎・日向守) ㊁92 186 505 712
助皐 ㊀321
助芳 転封[六]370 [八]57。加封[八]57 [九]182。卒伝[八]372。信濃飯山城主[九]182／[六]22 163
助友 [十]198 257 428 755
助有 卒伝[八]777／[八]543 [九]213
昌忠(富忠) [十]90 104 374 784 799
昌長 [四]17 [五]49
将成 [九]765 [十]617
勝行 参勤交代順番令[三]272。江戸城修築

本多

助役[三]487 495／[三]636 646。家士[三]509
錠三郎 ㊁564
信吉 御文庫造営奉行[三]144。江戸城石垣修築助役[三]495。家綱日光社参旅中法度[三]591／[三]144 235 248 253 305 332 381 392 509 522 587 589 594
信次 [四]98
信充 [九]552
信俊 [一]32 167 290
信勝 江戸城修築惣堀奉行目付[一]403／[一]127 705 [二]249 538 616 [三]137 255 578
甚左衛門 ㊁434
甚之丞 [六]143
図書 ㊁247
正安 [九]597 608
正意(遠江守) 卒伝㊁206 210／㊀436 439 ㊁124 202
正尹 [十]573
正永 加封[六]26 427 497 549 572。万石に列す[六]26。高野山衆徒行人の訴論裁断[六]144 147 150。廐・数寄屋・中野犬小屋管掌[六]320。庶民賑恤[六]465。番士の乗馬射芸監閲[六]470 486 503 505 507 516 517。沼田築城[六]497 507。抜擢[六]733。紅葉

本多

山綱吉廟造営惣督[七]5 20 117。卒伝[七]169／[四]81 [五]385 [六]133 378 555 572 [七]134 142 147 149 155
正栄 [九]90 96
正温 致仕伝㊀439／[十]549 697 752
温 ↓本多忠温
正貫 大坂加番[二]489。百人組頭[二]587。家光上洛供奉[二]637。公卿門跡饗応[三]16。二条在番[四]15／[一]400 [二]131 537 540
正寛(三弥・豊前守) ㊁133 210 468 552 693 [三]44 [四]493
正暉 [二]615
正煕(本多正方カ) [六]144 173
正供 卒伝[十]549／[九]487 508 549 [十]67 415 443
正矩 転封[八]538。卒伝[八]700／[八]227 437
正恒(正綱) 家綱附小姓[三]243。乗馬進覧[四]244／[二]622 [四]291 323 [五]311 454
正綱 ↓本多正恒
正之 赦免[四]508 521。院中造営奉行[五]257 271 272／[五]231 246 328 [六]17
正次 [三]140 434
正収(佐渡守) ㊁471 537 545
正重(三弥左衛門) 関ヶ原合戦[一]226。万石に列す[二]104。卒伝[二]131／[一]372 754

本多正重(正乗、甚次郎) [二]356 471
正純 大坂冬陣[一]257 264 676 691 695 715 718 719 726〜729 736 741 742 746 747 749 753〜755 757 759 760 762 [二]2 3。大坂夏陣[一]267 [二]11 17 33。家康遺骸日光改葬[一]378 [二]120。関ヶ原合戦[一]382。家康来邸[一]449 453。御使[一]480 625 678 [二]93。禁裏造営課役[一]548。密談[一]678 [二]5。家康遺命[二]93。家康歿、久能山供奉[二]95 96。家康神号[二]98。加封[二]99 180。日光家康廟造営惣督[二]111。転封[二]180。宇都宮城吊天井事件[二]220 221 227。山形城請取御使[二]233。除封・伝[二]234 262 307。定策の功臣[二]262／[一]75 110 437 489 493 499 536 546 558 578 622 635 647 648 650 660 671 673 675 678 679 [二]5 72 74 75 108 135 137 142 153 156 163 171〜173 187 215 226 [三]50 81
正勝(出羽守) 宇都宮城吊天井事件・配流[二]234。歿[二]484／[一]539 [二]96 234
正勝(内記) [三]214 492
正乗 ↓本多正重(甚次郎)
正信 家康と石田三成を議す[一]64 318。江戸城々溝疏鑿[一]122。小牧長久手戦[一]168。九戸一揆[一]201。上杉征伐[一]219 306。世嗣評議[一]234 382 [二]266。加藤清正諷諭[一]238。大坂冬陣[一]262 690 700 719 720 725〜727 739 740 745 747 748 755。大坂夏陣[一]268 274 [二]13 17 27 33 276。細川忠興を救助[一]294。伊奈忠政関東郡代補任[一]305。諷諫[一]317。関ヶ原合戦[一]381。関東惣奉行[一]403。青山忠成・内藤清成を誣告[一]404 [二]268。大久保忠隣と軋轢[一]404 639 646〜649。伊達政宗邸渡御奉行[一]424。天野康景糺明[一]429。韓使饗応[一]436。関東修験と天台・真言宗論[一]447。呂宋国書簡[一]465。禁裏造営課役[一]548。政務枢機の討論[一]566。家康・秀忠の密議に陪侍[一]647 [二]5 76。豊国社破却請願[二]46。『武家諸法度』令達[二]55 280。卒伝[二]100。『本佐録』[二]101／[一]382 424 425 491 500 514 537 551 564 580 603 610 635 639 688 [二]75 87 99 [九]197
正盛 [二]111 126
正忠 [一]20
正直 [二]413 [四]545 583 [五]264
正珍 大井川修理[八]722。久能山東照宮修理[九]44 48。御前を止む[九]79。紅葉山法華八講[九]104 119。御判物・御朱印管掌[九]351 364 404 406。法会惣督[九]451 455 683 686。京都所司代引渡[九]499。琉球使来聘[九]550 581。月光院葬儀[九]574。免職[九]716。美濃郡上騒動[九]719。致仕伝[十]415／[八]381 700 725 [九]405 456 502 [十]398
正武 卒伝[八]227／[六]186 [七]169 346
正方 分封[五]264／[四]172 [五]239 251 ↓本多正熙
正包 [一]421
正芳 [六]63 [八]68 94
正峰 ㊀370
正命(正令) [九]742 ㊀37
正孟 [九]698 [十]59
正庸(正甫) 米沢監使[八]365 389。日光堂社修理[八]559。寛永寺本坊造営[八]752 765 782。天主教考察[八]836。御前を止む[九]40。家重継統移徙[九]348／[八]436 862 [九]26 383 390 437 514
正理(図書) ㊁229
成於 [二]638
成賢 [九]465
成與(成典) [八]615
成重 松平忠直附、越前丸岡城主[一]602 623。

松平忠直補佐〔一〕659。大坂冬陣〔一〕743。大坂夏陣〔二〕31 41。松平忠直家中騒動〔二〕229。召返、越前丸岡城主〔二〕323。江戸城石垣造営課役〔二〕447〔三〕1。致仕伝〔三〕394／〔一〕303 623〔二〕51 237 375 386 517 534 535 555 596

成存 ㊀537

成直 〔八〕214

成典 ↓本多成興

成孚(大膳) ㊁223 517

成明 〔八〕656

成邑 〔九〕650

政顕 〔三〕2

政光 ↓本多政真

政参 〔九〕765

政重(安房守、前田家士) 大坂冬陣〔一〕742。大坂夏陣〔二〕36／〔一〕670〔三〕193 252

政重(新五兵衛) 〔二〕107

政重(権左衛門・権右衛門) 〔二〕615 695

政淳 陸奥棚倉城引渡〔八〕492 497／〔八〕538 686

政升(大隅守) ㊁63 260

政勝 分封〔二〕525。転封〔三〕129。大和郡山城主〔三〕129〔四〕93。本多政長同居〔三〕195。江

本多

戸城石垣助役〔四〕259 273 278。防火〔五〕3 4。封地火災〔五〕87。卒伝〔五〕115 119／〔二〕604 619〔三〕129 177 181 272 317 514〔四〕101 126 488 560〔五〕78 112 113。家士〔四〕117 450

政信 卒伝〔四〕425／〔三〕129 375〔四〕93

政真(政光) 〔六〕171 230

政親 〔八〕90

政遂 卒伝〔三〕119／〔二〕528 637〔三〕45 ↓本多忠純(大隅守)

政長 分封〔四〕93。卒伝〔五〕314／〔三〕129〔四〕37 164 227 525〔五〕119 177

政朝(鍋之助・甲斐守) 家康歿、久能山霊柩供奉〔二〕96。転封〔二〕139。二条城造営助役〔二〕318。家光遊船供奉〔二〕486。勝手間伺候〔三〕27。江戸城本丸石垣助役〔三〕47。卒伝〔三〕117 128／〔一〕603 620〔二〕48 96 192 514 525 536 589 594

政朝(帯刀) 甲府代番〔四〕8。甲府在番〔四〕225 267／〔三〕191 252〔四〕404

政朝室(三浦正次女) 〔三〕252

政武 大坂冬陣〔一〕709。大坂城修築課役〔二〕185 186。高野山大塔造営奉行〔二〕605。卒伝・絶家〔三〕57 79／〔一〕511 529 709〔二〕345 534 535 555

本多政方 〔五〕95 171

政法(本田) 古河城引渡〔五〕551 556／〔六〕63〔八〕42

政房(安房、前田家士) 〔二〕51

政房(大隅守) ㊀740

政利 分封〔五〕119。転封〔五〕314。新封〔五〕314 317 437〔六〕732。封地収公〔五〕437〔六〕171 732。除封・伝〔六〕171／〔三〕129〔四〕166 345〔五〕144 515〔六〕479 677。家士〔五〕305

政利室(水戸頼房女) 〔四〕345

清政 〔二〕165

瀬兵衛 〔五〕130

大学 〔六〕296

大学 ㊀671 672

大膳 ㊁572

弾正少弼 ㊀756

主税 ㊁625

忠以(忠次、越中守) 分封〔四〕440。譜代並〔四〕442。卒伝〔四〕508／〔四〕114 498

忠曄(主馬) ㊁17

忠永 致仕伝〔十〕24／〔九〕442 524 538

忠英(肥前守・肥後守) 転封〔五〕314。卒伝〔八〕124／〔五〕280 322 594〔六〕678

忠英(筑後守) 〔八〕832

本多忠盈(中務大輔)　江戸城二丸防火[九]762。甲斐河渠堤防修築助役[十]211 222。卒伝[十]623／[九]739 740 [十]7
忠盈(修理・因幡守)　㊀113 628
忠栄　[十]589
忠央(忠英)　転封[九]483。吉宗大葬[九]538 540 545。黜免、出仕を止む[九]716。美濃郡上騒動・除封[九]719／[七]204 [八]104 326 453 [九]110 567 693 696 706。家士[八]780
忠温(本多正温カ)　㊀416
忠可　卒伝㊀273／[十]45
忠幹(忠斡)　[九]606 643
忠寄　[五]250
忠義　大坂夏陣[一]275。分封[二]395 525。加封[三]129 348 606。転封[三]129 348 350 606。日光社参留守法度[三]263 264。江戸城西丸造営用材献上[三]636。江戸城天守修理助役[四]79 92。致仕伝[四]440／[二]51 513 537 604 [三]271 272 343 366 404 420 563 [四]335 343 377 [五]210 211。家士[四]93
忠吉　[一]597
忠居　致仕㊀695／㊀31 273
忠京　↓本多忠脩
忠強　[九]57 104

本多忠郷　[五]361
忠堯　卒伝[十]45／[九]578 592
忠薫　[十]43 174
忠経　[十]201
忠敬(富之進)　㊀667 695
忠堅　㊀10
忠顕(右京)　[二]670
忠顕(甚之助・頼母・対馬守)　分封[五]84／[五]265 409
忠顕(敬次郎・中務大輔)　致仕伝㊁54／㊀134
忠弘　[十]580 783
忠光　↓本多忠義
忠行　㊀226 244 367
忠考(平八郎・中務大輔)　㊁29 54 152
忠孝(吉十郎)　転封[六]540。諸駅修理助役[六]675 692。卒伝[七]54／[六]538。家士[六]692
忠恒(織部・伊予守)　分封[五]313 319。駿河田中城在番[五]433 441。卒伝[六]559／[五]219 520 557
忠恒(孝之進)　㊀466
忠興(内膳正・丹後守)　卒伝[十]230／[九]716 [十]25 58

本多忠興(修理・対馬守)　㊁112 689
忠刻　千姫と婚姻[二]107 274。坂崎成政事件[二]107 274。二条城造営助役[二]318。病気[二]323 363 364。卒伝[二]364／[一]620 [二]359
忠刻室(千姫、秀忠女・前豊臣秀頼室)　↓天樹院
忠刻女(勝姫、秀忠養女・池田光政室)　↓円盛院
忠国　加封[五]314 317。転封[五]314 437。湯島聖堂に典籍献上[六]85。大和川修治助役[六]518。卒伝[六]535 538／[五]318 442 500 [六]532 533。家士[五]321
忠次(彦八郎・隼人佐・縫殿助)　卒伝[一]605
忠次(越中守)　↓本多忠以
忠次(兵庫・越中守)　卒伝[七]204／[六]173 411
忠周　加封[四]520 [五]471。転封[五]425。朱印改[五]507 510 515。黜免・逼塞[五]600。三千石収公[六]45／[四]604 [五]204 [六]94 733 [七]246
忠粛　転封[十]317。卒伝[十]547／[十]263 357 384 492
忠俊　[一]49
忠純(大隅守)　一万石新封[一]125。江戸城石垣造営課役[二]447。卒伝[二]528／[一]704 [二]562

本多忠純（大隅守、本多政遂カ） [三]64
忠如 転封[九]401。致仕伝[九]624／[八]240 411 [九]468
忠升（伊予守） 致仕㊁413／㊀505 ㊁113
忠昶 ㊀169
忠将 寛永寺火番[五]156 171／[二]617 [五]584 [六]157
忠勝 家康旗下を守護[一]34。姉川合戦[一]36。本能寺の変[一]47 165。小牧長久手戦[一]52 169。秀吉、忠勝を評す[一]52 370 534。江戸市街修治[一]76。彦根城造営[一]113。『からの頭に本多平八』狂句[一]149。見付退口[一]149。長篠役[一]156。武田信玄軍法書・武器を浜松に運搬[一]175。加封[一]191。伊賀上野城請取[一]201 460 463 464。将軍嗣子を評議[一]234 384 [二]266。秀忠の狩猟を称美[一]512 [二]285。卒伝[一]533～535。遺金[一]535。冑・蜻蛉切の槍[七]135 [八]785 [九]213／[一]122 139 165 228 370 409 534
忠敞 転封[九]727。卒伝[九]739／[八]833 [九]425 568
忠常 禁裏造営助役[六]698。卒伝[七]27 42／[五]266 [六]246 310 697 [七]25
忠辰（才兵衛・肥前守） [八]571 632
忠辰（吉兵衛） ㊀322

本多忠慎（一学） ㊁649
忠政 禁裏造営課役[一]547 603。大坂冬陣[一]687～690 693 696 698 700 702 703 707 713～715 717～719 729 730 736 745 749 756 762 [二]3。大坂夏陣[二]8 10 15 28。加転封[二]132。明石城城地選定[二]148。姫路城櫓構築[二]150。福島正則改易[二]164～166。広島城下の政務審議[二]166。家光来邸[二]227 298。千姫江戸護送[二]400。二条城造営助役[二]318。頓死・伝[二]521 525／[一]122 533 581 [二]115 133 192 235 323 376 383 386 407 408 465
忠政女（家康養女・堀忠俊室・後有馬直純室） [一]533
忠清（稲垣、市左衛門） [三]623 [四]394 500 [五]89 270 [六]519 [七]229
忠晴（吉右衛門・弾正少弼） 分封[四]440。水口在番[四]599 [五]17。転封[五]425。加封[六]605。韓使[七]67 170 201。『韓聘儀注』を宗義方に伝う[七]183。村替[七]330。卒伝[七]430／[四]508 511 521 [五]210 287 319 406 [六]554 596 [七]4 50 196 333
忠晴（主水） [六]270
忠誠（忠武、河内守） 致仕㊀755／[十]775 ㊀122 419

本多忠相 小姓組番組頭[二]239。加封[二]448 475 596。大奥取扱[四]440 442。江戸城大奥造営[五]56／[一]400 641 [二]504 [三]16 43 289 362 453 590 690 [四]196 200 215 219 285 317 590 [五]82 119
忠村 転封中止[八]83。卒伝[八]287／[八]78 82 265 267
忠知（弾正少弼） 致仕伝㊁280／㊀540 755 ㊁81
忠籌 若年寄勝手方㊀38。加封㊀121。老中格、兼奥務、城主格㊀121。老中格勝手方㊀222。致仕伝㊀419／[九]621 624 685 ㊀67 122 343 392 ㊁315
忠奝（忠京） 聖堂再建助役㊀417。御前を止む㊀333 452。卒伝㊀505／[十]230 306 407 794
忠朝 大坂夏陣[一]273 [二]12 27 33 36。禁裏造営課役[一]548。小田原城勤番[一]647。館山城請取[一]681。大坂冬陣[一]704 735 746。卒伝[二]48／[一]126 228 457 511 646
忠澄（本多忠隆カ） [四]39
忠直（隼人） [四]442 [五]299
忠直（大蔵・信濃守・越中守） 卒伝[八]78／[五]600 [七]42 70 102 213 [八]71
忠直（勝三郎） ㊀68

本多忠通 卒伝[八]240／[七]430
忠貞（主水・淡路守） [六]534 [七]401 [八]308 317
忠貞（岩五郎・隠岐守） ㊀388 502 528 ㊁55
忠典 卒伝㊀134／[十]547 584 752 800 ㊀69
忠統 日光社参、江戸留守[八]434 454 459 462。財政省減[八]531。家重婚礼管掌[八]566 585。田安宗武[八]576 577。転封[八]595。田安邸造営[八]616。蝗災救荒[八]637。利根姫降嫁管掌[八]682。金銀吹替[八]822。家重将軍宣下[九]127 357。加封、城主に列す[九]130。解職・帝鑑間[九]522。卒伝[九]524／[六]446 559 [七]167 [八]305 409 430 656 [九]415 516 525
忠徳（越中守） 江戸城本丸造営費上納㊁520。海防掛㊁544 602 711／㊁280 436 511
忠篤 [八]482 751
忠能 [六]310 551 [八]271 582
忠武 ↓本多忠誠
忠平 家綱参詣警固[四]531 596 [五]80。加封[五]421。転封[五]421 425 548。湯島聖堂に典籍献上[六]85。卒伝[六]246／[二]664 [三]434 [四]442 448 [五]210 215 218 466。家士[五]443
忠敞 [九]360
忠保 [十]789
本多忠方 卒伝[八]571／[八]105 124 346
忠民（上総介・中務大輔） 河川修復助役㊁280。三河国一揆鎮圧㊁359／㊁274 527 574 ↓本多忠民（下総守）
忠民（下総守、本多忠民〔上総介・中務大輔カ〕） ㊁353
忠由 召預[九]719。召出㊀71 72／[九]607 ㊀179
忠雄 [十]660
忠利（出羽守・伊勢守） 偏諱[一]628。諸大夫の上首[二]362。加封[二]659。韓使饗応[三]41。参勤交代順番令[三]272。卒伝[三]402／[二]47 306 375 386 489 536 575 625
忠利（越前守） [三]33
忠利（一学・山城守・長門守） 一万石分封[四]440。譜代並[四]442。本理院法会奉行[五]186。転封[五]425。卒伝[六]406 411／[四]114 469 511 [五]211 213 252 562 600
忠利（五郎右衛門） [八]119 410
忠隆（忠顕、土佐守） 家綱元服式・刀役[三]389。家綱束髪[三]503。家綱参詣刀役[三]515 602 658 [四]96 102 103 137 170 183 208 224 241 256 257 265 287 296 297 304 342 377 384 386 409 419 446 447 460 490 497 508 512 524 559 [五]78 81。家綱参詣脇差役[三]599。加封[三]656 [四]337 506。家綱傳役職掌[三]657。家綱将軍宣下刀役[四]24 27。家綱酒湯式[四]176。家綱参詣沓役[四]459 460 491。乗輿御免[五]107／[三]388 587 [四]15 32 49 50 99 347～349 368 379 384 392 393 410 417 425 427 429 461 476 489 493 496 530 547 552 553 [五]21 43 53 84 86 91 106 111 122 125 127 152 155 196 229 259 299 ↓本多忠澄
本多
忠良（内匠・図書） ↓中西元照
忠良（権次郎・監物・中務大輔） 五万石特賜[七]54。転封[七]104 139 235。間部詮房の職掌見習[七]123。秘蔵の武具進覧[七]136 266 [八]744 785 [九]212。優待[八]7 52 281 [九]192。大火、両国橋通行許可専断[八]188 [九]192。家継七回忌法会惣奉行[八]268 270 [九]192。家宣法会惣奉行[八]662 665。日光東照宮修理惣奉行[九]74 99。日光東照宮外遷宮[九]85 86。日光山修理落成[九]97。家重将軍宣下[九]127 357。免職[九]191。御旗・御馬印献上[九]192。溜間末班[九]388／[七]104 119 124 129 138 235 312 375 [八]227 435 657 658 678 684 751 791 805 [九]25 378
忠亮 [九]121
忠鄰（大和守・肥後守・肥前守） ㊁380 502

本多　528
忠烈　〔八〕287 300 320 326
忠廉(隼人)　㊀530
忠廉(駒之助)　㊁413
攄信　〔九〕552
長観　↓本多重看
直久　〔二〕167 662
直経　〔六〕629
直嗣　〔十〕789
直次　〔十〕519
直上　処罰〔六〕717〔八〕76／〔八〕582 605
対馬守　㊁695
貞尚　〔八〕9
伝三郎　〔三〕79
頭孝(顕孝)　〔八〕628
頭直(顕直)　〔二〕529
頭房(顕房)　〔一〕605
藤四郎　〔一〕714 727 737
篤三郎　㊁582
中務　〔一〕356
半兵衛　㊁555
繁亢(丹下)　㊁561 563
繁親(淡路守)　㊁346 442
繁文(大和守)　㊁144

本多日向守　㊁436
彦右衛門　〔十〕548
兵庫　㊀582
備後守　㊁559
不白　〔六〕299
不伯　〔五〕419
富正　駿府城修築〔一〕424。剃髪〔一〕433。越前忠直家中騒動〔一〕600 601 623 659。大坂冬陣〔一〕743。松平忠昌附〔二〕335／〔一〕543〔三〕31 35
豊後　〔三〕677
保道　〔八〕335 393
方信　〔九〕563
政太郎　㊀435
又三郎　㊀675
三津助　㊀731
主水　㊁467 485
主水正　〔一〕705
養春　〔十〕171
利英　〔八〕515
利義　〔四〕480
利久　〔五〕47
利好　〔六〕454
利重(左京亮)　〔三〕41

本多利重(彦十郎・主殿)　寛永寺火番〔五〕286 294。韓使饗応〔五〕442／〔五〕8 423 463〔六〕31 549
利信(橘五郎)　㊀669
利政　〔四〕480〔六〕63 352
利長　転封〔三〕406。駿河田中城在番〔三〕518。三河鳳来寺修理助役〔四〕11。韓使饗応〔四〕146。掛川城在番〔四〕288。浜松城勤番〔五〕295。除封・一万石新封〔五〕437〔六〕732。譜代の班〔五〕515。卒伝〔六〕163／〔三〕249 402 416 468〔四〕58 277 343 391 503 614〔五〕378。家士〔四〕56
利友　駿府在番・石垣奉行〔二〕571 639／〔一〕605〔二〕662
利朗(井上)　分封〔三〕402 416／〔三〕657〔四〕526 591〔六〕49
若狭守　〔一〕547
本堂伊親　〔六〕477〔七〕26 42 242
栄親　甲府在番〔三〕600。韓使饗応〔四〕146。下館在番〔四〕349 387／〔二〕216〔三〕392 687〔四〕4 123 163〔五〕19
鎰丸　㊀569
内蔵助　㊁188 590 697
玄親　〔四〕441 580〔五〕393 475〔六〕277
親房　〔九〕592〔十〕706㊀464

本堂親庸　㊀203
　内匠助　㊁611
　苗親　〔九〕467
　豊親　〔九〕579
　茂親　笠間城番〔一〕538。伏見城在番〔二〕116。福島正則改易〔二〕165。遠江久野城番〔二〕175。甲府在番・勤番〔二〕667〔三〕135 191 386 392 393。日光山造営〔三〕123／〔一〕122〔二〕163 500 539 570 587 623 688〔三〕272 325 423
本徳院(おこんの局、竹本正長女・吉宗側室・田安宗武生母)　卒伝〔八〕296／〔八〕150 329 362 494 676 820〔九〕327
本間衛季(勝季)　〔五〕273
　季元　〔九〕536
　季孝　〔七〕57〔八〕173
　季治(五郎左衛門)　〔五〕274
　季治(半五郎)　〔七〕140
　季重　〔二〕628〔四〕276
　季道　〔十〕779㊀161 471
　季方　〔十〕410 439
　高郡　〔十〕754
　左兵衛　〔四〕207
　次年　〔三〕214 259
　祝直　〔三〕155
本間勝季　↓本間衛季
　正則　〔三〕262
　清興　〔九〕478〔十〕339
　説直　〔三〕300
　多四郎　㊁43
　忠兵衛　㊁105
　長兼　〔十〕622
　鉄五郎　〔十〕261
　仁右衛門　㊁435
　範安　〔一〕465
本目義正　〔一〕187〔二〕526
　親英　〔十〕361 520 660
　親収　〔九〕675〔十〕743
　親直(隼人正)　㊁569
　親平　〔十〕689㊀292
　親良　田安宗武に書道伝授〔八〕521／〔七〕402〔八〕63 247 354 404 568 608 734
　正広　㊀408
　正重　〔二〕456
　正峯　〔九〕38
　正房　〔七〕271〔八〕419
　直信　鉄砲薬込役〔二〕573。改易〔三〕223。赦免〔三〕551。本領安堵〔四〕32／〔三〕110 210 218 237 344 345〔五〕47
本理院(中丸の方、鷹司信房女・家光室)　婚姻〔二〕310 347。御台所〔二〕348。邸宅火災〔四〕209〔五〕4。邸宅造営〔四〕220 227 251〔五〕9 24。法度〔四〕366。中丸殿〔五〕186。卒伝〔五〕186。遺言〔五〕195。法会〔五〕358 359〔六〕262 621〔八〕306／〔二〕348〔三〕557 610 651〔四〕7 12 26 50 109 225 227 231 248 258 266 275 284 288 296 301 303 327 330 385 414 459 466 478 518 541 554 560 562 567 605 624 630〔五〕4 14 19 29 30 34 55 56 58 70 84～86 144 173 186 187 193 213 214 217 237 238 577 578
梵舜(神竜院)　『徳川氏系図』考定進覧〔一〕129。異書捜索〔一〕342。書籍献上〔一〕389 416 535 560 760。陵墓〔一〕414。『続日本紀』書写〔一〕609 618。家康に神道を語る〔一〕618 619 625 706。平野社〔一〕619。『古事記』『旧事記』進覧〔一〕708。久能山家康埋葬を評議〔二〕95。久能山廟地神儀管掌〔二〕96／〔一〕385 389 468 624 760〔二〕520

ま

まさ（定光院カ）　〔三〕522
まさの局　→定光院
まのしる　〔一〕608
まのしるこんさる　〔一〕646
まるとろめむいな　〔一〕646
ま　ん　〔三〕230 374
万里小路雅房　〔四〕193 459
　光房　〔二〕178
　孝房　〔二〕120
　淳房　〔六〕706
　尚房　〔六〕707
　政房　〔十〕54
　文房　〔十〕424
曲直瀬玄順（寿徳院）　〔四〕590〔六〕156
　玄理（養安院）　家光治療〔三〕58。養生の術尋問〔三〕130。家綱治療〔四〕288。奥向治療〔四〕397。尾張義直治療〔三〕487。家綱の薬処方〔四〕573 583／〔二〕116 158 453〔三〕137 224 243 249 316 681 686〔四〕385〔五〕157
　寿徳院　㊀784㊁43
　正円（養安院）　〔一〕559 596〔三〕116
曲直瀬正山（養安院）　〔十〕70 683 805㊀96
　正璆（正珍・正球、養安院）　訓諭〔四〕618。精研褒賞〔五〕451。加封〔五〕502〔六〕51 261／〔五〕275 460 465〔八〕253
　正雄（養安院）　㊀209 336
　正隆（養安院）　㊀705
　正琳（養安院）　〔一〕400 457 475 559
　養安院　㊀568
真柄十郎左衛門　〔一〕36
真崎彦左衛門　〔五〕146
　彦左衛門　㊁121
真下栄休　〔六〕407
　九郎右衛門（金春三九郎）　〔五〕558〔六〕13
真鍋小兵衛　〔三〕220 221
真野重家　〔二〕349
　重則　〔三〕125
　助宗　〔二〕37
　庄大夫　〔五〕406
　勝允　㊀95
　勝重　〔一〕98
　正次　〔二〕232
　正勝　〔四〕62 64
　正陳　〔九〕548
　正敏　㊀386
真野正平　〔六〕154 375 389
　正庸　㊀484
　成意　㊀95
　宗信　〔二〕31
　宗功　㊀85
　有春　〔二〕471
　頼包　〔一〕733
　理左衛門　㊀7
馬島瑞伯　〔六〕716
馬淵玄省　〔八〕381
　政治（伝栄）　〔五〕493
間島摂津（堀尾忠晴家士）　〔三〕366
間瀬市右衛門（秋元久朝家士）　㊁242
間宮伊清　㊀282
　伊治　天主教徒追放〔一〕336 654 730／〔一〕744
　市左衛門　㊁416
　大隅守　〔三〕498
　吉俊　→間宮信縄
　久澄　〔七〕146 155
　金五郎　〔六〕105〔八〕152
　元次　〔二〕362
　元重　〔一〕192
　元勝　〔二〕406
　元澄　〔四〕483

間宮元蕃(左門) ㈡709
五郎左衛門 ㈠38
光信 ㈡172
光徳 ㈠547
綱信 卒伝㈠498
左門 ㈡579
三郎右衛門 ㈠664
重近 山王社造営巡察㈣304。多病、中奥に転ず㈣478／㈣290 308 404 ㈤119 579 ㈥215
重信 勘気赦免㈢426／㈠498 ㈣6 71 75 304 337
俊信 ㈢655 ㈥523。所属同心㈢655
庄五郎 ㈡440
信久 ㈣546
信好 日光修理管掌㈠308。戒飭㈠322／㈠367
信興(十左衛門) ㈧345
信興(筑前守) ㈡81 90
信之 ㈡137 ㈢334
信次 ㈢80
信秀 ㈥79
信重 ㈣355
信勝(藤太郎) ㈣285。属吏㈣171
信勝(左衛門) ㈧788

間宮信繩(吉俊) ㈢526 ㈤331
信正 ㈢246
信政 ㈤456 597 ㈥173
信盛(信繁、左衛門) ㈠691 ㈡137
信盛(諸左衛門) ㈨632
信富(筑前守) ㈡677
信命 ㈠390
信明 家綱廟壖営築㈥337。日光三仏堂修理㈥386 394 404。地震破損の御宮霊廟修理㈥520。江戸城修理㈥524 554 697 712。桂昌院霊牌所造営㈥587 602。浜離邸造営㈥669。駿府城石垣修理㈥673。久能山東照宮修理㈥673 675 694。綱吉廟造営奉行㈦3 72 74。黜免・小普請入㈦239／㈦16
信要 ㈤244
新左衛門 ㈠561
正次 宇治採茶㈢477。山王祭礼を監督㈢606／㈢65 246 262 304 ㈣244 578。所属徒士処罰㈢289
盛與 ㈥669
盛次 ㈧152
盛俊 ㈣627
盛信 ㈨427

間宮盛政 ㈧853
専次郎 ㈡55
忠次 ㈢31
長澄 江戸城石垣造営栗石奉行㈡448。船手㈢553。九州四国浦々巡見㈢193 196 214。出仕を止む㈢270。勘気赦免㈢358／㈡538 560 ㈢7 46 147 220 405 ㈣63 ㈤407
直元 ㈠659 748
直澄 ㈡43
虎之助 ㈡408
敦信 黜免・閉門㈤562。赦免㈦14。鷹方㈧25。鷹師頭㈧29 ㈨269。不正黜免、小普請入㈧48／㈤200 583
縫之助 ㈡125
彦九郎 ㈠498
平右衛門 ㈠776
方好 徒頭㈦80。目付㈦141。江戸城郭内外見廻㈦155。韓使道路巡察㈦175。春屋新造㈦247 332。家宣葬送の道路巡察㈦272。浜御殿管理㈦330／㈦283 297 460 ㈧121
孫三郎 ㈥629
蒔田采女 ㈡283
義祗(吉良) ㈠482 ㈡539 ㈢555

蒔田義俊（吉良）　本姓復帰〔七〕84／〔五〕532〔六〕114〔八〕182 862〔九〕14
義成（吉良）　〔三〕555〔五〕532〔六〕114
広憲　㊀168
広尊（広高）　〔八〕861
広朝（河内守）　㊀772 788
広定　禁裏造営課役〔一〕547。御談伴〔二〕282。江戸城修築課役〔三〕1／〔一〕546〔二〕33 375 386 434 536〔三〕32
広蕃（前田）　鳥羽城引渡〔八〕104 109／〔六〕672〔七〕14〔八〕280
広敏　〔九〕493
広佑　〔九〕693
成安　〔六〕531
長広　分封〔三〕32。因幡目付〔三〕151 172 416 435。播磨山崎目付〔三〕199。巡見使〔三〕231。越後村上城在番〔三〕348。遠江掛川城引渡〔三〕349 354。浅野長直転封伝命使〔三〕404～406。地震崩頽所修築奉行〔三〕487。越前目付〔三〕523 564。越後村上目付〔三〕608。熊本目付〔三〕643／〔三〕280 281 300 304 480 515 612
定安　〔十〕377
定英（定央）　〔七〕236〔八〕854
蒔田定矩　〔七〕106
定賢　盗賊追捕〔十〕384 393。処罰〔十〕528／〔十〕540 ㊀140
定行　寛永寺火番〔三〕687〔四〕4。下館在番〔四〕79。駿府加番〔四〕363 401。官宅費用下賜〔四〕421／〔三〕353 403〔四〕410 444〔五〕204〔六〕63 81
定交（八郎左衛門）　㊁70
定祥（権佐・備中守）　㊀660 696
定正　駿府目付〔三〕64 99。信濃飯山城引渡目付〔三〕122 136。千代姫尾邸入輿守護〔三〕153。因幡目付〔三〕201／〔二〕499 607 698〔三〕32 199 245
定成（定則）　江戸城堤修築奉行〔四〕360。仙台目付〔四〕411 434。大坂目付〔四〕493 505。日光目付代〔四〕515〔五〕264 306。徳島城目付〔四〕582 606。関宿城引渡〔五〕38 41 48。越後騒動・目付〔五〕417 420 441／〔五〕292 520〔六〕184
定静　㊀315 358
定則　↓蒔田定成
定寧（八郎左衛門）　㊁533
定邦（権佐）　㊁2 32 114
又三郎子又□郎　㊁487
頼久　↓吉良頼久
前川玄孝　㊀549
雄寿（玄徳）　針治精通〔八〕834／〔八〕840〔十〕57
雄氏（雄氏）　士籍削除㊀549／〔十〕580 788 ㊀88
前沢光寛　㊀78
光貞　㊀464
前島季達（季逵）　〔九〕454
重勝　〔四〕397 400
重命　〔六〕597〔八〕393
信吉　㊀107
彦右衛門　㊀727
前田安敬　㊀45 156
出雲守　㊁477
鉞丸　㊁679
夏蔭　㊁679
要人　㊁116
吉徳（又左衛門）　元服・偏諱〔六〕474。江戸邸焼亡〔六〕521〔八〕524。病気〔六〕609 706 709 712 713〔九〕125。家千代七夜祝・出仕拝謁制〔六〕660。婚儀〔六〕715。産馬献上〔八〕419 486。献金〔八〕572〔九〕128 208。特恩〔九〕15。卒伝〔九〕125 127／〔六〕465 609〔七〕276〔八〕111 177 227 304 357。家士〔八〕327
吉徳室（松姫・磯姫、尾張綱誠女・綱吉養女）　↓光現院

前田矩貫　㊀474 481
慶寧（又左衛門・筑前守）　元服・偏諱㊁454。痘瘡㊁577 580／㊁453
慶寧祖母　㊁659
検校　〔二〕689〔三〕102
玄以　〔一〕63
玄昌　府中巡察・火賊追捕〔十〕716 731 792／〔十〕747 800㊀5
玄長　韓使登城日・太刀礼制〔七〕185。高家職管轄〔八〕580。家治転兼任謝使〔九〕758／〔七〕360〔九〕119 571
五郎（加藤光広家士）　〔二〕546
光高　元服・偏諱〔二〕457。病気〔二〕515〔三〕86 109 226 230 345。婚姻〔二〕576 615。罹災・造作費用下賜〔二〕581。茶事〔二〕669。風流進覧〔三〕55。家光茶事〔三〕159 160 189 205 316。家光日光社参供奉〔三〕176 183 184 242 262 266。松平光長と交替参勤〔三〕271。卒伝〔三〕387 388 404／〔二〕458 628 691〔三〕44 140 172 176 177 233 282 294 336 366
光高生母（子々姫・珠姫、委忠女・前田利常室）　↓天徳院
光高室（大姫・亀姫、水戸頼房女）　↓清泰院

前田孝興（豊昌）　〔五〕124 182
孝矩（高矩）　召出〔四〕132。島原目付〔五〕24 43。御前停止を赦免〔五〕168。大坂城代引渡〔五〕528 532／〔三〕209 452〔六〕79 173
孝始　〔七〕382〔九〕396
孝武　〔九〕659〔十〕541
綱紀（犬千代）　相続〔三〕404。江戸城西丸用材献上〔三〕636。病気〔三〕641〔五〕448〔六〕384〔七〕310〔八〕336。元服・偏諱〔四〕101。証人交代〔四〕109 142 178 224 307。江戸城天守台石垣造営助役〔四〕242 267 270 277 281 282 322。婚姻〔四〕273 275。父利常養老領・加封〔四〕286。家士婚姻〔四〕389。加賀白山論地所替〔五〕22。消防〔五〕271 429〔六〕11。三家に准じ白書院にて拝謁〔六〕51。湯島聖堂に典籍献上〔六〕85。進講〔六〕143 177 205。高山城在番〔六〕150 222。江戸邸焼亡〔六〕521〔八〕223。好学〔八〕304〔九〕249。致仕伝〔八〕304。歿〔八〕337。吉宗の諮問を受く〔九〕207 251。家蔵の古書献上〔九〕241。『飲膳正要』書写〔九〕242。『庶物類纂』献上〔九〕291／〔三〕336 346 382 404 410 450〔四〕196 269 292 331 468〔五〕25 55 57 579〔六〕678〔七〕276〔八〕110 111 227 304。家士　叙爵許可〔六〕129 469 718／

前田
綱紀室（保科正之女）　〔五〕54 603〔六〕248 471〔四〕273 275 568 569
綱紀女（浅野吉長室）　〔六〕387
綱利　↓前田綱紀
左近　㊁612
治脩（時次郎）　女御入内賀儀献上制〔十〕397。致仕伝㊀479。歿㊀645／〔十〕353 355
治脩伯母　〔十〕667 364 592㊀24 331 492
治脩実方姉　㊀380
主膳　㊁567
秀敏（津田）　〔一〕510
重煕（利安）　偏諱〔九〕417。病気〔九〕493 573 589。卒伝〔九〕589 591／〔九〕59 121 415 424。家士〔九〕478
重煕伯母　〔九〕508
重教　元服・偏諱〔九〕615。定婚〔九〕616。封内銀札発行許可〔九〕639。居城焼亡〔九〕732 734。致仕伝〔十〕355。歿〔十〕803／〔九〕613〔十〕64 349 674 742。家士〔九〕631 699
重教室（紀伊宗将女）　〔九〕616
重靖（利見）　偏諱〔九〕592。定婚〔九〕597。卒伝〔九〕602 613／〔九〕557 591 598 602
重靖室（紀伊宗直女）　〔九〕597

前田周防守　㊁352
　正勝　〔一〕638
　正信　〔三〕378
　正甫　封地火災〔五〕210。越後騒動・高田城請取〔五〕417 420。増上寺修理助役〔六〕271 303。卒伝〔六〕619 621／〔四〕421〔五〕32〔六〕618
　政英　㊀53
　清長　㊀94
　斉敬（利博）　婚姻㊀131。元服・偏諱㊀146。歿㊀287／〔十〕592㊀136
　斉敬室（備姫、紀伊治宝叔母）　㊀131
　斉広（亀万千・又左衛門）　婚姻㊀331。元服・偏諱㊀342。居城焼失㊀596 600。歿㊁110／㊀331 334 479㊁110
　斉広室（琴姫、松平勝当女・尾張宗睦養女）　㊀331
　斉泰（加賀守）　婚姻㊁87 173。封地損毛・恩貸金㊁240 611。江戸城西丸造営助役㊁351。江戸城造営費上納㊁393 527
　斉泰室（溶姫、家斉女）　㊀703 789㊁87 149 173 229 266
　斉泰弟　㊁127
　斉泰姉　㊁123
　斉泰妹　㊁206 245 248
前田斉泰伯母　㊁254
　宗辰（又左衛門）　元服・偏諱〔八〕760。卒伝〔九〕409 415／〔八〕751 840〔九〕45 127 409
　宗辰室（松平正容女）　〔九〕359
　長禧　㊀560
　長槩（信濃守）　㊁262
　長左衛門　㊀778
　長泰　召出〔六〕665。高家肝煎〔九〕414。御太刀役〔九〕433。日光家光百周忌法会〔九〕498 511 515。家重転任宣旨請取役〔九〕752。
　　御前を止む〔十〕54／〔七〕363〔九〕119 421 426 490 756 763〔十〕13 132
　長敦　御前を止む〔十〕243。高家肝煎〔十〕398／〔九〕531〔十〕469
　直基　〔八〕303
　直主　〔八〕788
　直勝　淀・大和・木津川堤防修築奉行〔四〕580 606 620。信濃川堤防修築〔四〕592。久留米目付〔五〕49 67。面命〔五〕214 369。国用管掌〔五〕369／〔五〕93 153〔六〕126 137 389 445
　珍長　㊀395
　対馬守（前田家士）　〔一〕670〔二〕458
　定賢　㊀52
　定行　〔三〕223
前田定候　〔十〕273
　定次（定泰・定恭）　徳松抱守〔三〕452 508 565／〔三〕566〔五〕406 512
　定時　大坂目付〔五〕304 322／〔四〕54〔五〕145〔七〕410
　定俊　〔一〕520
　定昭　〔十〕15㊀323
　定将　〔十〕655
　定勝　〔一〕520〔二〕364
　定信　〔六〕109〔九〕25
　定正　㊀69
　定相　〔六〕63〔八〕189
　定泰　↓前田定次
　定得　〔十〕255
　定武　〔五〕512
　定良　秀忠鷹狩の宿割〔二〕307。江戸城石垣造営栗石奉行〔二〕448。赦免〔三〕114 167／〔二〕553 600 609〔三〕114 499
　富姫（前田利常女カ）　〔二〕458
　主殿　〔四〕525
　伴次郎　〔十〕85
　内記　㊀765
　繁之　㊁122
　武宣　〔十〕830㊀502
　豊昌　↓前田孝興

前田房長　家治婚姻・日光告祭使㊈604 605。御前を止む㊉243 291。高家肝煎㊉260／㊇684 ㊈531 533 ㊉398 412
万菊丸（前田光高男）　㊂410 614
茂勝　江戸市街修治㊀76。除封・召預・伝㊀461
靱負　㊀708
利安　↓前田重煕
利以　御前を止む㊀116。致仕伝㊀611／㊀6
利意　参勤交代㊂271 272。館林城在番㊂319。駿府加番㊃263 330。大坂加番㊃537 581 ㊄82 182 334 362 424。卒伝㊄552／㊁543 ㊂63 261 ㊃448 ㊄506
利英　卒伝㊅693／㊅243 400
利家　秀頼輔導㊀62 209。伏見騒動・家康問責㊀63。歿㊀64。聚楽邸、謡始式㊀197。織田秀信の座次を論ず㊀197。家康病床を問う㊀210。首級を譲り合う㊀281
利豁（鐔八郎）　㊁398
利幹（淡路守）　関東河川修復助役㊁85 95。居城焼失・恩貸金㊁249。歿㊁276／㊀468 469 510 668

前田利久　卒伝㊀40 46／㊉493 556 571 ㊀39
利極　歿㊁367／㊁285
利慶　下総古河城在番㊅184 191。卒伝㊅243／㊄609 ㊅176
利見（嘉三郎・上総介・加賀守）　↓前田重靖
利見（右近・大和守）　卒伝㊀6／㊉670 695 698
利謙（利久）　濃勢両国河川浚利助役㊀91。封地水害㊀110。江戸城西丸修復助役㊀334。卒伝㊀465 468／㊀46 91 110 230 240
利広　卒伝㊅176／㊃337 ㊄552
利考　東海道甲斐河渠浚利助役㊀154 491／㊀83 196
利孝　一万石賜封㊁116。家光上洛供奉㊁256 637。江戸城修築課役㊂2。卒伝㊂63／㊀121 704 ㊁537
利幸　卒伝㊉92 100／㊈79 ㊉91
利興　増上寺方丈造営助役㊆329。根津権現祭礼に神馬等を出す㊆394。浅草米廩火の番㊇251。致仕伝㊇343。歿㊇631／㊅149 621 ㊇631
利之（備中守）　紅葉山東照宮・霊廟修復

前田　助役㊀717。十万石下賜㊁68。寛永寺諸廟修復助役㊁176。歿㊁285
利次　家号下賜㊁528。十万石分封㊂140。江戸城西丸用材献上㊂636。卒伝㊄189 193／㊁458 459 615 ㊂533 ㊃369 453 ㊄72
利次室（鳥居忠政女）　㊂555
利治　分封㊂140。江戸城西丸用材献上㊂636。卒伝㊃349 355／㊁458 459 511 613 615 665 ㊂314 410 468 ㊃487
利実　㊉223
利尚　御前を止む㊉226。致仕伝㊉695／㊈510 674 711
利昌　㊅205 ㊆10 24
利章　江戸城虎門修築助役㊇600 618。卒伝㊇769 776／㊅692 ㊆47 144 ㊇51 768
利常（黄門）　家康に後事を託さる㊀282。婚姻㊀383 ㊂140。元服・家号下賜㊀388。名古屋城修築㊀510 521。禁裏造営課役㊀547 603。高山右近・内藤如安を京都に護送㊀647。江戸邸華麗㊀649。高田城築造㊀649。豊臣方の密書を家康に呈す㊀658。利長養老料㊀670。大坂冬陣㊀700 702。大坂攻城㊀725。大坂夏陣㊂27 33。秀忠来

前田

駕〔二〕128 458。大坂城修築課役〔二〕185 186。後水尾天皇二条城行幸〔二〕392。秀忠茶事〔二〕415 457。家光上野別墅来臨〔二〕458〔三〕177 208。面命〔二〕534。病気〔二〕565〔三〕136 139 161 167 173 174 196 231 351 420〔四〕142 283。太刀を東照宮に奉納〔二〕588。茶事〔二〕626。江戸城修築課役〔三〕1 2 4。致仕伝〔三〕140。家光茶事〔三〕160 316。証人交代〔三〕174。躍進覧〔三〕232。封地の天主教徒捕縛〔三〕370。綱紀後見〔三〕404。明国滅亡・来航船処置令〔三〕461。江戸城西丸用材献上〔三〕636。別墅罹災〔三〕638。江戸城営築所指揮〔四〕267 277。歿〔四〕283／〔一〕388 389 622 624 680 682〔二〕51 59 83 95 279 361 376 445 457 536 568 613 615 627 639 672 684〔三〕34 39 137 140 188 233 353 354 410 613 691 717〔四〕80 114 278。家士〔一〕670

利常母　〔二〕458

利常室(子々姫・珠姫、秀忠女)　↓天徳院

利常姉　〔三〕245

利常女(寵姫)　〔二〕536

利常女(万姫)　〔二〕458 536

利常女(浅野光晟室)　〔二〕689

前田利常女　↓八条宮智忠親王室

利精　致仕伝〔十〕701／〔十〕480 573 601

利知(大和守)　㊀658

利長　芳春院江戸人質〔一〕66〔三〕717。関ヶ原合戦・北国平定〔一〕71 231。江戸市街修治〔一〕76。利常伏見城参謁〔一〕387。致仕伝〔一〕389。居城(富山)火災〔一〕482。禁裏造営課役〔一〕547。豊臣方より密書〔一〕657。歿〔一〕664 665。臣下の礼〔二〕272／〔一〕64 85 388 586 608 670

利直　奥詰〔六〕115〔七〕6。犬小屋普請〔六〕231。四谷御用地築地助役〔六〕226。江戸城芝口郭門造営助役〔七〕83 101 124。卒伝〔七〕144／〔五〕506〔六〕147 537 739。家士〔六〕231

利道　三河吉田橋修理助役〔九〕567。江戸城西丸修理助役〔十〕298。致仕伝〔十〕573／〔八〕776〔九〕112 487

利博　↓前田斉敬

利物　卒伝㊀83／〔十〕701 748

利平(鉦七郎・備後守)　関東諸川修復助役㊁586 596。歿㊁631／㊁367

利保(啓太郎・出雲守・長門守)　江戸城西丸造営㊁413。江戸城本丸造営費上納㊁543。致仕㊁569／㊀745㊁

前田

609

利命(裕次郎)　㊀528

利命室(豊姫、紀伊治宝女)　㊀528

利明　卒伝〔六〕147／〔四〕308〔五〕131

利友(出雲守)　日光東照宮修復助役㊁666 679／㊁569

利与　日光修理助役〔十〕109 156。飛騨代官所百姓一揆鎮圧〔十〕427 455。関東甲斐河渠浚利〔十〕468 473。致仕伝〔十〕556。歿㊀257／〔十〕100

利理(利里)　卒伝〔九〕674／〔六〕693〔七〕117〔八〕22

利隆　牧馬献上令〔八〕419。寛永寺本坊修理助役〔八〕765 783／〔八〕343 346 839〔九〕107

利和　歿㊁398／㊀611

前波半入　↓前場勝秀

前野治大夫(生駒家士)　〔三〕198

助左衛門(生駒家士)　〔三〕197 198

前場勝秀(前波半入)　御談伴〔一〕331 372〔二〕283／〔一〕703〔二〕188

清右衛門　〔六〕297 659

前原源右衛門　㊁545

曲木又兵衛　㊁627

又六郎　㊁581

曲淵市大夫　㊀707

曲淵一学 ㊀516 555
英元 作事奉行[九]434。勘定奉行[九]466。大目付[九]684。西丸園亭造営[八]856 [九]22。一橋新邸造営[九]25。両国橋修理[九]91。紅葉山東照宮修理[九]378 400。二丸火災消火[九]425。御庭の亭館造営[九]426。韓使応接[九]465。家光百年忌日光法会[九]497 512 514 515。三河吉田橋架構[九]555 567 584。御前を止む[九]584。吉宗大祥忌法会[九]590 594。日記管掌[九]685。黜免・蟄居[九]719／[八]678 [九]82 119 348 435 512 601 [十]216
軌隆 [六]413 [七]376
吉景 [一]168
吉次 [二]511
吉重 [二]183
吉門 [二]182 [三]168
景衡 召出[六]556。甲府勤番支配[八]386／[七]439 [八]433 642。家士[七]461
景山（勝次郎・甲斐守・和泉守） 喜連川派遣㊁236。寛永寺仮霊牌所造築㊁260 262。江戸城大奥修復㊁449 450 476。預厩修復㊁450
景寿 [九]659 [十]643

曲淵景漸 韓使聘礼[十]68／㊀306 436
景忠 [十]234 251 395
景露（甲斐守・日向守） 日記管掌㊀106。拝謁を止む㊀216。江戸城大奥修復㊁117 214 237 238 257／㊀420
重羽 護国寺護摩堂造営[六]445。久能山巡察[六]504 506。王子権現修理[六]510。穴八幡修理[六]510。江戸城郭内修理[六]524。久能山東照宮修理奉行[六]551 561。根津権現造営奉行[六]577。桂昌院霊牌所造営[六]587 602。吹上花圃営築[六]667。浜離邸造営[六]669 690。江戸城芝口郭門造営奉行[七]80 100 101 124。日光東照宮見分[七]169 210。日光東照宮修理[七]349。女御御殿・里第営作[七]376／[六]640 [七]24 208 443 [八]161
勝延 [九]645 700
信行 [三]168
信輿 [九]7
信次 [二]311
甚右衛門 ㊁666
正吉 [一]168 647
正則 [五]554
清兵衛 ㊁10

曲淵智勝 ㊀610
直弘 [六]412
明信 京都所司代令条[五]558／[五]507 [六]185 395 424
牧
義制（志摩守） 江戸城大奥修復㊁647 662。江戸城西丸休息所修復㊁651。寛永寺諸廟修復㊁651。浜庭園修復㊁659。上野東照宮拝殿修復㊁660
義珍（助右衛門・丹波守） 日光廟修復奉行㊁11 26 29／㊁519
定五郎 ㊁3
治右衛門 [一]697
勝秋 [五]345
勝信 ↓牧 長重
仲義 [九]548
左右之助 ㊁487
太兵衛 [四]453
丹波守 ㊁523
長賢 [十]527
長高 加封[四]404 557 [五]595／[五]270 596 [六]136 247
長重（勝信） [一]705 [二]203 529 [四]338
長勝（牧野） 大名領寺社領の税額査検[一]396。名古屋造営地検点[一]500。名古屋城造営監使[一]507。名古屋城修築

牧

長富 〔六〕58

　奉行〔一〕511／〔二〕242

牧野以成 致仕㊁134／㊀505 542 543

惟成 卒伝〔十〕728／〔九〕8 525〔十〕355

為成 掛川城引渡〔九〕414 418。出仕を止む〔九〕616／〔九〕658

尹成 赦免〔三〕32／〔三〕445 646〔五〕449

永成 〔三〕445 646 679〔四〕263 265 338 431 442

英成 奥詰〔六〕154 162。致仕伝〔八〕774／〔五〕424〔六〕177 579 603 739〔七〕209 419〔八〕355 360 658。家士〔六〕604

嘉成 武家宅地点検〔六〕221／〔六〕509〔七〕14

勘兵衛 〔二〕108

貴成 〔八〕532 548

源助 〔二〕239

光成 〔二〕419 623

康哉(遠江守) ㊁532

康周 日光祭祀奉行〔九〕469。月光院邸防火〔九〕592。卒伝〔九〕703／〔八〕211 364〔九〕77

康重 加転封〔六〕484。封地浅間山噴火〔六〕542。小姓〔六〕619 739／〔六〕22 23 49 176 487 622

康成(貞成、右馬允) 卒伝〔一〕502／〔一〕20 122 305

康成女(家康養女) ↓福島正則室

牧野康成(半右衛門) 〔一〕373

康成(内膳) 一万石分封〔二〕631。江戸城修築課役〔三〕2。参勤交代順番令〔三〕271 272。卒伝〔四〕260／〔三〕317〔四〕102 194

康儔 卒伝㊀445

康長 致仕伝㊁21／㊀445

康澄 〔五〕391

康道 致仕伝〔六〕49／〔五〕481 512

康陞 〔十〕759㊀140

康満 封地凶荒・恩貸金〔十〕737。致仕伝〔十〕759／〔九〕475 703 736〔十〕18 416 758

康命(鐺吉) ㊁170 172

康明 歿㊁170／㊁21

康隆 〔十〕777

主馬 〔二〕167

升栄 ㊁406

信成(伝蔵) 〔一〕20

信成(豊前守・内匠頭) 秀忠鹿狩に美麗を尽す〔一〕511。禁裏造営課役〔一〕548。暹羅信使饗応〔二〕215。談伴衆交番出仕〔二〕549。訴訟裏判に連署〔二〕553。徳川忠長幽閉伝命〔二〕569 572。加封〔二〕596〔三〕350。目安に添状〔二〕607。留守居職掌〔二〕693。江戸城本丸作事奉行〔三〕47

牧野

76。蘭人石火矢試技監臨〔三〕137。台所費用査検〔三〕165。倹約令指揮〔三〕166。家光日光社参・江戸留守法度〔三〕181 264。家綱附〔三〕235。家綱代参〔三〕306 342 343 352 375 388 390 404 421 430。韓使聘礼〔三〕321 322。転封〔三〕350。城主〔三〕350。琉球国使引見〔三〕359 362。家綱加冠・御冠取次〔三〕388 389。家光面命〔三〕429。綱吉来邸〔三〕445〔五〕353。致仕伝〔三〕507。歿〔三〕646。絵画拝領〔三〕741／〔一〕384 420 512 538 704〔二〕33 342 369 399 537 613〔三〕153 210 211 237 255 269 273 281 288 305 320 321 325 352 365 369 375 377 381 385 392 419 421 422 425 428 432 478〜480 502 522 565

親成 近習〔二〕582。所属新増〔三〕45。浅草東照宮守護〔三〕256。書院番頭〔三〕259。家光茶事〔三〕308 311。家光参詣・御沓役〔三〕314 352 375 382 388 422 430 507 515 573 631。鷹管掌〔三〕331〔四〕42。加封〔三〕350〔五〕16。家光参詣・御刀役〔三〕383 449 450 570 577。家光に近侍〔三〕389 505 537 687。営中諸士勤怠査検〔三〕555。家綱日光社参旅中条約〔三〕590。蘭人仏郎機試射監臨〔三〕651。家光の病床看侍〔三〕687。家光霊柩供奉〔四〕3 5 6。御家人宅地査検〔四〕57。

牧野
日光家光大祥忌㈣69 73 76。昼夜伺候㈣91㈤314。江戸城々溝浚利巡察㈣112。禁裏附指揮㈣135。新院附指揮㈣136。京都所司代㈣129 138 158。与力・同心附属㈣153。所替㈣192。江戸城本丸造営助役㈣322。少将昇進固辞㈣468。病気㈣481 526 569 571㈤16。転封㈤16。致仕伝㈤167／㈡607㈢257 263 265 399 400 445 456 485 495 507 508 510 534 555 569 589 593 612 617 646 703㈣10 46 48 61 64 92 96 101 130 137 146 150 152 160 162 163 172 189 195 196 200 201 320 344 346 517 523 524 529 538㈤14 15 19 68 132
正照　㈢155 659
正辰　㈤419
正成（清兵衛）　㈠751㈡562
正成（織部）　㈣220
正通　㈥497
成允　㊀47
成延　㈠661
成央　浄光院霊牌所造営助役㈦13 74。転封㈦235。江戸邸焼亡㈦449。卒伝㈧155／㈥654㈦209㈧76
成煕　㈦88㈧151㈨495
成儀　花畑番組頭㈢231。綱吉（徳松）附㈢244

牧野
524。綱吉三丸移徙㈢565 566。歿㈣355／㈢379 476 642㈣7 10 242
成久（長門守）　㊀109
成久（釆女）　㊁5 7
成教（池田輝政家士）　㈠420
成喬（成堯）　仙台目付㈤74 92。大坂目付㈤165 181。禁裏附・官宅修理料㈤211／㈤189 233 255㈥705
成傑（内匠頭）　㊁98
成賢（成知）　備中松山城引渡㈨90 95。延岡城引渡㈨428 440。江戸城西丸修理㈨608。濃勢尾河渠修理監視㈨638 641。日記管掌㈨723。清水邸造営㈨728 750。江戸城二丸造営㈨743。両国橋修治㈨746。江戸城大奥造営㈩37。猿江材木蔵溝渠浚利㈩402。劇職勤労㈩411。出仕を止む㈩747／㈨575 576 631 663 674 681㈩81㊀153 187
成綱（駿河守）　㊁536 633
成時　不時登城許可㈤478。猿楽㈤539 546／㈤471 597 611
成春　加転封㈥600。卒伝㈥654／㈥128 168 244
成純　掛川御使㈡687。山形目付㈢30 35。

牧野
豊後目付㈢51。島原乱㈢73 83 95 108／㈠661㈡101 590 616㈣315
成如　㈩534
成勝　㈢26㈣528㈤407㈥92
成常（正成）　宿割役㈡561。巡見使㈡581 615。備中成羽目付㈢101 111。江戸城造営㈢149 190 666 672㈣195 220 328。新殿造営奉行㈢428。久能山造営奉行㈢457 458 485。久能山地図進覧㈢481。家綱遊楽所造営奉行㈢517。牛込離館造営㈢523。増上寺霊廟巡見㈣13。松平定政封事を託す㈣16。紅葉山霊廟造営㈣79 104 122 125。寛永寺本坊修理所監視㈣361。佐倉御使㈣365／㈠661㈢77 116 149㈣220 481
成信　㈠420 661 662
成知（播磨守）　㊁268
成著（伊予守）　㊁638
成長　㈣46㈤5
成定　㈠33
成貞（兵部・備後守）　綱吉家司㈤69。綱吉宗家相続㈤354。本城供奉㈤363。御側・評定所式日出座㈤376。加封㈤385 436 495㈥10㈦103。特恩㈤433。病

牧野
気〔五〕452 481〔六〕40 161 237。『武家諸法度』〔五〕492。転封〔五〕495。城主〔五〕495。大目付・目付・町奉行戒諭〔五〕562。綱吉臨邸〔六〕6 10。恩貸金〔六〕20。江戸城諸門出入の制〔六〕125。大奥管掌〔六〕177。致仕伝〔六〕244。抜擢〔六〕724 733。優待〔六〕746／〔四〕355〔五〕15 89 131 432 470 499 539 546 562 587 595 597 598 599〔六〕1 128 502 745。家士〔六〕62
成貞母　〔五〕515
成範　〔九〕662
成福　〔七〕441
成文(対馬守)　㊁331
成房(直成、兵部・長門守)　家綱参詣の刀役〔四〕240 352。居宅罹災〔四〕256。家綱参詣の沓役〔四〕290 297 308 327 337 342 348 377 384 386／〔三〕239 445 646 657〔四〕290 296 371 400 526 573 582 605〔六〕445
成庸　〔十〕89
成里(一楽)　召出〔一〕76。卒伝〔一〕661／〔一〕98 254 373 420 577
成良　〔八〕451 514
政三　〔十〕606 ㊀107
政信　〔九〕35
清兵衛　㊁461
牧野誠成(豊前守)　㊁690 691
節成(欽次郎)　致仕伝㊁690／㊁129 134
宣成　東海道河渠修理助役㊀510。致仕伝㊀541／〔十〕728 735 752
則成　〔十〕306
忠衛(順三郎)　㊁128 260
忠雅(備中守)　江戸城造営費上納㊁393 520。転封㊁416。転封中止㊁436。海防掛㊁544 602。増上寺諸霊牌所普請㊁551。大光院贈位㊁659／㊁245 268 397 509 539
忠寛　封地水害・恩貸金〔九〕699。封地の孝子上申〔九〕714。卒伝〔十〕229／〔九〕646 662
忠貴　黜免・逼塞〔六〕24／〔六〕1 21 635
忠義　㊀519
忠敬　大樹寺広忠二百年忌法会代参〔九〕449 451。卒伝〔九〕469／〔九〕20 382 390
忠寿　長岡城火事・恩貸金〔八〕475。卒伝〔八〕704。大奥に登城〔九〕180／〔七〕109〔八〕245 273 520
忠周　致仕伝〔九〕382／〔八〕644 704 838〔九〕213
忠辰　越後騒動・高田城請取〔五〕417 420 423。奥詰〔六〕41 234。湯島聖堂に祭器献上〔六〕86。遠慮〔六〕234。近国河功助役〔六〕
牧野
579 603。致仕伝〔八〕245／〔五〕65 190 452 453 495
忠数(半右衛門)　〔八〕280〔九〕214。家士〔六〕604
忠成(新十郎・駿河守・右馬允)　㊀774
　江戸城謡始〔一〕507 575 607。小田原城勤番〔一〕647。高田城在番〔二〕103。城主〔二〕104。加転封〔二〕104 149 188。福島正則に改易伝命〔二〕165 171 273。江戸城修築課役〔二〕447〔三〕2。村替〔三〕501。消防令〔三〕162。家光日光社参中留守〔三〕181。参勤交代順番令〔三〕272。日光旅館改造助役〔三〕603。佐渡一揆鎮圧〔四〕46。卒伝〔四〕138／〔一〕122 384 502 704〔二〕33 375 386 487 534 536 623 635〔三〕87 152 174 317 563 630。家士〔三〕318 630
忠成(忠盛、老之助・飛騨守)　江戸城修理助役〔四〕197 221 246 261。高力隆長邸召預〔五〕6。卒伝〔五〕190／〔三〕465〔五〕105。家士〔四〕229
忠清　家綱傅役〔三〕587。駿府加番〔五〕22 55／〔三〕156 656〔四〕204 218 220 525〔五〕448
忠盛　↓牧野忠成(老之助・飛騨守)
忠精(備前守)　漂着船取扱制〔十〕230。封地凶荒・恩貸金〔十〕681。大坂城代赴任・恩貸金㊀196。京所司代赴任・恩貸

牧野
金㊀398。韓使来聘㊀576。勝手方老中㊀775。封地地震・恩貸金㊁199。致仕㊁245／〔十〕229 496 574 751 ㊀193 396 463 777 ㊁6 180
忠知　〔十〕655 772
忠直（兵庫）　㊁473
忠鎮　㊀518 519
忠利　卒伝〔九〕646／〔九〕469 517
忠列　西丸書院番頭〔八〕372／〔八〕285 662 〔九〕382
潮太　〔一〕752
直元（平野）　〔六〕84
直成（大七郎・伊予守）　〔四〕335 336 368 371
直成（兵部・長門守）　↓牧野成房
定成　分封〔二〕631。江戸城修築課役〔三〕2。参勤交代順番〔三〕271 272／〔二〕558。家士〔三〕630
貞為　㊀429
貞一（越中守）　㊁193 263
貞幹　歿㊁193／㊀534 794
貞喜　江戸邸火事㊀365。致仕㊀794／〔十〕452 475 493 ㊀181
貞久（兵部）　江戸城本丸造営費上納㊁535。歿㊁667／㊁439 538
貞勝　歿㊁439

牧野貞成（右馬允）　↓牧野康成
貞成（介三郎）　〔五〕449
貞長　大坂城代赴任・恩貸金〔十〕553。宗門改制〔十〕533。大坂城近辺に所替〔十〕555 585。京所司代赴任・恩貸金〔十〕664。家基法会惣督〔十〕761。勝手方老中㊀52 113。御前を止む㊀120。致仕伝㊀181／〔九〕129 500 517 662 〔十〕475 552 662 750 ㊀11 116
貞通　封地蝗災〔八〕611 632。駿河国古文書採訪〔八〕722。評定所『定書』編輯〔九〕35。吉宗自製の薬拝領〔九〕194。転封〔九〕421。卒伝〔九〕500／〔八〕155 413 435 452 457 〔九〕39 399 497
貞明（左京）　㊁667
鉄蔵　㊀712
遠江守　㊀730
播磨守　㊁289
半右衛門　㊁118
美成　〔十〕138 ㊀122
福成　〔十〕659
房之助　㊁5
富成　家綱附小姓〔三〕239。家綱元服式、符籙役〔三〕389。家綱参詣の刀役〔三〕436 522 599 〔四〕182 196。櫛笥役〔三〕657。将軍宣下刀役〔四〕12 14 16 26。日光廟造営〔四〕63。

牧野
朱印改〔五〕518。卒伝〔六〕177／〔三〕388 445 587 〔四〕137 160 179 201 493 598 〔五〕167 168 309 439 〔六〕174
明成　寛永寺家光廟焼亡監視〔八〕189。雁間座班〔八〕357。卒伝〔九〕525／〔八〕68 774 826 〔九〕521
牧村直良　〔五〕217 494
利尚（仁十郎）　㊁511 518
利貞（豊臣家士）　〔五〕217
槇島重宗　〔二〕29
重利　大坂陣〔一〕697 709 743 〔二〕29／〔一〕41
幕内昌胤　㊀82
正木嘉継　㊀485
観斎　↓正木頼忠
高郷　日光本坊修理監視〔九〕625 627／〔十〕234 294
康恒　随自意院、隠室造営監視〔九〕612。江戸城々溝浚利〔九〕617。日光本坊修理監視〔九〕625 627。倹約令管掌〔九〕636。天主教監察〔十〕126。阿蘭陀通商制令達〔十〕463。日光巡見〔十〕467／㊀18 47
康長　〔三〕155
康度　〔六〕321
左京（松平忠吉家士）　〔一〕428
時明（柾木、左京亮、松平忠輝家士）　〔二〕104 363

正木大膳(里見家士) ㈠681
　舎人 ㈢31
　伴蔵 ㈡173
　邦時 ↓正木頼忠
　弥九郎 ㈨267
　頼忠(邦時、観斎) ㈠87 606 755
　頼忠女(お万の方、蔭山の方、家康側室) ↓養珠院
正村次右衛門 ㈠479
柾木左京 ↓正木時明
政宮(中御門天皇男、仁和寺門跡) ↓遵仁親王
増田盛次(兵大夫) ㈠280 ㈢30 43
　長盛 家康に刺客を発す㈠65。大坂夏陣・切腹・伝㈠280 ㈢43／㈠362
増山(老女) ㈣367
増山織部 ㈣1
　資弥(資祇) ㈢509 587 657
　正贇 封地水害・恩貸金㈨699 ㈩433。卒伝㈩514／㈨398 433 462 ㈩489
　正賢 致仕㈠463。謹慎㈠539／㈩373 514 518
　正元 合力米千俵分与㈥546／㈥471 ㈧499
　正修(河内守) ㈡532 591
　正任(正忠) 封地破損・所替㈦58。治績

増山

褒賞㈧248 ㈨206。致仕伝㈨35／㈥154 544 583 ㈧377 ㈨23
　正恬 ㈠347 524
　正寧(備中守・河内守・弾正少弼) 封地凶作・恩貸金㈠759。江戸城内所々修復㈡331。江戸城西丸造営㈡378。江戸城西丸造営費上納㈡392。若年寄精勤㈡395。封地所替㈡437。若年寄勝手掛辞任㈡457／㈠453 463 ㈡81 429 461 466
　正弥 転封㈣470 ㈥483。下館城修築料㈣470。下館領強盗追捕㈣582。卒伝㈥544／㈣515 ㈤88 94 495 497。辻番人㈤4
　正弥姉 ↓津軽信政室
　正富(養甫、奥医) ㈥713
　正武 卒伝㈨433／㈧20 ㈨35 39
　正邑 ㈨639
　正利(青木) 加封㈢509 ㈣298。春日局旧第拝領㈢520。西丸宿直㈢663。宝樹院の弟㈣1。松平定政封事を託す㈣15。宝樹院法会㈣64 71 95 129 285。湯治㈣78 149。家綱参詣、裾役㈣96 102 103。転封㈣298。卒伝㈣431 434／㈡232 ㈢419 468 521 522 531 591 597 598 612 658 692 ㈣11 28

増山

51 78 298 335 363 364 430 ㈤499
　正利母 ↓泉光尼
　正利女 ↓津軽信政室
　政美 ㈩247 672
　帯刀 ㈠795
　勇之丞 ㈡125
増山の方(お楽の方、家光側室・家綱生母) ↓宝樹院
升屋善太郎 ㈩743 ㈠74
長宮(東山天皇男) ↓中御門天皇
益田時貞(天草四郎) ㈢72 73 74 92 96 103
　修理(毛利家士) ㈢684
　脩正 ㈠468
　甚兵衛(庄屋、益田時貞父) ㈢72
　備後(蜂須賀家士) ㈡190
　豊後(蜂須賀家士) ㈢422 430
益山勝蔵 ㈡60
増井弥左衛門 ㈧183
増島信包 ㈧184
　重国 ㈡143
　藤之助 ㈠695
増田荒五郎 ㈩289
　寿得 ㈠615 711
　潤蔵 ㈡653

増田宗栄　㊀569
　太兵衛　〔八〕645
　良香（寿得）　㊀494
　良貞　〔六〕274
　良富　〔六〕592 677
　若狭守　〔一〕362
又右衛門（尼崎商人）　〔三〕442
又蔵（石屋）　〔三〕242
町尻兼景　〔六〕706
　量聡　〔十〕677
町田源五郎　㊁499
　将監　〔三〕750
　茂七郎　㊁214
町野寛満　〔九〕587
　幸行　㊀493
　幸次　〔五〕502
　幸重　亀山城引渡〔六〕301 308。大坂城定番引渡〔六〕441 446。召預〔六〕447／〔五〕608〔六〕540
　幸宣（幸長）　進物番〔三〕316。越後村上目付〔三〕608。下館在番〔四〕112。館林在番〔四〕144。定火消役〔四〕279／〔四〕81 293 318 393 584〔五〕283 502
　幸長　↓町野幸宣
　幸道　〔十〕115
町野幸和　蒲生忠郷、家中騒動〔一〕666〔二〕89 224。遠謫〔二〕89。召出〔二〕549。先手頭、同心五十人を預る〔二〕600。五千石新封〔二〕601 637／〔二〕637 661〔三〕258 326 496
　左近（会津藩士）　〔一〕456
　左兵衛　〔九〕715
　三安　召出〔六〕556。黜免、小普請入〔六〕684。赦免〔七〕14／〔六〕556〔八〕131
　三雄　〔七〕201
　新兵衛　㊁128
　清福　〔九〕534
　長門（蒲生忠知家士）　〔二〕322 453
町谷師政（谷）　〔十〕294 682 683 744
松　井　↓松平
　吉之助　㊁209
　康之（長岡佐渡、細川家士）　〔一〕294 482
　式部（長岡細川家士）　〔九〕744
　勝右衛門　〔八〕362〔九〕229
　信任　〔十〕527
　正勝　〔五〕493
　政照　㊀538
　宗次　〔一〕455
　宗重　徳川忠長附〔二〕236。召返〔二〕578。家綱奉抱役〔三〕587／〔三〕243〔四〕531
松井宗直　〔二〕107
　宗利　〔二〕360
　長庵　㊀588
　茂光　〔五〕423
　茂三　〔六〕84
　山城　㊀760
松右衛門（非人頭）　〔九〕170
松　浦　↓マツラ
松浦越前守　㊀703
　熙（肥前守）　致仕㊁423／㊀511 589㊁416
　矩　卒伝㊀516／〔十〕725 784
　皓（豊後守）　致仕㊁654／㊀744
　剛（忠右衛門）　㊁247
　左吉　〔二〕31
　佐内　〔一〕459
　三之助　〔二〕307
　修理　㊀631
　脩（勇三郎）　㊁608 654
　昌　致仕伝〔六〕619／〔四〕539
　信英　巡見使〔八〕54 75／〔八〕329 351
　信吉　〔五〕467
　信守（杉浦）　〔六〕535
　信勝　〔五〕467
　信辰　〔二〕607 617〔三〕123

松浦信正(市左衛門)　分封〔五〕467／〔六〕174 263 351
信正(杉浦、信政、与次郎・河内守)　治績〔九〕217。勘気黜免〔九〕217。加封〔九〕385 561。家継法会奉行〔九〕453 455。勘定奉行・長崎奉行兼務〔九〕462 561。月光院葬送管掌〔九〕575 576。黜免・小普請入・閉門〔九〕585／〔六〕535〔九〕394 466〔十〕23
信生　〔三〕304
信貞(信定)　分封〔四〕501。淀・木津・大和川巡見〔四〕533 556／〔二〕607〔三〕316〔四〕574〔五〕2 86 164 467
信桯　御前を止む〔十〕520。江戸城吹上内外城塁修補〔十〕735。長崎奉行〔十〕780／〔十〕529 631 793 ㊀373
信富　〔十〕385
信福　〔十〕30
信邦　〔十〕483
信庸　〔九〕553
政　〔九〕695
清(静山)　関東諸国河川堤防修理助役〔十〕654 ㊀246。参府期改正㊀199。致仕㊀589／〔十〕440 461。家士〔十〕657
誠信　長崎港警備〔十〕37。仙洞造営助役〔十〕350。致仕伝〔十〕461／〔八〕423 494
松浦致　致仕伝〔十〕223／〔八〕486 666
忠(伊勢守)　㊁252
長　小姓・奥詰〔六〕136 739／〔五〕572〔六〕144
鎮信(式部卿法印)　海外渡海朱印〔一〕120 386 425 438 539。卒伝〔一〕665／〔一〕119 547
鎮信(肥前守)　江戸城修築課役〔三〕1。島原乱〔三〕76。蘭人優待・交易〔三〕146。蛮船厳制伝命〔三〕147。証人交代〔三〕176 221 349 386 434 478 525 637 689〔四〕74 108 174。韓使饗応〔四〕146〔五〕442。明暦大火・施粥〔四〕210。長崎奉行所造営助役〔四〕484。江戸大火〔五〕4。堀田正俊を評す〔五〕521。奥詰〔六〕39 42 739。致仕伝〔六〕49。譜代並〔六〕49／〔二〕472〔三〕69 63 207 337 396 401 434〔四〕349 501〔五〕8 556
棟(壱岐守)　奥詰〔六〕42 125 739。湯島聖堂に祭器献上〔六〕86。代官町北丸造営助役〔六〕695 713。致仕伝〔七〕299／〔四〕192 421〔六〕49 133 164 213 517〔七〕28 353。家士〔六〕713
篤信(棟、肥前守)　奥詰〔六〕127。蛮船取計令〔八〕99。長崎警衛〔八〕147。抜荷唐船打払〔八〕413。致仕伝〔八〕422／〔六〕258 540〔七〕299 302
邦(政邦)　〔九〕104
松浦宝　卒伝〔十〕725／〔十〕199 223
馮　〔六〕275
弥衛門　〔一〕693
有信　卒伝〔八〕485／〔八〕288 422 431
邑　卒伝〔六〕719／〔六〕67 619
曜(源三郎・壱岐守)　関東諸川修復助役㊁586／㊁172 423
隆信　江戸城修築〔一〕667。英人・唐人通商〔二〕155。大坂城修築課役〔二〕185 186。阿蘭陀国王の書簡取次〔二〕415。卒伝〔三〕63／〔一〕77 597 598 665 667〔二〕41 67 535 689
良　歿㊀744／㊀516
良昭　㊀284 409
隣　卒伝〔八〕486／〔六〕219〔七〕421
松江(大奥女中)　〔六〕370 632
松尾(雑色棟梁)　〔二〕193
卯平太　㊁210
伝次郎　㊁509
武雅　〔十〕806
松岡嘉左衛門　㊁539
元知(笹本、伊八郎)　〔六〕693
孝道　〔八〕286
松風五郎右衛門　〔四〕501
左兵衛　〔五〕106

松風十左衛門 ㈣501
正懿 ㊀259
正広 ㈡156
正忠 ㈡158 ㈢464
松上志摩 ㈡318
松木 ㈣495 ㈤231 232
次郎助 ㈨650
紹哲 ㈠596
宗顕 ㈤127 ㈥706
宗章 ㈩693
宗条 ㈥408
宗澄 禁中濫行㈠489。硫黄島配流㈠498
宗良 ㈢539
忠成 ㈡6
藤五郎 ㈨650
頼国 ㈠296
松倉蔵人 ㈡79
十左衛門 ㊁616
重高(三弥) ㈢99 108
重正 ㈡436
重政(重正) 禁裏造営課役㈠547。大坂夏陣・奮戦㈡21 29。大坂残党捜索㈡41。加封㈡64 94 116。転封㈡64 116。大坂城修築課役㈡186。天主教徒封地遁入㈡436。卒伝㈡495／㈠283 716
重利 ㈡657 ㈢99 108
勝家 江戸城修築課役㈢1 27。韓使往還管掌㈢41。島原乱㈢72 73 83 91。除封・召預㈢99。国政紊乱㈢100。斬罪㈢108／㈡495 511 534 535
隼人(堀田正盛家士) ㈢592
松坂則飾 ㊀99
松崎寛定 ㈨717
吉久 赦免㈢42。川船烙印奉行㈢337／㈢416
吉次 召返㈢34。江戸城西丸土橋修理奉行㈢365／㈢435 ㈣293 481 ㈤242
熊次郎 ㊀708
慊堂 ㊁459
左源太 ㊁4
重次 ㈠635
重政 ㈡156
政勝 ㈦22
物左衛門 ㊁22
忠延 ㈧751 ㈨127
忠恒 ㈣374
忠富 ㈩357
頼房 ㈩289
松崎良時 ㈥552 ㈨127
松下 ㈠464
安綱(常慶) 台所管掌㈠319。駿府租税管掌㈠320／㈡27 327
嘉兵衛 ㊀778 ㊁446
吉長 ㈡334
元綱(河内、本多忠政家士) ㈡107
源太郎 ㈠38
興英 ㈧535
之喬 ㊀367
之郷 出仕を止む㈨494。日記管掌㈨640／㈨683 ㈩620
之綱 ㈩228
之章 ㊀160
氏興 ㈩446
志摩(井伊直勝家士) ㈠407
七十郎 ㈣521
主馬 ㊂670
重綱(右兵衛尉・石見守) 転封㈠77 ㈡91 248 406。加封㈡91 248 406。御談伴㈡283。韓使饗応㈡331。卒伝㈡424／㈠126 704 ㈡33 256
重綱(与兵衛) ㈢213
重氏 亀松抱守㈢413 414 563／㈡219

松下重政 [二]356
　重長 [八]142
　昭永 日光修理[十]618。狂言修業[十]817／[十]827 828 ㊀361
　常慶 ↓松下安綱
　図書頭 ㊁605
　正亮 ㊀229
　清兵衛 [三]24
　善大夫 ㊁594 666
　内匠 尾張美濃伊勢河川浚利修復㊁114。伊勢長島新田開拓㊁169／㊀769 ㊁197 232
　長光 召出[三]352／[四]281 [六]302
　長綱 転封[二]424。江戸城修築課役[三]2。韓使往還管掌[三]41 45。日光廟塔用の水晶献上[三]229。除封・召預・卒伝[三]351。家士の邪宗信奉責問[三]355／[二]537 623 [三]45
　長綱妻子 [三]354
　長勝 [二]413
　長房（松平、彦兵衛） 岩槻城引渡[五]438 444／[四]626
　長房（権兵衛） ㊀172
　直義 [六]480 484
松下直昌 [四]631 [六]373
　貞綱 [四]265
　伝七郎 ㊁616
　当恒 狩場管掌[八]400 560。水練管掌[八]572 [九]266。官船修理[九]166。田安宗武に鉄砲教授[九]179。烽火管掌[九]265。下総小金原鹿狩[九]272。植樹[九]302 303／[八]35 265 266 418 492 493 663
　統筠 ㊀205
　登綱（大学） ㊁713
　保綱（松平、伊賀守） ㊀430
　豊綱 [三]352 354
　房利 [三]134 612 [四]94 348 356 [五]164 [九]188
　本綱（孫兵衛） ㊁238 247
松田市十郎 ㊁183
　嘉次郎 ㊀295
　儀左衛門 [五]448 [六]193
　秀明 [九]404 553
　俊長 [二]662
　尚房（勝十郎） ㊀74
　勝易 [十]450 467 ㊀236
　勝居 [三]126 240
　勝広 佐倉城引渡[六]445 448。日光巡察[六]520。砲技研精褒賞[八]158。聞香堪能[九]312
松田 ／[八]436 782
　勝政 出仕[一]92。奥州巡察[二]574 581。国廻[二]615。宿割[二]622 [三]8。浅草門作事奉行[三]30。江戸城本丸造営警夜[三]155。豊後目付[三]162 201 608。巡国使[三]231。越後村上目付[三]258 259。公卿饗宴日怠勤・蟄居[三]344。駿河田中城目付[三]518 519。姫路城引渡[三]556 564。肥後国目付[四]50 68／[一]410 [三]51 317 417 452 612 [四]98
　勝盛 江戸城堤修築奉行[四]360。日光社参宿割[四]443。仙台目付[四]483 503
　勝鋪（善右衛門） ㊁42 61
　信之助 ㊁487
　政行 卒伝[一]410
　政平 [八]281
　善右衛門 ㊀699
　善三郎 [九]238 258
　忠久 [六]288
　長該 [九]439
　直佳 [八]858
　直勝 [十]554
　直政 [四]487
　直保 [十]554 803

松田定郷　㊁539
定綱　㊂173
定勝　大奥管掌㊁145 245。旗奉行㊂160／㊀704 ㊁552 553 616 ㊂354。与力・同心㊂270
定平（貞平）　江戸大坂間駅路図作成㊂465。伊勢長島城引渡㊂589。大坂目付㊂608／㊂525 655 ㊄230 291
貞居　島原城引渡㊈501 512。捕盗㊉307 333／㊉463 662
貞喬（貞高）　㊅446
貞恒　㊅582
貞順（靱負）　陸奥棚倉使者㊂5 7／㊁111 277
貞長　㊄453 477 ㊅122 148
貞直　㊅454 ㊆70
貞方　㊅495
伝十郎　㊁297
伴五郎　㊉554
孫右衛門　㊁580
百次郎　㊉554
六右衛門　㊄136
松平浅五郎　巡見使封地巡見㊇365。卒伝・遺領収公㊇416／㊇225 391 ㊈205
安房守　江戸市中巡見㊁145。黜免㊁169。

松平　御前を止む㊂195／㊁653
敦之助　↓清水敦之助
安乗　㊃542
伊織　㊀592
伊賀守　㊀768 779
伊賀守　㊁614
伊行　㊄594
伊勢守　㊁283
伊忠　㊀37
伊予守　編集書籍献上㊀741。甲斐河川修復助役㊁206。東海道諸川修復助役㊁270 282
伊燿　↓松平忠宣
為政　㊇159 176
彝若　㊁76
勇丸（尾張宗勝孫・松平勝長男）　㊀264 293
出雲守　㊁387
市正　㊁532 697 705
市場殿（家康妹・筒井政行室）　↓光源院
一重　㊂688
一心斎　㊀646
一生　卒伝㊀110
因幡守　㊁58 66
岩之丞　㊅604

松平岩之助　㊁44
右近　㊀261
宇右衛門　㊀590
碓井姫（松平清康女・酒井忠次室）　↓光樹院
永之助　㊇662
永太郎　㊀707
英信　豊後府内城在番㊃179。蛮船着岸警備制㊄19／㊂657 ㊃63 112 113 525
英親　江戸火災消防㊂332 404 489 509。韓使饗応㊃146 ㊄442。封地洪水㊄194。致仕伝㊅156／㊂309 ㊃277 ㊄476
英之助　㊁161
盈乗　卒伝㊈43／㊇34 360
栄之助　㊈423
栄隆　㊀497
益親　㊀18
越後守　関東東海道諸川修復助役㊁58 66／㊀726 ㊁211
越前守　㊁135 240
越中守　㊁351
越中守母　㊁388
延俊　㊉329
近江守　㊀704 714

松平隠岐守 ㊁26
織部正 ㊁124
穏光 ㊀139
甲斐守 ㊁66
甲斐守女（風早越前権介） ㊀755
家久 [一]18
家元 卒伝[一]87／[一]24
家広 [一]24
家広室（華陽院姉） [一]24
家弘 [一]18
家次 [一]32
家勝 [一]19
家乗 禁裏造営課役[一]548。卒伝[一]652／[一]604 645[二]279
家信 大坂冬陣・駿府留守[一]689 693。大坂夏陣・尼崎城加勢[二]26。召出・留守居役[三]155。万石に列す[三]155。加封[三]155 179 673。転封[三]179 673。二条城造営助役[三]318。封地水害[三]603。留守居管掌[三]693。江戸城本丸改造警衛[三]47。卒伝[三]104／[一]508[二]23 96 179 536 599 605
家清 卒伝[一]536／[一]397
家清女（家康養女・浅野長重室） [一]208

松平家忠『家忠日記』[五]531／[一]34 66 215
亀三郎 ㊀648
掃部頭 ㊀677
軽丸 →水戸宗尭
河内守 東海道河川修復助役㊁270 282／㊁165
勘敬 大坂移居・恩貸金[七]372／[九]501 511
勘介 ㊁502
勘満（孫大夫） ㊀654
環 ㊁12
鐶 ㊀731
紀伊守 ㊁206
基知 近国河功助役[六]579 603。吹上代官町造営助役[七]80 110。小金牧開設、封地牝馬献上[八]157[九]214。卒伝[八]509／[五]594[六]231 397[七]219[八]227 419 455 505。家士[六]604[七]111
喜正（但馬守） ㊀596 678
貴強 ㊀423
輝延（輝和、右京大夫） 家基法会㊀505。大坂城代・恩貸金㊀753。老中辞表㊁120。歿㊁120／㊀177 446 751㊁79 97
輝規 二丸火災・消火[九]425。致仕伝[九]483／[七]421[九]360

松平輝健 ㊀564
輝行 [十]102
輝高 大坂城代・恩貸金・所替[九]565。京都所司代引渡[九]727 729。江戸城二丸上棟式[九]758。家重附[九]765。日光東照宮霊廟修理[十]114。山門律院判物・安楽院条目[十]413。家治日光社参[十]498。老中国用管掌[十]608。加封[十]618。家治世嗣管掌[十]668。武蔵上野織物糸綿改所停廃[十]670。封地百姓一揆[十]671。病気[十]673～675。卒伝[十]675 679／[八]740[九]483 495 565 567 660 718[十]56 68 613
輝綱 島原乱[三]78。寛永寺家光廟修理助役[四]370。日光社参[四]436 448 457 491。卒伝[五]123／[二]484[三]103 612[四]8 53 101 171 172 513 519[五]106。家士[五]116
輝充（右京亮） 江戸城本丸造営費上納㊁531。致仕㊁568／㊁416
輝承 歿㊁389
輝貞 分封[五]123。加封[六]71 208 229 427 560。忍岡聖堂移転惣督[六]79 93 736。城主[六]134。側用人[六]161 208。綱吉臨邸、宅地加給[六]223。転封[六]229[七]104 139[八]57。

松平
優待[六]588[八]53 175[九]196。住吉神社修理惣督[六]682。綱吉に抜擢さる[六]733[七]3。生類憐愍の奉行[六]752。大斂管掌[七]4。綱吉の墓所営作助役[七]4 53 71。邸内御成御殿収公[七]16。綱吉歿後の事を相談[七]255。城中出入、老中に准ず[八]88。法会惣督[八]202 209 451 608 794 856[九]39。湯治[八]228 234 306 311 405 410。邸宅焼亡[八]450。信興編輯『甲冑の書』献上[八]517[九]196。老中に列して連署せず[八]537。京都所司代引渡[八]659 662。転宅[八]861。宿老欠員多く激務[九]103。宿老と同じく謀議に加る[九]195。綱吉を追慕[九]195 362。黒田直邦と不和[九]195。弓馬の道を嗜む[九]196。家伝の戎器進覧[九]267。致仕伝[九]360／[五]222[六]121 128 215 225 456 660 723[七]5 104 444[八]458 521。家士[八]427
輝貞生母　[六]627
輝聴(泰三郎)　㊁567 568 692
輝徳(勇五郎・右京亮)　歿㊁416／㊁389
輝和　封地不毛・恩貸金㊀11。寺社領朱印地令㊀90。卒伝㊀446／[十]480 679 700 ㊀396

松平義貫　[十]605
義居　歿㊀546／㊀309 415 469 545
義堯(主水)　月次朝会、表向より出礼[七]26。一年半在邑[八]285／[八]659
義堯(甚三郎)　[十]248
義建(範次郎・摂津守)　致仕㊁657／㊀715 751
義建実母　㊁636
義建室(規姫、水戸治紀女)　㊀715
義行　宅地下賜[五]84。三万石新封[五]422。湯島聖堂に典籍献上[六]85。封地半分を所替[六]400。尾張家国政を管掌[七]345。致仕伝[七]431。歿[七]436／[四]222 282 328 556[五]57 64 171 202 284[六]420 660[七]276 436
義行室(毛利綱広女)　[五]202
義孝　尾張家国政を管掌[七]345。家蔵の屏風進覧[八]498[九]214。卒伝[八]599／[六]621[七]276 431[八]111 227 455 513 599
義孝室　[八]513
義質　㊀622
義春　討死[一]29／[一]19
義淳　↓尾張宗勝
義恕　↓尾張慶恕

松平義昌　宅地下賜[五]84。三万石新封[五]493 495。湯島聖堂に典籍献上[六]85。卒伝[七]334 339／[四]545 592[六]568 660[七]276 315 329 331 333
義昌生母　[六]567
義真　無嗣除封・卒伝[八]500／[八]230 405 455
義崇　㊀557
義知　[八]246
義著　[八]628[十]184
義比(鎮三郎・弾正少弼)　㊁631 657
義比養母　㊁672
義敏　美濃高須下賜[八]819。封地水害・恩貸金[九]699[十]226。尾邸の留守を預る[十]47。卒伝[十]356 360／[九]397[十]355
義敏女(純姫、尾張宗睦養女・上杉治広室)　↓咸有院
義武　譜代の列[七]176。尾張家国政を管掌[七]345／[七]54
義武生母　[九]48
義柄　↓尾張治行
義方　尾張家国政を管掌[七]345。卒伝[八]225 230／[六]173[七]276 339[八]111 223
義峯　[十]114 192 558
義裕　転封[十]585。歿㊀293／[十]536 770 ㊀178

松平義裕室（時姫、水戸治保妹） [十]770 807
義良 [十]248
義和 封地水害・恩貸金㊁189。歿㊁259／㊀546 ㊁262
菊千代（家斉男） ↓紀伊斉順
吉透（近憲） 宗家相続[六]532 533 540。卒伝[六]593 598／[五]609 [六]553 592
吉品（昌親） 分封[三]418。江戸城西丸造営用材献上[三]636。日光霊廟造営助役[四]15 43 51。致仕伝[五]242 [七]109。養子綱昌除封・特賜二十五万石[五]570。湯島聖堂に典籍献上[六]85。葵紋使用許可[六]489。江戸城石塁修治助役[六]534 552。歿[七]178／[三]442 [四]143 453 521 [五]184 195 [六]61 551 [七]113 159 177。家士[六]552
吉邦（昌邦） 家継霊廟・墳墓造営助役[八]3 69。邸宅焼亡[八]55。預り地[八]197。養子[九]205。卒伝[八]255／[六]433 551 627 [七]109 156 [八]111 227 255
久親 [一]18
久端 [八]450
尭親 [九]608 614
近栄 新田下賜[四]572。越後騒動・不正裁断[五]417 437 [六]729。削封[五]437 [六]732。座班復旧[五]464。加封[五]582 [六]198。致仕伝[六]468／[三]601 [五]43 400

松平
近輝 日光家光百回忌法会[九]511 515。致仕伝[九]689／[九]91 495
近義 ㊀548 550
近郷 [八]499 654
近訓 致仕㊁242
近形 領民と御料民争論・籠居[十]69。卒伝[十]338／[八]777 [九]99 133 390 453
近憲 ↓松平吉透
近言（伊勢守） ㊀637 781
近国 [八]498
近次 改易・伝[一]408／[一]79
近時 卒伝[六]487／[五]157 [六]468
近韶（式部少輔） 増上寺廟修復㊁512 526。江戸城平川曲輪石垣修復㊁559。昌平坂学問所修復㊁563。警衛場㊁567 573 574 597。千本槍新作㊁573。学校修復㊁574。紅葉山廟修復㊁578 596。諸方具足修復㊁608
近信（信濃守） 歿㊁436／㊁242 250 265
近正 上杉征伐[一]66 215
近説（左衛門尉） ㊁436 536
近知 [十]463

松平近儔 致仕㊀550／[十]325 338 339
近朝 利根・荒川浚利助役[六]551 577。譜代に列す[七]222。卒伝[八]489／[六]293 487 652 [八]455。家士[六]578
近直（四郎・河内守） 増上寺廟修復㊁512 526 635。江戸城造営㊁532 541 690 696。貨幣改鋳㊁532 554 573 596 614 640 662 681 699。学校修復㊁574。警衛場㊁597。日光廟修復㊁651 669。寛永寺廟修復㊁668
近陣 失儀、御前を止む[五]609。致仕伝[六]601／[三]465 [五]235 506 [六]370
近鎮 加封[四]338 [五]235 484。中奥出仕[四]411。家綱歿、落髪・遺事[五]338。赦免[五]392。江戸城大奥修理[六]517。大奥広敷・三丸・二丸及び小普請組を管掌[七]59。鳥銃管掌[七]100。浄光院法会[七]418／[四]192 380 393 605 607 [六]74 305 560 [七]429 461
近貞（対馬守） 居城焼亡[九]67。致仕伝[九]133／[七]211 [八]121 385
近貞（淡路守） 致仕伝[十]427／[九]689 731
近禎 根津権現祭礼[七]397。日光東照宮神忌[七]397。評定所焼失[八]92。日記管掌[八]102。韓使管掌[八]102 173。紅葉山

松平

〔五〕265 〔六〕601 622 〔七〕226 231 〔九〕206（続き）
神庫曝涼監視〔八〕233。卒伝〔八〕385／〔五〕265 〔六〕601 622 〔七〕226 231 〔九〕206
近苗　召出〔七〕333／〔五〕506 〔八〕384 598
近敏　〔八〕344
近富　〔十〕626
近方　〔八〕689
近明（近江守）　致仕伝〔九〕495／〔八〕489 542
近明（忠侯、主計・頼母・伯耆守）　三河刈屋城引渡〔九〕417 426 431。加賀金沢目付〔九〕638 648。御前を止む〔九〕681／〔九〕97 103 〔十〕333 636
近養　〔九〕80
近良　分封〔五〕235。小普請入〔六〕283／〔四〕451 〔六〕715
近礼（玄蕃頭・筑前守）　㊁12 134
金之助　㊀705
謹次郎　㊁464 670
九郎右衛門　㊁674
九郎左衛門　〔一〕498
矩栄　↓松平宣富
矩典　↓松平斉典
邦之助　㊁410
国千代　↓榊原忠次
国丸　↓松平直政

松平内蔵允　㊁227
軍次郎　㊁595
外記　㊁88 95
恵次郎　㊁29
景次　〔三〕11
慶永（錦之丞・越前守）　元服㊁370。邸宅焼亡㊁482。深川洲崎辺警衛㊁711／㊁365 393
慶憲（鋳次郎・兵部大輔）　元服・偏諱㊁525。江戸城本丸造営費上納㊁536。邸宅焼亡㊁644
慶倫（淵之丞）　元服・偏諱㊁599／㊁595
堅綱　中奥伺候〔四〕384。分封〔四〕419／〔四〕381 554
堅房　卒伝〔十〕411／〔八〕823 〔九〕509
元吉　㊀649
元重（毛利）　〔六〕79
元芳　〔一〕18
源七郎　〔九〕220
源七郎　㊁179
源之助　〔六〕186
五左衛門　㊀735 ㊁463
広忠　誕生〔一〕21。森山崩れ〔一〕22。岡崎逐電・元服〔一〕23。伝通院を娶る〔一〕23。戸田康光女を娶る〔一〕24。岩松八弥

松平

に刺さる〔一〕24 139。小豆坂戦〔一〕26。殁〔一〕26。贈大納言〔一〕297。二百五十回忌法会㊀373 374。贈位院号㊁612／〔一〕543 716 〔三〕516 523 〔九〕449
広忠室（於大の方、水野忠政女）　↓伝通院
広忠女（市場殿、筒井政行室）　↓光源院
光英　〔一〕18
光重　岡城城主〔一〕20／〔一〕18
光昌　〔九〕14
光親　〔一〕19
光長（仙千代）　病気〔二〕143 355 515 517 〔六〕356 357 511 674。父忠直蟄居〔二〕246。相続〔二〕248 260。転封〔二〕320 325。減封〔二〕320。江戸城石垣造営課役〔二〕447。元服・偏諱〔二〕470。家光茶事〔二〕669 〔三〕119 159 205。江戸城造営〔三〕2 27。証人交代〔三〕135 401 〔四〕174。日光参詣〔三〕176 183 184 242 262 266 395 518 〔四〕76 77。日光山造営〔三〕384 386 387 406。明船処置令〔三〕461。江戸城西丸造営用材献上〔三〕636。封地金鉱採掘許可〔四〕192。江戸邸焼失〔四〕207 〔五〕3 6 〔六〕344。家計窮迫・恩貸金〔四〕356。封地大地震・恩貸金〔四〕559 563。封地火災〔五〕235 241。

松平

越後騒動㈤325 409 414 424 437 444。除封㈤417 420㈥332 728 732。致仕伝㈤417㈥296。赦免・合力米㈤615 621㈥44。歿㈥674／㈡217 260 306 535 572 587 623 635 691㈢44 193 233 271 445 610 684㈣12 34 36 212 213 256 498㈤55 317㈥170 461 530。家士㈢280 402㈤199 407 488

光長室　㈤261 262 267

光長妹（忠直女・家光養女・九条通房室）↓廉貞院

光直　㈠18

光通（万千代）　証人交代㈢435 481 688㈣74 108 142 178 220 224。元服・偏諱㈢573。日光霊廟造営助役㈣15 43 51。罹災、年貢三万石を恩貸㈣266。居城罹災㈣304㈤39 41。加賀白山の預所収公㈤22。卒伝㈤181 184。妾腹の子㈤212／㈢222 352 418 426 476 511 514 533 552 577㈣2 12 53 211 275 439 515 517㈤39 112。家士㈢449

光通母　㈣276 277

光通室　㈤98

光林　㈧398

好乗　分封㈤585 586。逼塞㈦239／㈤519㈦366 406

好房　㈣173

松平行隆　因伯横目㈡628。豊後萩原横目㈢6 44。島原乱㈢76 83～85 107。赦免㈢551。江戸城桔槹橋修理㈣87／㈡590 603 616 687㈣32 98

幸隆　㈨6

恒隆　㈩747 ㊀334

晃之助　㊁441

高久　㈤619

康安　小田原陣㈠187。禁裏造営課役㈠548／㈡1 3 11 237 250

康員　致仕伝㈦54／㈥39 566

康映　転封㈢204 613。参勤交代㈢271 272。家光日光社参、江戸城西丸留守黒印㈢535。江戸城西丸造営用材献上㈢636。韓使日光山饗応㈣146 164。卒伝㈤203／㈡577 598 605㈢202 261 420㈣248 453 457 604 607

康英（伊織・図書頭）　日記の事㊀592。フェートン号事件・切腹㊀608／㊀611

康完　㈥665

康官　江戸城石垣修築助役㈥540 549。致仕伝㈥566／㈣539㈤203 250 442㈥457

康寛　小普請金納役㈥76／㈤584 612㈧496

康紀　㈡604㈢202

松平康久　㈤454

康休　㊀504

康共　㈧824

康郷（金七郎）　㈦402㈧635

康郷（伊勢守・安房守・豊前守・因幡守）　駿府城代・恩貸金㈧833。家治本丸移徙㈨580／㈧534㈩27 178 375 391

康圭（左近）　㊁678

康敬　㈩490

康兼（八左衛門）　㈤330

康兼（舎人）　㈩307 372

康顕　㈦305

康元　卒伝㈠87／㈠24 31

康元女（満天姫、家康養女・津軽信枚室）　↓葉縦院

康元女（家康養女・毛利秀元室）　↓浄明院

康元女（家康養女・大須賀忠政室・後菅沼定芳室）　㈠445 653

康行　㈢444 445

康孝（十郎三郎）　㈠20 23

康孝（越後守）　↓松平斉孝

康高　㈠22

康高室（碓井姫、松平清康女・後酒井忠次

松平
室）　↓光樹院
康哉（光丸・越後守）　邸宅火災[十]144。鞍・轎免許[十]492 493。歿㊀256 261／[十]79 82 212 278
康哉（主計）　㊁177 380 403
康次（加賀右衛門）　伏見城留守[一]395／[一]400 [二]70
康爵（弥三郎）　㊁252
康重　三家附家老由来[一]255。転封[一]467 469 [二]180。禁裏造営課役[一]547。大坂冬陣[一]708。丹波一揆[二]81。加封[二]180。二条城造営助役[二]318。卒伝[三]202／[二]148 192 376 386 536 605。家士[三]77　↓松平康長（周防守）
康重女（亀井茲矩室）　[一]483
康俊　[一]31
康春　[九]144
康尚　一万石特賜[三]517。韓使饗応[四]146。封地大風雨・恩貸金[五]423。致仕伝[五]556／[三]465 [四]152 502 [五]73 214
康勝　奥小姓の直盧に伺候[三]657／[三]525 588 666 [四]11
康信（若狭守）　茶の番[一]605。庇蔭料[二]179。転封[三]208 608。日光社参勤番[三]261 518

松平
[四]453。参勤交代[三]271 272。韓使饗応[三]314 [四]146。加封[三]608。江戸城塩硝蔵焼跡掃除[四]213。大坂城修理助役[四]372。宮津城請取[四]571。致仕伝[五]54 55／[一]503 605 [二]23 174 [三]104 128 144 204 287 447 504 514 [四]212 631
康信（久七郎）　[二]316 317
康真　小姓組番頭格・昵近[十]315。奥勤[十]461。本丸召連㊀5／[十]27 ㊀125
康親（忠次、左近・周防守）　姉川合戦[一]36。諏訪原城守護[一]40。家号・偏諱[一]40 159。三方原役[一]150／[一]34
康親（右京・筑後守）　[一]384 541 [二]120 525
康人（仙千代・越後守）　歿㊀557 559／㊀261 413
康任（軍次郎）　㊀432
康任（周防守）　大坂城代・恩貸金㊁80。京都所司代・恩貸金㊁126。転封㊁269／㊁125 153
康正（主税・久之丞）　㊁191 690
康政　[二]158 494
康盛（筑後守）　秀忠の特命、餅拝領[二]525。江戸城本丸造営[三]190／[二]84 120 [五]117
康盛（因幡守・豊前守・左兵衛佐）　御前

松平
を止む㊀150／㊀675 ㊁390
康晴　[八]666
康詮　[九]425 [十]301
康致　[九]517
康忠　卒伝[二]154／[一]24 81
康忠室（矢田姫、松平広忠女）　↓長広院
康儔　[十]557
康兆　[六]247
康長（孫六郎・丹波守）　↓戸田康長
康長（周防守、松平康重カ）　[二]668
康長（丹波守）　[三]263 264
康直　[八]740
康定（若狭守・周防守）　康福養子[十]288／[十]292 332 ㊀93 511 516　↓松平康福（周防守）
康棟　[九]555
康道　㊀449
康年　本所深川火災巡見[九]2。二丸消火[九]425。籠居[十]74／[十]219 330
康納　免職[六]713。日光奉行・恩貸金[七]345／[六]375 [八]166 382 831 838
康能（宇右衛門）　㊀557 ㊁191
康福（団之助・周防守）　転封[九]727 [十]94 317。乱箱の役[九]752。大坂城代・恩貸金・

松平
所替〔十〕18。封地凶荒・恩貸金〔十〕255。邸宅火災〔十〕574。加封〔十〕766。恩貸金差延㊀11。卒伝㊀93／〔八〕715 760 〔九〕90 〔十〕15 103 137 153 288 498 ㊀65
康福母 〔十〕685
康福（周防守、松平康定カ） ㊀154
康保 ㊀313
康豊 抜荷唐船打払〔八〕413。封地蝗災〔八〕611 632。卒伝〔八〕715。家伝の戎器進覧〔九〕267／〔七〕51 54 106 212 〔八〕435 452 457 693
康房 〔六〕593 595
康末 〔五〕117
康命 ㊁604 〔三〕202
康明 〔五〕147 250 255
康門 〔九〕6
康雄 〔五〕495 〔六〕8 194 235
康朗 〔三〕202
綱近（綱周） 元服・偏諱〔五〕172。封地松江火災〔五〕291。越後騒動〔五〕423。湯島聖堂に典籍献上〔六〕85。江戸城北丸造営助役〔六〕310 316。致仕伝〔六〕540。歿〔七〕67／〔五〕213 325 〔六〕453 509 545 〔七〕64。家士〔六〕316
綱近母 〔六〕669

松平綱賢（徳千代） 元服・偏諱〔四〕98。婚姻〔四〕168。邸宅火災〔四〕207。歿〔五〕177／〔三〕324 601 602 〔四〕86 592 〔五〕172 176
綱賢室（九条道房女） 〔四〕168 207
綱国（万徳丸） 元服・偏諱〔五〕224。越後騒動〔五〕414 〔六〕728。配流・卒伝〔五〕417。賜邸収公〔五〕418／〔五〕212 234 332 334。家士〔五〕418
綱昌 元服・偏諱〔五〕224。失心、封地収公・伝〔五〕570 〔六〕732／〔五〕242 325 332 369 416
綱昌室 〔五〕366
綱通（万之助） 〔五〕111
綱隆（久松） 元服・偏諱〔四〕36。出雲大社修理〔四〕370 599。封地災害〔五〕47 190。卒伝〔五〕210 213／〔三〕601 〔四〕569 592 〔五〕157 160
克孝（慎三郎・越後守） ㊀557 559 620 623
権九郎 ㊀738
権蔵（直堅） →松平直堅（権蔵・備中守）
権蔵 ㊁143
左衛門尉 日光祭祀奉行㊁5 77／㊁393
左京大夫実母 ㊁237
左近 ㊀676
左近将監 ㊁48 536
左兵衛督 ㊀674

松平左兵衛佐 ㊁277
作五郎 ㊀657
貞太郎 ㊀588
讃岐守（松平忠輝家士） ㊀494 499
讃岐守 ㊀749
三郎左衛門 ㊁174
三郎四郎 ㊀710
三右衛門 〔三〕324
三左衛門 〔三〕602
三次 ㊁469
之郷 〔九〕551 581
氏辰 寛永寺火番〔五〕286／〔四〕496 〔五〕461 〔六〕173
氏信 中奥伺候㊁494。分封〔三〕104 105。刀剣管掌〔四〕414。猿楽指揮〔四〕429。巡察上洛〔四〕431。家綱紅葉山参詣御沓役〔四〕531／㊁529 〔三〕316 655 〔四〕505 543 546 〔五〕199 259。奴〔五〕79
二郎右衛門 〔三〕102
次倫 〔三〕378
治郷（鶴太郎・不昧） 江戸城西丸修理助役〔十〕298。鞍・轎免許〔十〕492。日光諸堂社修理助役〔十〕604 616。関東伊豆諸川浚利助役㊀10。歿㊁5／〔十〕166 225 264 397 ㊀202。家士〔十〕617

松平治郷実母　㊀649
治郷養母　㊀78
治好（於義丸）　婚姻[十]376㊀40。元服・偏諱[十]729。御船蔵前本所河渠浚利助役㊀472。邸宅火事㊀476。加封㊁5。歿㊁136／[十]688㊀226 415 479 513 792㊁135
治好室（定姫、田安宗武女）　↓麗照院
繁丸　㊀793
鎮太郎　㊁635
七郎左衛門　[八]522
信濃守　㊁4
下総守　㊁57 351 393
下総守母　㊁55
下野守（松平下総守カ）　㊁707
主馬　㊀758
守家　[一]18
守諄　㊀289
守信　[八]185
守誠　㊀259 479
秀康（結城）　誕生[一]38。豊臣秀吉養子[一]53 177。元服[一]54 177。上杉征伐[一]213 219 381[二]263。関ヶ原合戦[一]68 381。江戸市街修治[一]76。越前家制外の説[一]95。横川関にて鉄砲を咎めらる[一]95。秀忠に重ぜらる[一]109。彦根城造営[一]113。石田三成を佐和山に護送[一]213。百万石御墨付[一]245。家康に治安の要道を諭さる[一]329。禁裏仙洞造営惣督[一]414。伏見城留守[一]416 426。駿府城修築[一]424。卒伝[一]432。武功雄略[二]263／[一]38 74 244 369 384 426 437 456[七]266。家士[一]244 433。足軽[一]388

松平秀康生母（お万の方・小督局、家康側室）　↓長勝院
秀康側室（三好長虎女）　[三]567
秀康女　↓毛利秀就室
秀勝　平岩親吉と確執[一]479 480 482。封地収公[一]481。追放[一]482
修理大夫　㊁119 240
十左衛門　[七]162
十左衛門　㊁243
重栄　江戸城本丸造営[四]299。致仕伝[六]715／[四]172[五]219[六]156
重吉　[一]38
重休　卒伝[七]441／[六]452 715
重矩　[六]629
重継　↓松平重次

松平重弘（権兵衛）　[一]25
重孝　[五]120
重興　[五]47
重之　[三]213
重次（重継）　生駒家中騒動検使[三]198。面命[三]376。地震・日光巡見[三]485 486。大筒銃試射臨監[三]494。大坂町奉行[三]600／[三]303 401 422 464 513 520 523 574[四]440 457[五]48
重昌（伝六郎）　[四]554
重昌（一橋、小五郎・於義丸）　越前邸に移徙[九]445。元服・偏諱[九]641。卒伝[九]705／[九]81 358 428 448 454 473 502 525 577 637 705
重昌室（尾張宗勝女）　[九]525
重勝（大隅守）　松平忠輝附[一]604。二万石新封、越後三条[一]604。越後の図牒査検[二]104。召返、下総関宿[二]143。転封・駿府城代[二]179／[一]79 448[二]103 202
重勝（与左衛門）　[三]565
重勝（伊織）　[四]192
重信　信濃飯山城引渡[三]129 136。加封[四]65 169／[三]426 557[四]15 58 180[五]49 163
重正　大坂加番[三]570 618[四]234 278。卒伝[四]441

/[二]617 [三]271 286
重成 駿甲両府勤番[二]512。配流[二]615。勘気赦免[二]672/[一]79 [二]420
重政 [十]32
重宗 [五]152
重則(松倉) 篠山城修築[一]467。大坂城府庫造営[二]229。公卿館伴[二]342 349 409。御談伴[二]482 549 [三]271。目安管掌[二]607。留守居職掌[二]693。訴訟裏判連署[二]553。家光日光社参留守条目[三]181。卒伝[三]271/[一]641 [二]11 14 350 364 395 401 434 435 482 500 537 572 596 613
重忠(九郎右衛門) [一]374
重忠(丹後守) 伏見城在番法度[一]490。伏見城警衛[一]490 [二]17。禁裏造営課役[一]548。加転封[二]220/[一]524 605 704 [二]171 202。家士[一]490
重長(淡路守) [一]548 605
重長(修理・図書) [三]309 [四]492 [六]92
重直 転封[二]396 568。加封[二]568。島原乱[三]91。卒伝[三]309/[三]272
重富(仙之助) 一橋家嫡子[九]581。元服・偏諱[九]764。邸宅火災[十]383。鞍・轎免許[十]492 493。特旨[十]627 ㊀54 372。三

年間毎歳金一万両下賜[十]627。優待㊀284。致仕㊀415。歿㊀629/[九]554 706 747 762 [十]136 151 397 ㊀226
重富室(紀伊宗将女) 婚姻[九]747 [十]136/㊀269
重利 [一]705
重良 佐倉城引渡[五]284 286。国絵図管掌[六]287。犬殺し査検[六]305。駅路管掌[六]350/[六]18 373
重和(三河郷士) [四]499
俊勝 [一]31 287
俊勝室(お大の方、水野忠政女・家康生母) →伝通院
庄兵衛 [五]472
尚栄 [一]94 699
尚澄 [九]445
昌吉 日光社参留守法度[三]264 534/[二]519 [三]253 339 [四]315
昌久 [一]32
昌興(仙菊) [五]15
昌興(市郎右衛門) [八]259 262
昌舎 [三]161
昌秀 [四]391 399
昌勝(仙菊) 分封[三]418。江戸城西丸造営

用材献上[三]636。日光霊廟造営助役[四]15 43 51。湯島聖堂に典籍献上[六]85。卒伝[六]174 177/[三]222 325 573 [四]487 [六]150
昌信 卒伝[十]366/[八]576 [九]80 462
昌親 →松平吉品
昌太 [六]400 405
昌平 →松平宗昌
昌邦 →松平吉邦
昌利 [一]640
昭信 [四]203 309 339
勝以 上総佐貫城在番[五]530 531。韓使書簡受納管掌[七]176。加封・万石に列す[七]343。大坂定番・恩貸金[七]344。卒伝[八]460/[六]660 [八]61 283 [九]195
勝尹 卒伝[十]281/[八]720 [九]387 425 484
勝易(半左衛門・豊前守) [二]659 [五]47 84 88 95 244 380
勝義(勝茂) 松本城在番[三]89。歿[五]88/[二]584 [三]191 456 502 687 [四]4 29 61 [五]84 86 95
勝久 [十]556
勝郷(勝忠、半十郎) [四]295 338 [五]78 88
勝権(源三郎・相模守) 江戸城本丸造営費上納㊁536。致仕㊁610/㊁133 639

ま　（松）

松平勝広(美濃守)　[二]637
勝広(伝五郎)　[四]54
勝光　[四]273 [五]88
勝行(源三郎)　閉門㊁639。赦免㊁650／㊁594 610
勝綱(尾張宗勝男)　㊀452
勝周　[十]354 366
勝秀(小大夫)　[二]377
勝秀(七之助)　[四]599
勝秀(団之助)　召預[五]526。赦免[五]527 579。配流[五]529／[八]441
勝升　㊀169 261
勝成(増之助・式部大輔)　㊁584 669
勝制　分封[四]591／[四]592 [六]581 [八]483
勝政(豊前守)　伏見城守護由来[一]434。禁裏造営課役[一]548。久能山霊柩供奉[二]96。禁裏太刀進献使者[二]464。徳川忠長改易・駿府勤番[二]570。加封[二]585 [三]718。久能山東照社造営[二]627。卒伝[二]693。駿府城番[三]718／[一]79 [二]14 175 335 441 537 571 585 596
勝政(八三郎・図書)　[十]578 ㊀447
勝全　致仕伝㊀261／[十]281 299 674
勝善(隠岐守)　江戸城西丸造営費上納㊁351 393／㊁579

松平

勝忠(半十郎)　↓松平勝郷
勝長(尾張宗勝男)　鞍・轎免許[十]492／[九]469
勝長男(勇丸)　↓松平勇丸
勝直　竹橋門番所造営奉行[三]126。職務精励[三]145。宇治採茶使[三]386／[四]380 410 443 479
勝当(松平勝長男)　鞍・轎免許[十]492。殁㊀467 469／[九]469 ㊀293 298 309
勝道(若狭守)　㊁339
勝徳(図書)　㊁60
勝芳　小普請入[六]505／[八]565 [九]549
勝房　致仕伝[八]720／[七]349 [八]460
勝鷹(尾張宗勝男)　[十]53
勝隆　大番頭[一]628 [二]11 612。越後御使[二]71。久能山霊柩供奉[二]96。加封[二]106 143 202 596 [三]126。大坂城在番[二]335 529。廉貞院護送・婚儀惣督[二]572。奏者番[二]612 [三]44。伊予松山城請取[二]660 687。寺社奉行職掌[二]693 [四]302。山形御使[三]29 35。島原乱・有馬御使[三]92 99。増上寺山中法度・各所勤番査検[三]125。上総佐貫城主[三]126 135。建白・面命[三]294 429 430 433。三河滝山東照宮代参[三]452 455〜457。会議[三]462 464。高野山学侶行人訴論裁断[三]614 623 628。日光参詣[四]42。上洛[四]125。郭外宅地点検[四]145。秀忠法会[四]248。致仕伝[四]435／[一]537 [二]1 3 96 142 249 257 537 637 648 655 [三]5 6 66 100 172 174 182 223 224 261 286 320 324 334 368 420 422 476 481 483 529 530 540 542 550 589 591 611 612 634 639 641 646 657 663 687 690 693 [四]10 69 76 130 160 161 164 189 196 226 258 591

松平

丈之助　㊁157
乗尹(織部)　家治を訓諭[十]827／㊀8 23
乗尹(三郎次郎・主水正)　致仕伝㊀497／㊀119
乗員(石川、乗貞)　奥小姓直廬に伺候[三]657／[四]107 108 113
乗英　[二]617
乗延　[二]677
乗穏　致仕伝[十]708／[九]43 638 [十]596
乗蘊(定蘊)　韓使館伴[九]422。月光院霊柩通路守護[九]575。美濃郡上城請取[九]725。飛驒代官所百姓一揆鎮圧[十]427 455。致仕伝[十]658／[九]7 387 391 490 [十]541 636

松平乗完　江戸大火消防[十]384。京都所司代㊀58 60。卒伝㊀224／[九]706 [十]112 281 315 389 496 697 ㊀54 93 223
乗寛(和泉守)　京都所司代・恩貸金㊁9。寛永寺廟修復惣督㊁166。秀忠法会惣督㊁237。江戸城西丸造営費上納㊁392。歿㊁392／㊀135 224 706 ㊁8 81
乗幹　[九]632
乗紀(石川)　奥詰[六]180 212 739。転封[六]484。卒伝[八]58／[五]531 [六]9 [八]58
乗久　大坂城雷震災害[四]355。大坂城修築助役[四]392 403。加転封[四]395 [五]278。卒伝[五]585／[三]191 419 468 [四]104 277 334 395 436 448 452 [五]145 287
乗休　[七]239
乗喬(能登守)　㊁475 532 653
乗金(善次郎)　[五]502
乗賢　養仙院・竹姫・寿光院管掌[八]299。小金狩場陪従[八]400 [九]191。急養子管掌[八]454。加封[八]685。朱印管掌[九]349。布衣以下の誓詞管掌[九]378。家重本門寺参詣惣督[九]382。卒伝[九]387 391／[六]582 [八]58 298 685 735 736 [九]130 359 386
乗顕(下野守)　㊁414 416

松平乗元　[一]19
乗功(大膳亮)　㊁68
乗功(甲次郎・小豊次)　久能山東照宮宝塔・拝殿・山内検視㊁429 430／㊁22 329 555
乗光　[十]784
乗行　火災巡察[九]609／[十]441 522
乗恒　[八]720 793
乗興(内匠頭)　[八]102 591 831
乗興(助大夫)　㊁96
乗次(右馬助・監物)　家光附[二]257／[二]249 303 538
乗次男　[二]577
乗次(亦兵衛)　[四]568
乗次(左七郎・縫殿)　下館在番[四]183 229。大坂定番・戒諭[五]475。加封[五]507。恩貸金[五]510。卒伝[五]611／[三]109 [四]22 152 499 500 [五]512 604 [六]42
乗種　[八]283
乗寿　大坂加番[二]519 562。出雲・隠岐収公御使[二]611 624。奏者番[三]101 117。加・転封[三]101 347。家綱傅相[三]353。家綱元服式・泔抔[三]388 389。西丸諸有司法度[三]658 660。大奥巡察[四]10。侍従

松平乗寿　[四]23。将軍宣下[四]24。評定所出座[四]53。恩貸金[四]70。卒伝[四]107／[一]652 666 [二]4 34 245 536 566 615 638 [三]162 182 196 261 271 272 342 343 350 359 379 385 390 395 427～429 441 519 521 534 536 544 590 593 611 612 663 [四]26 39 53 57 85 93 102 104
乗重(藤蔵)　分封[五]585 586／[五]519
乗重(五郎右衛門)　[九]364 560
乗俊　[九]100
乗春　邸宅転換[六]26。卒伝[六]89／[四]542 [五]585
乗尚　[四]290
乗譲(内匠頭)　御前を止む㊁59。江戸城修復㊁284 289 341 342 421 431 436 476。江戸城西丸造営掛㊁351 378／㊁62 112 171 479
乗真(左近大夫・肥前守)　駿府城代[五]49 130。家綱面命[五]220／[三]576 [五]59 238 256
乗真(縫殿頭)　卒伝[八]34／[六]522 [七]159
乗森　㊀140 187
乗成　大坂定番・恩貸金[六]210。卒伝[六]522／[五]8 513 604
乗政　↓石川乗政
乗清　[一]19
乗羨　歿㊁172／㊀497 584

松平乗全（源次郎・和泉守・左京亮）　隔年諸大夫上座㊁8。江戸城本丸造営費上納願㊁527。増上寺秀忠廟修復惣督㊁615／㊁392 441 455 484 532 538 611
乗秩（劉太郎・源次郎）　㊁657 696
乗忠　日光御使[四]53 114 145 150 190 208 218 228 232。大坂目付[四]54 55 69 268 286 356 377／[三]531 [四]152 170 [五]329 502
乗通　[九]545 577 [十]332 448
乗貞（小豊治）　[七]239 [九]553
乗展　㊀68 358
乗美（能登守）　㊁475
乗富　[九]121
乗武　[七]124 138
乗保（能登守）　封地不毛・恩貸金㊀11。大坂城代・恩貸金㊀588。歿㊁147／[十]352 658 665 ㊀386 587 653 ㊁147
乗謨（三郎四郎）　㊁676 687
乗包　[七]239
乗邦　小姓組組頭[六]309。作事奉行[六]367。日光三仏堂修理[六]394 404。日光巡察[六]504 506。地震破損所修理奉行[六]520。久能山東照宮修理奉行[六]551 561。江戸城石垣修築[六]554 569。大目付[六]569。

賑救管掌[六]578。駅路管掌[六]699 [七]170 177。日記管掌[七]208。分限帳改修[七]229 [八]178。逼塞[七]239／[七]160 212 [八]220 256
乗明（内匠頭）　[六]17
乗明（伝七郎）　左遷[六]475。御前を止む[八]389。日光東照宮奉納の神剣製作[八]457／[八]840 846
乗明（加賀右衛門）　[九]707
乗友　致仕㊀119／[十]578 708 723 ㊀265
乗有　召出[六]557／[八]436 858 [九]77
乗佑　帝鑑間、諸大夫首座[九]364。転封[九]373 [十]156。大名・寺社朱印管掌[十]28。社寺領朱印地調査[十]90。韓使[十]143。邸宅火災[十]144。所替[十]198。卒伝[十]315／[八]346 [九]346 662 [十]81 156
乗邑　転封[六]98 [七]81 139 [八]91 303。中野犬小屋造営助役[六]252。諸大夫の上首[六]441。志摩伊雑宮造替助役[六]697。逼塞[七]239。邸宅焼亡[七]449 [八]628。禁裏・洛中消防[八]267。仮の大坂城代[八]272。恩貸金[八]303。法会惣督[八]344 352 480 484 591 598 804 808 809 859 [九]33 37 96 101。優待[八]346。下総小金原狩猟[八]398。吉宗自製の鳥犀円拝領[八]403。日光社参管

掌[八]434 439 458 469。備急錠特賜[八]460。職事勤労[八]475。家重婚礼[八]566 585。天英院移徙[八]576。田安宗武移徙[八]576。若年寄代理[八]636。蝗災救荒[八]637。田安宗武婚姻[八]710。貨幣改鋳[八]822。家治元服[八]857 [九]18。吉宗・家重転兼任[九]18。一橋宗尹婚礼[九]53。紅葉山法華八講惣督[九]118。加封[九]118。吉宗・家重移徙[九]126。古金収蔵を建議[九]160。権勢[九]200。黜免・出仕を止む[九]345。致仕伝・加封地・賜邸収公[九]346／[六]89 226 [八]301 302 378 636 791 808
乗利（左七郎・石見守）　江戸城本丸造営費上納㊁532。致仕㊁686／㊁172 471
乗利（上野介）　㊁690 696
乗倫（小豊次）　㊁194
常唯　[九]651
常尹　[十]558
信愛（三郎・山城守）　㊀333 557
信意（勘助）　㊁455
信一　卒伝[二]327／[一]33 693
信寅（相模守）　㊁91
信応　[九]364

松平信輝　宅地近辺塵芥捨場〔五〕129。仙波東照宮修理助役〔五〕598。湯島聖堂に典籍献上〔六〕85。転封〔六〕187。駿府城修理助役〔六〕676 700。致仕伝〔七〕43／〔五〕8 123 145 363 432
信義(頼母)　大坂目付〔五〕553 570／〔六〕216
信義(助十郎・丹後守・豊後守)　致仕㊀440／〔十〕280 366 389
信義(友三郎・但馬守)　㊁479 483
信吉(万千代)　↓武田信吉
信吉(安房守・伊豆守)　謡曲始着座〔一〕507 607〔二〕197。大坂冬陣〔一〕708 709 716 730。加封〔二〕132。転封〔二〕132 180。卒伝〔二〕197／〔一〕112 628〔二〕5 22 33 192
信吉(左近)　〔五〕107
信久　〔二〕695
信強　㊀176
信近(助十郎)　㊁668
信圭(寛之進)　㊀184 440 758
信敬　㊀71
信賢(助十郎・丹後守)　江戸城本丸造営費上納㊁532。致仕㊁668／㊁272 274 439
信言　㊀501
信古(勘四郎・安房守・山城守)　卒伝㊀333／㊀31 117

松平
信古(理三郎)　㊁636
信広(太郎左衛門)　〔一〕18
信広(隼人)　㊁595
信交　〔十〕272 620
信光　〔一〕18 19
信行(兵庫頭)　㊁68
信行(山城守)　致仕伝㊁251／㊀557
信亨　致仕伝㊀117／〔十〕122
信孝(蔵人)　松平広忠後見〔一〕23。専権〔一〕25。討死〔一〕375／〔一〕20
信孝女　〔一〕375
信孝(安房守)　加封・万石に列す〔六〕44。卒伝〔六〕92。綱吉に抜擢さる〔六〕733／〔六〕84
信孝(紀伊守)　㊀60
信康　婚姻〔一〕32 33。織田信長の偏諱〔一〕36。初陣〔一〕38。高天神城攻に諸軍指揮〔一〕39。家康に後詰を称美さる〔一〕40。切腹〔一〕43 160。武勇〔一〕159〔二〕263／〔一〕22 30 35 156〔五〕283
信康室(織田信長女)　↓見星院
信綱　召出・家光附〔一〕115。加封〔二〕255 323 405 484 597〔三〕125 491。小姓組番頭〔二〕255 692。

松平
近習小姓頭〔二〕401〔五〕103。所領検断〔二〕484。宿老並〔二〕573。六人衆〔二〕593 596 625。転封〔二〕597〔三〕125。宿老・連署〔二〕597 692 693〔三〕116 150〔四〕415。老臣会議〔二〕670 673〔三〕4〔四〕18。安宅丸指揮〔二〕681。評定所制〔二〕696。家光来邸〔三〕69。島原乱〔三〕77 78 84～86 90～93 103 106。就封〔三〕135。阿媽港船〔三〕192。面命〔三〕201 312 319 371 385 405 406 430 432 434 442 456 488 498 501 511 562〔四〕357。御使〔三〕223 235 312 318 348 352 361 386 418 606。密議〔三〕281 368 383 431 447 451 456 478 491。各邑賑救〔三〕292。諸番士家督制〔三〕294。交代伺候〔三〕298。鷹場禁猟〔三〕331 504。上洛〔三〕331 336 383。侍従〔三〕336。御前会議〔三〕354 409 448 450 452 458 464～466 476 488 510 519～521 569。火番〔三〕435 452〔四〕15。高野山訴論〔三〕444。鄭芝竜乞師〔三〕458。廩米〔三〕462。茶壺〔三〕638。府内米穀〔三〕712。諸老臣協和・家綱輔佐〔四〕2〔五〕339。大奥巡察〔四〕10。評定所始・出座〔四〕30。浪人問題〔四〕35。明暦大火〔四〕209 213 214〔五〕346。大坂城修理出張〔四〕355 357 362。卒伝〔四〕414。与力同心附属〔四〕415／〔二〕275 300 537 559 639 688 696〔三〕6 37 76 143 147 149 205 224

225 244 286 321 348 362 389 399 473 475 513 550 607 610〜612 618 619 624 628 696 702 709 713 731 ㊃2 5 8 11 15 17 26 37 42 43 48 52 56 69 72 77 80 95 109 131 159 160 176 195 226 262 276 299 344 346 365 368 378 419 ㊄103 341 343 351

信興（釆女・美濃守・因幡守）　家綱附㊂657。加封㊃63 370 444 ㊄317 421 437 612。家綱参詣・沓役㊃102 117 123 182 183 196 208 257 287 305 315 328 329 337 363 607。家綱参詣・刀役㊃112 241 250 251 265 280 292 296 297 305 308 327 329 338 342 348 356 377 384 386 399 405 409 410 422 430 434 443 446 460 461 465 470 471 476 486 490 497 500 508 513 524 542 555 568 573 579 591 595。韓使書翰引渡㊃160。江戸大火巡察㊃255。御前伺候㊃370。分封㊃419。御膳取扱㊃476。国廻目付・猿楽支配㊃597。乗輿許可㊃631。評定所連日会議㊄87。禁裏造営巡察㊄222 223。茶壺㊄238。鷹・馬の事㊄392。刀剣・茶局の器財管掌㊄407。城主㊄437。大坂城代・恩貸金㊄614。所替㊅98。卒伝㊅121／㊃11 54 113 183 184 230 377 378 426 464 465 511 521 526 531 534 560 591 592 596 ㊄615 ㊅93 116

信興（勘太郎）　㊈479 483

松平信豪（紀伊守）　㊀770 ㊁483

信之（日向守）　江戸城本丸造営助役㊃305 327。封地大風雨㊄82。加封㊄314 317 548。転封㊄314 548。越後騒動、高田城収公㊄417 419 420 425。卒伝㊄582／㊂626 ㊃105 330 400 612 ㊄202 374 378 466 526 547 562 578 579 584。家士㊃349 ㊄306

信之（右近）　㊁368

信志（内記）　㊀236

信志（紀伊守）　歿㊀770／㊀496

信次　㊀32

信治　奥詰㊅115 739。籠居㊇202。卒伝㊇335／㊅92 465 ㊇104 319

信実　㊄165

信周　㊄557 ㊇16 98

信重（太郎左衛門）　㊀17

信重（三之助・志摩守）　家綱附小姓㊂243 657。分封㊃305／㊂444 587 ㊃36 244 292 319 ㊄502

信祝　転封㊆235 375 ㊇494。吉宗の意にかなう㊇533 ㊈191。法会惣督㊇544 789 ㊈30 32。邸中出火・遠慮㊇563。若年寄代理㊇636。利根姫婚礼管掌㊇685 706。封民長寿者の白髪献上㊇774。卒伝㊈90 92／㊅176 ㊆43 83 148 ㊇537 636 ㊈88

信順（伊豆守）　大坂城代・恩貸金㊁247。封地不毛㊁282。江戸城西丸造営費上納㊁352 393。致仕㊁478／㊀519 ㊁125 246 330 334

信将　封地水害凶荒㊈699／㊇608 616 760

信勝　㊄107

信彰　卒伝㊀496／㊀165 267

信璋　卒㊁636

信乗　㊀170

信譲　㊉613

信岑　譜代に列す㊇13。大和郡山城鎮戍㊇320 325。家蔵古書献上㊈241。転封㊈467／㊆101 ㊇78 118 272 820 ㊈675

信進（敬次郎・助十郎）　㊁661 664

信親　㊃299 378 440

信嵩　卒伝㊇576／㊇335

信正　㊁129

信成（鍋五郎）　㊉626

信成（伯耆守）　㊀497

信政　㊇285 319

信忠（次郎三郎）　㊀19 20

信忠（新九郎）　㊂104 105

信幬　火災地巡察㊉442。火消役㊉495／㊀

松平
信直（甚兵衛・筑後守）　一万石拝領〔一〕510。禁裏造営課役〔一〕548。召返〔二〕555／〔二〕103
信直（対馬守）　〔九〕658
信直（又七郎・紀伊守）　致仕伝〔十〕664／〔九〕453〔十〕192
信通　分封〔五〕584 586。転封〔六〕182 307。三万石特賜〔六〕182。卒伝〔八〕288／〔五〕612〔六〕308〔七〕419
信定（内膳正）　織田方に内通〔一〕21。松平広忠の後見〔一〕22／〔一〕19
信定（直綱、内記・伊勢守）　家綱差添役〔三〕273。家綱刀役〔三〕323。家綱小刀役〔三〕389。分封〔四〕419／〔三〕302 388 587 657 681〔六〕314
信貞　〔一〕20 21
信道　卒伝㊀165／〔十〕582 605 664 667
信篤（紀伊守）　㊁532 611
信弥（美作守）　㊀737 ㊁90
信敏（近江守）　〔九〕700
信敏（兵庫頭）　江戸城西丸造営掛㊁351 378 571 608 624。江戸城修復㊁559 588 602 609 611 626 627 629。寛永寺諸所修復㊁564 570 592

松平
609。火消役官宅修復㊁575。江戸城上水樋升修復㊁594。伝奏屋敷・評定所修復㊁597 616。紅葉山諸廟修復㊁615。王子金輪寺座所修復㊁627／㊁638
信武（内蔵允）　㊁434 617
信復　韓使館伴〔九〕422。転封〔九〕499。久能山東照宮修理助役〔九〕671。卒伝〔十〕291／〔八〕633〔九〕92 125。家士〔九〕672
信平　↓鷹司信平
信方　〔五〕526 529 579
信宝（八十八）　㊁145 169
信宝（茂三郎）　㊁249 251
信宝（隼人正）　㊁478
信房　〔七〕440〔八〕763
信望　韓使荒井渡船管掌〔七〕148。火消役官宅修理〔七〕372／〔六〕375〔九〕615 622
信睦　〔十〕428
信明（伊豆守）　琉球使来聘㊀111。勝手方㊀193 222。奥勤㊀197。愷千代引移㊀380。日光修築惣督㊀380。老中上班㊀577。封地損毛・恩貸金㊀611。『寛政重修諸家譜』編集㊀697。歿㊀791。直諫㊁294 295 315。一橋治済『大御所』

松平
尊称諌止㊁301／〔十〕337 540 605 ㊀60 65 525 790
信明実母　㊀605
信綿　〔九〕513
信茂　〔八〕768
信友（忠候、数馬）　〔九〕97〔十〕400
信友（丹後守）　致仕㊁272
信庸　湯島聖堂に祭器献上〔六〕86。奥詰〔六〕188 739。『論語』進講〔六〕240。昵近の見習〔六〕273。役料一万俵下賜〔六〕628。諸有司局務〔七〕429。譜代に列す〔八〕13。卒伝〔八〕78／〔五〕254 318 476〔六〕294 511 512〔七〕349 395 436 442 459〔八〕30。家士〔五〕303〔六〕240
信庸室　〔六〕654
信利　卒伝〔五〕254／〔四〕604〔五〕151 170 188
信礼　卒伝〔十〕337／〔九〕529〔十〕291 307
信連　〔六〕555
信和　〔六〕495
真次（直次、縫殿助）　家光上洛供奉〔二〕249。二条城在番〔三〕131／〔二〕14 80 419 537 609〔三〕7 62 278 463
新之丞　㊀703
新之助　㊀731
親盈　致仕伝〔十〕255／〔八〕823〔九〕71

松平親栄 ↓松平親貞
親家 卒伝㈠116
親敬 ㈩548
親賢 聖堂再建助役㊀417。卒伝㊀496／㈩774 775 777
親元 ㈩149
親光 ㈠19
親氏 ㈠17 18
親重 三河代官㈠122 606／㈠116
親俊 ㈠137
親春 ㈥557 ㈨548 603
親純 封地蝗災・恩貸金㈧611。卒伝㈧823／㈦441 ㈧233
親信 ㈣480 632
親正(修理亮) ㈠19
親正(清左衛門) 召出㈢472。郷村引渡の事㈢130。陸奥延沢銀山奉行㈢292／㈣569
親盛 ㈠19
親戚 ㈦232
親相 ㈨112 461
親則 ㈠19
親宅 ㈢472
親忠 ㈠18 19

松平親長 ㈠19
親貞(帯刀・太郎左衛門) ㈥317 ㈦21 ㈧377
親貞(親栄、雄之助・筑後守) 致仕伝㈩775／㈩244 255 258 465
親芳 ㈩802
親房(弥八郎・玄蕃助) ㈠19
親明(辰千代) ㈣35
親房(内膳) ㈨579
親明(直之助・備中守) ㊀459 496
親茂 ㈣569
親良(兵庫頭) ㈠24
親良(滝之助) ㊁152
図書 ㊀689
助七郎 ㊁462
助十郎 ㊀715
錫 ㊁192
駿河守 ㊁20 107
正愛 ㈩780 ㊀73 124
正意 ㊀561
正尹 ㈧798 837
正員 ㈨95
正永 ㈠90
正億 ㈧550
正温 致仕伝㈩258／㈨475 486 495 ㈩9

松平正基 ㈥176 ㈧109
正義(与之助) ㊁150
正義(備中守、備前守カ) 歿㊁338
正吉 ㈢78 ㈢34 413
正久 左遷㈥255。鎌倉八幡宮修理㈥271。転封・城主㈥500。呉服渡役㈦122。朱印・判物管掌㈦134 149 225 343。将軍宣下・乱箱の役㈦304。卒伝㈧197／㈤8 ㈥73 513 635 652
正求 ㈢213
正敬 致仕㊁150／㊀606
正継 駿河田中城引渡㈧543 545。関東諸国巡見㈨390。日光修理監視㈨520 524 529／㈨552 563 622
正賢(信濃守) ㊀765
正広 平岩親吉と確執㈠479 480。封地収公㈠481／㈠482
正光(秋元) ㈢601
正綱 家康遺命㈠284。家康に仕う㈠533。公料賦税収納㈠563。小姓組(花畠)番所属㈠691 ㈢12 239。書院番所属㈠691 ㈢12。信濃松本山中銀鉛鉱査検㈢49。奉書連署・諸士支配㈢80。勘定奉行・職掌㈢80 693。久能山家康埋葬〔二〕95 96。日光山沙汰〔二〕120 314 317〔三〕7 9 12 42 88 182 201 263 289 311 334 379 390 394 404 475 530 543 547。寺社訴訟〔二〕218 223。蒲生家会津領沙汰〔二〕405。美濃高須・丹波綾部領収公使〔二〕427。談伴衆交番出仕一番〔二〕549。訴訟裁断〔二〕561。徳川忠長改易・駿遠請取使〔二〕570。番外隊士〔二〕590。面命〔二〕599。目安添状〔二〕607。勘気赦免〔二〕633。老臣会議〔二〕670。山形御使〔三〕29。関東山野論所巡察〔三〕109。寄合組〔三〕116。近習出頭人〔三〕139 301。各邑賑救討論・巡察〔三〕270 271 292。農民賑救令〔三〕273。郷村諸法度〔三〕287／〔一〕79 121 532 548 632 646 687 691 745〔二〕12 23 70 115 190 200 375 384 479 533 537 574 637〔三〕35 273 307 372 373 375 420 508

正佐（正佑） 〔六〕583〔八〕513

正之（幸松・肥後守） ↓保科正之

正之（篤五郎） ㊁683

正次 各国境界検断〔二〕605 608。王子権現社造営奉行〔二〕627／〔二〕584〔三〕119

正周 〔四〕569

正淳 延岡城引渡〔九〕428 440。岩槻城引渡〔九〕668 670。水害の河渠堤防巡見〔九〕686。下利根川堤防修築〔九〕494。河渠疏鑿〔九〕709 713／〔十〕603

正升 致仕伝㊀511／〔九〕680〔十〕258 285 674 ㊀72 162

正勝（助十郎） 〔二〕79

正勝（市正） 〔六〕284 389

正勝（藤五郎） 〔六〕606

正常 高田城引渡〔六〕445 450／〔八〕372 667 708

正辰 長島城引渡〔六〕488 492。各所修理仮奉行〔六〕521／〔七〕60

正信（隆綱） 日光祭礼奉行〔四〕29 30 59 60 123 124 142 143 177 178 240 241 305 433 435 606 607。公卿門跡、寛永寺参詣〔四〕251 258 306 350 398 420 451 495 565〔五〕38。江戸城修築警衛〔四〕265。日光山〔四〕335 436 448 452 525 530 604。日光山中出入指揮〔四〕452。島原城請取〔五〕11 18。日光修理奉行〔五〕484 490。致仕伝〔六〕73／〔二〕601〔三〕574 612〔四〕6 10 15 192 300 426〔五〕68 361 378 428 587。家士〔四〕552 575〔五〕34

正生 〔三〕413 571

正成（治右衛門） 〔二〕454 485

正成（内蔵助・大隅守・左京亮・備中守） 家綱附〔三〕297 656。加封〔三〕509〔四〕33 370。家綱日光社参旅中法度〔三〕591。鷹・馬管掌〔三〕657。西丸条目幷新条目読上〔三〕658／〔二〕539 639〔三〕305 381 392 449 522 587 594 612〔四〕59 89 137 174 183 289 299 302 348 359 363 377 479

正晴 〔六〕71〔八〕79

正相（作右衛門） ㊁158

正則（助八郎） 〔八〕79

正則（織部正） ㊁370 440

正村 無嗣絶家〔三〕296／〔二〕162 243 335〔三〕123

正長（主計頭） ㊁196

正長（壱岐守） 徳川忠長附〔二〕356。配流〔二〕573 615。赦免・水戸頼房召出〔二〕672／〔一〕384〔二〕250 512

正朝（秋元、主水・紀伊守） 家綱附〔三〕657。尚膳役〔四〕395。家綱参詣・沓役〔四〕399 410 430 447 465 470 477 486 490 497 500 508 512 518 524 526 542 547 556 630〔五〕15 16 24 25 30 32 34 39 42 48 49 53 60 71 80。精勤褒賞〔四〕414。家綱参詣・刀役〔五〕31／〔三〕235 587〔四〕11 36 52 410 522〔五〕28 82 454

正朝（新八郎） 〔十〕395

正直 改易〔四〕335。大手門大腰掛・畳小屋・鍛冶橋造営奉行〔四〕378 385 400。巡見使〔四〕601 622 624／〔四〕443〔五〕59 71〔六〕127

正貞（遠山） 卒伝〔九〕486／〔六〕196〔八〕197

松平正根　〔六〕97 〔七〕370
正苗　〔十〕452
正武　〔九〕126 713
正甫　卒伝〔八〕425／〔七〕119 〔八〕142 227
正輔　〔九〕348 429 442
正方（五郎左衛門）　〔五〕223 〔六〕424
正方（市正・飛騨守）　日光家光百回忌法会〔九〕498 512 515。御前を止む〔十〕243／〔十〕43 287
正邦　歿〔六〕718／〔六〕621 704
正邦室（竹姫、清閑寺熙定女・綱吉養女）　↓浄岸院
正房　〔六〕634
正卜（石見守）　㊁84 91
正名（筑後守）　邸地転換㊁498。江戸城本丸造営㊁532 541／㊁147 164 554
正命　〔九〕47
正茂　家綱饗膳管掌〔四〕344／〔三〕477 525 〔四〕173 348 〔五〕47
正容（保科）　大手門前邸宅拝領〔五〕526。湯島聖堂に祭器献上〔六〕85。論語進講〔六〕205。家号〔六〕277。葵紋使用許可〔六〕277 489。家宣遺言、左中将叙任〔七〕283。家継・家重元服、理髪役〔七〕289 〔八〕361。

松平
利根川荒川浚利助役〔七〕388。吉宗日光社参中、西丸に出仕〔八〕457。優待〔八〕540。卒伝〔八〕575 579／〔五〕297 369 379 401 434 478 526 553 601 〔六〕83 708 〔七〕400 〔八〕111 227 419 575
正容生母　〔八〕183
正容養母　〔七〕419
正佑　↓松平正佐
正利　㊀121 152
正路　卒伝㊀606／㊀511
正和（亀次郎・備中守）　㊁338 532 625
成実　↓坂井成実
成重　加転封㊂139 209。伏見在番、大坂に転換の事管掌㊂175。二条城修築助役㊂318。卒伝㊂610／㊀110 456 472 ㊂504 537
斉貴（出羽守）　関東東海道諸河川修復助役㊁58 66。江戸城西丸造営費上納㊁355／㊀773 ㊁76
斉孝（康孝、越後守）　五万石加封㊀793。原禄十万石に復旧㊁1。偏諱㊁106。致仕㊁254。歿㊁351／㊀792 796
斉厚（右近将監）　転封㊁269。歿㊁392／㊁391
斉厚室　㊁334

松平斉恒（鶴太郎）　元服・偏諱㊀549。預り地人民帰服㊁42／㊀547
斉承（仁之助）　婚姻㊀792 ㊁30。元服・偏諱㊁106。邸宅火事㊁203 205／㊁28 97 145
斉承室（浅姫、家斉女）　↓松栄院
斉省（紀五郎・大蔵大輔）　歿㊁432／㊁165 167 172 174 236 336
斉韶（直韶、左兵衛佐・左兵衛督）　邸宅焼亡・恩貸金㊁262。偏諱㊁290。致仕㊁399／㊀775 ㊁193 195 288 290 403
斉宣（斉宜、周丸・兵部大輔）　元服・偏諱㊁290。十万石格㊁416。卒伝㊁521／㊁122 165 167 195 200 336 399 518
斉善（千三郎・越前守）　封地不毛・恩貸金㊁334。邸宅火事㊁339 342 346。勝手向窮迫・恩貸金㊁362。歿㊁365／㊁128 336
斉典（矩典、大和守）　日光東照宮修復助役㊁263。江戸城造営費上納㊁357 393 527 528。恩貸金㊁395。転封中止㊁416 436。加封㊁436。警衛場守備㊁528 566 579 640。居城焼失㊁574。歿㊁643 644／㊁167

松平斉民（銀之助・三河守）　元服・偏諱㊀106。就封費用恩貸㊁262。江戸城造営㊁366 393 527。家事困窮㊁654 708／㊀789 792 797 ㊁70 154 254 263 264 336 461 513 518
斉良（徳之助・上総介）　元服・偏諱㊁237。歿㊁385／㊁76 79 158
政尹　御前を止む〔九〕740／〔九〕718 733 〔十〕150
政穀　恩貸金〔八〕360。職事褒賞〔八〕559／〔八〕668 〔九〕82
政次　〔三〕568
政周（豊前守）　㊁431 587
政重　〔二〕638 662
政春　〔十〕705
政峻　〔八〕186 213
政勝（瀬兵衛）　〔二〕532 668
政勝（次郎右衛門・彦大夫）　亀松抱傅〔三〕413／〔三〕414 563 〔五〕155 198
政成　〔三〕660
政直　大和・伊賀の論地見分〔五〕556 562／〔四〕313
政徳　〔十〕795
政美　〔九〕133
政方　〔四〕192
政豊　〔一〕127

松平政房　〔六〕299 448
清吉　〔四〕150
清行　槍剣術進覧〔三〕685。勤労褒賞〔四〕63 289 414。家綱月代役〔四〕295 296／〔三〕685 〔四〕11 63 349 368 370 631 〔五〕77
清康　岡崎城請取〔一〕20。家督相続〔一〕20。森山崩れ・歿〔一〕21 139 161。埋葬〔一〕22／〔一〕25
清康室（春姫、松平信貞女）　〔一〕21 22
清康継室（青木貞景女）　〔一〕21
清康継室（松平元綱養女）　↓華陽院
清康女　〔一〕22
清興　高崎城引渡〔八〕66 74／〔八〕230 234
清次　〔一〕95
清須（清順）　三河西尾城引渡〔三〕406。江戸城綱吉邸造営奉行〔三〕607／〔二〕639 〔三〕492 〔四〕617
清春　〔三〕413 571
清順　↓松平清須
清昌　五千石拝領〔一〕600。隔年参勤〔一〕600。大坂冬陣・三河本坂番〔一〕704。大坂加番〔二〕489 594／〔二〕132 537 575 655 〔三〕26 271 272 325 〔四〕150
清信　〔一〕126

松平清親　大坂目付〔五〕506 524／〔六〕181 650 〔七〕60
清政　〔一〕95
清宗　卒伝〔一〕397
清蔵　〔一〕111
清長　〔五〕17 50
清直（庄右衛門）　松平忠輝愁訴・蟄居〔一〕494。五千石拝領〔一〕510 〔二〕116。采邑収公・交代寄合に列す〔二〕153。出雲・隠岐御使〔二〕611 624。吉良在番〔三〕26／〔一〕510 〔二〕521 539 562 566 623 667 〔三〕272 325 496 612 〔四〕35
清直（帯刀）　〔三〕213 〔四〕487 〔五〕274
清直室　〔五〕73
清定（内膳）　〔一〕25
清定（内記）　〔一〕126
清定（河内守）　〔八〕126
清当　〔六〕15 301
清道　〔三〕356 357
清武　館林築城〔六〕698。加封〔七〕79 139 285。邸宅焼亡〔七〕449。嗣子歿・養子〔八〕327 〔九〕205。卒伝〔八〕350／〔七〕2 272 445 〔八〕346
清武養母　〔七〕382
清方　〔六〕666 〔七〕272 445 〔八〕327
清六　〔一〕626
宣維（宣澄、庄五郎）　代官町造営助役〔六〕

松平
708。元服・偏諱㊆211。隠岐国預り地㊇197。雁拝領復活㊇213。抜荷唐船打払㊇413。封地産馬献上㊇419 ㊈214。卒伝㊇574 577 ㊈205／㊅598 ㊆375 ㊇227 455 574。家士㊇327
宣維母 ㊇61
宣澄 →松平宣維
宣富(矩栄・長矩、源之助) 津山城主㊅317。邸宅焼亡㊅346 600 611 ㊆450 ㊇55。偏諱㊆64。雲雀拝領復活㊇161。卒伝㊇221 225／㊅296 471 592 ㊇111
善宝(次郎兵衛) ㊁43
宗衍(幸千代) 幼少、後見㊇578。国目付㊇607。元服・偏諱㊈54。初謁の作法褒賞㊈335。比叡山堂塔修復助役㊉29 102。致仕伝㊉264。歿㊉705／㊇577 843 ㊈121 649。家士㊇638 ㊉103
宗衍母(伏見宮邦永親王女) →天岳尼
宗矩(千次郎) 国目付㊇365。松平宗衍家政を輔佐㊇578。日光東照宮修理助役㊈75 85 86 97 99。卒伝㊈499 502／㊇337 381 455 528 ㊈425 499
宗昌(昌平) 奥詰㊅173 287 739。禁裏造営助役㊅696 ㊆71。宗家相続㊇255 264。偏

松平
諱㊇264。卒伝㊇334 337／㊅15 177 326 ㊇227 281。家士㊇294
則采 丹後田辺引渡㊄19 24／㊅14 581 587
太郎市 ㊁159
太郎左衛門 ㊁231
太郎左衛門 ㊁714
太郎兵衛 ㊃139
泰親 ㊀18 20
竹松 ㊂673
竜治代(尾張宗春男) ㊇782
頼母 ㊁502
丹波守 ㊁387 413
鍛太郎 ㊁217
弾正 ㊁282
弾正大弼 ㊀673
知乗 ㊂113 115 203 ㊃338
知清 新墾田一万石分封㊆219。譜代に列す㊆222。卒伝㊇246／㊆59
致乗 ㊇58 835
主税 ㊄222
仲 ㊀701
忠愛(左衛門佐・伊賀守) 封地水害・恩貸金㊇599。家伝の戎器進覧㊈267。卒伝㊈495／㊆361 ㊇357 474 482 ㊈442

松平忠愛(采女) ㊁654
忠位(忠信) ㊈516
忠一 巡見使㊇58 88。戒諭㊇146 247／㊈491 520
忠英 御前を止む㊉325／㊀149 182 564
忠栄(遠江守) 寛永寺霊廟修復助役㊁463 486。居城焼失㊁559／㊁214 240
忠盈 野飼の駒下賜㊇196 280。大坂城代引渡㊇849／㊈580 648
忠益 加封㊃338 370 631。家綱参詣・沓役㊃434 498 501 508 513 520 555 568 578 583 591 595 596。罹災㊃517 ㊄8。小姓組番頭・近習兼帯㊃596。家綱参詣、刀役㊃610 618 630 ㊄2 15〜17 20 24 25 32 34 42 49 53 61 64 71 78 80 83 88／㊂656 ㊃290 308 ㊄28 35 83 100 105 124 ㊅49
忠雅 転封㊅393 ㊆118。紅葉山綱吉廟造営助役㊆5。禁裏造営助役㊆27 71。邸宅焼亡㊇563。卒伝㊈391 395。石見銀山の凶徒鎮圧㊈396／㊅103 158 ㊆118 314 315 333 363 403 ㊇227
忠雅母 ㊈80
忠雅室 ㊇749
忠誨(与市・遠江守) 卒伝㊁214／㊀694 703

松平忠学(左衛門佐・伊賀守)　美濃伊勢尾張
　東海道諸河川普請助役㊀768。致仕
　㊁228／㊀688
忠侃(但馬守)　㊁112 192 449
忠寄　㊉589 764
忠輝(辰千代)　大坂夏陣・遅参㊀272。家
　康に伺候不許㊀283。高田城下賜㊀
　510。禁裏造営課役㊀547 603。江戸邸
　火災㊀587。江戸邸華麗㊀649。高田
　城造営㊀668。大坂冬陣・江戸留守
　㊀690 703。大坂夏陣・大和口寄手惣
　督㊁19 27 70。家臣誅罰を糺問㊁64
　69 71。謝罪㊁74 86 88 93 98。配流㊁
　103〜105 146 362。旧領処置令㊁140。世
　評㊁262。卒伝㊄489／㊀122 384 388 420 508
　538 552 553 599 604 605 607 620 626 ㊁6 46 ㊂366 ㊄
　466 ㊅622。家士㊀494 504
忠輝室(伊達政宗女)　㊀420 626
忠輝男(徳松)　㊁560
忠宜(伊燿、備中守)　家光日光社参・被
　物の役㊂176／㊂569 ㊃48 58 92 ㊄22 35
忠宜(忠宣、五郎左衛門)　㊈674
忠祇　転封㊈494。致仕伝㊉94／㊈493 554 641
忠義(与十郎)　㊅180

松平忠義(縫殿助)　㊀625 635
忠吉(与一郎)　㊀24
忠吉(忠康、下野守)　誕生㊀43。江戸市
　街修治㊀76。彦根城造営助役㊀113。
　関ヶ原合戦・負傷㊀228。会津征伐
　㊀381。大久保忠常邸に寓居㊀424 ㊁
　271。卒伝・絶家㊀244 426 427。埋葬㊀
　430。武功雄略に富む㊁263。秀忠に
　愛さる㊂271／㊀72 95 115 383 384 397 418 420
　423 425 478 ㊁156。家士㊀244 428 429 435 477
忠吉室(井伊直政女)　㊀442
忠久(新十郎)　㊂401
忠久(隼人正・因幡守)　赦免㊃542／㊂310
　㊂242 272 ㊄82
忠救　㊇478
忠喬　諸大夫上首㊅441。桂昌院霊牌所造
　営助役㊅588 602。転封㊅611 ㊆146。封
　地蝗災・恩貸金㊇611。韓使館伴㊈
　422。致仕伝㊈533／㊅267 408 708 ㊆336 ㊇
　451。家士㊅604
忠郷(孫左衛門)　㊇436 699
忠郷(彦兵衛)　㊈707
忠郷(対馬守)　日光諸堂修理㊉115。佐野

松平
　政言を組伏す㊉746 747／㊀103
忠疆　㊀136
忠堯(下総守)　転封㊁86。致仕㊁368／㊁
　58
忠暁　封地地震㊇577。卒伝㊇720／㊆289 ㊇
　174 435 458 657 677
忠矩(九郎磨)　㊁655
忠倶(忠政、万助・遠江守)　転封㊂129。
　江戸城惣郭城溝浚利㊂384。封地水
　害㊃177。大坂加番㊃319 ㊄18 51 135 164
　581 609。居城火事㊄210。越後高田領
　査検㊄492。卒伝㊅267／㊂129 138 261 272
　468 ㊃212 274 499 525 571 ㊅259。家士㊂425
忠恵(玄蕃頭)　江戸城西丸造営助役㊁
　392。江戸城本丸造営費上納㊁520／
　㊀395 411 ㊁364 436
忠啓　封地火災㊉389。封地水害・損耗㊉
　425。大坂・桑名の御宮火災㊉573 689。
　卒伝㊀11 19／㊉116 360 531 543 ㊀10
忠継　㊃395 ㊄192 517
忠俔　卒伝㊇798／㊇685 707 718
忠堅　㊈667
忠憲　転封㊁329。江戸城造営㊁447 ㊂2 146。
　卒伝・無嗣除封㊂503 517／㊁323 370 534

松平
537 623[三]201 317 387 450 461。家士[三]166
忠彦(式部大輔・下総守)　歿㊁431／㊁368
忠固　↓松平忠優
忠功　致仕伝㊀233／㊀11 19 37
忠弘(忠行)　転封[三]554[五]21 421。江戸城西丸用材献上[三]636。江戸外郭造営助役[四]164。封地火災[四]223。江戸城本丸造営助役[四]322。封地山形の古城破却[四]402。湯島聖堂に祭器献上[六]85。赦免・十万石特賜[六]148 149 732。騒擾、封地・府邸収公、閉門[六]148 732。致仕伝[六]158／[二]700[三]356 357 426 445 503 533[四]99 343 560[五]4 39 80 937 423[六]24。家士、国政輔佐[三]357 554／[四]193 317 507[五]196
忠光(左門)　㊀103 480
忠行　↓松平忠弘
忠孝　[十]100 223 385 442 749 772
忠幸　㊀544
忠侯(又八郎・主殿頭・摂津守)　長崎港警備㊁21。江戸城西丸造営費上納㊁357 393。卒㊂409／㊀735㊁20
忠恒(宮内少輔・摂津守)　家継法会[九]453 455。領知判物・朱印管掌[九]465 472。

松平
小日向の水害罹災者査察[九]495。月光院大葬[九]574～576。邸宅失火[九]743。老中・若年寄贈物制[九]762。若年寄精勤[九]766。韓使聘礼管掌[十]68。勝手方[十]103。宿直酒食禁制[十]157。転封[十]260 卒伝[十]290 294／[八]663 720[九]472
忠恒(金次郎)　[十]275
忠香　御前を止む[十]101 333／[十]548 785
忠候(主計・頼母・伯耆守)　↓松平近明
忠高　[五]501 560
忠告　比叡山堂社修理助役[十]675 681／[九]681[十]241 250。家士[十]682
忠国(勘四郎・山城守)　元服・偏諱[一]503。福知山城警衛[二]210 215[三]561。二条城造営助役[二]318。家光日光社参留守居[三]172 181 264。綱吉誕生・篦刀役[三]427 428。加・転封[三]608。江戸城西丸用材献上[三]636。韓使漂着[四]146。江戸城修理助役[四]198 274。卒伝[四]305／[一]450[二]197 210 536 587[三]261 271 272 343 420 611[四]248。家士[三]77
忠国(匡一郎・下総守)　江戸城本丸造営費上納㊁527。異国船ピットル渡来警衛㊁566。海岸警衛㊁579 640 689／㊁

松平
431 539
忠刻(八十郎・主殿頭)　高田八幡宮流鏑馬射手[八]788。卒伝[九]493／[八]798 820
忠刻(主膳・信濃守・下総守)　致仕伝[十]360。歿[十]712／[八]804[九]396 428 535
忠根　家治本丸移徙沙汰[九]580／[八]436[十]305 310
忠根室　[八]746[九]662
忠之(日向守)　湯島聖堂に祭器献上[六]86。湯島聖堂消火役[六]93。失心・除封・伝[六]182 732／[五]532 584
忠之(作五郎)　㊀412
忠氏　府内住居禁止[五]107／[三]464[四]405 471 473[五]85
忠次(式部大輔)　↓榊原忠次
忠次(左近・左近将監・周防守)　↓松平康親
忠次(市大夫)　[二]180
忠治(飛騨守)　[一]603
忠治(左門)　[三]464 656[五]329[六]92
忠治(彦兵衛)　[五]32 559[六]173
忠質(邦之助)　㊁226 249
忠実　大坂冬陣・大和郡山城勤番[一]740。大坂夏陣・伏見城守護[二]26。伏見城三年勤番〔二〕88。大小名饗応、国持の座を奉行〔三〕16／〔一〕453 474 507 575 607〔二〕537 573 698〔三〕7 492 666〔四〕46 58 59

忠受(采女)　㊁600

忠周(主水・内記・玄蕃頭)　召出・赦免〔四〕618 624 631／〔六〕420〔七〕177

忠周(阿波守・伊賀守)　転封〔五〕566〔六〕284 611。湯島聖堂に祭器献上〔六〕86。加封〔六〕617。江戸城西丸山里火の番〔六〕183。柳沢吉保に処遇を問ふ〔七〕3。邸内御成御殿収公〔六〕610〔七〕16。綱吉歿後の事審議〔七〕255。居邸焼亡〔七〕449。浄円院霊牌所造営〔八〕417。吉宗日光社参留守居〔八〕454。卒伝〔八〕469 474。伏見宮家『本朝世紀』〔九〕240／〔五〕190 321 483 488 495 548 552 604〔六〕38 41 109 594 660 739〔七〕5〔八〕88 247 355 457 460

忠秋　〔二〕354

忠充　失心・除封・伝〔六〕479／〔四〕387。家士〔五〕615

忠重(大膳亮)　八千石特賜〔一〕495 524。紅葉山東照社造営助役〔二〕148。江戸城石垣修築助役〔二〕190 205 447。城主〔二〕237。転封〔二〕237 607 687。加封〔二〕237 607 659 687。

上総百首浦の船手番〔二〕370。韓使往還饗応〔三〕41。駿府城殿閣造営助役〔三〕105。卒伝〔三〕129／〔二〕534 537 570 594 639〔三〕99 117 121

忠重(佐渡守)　〔五〕386

忠俊(刑部少輔)　〔三〕31

忠順　上田城修築・恩貸金〔九〕619。上田川堤防修理・恩貸金〔十〕206。記録管掌〔十〕653。卒伝〔十〕717／〔九〕24 495 517〔十〕475 498 714

忠恕(主殿頭・大和守・飛驒守)　封地水害・恩貸金〔十〕231。転封〔十〕442。封地凶荒・居城破壊、恩貸金〔十〕569。長崎港警衛助役〔十〕768㊀21。関東伊豆河川浚利助役㊀10 30。卒伝㊀188／〔十〕90 94 125 496

忠恕(鱗四郎)　㊁473

忠尚(宮内少輔)　二万石特賜〔六〕24。湯島聖堂に祭器献上〔六〕86。閉門〔六〕148 149。逼塞〔六〕149 158〔七〕239。致仕伝〔八〕174／〔六〕635〔八〕138

忠尚(与左衛門)　〔四〕554

忠昌(虎松)　大坂夏陣、軍功〔一〕276。上総姉崎一万石拝領〔一〕446。偏諱〔三〕2。

大坂夏陣・奮戦〔二〕35。加封〔二〕75 162 320。転封〔二〕75 104 162 320。城主〔二〕104。稲葉正成を附属〔二〕162。江戸城天守閣造営助役〔二〕227。転封法度〔二〕325。狩場拝領〔二〕356。秀忠茶事〔二〕430 441 480。江戸城石垣造営課役〔二〕447〔三〕1 2 4。家光茶事〔二〕493 626〔三〕119。面命〔二〕534。落馬〔二〕594。証人交代〔三〕101 221 351。病気〔三〕158 262 284 367 371 393〜396 399 401〜405。越前に商船漂着〔三〕318。分封〔三〕348。卒伝〔三〕409 418。封地喪送〔三〕410／〔二〕83 223 279 376 446 456 536 568 593 628 672 687〔三〕44 164 172 201 209 342

忠昌母(松平秀康側室)　↓清涼院

忠昌庶子　〔三〕126

忠昭(左近将監)　転封〔二〕653〔四〕259。島原乱・富岡城在番〔三〕89。蛮船着岸警備〔四〕431〔五〕19。封地大風雨〔四〕580。府内警火巡見〔五〕5 10。致仕伝〔五〕235／〔二〕550 610 625〔三〕176 214 272 361 394 447 557〔四〕58〔六〕177

忠昭(権佐・伊賀守)　卒伝〔五〕488／〔四〕583 609〔五〕37 321 483

忠章　〔五〕546

忠勝(修理亮・出雲守・山城守)　公卿両

松平
山参詣〔四〕492 495 513 603〔五〕68。家綱葬送〔五〕338。綱吉面命〔五〕376。除封・伝〔五〕526 529。歿〔五〕553／〔四〕445 453 497 498 591 617〔五〕23 92 400 431 448 579
忠勝（采女・半左衛門） 両国橋構架奉行〔五〕376 429。閉門〔五〕429／〔五〕511 533〔七〕72 83〔八〕139
忠常 〔十〕780
忠正（忠政、与一） 〔一〕24 25
忠正（九八郎） 三河刈屋城引渡〔七〕242 279 284
忠成 〔七〕344
忠政（右京大夫） 〔一〕24
忠政（菅沼、摂津守） 伊賀上野城請取・在番〔一〕201 460 463 464 468。加封〔一〕524。新封の黒印〔一〕531。禁裏造営課役〔一〕547 603。致仕伝〔一〕605。歿〔一〕689／〔一〕576
忠政（孫大夫） 〔三〕166
忠政（万助） ↓松平忠俱
忠政（式部大輔） 〔四〕146
忠政（九郎右衛門） 〔八〕60 526
忠済（伊賀守） 打揚乗物〔十〕492。封地百姓一揆〔十〕732。美濃伊勢諸川浚利助役㊀91。致仕㊀688／〔十〕319 717 753
忠清（与十郎） 〔一〕374
松平忠清（玄蕃頭・民部大輔） 禁裏造営課役〔一〕547。卒伝・絶家〔一〕583／〔一〕536
忠晴 元服・偏諱〔一〕503。加封〔三〕596〔三〕287 349 517。二条城大名饗応奉行〔二〕655。家光日光社参・江戸城勤番〔三〕7。城主〔三〕287。転封〔三〕349 517。家綱王子村臨駕饗応〔三〕593。江戸城西丸用材献上〔三〕636。日光祭礼〔三〕639。江戸城修理助役〔四〕198 274 327。致仕伝〔四〕598／〔一〕450 641 705〔三〕4 538 573 637〔三〕16 266 287 350 388 400 420 422 436 451 483 602 608 612 623 641 646 691〔四〕69 126 142 143 223 226 239〔五〕37
忠誠（又八郎・主殿頭） 歿㊁588／㊁409 421
忠精（又八郎） ㊁588
忠節（忠利、采女） 惣堀浚利〔二〕701。江戸城石垣修理助役〔二〕447〔三〕146／〔二〕329 623〔五〕291。家士〔二〕473〔三〕166
忠宣 ↓松平忠宣
忠全 沼田城引渡〔八〕602 607／〔八〕861
忠泰（官之助） 〔六〕421
忠泰（主膳） 〔九〕684
忠張 〔八〕666 795
忠直（久助） 卒伝〔一〕96
忠直（越前、長吉丸・三河守・少将・宰相・
松平
一伯） 永井道存を排斥〔一〕254。家臣誅罰〔一〕254〔二〕211 229。大坂夏陣〔一〕272〔二〕16 27 32 34 40 41。越前家永続の約〔一〕272。元服・偏諱〔一〕406。禁裏造営課役〔一〕547 603。婚姻〔一〕559 562。誓書奉呈〔一〕576。家中争論〔一〕600 619。大坂冬陣〔一〕696 700 702。大坂城修築課役〔二〕185。参勤懈怠〔二〕211。国政懈怠〔二〕229。致仕伝・豊後萩原に蟄居〔二〕246。越前家との音信禁止〔二〕260。矜漫の評〔二〕262。歿〔三〕664 684／〔一〕406 433 437 543 544 555 659〔二〕51 59 64 83 90 116 250 279〔三〕395 418 684。家士〔四〕406
忠直室（勝姫・高田様、秀忠女） ↓天崇院
忠直（監物・淡路守） 昵近〔一〕593。逼塞〔三〕223／〔二〕203〔三〕182 464
忠鎮（三郎右衛門） ㊁166
忠貞 〔三〕190
忠冬 加封〔四〕528〔五〕300 332 368。徳松附〔五〕368。『東武実録』撰輯〔五〕531〔六〕737。『家忠日記』増補〔五〕531〔六〕737／〔五〕395 609〔六〕134 314
忠得 ㊀255

松平忠徳(信濃守・飛驒守) 御前を止む㈡56／㈡64 122 217 692
忠篤(玄蕃頭) 邸宅火事㈡600 601。城主格㈡611／㈡679
忠馮(主殿頭) 封地山崩れ・恩貸金㈠194。長崎港管掌㈠622 665 745 785。美濃伊勢尾張東海道河川普請助役㈠768。歿㈡20／㈠20 188
忠敏 〔五〕546
忠福(市右衛門) 〔四〕301〔五〕619
忠福(忠移、采女・玄蕃頭) 封地凶荒・恩貸金〔十〕737。恩貸金収納延期㈠11。卒伝㈠411／〔九〕638〔十〕294 361 541 666 789㈠5 64 65
忠宝 〔十〕758㈠703
忠朋(忠明) ㈠74
忠房(主殿頭) 転封〔二〕559 560〔三〕582〔四〕30〔五〕43 44。江戸城本丸造営助役〔三〕190。加封〔三〕582〔五〕43。江戸城西丸用材献上〔三〕636。韓使饗応〔四〕146。宅地転換〔四〕231。宮津城請取〔四〕571。防火〔五〕3 4。封地大風雨・破損〔五〕52。長崎警衛〔五〕140 260。城下火事〔五〕177 263。湯島聖堂に祭器献上〔六〕86。致仕伝〔六〕326／〔二〕253 257 369 577 691〔三〕62 272 317 366 447 517 523 563〔四〕126〔五〕500 556。家士〔四〕511〔五〕4
忠房(定太郎) 〔十〕644
忠名 卒伝〔十〕241／〔八〕411〔九〕533 538
忠命 〔十〕809㈠495
忠明(下総守) 転封〔一〕524〔二〕172〔三〕129。加封〔一〕524〔二〕45 172〔三〕129。禁裏造営課役〔一〕547。仏郎機拝領〔一〕581。大坂冬陣(軍議〔一〕694。大坂城砲撃〔一〕748。大坂城溝埋立〔一〕756〔二〕3」〔一〕257 687～689 703 715 762。大坂夏陣〔二〕8 9 15 28 45。大坂城主〔二〕45。封地に東照宮創建〔二〕143。福島止則改易〔二〕164。二条城造営助役〔二〕318。家康猶子〔二〕394。幕政参与〔二〕535。家光茶事〔二〕574〔三〕205。狩場拝領〔二〕587 626。黒田騒動〔二〕592。江戸城外郭普請所巡察〔三〕3 4 7。風流踊進覧〔三〕65。島原乱〔三〕80。蛮船長崎着岸〔三〕270。卒伝〔三〕350 356／〔一〕125〔二〕55 116 125 192 356 375 376 383 386 395 456 523 536 558 563 566 573 576 583 593 615 619 620〔三〕5 8 24 43 61 65 66 177 179 184 189 197 212 217 267 272 342 350
忠明(主税・三七郎) 赦免・召出〔五〕215 219 237〔四〕554
松平忠明(志摩守) 黜免・籠居〔八〕171／〔六〕252 635〔八〕278
忠明(彦太郎) 〔八〕711
忠明(信濃守) ㈠403 484
忠雄 奥詰〔六〕154 212 739。蛮船取扱令〔八〕99。預地〔八〕197。抜荷唐船打払〔八〕413。致仕伝〔八〕707／〔六〕117 326〔八〕140 453。家士〔八〕327 638
忠雄(求馬) ㈡476 589
忠優(忠固、玉助・左衛門佐・伊賀守) 江戸城西丸造営助役免・上納金㈡356。江戸城造営費上納㈡393 537。大坂城代・恩貸金㈡539。封地地震・恩貸金㈡587。大坂城修復㈡614／㈡217 228 354 532 538 611 659 710
忠容 分封〔八〕474。申次見習〔九〕654 670。／〔九〕662 670 671
忠庸 御前を止む〔十〕458／〔十〕223 494㈠107
忠翼 歿㈡58／㈠392 485
忠頼(左馬允) 刺殺さる〔一〕492 498。卒伝・除封〔一〕495 502
忠頼(惣兵衛) 〔九〕488
忠利(又八郎・主殿頭) 彦根城修築〔一〕99 113。矢矧川浚利〔一〕122。駿府城造営

松平
〔一〕424。駿河持舟・関部・湊の石塁修築〔一〕504。禁裏造営課役〔一〕547。加転封〔一〕600。大坂冬陣〔一〕719 731 758。三河吉田橋改架奉行〔二〕143。卒伝〔二〕559／〔一〕112 507 604〔二〕255 402 536
忠利（采女）　↓松平忠節
忠利（織部）　近習〔二〕363／〔二〕347〔四〕203 222 225 539
忠利（九郎右衛門）　勘気赦免〔二〕555 625／〔一〕437
忠利（弥三郎）　〔三〕145〔四〕46
忠陸　不忍池浚鑿〔九〕597 608／〔九〕471 486 501〔十〕553
忠隆（掃部）　〔二〕163 185 418
忠隆（飛驒守）　元服・偏諱〔二〕208。二条城造営助役〔二〕318。卒伝・除封〔二〕531
忠隆（靫負）　〔五〕285
忠良（甲斐守）　居城焼亡〔一〕478。加転封〔二〕86。福島正則改易〔二〕168。二条城造営助役〔二〕318。卒伝〔二〕323／〔一〕87 507 704〔二〕33 83
忠良女（秀忠養女・黒田忠之室）　↓梅渓院
忠良（長三郎）　〔三〕609
忠領（弥九郎）　㊁193
忠倫（三左衛門）　〔一〕25

松平忠倫（左門）　〔五〕190
忠和　江戸城二丸修復助役㊀405 417。卒伝㊀485／㊀230 233
長家　〔一〕19
長熙　分封〔八〕416。封地蝗災・恩貸金〔八〕611。卒伝〔八〕700 707。初花の茶入進覧〔九〕215／〔八〕455 572 575〔九〕205
長矩　↓松平宣富
長孝　江戸城二丸消火〔九〕425。卒伝〔十〕79 82／〔八〕707 736〔九〕654〔十〕4
長恒　致仕伝〔八〕616／〔八〕288
長次　〔二〕427
長次郎　㊁660
長照　〔五〕71
長親（道閲）　〔一〕19〜21 25
長成　〔六〕521
長之助　㊁290
長福　〔一〕699
長頼（東市正）　↓永見長頼
長良（大蔵）　↓永見長良
張矩　〔一〕19
朝矩　転封〔九〕481〔十〕259。封地水害〔十〕259。卒伝〔十〕285／〔九〕478 565。家士〔十〕140
直員　出仕を止む〔九〕519〔十〕116。致仕伝〔十〕202

松平
直益（日向守）　㊀590㊁149／〔七〕218 302〔八〕455
直温（敬之進・志摩守）　江戸城本丸造営費上納㊁532／㊀522㊁475 505 519
直寛（主税助）　城主格㊁657／㊀508 524
直基　結城家相続〔一〕434 449。三万石拝領〔二〕325。秀忠茶事〔二〕430 480。江戸城石垣造営課役〔二〕447〔三〕1。家光茶事〔二〕493 626〔三〕119。加封〔三〕348。転封〔三〕348 350 554。卒伝〔三〕567／〔一〕108 542〔二〕312 377 535〔三〕44 409 426 518 560。家士〔三〕529
直貴（鶴太郎・出羽守）　邸宅火事㊁100。元服・偏諱㊁141。甲斐河川修復助役㊁206。江戸城造営費上納㊁393 527。日光東照宮修復助役㊁666 679／㊁133 365 711
直義（主税・上野介）　打揚乗物〔十〕492。歿㊀524／〔十〕424 427 465 496
直義（伊予守）　㊁62
直吉　〔三〕354
直丘　分封〔五〕160。公卿館伴〔五〕443。座班〔六〕13。卒伝〔七〕302／〔五〕157 494 525〔六〕361〔七〕148
直矩　転封〔三〕567 606〔四〕614〔五〕437 582〔六〕149。江戸城修理助役〔四〕197 274 309 322 327。越後騒

動・閉門〔五〕417〔六〕729。削封〔五〕437〔六〕732。加封〔五〕582〔六〕149。本班に復す〔五〕582。湯島聖堂に典籍献上〔六〕85。卒伝〔六〕228 231／〔四〕79 132 256 270 299 347 454〔五〕32 325 464〔六〕226 227。家士〔五〕313
直堅(権蔵・備中守) 出生〔五〕212。合力米一万俵下賜〔五〕270。卒伝〔六〕286
直堅(兵庫) 〔八〕278
直広 大坂目付代〔五〕67 85／〔五〕317
直好 北陸道駅路修理費用供出〔八〕744。卒伝〔八〕823／〔八〕135 455
直行(亀之助・兵庫頭) 打揚乗物〔十〕492。致仕伝㊀198／〔十〕258 260
直行(出羽守) ㊀30 246
直恒 久能山東照宮・宝台院修理助役〔十〕478 496。打揚乗物〔十〕492。仙波東照宮・三芳野天神社修理助役㊀233。河川浚利助役㊀567／〔十〕285 552 571。家士〔十〕602
直畧(直之丞) 歿㊀325／㊀197 198
直綱(内記・伊勢守) ↓松平信定
直興(志摩守) 致仕㊁505／㊀786
直之(斎宮・近江守・信濃守) 譜代に列す〔七〕228。廩米を采地に改む〔八〕58。

直之(慶次郎・左兵衛佐) 卒伝〔十〕799 802／〔十〕746 758
卒伝〔八〕135／〔六〕559 567
直次(新五左衛門) 持弓組弓術上覧〔二〕585／〔二〕538 552 606 616〔三〕117 431。所属同心〔三〕169 170
直周(恒吉・左兵衛佐・大蔵少輔) 御前を止む㊀313。美濃伊勢東海道河川浚利助役㊀335。致仕㊀775。歿㊁185／〔十〕802㊀109
直春(権蔵・日向守) ㊁149 697
直純 江戸城二丸火災消火〔九〕425。鶴岡八幡宮修理助役〔九〕579 602。卒伝〔十〕149 153／〔八〕788〔九〕66〔十〕4
直昌 〔四〕620
直紹(日向守) 打揚乗物〔十〕492。大坂定番・恩貸金㊀463。致仕㊀590／〔十〕411 530㊀582
直勝 〔一〕691
直韶(左衛門佐・左兵衛督) ↓松平斉韶
直常 大和川浚利助役〔六〕535 555 557。松平宗衍の家政輔佐〔八〕578。致仕伝〔九〕59。歿〔九〕91／〔六〕67 453 471〔八〕35 227 455〔九〕24
直信 駿河清水府庫修理奉行〔四〕443／〔五〕105

〔三〕630
直政(国丸・出羽守) 大坂冬陣、諸隊指揮〔一〕743。一万石分封〔二〕116。加封〔二〕182 325 596。転封〔二〕325 596〔三〕89。秀忠茶事〔二〕430 457。家光茶事〔二〕493 626 669〔三〕160。江戸城石垣造営課役〔二〕447。日光山〔三〕8 172 183 184 262 266〔四〕77 419。証人交代〔三〕231 354 435 481 649 686 689〔四〕74 108 141 174 224 307 452。狩場拝領〔三〕509 727。江戸城西丸造営〔三〕645 655 672。毛利綱広遺領相続〔三〕684〔四〕34。紅葉山新廟造営〔四〕90。卒伝〔四〕560 566／〔一〕551〔二〕83 158 163 169 303 376 470 535 598 623〔三〕87 132 141 198 241 347 399 409 613 617〔四〕12 160 255 452 467 468 483 507 548。家士〔三〕461 529 673〔五〕30
直政母 〔三〕571
直政(岩松・宮内) 家綱附小姓〔三〕243 657。分封〔三〕309／〔三〕587 655〔四〕11 179 526 605 607〔六〕336
直泰 禁裏造営助役〔十〕350。鶴岡八幡宮修理助役〔十〕668 674。致仕伝〔十〕758／〔十〕102 153 220。家士〔十〕675
直知 奥詰〔六〕188 212 450 463 739。卒伝〔六〕559／〔六〕194 286

松平直道　出仕を止む〔九〕519。致仕伝〔十〕260／〔八〕847〔十一〕202
直方（英三郎・志摩守）　㊀325 786
直明　加転封〔五〕441。家士召出〔五〕443。知足院造営助役〔六〕7 26。湯島聖堂に典籍献上〔六〕85。津山城請取〔六〕304 307 313。致仕伝〔六〕453／〔四〕612〔五〕259 286 293
直由　富士浅間社修理奉行〔六〕129／〔六〕231〔八〕847 855
直廉（鑽之助）　㊁697
直良　茶事〔二〕430 480 626。江戸城石垣造営課役〔二〕447〔三〕1。分封〔二〕687。越前大野特賜〔三〕348。加封〔三〕348。江戸城西丸用材献上〔三〕636。毛利綱広遺領相続〔三〕684。日光霊廟石垣造営助役〔四〕15 51。卒伝〔五〕288 293／〔一〕120 551〔二〕312 377 535〔三〕350 409 514 517〔四〕165 441 498〔五〕55 212 259 286。家士〔三〕529
通温　尾張家国政参与〔七〕345。卒伝〔八〕533／〔七〕229 236〔八〕109
通顕　→尾張継友
通春　→尾張宗春
鶴松　㊀779
定安（大和守）　㊁168

松平定為　〔十〕77 81
定胤　廩米増加〔十一〕773 ㊀540／㊀408
定寅　火災巡察〔十一〕407 446。市中取締㊀151／㊀323 332
定永（太郎丸・越中守）　安房・上総警衛場㊁86 87。転封㊁86。邸宅火事㊁203。歿㊁369。江戸城西丸造営助役㊁393／㊀557 687 ㊁368
定英　預地の制〔八〕242。封地蝗災〔八〕611 618〔九〕209。卒伝〔八〕635／〔六〕629〔八〕121 214 233 435 451 631。家士〔八〕327
定英母　〔八〕311
定盈　三河吉田城引渡〔六〕611 616／〔八〕371
定温　〔八〕796
定寛　召出〔二〕542。赦免〔四〕542 556／〔六〕542
定基　江戸城石垣修築助役〔六〕540 549。奥詰〔六〕553 601。致仕伝〔八〕590／〔六〕322 488
定逵　卒伝〔八〕132／〔五〕540〔七〕244
定輝　卒伝〔八〕385。農民騒擾鎮圧〔九〕206／〔八〕132 382
定儀　牧馬献上令〔八〕419。卒伝〔八〕442／〔六〕30〔八〕385 425
定休　就封延期〔十一〕388。致仕伝㊀120／〔十〕109 120 224 282

松平定喬　封内蝗災賑救〔八〕637。心観院御産〔九〕658 665〜667。卒伝〔十〕114 118／〔八〕411 635〔九〕421 426 667 734〔十〕113。家士〔八〕638
定郷　出仕を止む〔十〕109。卒伝〔十〕120／〔八〕313 590 603
定経　〔三〕355〔五〕19 72
定堅　㊀519 531
定賢（定儀、越中守）　日光堂社修理助役〔八〕831 854。転封〔九〕24。白河城破損〔十〕83。卒伝〔十〕340／〔八〕152 419 442〔十〕47 56
定賢（豊前守）　㊁135 363 370
定功　卒伝〔十〕179／〔十〕118
定行　婚姻〔一〕122 396。遠江掛川城主〔一〕434。禁裏造営課役〔一〕547。大坂夏陣・伏見城守護〔二〕26。転封〔二〕132 686。二条城造営助役〔二〕318。行幸饗応〔二〕375 386。美濃高須城請取〔二〕430。茶事〔二〕626。桑名宿駅闘争〔二〕630。加封〔二〕686。江戸城本丸造営助役〔三〕149 190。躍進覧〔三〕241。就封延期〔三〕317 320 321。長崎警備〔三〕382 593〔四〕112。韓使漂着処置〔四〕146。致仕伝〔四〕260。歿〔五〕28／〔一〕450〔二〕279 324 376 533 536 593 638 642 660〔三〕172 181 241 272 359 666〔四〕4 11 24 96

松平定行室(島津家久女)　〔四〕268
　定綱　婚姻〔一〕396。書院番頭〔一〕399。伝通院法会奉行〔一〕467。江戸城溝渠修理隊長〔一〕605。大坂陣〔一〕704 721〔二〕33。奏者番〔二〕84。転封〔二〕116 172 593。加封〔二〕116 305 593。江戸城修築助役〔二〕183〔三〕149 160 190。淀築城・城主〔二〕305 370〔三〕718。淀城蓄米処置令〔二〕336。淀城造営費〔二〕356 396〔三〕718。行幸饗応〔二〕375 386。封地水害〔二〕641。家光上洛、二条城守衛〔二〕642。大樹寺法会奉行〔三〕517。猿楽喜多七大夫と争論〔三〕611。江戸城西丸用材献上〔三〕636。松平定政居城鎮撫〔四〕19。卒伝〔四〕38 45／〔一〕103 384 646〔二〕536 593 638 670〔三〕87 172 184 266 271 272 343 504 517 523 529
定剛(壱岐守)　致仕㊁108／〔十〕798 ㊀121
定国(豊丸・中務大輔・隠岐守)　御紋許可〔十〕768。国用助力要請㊀66。卒伝㊀537 540／〔十〕290 365 610 614 660 ㊀233
定国室　〔十〕624
定轂(隠岐守)　㊁354
定之(新五左衛門・織部)　召出〔三〕542。赦免〔四〕542 556／〔六〕335

松平定之(安次郎)　㊀564
定芝(采女正)　歿㊁339／㊁108
定時　碁・将棋侍観〔五〕170／〔三〕355〔五〕187 239
定実　大奥にて養育〔一〕400。大坂夏陣〔二〕29。歿〔二〕542／〔一〕605
定秀　〔十〕172
定重　奥詰〔六〕39 477 739。湯島聖堂に典籍献上〔六〕85。居城火事・恩貸金〔六〕430。駿府城修理助役〔六〕676。相模河功褒賞〔六〕700。転封〔七〕118。致仕伝〔七〕244／〔四〕277 377 394 457 595〔五〕202 266 528〔七〕244
定昌(定道)　〔五〕247 361 386〔七〕85〔八〕562
定章　卒伝〔九〕439／〔七〕303〔八〕214
定勝　大坂冬陣・伏見城警衛〔一〕257 687。加封〔一〕434〔二〕132 204。伏見城代〔一〕434。転封〔一〕434 475〔二〕132。加判〔一〕435。鷹場下賜〔一〕435。伝通院法会奉行〔一〕467。転封費用〔一〕475。禁裏造営課役〔一〕547。病気〔二〕224 244 317 320。二条城造営助役〔二〕318。卒伝〔二〕320 324／〔一〕31〔二〕17 26 51 83 203 302
定勝女(家康養女)　↓山内忠義室
定信(賢丸・越中守)　溜間(格)〔十〕786 ㊀222 728 ㊁297。老中首座㊀35。老中勝手方㊀38 113。将軍輔佐㊀62 222。勘定所に言路を開く㊀64。禁裏炎上修復㊀64 ㊁296。孝子・奇特者の記録収集㊀91。致仕不許㊀193。奥勤免㊀197。海岸巡視㊀211 212。居城焼失㊀622。異国船防禦㊀646。致仕㊀687。歿㊁207。諫言㊁301 315。優待㊁315／〔十〕437 483 493 730 752 ㊀67 70 186 774 778 ㊁206 295 296 329
定信実母(田安宗武側室)　㊀696
定信室(松平定邦女)　〔十〕437
定政　定府受命〔二〕403。近習〔二〕605。加封〔二〕622〔三〕582。封地水害修理料〔二〕701〔三〕46。江戸城本丸造営助役〔三〕149 190。転封〔三〕582。遁世・封地返上・幕政誹謗〔四〕15〔五〕351。除封・伝〔四〕17。歿〔五〕171／〔二〕203 584 617 699〔三〕272 317 325〔四〕7 10
定清(伝左衛門・千之助)　召返〔四〕17／〔四〕281〔五〕171
定盛　〔三〕606
定静　私墾田一万石収公〔十〕179。江戸城々溝浚利助役〔十〕190。卒伝〔十〕607 609／〔九〕79 439〔十〕179 201 290 361 370 397 498
定節(藤十郎)　㊁711

松平定相　㈧292
定総　㈠492
定蔵　㈩49 374
定則(亀松)　㈩419
定則(立丸)　河川浚利助役㈠567。歿㈠632／㈠540 596
定則(壱岐守)　㈡107
定卓　㈩164 274
定知　加封、一万石下賜㈢582。転封㈢582。召返㈣17／㈣31 281 ㈤171 ㈥314
定長　三田別墅火薬庫失火㈣625。江戸城西丸修理助役㈣512 541 542。卒伝㈤181／㈢606 ㈣454 488 531 560 ㈤176。人夫㈣539
定朝(伊勢守)　㈡275
定澄(左大夫)　召返㈣17／㈤200 ㈥208 577
定直　封地大風㈤294。湯島聖堂に祭器献上㈥85。江戸城西丸修理助役㈥210 216。紅葉山綱吉廟造営助役㈦21 118。卒伝㈧214／㈤126 177 266 274 417 ㈥573 ㈧208 211。家士㈥216 ㈦118
定陳　奥詰㈥173 188 739。福山城請取㈥331 335。卒伝㈥488／㈤247 476 ㈥484
定通(勝丸・三郎四郎)　溜詰(格)㈡125 266。三万両上納㈡265／㈠632 705
松平定通室(鐐姫、田安斉匡女)　↓貞寿院
定道　↓松平定昌
定得(藤十郎・大隅守)　出仕を止む㈩236。御前を止む㈩525。紅葉山修理㈩620／㈩729 749
定能(伊予守)　編輯書籍献上㈠741。駿府城代・恩貸金㈠778／㈩496
定謐(対馬守)　㈡206
定武　館林城戍役㈧804 805／㈧830 837
定保(長門守)　㈡275
定邦　致仕伝㈩730。歿㈠124／㈨81 ㈩340 343 384
定邦女　↓松平定信室
定峯　㈩402
定房(肥前守・美作守)　分封㈡337。封地水害㈡421 668。江戸城造営助役㈢149 190。府内消防㈢332 354 437。居城火事㈣445。大留守居役㈣539。加封㈣539。碁・将棋㈣548 584 624 ㈤27 57 113 144。致仕伝㈤187／㈠542 708 ㈡115 130 219 370 463 500 515 534 538 539 638 ㈢199 272 514 ㈣453 457 556 ㈤4 25 43 57 60 184 239。家士㈤4
定友　㈠96
定由　㈧147 195
松平定猷(和之進・越中守)　㈡436 536 560 634
定頼　卒伝㈣419／㈡130 257 354 377 ㈢325 ㈣339 406
定隆　㈦369 ㈧213
定良　卒伝㈣243／㈢325 468 ㈣45 107。従者㈣120
定和(近江守・越中守)　歿㈡436／㈡369 393
定和室(猗姫、田安斉匡女)　↓浄潭院
貞応　㈩394
徹三郎　㈠760
典信　封地火災㈤92。卒伝㈤151／㈢138 314 447 ㈤54 65 143
典則(誠丸)　㈡644 689
遠江守　㈠674
藤左衛門　㈡380
道庸　㈥602 ㈦447 ㈧285 699
主殿頭　㈠768 779
侶之允　㈡612
豊五郎　㈡257
内記　㈡658
直之丞　㈠726
中務大輔　㈠664
長門守　㈠795
仁左衛門　㈡144
縫殿助　㈡537

松平登之助 ㊁561 563
八十郎 ㊁437
隼人 ㊀43 169
隼人 ㊁332
播磨守 ㊁695
播磨守母 ㊀128
久之丞 ㊁577
東市正 ㊁234
久之助（一橋治済男） 卒伝㊀592
飛騨守 ㊀788 ㊁65
備前守 ㊀665 745 785
日向守 ㊁94
兵庫助 ㊁536 625 634
兵部大輔 ㊁463 486
広之助 ㊁173
備後守 ㊁270 282
不昧 →松平治郷
武雅 卒伝[八]482／[八]333 350 457
武寛 卒伝[十]750／[十]273 623
武郷（武季） [八]530 767 799
武元 転封[八]482[九]401 402 468。政治補益の懇詞[九]132 191。家治附宿老[九]387。吉宗病気[九]537。吉宗葬儀[九]538 545。京都所司代引渡[九]566 571。寛永寺宝塔営築物督[九]571。綱吉法会物督[九]693 696。老中勝手方[十]103。韓使聘礼物督[十]109。官邸火災[十]108。日光修理物督[十]161 164。加封[十]318。卒伝[十]608 611。優待[十]818。家治大火後賑救の自書を下す[十]821／[八]482 658[九]347 437 457 583 751 766[十]37 498 500 604 607
武厚（久五郎・右近将監） 葵紋許可㊁82。封地不毛・恩貸金㊁98。封地火災・恩貸金㊁107。毎歳一万俵下賜㊁158。毎歳一万五千苞下賜㊁247。大広間席㊁220／[十]750 ㊀232 364 ㊁8 79
武成（右近将監） ㊁519
武成室（千重姫、田安斉匡女） →永寿院
武清 [八]767
武揚（鋭之助） ㊁392
豊後守 [二]96
平八郎 ㊁133
辺 ㊁116
弁之助 [四]421
保受 [十]786
伯耆守 [二]128
房時 [四]400
房利 [三]141[四]588[五]266
松平睦篤 →尾張治興
孫大夫 ㊀659 ㊁455
又三郎 ㊁706
万三郎 ㊁561 563 671 696
万太郎 ㊁674
巳之助 [三]602
美作守 ㊁133
明喬 →加藤明喬
明矩 松平宗衍輔佐[八]578。京都御使[八]716 736。転封[九]24。重病優待[九]205。卒伝[九]478／[八]314 509 528[九]474
本之丞（一橋治済男） ㊀479 513
本若 ㊁687
主水 [五]532
主水 ㊁168
主水 ㊁275
主水 ㊁631 670
寧太郎 ㊁141
大和守 ㊀645
友淳 →尾張宗勝
友相 →尾張宗勝
友著 譜代の列[七]176。尾張五郎太補佐[七]345。卒伝[八]402／[六]196 326[八]227
由里 卒伝㊀94

松平祐義　〔五〕462〔六〕74
勇助　㊀740
勇之助　㊁655
幸千代　〔七〕436
靭負　㊁365
与市　㊀694
与一　〔五〕391
与次郎　㊁96 101
与福　〔一〕18
容敬（肥後守）　江戸城西丸造営助役㊁351 393。江戸城本丸造営費上納㊁520。安房・上総警衛㊁579 581。殁㊁684／㊁462
容住（容頌）　殁㊀527 571／㊀90
容住養母　㊀503
容衆　家斉懇詞㊀564。『会津風土記』献上㊀625。異国船防禦㊀646。婚姻㊀786 ㊁45 55。相模警衛場所起立㊁54。殁㊁73／㊀632
容衆室（元姫、家斉女）　↓貞鑑院
容序（為之助）　㊀381
容章　〔九〕112
容頌（肥後守）　出羽山形城守衛〔十〕156。邸宅火災〔十〕165 383 ㊀239。鞍覆・乗物〔十〕492。封地凶荒〔十〕745。殁㊀558／〔九〕524 669 731 758 763〔十〕397 498 587

松平

容頌母　〔九〕694
容頌室　〔十〕332
容詮　〔十〕643 776
容貞　封地に国目付〔八〕607。江戸城々溝浚利助役〔八〕623 634。家治元服式・理髪役〔八〕863〔九〕524。紅葉山法華八講〔九〕109。卒伝〔九〕522 524／〔八〕579 676 794 824〔九〕19 23 425 455 461 522
容貞生母　〔八〕606
容貞養母　〔八〕747
容貞室　〔九〕388
容保（鉄之允・若狭守・肥後守）　海岸防禦㊁689／㊁567 684
容保養母　㊁692
庸孝（与一）　㊀704
庸倫　分封〔八〕272／〔七〕351 402〔八〕436〔九〕764〔十〕45
頼以　〔四〕400 497
頼位（主殿頭、松平頼敬カ）　殁㊁383
頼位（主税頭）　致仕㊁568
頼胤（讃岐守）　婚姻㊁30 153。江戸城本丸造営費上納金㊁520。深川洲崎辺警衛㊁711／㊀106 ㊁38 465 712
頼胤母　㊁348

松平頼胤室（文姫、家斉女）　↓霊鏡院
頼永　卒伝〔八〕692 700／〔八〕556
頼央　殁〔九〕686／〔九〕20 615 626
頼央室（松平頼渡女）　〔九〕615 662
頼看　殁㊀342 349／㊀43 289 341
頼桓（頼恒）　卒伝〔八〕833／〔八〕692 707 722 794
頼寛　卒伝〔十〕134 137／〔八〕334〔九〕80〔十〕4 134
頼寛室　〔九〕498
頼起（帯刀）　卒伝㊀191 196／〔十〕628 629 636 641 800 ㊀36
頼起養母　〔十〕784
頼起室（豊姫、水戸治保女）　〔十〕636
頼煕（右京大夫）　殁㊁566／㊁565
頼儀（讃岐守・玄蕃頭）　邸宅火災㊀475。致仕㊁59。殁㊁212／㊀109 196 315
頼儀母　㊁203
頼救　打揚乗物〔十〕492。致仕㊀481／〔十〕238 397
頼恭　拝謁進退の作法褒賞〔八〕838。優遇〔九〕180。日光家光百回忌法会〔九〕508 513 514。卒伝〔十〕366／〔八〕833 847〔九〕461 758 763〔十〕364 492
頼恭養母　〔九〕647
頼啓（友三郎・式部少輔）　殁㊁607／㊀131 349 419
頼啓室（保姫、松平頼興女・紀伊重倫養

松平
女） 婚姻㊀131／㊉681 ㊀455
頼敬（一学） ㊀281 481 ↓松平頼位（主税頭）
頼慶 譜代に列す㊆176。卒伝㊈32／㊅640 ㊇163 455
頼謙 鞍覆・乗物㊉492。致仕㊀289。歿㊀584／㊉396 424 492
頼元 分封㊃399。湯島聖堂に典籍献上㊅85。卒伝㊅169 172／㊂314 327 376 468 509 519 520 603 ㊃79 80 392 393 ㊅169
頼幸 卒伝㊈40 46／㊇700
頼幸養母 ㊇793
頼興 ㊉198 492
頼興女（紀伊重倫養女） ↓松平頼啓室
頼剛 ㊅357
頼治 卒伝㊇546／㊇383 540 546
頼重（源英） 五万石下賜㊂144。日光山㊂176 181 183 262 266 518 544 ㊃42 333 455 460。加転封㊂358。蛮船渡来処置㊂384。明国滅亡、来航船処置令㊂461。江戸城西丸造営助役㊂607 645 655 666。韓使引見を議す㊃159。碁・将棋侍観㊃246 624 ㊄57 144。『武家諸法度』発布面命㊃465。致仕伝㊄153。歿㊅227 228／㊁231 ㊂122 144 147 158 166 178 179 231 233 237 269 272 315 317 326 327 332 359 363 420 444 445 498 553 612 617 672 ㊃122 160 165 169 172 322 392 393 ㊄4 37 67。家士㊂529 673
頼重室 ㊃473
頼純（久松） 邸宅火災㊄3。三万石下賜㊄66。封地風雨害㊄294。韓使引見を議す㊃159。湯島聖堂に典籍献上㊅85。封地凶荒㊆122。卒伝㊆180 201。頼雄を廃嫡㊈139／㊂381 414 445 473 522 570 575 ㊃51 55 131 149 150 318 319 347 348 411 465 ㊅660 ㊆180。家士㊅197 588
頼純幼子 ㊃380
頼淳 ↓紀伊治貞
頼順 卒伝㊉445／㊈432
頼順母 ㊈683
頼如 邸宅焼失㊅665。卒伝㊅681／㊅117 595 660 674
頼恕（大蔵大輔・讃岐守） 江戸城西丸造営費上納㊁351 393。『歴朝系記』献上㊁372。歿㊁460／㊀749 754 761 ㊁59
頼升（鑑之丞） ㊁611
頼尚 ㊇117 227
頼常 松平頼重猶子㊃493。封地大風雨㊄194。湯島聖堂に典籍献上㊅85。大火消防㊅309。居邸罹災㊅344。致仕伝㊅530 535。優遇㊈180／㊃556 ㊄4 25 104 131 153 257 258 272 471 476 ㊅330 518 529 535
頼縄（弁之助） ㊁28 203
頼縄室（二条斉信女） ㊁203
頼職 宅地下賜㊅411。邸宅焼亡㊅519／㊅283 295
頼真 婚姻㊉66 138。鞍覆・乗物㊉492。卒伝㊉625 628／㊈695 ㊉366 407 498
頼真母（清操院） ㊉564
頼真室（紀伊宗将女） ㊉66 138
頼慎（大学頭・式部大輔） 別墅火事㊀469。歿㊁232／㊉785 ㊀165
頼慎室（雅姫、水戸治保女） ㊀165
頼図 卒伝㊉500
頼世 ↓水戸綱方
頼済 邸宅火災㊉179。鞍覆・乗物㊉492。卒伝㊉751 754／㊈46 613 ㊉4 398 492
頼済室 ㊈530
頼済継室（紀伊宗直女） ㊈613 636 665 ㊉665
頼誠（刑部大輔） ㊁232
頼誠母 ㊁378
頼説（播磨守） 邸宅火災㊁141 455／㊀292 605

松平頼説室（苞姫、水戸治紀女）　㊀605
　頼前（理応斎）　鞍覆・乗物〔十〕492 493。致仕㊀292。歿㊁108／〔九〕702〔十〕163 492 493 754㊁107
　頼前実母　〔十〕768
　頼前室（品姫、尾張宗勝女）　〔十〕163
　頼多　卒伝〔十〕238／〔八〕843〔九〕24 32
　頼多女（清薫尼、水戸宗翰女）　↓霊光院
　頼泰　〔四〕400〔八〕75
　頼致　↓紀伊宗直
　頼貞　加封〔六〕417。邸宅火災〔八〕223。致仕伝〔九〕80／〔五〕130 251〔六〕172 660〔八〕111 227 455〔九〕96。従者〔七〕429
　頼貞母　〔七〕104
　頼貞室　〔八〕334
　頼渡　兄頼致を継ぐ〔八〕7。足利学校旧蔵書謄写奉呈〔八〕474。卒伝〔八〕792 796。牧渓筆『瀟湘八景』進覧〔九〕215／〔八〕111 227 455 496 791
　頼渡母　〔八〕682
　頼渡室　〔八〕714
　頼道　譜代に列す〔七〕176。致仕伝〔八〕163／〔五〕612〔六〕301
　頼徳（彜若）　㊁568
松平頼雋　〔九〕422
　頼寧　〔五〕298 329
　頼福（伊勢守）　〔六〕185
　頼福（播磨守）　〔八〕251 287
　頼方（右近）　↓徳川吉宗
　頼方（右近大夫）　〔五〕130 251 283
　頼豊　邸宅火災〔六〕600 616。預地〔六〕668〔八〕242。特恩〔八〕29。日光社参中留守〔八〕435。象を見る〔八〕500。卒伝〔八〕701 707／〔六〕527 530 683〔七〕316〔八〕111 179 700。家士〔八〕327 638
　頼豊生母　〔七〕177
　頼豊養母　〔八〕147
　頼豊室　〔六〕656
　頼明　婚姻〔七〕101 133。邸宅火災〔八〕223 362。卒伝〔八〕639／〔六〕681〔八〕111 227 252 455
　頼明室（水戸綱条女）　婚姻〔七〕101 133／〔七〕213
　頼邑　致仕伝〔九〕598。歿〔十〕662／〔八〕796〔九〕122 610
　頼邑妹　↓松平頼央室
　頼雄（一学・大炊頭）　一万石新封〔五〕437。卒伝〔六〕296 301／〔四〕400〔五〕422 424
　頼雄（大之助・山城守）　四品の上首〔六〕367。廃嫡・蟄居〔九〕139。自殺〔九〕140／〔五〕609〔六〕364
　頼利　〔四〕400
松平頼隆　分封〔四〕399。湯島聖堂に典籍献上〔六〕85。加封〔六〕417。致仕伝〔六〕595。歿〔六〕676／〔三〕314 376 396 445 468 509 519 520 603 650 657〔四〕79 80 391 392
　頼亮　鞍覆・乗物〔十〕492。歿㊀466 469／〔九〕658〔十〕137 398
　頼亮室　㊀96
　頼廉　〔五〕455
　頼路　〔五〕136〔六〕347
　楽翁　↓松平定信
　利綱　〔二〕601 639〔三〕45
　利之　㊀632
　利次　〔二〕237
　利勝　〔八〕711
　利正　加封〔四〕404 631。罹災〔四〕517〔五〕9。精勤褒賞〔五〕213 237／〔五〕196 270 412〔六〕336。所属同心〔五〕425
　利長　〔一〕19
　理応斎　↓松平頼前
　鼇三郎　㊁290 329
　隆欽　〔六〕635〔八〕89
　隆見　江戸城土居修理奉行〔四〕296。長崎奉行〔四〕565 568〔五〕101／〔四〕445 468 511 521〔五〕454
　隆綱　↓松平正信

松平隆政　新田下賜[四]572／[四]268[五]157 160
良重　[五]77
六之助　(二)705
六郎左衛門　[五]378
録之丞　(二)697
和通(三河国士)　[六]33
松高斧次郎　(二)662
松殿忠孝　[十]213
道昭　松殿家再興[二]649 654。摂家に列す[三]229 241。歿[三]447。遺領[三]498[四]425／[二]672[三]38 339 432 447
道昭室(水戸頼房女)　婚姻[三]339 432 447
松永久秀　[一]33 290
正重　[三]44
善之助　(二)693
忠大夫　[五]443[六]448
貞徳　[六]62
松長長三郎　(二)334
松波重次　[三]145 213
重種　[三]213
重正　[一]415
重房　[六]635[八]189
重隆　卒伝[一]415
勝吉　[二]489
松波勝信　[二]662
勝直　[一]443
正英　(一)243
正春　御前を止む[八]661。甲府城盗賊・査検[八]674 691。公事方沙汰[八]691。貨幣改鋳[八]788 822／[八]451[九]98 223 262
正富　[八]823 837
正峯　三河吉田橋改架[九]602 615
正房　貨幣改鋳[八]822／[九]389
直渉　[八]591
範左衛門　(二)616
平右衛門　(二)174
平兵衛　(二)704
茂村　[十]569
松根光広(最上家士)　[二]232
松野勘助(紀伊頼宣家士)　[一]591
寛兵衛　(一)797
主馬　[三]366
助完(八郎兵衛)　(二)70
助喜　[十]784(一)398
助義　官宅修理料[七]396。根津権現祭礼管掌[七]231 397。官宅焼亡[七]456／[六]450[八]57 83
助持　[八]611[九]382
松野助勝　[三]525 642
助能　[十]787
親冬　[六]235
正尚　[五]502
正照(大友)　[三]156[四]240
朝雄(大学)　[八]854
半蔵　(二)518
昉義　[八]668
松丸方(松丸殿)　[一]216[二]359 425 494　→常高院
(浅井長政女・京極高次室)
松林左馬助(左馬介)　[三]688 715
孫市郎　[八]337
松原左大夫　[九]314
内記(浅野幸長家士)　[一]486
八左衛門　[四]264
松前和泉　(一)747
一広　日記管掌[九]597。不忍池浚鑿[九]597／[九]562[十]374
嘉広　土浦城引渡[五]614 616。駿河田中城引渡[五]525 530。犬殺査検[六]305。諸国絵図[六]494。大奥移徙[七]57。大奥広敷・小普請組支配[七]59。鳥銃管掌[七]100。御前を止む[七]428。譴責[七]440／[六]519 596[八]417 427

松前矩広　蝦夷反乱〔五〕53。万石の列に準ず〔八〕143。卒伝〔八〕237／〔五〕123〔七〕144。家士〔五〕49
慶広　在府料〔一〕97 109 500。蝦夷地貿易の制〔一〕103。鷹・駅馬券下賜〔一〕109。福山城新築〔一〕415。金山採掘人の入封禁止〔一〕457。秀忠茶事〔一〕508。膃肭臍献上〔一〕520 585。卒伝〔二〕141／〔一〕111 112 507 508 517〔二〕69 72
公広　蝦夷通商朱印〔二〕141。封内金鉱発見〔二〕205。蝦夷地統治制規〔二〕630。松前城火災〔三〕50。封地噴火〔三〕195。卒伝〔三〕246／〔一〕638 653 656〔二〕141 257 315
広屯　〔八〕747
広隆　日光社参行列指揮〔八〕450。米穀買入管掌〔八〕560 587。勘定局〔八〕637。職事精研〔八〕669。甲府城盗賊査検〔八〕674 686 691／〔八〕436 854
高広　領知判物〔四〕497 500／〔三〕566 607 620〔四〕550
氏広（松平）　卒伝〔三〕566。蝦夷鎮撫〔三〕567。封境図呈上〔三〕567／〔三〕109 246 258 325
資広　卒伝〔十〕200／〔八〕861〔九〕3 76
俊則　↓柳生俊則
順広　河渠浚利〔九〕65 68。紅葉山法華八講〔九〕113／〔十〕307 427

松前
尚広　松本城引渡〔八〕397 402。関東水害地河堤修築奉行〔九〕50／〔八〕436 437 527
昌広（準次郎・志摩守）　江戸城造営費上納㊁393 528。江戸城本丸造営費上納免除㊁528。致仕㊁629／㊁390 625
章広（志摩守）　漂流船処置等恩貸金㊀400。東蝦夷地上地㊀489。蝦夷地復領㊁66。一万石格に準ず㊁252／㊀198 199㊁252
勝広（八左衛門）　〔八〕487
崇広（為吉）　城主㊁630／㊁629
盛広　卒伝〔一〕453／〔一〕79
泰広　召出〔三〕465。蝦夷反乱〔五〕48 84 88。宗家矩広幼稚、松前御使〔五〕123。唐津城引渡〔五〕284 285／〔三〕259 566〔四〕141〔五〕245 251 295 391
端広　火災地巡察〔八〕524。大坂定番引渡〔九〕437／〔九〕489 581
忠広（隼人正）　秀忠に出仕〔一〕122。歿〔二〕134／〔一〕519 531〔二〕115
忠広（甚五郎）　〔五〕609
直広　〔二〕134
当広　分封〔五〕391。日光巡察〔六〕504。赦免〔七〕14／〔六〕740〔八〕124

松前
等広　㊀113
道広（求馬）　〔八〕715
道広（志摩守）　国政の朱印㊀63。歿㊀198／〔十〕200 204㊀185
富広　〔七〕442 443
邦広　卒伝〔九〕76／〔七〕452〔八〕237 251
誉広　㊀253 395
良広（隆之助）　歿㊁390／㊁361
松宮勝助　〔二〕22
松村安陳　〔十〕426
釆女正　〔三〕641
元好　〔六〕451
元隣　〔八〕837〔九〕397
時安　〔一〕642
時直　〔二〕177
宗長　〔十〕643
養益　〔九〕405
良尚　㊀42 502
松室陸奥　㊁1
松本興信　〔十〕57
興正　〔六〕156 673
興世（松平）　〔十〕761 801
興長　〔十〕191 402

松本穀実(十郎兵衛) ㈡711
材庵 ㈨405
作兵衛 ㈢281
秀持 寛永寺作事査検㈩484。小普請金集金役褒賞㈩527。長崎港管掌㈩602。紅葉山修理㈩620。東海道河渠浚鑿㈩625。武蔵上野織物糸綿改所停廃㈩670。比叡山諸堂・三河矢矧橋・鎌倉八幡宮修理㈩684。浅間山噴火㈩731。逼塞㈠5 52／㈩599 617 624 707 ㈠359
尚興(善甫) 召出㈧83。家重治療㈧298／㈧381 670
岑信(友盛) ㈦25
甚兵衛 ㈡126
正恕 ㈠604
主税 ㈡629
甫信(随川) 画事褒賞㈧382 663 670／㈦25 ㈧8
夢為 ㈤447 448
木工左衛門 ㈡602
理右衛門 ㈡652
松山四郎兵衛 ㈡539
直義(総右衛門・伊予守) 長崎御用尽瘁
松山 ㈠111。長崎表の事㈠289／㈠120 724 754
直重 ㈩784
松浦 →マツウラ
松浦成之 ㈥213 749
間部鉞之進 ㈠787
詮允(銓允、主膳正) 歿㈠734／㈠686
詮央 卒伝㈩364／㈨651 ㈩69
詮煕(銓煕) 歿㈠686／㈩786 806
詮堅 →間部詮茂
詮言 転封㈧205 246。卒伝㈧348／㈥695 ㈧114 205
詮衡 ㈦439 ㈧388
詮之 召出㈥556。家宣霊廟造営㈦271 356。家継病気㈦439／㈦452 ㈧12 383 421 443 453 532
詮実(畝次郎) ㈡416 418
詮綽 宮津城引渡㈨733 738／㈩246
詮勝(鉞之助・下総守) 江戸城造営費上納㈡393 531。城主格㈡397。越前鯖江築城㈡405 407。邸宅遷移㈡501／㈠734 ㈡247 353 397 428 507
詮方 関東水害地河渠堤防修築助役㈨50 65。致仕伝㈩69／㈧348 496
詮房 召出㈥556。西丸側衆・少老の次座
間部 ㈥609。万石に列す㈥609。加封㈥609 660 ㈦25 50 103 139。江戸城中各門下座㈥612。綱吉大斂監臨㈦4。転封㈦103 139 ㈧57。評定所に監臨㈦115。家継に近侍㈦271。増上寺家宣塋域点検㈦272。家継を抱き臨場㈦284 286。家継輔導㈦465 468。邸宅替㈧56。卒伝㈧205。吉宗に宗家相続を伝う㈨141。外班に移る㈨144。正徳新令㈨161。諸事専決㈨184／㈥563 638 ㈦129 296 297 299 312 316 320 ㈧7 118 200
詮茂(詮堅) 日光社参中火災管掌㈩496。卒伝㈩806／㈩364 388 418 786
主殿頭 ㈡343
方喬 ㈩112
豆葉屋四郎左衛門 ㈠399
丸橋忠弥 捕縛㈣17。人物伝・慶安事件㈣18 ㈤339 341。一党㈣18 29
忠弥兄 ㈣18
六郎兵衛 ㈡342
丸毛賢利 ㈠80
三郎兵衛 ㈠357
重吉 →丸毛重親
重俊 ㈤586

丸毛重親（重吉）　〔二〕549〔三〕525 666〔四〕545
　甚三郎　〔一〕591 716
　政往　〔六〕627
　政恭　〔十〕115 234
　政美　〔一〕47
　政良（和泉守）　日光本坊修理〔十〕616 618。御前を止む〔一〕63／〔十〕617〔一〕45
　長門守　〔一〕669
　友重（重友）　〔六〕349
　利久　〔二〕141 579
　利政　〔三〕218 219
　利忠　地震破損所修理奉行〔三〕486。三河松応寺修理奉行〔四〕391。両総・下野・常陸・陸奥論地検断〔五〕70 77／〔五〕581
　利貞　〔七〕459
　利明（五郎兵衛）　逼塞〔三〕223／〔二〕578〔三〕223
　利明（小三郎）　〔二〕226
　利雄　番士弓馬御覧管掌〔七〕146。駿府城石垣修理〔七〕154 161 298。小石川御殿山王社修理〔七〕316。貨幣改鋳〔七〕394 400 409 410。諸国御使褒賞〔七〕400。神田橋・鍛冶橋修理〔八〕75 98 101。鷹狩〔九〕269／〔七〕73〔八〕295 601。家士〔八〕190
丸屋（市人）　〔六〕751
丸屋三郎兵衛（官用燈油商）　〔十〕743〔一〕74
　治兵衛（商人）　〔九〕317
丸山（外科医）　〔一〕398
　英真（昌倫）　〔十〕351
　義誠（昌中）　〔八〕861
　玄棟（昌貞）　〔六〕593
　宣喬（貞庵）　〔八〕861
　岱淵　〔二〕45
　忠兵衛（池田輝澄家士）　〔三〕197 198
　八郎左衛門（井伊家十本槍）　〔二〕31
　友栄　〔十〕215
　友次　〔三〕247
　友勝　〔二〕487
　友正　〔二〕487
　利右衛門　〔二〕391 439
万の方（蔭山の方、正木氏、家康側室）　↓養珠院
万の方（小督局、家康側室）　↓長勝院
万元（甲斐中山広厳院）　〔一〕622
万財太郎　〔一〕459
万沢君基　〔一〕83 103
万年久五郎　〔七〕335
　久頼　〔三〕58
　重頼　〔一〕364
万年正勝　〔一〕421
　正頼　〔二〕416 655
　帯刀　〔一〕696
　定頼　〔五〕226
　貞頼　家綱附〔三〕654。加封〔四〕63 371 557 631。小納戸・薬取扱〔四〕545。新番頭奥勤〔五〕91 120 139 141 158 189 205／〔四〕377 414〔五〕89
　頼意　〔一〕162
　頼英　〔十〕152
　頼高　〔三〕58
　頼轂　〔八〕645
　頼佐　赦免〔六〕140／〔八〕703 728
　頼治　〔七〕337
　頼典（七郎右衛門）　〔二〕211 233
　頼度　〔一〕117 163
　頼豊　〔十〕747
　頼隆　心観院東下〔九〕473 482 486 487／〔十〕586 589
　頼良（七郎左衛門）　〔二〕210 248
万無（知恩院）　〔五〕220
万霊（岩槻浄国寺）　〔三〕174
満室（増上寺）　〔十〕729
満済准后（醍醐寺）　〔七〕389
満忠（三河信光明寺）　〔一〕344

み

みさ(大奥女中) ㊀193
三浦安次 日光山〔四〕3 177 178 223 226 264 328 330 333 417 449 546 547〔五〕82 83 88 245 321 322 407。由比正雪与党、河内八兵衛召預〔四〕22。卒伝〔五〕465／〔二〕367〔三〕244 286 574 602 612 671 711〔四〕69 146 164 241 350 398 464 492 519〔五〕460。家士〔三〕529
安次女 →本多政朝室(帯刀)
為時 〔二〕334 608〔三〕45 235 337
為春(定還) 紀伊頼宣傅〔一〕99。加転封〔一〕537／〔二〕316 334〔四〕56
為隆 〔八〕64〔九〕211
員次(監物・織部正) →三浦正員
一無 〔二〕640
栄四郎 〔九〕552
翁祐 ㊀696
勘解由(土岐兵部家士) ㊀708
勘右衛門 ㊁523
義休 〔三〕645
義次(順之助・備後守) 致仕㊁615／㊁389 470 536 560
義周 召出、寄合〔九〕129／〔九〕513
三浦義如 〔十〕578
義勝 〔一〕547〔三〕159
義武 小十人組頭〔二〕600。閉門〔三〕645／〔二〕471〔三〕465〔四〕523
義峯 〔七〕239 301
義理 若年寄〔九〕363 491。転封〔九〕416。卒伝〔九〕668／〔八〕406〔九〕575
義和(豊後守) ㊁113
儀持 〔一〕403
儀俊 〔一〕605〔二〕150
久儀 〔一〕403 551
共次 分封〔三〕244。駿府加番〔五〕22 55／〔三〕231 657〔四〕36 70 319〔六〕81
金十郎 ㊁589
矩次 卒伝〔十〕629／〔十〕90 396 438
元秋 〔二〕155
源之助 〔三〕231 232
玄蕃 ㊀795
小次郎 〔四〕469
十右衛門 〔六〕589
十郎兵衛 〔六〕430
重次(作十郎・山城守) →阿部重次
重次(内膳) 〔六〕196
重成 〔一〕705
三浦重政 〔一〕420
重良 〔四〕251〔六〕70 114
峻次(壱岐守) 歿㊁389／㊁245 274
駿次郎 ㊀751
正員(員次) 〔八〕803〔九〕552
正影 〔九〕612 633 635
正経 〔八〕813
正子 ㊀423
正次(半左衛門) 〔二〕448
正次(土井、亀千代・甚太郎・左兵衛・志摩守) 家光近侍〔一〕435。改姓〔一〕578。小姓組与頭〔二〕223。三浦に復姓〔二〕248。加封〔二〕331 446 501〔三〕39 126。書院番組頭〔二〕331。奥勤〔二〕581。小姓組番頭〔二〕581 599〔三〕119。若年寄(六人衆)〔二〕593 596 599 625 693 694〔三〕116 119 244。風流進覧〔三〕60 70。島原乱・有馬御使〔三〕89 96。壬生城主〔三〕126。就封〔三〕136 138。卒伝〔三〕244／〔一〕435〔二〕122 190 224 234 244 300 350 395 456 457 473 535 537 578 617 620 638 661〔三〕3 8 9 48 87 173 177 184 226 227 242 244。家士〔三〕107 185
正春 →阿部正春
正勝 →佐久間正勝
正定 〔一〕605〔二〕484

三浦正道（甚五郎）　秋田派遣㊁56 65／㊁250
　正良　〔八〕677
　政方　〔八〕338
　誠次　歿㊁245／㊁231
　前次　致仕㊀768／〔十〕481 629 631
　忠綱　〔三〕413 420
　直輝　〔九〕14
　直賢　〔二〕606
　直好　〔八〕670
　直正　〔一〕688
　直成　〔三〕588
　直利　〔三〕588
　鉄次郎　㊀722
　長門守　㊀749
　八郎左衛門　㊁668
　毗次　致仕㊁231／㊀249 768
　飛驒　〔一〕694
　彦八　〔一〕498
　平三郎　㊁43
　桂次　召預〔九〕552／〔八〕661〔九〕585
　便次　〔八〕405 419
　便次室　〔六〕716
　正之助（紀伊家士）　㊁696
　明喬　転封〔七〕375。卒伝〔八〕406／〔六〕378〔八〕328 330

三浦明敬（明敏）　雁間詰〔五〕525〔八〕316。奏者番〔五〕589〔六〕43〔八〕316。若年寄〔六〕43。転封〔六〕134〔七〕235。御前を止む〔五〕609。致仕伝〔八〕328／〔五〕8 465〔八〕363
　明次　転封・恩貸金（城営築）〔十〕157。致仕伝〔十〕396／〔八〕793〔九〕668 685
　朗次（剛之助・志摩守）　大坂加番㊁653／㊁612 615
三浦屋又左衛門　〔三〕281
三上季寛　㊀367 574
　季正　召返・小姓組番〔二〕335。肥後相良御使〔三〕196 202。巡見使〔三〕231／〔二〕654〔三〕285
　季富（筑前守）　江戸城大奥修復㊁284 285／320 474　㊁264 270 279 435
　季明　松代・松本領巡察〔六〕297／〔七〕140
　外記　〔一〕744
　太郎右衛門　〔一〕125
三河口太忠　㊀652 770
三木勘解由　㊁368
　近綱　〔一〕692〔二〕459
　昌甫　〔十〕428 645
三雲成賢（定氏）　書物奉行〔二〕615。江戸城火災、秘籍を守護〔三〕148／〔三〕37〔四〕423

三雲成時　〔二〕691
　成長　〔一〕122〔二〕691
　宗真（施薬院）　〔九〕77
　宗伯（施薬院）　〔一〕561〔三〕279
　定好　〔八〕273
　定氏　→三雲成賢
三崎大膳亮　〔三〕247
三沢信政　〔四〕197 203
三沢局（家綱乳母）　歿〔四〕180／〔四〕417〔五〕128
三芝新右衛門　〔十〕251
三島吉之進　〔七〕397
　吉郎次　㊁133
　検校　〔六〕208 261
　下野守　㊁379
　新五郎　〔八〕201〔九〕702
　助左衛門　〔十〕94
　正祥　〔九〕46
　政喜　㊀147 526
　政吉　腰物持役〔二〕142。広敷番頭〔二〕567。奥方番〔二〕568／〔三〕248 253
　政甲（政申）　処罰〔九〕202／〔十〕259 318
　政與　小諸城引渡〔六〕487 489。禁裏造営普請奉行〔六〕696 698〔七〕64 72。高田城引渡〔七〕146 156。処罰〔七〕340〔八〕93。日録惣管〔八〕

三島 65。火災地巡察㊇268／㊆204 206㊇83 85
政識（政春・政職）㊂627㊄153 602㊅127
政春 →三島政識（弥八郎・清左衛門）
政春（但馬守）㊀239
政博（所左衛門）㊁206 239
政備 ㊀81 250
清左衛門 ㊁538
大助 ㊀757
長五郎 ㊉94
三田次郎吉 ㊁5
七左衛門 ㊁468
守一 →三田守次
守貴 ㊀445
守次（守一）㊂587㊄27
守寿 ㊀440
守勝 小普請組頭㊈389／㊈643 659
守友 ㊉356
将守 ㊇317
正信 ㊅445
三谷丈順（京医）㊀546
物兵衛 ㊁587 604
三野四郎左衛門（生駒家士）㊂198
三室戸資順 ㊄546㊅706
三室戸誠光 ㊄96
三宅（紀伊藩医）㊂245 246
稲吉 ㊁188
隠岐守 ㊁499
加賀守 ㊀19
亀太郎 ㊀530
近貞 ㊅604
慶伝 ㊈240
康永（廉永）米沢目付㊃507 526。宮津目付㊃584 612／㊃487 493㊄31
康英 ㊀124
康紀 ㊄580 591
康倶 ㊉525
康敬 関宿城引渡㊅611 616。遠慮㊆417。小金猟場地理巡見㊇362。勘定所出座㊇384。諸国戸口調査㊇398／㊆334㊇391㊈126 348 377 453
康広 小納戸㊃374㊄96／㊃404 414 557㊅351
康高 卒伝㊈645／㊇390㊈129 390 437 438
康哉（順太郎）㊁40
康済（市右衛門）㊁668 691
康之 致仕伝㊉645／㊈616 645 662
康重 ㊂689㊄501 517
康勝 駿府加番㊃436。転封㊃499。大坂加番㊄24 287。卒伝㊄611／㊂38㊃503㊄442 607
三宅
康信 淀城警衛㊁6。転封㊂179。卒伝㊁567／㊁74 142 191 199 568
康政 勘気㊀504。赦免㊁159。御膳奉行㊂77 155。改易㊂207／㊃34 66 190 280 404
康盛 淀城警衛㊁6。転封㊂19。大坂加番㊂137 204 209 643㊃27 29 115 164。駿府加番㊂373。下館在番㊂548 605。卒伝㊃260／㊁377 567 568 577㊂261 272㊃47
康直（土佐守）窮民救恤㊁364。致仕㊁658／㊁180 227 228 528
康貞 転封㊀120。卒伝㊂74／㊀689
康徳 致仕伝㊈129／㊅228 276㊇417
康武 卒伝㊉785／㊉629 645 698
康保（総左衛門）㊁604 658
康邦 卒伝㊀182／㊉785 803
康明 卒伝㊁179／㊁91
康友 卒伝㊀627 630／㊀182
康雄 奥詰㊅273 739。雁間詰㊅287㊆123。卒伝㊇417／㊄26 611㊅15 324 596 673 708
康和 歿㊁91／㊀630
興貞 ㊇486
国勝 ㊇843

三宅緝明　〔七〕152 155 166 201 260
十大夫　㊁539
重吉　豊後目付〔三〕116 151。徳川綱重・綱吉封地点検〔四〕17。荒井関番〔四〕43 53 220 221 481。駿府加番〔四〕396／〔三〕155 〔四〕5 43 280 483 〔五〕246 256
重勝　〔一〕705 735 〔二〕150
重正　小十人組頭〔三〕406 499。閉門〔四〕613／〔三〕465 〔四〕69 〔五〕22 517
重善　〔三〕223
重通　〔六〕68
俊徳　㊀461
昌勝　〔四〕378
正休　〔四〕546 〔五〕147
正次　〔一〕172
正勝　奥扈従〔一〕705。女御附賄頭・納戸頭兼任〔二〕195 330。二丸御膳番(奉行)〔二〕501 〔三〕77 476。諸道具奉行〔二〕561。西丸裏門番頭〔四〕34。先手頭〔四〕235 481／〔四〕66 292 519
政吉　〔一〕705
政行(助之允)　㊁656
政照　〔八〕793 〔九〕81
石庵(処士)　〔九〕258

三宅惣吉　㊀759
辰之助　〔一〕474
長為　㊀369
長珍　〔四〕61
長房(左近)　〔三〕687 〔五〕293
長房(惣九郎)　〔六〕67 〔八〕436 〔九〕441
長利　目付〔三〕513。姫路御使〔三〕566。大坂目付〔四〕17 42。駿府町奉行〔四〕58 61／〔二〕628 〔三〕518 〔四〕43 230
直賢　〔五〕293
陳寿　〔六〕149
貞高　〔八〕517
貞勝　〔一〕442
藤右衛門　〔三〕92
藤五郎　〔二〕306
藤兵衛　〔三〕74
徳恩　〔六〕140 〔八〕212 389 457 571
徳旨　㊀424
伴左衛門　〔九〕267
与従　〔六〕193 〔七〕15
与貞　〔六〕630
与兵衛　㊁172
三好倚長　陸奥棚倉城引渡〔九〕414 418／〔十〕101
一任　禁裏造営課役〔一〕547。御談伴〔一〕282／〔一〕112

三好
市平　〔六〕475
可正　禁裏造営課役〔一〕547。御給仕番〔一〕692。大坂目付〔二〕324／〔一〕79 〔二〕641
義継　〔一〕33
康盛　〔三〕331
儔長　〔十〕455
庄左衛門　㊁61
勝安　〔六〕105
政盛　奉職無状、小普請入〔六〕208／〔三〕339 680 〔四〕70 605 607 〔五〕42 43 428 〔六〕373
善政　鳥羽城引渡〔八〕397 403。島原城引渡〔九〕501 512／〔九〕414 528
長栄　〔八〕758
長虎女(松平直基母)　↓松平秀康側室
長広　福山城目付〔六〕373 397。丹波亀山御使〔六〕497／〔七〕204
長直　〔一〕79 547 692 〔二〕91
長富　肥前富岡城引渡〔四〕504 512。大坂目付〔五〕141 155 401 427。浜松城引渡〔五〕296 298／〔二〕401 499 579 〔四〕370 400 〔五〕279 318 386 438 〔六〕127
直政　〔二〕66 395 491
房一　〔一〕112 547 662
有政　㊀24

三輪久吉 [一]128
久勝 [一]128
元休 [九]52
元明 [二]662
量久 [六]353
壬生季連 [六]707
孝亮 [二]299 434
師基 [十]371
忠利 [三]435 [四]24 25 88 123
壬生院（京極局、園基任女・後水尾天皇女御） [二]658 [四]172
水戸亀姫（鶴姫、水戸頼房女・家光養女・前田光高室） ↓清泰院
吉孚 元服・偏諱[六]245。婚姻[六]295 331。卒伝[七]58／[六]238 320 397 441 489 545 546 601 602 [七]32 39 47 129
吉孚外祖母 [六]584
吉孚母 [六]456
吉孚室（八重姫・鷹司房輔養女・綱吉養女） ↓随性院
吉孚女（美代姫、水戸宗堯室） ↓泰受院
九郎麿 ↓池田茂政
国姫（水戸宗翰女・今出川実種室） ↓瑤林院

水戸慶徳 ↓池田慶徳
慶篤（鶴千代） 元服・偏諱㈡526。婚姻㈡659 699。『大日本史』献上㈡684／㈡354 520 577 602
慶篤室（線姫、有栖川宮熾仁親王・家慶養女） ㈡659 699
慶篤姉（山野辺主水正養母） ㈡708
賢姫（水戸斉昭女） ㈡384
小良姫（水戸頼房女） ↓玉峯院
光圀 元服・偏諱[三]27 381。病気[三]127 134 433 476 639 641 [四]228～230 511 512 517 [五]72 100 296 446 [六]217 408 419。尾張光友の治療を議す[四]86。婚姻[四]97。安宅丸一覧許可[四]427。松平頼世を養子とす[四]484。封内風雨害[五]111 269 295 320。『公卿補任補闕』『扶桑拾葉集』編集[五]337。彰考館開設、『大日本史』『礼儀類典』編纂[六]87。封地火災[五]402。駕籠乗物制[五]412。邸辺消防[五]429。稲葉正休、堀田正俊刺殺事件[五]522。湯島聖堂に典籍献上[六]85。致仕伝[六]86。歿[六]424。追贈位㈡495／[二]631 [三]48 147 177 179 190 196 233 253 281 327 348 366 376 445 448 590 603 628 642 [四]304 333 392 393 417 443 606 [五]104 146

水戸
258 407 494 505 565 [六]8 88 193 397
光圀母 [四]403
光圀室（近衛信尋女） [四]97 202 249 292
光圀妹（水戸頼房女） ↓本多政利室
綱条（頼世・綱方） 水戸光圀養子・家号[五]104。元服・偏諱[五]119。婚姻[五]293。鷹場返上[六]179。金三万両恩貸[六]328。宅地増加・宅地転換費用下賜[六]396 397。封地三十五万石[六]440。江戸城各門出入時、下座の制[六]612。恩貸金返納免除[七]122。光圀編集『礼儀類典』献上[七]115。各所別墅等の坪数計上[七]232。邸宅焼亡・金二万両下賜[八]54。放鷹地下賜[八]73。卒伝[八]126 130。『常山遺文』編集[八]430／[五]143 229 299 307 311 329 [六]86 92 268 415 425 446 577 583 660 703 [七]3 4 36 89 201 276 284 [八]166
綱条室（今出川公規女） ↓本清院
綱条伯女 [六]614
綱条叔母 [七]24
綱条男（友千代） ↓水戸友千代
綱条養女（方姫） ↓水戸方姫
綱条養女 ↓松平頼明室
綱方（頼世） 水戸光圀養子[四]484。元服・

水戸
偏諱[四]489。歿[五]64／[四]410 486 487 534 537 613
治紀(鶴千代)　元服・偏諱[十]773。婚姻㊀99。『大日本史』献上㊀643。歿㊀774／[十]481 557 771 772 ㊀2 4 52 54 81 226 241 334 567 771
治紀祖母　→俊祥院
治紀室(紀伊重倫女)　→恭岳院
治紀女(規姫)　→松平義建室
治紀女(順姫)　→二条斉信室
治紀女(苞姫)　→松平頼説室
治紀女(鄰姫)　→鷹司政通室
治保(鶴千代)　病気[十]29 212 241 494 514 521 ㊀123 185 187。元服・偏諱[十]80。婚姻[十]155 184 305。封地凶荒・火災・恩貸金[十]233。大火消防[十]385。家政困迫・恩貸金[十]455。倹約[十]628。歿㊀564／[九]553 555 567 605 639 [十]75 138 215 232 255 426 498 ㊀136 226 300。家士[十]237
治保生母　㊀435
治保室(一条道香女)　[十]155 184 305 680
治保妹(嘉姫)　→二条治孝室
治保妹　→伏見宮邦頼親王室
治保妹(国姫、今出川実種室)　→瑤林院

水戸
治保妹(時姫)　→松平義裕室
治保女(豊姫)　→松平頼起室
治保女(雅姫)　→松平頼慎室
斉脩　婚姻㊀512 737。元服・偏諱㊀653。病気㊁105 215。邸宅焼亡㊁174 177。歿㊁215／㊀405 420 650 680 692 776 780
斉脩実母　㊁104
斉脩室(峯姫、家斉女)　→峯寿院
斉脩妹　㊁91
斉昭　元服・偏諱㊁220。婚姻㊁239。地方改正不行届・在邑許可㊁435。謹慎赦免㊁530。異国船防禦の議㊁713／㊁215 276 351 383 385
斉昭室(登美宮、有栖川宮熾仁親王女)　㊁239 265
斉昭女(賢姫)　→水戸賢姫
斉昭女　→伊達宗城室
宗翰(鶴千代)　相続・幼弱・家司後見[八]534 544。病気[八]546 [九]423 455 673 714 [十一]18。馬献上[八]661 [九]358 473 572 [十]96。邸宅防火制[八]664。『礼儀類典』献上[八]665。婚姻[八]668 [九]81。元服・偏諱[八]720 [九]77。出仕の制[八]741。『年月抄』献上[九]133。『礼儀類典』京都に献上[九]

水戸
599。諸記録抄出献上[九]621。邸宅焼亡・恩貸金[十]177。卒伝[十]212 215／[八]478 532 546 589 650 674 764 [九]51 372 424 461 553 555 567 605 639。家士[九]444 503 [九]718
宗翰叔母　[九]581
宗翰室(一条兼香女・二条吉忠女)　[八]668 675
宗翰弟(直之允)　→水戸直之允
宗翰養女(清薫尼、英勝寺)　→霊光院
宗堯(軽丸)　水戸綱条養子[七]201。元服・偏諱[八]47。『大日本史』献上[八]211。婚姻[八]319。卒伝[八]530 532。上米に賛成[九]148。公事職原の類応問[九]240。『礼儀類典』献上[九]240。家蔵古書献上[九]241／[八]130 221 294 327 383 440 478
宗堯室(美代姫、水戸吉孚女)　→泰受院
鶴姫(亀姫、水戸頼房女・家光養女・前田光高室)　→清泰院
時姫(水戸治保妹)　→松平義裕室
友千代(水戸綱条男)　[六]594
豊姫(水戸治保女)　→松平頼起室
直之允(水戸宗翰弟)　[九]738
方姫(水戸綱条養女)　[六]349 504
雅姫(水戸治保女)　→松平頼慎室

水戸嘉姫（水戸治保妹） ↓二条治孝室

頼房 誕生㈠87。常陸下妻五万石下賜㈠417。水戸二十五万石下賜㈠503。加封㈠503㈡237。病気㈠577㈡76 205 504 506〜509 523 541㈢8 31 33 34 108 195 320 357 370 628 629 631 643 649 671 672㈣158 194 208 337 391 392。家康遺命㈡94。駿城宝物下賜㈡97。日光山㈡124 226 432㈢8 181 183 184 186 242 262 533。江戸城内に宅地拝領・造営㈡146 203。茶事㈡469 480 504 574 669 688㈢27 118 159 175 189 205 364 376 451 619。家康遺金下賜㈡269。秀忠に陪従㈡310 322 331 339 341 345 347 361 407 410 423 428 430 437 443 444 453〜460 463 464 466 468 475〜477 508 515 688。秀忠来邸㈡316 407 410 431 465。家光来邸㈡317 411 431 464㈢39 50 69 70 92 106 161 193 376。家光に陪従㈡321 339 340 345 361 409 411 431 440 459 468 469 476 478 513㈢34。江戸常府㈡431。江戸城石垣修築助役㈡447。会議（密談）㈡479 550 592 681㈢312 327 418 483 614㈣21 22 123。大竜丸乗船㈡486。邸宅焼亡㈡491。船遊㈡516㈢146 147 448。秀忠遺物下賜㈡533 536。放鷹地拝領㈡585。金四千枚下賜㈡596。韓使聘礼審議㈢42。

水戸

風流進覧㈢64。江戸城本丸造営助役㈢149 165 179 190。薬材㈢213 393 425 466 629。参勤延期㈢307。浴湯㈢334 335 650 651 656 657。紀伊頼宣の治療審議㈢337。日光山審議㈢352。天主教徒江戸護送㈢419。鄭芝竜乞師㈢459 461。廻米㈢462。江戸城西丸用材献上㈢636。尾張義直の治療審議㈢639。乗輿特許㈢672。寛永寺輪堂造営㈢720。家綱輔導㈣52。寛永寺霊廟三家進謁の制㈣55。尾張光友の治療審議㈣86。恩貸金㈣265。営作料二万両下賜㈣273。卒伝㈣393 394／㈠477 524 543 558 ㈡83 90 122 199 257 279 323 332 376 478 523 532 600 638 ㈢64 87 88 131 141 144 210 219 241 253 281 288 318 322 326 327 366 420 421 481 561 625 684㈣47 51 82 121 174 177 216。家士㈠454㈢426㈣63

頼房女（小良姫、英勝院猶子） ↓玉峯院

頼房女 ↓松殿道昭室

頼房女（鶴姫、家光養女・前田光高室） ↓清泰院

頼房女 ↓本多政利室

竜作 ㈢98

水無又兵衛 ㈡453

水無瀬一斎 ㈠298 516

氏孝 ㈥706

氏信 ㈢539㈣626

氏成 ㈢9

親具 ㈠564㈡128

水原石見守 ㈠548㈡41

左衛門尉 ㈠670

親好 ㈡115㈢161

正幸 ㈣547

保興（備興） ㊀74

保明 ㈨389㈩522 709㊀202

見雲縫殿助 ㈤133

美濃部義行（美濃部茂忠カ、菅次郎） ㈡434

高茂 ㈢634

権兵衛 斬罪㈢24／㈢19 25

左伝次 ㈨395

重安 ㈢377

新右衛門 ㈡662

定重 ㈥519

貞休 ㈧572 587

平内 ㈩393

茂育（筑前守） 封地収公㊁430／㊁137

茂永 ㈧109

茂英 ㈩355

美濃部茂喜（八蔵）　㊁685
　茂吉（茂平）　〔三〕491
　茂郷（織部）　〔十〕393
　茂建　〔五〕512 513
　茂買　㊀622
　茂広　〔一〕126
　茂光　↓美濃部茂勝（三郎左衛門）
　茂好（一学）　〔九〕3
　茂好（中務少輔）　〔十〕522
　茂孝　〔九〕725
　茂次　卒伝〔一〕557
　茂勝（与藤次）　〔三〕190 673
　茂勝（茂光、三郎左衛門）　〔二〕242 〔三〕284 464
　茂数　〔二〕134
　茂正（権之助）　〔三〕149 588 〔四〕364 386
　茂正（茂忠、市郎左衛門）　〔一〕126 〔三〕19
　茂清（勘兵衛）　小普請入〔五〕498／〔五〕409 410 484
　茂清（庄右衛門）　〔十〕455
　茂忠（市郎右衛門）　↓美濃部茂正（市郎左衛門）
　茂忠（義行、菅次郎）　〔二〕434
　茂直　〔五〕567 568
　茂濃　〔一〕166
美濃部茂伯　〔九〕665
　茂平（美濃部茂吉カ）　〔二〕491
　茂命　〔三〕511 687
　与右衛門　〔三〕662
　六郎　㊁376
神子上典膳　↓小野忠明
神子田四郎兵衛　〔二〕29
御蔵式部丞　〔二〕299
　正直　〔四〕24 25
御薗主計権助　〔九〕487
御嶽忠勝　↓山上忠勝
御手洗四兵衛（弁之助）　〔四〕263 〔六〕105
　巡見〔五〕125 140 143
　昌義　陸奥福島論地・常陸笠懸野新墾地
　昌広　卒伝〔一〕557
　昌重　〔三〕110 111
　正暉（五郎兵衛）　㊁110 116
　正吉　〔二〕89
　正近　〔六〕635 〔七〕305
　正矩　巡見使〔八〕33 48／〔八〕58 〔九〕145
　正重　〔二〕308
　定重　目付〔三〕513。駿府目付〔三〕563 577。大坂目付〔三〕638 654 〔四〕61 76 164 178。二条城派遣〔四〕59。佐渡奉行〔四〕200 218 442／〔三〕518
御手洗　〔四〕36 55 58 90 138 279 399
　弁之助　↓御手洗四兵衛
御牧喜兵衛　〔六〕289
　昌忠　〔六〕273
　昌方　㊀542
水上楠右衛門　㊀669
　楠蔵　㊁191
　興正　〔九〕200 235 406 〔十〕449 605
　重光　〔二〕527
　昌勝　〔八〕418 〔九〕272
　昌善　〔九〕313 〔十〕719
　昌忠　〔八〕777 810
　正賀　㊀515
　正勝　日光法会〔四〕604 607 〔五〕86／〔三〕588 595 〔四〕592 〔五〕136 264
　正信（正相）　遠乗〔十〕583。処罰㊀22／〔九〕532 ㊀41 139
　正相　㊀601
　正朝　〔六〕141
　正典（内膳）　㊁605
水越源兵衛　㊀452
水島忠丈　㊀35
　忠豊　〔六〕414
水谷（ミズタニ）　↓ミズノヤ

水谷七郎　㊀703
充央　㊀221
勝興　㊀240
勝昌　田安・一橋封地調査[九]400／[九]126 348 351 380 404 589
勝和　㊀240
照直(昭直)　召出[八]111。同朋格・世事探索[九]228／[八]116 251
直賢　㊀551
水野伊織(水野忠韶養子)　㊀792
伊左衛門　㊁24
伊兵衛　[五]85
為久(万五郎)　[九]708
為昌　[九]708
和泉守　㊀724
市兵衛　[四]395
因幡守　㊀795
采女　㊁435
午之助　㊀690 759
隠岐守　㊁504
義重　[二]316
吉勝　[三]181
久次　[一]642
近久　[六]60
水野近之　大坂鉄砲玉薬奉行[二]504／[二]655[三]337
金十郎　中奥番[三]134。小納戸[三]141／[二]539
景守　㊀600 607
元吉　小納戸[二]511。島原乱[三]89 93。讃岐目付[三]199 274。長門国目付[四]112 138／[二]539[三]1 3 77 155 343 409 431 560[四]521
元休(小十郎)　㊁105 134
元綱　禁裏造営課役[一]548。新封・加封・転封[二]190 596[三]406。大番頭[二]397 568[三]406。大坂在番[二]519 562。奏者番[二]573[三]44[四]130 302。碓氷関警衛[三]406。家綱附[三]655。紀伊国御使[四]249 255。致仕伝[四]516／[一]598[二]248 342 537 655[三]66 146 285 294 376 422 436 438 458 481 483 518 530 593 602 612 617 618 620 643 645 686[四]2 42 48 49 64 74 102 123 127 137 189 190 258 273 274 307 453 516
元重　越後村上城在番[三]348。常陸笠間城引渡[三]407。肥後国目付[四]50 68。信濃川中島目付[四]290 309。仙台目付[四]411 434。大坂目付[四]493 505。堺政所[四]516 525／[三]461[四]120 158 240 255 454 521[六]127
↓水野重恭
元政　仙台目付[五]20 35／[五]88 600[六]216 235
元知　雁間詰[四]525。除封召預[四]612。卒伝[四]613／[四]64 528 551[五]380。家士[四]613
水野元知母　[四]624
元朝(弾正)　[四]613 614[五]210[八]721
元風　㊀765 773
元倫　[二]529 530
小一右衛門(松平信順家士)　㊀794
小太郎　㊁455
光綱　家光小姓[一]115[二]297。小姓組与頭[二]311。書院番頭[二]335／[二]300 311
左衛門　㊀593
三四郎　[一]455
七郎右衛門　[九]470
守次　[五]274 317[九]188
守重　巡見使[五]399 403 427
守勝　[四]568
守信　大坂町奉行[二]176。二条城造営奉行[二]318。堺町奉行[二]454。惣目付職掌(大目付)[二]576 693。伊勢国務管掌[二]592。検断使[二]599。豊後府内御使[二]624／[二]172 435 539 624 625[三]78
守正(小左衛門)　西丸留守居[四]299。関東諸国強盗追捕[四]549 580／[三]155 417[四]487[五]120
守政　甲府在番[三]641[四]180 227。持筒頭[五]156。

水野
遠慮・奉職無状〔五〕311〔六〕6。鳥銃検査〔五〕589／〔二〕507〔四〕114 318 339 455
守房（甚五右衛門）〔六〕521
守房（弥左衛門）㊁362
守美　陪臣乗輿点検〔六〕461。新銭鋳造〔七〕396。御前を止む〔七〕444。勝手掛〔八〕281／〔六〕389 441 700〔七〕395〔八〕436 459 479
守要　〔五〕278 425 499〔六〕314 351
重央（重仲）　紀伊頼宣傅・国政沙汰〔一〕455。遠江浜松城主〔一〕503。転封〔二〕171。歿〔二〕218／〔一〕421 502 561〔二〕27 139
重家　家光傅役〔一〕120。徒士頭〔二〕185／〔二〕255 297
重恭（水野元重カ）〔三〕518
重矩　〔五〕212〔六〕284〔七〕289
重勝　〔二〕555 662
重上（紀伊家士）　籠居〔四〕131。証人交代〔四〕143。失火〔六〕71／〔四〕17 293〔五〕152
重仲　↓水野重央
重富　〔六〕422
重明（采女・下総守）㊁435 569 688
重孟　〔五〕140〔九〕241
重良（紀伊家士）〔二〕4 218 316 428 429 531〔三〕52 190〔四〕281。徒士〔四〕130
水野重良女　↓日隆尼
重路　〔四〕626
庄三郎　〔四〕604
勝愛（日向守）㊀433㊁256
勝安　〔二〕368〔三〕551
勝英　〔九〕660
勝羨　〔十〕795㊀455 489
勝起　致仕伝〔十〕721／〔十〕91 114 122
勝吉（讃岐守）㊁367
勝賢（隠岐守・岩之丞）㊁430 569
勝彦　上野沼田城引渡〔八〕543 545。鶴岡八幡宮修理〔八〕702 709 717 733 734／〔八〕666 717 765 782
勝行（六左衛門）〔八〕74〔九〕497
勝剛　致仕伝㊀433／〔十〕721 777㊀405
勝氏　〔二〕187
勝次　御膳奉行〔二〕355。召預・赦免〔三〕62 114
勝種　江戸城西丸修理助役〔四〕512 539 542〔六〕20 28。封地洪水〔五〕194。越後騒動〔五〕417。奥詰〔六〕39 41 149 154 739。津山城請取〔六〕304 306。卒伝〔六〕310／〔五〕24 34 39 80 217 313 442〔六〕85
勝重　〔二〕472 637
勝俊　書院番〔一〕475。肥後御使〔二〕551。酒井重澄召預〔二〕597〔三〕292。島原乱〔三〕91 94 95 99〔五〕326。西丸勤番〔三〕360。江戸城西丸殿舎造営助役〔三〕607 645 666 674。封地水害〔四〕119。卒伝〔四〕144／〔一〕504〔二〕29
水野
勝承　〔十〕183
勝岑（松之丞）　卒伝・無嗣・除封〔六〕331 733 573〔三〕141 162 181 272 303 317 375 382 563 680／〔六〕310
勝岑（左近）〔四〕318
勝信（徳川忠長家士）〔三〕42
勝進（日向守）㊀625 698
勝成　関ヶ原合戦〔一〕224。家康を守護〔一〕306。歌舞伎〔一〕458。禁裏造営課役〔一〕547。大坂冬陣〔一〕727 734 735 748〔二〕267。大坂夏陣〔二〕15 20 27。加転封〔二〕59 172 175。福山城新築〔二〕235。二条城修築助役〔二〕318。酒井重澄召預〔二〕597。江戸城本丸天守修築助役〔三〕77。島原乱〔三〕91 93 95。卒伝〔三〕162。生駒帯刀と縁辺〔三〕197／〔一〕519 604〔二〕375 376 386 536 605〔三〕141 167 169 680
勝政　致仕伝〔八〕738／〔六〕530 655〔七〕42
勝盛　〔八〕769
勝前　致仕伝〔十〕114／〔八〕769〔九〕501 538
勝忠　御側小姓〔二〕501。御膳番〔二〕529／〔二〕402

水野　521 539 ㈢43 166 ㈣578
勝長　小姓並㈥375。転封㈥421。下総結城
築城㈥497。卒伝㈥530／㈥331 427 497
勝直　㈤287 ㈥380 589
勝貞　島原乱㈢91 95。卒伝㈣448／㈢165 214
325 ㈣146 248 437 448。家士㈣349
勝美　㊀323
勝満　㈨588
勝明　㊀321
勝庸　卒伝㈨501／㈧632 738 760
穠孝　㈨668
錦之進　㊀790
信義　㈤100
信郷　↓水野信直
信元　㈠23 30 31 138 139 ㈢362
信光　㈠77
信秀　㈠77 472
信俊　御鷹師㈡310 ㈢465 552。士籍削除㈣310
信成(孫右衛門)　㈣300
信成(遠江守)　↓水野忠晉
信直(信郷)　㈡311 ㈤100
信利　㈡567 ㈢378
新八郎　㊁106
新右衛門　㊁520

水野甚三郎　㈠455
周防守　㊀779
正元　㈤16
正行　㈠660 ㈡480
正重　㈠141 145 150 172
正春(正忠)　卒伝㈠659
正直　㈢659
成言　㈡545
成之(十郎左衛門)　㈣237 496
成之男　㈣496
成之女　㈣496
成貞　封地下賜㈡333。加封㈡350／㈡329 539
558 ㈢176 678
政勝　㈩799 ㊀10
政長　㈧539
政明　㈥630
清定　㈡373
清枚　㈣374
清六　㊁55
善興　㈧414 ㈨426
宗勝　㈡87
惣兵衛　㊁526
大膳　㈣268
大膳　㊁123

水野忠位(左近・宮内・肥前守)　加封㈦177。
恩貸金㈦178。卒伝㈦349／㈣483 ㈦340
忠位(播磨守)　㈥682
忠一(若狭守)　逼塞㊁632／㊁379 415 635
忠胤　大番頭・伏見城勤番の制(三年番)
㈠437 491。自邸茶宴、刃傷㈠492。切
腹・改易・伝㈠498
忠英　㈧453 ㈨218 489 669
忠盈　奥詰㈥273。卒伝㈥380／㈤507 ㈥157 275。
家士㈥324
忠栄　館林城警衛㈧804 805 833／㈨572 731
忠嶽　㊀353
忠幹　卒伝㈧311／㈦46 ㈧137 196
忠寛　㈧731
忠勧(弾正・式部)　㊁357
忠観　㈨374
忠寄　㈩483
忠輝　封内撫恤褒賞㈧630 ㈨206。卒伝㈧767
／㈥551 ㈧537 763。家士㈧683
忠義(出羽守)　㊀610 ㊁352 499
忠吉　㈡638
忠久　分封㈣493／㈡558 ㈢209 ㈣487 ㈤163
忠丘　㈥406
忠郷　㈩642

水野忠堯　[八]788 [十]71
忠欽　[八]305
忠経　↓水野忠精
忠見　奏者番[九]681。若年寄[九]760 [十]475。卒伝[十]478／[九]77 468 752 [十]365 372 426
忠顕　火消役[五]156。書院番頭[五]247／[五]79 [六]488 682
忠元　家康寵遇[一]199。禁裏造営課役[一]548。誓書奉呈[一]652 677。小姓組番頭（花畠番頭）[一]705 [二]13。小十人頭[二]13。徒士頭[二]13。頓死[二]200。卒伝[二]202／[一]199 384 580 609 669 701 705 706 753 [二]71 84
忠光（和泉守）　致仕㊀691／[十]780 ㊀561 598 647
忠恒（式部）　小姓並[六]375 376／[七]66
忠恒（修理・隼人正）　発狂、殿中刃傷・召預・邸宅収公[八]379〜381。一族謹慎[八]380／[八]147 311 330 382
忠香　[十]416
忠興　[九]580
忠国　[五]254 264 362 370 387 425 581
忠穀　大番頭[九]217／[八]381 [九]51
忠之　美濃郡上城引渡[六]301 309。江戸城修理助役[六]539 554。若年寄[七]205。日記
水野
管掌[七]343。京都所司代[七]395。老中[八]88 535 [九]191。勝手方[八]271。加封[八]385。致仕伝[八]537／[六]380 [七]222 296 304 345 [八]130 189 273 354 428 430 458 466 469 480 485 531 [九]165 169 254 255。家士[六]555
忠次　[五]380
忠実（壱岐守）　西丸若年寄㊁384 426。歿㊁455／㊀38 ㊁189 427
忠周　奥詰[六]109。初就封[七]365。卒伝[八]137／[五]472 [七]337 360 363 451
忠重（惣兵衛・和泉守）　[一]67 141 [二]265
忠重（定勝、下総守）　花畑番組頭[三]231。家綱附[三]655／[二]334 472 500 [三]417 420 [四]12 35
忠重（宮内）　[五]380
忠春　大坂城代[五]512 514 532。雁間詰並[五]547。卒伝[六]157／[四]33 334 [五]247 265 274 391 424 427 442 542 [六]85
忠順（権十郎・対馬守・因幡守・讃岐守）　江戸城修築[六]316 554。駿府城修築[六]700。金銀改鋳[七]357 386 400 409 410 [八]151／[六]310 520 673 675 [七]208 210 376 397 400 409 [八]213
忠順（壱岐守）　初就封㊁469／㊁455 535 539
忠照　[七]297 337 [九]82
水野忠韶（壱岐守）　処罰㊀273。西丸若年寄㊀612。城主格㊁124。卒伝㊁189／[十]478 614 ㊀784
忠職　信濃女手形[三]569。大坂城代[四]51 53 125 262 273 274 387 396 436 [五]23。卒伝[五]23／[三]457 495 514 614 631 [四]126 130 211 223 335 337 448 612
忠仲　道中奉行[八]804。勝手方[八]855。『評定所定書』編輯[九]35。河渠浚利[九]59 68／[八]422 759 [九]91 443 715
忠辰　致仕伝[九]564／[八]767 [九]40 434 487 525
忠信（監物）　㊁476 536
忠晉（信成、遠江守）　㊀660 738 776 ㊁43
忠慎　[八]166
忠成（出羽守）　若年寄㊀587。西丸側用人㊀687。老中㊀790 ㊁8。勝手掛㊁2。京都所司代伝職㊁125。貨幣改鋳㊁161／㊀12 495 596 ㊁7 11 65 128 129 191 210 219 226 240 264 393
忠政　[一]21 23 288
忠清　秀忠附[一]383。書院番[一]399。禁裏造営課役[一]548。大坂冬陣[一]704 726。大坂夏陣[二]33。勘気[二]51。三河刈屋城主[二]93。加封[二]93 559 659 [三]282。大坂加番[二]463。転封[二]559 560 [三]282。駿

水野
府城殿閣造営助役〔三〕105。封地政務〔三〕271。江戸城惣郭城溝浚利〔三〕384 425。卒伝〔三〕495／〔一〕704 〔二〕175 375 386 537 625 638 〔三〕41 181 261 272 486 〔四〕292
忠精（忠経、金五郎） ㊁547 552 571
忠善 江戸城石垣修築課役〔二〕447。徳川忠長改易・甲府在番〔二〕570 587。加封〔二〕687 〔三〕407。転封〔二〕687 〔三〕282 407 408。駿府城殿閣造営助役〔三〕105。出仕〔三〕116。封地政務〔三〕271。参勤交代順番令〔三〕272。竹刀役〔三〕512 513。女手形管掌〔三〕569。三河刈屋城在番〔四〕17。水野弾正召預〔四〕612。封地、岡崎城下火災〔五〕70 81。三河矢矧橋修復〔五〕87。岩手信直召預〔五〕189。卒伝〔五〕247／〔二〕202 370 499 537 637 〔三〕41 97 452 456 504 507 518 612 671 724 〔四〕42 61 146 211 335 348 349 350 420 436 447 448 451 452 463 519 529 533 596 602 609 〔五〕38 39 116 245
忠曹（播磨守） ㊁188 196
忠増 徒士頭〔三〕656。分封〔四〕349。和歌山御使〔四〕378 380。多病・乗輿免許〔四〕555。処罰〔五〕111。奥詰〔六〕144 739／〔四〕46 〔六〕209
忠体（忠骸） 火消役〔十〕197 385。小普請組支配〔十〕671。処罰㊀107／〔十〕142 ㊀65 94

水野忠朝 ↓水野忠明
忠直（遠江守・佐渡守） 〔二〕96 676
忠直（中務少輔・隼人正） 越後騒動・高田城在番〔五〕417 420。信濃高遠城請取〔六〕53 102。奥詰〔六〕122。小姓〔六〕122。譜代に列す〔六〕308。近国河功助役〔六〕579 603 604。卒伝〔七〕337／〔四〕333 〔五〕23 35 380 528 〔六〕86 126 〔七〕332 337
忠直（権五郎） 〔五〕213
忠通 処罰㊀179／㊀678 ㊁100
忠定 若年寄〔八〕298 686 〔九〕130。酒井忠挙に推薦さる〔九〕187。対客定日令〔九〕415。勝手方〔九〕468。卒伝〔九〕468／〔七〕236 349 〔八〕299 355 451 471 595 646 〔九〕462 468
忠貞 中奥番〔二〕472。近習〔二〕472。加封〔二〕596。伏見奉行〔三〕478 488 〔五〕41。封地替〔三〕479。洪水、畿内・江州巡見〔三〕672。禁裏造営奉行〔四〕81。五畿・江・丹・播奉行〔四〕225 234 236／〔二〕349 538 〔三〕315 359 372 〔四〕225 234 236 〔五〕77
忠鼎 長崎港警衛〔十〕480 ㊀530。濃勢両国河川浚利助役㊀91。致仕㊀561／〔十〕263 477 ㊀559
忠徳 ↓田沼意正

水野忠篤（僖之助） ㊀520
忠篤（中務・美濃守） 勝手掛・日記・医学館管掌㊀685。御側御用取次㊁59。加封㊁239。処罰㊁430 435 465／㊀520 ㊁378 393
忠篤（出雲守） ㊁539
忠任 転封〔十〕94。致仕伝〔十〕477／〔九〕557 564 572
忠武（出羽守） 歿㊁525
忠富（内膳・河内守） 側衆〔九〕491 717。五十宮下向〔九〕473 482 486／〔八〕280 〔九〕572 723
忠富（刑部） 〔五〕600 〔七〕320
忠福 伊勢藤橋改造〔九〕607／〔九〕113 〔十〕61 160
忠敞 ㊀107
忠保 加封〔二〕596。駿府加番〔三〕291。深川番〔三〕499。中川番〔四〕398／〔二〕538 〔三〕357 〔五〕31
忠邦（左近将監・越前守） 長崎港警備㊀692。転封㊀791。大坂城代㊁125 129。恩貸金㊁126。京都所司代㊁153。老中㊁194 506 522。寵遇㊁324。江戸城西丸造営掛㊁351。加封㊁379。政事改革㊁500。減封・居邸収公・致仕・蟄居㊁547／㊀691 ㊁365 370 378 392 393 439 449 460 470 496 537
忠耈 〔十〕90 291

水野忠明（忠朝、孫大夫）　[六]83 140 266
　忠明（主膳）　㊀464
　忠友　申次見習（小姓組番頭格）[九]718。側衆[九]760。加封[十]178 290 542 674 766。若年寄[十]290。勝手方[十]290 500 675 677 766 ㊀38 52。側用人[十]542。沼津築城[十]555。恩貸金[十]559。昵近[十]674 766。老中（格）[十]674 675 677 766 ㊀64 331 492。成島信遍門人[十]816。卒伝㊀495／[九]757 [十]418 498 499 526 ㊀12 13 69 493
　忠猶　[二]537 638
　忠良（伯耆守）　㊁13
　忠良（益之助）　㊁525
　忠鄰（金兵衛・藤九郎）　[九]90 [十]170
　忠隣（勝五郎）　[十]578
　忠廉　[九]697
　長矩　[九]552 598
　長勝　伏見城治部少輔丸警衛[一]434。卒伝[一]500／[一]112 410
　長良　[九]552
　対馬守（紀伊家士）　㊀779
　定勝　↓水野忠重（下総守）
　貞篤（長門守）　㊁341
　貞利（石見守）　[十]435 ㊁512

水野道一（若狭守）　㊁544
　道寛　[十]85
　藤一郎　㊀148
　藤四郎（紀伊家士）　㊀693 ㊁688
　縫殿右衛門　㊁361
　半右衛門　[九]470
　備前守（虎太郎）　㊁430 435 467
　飛驒守（紀伊家士）　㊀778 779
　分質　[八]667 [九]554 606
　分長　万石に列す[一]412。転封[一]412。伏見西丸勤番[一]420。大番頭（駿河三組）[三]11。水戸頼房附[三]190。卒伝・封地収公[三]248／[一]112 502 [三]1 3
　平馬　㊀692
　孫之丞　[九]652
　孫八郎　[六]107
　孫平　[六]114
　弥右衛門　㊁368
　大和守　㊁131
　良全（良金）　奥小姓直廬伺候[三]657。中奥伺候、宿直免[四]388／[三]358 [四]292
　六之助　㊁406
　若狭守　㊁673
水谷（ミズノヤ）　↓ミズタニ

水谷勝三郎　㊁440
　九右衛門　[二]146
　建英　[九]22
　左門　㊀795
　勝英　鷹狩、中奥小姓供奉[八]285。菊間縁頬詰[九]122／[八]436 [九]490 577
　勝久　㊀39
　勝時　[六]185 [七]320
　勝俊　卒伝[一]411／[一]122
　勝政　㊀21 411
　勝宗　丹後宮津城在番[四]571。封地洪水[五]159。公称高改定[五]275 279。消防指揮[五]278。備中公料地沙汰[五]293。致仕伝[六]35／[三]249 [四]287 508 511 [五]65 118 406 416 442
　勝中　[九]348 383 436 630
　勝禰（勝称）　㊀47
　勝能　分封[四]508。大坂目付[五]231 246／[五]332 380
　勝比　火災地巡察[八]268。松本城引渡[八]397 402。東宮御所造営[八]436 478。出仕を止む[八]765／[九]223 [十]351 374
　勝美（勝義）　無嗣・除封・卒伝[六]185。封地収公[六]185 732／[四]122 [五]123 [六]35 47

水谷勝阜　大坂目付〔六〕3。津山城引渡〔六〕307 313／〔六〕590〔八〕213
勝富　〔十〕555 ㊀173
勝睦　〔五〕380
勝里　㊀603
勝隆　日光東照宮造営〔二〕111。大坂勤番〔二〕373 609。江戸城修築〔二〕447〔三〕2〔四〕197 242。封内検地・課役高〔二〕501。在府〔二〕529。松平正朝召預〔二〕573。川越在番〔三〕97 126。転封〔三〕138 282。封地政務〔三〕271。府内火災消防〔三〕332 354。赤穂城在番〔三〕387。輪王寺門跡饗応使〔三〕498。唐津城在番〔三〕507。卒伝〔四〕508／〔一〕423 425 453 704〔二〕33 256 331 534 537 547 623〔三〕272 327 350 433 658〔四〕58 70 122 287 396 475 508
正村　〔一〕160
忠助　〔二〕31
半兵衛　㊁525
満直　〔三〕337
弥十郎　㊀681
山三郎　〔三〕682
溝口安勝（直勝）　分封〔二〕630。江戸城惣郭修築・城溝疏鑿〔三〕2。島原目付〔五〕37 55。大坂目付〔五〕195。阿波国目付〔五〕304 323。

溝口
駿府目付〔五〕423 433。岩槻城引渡〔五〕438 444。高田目付〔五〕490 510／〔二〕666〔五〕546〔六〕17
伊勢守　㊁346
右近　〔六〕546
源三郎　〔三〕685
佐左衛門　〔二〕403
佐左衛門　〔九〕14
三郎兵衛　㊁461
二郎大夫　〔五〕202
修理　㊀764
秀勝　卒伝〔一〕530／〔一〕126
重元　卒伝〔八〕142／〔六〕43 626 656
重恒　〔四〕223 373
重時　〔四〕627
重長（政高）　改易〔二〕50。船奉行〔三〕247。剣技〔三〕714／〔三〕247 259 270 296 463 685 686
重直　〔三〕685
重方　〔四〕546
重雄　越後騒動・高田城在番〔五〕417 420。芝麻布間溝渠開鑿助役〔六〕336 375。致仕伝〔六〕626／〔三〕210〔五〕142 152 312 400 518
助勝　分封〔二〕630。江戸城惣郭修築・城溝疏鑿〔三〕2／〔二〕420〔三〕338

溝口勝興（源兵衛）　古河目付〔六〕184。福山城請取〔六〕335 358。陸奥二本松目付〔六〕439 457。越後村上城引渡〔六〕545 549。関宿城引渡〔六〕611 616。番士弓馬試技〔六〕688／〔六〕244〔七〕219〔八〕94
勝興（孫左衛門）　㊁39
勝文　〔八〕365
勝豊　〔九〕96
勝明（八十郎）　㊁201
勝雄（筑前守）　㊁153 185
常吉　〔一〕705〔二〕50
常勝　処罰〔二〕50 78。召返・小姓組〔三〕247／〔三〕685
信勝　信濃小室（諸）目付〔四〕421 430。大坂目付〔四〕462。仙台目付〔四〕533 554。巡見使〔四〕601 620 622。山形城引渡〔五〕22 26／〔三〕138 338〔四〕453〔五〕66 70 84 428〔六〕114
塡勝（慎勝）　〔八〕390 399〔九〕96
政高　↓溝口重長
政勝　江戸城惣郭修築・城溝疏鑿〔三〕2。甲府在番〔三〕269。大坂加番〔三〕488 564〔四〕190 425〔五〕18。駿府加番〔四〕81。卒伝〔五〕69／〔二〕630〔三〕272 563〔四〕70 75〔五〕65
政親　除封・伝、扶助米下賜〔五〕608／〔五〕369

溝口　486 493
　政良　大坂加番[五]135 164 238 266 419 461。卒伝[五]493／[三]567 [四]528 [五]69 486
　摂津守　㊁148
　宣秋　江戸城惣郭修築・城溝疏鑿[三]2。下館在番[四]78 113 225 268。駿府加番[四]619 [五]26／[二]312 445 621 [三]358 [五]163
　宣就　火消役[五]427。分限帳査検[六]379／[四]57 [五]434 [六]551
　宣俊　江戸城惣郭修築・城溝疏鑿[三]2。駿府加番[四]53 94 241 282。下館在番[四]422 468／[二]312 445 621 [四]213 [五]47
　宣勝　松平忠輝附[一]510。高田城修築[一]649。糸魚川城警衛[二]103。徳永昌勝召預[二]427。卒伝[二]445／[一]530 677 [二]6 375 386
　宣知（宣和・宣珍）　分封[二]445。江戸城惣郭修築・城溝疏鑿[三]2。下館在番[四]142 186。駿府加番[四]228／[三]450 [三]358 [四]406
　宣直　江戸城修築[二]447 [三]2 636。防火番[三]226 354 361。会津城在番[三]313。下館在番[三]432 480 497。大坂加番[四]55 89。増上寺修理助役[四]421 442 443。居城焼失[五]14。致仕伝[五]142／[一]572 [二]333 445 534 537 548 555 559 623 635 [三]41 128 222 [四]146 173 319 349 417 525 599 623
　宣珍　↓溝口宣知
　宣鎮　[四]57 [五]317
　善勝　加封[一]504。分封[一]530。江戸城石垣修築課役[二]447。巡見使[二]581。卒伝[二]630／[一]384 704 716 [二]209 331 375 386 537 540 548
　直英　[十]402 749 ㊀236
　直温　分封[八]616。江戸城々溝浚利助役[八]623 634。新田検地[八]726。致仕伝[十]35／[八]605 635 [九]422
　直寛　[九]565 [十]221
　直季　[九]606
　直旧　[十]343 ㊀562
　直行　[九]422 453 466 520
　直侯（直候・直養）　関東・伊豆河川浚利助役㊀30。卒伝㊀495／㊀5 10 77
　直之　[十]163 695 700
　直治　新田開発[八]521。分封[八]532。卒伝[八]605／[八]40 142 298
　直勝　↓溝口安勝
　直信　[十]301
　直清（讃岐守）　㊀208 293 ㊁509
　直静（摂津守）　㊀559 592
溝口直道（直常、式部・摂津守）　処罰[八]144。書院番頭欠員選挙[八]298／[五]272 [八]157 453 534
　直道（備後守）　㊁132
　直武　家士『穢多寺記』著作[五]603／[五]464 [八]441
　直福　[十]278 726
　直溥（主膳正）　㊁364 385 475 502
　直養　甲斐河渠堤防修理助役[十]211 222。致仕伝㊀5／[十]26 35
　直諒（駒之助・信濃守）　致仕㊁364／㊀495 729 ㊁269
　内記　㊁271 593
　半左衛門　[四]66 [六]200
　伯耆守　㊀756
　与十郎　㊁4
溝部有仙（市井医）　㊁45
道家長右衛門　[一]485
三井吉近　[四]406
　吉次　[三]155
　吉正　伏見天守茶壺番惣司[一]209。禁裏造営課役[一]548／[一]99 [二]11 345
　高義　㊀508
　友之丞　㊁334

三井弥市郎 ㊁438
良逵(良達) ㊀31
良恭 〔十〕383
三賀監物 ㊁484
良竜 大坂囚獄監察〔八〕860／〔八〕849 〔九〕557
長頼 ㊀80 569
三日市帯刀 〔五〕116
三橋佐左衛門 〔六〕475
信安 ㊀179
信堅 〔八〕792
正重 〔一〕523
戍矯 〔九〕599
成次 〔二〕420
成方(飛驒守) 松前御使㊀393。蝦夷地御用㊀393 403 610／㊀478 744 756
盛義 ㊀636
盛次 〔一〕504 〔二〕341
盛寿 ㊀169
盛忠 〔二〕341
善右衛門 ㊀666
宗助 ㊁707
藤右衛門 ㊁686
兵左衛門 〔八〕184
三淵永正 駿河田中城引渡〔六〕583／〔六〕688 〔八〕176
三淵光行 〔一〕112 499 548
正広 ㊀636
正繁(土佐守) ㊁502
政甫 〔九〕113 432 630
藤利 〔一〕600 〔三〕155
三間市蔵 ㊁585
矩寛 〔七〕15
好将 〔七〕15
政久 〔七〕15
政晴 ㊀410
政房 召預〔六〕470。召返・小普請入〔七〕15／〔六〕219 249 〔八〕550
密賀(増上寺) ㊁470 521
満井加右衛門 淫行奢侈・免職〔四〕577。処罰〔五〕155／〔三〕45
皆川 〔一〕425 〔二〕111
卯右衛門 ㊀659 667
広逵(広達) 〔七〕228 231 〔八〕125
広照 松平忠輝を愁訴・流刑〔一〕494。勘気赦免〔二〕254 311。致仕伝〔二〕343
広隆 〔六〕453
斎秀(斉秀) 〔十〕225 606 610
秀隆 分封〔三〕395。甲府在番〔三〕520 547。下館在番〔四〕78 113 225。駿府加番〔四〕201／〔三〕687 〔四〕4 213 230
皆川
重賢 ㊀47
成郷 卒伝・無嗣除封〔三〕403／〔三〕395
成之 〔三〕358
政能 〔八〕222
政武(宇右衛門) ㊁207
宗富(蜷川) 〔二〕343 〔三〕198 409
森之助 ㊁147 455 518
庸春 〔八〕567 606 〔九〕472 〔十〕28
庸清 ㊀484
庸明(遠江守) ㊁519 688
隆庸 勘気赦免〔二〕254 311。江戸城石垣修築課役〔二〕447。大坂在加番〔二〕463 604。譜代十六騎の列〔三〕395。卒伝〔三〕395。足利家の故実修学〔三〕395／〔二〕30 343 537 597 655 〔三〕395
湊
教長 〔九〕13
源四郎 ㊁539
高博 ㊀393
南倉正休(正林、医員) 〔一〕401 〔二〕613
林春 〔二〕613 〔三〕137
源
経基 〔九〕695 ㊀558
冬仲 〔四〕491
満仲 正一位追贈〔六〕263／〔六〕732

峯　四兵衛　[三]481
　与三右衛門　[三]481
峯井純庵　[九]113
　芳庵　[九]112
峯岸瑞興　[十]788　㊀176　251　457　467　691
　瑞澄　[六]126
　瑞房　[十]300
箕浦勘右衛門　[一]727　758
　玄蕃　[一]737
　寿庵　[八]195
　寿元　[五]362　489
　寿玄　[五]370　393
蓑　正高　[九]227　489
　正尚　[一]436　[九]227
　正長　[一]642
宮井玄方　[九]272
宮川順達（市井医）　㊁45
　政久　[一]455
　半七郎　㊀695
宮河孝受　[九]715
宮木頼久　[一]455　457
宮城安英　[八]711
　三左衛門　㊁231
　重政　[四]245
宮城親方　[八]167
　正次（政次）　[二]665　[三]42
　正重（鯖江）　[一]572
　政次　↓宮城正次
　大膳　㊁468
　朝雄　㊀300
　貞正　[三]34　447
　銕四郎　㊁272　290
　仁十郎　[十]164
　武和　[八]213
　豊嗣　江戸城物郭石垣修築[三]2／[二]191　539　[三]262
　豊盛　禁裏造営課役[一]547。知恩院造営奉行[二]176。御談伴[二]283／[一]501　730　[二]33　191
　頼久　[一]482
　和堅（利堅）　[八]146　175　356
　和孝　[九]573
　和治　宇治採茶使[三]349　360／[三]145　[四]69　446　449　549
　和充　処罰[五]169　350　588／[三]239　656　[五]148　465　526　[六]128
　和術　㊀140
　和奨　㊀73
宮城和忠（越前守）　[八]788　[九]636　650　706　[十]117
　和忠（三左衛門）　[十]363
　和澄　[五]410　[六]265
　和道　[十]579
　和方　㊀261
　和甫（鯖江）　改姓[二]167。非番出仕者姓名記録[二]310。茜母衣[二]336。京坂御使[二]534。五の字差物[二]565　617。家光上洛・地図作成[二]626。島原御使[三]86　89　103。今市小屋割点検[三]175。生駒高俊・池田輝澄両家中騒動、切腹検使[三]198。賑救討論[三]271　292。大目付[三]298。加藤明成除封、会津御使[三]313　326。巡見使[三]384　592　610。江戸西窪の絵図作成[三]639。美濃伊勢水害地堤防修築[三]673　680。松平定政封事を託す[四]16／[一]572　[二]43　235　379　538　603　604　608　616　621　630　637　661　[三]4　41　45　137　176　273　298　359　376　422　429　430　433　445　463　464　486　503　513　523　525　617　618　623　693　734　[四]42　158
宮崎安重　[二]4　210
　景次　[三]55
　景重　[二]338
　元勝　㊀791

宮崎元養　㊀656
高篤　㊉428　㊀225 231 243
権之助　㊅406
左京　㊁263
三楽　㊀83 104
時重　小納戸㊁599。勘定頭㊂416。紅葉山管掌㊂572。家綱附㊂655。西丸台所管掌㊂659。小納戸㊈188／㊁539 600　㊂138 184 232 264 414 444 445 508 534 590 591 612 660　㊃200
時常（政昌）　㊅396
重栄（弁之助）　㊄380
重吉　㊂656
重教　㊇837
重堯　㊅314
重広　㊅545 596
重綱　㊁210
重次　㊀403　㊁476　㊂464
重勝　㊅406
重清（七郎右衛門・善兵衛）　巡見使㊄399 403 423。黜免逼塞㊅24／㊄610　㊅157
重清（善助）　㊅406
重正　㊄380
重成（政泰）　伏見奉行㊃543 546 624。京都町奉行㊄20 22 68。町奉行㊄152 332 380／

宮崎　㊂654　㊃63 212 222 370 414 434 592
重政　㊄93 378 597
重備（弥五兵衛）　㊅18
成久　巡見使㊆61 86。備中松山城引渡㊆150 166／㊇288 685 730
成章　㊀477
成美（平四郎）　㊁175 438
政昌　→宮崎時常
政泰　→宮崎重成
泰景　㊀403
泰次　㊁605
泰隣　㊀385
仲武　㊉416
道英　㊄55　㊅407
道次（三左衛門）　処罰㊄22 55／㊄380　㊅407
道常（仁左衛門）　処罰㊄22 55／㊅407
道直（藤右衛門）　㊄22 55
美根　㊄55　㊅138
彦兵衛　㊁687
憑仲　大坂目付㊃389 403／㊃341 363 531 545
宮路（大奥女中）　㊆366
宮重音吉　㊉700
信鋭　㊀439
信次　㊂102

宮重貞長　㊉24
宮島備中（大野治長船手）　㊀734
宮田市左衛門　㊁275
吉次　㊀121
十左衛門　㊁613
包道　㊅665　㊈105
与左衛門　㊁291
宮館権八郎　㊅123
宮地九郎左衛門　㊀216
養三　㊁45
要立　㊉645
宮原義泊　㊉160
義煕　㊀192
義久　高家㊁200／㊁498 530
義潔　奥高家㊉421／㊀128 429 590 643
義辰　㊄60
義真　㊅92
義直（勘五郎・摂津守）　㊁175 465 517
氏義　㊆448
正清　㊈268
晴克　高家㊂303／㊁200 498 539　㊂303
石利　㊂46
宮村玄寿　㊂657
隆門　㊀731

宮村高郷 〔一〕77
　高豊 〔一〕77
　三大夫 〔二〕174
　又三郎 〔二〕646
　勇蔵 〔二〕211
宮本俊郷（三次郎） 〔一〕728 〔二〕188 248
　俊当 〔七〕202
　八郎右衛門 〔二〕591
都　右近（俳優） 〔五〕336
妙月（妙栄寺） 〔六〕350
妙功徳院（栄子内親王、霊元天皇女・二条綱平室） 〔五〕166 180
妙秀尼（佐々木義賢女・上林久茂母） 〔一〕411
妙浄（伯耆大山寺） 〔一〕599
妙真院（おつまの局・下山の方、家康側室） 〔一〕90
妙壮厳院（顕子内親王、後水尾天皇女） 〔五〕211 283
妙操院（おいと・おとせ、家斉側室） 〔一〕433 466 521
妙超宗峰（大徳寺） 〔三〕175
民部卿局 〔三〕310

むめ（大奥女中） 〔三〕666 〔四〕71

む

牟礼勝久 〔六〕682 694
　勝治 〔八〕776
　勝成 目付〔一〕563／〔三〕121
　勝政 小納戸〔二〕511。改易〔二〕629／〔三〕539
　勝茂 〔一〕563
　勝孟 〔十〕744
　政友 〔四〕542 556
　孫兵衛 〔二〕31
　満矩 〔十〕4 237
武川行直 〔六〕634
　恒通 〔一〕365
　国隆 〔八〕787 813
　孫七郎 〔二〕433
武蔵義時 〔八〕820
　吉勝 〔二〕376
　秀一 〔八〕291
　秀盈 〔十〕87 453
　秀貞 〔三〕155 518
　弥三郎 〔十〕87
武者権之助 〔八〕377
武者小路 〔五〕232
　公野 〔六〕707
　実陰 〔六〕706
武藤安英 〔八〕68 115
　安郷 〔十〕654
　安之 〔三〕673
　安信 巡見使〔三〕557。上方筋公料巡見〔三〕30 38。上方会計管掌〔三〕119／〔三〕15 304
　安成 〔一〕417
　安徴 〔一〕515
　安通 〔三〕304
　安貞 〔一〕47
　安武 〔十〕321
　安庸 〔九〕253
　三益 〔一〕668
　秀信 巡見使〔五〕399 403 423
　信秋 〔五〕431
向井源次郎 〔二〕570
　正員（貞員） 御前を止む〔七〕365 366。官宅焼亡〔七〕449。沿海巡見〔八〕190／〔六〕609 〔七〕53 211 456 〔八〕77 264 591 642
　正候 〔九〕22
　正綱 〔一〕358 704 〔二〕14 23 341
　正興 ↓向井政興

向井正俊　処罰㈢451㈣187。勘気赦免㈢551／㈢14㈣63 66
正数(六左衛門)　㊁90 106
正盛　小姓組番㈣482。船手頭見習㈣598 615／㈣424 563㈤233 462 465㈥336 388 523 730
正忠(六左衛門)　㊁503
正直(権十郎)　㈡158
正直(将監)　㊀490㊁61
正道(将監)　㊁570 591
正方(忠綱)　船手頭㈢220。水主三十人を預る㈢246。出仕を止む㈢270。勘気㈢358。伊豆三崎番所所管㈢361。水主斬処㈢569。大安宅丸修理㈢663／㈡486 487 682㈢405 426 663㈣63 267 422 424㈤4
政家　㈡180
政暉(白井)　矢矧橋修理㈦429／㈦360㈧436 835㈨272
政興(正興)　浦々巡察㈣602 624 629／㈣551㈤477㈥170 215
政使　㈨685
政直　㈢149
盛政　㈨681
忠綱　↓向井正方
忠勝　西国諸大名の大船収公㈠495。諸大名の大船査検㈠538。大坂冬陣㈠725 728 734 737。大坂夏陣㈡19。加封㈡119。相模三崎船査検㈡146。江戸築城石船奉行㈡448。水主同心附属㈡487。安宅丸造立㈡530 681 682。相模走水番㈡554。下田三浦勤番㈢7／㈠721㈡119 421 486 487 538 552 553 682㈢127 246 713
忠宗(直宗)　船奉行㈡487。西海巡見㈢269 283／㈠678㈡486 553 560 622 682㈢7 46 220 246 361 378
直正　㈢193
直宗　↓向井忠宗
向　嘉右衛門　㊀670
椋原政吉　㈣555
向山政勝　㈧535
政忠　㈩803
盛広　㈢114
長常　㈩556
村井右近大夫　㈠548
閑節　㈩171
久右衛門　㊀656
真庵　㈥362 420
弥五左衛門　㈣73
村岡辰之　㈥672 676
村岡良弼　㊀447
村垣左大夫　㊁163
忠充　㈧111
定行(淡路守)　松前西蝦夷地御使㊀558 583。諸国河川修復㊁53 57 58 89 169 207。金銀改鋳㊁161 240。江戸町会所貸付金管掌㊁252。諸国石高査検㊁255／㊀684 736㊁10 193 207 221 227 242 265
芳充　㈨228
村上安信　㈨747
伊予守(紀伊家士)　㊀711 725
栄蔵　㊀636
栄之丞　㊁173
主計　㊁87
数馬　㈨241
義知　㈩475
義方　万次郎傅役㈨684。処罰㈩154／㈨578 589 764㈩353
義明　松平忠輝附㈠510。封地収公・配流・伝㈡147 148／㈠649 677㈡6
義愈　㈤518
義雄(大和守)　松前蝦夷地御使㊀595 610 613。日記編集㊁219／㊀739㊁372
義礼　ロシア人応対松前御使㊀199 204 220 231

村上　／㊀398
吉久　〔三〕518
吉勝　〔一〕409
吉正（吉政）　尼崎築城〔二〕139。明石城普請奉行〔二〕148 157 175。徳川忠長附〔二〕335。甲府守護〔二〕512／〔一〕354 698
源介　〔二〕485
三正　西丸小姓組番〔二〕349／〔三〕128 240〔四〕521
志摩守　㊀760
十大夫　〔二〕31
勝重　〔三〕182
勝信　〔一〕418 423
勝友　〔一〕418
常福　蝦夷地御用㊀403 479／〔十〕753 ㊀41 593
信近　〔九〕100
信清　〔二〕362
正栄　〔五〕332
正儀　㊀140
正春　〔六〕431
正尚　亀山城引渡〔五〕38 42。駿府目付〔五〕456 467。大坂目付〔五〕539 557／〔五〕253 254 431 436〔六〕29
正信（養純）　〔七〕120 439〔八〕749
正親（三十郎）　㊀678 687
村上正清　処罰〔十〕87 747／〔十〕700 ㊀83
正直（村常）　〔六〕680〔七〕439〔八〕513
正武（志摩守）　㊀119 608 790 797
正方（正廉）　小普請入〔八〕515／〔七〕239 330
正邦　〔六〕680〔七〕439〔八〕532
正満　〔九〕590
正廉　↓村上正方
清政　〔三〕464 511
善忠　〔四〕515〔五〕303 518
長五郎　㊁372
伝右衛門　〔六〕273 283
藤太郎　㊁372
主殿　㊀714
茂助　〔十〕85
弥右衛門　〔二〕31〔四〕615
村越延時　〔一〕642
吉勝　↓村越勝吉
内蔵助　〔二〕78 102
上野介　㊁581 592
弘督　〔六〕168
勝吉（吉勝）　二丸留守居〔三〕477。勘定奉行〔四〕12。関東野山論地検察〔四〕171 189。加封〔四〕204 405／〔一〕646〔三〕24〔四〕55 95 129 195 220 248 342 378 599 625
村越勝成　〔六〕640〔八〕257
照成　〔八〕862
正弘　土浦城引渡〔五〕438 442／〔五〕332 376〔六〕424
正好　〔四〕194
正重　巡見使〔二〕557 581。横目役〔二〕699。島原乱〔三〕90 97。廩米査検〔三〕299。浜田城引渡〔三〕556 568。大坂目付〔三〕650 677〔四〕89 105。刈屋城請取〔四〕17 27 28／〔三〕25 41 117 208 230 401 494 498 518 526 547 549 589〔四〕64 67 71 119
正芳　宮津城引渡〔九〕733 738
成賢（若狭守）　㊁432
直吉　秀吉に面謁〔一〕304。関ヶ原合戦〔一〕307。姫路の国政監察〔一〕618 621。卒伝〔一〕646／〔一〕123 448 558 564 629
直成　越前大野城引渡〔五〕447 455。大坂城目付〔五〕471 497。新番頭〔六〕65／〔四〕526〔六〕464 489 512
房成　〔十〕259
村島楢久　〔八〕35 576
村瀬右衛門　〔一〕728
重候（平四郎・長門守）　㊁266 340 346 355 358 370 409
重次　〔三〕190

村瀬重治　越後監使㊂103。水戸頼房附㊂190／㊀311 547 705 ㊂28
重俊　㊂190
重房　減封㊃361。下館城引渡㊃471 474。大坂目付㊄126 143。小諸城引渡㊄325 328。越後高田目付㊄436 463。岩槻城請取㊄520 523。山形城引渡㊄551 556／㊄229 385 397 472 473 ㊅256 457
俊清　㊉247 281 726
俊総(平四郎)　㊀357
藤十郎　㊃361
平四郎　㊀773
房矩　軍船指揮㊆52。新銭鋳造㊆396 437。火災地巡察㊇268／㊆146 160 209 272 396 441 ㊇121 435
村田吉蔵　㊀728 742 746 750 755
久辰　↓柳生久辰
矩勝(幾田郎・阿波守・安房守)　一分銀鋳造㊁421 449。玉川神田上水樋枡修復㊁613 638 657 678。一番町土堤修復㊁661／㊁358 378 511 570 573 615 676
源四郎　㊄527 ㊅407
高勝　㊀483
権右衛門　名古屋城修築奉行㊀511／㊂12

村田　139
珠光　㊀251
昌和　㊉57
昌敷　㊀429
昌伯　㊄326 ㊅362 420
致和　㊉580 588 798
長庵　㊈289
半十郎　㊅18
由良　㊀691
林右衛門　㊁343
村塚道清　㊁390
村松郷右衛門　㊀792
歳尹　㊉451 784 ㊀360 460
歳広　㊇714 ㊈500 501
歳行　㊀425
歳直　㊆102
弥三郎　㊁363
友政　吹上花圃奉行㊅589／㊇503 624
村山市蔵　㊀608
元珍　㊉300
元徳　㊅110
自伯　㊀730
時保　㊀417
淳庵　㊇104

村山貞休　㊀517
伝右衛門　㊅273
等安　㊂71
紫(青木利長室・宝樹院母カ)　㊃1
室　直清(鳩巣)　召出㊆152 260。講釈㊆166 ㊇174 218 278 ㊈177 236 239 769。韓使管掌㊆201。西丸奥儒㊇391 ㊈256。前田綱紀に仕う㊈207 239 249 250。遺事㊈237〜239 247〜250 252〜256 338 339。著述㊈244 245。異学を評す㊈247 248 256／㊆155 ㊇292
室賀信濃守　㊀607
主馬　㊁236
正之　㊉616 618 717 ㊀24
正俊　加藤光広謀叛回状㊂546。加封㊂524 ㊃396 404。徳松(綱吉)附㊂524。即位賀使・上洛㊃454 469／㊁622 ㊂128 565 642 ㊃88 242 484 608
正勝(甚四郎)　㊃556 ㊅616 ㊇357
正勝(主計)　↓屋代正勝
正縄(兵庫)　㊀440 593　↓室賀兵庫
正信　大坂城目付㊄203 221／㊃556 591
正仲(能登守)　㊁612
正発(兵庫・美作守)　㊁276 453 518
正馮　㊉247 311 380 690

室賀正普　〔八〕453〔九〕593 632
　正朋　㊀25 512
　正頼（山城守）　大奥修復㊁60 106 155／㊁190
　兵庫（室賀正縄カ）　㊁111
　満俊　足軽大将〔三〕12／〔一〕704〔二〕362
室田雅矩　〔九〕715
　内蔵助　㊁143
　政良　㊀309 637

め

目賀田守縁　㊀26
　守咸　召出〔八〕9。騎射〔八〕610〔九〕259 260。水馬教授〔九〕266／〔八〕605 677 787〔九〕335〔十〕257 281
目黒道琢　㊀380
米良新三郎　〔九〕373
　則元　〔七〕443〔八〕200
　則重　〔四〕473
　則純　〔八〕200
明休（東福寺南明院）　〔八〕822
明正天皇　誕生〔二〕309。即位〔二〕489 492。病気〔三〕23 433〔六〕258。岩倉御幸〔四〕241〔五〕53。新造御所に遷幸〔五〕246 247。仙洞御所に移徙〔五〕598。崩〔六〕275／〔二〕470〔三〕55〔四〕96〔五〕597〔六〕151 164 272
明信院（鶴姫、綱吉女・紀伊綱教室）　婚姻〔五〕513 524 536～538 541 543。牧野成貞邸臨駕〔六〕13 35 43 58 61 71 83 92 102 124 137 153 179 505。六義園に遊ぶ〔六〕504。贈遺・賜物の制〔六〕266。歿〔六〕535。葬送〔六〕536。法会〔六〕575 618〔七〕95 462〔八〕189 403 530 720〔九〕589／〔五〕353 478 499 539 591 611 616〔六〕3 250 292 313 428
明信院　465 483 503 504 506 520 630。
明信院生母（綱吉側室）　→瑞春院
明脱院（一条兼香女・紀伊宗将継室）　婚姻〔九〕736 739／〔十〕608

も

毛呂長清 ㊀187
百々 →ドド
茂庭周防(伊達家士) [四]383 [五]350
最上采女助 ㊁274 547
億内(徳内) ㊁116
家親 謡始[一]507 575 607 [二]127。奏者[一]528 [三]127。昵近[一]570。国務沙汰[一]647。卒伝[二]120 127／[一]129 649 650 690 703 [二]2 6 45 93
義雅(義稚) [四]621 [六]373
義実(義貫、図書助) ㊁259
義郷 [九]718 [十]7 167
義光 江戸城修築[一]403。禁裏造営課役[一]547 603。国役三分一免許[一]570 640。卒伝[一]650／[一]252 253 394 464 544 570 604 612 647
義行 ㊀358
義俊 襲封令条[三]128。家士争論[三]189。江戸城石垣修築助役[三]190。舟手方水主争論[三]199。封地収公[三]232。卒伝[三]562／[三]127 163 164。家士[四]406
義如 [七]26 [八]117 285
義章 [八]20 196 796
最上義智 嗣家・半減封[三]562／[三]31 [六]302
義溥 [十]735
義明 ㊀287
義隆 [八]668 850 [九]649
郷信 [十]162
郷倍 [十]225 ㊀76
監物 ㊀756
源五郎 ㊀707
毛 利 [一]41 747
永俊 [三]35
栄之助 ㊀658
勘解由 [三]39
輝元 隠居[一]96。萩城新築[一]120。卒伝[二]342／[一]71 83 119 382 457 701 734
吉元(元倚、又四郎) 初就封[六]694。卒伝[八]579／[五]588 [六]637 674 [七]357 [八]98 251 413 563 575
吉広(就勝) 江戸城石垣修理助役[六]520 537。卒伝[六]673 674／[六]196 207 438 671
吉就(元千代) 卒伝[六]196／[五]214 438 442 443 485 513 [六]85 189
匡敬 →毛利重就
匡広 加封[八]111 187。卒伝[八]513／[五]493 514 [七]344 349 [八]124 413 514
毛利匡邦(讃岐守) 致仕㊁3／[十]437 474 514
匡芳(匡豊) 関東・伊豆河川浚利助役㊀30。卒伝㊀191／[十]314 384 436 542
匡満 砂糖製造[九]667。卒伝[十]314／[九]535 [十]62
刑部 ㊀726
慶親(猷之丞・大膳大夫) 甲斐国河川修復助役㊁369。治績㊁561。大坂城修復助役㊁605 614。深川・洲崎警衛㊁711／㊁331 537
元倚 →毛利吉元
元運(甲斐守) ㊁690
元義(元敬、甲斐守) 諸国河川修復助役㊀222 ㊁85 95 270 282／㊀191 444 ㊁439
元堯 分封[七]463 [八]157。卒伝[八]228／[七]462 [八]166
元矩 蛮船追捕[八]67 94 98 [九]208。卒伝[八]111／[七]357 [八]104
元敬 →毛利元義
元賢 卒伝[六]81／[五]294 324 475
元次 除封・卒伝[七]462。参府[七]463。致仕[八]156／[六]81 630 637 638
元周(万次郎・左京亮) ㊁579 690
元重 [六]79 →松平元重

も　（毛）

毛利元承（出雲守）　㊁646
元純（銀三郎）　㊁646
元世（紀七郎・讃岐守）　㊀795　㊁8　343　548
元知　宗家政事管掌[四]122。卒伝[五]493／[三]432　657　[四]93　107　268
元知室　[四]1
元朝　↓毛利宗元
元陳（元陣）　歿[七]340
元蕃（徳太郎・山城守）　㊁261　387　413
元武　雁間詰並[五]166／[四]523　[五]164　266
広寛　卒伝[十]151／[九]700　706　708
広矩　[九]501
広次　[一]451
広鎮　城主格㊁272。致仕㊁344／㊀293　362
　↓毛利就訓
広豊　致仕伝[九]706／[八]228　298
光広（又四郎）　卒伝[四]93／[二]669　692　[三]675　[四]94
高翰　致仕㊁264／㊀689　㊁182
高久　致仕伝[六]368／[五]452　475　506
高丘　卒伝[十]14／[九]45　86　487
高慶　小姓[六]110　122　739。奥詰[六]110　739。江戸城石垣修復助役[六]534　547。封地蝗災・恩貸金[八]611。致仕伝[九]38　45／[六]22　368　439　[八]58
毛利
高重　卒伝[五]452／[五]39　271　406
高尚（高直）　仙洞御所造営助役[四]395　475。卒伝[四]517／[二]584　[三]1　176　203　221　349　385　433　478　573　574　590　637　[四]72　108　142　178　220　517
高成　卒伝[二]584／[一]623　627　[二]446　536
高政　御談伴[二]282。卒伝[二]446／[一]119　424　510　547　690　[二]185
高泰　㊁264
高聴　㊀190　467
高直　↓毛利高尚
高能　[八]493
高標　卒伝㊀467／[十]14　364　412
高明　致仕㊀689
綱元（綱方、右京）　卒伝[七]26／[四]194　521　[五]106　[六]85
綱広（千代熊）　領内逆徒査検[四]19　21。召預[五]72　325。致仕伝[五]438。歿[六]42／[三]434　684　[四]14　34　74　90　94　108　141　146　174　178　222　255　270　498　[五]53　64　143　190　378
綱広母　[四]144
綱方　↓毛利綱元
師就　刃傷[八]379。卒伝[八]687／[八]347　514　562
治親（治元）　定婚[十]47。鞍・轎免許[十]492　493。関東伊豆河川浚利助役㊀10。卒伝㊀156　159／[十]492　493　702　748　㊀155
毛利
治親室（節姫、田安宗武女）　↓邦媛院
七兵衛　[五]244
秀元　諸役御免[一]451。定婚[一]581　620。福島正則改易・出兵[二]165。御咄衆[二]350　568〜570　572　574　575　605　629　687　[三]676　730。茶事[二]424　480　493　504　505　625　669　[三]27　159　166　175　189　205　347　364　371　376　420　422　423　451　730。毛利秀就の家政後見[二]524。面命[二]534。在府[二]568。金森丸壺の茶入下賜[三]371。小田原陣・聚楽第守護[三]675。菊桐の紋許可[三]675。卒伝[三]675。家光朋友[三]676　730／[一]718　[二]18　40　480　507　535　536　601　608　639　670　691　[三]8　24　34　39　44　172　177　183　184　230　241　285　347　420　467　486　518　569　593　617　669　672　673
秀元室（松平康元女・家康養女）　↓浄明院
秀就　定婚[一]460　463。家号下賜[一]469。従四位下侍従[一]469。少将[三]376。名古屋城修築[一]510。福島正則改易・広島城勤番[二]167。参勤就封[二]213　568　673　[三]269。召預[二]232　[三]99。茶事[二]505　626。藩政担当[二]524。熊本城請取[二]551。

合力米〔三〕399 613。卒伝〔三〕684。大黒舞
〔三〕713／〔一〕119 263 445 457 547 603 719 738 〔二〕18 72 185 209 415 424 441 493 504 536 605 〔三〕1 2 4 160 365 385 413 460 614 626 628 636 637 641 681 682
秀就室(松平秀康女) 〔一〕460 463 〔二〕535 〔四〕146
就訓(大和守、毛利広鎮カ) ㊀510
就馴 致仕伝㊀362／〔十〕151 212 220
就勝 ↓毛利吉広
就隆 卒伝〔五〕324／〔一〕619 〔二〕158 242 〔四〕77 118
十郎左衛門 〔五〕141
重広(大三郎) 〔九〕566 579 〔十〕10
重就(匡敬) 元服改名〔九〕538。美濃伊勢両国河渠堤防修理助役〔十〕211 227。少将〔十〕428。鞍・轎免許〔十〕492。就封延期〔十〕569。致仕伝〔十〕702／〔八〕687 〔九〕8 422 534 535 〔十〕215 383 397 564 577 617 ㊀108
重就室(立花貞俶女) 〔十〕305
勝永 関ヶ原合戦・封地収公配流〔一〕694／〔二〕15 29 39
勝永室 〔一〕694
正員(稲葉) 廩米収公〔五〕166。分封〔五〕485 487／〔四〕333 384 〔五〕32 〔八〕164
正明 ↓稲葉正明
政苗 分封〔八〕514。処罰〔十〕143。致仕伝〔十〕474

／〔八〕597 〔九〕739 〔十〕103 429。家士〔十〕143
政明(帯刀) 歿㊁8／㊁2
斉熙(保三郎・大膳大夫) 関東河川普請助役㊀704 714。致仕㊁105／㊀624 628 727 ㊁135 274
斉元(式部・宮内大輔・大膳大夫) 歿㊁280／㊁28 30 44 105 274
斉広(保三郎) 定婚㊁91 218。歿㊁290／㊁225
斉広室(和姫、家斉女) ↓貞惇院
斉房(義二郎) 日光東照宮修理助役㊀392。卒伝㊀624／㊀159 280 289 314 382 621 622
斉房姉 ㊀258
宗元(元朝、又四郎) 〔七〕26 218 315 357 〔八〕95
宗広(大膳) 関東水害地河渠堤防修築助役〔九〕50 66。卒伝〔九〕534／〔八〕505 551 579 596 〔九〕356 531
宗広生母 〔九〕74
豊之助 ㊁18
木庵(万福寺) 〔四〕361 547
木食快元(金峰寺・金山寺カ) 〔一〕618
木工右衛門(船頭) 〔一〕539
持田三之丞 ㊁563
忠吉 〔三〕617

望月君彦(三英) 治療〔八〕632 〔九〕288。疫病流行〔八〕648。『明医小史』梓行・伝〔九〕288／〔八〕553 657
元珍(甫庵) 家光近侍〔一〕604 642。本科・外科〔三〕123／〔一〕604 〔二〕613 〔三〕122 〔四〕34
彦好(三作) ㊀453
三悦 ㊀778
三作 ㊀748
常観(草玄) 〔十〕489
宗慶(忠庵) 〔一〕475 〔二〕402 613
宗諄(宗淳) 〔六〕84
直之 〔九〕426
道慶(永庵) 外科〔二〕402／〔二〕613 〔三〕522 532
璘庵 ㊀778
本康碩原 ㊀654
碩寿 ㊀654
徳長(宗碩) 〔五〕362 393
徳亮(寿仙) 〔六〕714 〔七〕443
本山十蔵 ㊁112
正峰 ㊀381
豊前(蒲生忠郷家士) 〔三〕322
桃井源寅 『白牛酪考』著述㊀307／㊀186
直寿 〔七〕186
直政 〔六〕705

桃園天皇(遐仁親王)　誕生〔九〕5。受禅〔九〕426 427。崩〔十〕88／〔九〕376 381 433 436 438 475 478〔十〕548㊀300
桃谷国仲　〔一〕459
　与太左衛門　〔一〕459
守　養耕　〔十〕294
守能安明　〔六〕271
　長栄　㊀153
　長成　〔六〕277
守屋求馬　〔十〕232
　原福(景福)　㊀224
　行広　〔一〕538〔二〕421
　助次郎　〔六〕274〔八〕157
　助之進　〔六〕314
　成文　㊀600
　政弘　㊀148
　忠福(権之丞)　領地判割村替管掌㊁187／㊁196 207 236
守山政勝　〔二〕210
　房覚　㊀13
　房仍(主計頭)　㊁654
　祐賢　〔九〕444
　祐順　〔八〕42
森　出雲(生駒家士)　〔三〕198 199
森　出雲守　〔一〕479
　可政　卒伝〔一〕606／〔一〕112 547
　可澄　禁裏造営課役〔一〕547／〔一〕79〔二〕6 637〔三〕107
　可敦　〔八〕526
　快温　卒伝㊀472／㊀223 231
　喜右衛門　㊀756
　暉昌　〔九〕364
　義安　〔一〕624
　吉安　〔三〕218
　吉次　〔三〕80
　吉隆(勘右衛門)　豊後府内目付〔三〕571／〔三〕628〔四〕71 269 471
　玉山　〔七〕418 439
　敬典(伝右衛門)　㊁560 612 654
　元弥　㊁353
　玄蕃(紀伊家士)　㊀656 711 725
　左京　㊁523
　左大夫　㊁188
　次郎兵衛　㊁121
　種鋪　〔十〕337
　衆利　発狂・伝・除封〔五〕183／〔六〕304
　重継　巡見使〔三〕231。三河西尾城引渡〔三〕349 358。豊後府内目付〔三〕441。浜田城引渡〔三〕556 629／〔一〕572〔二〕142 599〔三〕155
森　重次　〔三〕285
　重政　〔一〕503〔二〕538 599
　俊滋(松之助)　㊁579 609
　俊春　致仕伝〔十〕442／〔八〕721 827〔九〕8
　俊韶(俊詔)　致仕伝㊀231／〔十〕394 442 465
　春海　〔六〕362
　春山　〔十〕57 679
　春松　〔十〕557 679
　春生　〔九〕566
　勝蔵(森忠徳カ)　㊁260 263
　常竹　〔五〕472 493
　甚五兵衛　〔一〕727 737 753 758〔二〕2
　甚大夫　〔一〕737 753 758〔二〕2
　正義(友益)　㊀289
　正義(杏室)　〔八〕90
　正久　〔六〕650
　正慶(正広)　〔五〕525〔六〕13
　正斯　〔九〕740
　正勝　〔三〕451 466 588〔四〕115
　正武(一学)　〔十〕446
　正林　〔三〕451
　政宣(新三郎)　〔十〕459
　政張　〔九〕733 738

森
政貞　〔七〕137
政房　卒伝〔九〕416／〔八〕574 597
盛九　㊀600 607
盛澄　養仙院用達〔七〕197／〔七〕330 448
宣政(喜多)　〔六〕82
宗意　〔三〕72
忠右衛門　〔十〕586
忠郷　〔九〕188 538
忠興(森山)　致仕伝〔十〕634／〔十〕273 310 329 385
忠敬　殁㊁111／㊀608
忠継　〔三〕387 〔四〕132 244 304 〔五〕180 183
忠広　〔二〕79 376 424 457 558 609
忠洪(忠浩)　致仕伝〔十〕310／〔九〕416
忠賛(森山)　致仕伝㊀459／〔十〕630 634 695 ㊀445
忠重　〔六〕71 140
忠政　転封〔一〕77。小牧長久手戦〔一〕173。江戸城修築〔一〕403 657。禁裏造営課役〔一〕547 603。池田忠継に国務教諭〔一〕626。駿府参勤〔一〕626。福島正則改易・出兵〔三〕165。大坂城修築課役〔三〕185。茶事〔二〕505 626。面命〔二〕534。卒伝〔二〕651／〔一〕381 457 588 651 689 701 〔二〕209 212 376 493 504 506 536 568 605 626
忠持(備後守)　㊁554 655

森
忠哲　㊀427 459 512
忠徳(勝蔵)　㊁111　↓森　勝蔵
長一　〔一〕53 169
長右衛門　〔一〕737
長記　致仕伝〔八〕827／〔六〕423 〔七〕435
長基　〔六〕267
長義　致仕伝㊀627／㊀472
長継　江戸城惣郭石垣造営〔三〕124。召預〔三〕99 193。合力米〔三〕141 399 613。致仕伝〔五〕183 〔六〕332。再出仕・減封〔六〕304／〔二〕608 626 657 666 694 700 〔三〕44 155 160 189 215 461 636 〔四〕12 77 108 141 174 222 302 304 307 498 〔五〕3 〔六〕307 〔九〕188
長継女　〔五〕164
長孝　卒伝〔八〕322／〔八〕179 286
長国(芝次郎)　致仕㊁609／㊁151
長重　〔五〕368 411
長俊　分封〔五〕236。転封〔六〕304。致仕伝〔七〕435／〔四〕548 568 〔五〕571
長生　卒伝〔八〕573／〔八〕322 330 568
長成　扶持米下賜〔六〕277。卒伝〔六〕304／〔五〕258 578 591 〔六〕85 242 247 268 733
長直　転封〔六〕611。卒伝〔八〕286／〔五〕183 〔六〕307 332 〔八〕124 283

森
長篤　殁㊀777／㊀624 627
長武　致仕伝〔五〕578。卒伝〔六〕267。遺領収公〔六〕267 733／〔四〕172 〔五〕183 236
貞広　〔十〕460
当光　〔十〕494 532
当定　〔十〕557
彦太郎　㊀756
弥兵衛　㊀760
容甫(雲仙)　〔五〕326 391 448 525 554 567 〔六〕44
頼郷　〔十〕482 525
頼俊　〔六〕63 705
頼春　〔八〕723
和吉　〔十〕746

森川
織部　㊁332
快勝　㊀101
吉之丞　〔六〕89
求馬　〔九〕494
金左衛門　〔五〕585
近次　〔二〕536 579
元政(内記)　〔五〕585
源三郎　㊁668
源之助　㊁650
光房　〔五〕605
佐渡守　㊁395

森川之俊　大坂城目付[四]330 349。美濃天主教査検[四]385 395。駿府城目付[四]432 445。島原城請取[五]11 18／[二]529 539 637 [三]294 [四]210 213 292 331 562 604 607 [五]329 393
之忠　[十]715
氏之　花畠番組頭[三]473／[四]6 10 251
氏時　[三]55
氏寿　㊀503
氏昌(美濃守・近江守)　㊁146 262
氏信　鳥銃奉行[一]126。先手鉄砲頭[一]705。江戸城石垣造営石奉行[二]448。百人組頭[三]33／[一]705 [二]14 249 391 538 617 [三]43 253 323。同心[三]280
氏知　仙台目付[五]49 65／[五]605
氏長(次長)　[八]477 503 551 557 [九]421
次吉　大坂金奉行[三]129 145／[二]536 565
次長　↓森川氏長
重久(重頼)　[三]40 [四]487 [五]73
重高　[四]373 374 474 [五]104 [六]49 60 61 184
重氏　[二]659
重次(久右衛門)　[二]565 [三]378
重次(勝右衛門)　[二]565
重俊　召預[一]564 654。勘気赦免・万石に列す[二]66 79 407 419。近習出頭[二]407。老職[二]450。秀忠に殉死[二]533／[一]384 504 548 [二]83 84 504
森川
重勝　[四]582 589
重信　致仕伝[六]145／[四]463
重政(小兵衛)　[二]565 659
重政(半弥・伊賀守)　大坂加番[三]231 286 497 [五]55 89 355 395。大坂城修理助役[四]392 403。卒伝[四]453／[二]450 638 [三]162 286
重則　処罰[五]237 585／[五]243
重能　[七]360 455
重般　[四]54
重名　近侍[二]450。御側[四]412。猿楽指揮[四]429。上洛[四]469 470／[四]204 338 412 426 457 491 504 505 590 592
重頼　↓森川重久
俊尹(越前守)　戒飭㊀322／㊁308 380 434 655
俊因　館林城守衛[八]830 856／[十]170
俊胤　奥詰[六]154 739。側衆・評定所出座[七]46。若年寄[七]395 [八]93。廩米下賜[七]461。勝手方[八]57 [九]202。諸有司足米[八]39。致仕伝[八]601／[五]322 [六]145 [七]208 226 396 449 452 461 [八]81 98 298 [九]201 202 219
俊央　[八]591 600
俊輝　㊀332
森川俊矩　館林城引渡[八]855 856／[九]348 717
俊顕　[十]600
俊孝　卒伝㊀73／[九]697 [十]150 198
俊勝　[五]104 [八]511
俊常　卒伝[八]663／[八]601
俊世(伊豆守)　㊁241 250
俊清　㊀122
俊盛　㊀68
俊知(俊敏、内膳正)　歿㊁367／㊀73 331 ㊁81 277 364
俊朝(下総守)　㊁135 368
俊敏　↓森川俊知
俊民(万亀之助・紀伊守・出羽守)　㊁217 367 393 430 532 692
俊令　致仕伝[十]150／[八]663 691 [九]645 [十]142
信彦　㊀165
助兵衛　[二]565
政記　[八]216
宗信(兵蔵)　[五]585
長久　[十]269
長恒　[五]264
長左衛門　[三]354
長次　[二]610
長俊　[一]503 [三]42

森川長定　㈦61 86
　長貞　㈡565 ㈢168
　長茂　大坂船手頭㈣581 584／㈣222 ㈤83 258 264
　長要　㈤258
　定美　㈩680
　鉄太郎　㈠731
　土佐守　㈡272
　友方　㈩687
　六郎左衛門　㈤585
森崎正之　㈥689
森下儀大夫（森本・加藤忠広家士）　㈡153
森島長意　㈡39
森田重時　↓太田重時
　長蔵　㈡671 ㈢516
森姫（近衛家久女・田安宗武室）　↓宝蓮院
森本吉久　㈢145
森山義立　㈠542
　孝盛（源五郎）　㈠690 695
　高慶　㈩476
　実輝　㈧637
　実久　㈩574 587
　盛治　㈡236 578
　盛房　㈠640
　盛本（安芸守）　㈡388

諸飼正景（猪飼）　㈣368　↓猪飼正景
諸星政成　㈥199
　盛政　肥後御使㈡574。各国境界検断㈡605 608 ㈢109。上方会計管掌㈢119
　政長　㈢41 ㈣268 307
　盛明　㈦335 422
　善之丞　㈠575
　忠直　譜代小身輩賑救㈥388／㈥19 381 390 523
　藤兵衛　㈦371
文殊院法印　㈠732
　同政（内蔵助）　㈦371 ㈧157 158
文珠九助　㈠63
門悦（伝通院）　㈢5 393
門秀（増上寺）　増上寺霊廟造営請願㈦13／㈥555 ㈦83 203
門奈勘左衛門　㈣91
　重安　㈥207
　重忠　㈢552
　勝宜　㈧419
　勝重　徳川忠長附㈢356／㈠533 536 ㈢34 149 506
　助左衛門　㈠584
　宗家　㈠421
　宗次　㈠421
　宗勝　伏見奉行㈢80／㈢356 660

門奈直勝　㈡599
　伝十郎　㈠797
　末正　㈥58

や

やち(女房)　〔三〕522
やつかひ五郎　〔九〕264
　四郎　〔九〕264
　万五郎　〔九〕264
ややの局　〔二〕505
やようす　〔一〕575 598 632　↓八揚子・耶揚子
やよす　↓耶揚子
八重の方(家斉側室)　↓皆春院
八重盛教道(八重守・八重森)　〔十〕786
八尾伴庵(藤堂高棟医)　〔八〕289
八木安勝(三郎四郎)　〔八〕691
　五郎左衛門　〔四〕582 591
　光政　〔二〕216
　高補　大坂船手頭・恩貸金〔六〕630。韓使応接〔七〕143／〔七〕148〔八〕117
　高豊　〔五〕50 84 152 189
　権平　〔六〕542
　守直(勘十郎)　江戸城殿閣造営指揮〔三〕149 190 666 672〔四〕220 238。増上寺廟造営奉行〔三〕408 479 486〔四〕197 203。徳松(綱吉)邸造営奉行〔三〕428〔四〕17。亀松邸造営奉行
八木
〔三〕428。日光旅館造営奉行〔三〕663。紅葉山廟造営〔四〕79 103 122 125。駿府城修理状況巡察〔四〕194 196。伊勢内宮造営奉行〔四〕300 301／〔二〕293 515 538〔三〕101 116 149 517 523〔四〕120 307 309 541 549
　重明　〔三〕114 167
　常以　賦税管掌〔九〕365／〔九〕572 732
　新左衛門　〔二〕22
　正周　〔六〕291〔七〕15
　正超　〔十〕334
　長信　〔六〕542
　仁右衛門　〔六〕15
　補矩(丹波守)　御前給仕㊀696 780／㊁25 193 204
　補古(豊太郎・定太郎)　㊁221
　補之　㊀263 336
　補道(高豊)　火災地巡見〔八〕860。桜町上皇法会管掌〔九〕514 517
　補頼　津山監使〔八〕365 390 399／〔八〕575
　豊次　〔三〕568〔四〕412
　豊政　〔三〕155
　豊房　〔四〕508 521
　茂時　関東新田管掌〔八〕502。新潟港修築〔八〕786 789。出仕を止む〔八〕830
八十宮(吉子内親王、霊元天皇女)　↓浄林院
八揚子　〔一〕678　↓やようす・耶揚子
矢口清三郎　㊁487
矢崎二郎八　〔二〕394
矢沢杢右衛門　㊁352
矢島喜十郎　㊀789
　義充　〔四〕550 626
　源七郎　㊁70
　正次　〔一〕606
　定久　〔一〕606
　藤五郎　㊀669
　鍋次郎　㊁48
矢島局　大奥管掌〔五〕65／〔四〕406 407 506 550〔五〕124
矢田堀延勝　㊀489
矢頭重次　〔二〕667
　長英　〔八〕505
矢藤右近(松平定永家士)　㊀688
矢野正倫(和泉守)　〔一〕730 732
　平左衛門　〔五〕507
　林右衛門　㊁213
矢橋重倍(重信)　〔六〕694
　重頼　〔三〕671
　忠重　召出〔一〕98〔二〕178。御談伴〔二〕178
　良金　㊀478 559

矢葺杢之助 ㈩127
矢部伊兵衛 ㊁369
　義恭 ㈣453
　正虎 ㈧788 ㈨284
　正春 ㈧9 639 ㈨475
　正方（主膳） ㊀667
　善七 ㈠450
　忠政 京坂駅馬査検㈢252。大坂目付㈢626 641㈣17 42 111 130。日光御使㈢674 678㈣64 97 143 146 166 170。消防指揮㈣256／㈠397 418㈡360㈢499 598㈣43 195 216 277 554
　直定 ㈢261
　鶴松（矢部定謙男） ㊁458 535
　定久 ㈣395
　定経 ㈨577
　定謙（左近将監・駿河守） 浅草米廩取締㊁345。黜免㊁449。召預㊁457／㊁417
　定勝 家光上洛供奉㈡609 638／㈠605㈡228 373㈢304
　定成 ㈡158 368 449 609 638㈢55 58
　定清 卒伝㈡228／㈡158
　定知 ㈡615
　定房 ㈢304 588㈤4
矢部定令 ㊀308 334 423
　鉄太郎 ㊁47
　直次郎 ㊁47
　彦右衛門 ㊁520
　兵右衛門 ㈤203
　利忠 卒伝㈠397
矢守長橋 ㈥629
谷中宗左衛門 ㊁471 479
谷辺忠焉 ㈥156㈦100
　通玄 ㊁479
　道置 ㊀708
谷部道玄 ㊁449
弥一右衛門（長崎船主） ㈡71
弥三右衛門（遠江見付） ㈣21
弥太郎（大工頭） ㈢65
弥兵衛（柏木村） ㈧596
屋代阿波守 ㊀678
　弘賢 ㊁111
　左門 ㊁468
　秀正（勝永） 大坂冬陣・検使㈠730～732。徳川忠長附・小諸城代㈡237。歿㈡304／㈠126 648 705㈡13
　勝永 ↓屋代秀正
　正興 卒伝㈣453／㈢159
屋代正勝（室賀、主計） ㈥665㈦236㈧739
　忠位 水口在番㈤72。封地収公㈦235。領民強訴㈦236／㈤31 261 292 444 445㈦158 360
　忠規（甚三郎） ㊁624 701
　忠国 ㈩330
　忠辰（阿波守） ㊀710
　忠正 大坂冬陣㈠731㈡10。徳川忠長附、小諸城代㈡237。一万石拝領㈡304㈢89。甲府守護㈡512。徳川忠長改易・配流㈡573。召返㈢34 89。府内巡行㈢408。卒伝㈣426／㈢282 335 376㈣12 161
　忠知 ㈤332 375 380
　忠良 ㊀552
　邦守 ㈥288
　友昌 ㈧636 739
　友宣 ㊀632
耶揚子（やよす） ㈠336 ↓やようす・八揚子
柳生久寿 槍術、召出㈨588。家治に撃剣教授㈨588／㈨357㈩569 677
　久辰（村田） ㈥576 694㈦402
　久通（主膳正） 撃剣教授㈩573 686㊀12 53。勘定奉行勝手方座班㊀75。淑姫入輿管掌㊀309。米穀買入管掌㊀633。

柳生　江戸城大奥新殿修復㊁80／㊀411㊁150 193
久包（播磨守）　㊁705
矩近　㊀224
矩美　㊇90
内蔵助　㊅182 383
五郎左衛門　㊀100
三厳　勘気赦免㊂112／㊁115㊂442 638
俊永　㊀146
俊順（桂之丞）　㊁658
俊章（英次郎・但馬守）　江戸城本丸造営費上納㊁537。致仕㊁636／㊁47 132 144 625
俊則（松前）　剣術㊀60 327。家伝の書籍献上㊀154／㊈414 600㊉133
俊能（雄七郎）　㊁629 636 658
俊平　致仕伝㊈52／㊇253 533
俊方　奥詰㊅162 362 739㊆6。多病㊅577。剣技上覧㊆260㊈188 267。卒伝㊇533／㊄499㊅45 75
俊峯　卒伝㊉133／㊇653㊈52
俊豊　卒伝㊁47／㊀562
俊睦　㊀212
宗盈　㊅583
柳生宗矩　坂崎孝親を諫む㊁108 274。和歌詠進㊁339㊂745。五の字指物許可㊁565。加封㊁568㊂31 204。惣目付㊁576 693。家光上洛、各駅旅館幷道路巡察㊁598。江戸城惣郭造営奉行㊂1 29 47。万石に列す㊂31。家光来臨㊂42 65 71 72 89 116 138 158 161 165 166 170 174 176 193 196 209 257 272 287 309 314 319 335 349 358 373 400 430 432。風流進覧㊂62。島原乱㊂74 75。家光茶事㊂150 209 210 211 311 352 357 367 371～373 384。剣術奥儀の秘書献上㊂151。家光に剣法教授㊁210㊂161 186 192 211 213 216 241 283 351 713。日光社参下知状㊂263。家光と会議㊂351 355 400。二丸に召さる㊂361 375。卒伝㊂442／㊁103 104 457 538 609 613㊂18 20 44 90 136 166 169 170 212 321 359 365 376 387 416 430 433 713 739㊃410
宗矩男義仙　→義仙
宗厳　卒伝㊀407
宗在　剣術進覧㊃516㊄400。剣術始㊄229 253 277 303 331。剣術秘伝書献上㊄462。卒伝㊅45／㊃411㊄66 78 89 210 225 358 444 445
宗春　剣術進覧㊃240。剣術教授㊃518 519 523 525 527 529 533 534 536 539 541 544 551 590 598㊄35 56
柳生　58 59 66 141。剣術始㊄1 63 175 201。歿㊄210／㊃203㊄33
宗冬　家光に剣術進覧㊂127 685 686 692。分封㊂442。家光に召見さる㊂683 686。剣技㊂714。中奥に伺候㊃181。家綱に剣術教授㊃196 198 199 228 238 241 242 245 250 525㊄59 66 141 344。家綱に剣術進覧㊃201 230 315 332。剣術始㊃204 255 295 388 518 519 523 527 529 533 534 536 539 541 544 551 559 566 598㊄1 35 56 58 63 175 201。三学の刀法伝授㊃280。雁間詰㊃442。剣法秘書献上㊃522。剣術印可状を呈す㊃547。万石に列す㊄32。卒伝㊄225／㊁587㊂638㊃323 335 345 410 450 566㊄33 202 210
飛騨守　㊀600
兵庫　㊂715
兵助　㊂690 715
茂左衛門　㊂690 715
友矩　㊁660㊂45
薬師寺元健　㊀355
元孝　㊅613
元常　㊆60
元信　㊅685
安井嘉勝　→安井信勝

安井喜内 〔三〕22 40
重勝 〔三〕429
春海 ↓渋川春海
春哲 ㊁129
信勝(嘉勝) 〔三〕429 450
清次郎 〔一〕485
仙角 〔十〕135
平十郎 ㊁128
保狡 ㊀293
安田上総助 〔一〕731 733
十右衛門 〔七〕337
周政 〔十〕127
安武市郎兵衛(宇都宮朝末家士) 〔二〕42
久兵衛(宇都宮朝末家士) 〔二〕42
安富軍八 〔九〕229
安野検校 〔三〕413
八郎左衛門 〔八〕516
安宮(伏見宮貞清親王女・紀伊光貞室) ↓天真院
安原伝兵衛 〔一〕86
安見元通 〔六〕156
元道 〔六〕115 749 〔七〕58
安村喜右衛門 〔七〕338
保泉市右衛門 〔五〕598。奴僕〔五〕598

保田久重 〔六〕289
宗郷 佐倉城引渡〔五〕284 286。日光駅路巡察〔五〕390 393。巡見使〔五〕399 403 429。近江水口城引渡〔五〕455 464。日光山修理奉行〔五〕484。小普請金収納〔六〕75／〔五〕219 234 255 498 〔六〕632 〔七〕120 177 233
宗恒 〔六〕603 〔七〕442 444
宗雪(安田) 増上寺修造奉行〔三〕492 516。日光諸堂修造奉行〔三〕553。伊勢堤防修築奉行〔三〕682 〔四〕36。紅葉山諸廟修造〔四〕79 104 122 125。天樹院・本理院邸造営奉行〔四〕220 273。天主教考察〔四〕410 476 623 〔五〕94 130。常陸谷原新田水害地巡察〔四〕582 584 589 599／〔二〕89 163 638 〔五〕147
則宗 篠山御使〔一〕420。箱根警衛奉行〔一〕647。／〔一〕416 662 687 744
定市 ㊀726
慶仁親王 ↓中御門天皇
柳川智永 〔一〕571
調興 処罰・召預〔三〕674 675 〔三〕710／〔二〕134 137 181 333 〔五〕525
杢 〔二〕96
柳崎久四郎 ↓植村源蔵
柳世友信 〔三〕571

柳世友良 ㊀258
梁田権三郎 〔三〕79
直次 女院附官宅修理料〔五〕211／〔四〕387 408 449 580 584 588 〔五〕222 492
平七郎 〔三〕79
弥二九郎 〔一〕348
簗瀬三左衛門 ㊀705
柳沢安基 〔六〕152
安吉 徳川忠長附〔二〕243 311。召返〔三〕243。西丸台所伺候〔三〕659／〔五〕551
安弘 〔十〕182 196
安忠 〔三〕167 565
安貞 ↓柳沢吉里
伊勢守 ㊁57
吉保(保明) 加増〔五〕409 505 565 〔六〕26 70 155 187 303 466。進講〔五〕435 〔六〕104 109 121 123 134 137 152 153 167 176 182 222。側用人・一万石拝領〔六〕26。川越城主〔六〕187。評定所に初出座〔六〕214。六義園〔六〕228。公弁法親王招請〔六〕230 338 504。神社仏閣修理願査検〔六〕267。寛永寺根本中堂造営惣督〔六〕301 336 337 340 738。家号偏諱・准家門〔六〕455。座班〔六〕458。枢機管掌〔六〕466 〔七〕5 〔九〕184。甲府城特賜〔六〕559。甲府城

柳沢

中の武具下賜〔六〕561。紅葉山社参制〔六〕564。所替〔六〕572。三事上書を聴許〔六〕587 588 610。封内鋳金許可〔六〕627。長刀下賜〔六〕669〔九〕200。遺事〔六〕724 733 746〔七〕41。生類愛憐〔六〕751 752〔七〕3 254。落髪〔七〕6 58 256。邸宅収公〔七〕16。致仕伝〔七〕39。著述〔七〕41。綱吉の遺命を家宣に伝達〔七〕255。歿〔七〕403／〔五〕589 597〔六〕94 97 103 152 374 470 573 579 592 605 625 626 646 712 738。家士、褒賞に関する巷説〔六〕104。綱吉に進講〔六〕104 109 123 128 162 167 176 182 189 229 239 272 278 605／〔六〕123 182 416 485 589 723。家医〔六〕578

吉保母　〔七〕30

吉保女　→内藤政森室

吉保養女　→内藤政森継室

吉保室　〔六〕355 467〔七〕32

吉里（安貞）　綱吉儒学を教授〔六〕152。二本槍御免〔六〕215。婚姻〔六〕312。座班〔六〕391 458 491。元服〔六〕429 454。偏諱・家号〔六〕455。綱吉を先導〔六〕507 574。論語を講ず〔六〕560。剣法・槍術を披露〔六〕613。長刀を免ず〔六〕669。駿府城石垣修理助役〔七〕197 297 366。江戸城西丸修理助役〔八〕84 118。転封〔八〕330。邸宅焼亡〔八〕563。卒伝〔九〕132 348／〔六〕164 219 298 389 448 469 625 650〔七〕39 99〔八〕251

柳沢

吉里母　〔七〕347

吉里室（酒井忠挙女）　〔六〕312

経隆（横手）　横手と称す〔六〕234。綱吉儒学を教授〔六〕455。家号下賜〔六〕455。家宣に剣法・槍術を披露〔六〕613。論語を講ず〔六〕685。転封・一万石拝領〔八〕336。卒伝〔八〕386／〔六〕223 234 427 497 594 628 632 650

元吉　〔一〕642

元近（伊三郎）　㊁706 714

元政　〔一〕400

光昭（伊勢守）　㊁281 404

光被　卒伝㊁281／㊀354 377

幸次郎　㊁532

権大夫（柳沢保泰家士）　㊀673

四郎兵衛　〔五〕487 489

次左衛門　㊀690

時附　赦免〔六〕141／〔六〕92〔八〕844 862

時睦　綱吉儒学を教授〔六〕455。家号下賜〔六〕455。家宣に剣法・槍術を披露〔六〕613。論語を講ず〔六〕685。転封・一万石拝領〔八〕336。致仕伝〔八〕344／〔六〕272 469 497 594

柳沢

主尹（八郎右衛門）　㊁506 628 632 650

信安　〔三〕532 587

信尹　江戸城花畑営築〔六〕687。禁裏造営巡察〔七〕38 45 72。シドッチ尋問〔七〕66。徳川綱重廟造営奉行〔七〕118 122。長昌院霊牌所修理〔七〕221 289。紅葉山家宣廟造営〔七〕282 384。仙波・世良田東照宮・三芳野天神社修理〔七〕376。江戸城内外修理〔八〕81 84 118 133。鷹坊造営〔八〕152。韓使来聘〔八〕174。寛永寺家光廟焼亡・監視〔八〕189 219。寛永寺本坊修理〔八〕251 277／〔六〕673〔七〕103 419〔八〕347

信鴻　致仕伝〔十〕424／〔八〕778〔九〕73 348 390〔十〕61 82

信俊　〔一〕738

信著　御前を止む〔十〕309。両国橋警衛〔十〕496。卒伝〔十〕695／〔十〕12 134

信有　卒伝㊀354／〔十〕291 442

政俊　〔六〕700〔七〕70

泰考（久米次郎・弾正少弼）　㊁270 560 632

弾正少弼　㊁191

聴信（佐渡守）　㊁196

時之助　㊁625 634

八右衛門　㊁668

柳沢保経　家号を止め復姓[八]778。卒伝[十]12／[八]344
保光　致仕㈠673／[十]263 424 443 ㈠60 195
保興(甲斐守)　㈡363 393 521
保泰(甲斐守)　江戸城西丸造営費上納㈡352。大塩乱鎮圧㈡364／㈠435 673
保卓　卒伝[十]442／[八]728 [九]536
保民(甲斐守)　㈠293 ㈡359
保明　↓柳沢吉保
里旭　卒伝[八]728／[八]711
里顕(包三郎・弾正少弼)　㈡133 143 483
里之　卒伝㈠543／[十]695
里世(信濃守)　致仕伝㈡143／㈠543 635
里済　家号を止め復姓[八]386。卒伝[八]711
柳田次郎右衛門　㈠326
柳原紀光　[九]755
業光　[二]384
均光　[十]796
光綱　[十]16
資尭　[六]615 707
資行　日光山法華曼陀羅供に伺候[三]184。現米下賜[五]312／[三]641 [四]564
資廉　[五]537 [六]706
秀光　[五]281

柳原政勝　[三]114
宣経　[三]114
茂光　日光東照社祭礼[二]125。昵近衆[三]93／[二]120 [三]9 329 400 401
藪
三郎左衛門　㈡40
[五]231 232
嗣孝　日光東照社祭礼[三]11。家籠[五]429／[三]352 [四]49 476
嗣良　[二]178 [三]186
庄七郎　㈡104
勝如　[九]87
勝信　[八]9 229
勝成　[十]428
泰一郎　㈡538
忠可(主膳)　㈡143 173
忠久　出仕を止む[十]324／[十]69 558
忠居　火消役[十]735。病免㈠81／㈠464
忠通　召出・家重附[八]35。加封[八]757 [九]406。江戸城西丸修理[九]22。器用人[九]227。両卿封地管掌[九]401。優待[九]434／[八]494 [九]483
藪内道安　[三]365
藪田為佳　[十]233
数直　召出・奥庭役[八]30。櫨栽培[九]317／

藪田
長矩　[九]322 324
八十八　[九]228 293
内記(浅草延命院家司)　㈠212
大和淡路守　[一]41
大和屋善左衛門　[三]366
山　善右衛門(小西牢人)　[二]415
山井安芸　[三]72
兼仍　[八]699
主膳　[六]706
主膳　[三]286
鼎　[八]699
山市左兵衛　[九]244
山内一安　[一]731
一唯　召出[三]629。朝会時登城[三]657／[三]611
[四]203
一輝　大組に加入[二]402。家光日光社参供奉[二]433 [三]8 176／[二]4 246 539 637 [四]372
一俊　[三]553 [四]519
一豊　[五]226
江戸市街修治[一]76。江戸城修築課役[一]119。卒伝[一]397／[一]79 384 385
翁助　㈡388
康豊　↓山内忠義
之豊　[四]383 [六]114

山内俊方　㊀266
　清章　〔八〕797
　忠義（康豊）　江戸城修築〔一〕403 690。名古屋城修築〔一〕510。家号偏諱〔一〕512。禁裏造営課役〔一〕547 603。大坂城修理課役〔二〕185。秀忠茶事〔二〕415 424 441 504。家光茶事〔二〕493 505 626〔三〕120 160。証人交代〔三〕166 491〔四〕74 108 141 178。松下長綱発狂・収公〔三〕351 352 354。致仕伝〔四〕189／〔一〕385〔三〕393 397 512 690 749〔二〕59 165 376 513 535 536 568 675〔三〕44 399 468 484 606 613 689〔四〕12 95 106 519
　　↓山内忠実
　忠義母　〔二〕155
　忠義室（松平定勝女・家康養女）　〔一〕385〔三〕212
　忠実（山内忠義カ）　〔一〕704
　忠直　分封〔四〕189。封地洪水〔四〕580。卒伝〔四〕620／〔二〕257 499〔三〕325
　忠豊　麻布別墅を拝領〔四〕571。致仕伝〔五〕44 49／〔二〕333〔三〕44 324〔四〕189 204 267 268 607〔五〕49
　豊熙（土佐守）　江戸城本丸造営費上納㊁505。歿㊁607／㊁194 485 489 499
　豊儀　〔九〕92
　豊賢（遠江守）　㊁132 698
山内豊古　〔六〕406
　豊興　歿㊀623／㊀546 596 622
　豊策　消防㊀202。二丸修理助役㊀417。致仕伝㊀596。歿㊁130／〔十〕768 ㊀25 108 599
　豊産　致仕伝〔十〕720／〔十〕647
　豊次　〔五〕554
　豊資（土佐守）　関東河川普請助役㊀704 716 ㊁66。増上寺廟修復助役㊁251。江戸城西丸造営費上納㊁360 393。致仕㊁485／㊁485 497
　豊敷　封地蝗災・恩貸金〔八〕611。東海道等河渠浚利助役〔九〕442 465。邸宅罹災〔九〕672。江戸城々溝浚利助役〔十〕179 199。卒伝〔十〕266 272／〔八〕386 425 428〔九〕713
　豊重　〔四〕70
　豊昌（忠昌）　封地災害〔五〕294。湯島聖堂に祭器献上〔六〕85。封地〔六〕277。江戸火事・罹災〔六〕344。卒伝〔六〕416 417 422／〔四〕172 252 267 268〔五〕44 61 98 144 327〔六〕39
　豊常　卒伝〔八〕383 386／〔八〕153 195 382
　豊信（土佐守）　㊁616 628 666
　豊成　〔六〕143 543
　豊清　〔九〕671
　豊泰　卒伝㊀518／〔十〕656 720
山内豊定　分封〔四〕620。卒伝〔五〕272／〔四〕172
　豊惇　致仕㊁616／㊁622
　豊武　卒伝㊁132／㊀518
　豊房　三千石収公〔六〕39。利根川・荒川浚利助役〔六〕551 576。十箇条の掟制定〔六〕627。『土佐国式社考』編集〔六〕627。卒伝〔六〕627／〔六〕40 411 422 622。家士〔六〕576
　豊明　分封〔四〕620。封地大風雨〔五〕294。奥詰〔六〕42 43 739。逼塞〔六〕44。削封・寄合並〔六〕51。赦免〔六〕51 143。国安堵〔六〕406／〔四〕200〔五〕272 571 605
　豊雍　江戸邸火災〔十〕383 764。寛永寺堂社修理助役〔十〕524 540。関東・伊豆河川浚利助役㊀10 20。卒伝㊀106 108／〔十〕109 272 306 352 397 457
　豊雍室　〔十〕628
　豊隆　江戸邸焼亡〔七〕449〔八〕55。卒伝〔八〕190 195／〔六〕627〔八〕141
山岡宇之助　㊁187
　景安　〔六〕170 235
　景以　大坂冬陣〔一〕735。禁裏造営課役〔一〕547。尼崎築城沙汰〔二〕139／〔一〕98〔二〕148 538 575〔三〕46 51
　景寛　新銭鋳造〔七〕396 437／〔八〕135

山岡景軌　長島城引渡目付〔六〕480 484。赤穂城引渡〔六〕617 620。禁裏造営普請奉行〔六〕696 698／〔七〕48
景熙　〔八〕436 765
景久　巡見使〔八〕54 75／〔八〕559 577 657 782
景兼　〔二〕450
景顕　古河城引渡〔七〕242 278 284。屋敷改役〔七〕332／〔八〕397 728
景元　〔七〕297 337
景広(四郎右衛門)　徳川忠長附〔二〕219。赦免〔三〕42／〔二〕218
景広(喜兵衛)　〔六〕579
景孝　〔一〕475
景佐　卒伝〔一〕539
景之　巡見使〔九〕350 364 395。鎌倉鶴ヶ岡八幡宮修理〔九〕585 603／〔九〕670 672 697〔十〕221
景次(半兵衛)　〔二〕246 323
景次(図書助)　〔二〕509
景次(十兵衛)　精勤褒賞〔四〕63 289／〔三〕654〔四〕179 368 370 507〔五〕48
景重　〔二〕44 228
景俊　〔三〕323
景助　闘争〔三〕521 553／〔五〕533 595〔六〕129 216 245
景信　中原離館修理奉行〔三〕140。赤坂水道修理奉行〔三〕365。江戸城西丸造営〔三〕673

山岡
景晴　〔二〕575〔三〕291
景宗　〔五〕296 298
景致　〔四〕414
景忠　〔六〕205 336
景長　姫路御使〔一〕612。大坂城々溝埋立警衛〔一〕756。日光東照宮祭礼宿割〔二〕126。士籍削除〔二〕140／〔一〕573 705 762
景澄　〔六〕446
景直(十兵衛)　〔十〕441
景直(平右衛門)　㊀552
景定(五郎作・対馬守)　日光東照宮修復㊁235 239 266。御前を止む㊁504　↓山岡対馬守
景寧　㊀445
景備(景満)　㊀74
景風　㊀595 610 613
景福　小普請入〔六〕431。宮津城引渡〔八〕69 78。戒諭〔八〕146／〔八〕173〔九〕473
景本　〔一〕93 605
景友　卒伝〔一〕97
景隆　〔一〕166
景良(宗左衛門)　㊁658

山岡三一郎　㊁41
志摩(伊達家士)　大坂冬陣〔一〕693 735 745
仁右衛門　㊁133
図書助　〔二〕490
宣友　〔四〕113
対馬守(山岡景定カ)　㊁595
銕次郎　㊀786
銕之助　㊁487
伝右衛門　㊀759
当頭　〔十〕437
道阿弥　関ヶ原合戦・大津城巡見供奉〔一〕233。御談伴〔一〕331／〔三〕291
八郎右衛門　㊁444
山鹿高祐(甚五左衛門・素行)　〔四〕583
山県権右衛門　〔三〕482
昌景　長篠合戦・討死〔一〕39／〔一〕34 163
大弐　〔十〕256
八右衛門　㊁167
山角市右衛門　㊁449
市左衛門　㊁417
吉久　亀松抱守〔三〕413／〔二〕529〔三〕414 563
吉次　〔一〕450
之富　㊀365
之明　〔五〕533

山角勝広 ㈥480
勝重 ㈠500㈡242㈢464㈤533
勝成 ㈢534 557
勝直 ㈤242
勝定 ㈩586 630
親詮 館林城引渡㈧666 667／㈩13
正勝（政勝、又兵衛） 閉門㈡104。蟄居赦免㈡555／㈠705㈢14㈢464
正勝（権兵衛） ㈥49 72
成次 ㈥557
政勝 ↓山角正勝
政定 ㈠83㈡157
直昌 ㈢121
定益（延五郎） ㊀351
定治 ㊀522 600
定勝（紀伊守） 卒伝㈠83
定勝（藤兵衛） 江戸城市谷門修造奉行㈤9 25／㈤120 220 242
繁盛 卒伝㈠446
山上吉勝 ㈤132
忠勝（御嶽） ㈠504
定保 ㊀363
博杲 ㊀270
弥四郎 改易㈢67 79／㈠728

山川 ㈠411
英直 ㊀436
賢信 ㈡41
左兵衛 ㈡29
甚兵衛 ㊀655
城管 積塔頭役㈡628。平塚明神再建㈡668 ㈢207 722／㈡540 549㈢207 336 722
清右衛門 ㊀570
帯刀 ㈠694 744㈡59
忠盈 ㈥113
忠義 御前を止む㈦340㈧391。火賊査検㈧140。火賊捕縛㈧313 322 363。邸宅に火見櫓設置㈨170。非人乞丐等の区別を建議㈨169／㈧436 861。同心㈧287㈨170
忠光 ㈥221 412
貞栄 ㈩263
貞幹 山王社修理㈩618。甲斐国治水㈩657。日記編集㊀12／㈩617㊀38 135 136
貞久 ㈢409
藤五郎 ㈩128
藤十郎 ㊁411
山木織部 ㊁707
勝寛 ㈢511㈤242

山木勝義 ㈢120
勝倶 ㈨56
勝重 ㈡612
勝信 ㈤481
正次 ㈤499
正信 御前を止む㈨791㈩559／㈨684㈩363 567 796
正道（美作守） ㊁411
正富 ㈩796㊀212
忠右衛門 召預㈤481／㈤482 512
忠四郎 ㈤481
伴明 ㈩372 419
八十八 ㊀400
山口（安藤重長家士） ㈣229
伊豆守 ㊁261
和泉守 ㊀582
采女 ㊁526
出雲守 ㈣88
勘助 ㈠166
九郎左衛門 ㈠454
久兵衛 ㈠454
許之 幸仁親王饗応㈤334／㈤154 519 541
元吉 ㈢579
弘毅（周防守） 歿㊂639／㊁390 537

山口弘敞(監物)　㊁639
弘致(周防守)　大坂定番・恩貸金㊁8。
　卒伝㊁214／㊀53 363 ㊁181
弘長　卒伝〔十〕294／〔八〕513 575 591〔九〕31〔十〕159
弘定　〔一〕713 715
弘道　卒伝〔十〕732／〔十〕294 299
弘封(但馬守)　致仕㊁390／㊁214
弘豊　就封・停止〔七〕148〔八〕57。致仕伝〔八〕575
　／〔六〕330〔七〕455〔八〕501
弘務　卒伝㊀53／〔十〕682 732 795
弘隆　召預〔二〕235。赦免〔二〕235 443。江戸城々
　溝浚利課役〔三〕2。水口御殿番〔三〕478。
　水口代官〔三〕478 479。所替〔三〕479。近江
　水口預地返還〔四〕273。卒伝〔五〕270／〔三〕
　111 156 261 286 433 479 489〔四〕261 433 577 621〔五〕19
光久　徳松傅役〔五〕364／〔五〕370 561
光広　〔一〕166
光高　〔十〕577
光正　〔二〕545
光冬　〔六〕414 415
幸十郎　㊀588
佐馬助　〔一〕548〔二〕31
重恒　召預〔一〕235。赦免〔二〕235 443。分封〔二〕695。
　韓使饗応〔四〕146／〔二〕538 576 596〔三〕663〔四〕316

山口
338
重克　〔二〕79
重治　〔五〕66〔六〕115
重信　禁裏造営課役〔一〕548。婚姻〔一〕646。大
　坂へ刺客〔一〕700。大坂夏陣・討死〔二〕
　30／〔一〕503
重政　伏見城番〔一〕416 490 523。伏見城在番条
　約〔一〕490。加封・一万石拝領〔一〕540。
　禁裏造営課役〔一〕548。私婚姻・封地
　収公〔一〕608。謝罪〔一〕608。大坂へ刺客
　〔一〕700。赦免〔二〕235 443。召預〔二〕235。秀
　忠に進言〔二〕286。一万五千石拝領〔二〕
　460。卒伝〔二〕695。宅地収公〔五〕182／〔一〕
　580〔二〕528 549 695。家士〔一〕490
重長(島之助)　卒伝〔一〕523
重長(半左衛門)　〔五〕319
重直　〔四〕370 408 455〔五〕222 226
重貞　大中寺と訴論〔五〕182。大坂加番〔五〕312
　369 548 586。韓使館伴〔五〕442。卒伝〔六〕330
　／〔四〕33〔五〕182 270 407 437 448〔六〕9
重富　〔五〕160
甚兵衛　〔三〕267
図書助　寂光滝尾堂社修理奉行〔六〕304／〔三〕
　562〔六〕391

山口正蔵　㊁653
政信　〔四〕87
惣兵衛　〔一〕454
忠兵衛　〔三〕355〔四〕137
長次郎　㊁173
長十郎　㊁100
直安　〔六〕557
直意　巡見使〔九〕349 364 398／〔九〕671
直温(勘兵衛)　使番・火災巡見兼任㊁43
　／㊁127 159
直救　〔九〕472
直郷　佐倉城引渡〔九〕383 387。宇都宮城引渡
　〔九〕507 510。日光山修理〔九〕533。濃勢尾
　河堤修築監視〔九〕632 635。処罰〔十〕226／
　〔九〕414〔十〕581
直矩　〔五〕19
直堅(直賢)　伏見城番兼町奉行〔二〕236 355。
　甲府在番〔三〕224 259 277。深川番所中川
　へ引渡〔四〕398／〔一〕572〔二〕115〔三〕499〔四〕442
直之(山口直友カ、駿河守)　〔二〕175
直之(勘兵衛)　下田奉行官宅修理料銀〔六〕
　512／〔六〕631〔七〕171
直治　加封〔四〕204 396。徳川綱重家老に差添
　〔四〕396／〔二〕413 539〔三〕316 561〔四〕396 469 530 533〔五〕

山口 119
直重 越後高田目付〔五〕490 510。浅間社修理〔六〕129／〔五〕19〔八〕218 441
直承 ㊀110
直勝（相模守） ㊁135
直信（丹波守） ㊁579 669
直清 ㊀378
直友 丹羽郡代〔一〕122 504。高山右近ら配流〔一〕336。禁裏造営課役〔一〕548。天主教禁断〔一〕659 667。大坂冬陣〔一〕736 756／〔一〕79 99 122 519 528〔二〕97 236
直養（勘兵衛） 久能山東照宮修復㊁453 456／㊁471
直良 ㊀575
直倫 高田城引渡〔九〕32 36／〔九〕648〔十〕160
定堅 〔十〕541
定友 〔四〕8
鋳五郎 ㊁358
兵内 〔二〕22
豊隆 〔七〕430
六郎右衛門 〔一〕454
勘解由 ㊁31
山崎 〔五〕542
家治 大坂冬陣〔一〕709。転封〔二〕130〔三〕100 105 238。大坂城修築課役〔二〕186。福島正則収公・三原城守衛〔二〕167。江戸城石垣修築〔三〕1。加封〔三〕100。丸亀古城修築〔三〕282。卒伝〔三〕554／〔一〕593 690〔二〕535 570〔三〕396 434 554
家盛 卒伝〔一〕690／〔一〕76 547
閑斎 〔一〕742〔二〕36
義孝 〔十〕464 607
義俊 増上寺火の番〔十〕49／〔九〕736〔十〕587
義徳 ㊀74 413
義苗 〔十〕665 673
義方 〔五〕250〔六〕698 707
菊三郎 〔十〕289
久家 〔二〕79
堯治 一年半在邑〔八〕285 286／〔九〕367
欽弥 ㊁9
源太郎 〔三〕688 715
左門 〔十〕393
三左衛門 ㊁40
次善 ㊀92
治頼 〔四〕220
重政 江戸城外郭修理奉行〔四〕194。本所宅地幷溝渠奉行〔四〕346 520。蟄居〔四〕527／〔三〕499 665〔四〕102〔五〕152 167 552 561
山崎俊家 消防〔三〕639。卒伝〔四〕44／〔三〕249 554 563
勝政 〔三〕554
四郎左衛門 ㊁22
信盛 〔九〕428 721
信福 〔九〕478
新兵衛 〔十〕443
正虎 ㊀119
正周 浜松城引渡〔六〕497 502。警火〔六〕547 575。八王子千人組同心指揮〔六〕567／〔六〕270〔八〕125
正純 〔七〕16
正信 改易〔三〕499。島原・天草引渡〔三〕100 101。関東山野論所巡察〔三〕109。千代姫調度搬送〔三〕152 153。火災制伝命〔三〕213。御前を止む〔三〕273。長崎奉行〔三〕298 593。蛮船長崎着岸査検〔三〕492 495／〔三〕77 118 137 153 171 174 208 298 299 374 376 387 461 649 665 678
正道 ㊀218
正美 ㊀41
正豊（政豊、主馬・左兵衛・勘左衛門・伊兵衛） 家綱附〔三〕240／〔三〕656〔四〕500 522〔五〕270
宗因 ㊀670 710
主税助（交代寄合） ㊀724

山崎主税助(寄合) ㊁165 174
忠次(権十郎) ㊇216 550
忠次(大助) ㊄542 547
鎮次郎 ㊁423
縫殿助 ㊉443
八左衛門 ㊀730
兵左衛門(永井家士) ㊂688 715
豊治(豊家) 丸亀城引渡㊃220。封地水害㊄160／㊃44 ㊄475 ㊅29
山路主住 ㊉168
弥左衛門 ㊁542
山下勘解由 ㊉609
義勝 ㊁416
吉左衛門 ㊇596
検校 ㊄114 116
元清 ㊂295
幸内 ㊈159
綱正 ㊂334
信濃(尾張家士) ㊁247
周勝 清水船手役㊂139 144／㊁420 616 ㊂110 ㊃72 98
昌勝 禁裏造営奉行㊃397 449 454 477 577。土浦城引渡㊄438 442。日光山修理奉行㊄484／㊃72 ㊄368 407 498 517
山下勝英(五郎右衛門) ㊁100
勝延 ㊉422 753
勝季 黜免逼塞㊅67。赦免㊅140／㊅19
甚三郎 ㊂180
正兼 ㊀125
宗琢 養生の術下問㊂130。天主教信奉・斬首㊂446／㊁470 ㊂115。婢㊂461
又助 ㊁662
弥五左衛門 ㊂273 280
隆多 ㊉292 395
山　科 ㊄232
敬信 ㊈657
元棟 ㊀546
言行 ㊂485 ㊃532
言行女(二条光平養女・徳川綱重継室)
↓紅玉院
言緒 ㊀563
言総 ㊁384 ㊂400 ㊃48
忠言 ㊉462
頼言 ㊇718
山代忠久 ㊀720
山城忠久 彦根城造営奉行㊀113。駿府城造営奉行㊀424。名古屋城修築奉行㊀511。大坂冬陣㊀714。越後監使㊁103。日
山城 光家康廟造営㊁111 126／㊀691 746
山菅小右衛門 ㊁276
山澄英成 ㊃556
山添以直 ㊅717
英重 ㊄621
直辰 家慶附㊀190／㊉316 320 736 ㊀226
直疇 ㊀343 369
山田伊右衛門 ㊇372 854 ㊈14
伊右衛門 ㊁568
伊助 ㊁673
市兵衛 ㊁448
因幡(松平忠輝家士) ㊀499
宇右衛門 ㊀693
卯太郎 江戸城西丸大奥修復㊁341〜343
大蔵(松平忠輝家士) ㊁104
織部正 ㊀727 758 ㊁2
九右衛門 ㊁662
九兵衛 ㊁522
内蔵允 ㊄440 ㊅140
敬元 ㊆440
敬之 ㊉91 247
元貞 ㊅43
元明 ㊄586
源右衛門 ㊁229

山田小平治　[八]157
弘嗣　召出[八]343[九]256。論語進講[八]382
五郎八　㊁616
権九郎　赦免[四]470 487／[三]365
権次郎　㊁18
左一郎　㊀654
至郷　[十]481
至信　㊀497
次郎右衛門　[七]113
次郎右衛門　㊀771
十三郎　[四]271
重安　[四]525
重光(三十郎)　㊁442
重孝　[七]35
重厚　[八]279
重恒　[三]574[四]617。所属同心[四]431
重次　[二]51 78 109 356
重持　[四]211 222
重俊　[一]695
重勝　[二]470[三]25
重政　[六]471 510
重直　[五]246 270 275
重棟　徳川忠長附[二]402。長松邸造営奉行[三]571／[三]42 155 407[四]34

山田重利　大坂夏陣[三]41。松平忠輝封地監使[二]103。加藤忠広家士争論沙汰[二]154。福島正則改易[二]165。年労褒賞[二]607／[一]127 705 762[二]311 538 596 603[三]4
春吉　[二]668
小兵衛　[七]443
将監　[二]71
勝之　日光諸堂社修理[九]749／[十]544 580
勝房　[三]301
勝用　[八]542
常起　[四]108
信治　[三]77 565
信隆　[六]635[八]144
真周(信周)　[六]707[八]316 445
新右衛門　[一]29 31 135
新十郎　[九]229
甚五郎　㊀587
助左衛門　㊀727
正熙　㊀410
正久　[一]120
正勝(志賀左衛門)　卒伝[一]473
正勝(源右衛門)　[十]490
正信(如成)　城辺宅地購入金下賜[三]286。家綱附医員[三]449／[三]247 253 261 357 381 392

山田
429 466 511 522
正信(八左衛門)　[五]58
正世(松平忠輝家士)　松平忠輝行跡愁訴[一]494。死罪[一]499／[一]510[二]297
正清　蔵奉行[三]273 274／[一]121[三]140
正貞　召預[三]589／[三]355[九]188
正方　[七]440
成高　[三]555
政孝　[十]125
政春　[二]119 475
清左衛門　[三]572[四]566
清之丞　[八]333
清兵衛　[六]273
仙庵　廩米宅地収公・追放[六]84。赦免[六]140／[四]24 34
専之助　㊁11
宗右衛門　[二]436
宗悦　㊁146
太一　㊀798
長秀　[九]52
長政　[二]468
直郷　㊀528
直弘　[三]190
直時　伯耆代官[一]696／[二]472 651

山田直秀 ㊈123
直貞 ㊈427
直房 伊勢美濃近江堤防破壊所巡察㊃582 589／㊄153 272
直利 ㊁573
仁右衛門 ㊁209
仁左衛門 ㊁216
八蔵 ㊀155
隼人 ㊁103
美政 ㊀603
彦大夫 ㊀789
日向守 ㊁434
豊重 ㊅606
又蔵 ㊁154
満明 ㊄553 571
茂左衛門 非人救助㊁372／㊀378 416
茂助 ㊁353
主水 ㊀156
与市 ㊇663
利延 ㊈450 472 502 608
利往(肥後守) ㊁7
利厚 ㊇186
利寿 ㊀23 479
利正 ㊁667

山田立長 ㊀583 653
六郎左衛門 ㊁612
山高信賢 八重姫附㊅303／㊅315 495 ㊆332
信俊 ㊄250
信相 ㊈490 497
信成 ㊉749
信枚 ㊀492
信保 富士川奉行㊃364。堤防修築奉行㊃384。銀山奉行㊃392
信礼 ㊈99 103
親重 ㊀438 ㊁116
八左衛門 ㊀464
山寺信映 ㊈451
信興 ㊉608
信光 ㊀99 438
山名伊賀守 ㊁204
義安 ㊈665
義往(義照) ㊄163
義旭 ㊆437
義玄 ㊂223
義持 ㊀226 400
義照(豊満) ㊃554
義徳 ㊉138 139 220 492 ㊀246
義方 ㊉683

山名義豊 ㊅747
尭熙 ㊀676
矩豊 奥詰㊅117 747／㊁450 ㊂325 599 ㊅352
光豊 ㊅192
恒豊 ↓清水恒豊
左内 ㊇295
佐渡守 ㊁331
時信 ㊆289
重周 ㊇177
重兵衛 ㊀709
親豊 ㊆437
図書頭 ㊁461
禅高 ↓山名豊国
泰豊 勘気赦免㊅72。召預㊅189 549／㊄437 ㊅72 95 131 ㊇275
忠兵衛 ㊁518
鉄之丞 ㊁143
主殿 ㊀576 ㊁65 254
中務 ㊁65
豊義 ㊁363
豊暄 ㊈34 ㊉184
豊国(禅高) 大坂冬陣㊀259。談伴㊀298 ㊁283。両吟の連歌㊀676／㊀200 580 592 ㊁248 363

山名豊就　家伝『犬追物の記』呈上〔八〕510。家蔵の戎器進覧〔八〕677〔九〕267。加封・万石に列す〔八〕821。御前を止む〔九〕79。紅葉山東照宮修理〔九〕375 378 400／〔六〕464〔九〕2 441

豊翔　㊀67

豊政　〔二〕363 487

豊峯　〔九〕461

豊明　〔十〕61 531

豊有　〔五〕260

隆豊　〔六〕212 555

山中市兵衛　〔六〕105

介重　〔二〕692〔三〕120

介政　〔二〕218

覚兵衛　〔一〕166

吉良　〔二〕203

釿俊　〔六〕550〔八〕341

内蔵助　〔一〕747

元吉　〔二〕243〔三〕42

源左衛門　〔三〕420 740

源四郎　〔九〕742

広亮　御朱印〔九〕472／〔十〕282 344

権平　㊁275

三右衛門　〔二〕593

山中時焉　〔七〕423

時盛　〔八〕575

庄三郎　〔九〕742

鐘俊(鍾俊)　㊀277 289

信三　〔三〕78 109

信時　江戸城本丸造営〔三〕190。山形領引渡〔三〕349／〔三〕356

新次郎　〔九〕512

盛征(壱岐守)　㊁604

宗益　〔十〕842

宗俊　〔一〕449〔三〕432

長左衛門　㊀727

長俊　卒伝〔一〕449

直張　〔五〕380

東俊　〔六〕205 225

半左衛門　〔四〕111 120 263

主水正　〔一〕548

山梨胤次　〔二〕573〔三〕627

山野勘十郎　〔五〕541

山野辺義堅　〔三〕39〔四〕444

義照　〔六〕718

義清　〔五〕502

義忠　〔二〕232〔三〕39

正義　〔八〕544

山野辺主水正養母　↓水戸慶篤姉

山村外記　〔六〕598

甚兵衛　〔六〕597 598

長大夫　〔七〕371

良安　〔一〕475

良旺　御前を止む〔十〕333。処罰〔十〕747。両国橋修復㊀52／〔十〕290 558 ㊀254 267

良喜　〔九〕676

良弘(良章)　〔二〕628〔三〕544〔四〕484

良考　〔八〕576〔九〕70

良尚　召出〔四〕503／〔四〕490〔七〕179 201

良章　↓山村良弘

良勝　〔一〕475〔二〕658

良豊　〔二〕585

山室鬼之助　〔二〕23

山　本　〔五〕231

惟直　㊀165 193 202 203 551

市右衛門　〔三〕257

采女　〔四〕576

右衛門　㊁65

永次郎　㊀373

雅攄　〔九〕716

喜右衛門(池田輝澄家士)　〔三〕197 198

喜時　〔十〕655

山本吉正 [三]156
久玄 [四]622
久豊 槍法天覧[七]260[九]188／[八]647
久明 [四]622
久茂 槍法進覧[三]685 686[四]621[五]349。無遍流槍法[三]714。槍術精研・召出[五]631[五]349
久和 [九]188
近正 [二]467
玄丈 [六]714
玄潭 ㊀632
源左衛門 ㊁352
公尹 [六]40
公達 [九]730
五郎八 ㊁191
作右衛門 ㊀656
作左衛門 [九]258
三安 [七]49 440
三右衛門 [四]486
三道 [十]794
次郎右衛門 ㊀673
時亮(清兵衛) ㊁678
実福 [十]770
重時(庄助) [六]623

山本重成 一里塚造築[一]104。彦根城新築[一]111。駿府城造営奉行[一]424。松平忠輝封地収公監使[二]103／[一]762[二]114
春阿弥 [八]799
少壮 [八]231
庄右衛門 [九]159
庄右衛門 ㊀785
尚征(尚徃) [七]6[八]418
尚盛 [六]284
尚平 [十]660
勝忠(左京大夫・三位) [三]152 485 537 552[四]115
勝忠(安兵衛) [八]691
勝長 [三]573
勝明 ㊀562
新九郎 [三]118
親行 [十]259
甚三郎 ㊁128
信時 [三]673
正為 [六]477
正胤 [九]646㊀182
正永 [五]529
正延 [八]33 55
正吉 [二]163 578
正堅 召出[八]9／[八]727 738

山本正虎 閉門㊀373／[九]646㊀574
正次 [五]387
正治 [三]284
正識 [八]835
正樹 [八]332
正重 [二]700[三]314
正勝 [六]541
正辰 [八]599 602
正信 [二]578[三]525 565
正成 [一]260 756
正相 [九]717
正聡 [九]611
正大 [八]612 615
正仲 [八]853
正直 家光葬送[四]3 5 6。江戸城修理[四]80 93 332／[二]553[三]326 339 458 534 612[四]113 432 435 548[九]188
正凭 ㊀180 364
正芳(庄三郎) ㊁194 198
正茂 [二]600 638[三]242
政矩 [八]541
政重 [二]577[三]614
政勝 [七]385
政徳 ㊀185

山本政博　㊀280
　政法　㊀609
　清兵衛　㊁516
　善三郎　㊅448
　宗英　㊀615
　宗琢　㊂617
　宗茂　㊄349
　惣兵衛　㊁647
　大膳　㊁372 616
　太左衛門　㊀648
　太郎大夫　㊁610
　知久　㊀503
　知候　㊄455 461 473 498 ㊅304
　伝九郎　㊇516
　道意　㊃137
　道栄　㊄520
　道勺　㊁460 485 486
　道照　家綱針治㊃359。大奥治療㊄381。東福門院治療㊄256 277 291／㊂632 ㊃337 362 393 ㊄264
　道茂　㊇9 567
　藤左衛門　㊁227
　主殿　㊀725
　半之丞　㊁112
山本兵部　㊃60
　標正　㊅307
　文左衛門　㊁59
　兵助（秋田季久家士）　㊅262
　平六郎　㊀646 654
　又十郎　㊁44
　美作守　㊁449 532
　茂高（主水）　㊁425 431
　茂詔　㊈404
　茂親　㊈91 ㊉105
　茂珍　㊉617
　茂明　召出㊇9。旗幟管掌㊇797 810／㊇693 ㊈11 267
　本左衛門　㊀731
　弥兵衛　㊂591
　邑綱　槍剣進覧㊂685。江戸城諸門造営奉行㊃334 341 362／㊃486 522 ㊄114
　邑旨　巡見使㊆60 86／㊃555
　邑貞　㊉324
　雄三郎　㊁449 680
　良勝　㊂530
　良輔　㊁487
　六十郎（金春）　㊅83
山脇久左衛門（池田輝澄家士）　㊂197 198
山脇玄陶　㊈408
　尚徳　㊈408 414
鎗半蔵　↓渡辺守綱
鑓半平　↓戸田重元

ゆ

弓気多元珍 ㊇853 ㊈426
七之助 ㊁325
昌吉 米子城収公監使㊀491。勘気㊀635／㊀485 ㊁190 203 365
昌勝 勘気赦免㊁511。長松邸造営奉行㊂571。日光東照宮銅瓦葺奉行㊃90 104 117。信濃川中島目付㊃290 309／㊁539 ㊂435 ㊄241
昌仁 ㊀282
弓削多基政 ㊇53
基隆 ㊀476
景禎(雄心) ㊀476
景福 ㊈404 ㊀179
由井久平 ㊁545
由比楠左衛門 ㊀711
光運 ㊁557 611
正吉 ㊀455
貞勝 ㊀225
由良国繁 卒伝㊀539／㊀192
新六郎 ㊀731
親繁 江戸城土居修理奉行㊃296。禁裏造由良営奉行㊃397 477。太刀役㊄1 33 64／㊃546 550 580 582 606 607 ㊄14 16 24 25 56 92 156 189 333
貞経 ㊀449
貞整 家伝の戎器進覧㊈267。日光家光百周忌法会㊈498 511 515。同僚指麾下命㊈660 ㊉54／㊈119 434 440 677 758 763 ㊉522 627 711
貞長(貞繁、新六郎・市兵衛) ㊁421 ㊂145
貞長(刑部) ㊇433
貞通 ㊉161 805 ㊀25
貞繁 禁裏造営課役㊀548／㊀400 457 704
貞隆(播磨守) ㊁690
久之助 ㊁524
頼繁 高家㊄311／㊃397 571 ㊄148 355 373 383 399 410 422 424 443 447 454 456 462 472 476 591 ㊅248 478
油井光勝 ㊂284
正雪 自殺・梟首㊃18 22／㊃23 416 ㊄341。与党査検処罰㊃19 22 25 29／㊃17
油川信忠 ㊁369 401
信貞 ㊁369 401
湯浅右近大夫 ㊀548
覚大夫(石谷貞清家士) ㊂85
湯上昌信 ㊀144
湯上弥次右衛門 ㊅599
湯川永貞 ㊄493
延房 ㊅714 ㊆100
元倓 ㊀522
五兵衛 ㊁23
治兵衛 ㊀733
寿三 ㊀788
湯瀬十右衛門 ㊄27
遊佐信義(九伯) ㊀485
瑞林(九卜) ㊄391 ㊀598
卜庵 ㊀737
有庵(装潢師) ㊂164
有雅(醍醐寺) ㊅194
有清(八幡善法寺) ㊃512
宥衛(王子金輪寺) ㊇778
宥鑁(真福寺) ㊅144
祐月(伝通院) ㊉552
祐信(大善寺) ㊀94
祐宣(智積院) ㊀587
祐長(明星院) ㊀617
祐天(増上寺) 増上寺住職㊆203。優待㊈296／㊅357 ㊆203 209 361 384
結城権之助 ㊀694
秀康 →松平秀康

結城晴朝　卒伝[一]672／[三]567
遊竜順（唐商）[九]316
弓場団右衛門[七]210
夢野市郎兵衛[四]82

よ

ヨハン　↓シドッチ
与右衛門（商人）[一]118
余語伊成　卒伝[二]7
　堅寿　訓諭[四]618／[五]407 433
　元善[八]687 699
　三守[六]122 140
　勝諸[十]289
　常寿[三]657
　瑞成[一]185 244
　良仙[一]730
依田吉正[二]668
　玄春　召出[五]579／[五]581[六]261
　源太左衛門[二]674
　源太郎[八]691
　恒信[十]388
　康国[一]292
　康貞[一]292
　国吉[二]311
　左助[八]383[九]229
　守安[五]387 499 591[六]5 26
　守輝（焜之助）[二]488
依田守次（甚五左衛門）[三]236
　守次（守治、甚五郎・甚五左衛門）[七]436
　守寿[十]616 618[一]120
　守秀[二]578
　守治　↓依田守次（甚五郎・甚五左衛門）
　守直[二]248
　守庸[九]739
　尚友[一]192
　照冬[四]549
　信弘[二]311[三]42
　信守[一]108
　信重（信忠、内蔵助）　諸国巡見[三]61。奉職面命[三]145／[三]230 488 499[五]202 212
　信重（源太郎）　上総佐貫城請取[五]530 532／[六]79 92
　信政　韓使登城警衛[三]323／[一]108[二]507 538 616 648[四]42 269
　信忠（権兵衛）[二]311[三]168
　信貞[八]152
　信蕃[一]291
　信福[一]598
　信方[五]212
　政恒　御前を止む[九]587／[十]16 631
　政次　器量・累進[九]218。至心院埋葬[九]450

依田
452。日光家光百年忌法会㈨497 512 515。
吉宗大葬㈨539 545。寛永寺綱吉廟修
理・吉宗宝塔造立㈨539 567。高田馬
場流鏑馬㈨578。御前を止む㈩77 163。
将軍世子御用掛㈩657／㈧834 ㈨320 326
㈩209 311 707
政武 ㈥495
政明（伊賀守） ㈡137
政有 ㈨6 439
盛吉 ㈡311 578
総兵衛 ㈡233
貞辰 ㈧425
貞清 関宿江戸間水路浚利奉行㈣353 400／
㈡248 ㈢301
豊前（松平因幡守家士） ㈠768
伯耆（大工棟梁） ㈥93
誉章（住心院） ㈨362
蓉香院（寿姫、家斉女） 卒伝㈠538／㈠520 521
葉縦院（満天姫、松平康元女・津軽信枚室）
㈠557
瑤台院（米姫、家慶女） ㈡108 201
瑤林院（加藤清正女・紀伊頼宣室） 歿㈣560／
㈠96 557 ㈡606 ㈢642 ㈣150 202
瑤林院（国姫、水戸宗翰女・今出川実種室）
㈩533 ㈠574
養源院（京大仏） ㈣609
養珠院（おまんの局、蔭山殿・家康側室） 水戸
頼房出産㈠87。駿府遺物下賜㈡97。
甲斐大野本遠寺㈢408 672 677。歿㈣89
／㈠87 449 527 ㈡96 316 428 429 527 535 685 ㈢29
56 125 146 189 218 221 232 239 244 251 283 305 336 341 365
398 408 466 473 494 559 575 610 629 650 651 ㈣34 85 86
養仙院（八重姫、鷹司輔信女、同房輔養女・綱
吉養女・水戸吉孚室） ↓随性院
養蓮院（お品の方、藤井兼矩女・家治側室）
卒伝㈩584／㈩104
横井三大夫 ㈠725
十郎兵衛 ㈠752
丹良 ㈨405
横池吉次 ㈡229
横江清四郎 ㈡154
横尾昭平 佐渡代官㈨590／㈩318 602 721
横川次大夫 ㈠737 758
横沢将監（伊達家士） ㈡105
横瀬貞径 ㈠631
貞顕 ㈥388 ㈦172 ㈧487 496
貞国 ㈥385 ㈧656
貞臣 御前を止む㈩591／㈩421 ㈠449
横瀬貞征（駿河守） ㈡238 473 485
貞能 ㈠47
貞隆 ㈩181
横田以松 ㈠361
尹松 高天神城攻㈠162。大坂冬陣（機智㈠
259 740。先手指揮㈠714）㈠715 720 726 727 737
744。大坂夏陣㈠270。松平忠輝封地
収公監使㈡103。御談伴㈡283／㈠691
㈡158 210 335 538 553 594 623
胤松 家光近侍㈡210。奥勤㈡449／㈡477 ㈢
280 ㈣513 515 629
栄松 表右筆所日録管掌㈨367。紅葉山霊
廟修理㈨378 400 562 564。日記精勤㈨441。
至心院埋葬㈨450 452。吉宗大葬㈨539
545／㈨425 551 581 673
延松 ㈠455 474
九左衛門 ㈢114
喬松 ㈠508
景胤（景松） 消防指揮㈣342。刃傷㈣412／
㈢477 526 574 ㈣69 356 377
小一郎 ㈡616
重松 ㈢261
述松 江戸城二丸鳥銃場設置奉行㈣115／
㈡538 616 ㈣343 ㈤155 317

横田俊益　[五]41
準松　邸宅失火[十]555。成島信遍に入門[十]816／[十]499 618 825 ㊀5 30 33 124
松春　[十]302
松房　[十]754
松茂（源太郎）　㊀54 81 ㊁130 143
政松　[二]162
清松　出仕を止む[九]552。特恩[十]214／[九]744 [十]30
村詮（内膳）　誅伐[一]100 485 493
大学（横田政松男）　[二]239
忠朗　[五]502
貞松（筑後守）　㊁431 437
能之　[五]513
美清（源兵衛）　㊁705
茂松　㊀500
由松（重松）　天主教考察[六]568。シドッチ尋問[七]66。貨幣改鋳[七]97 410。韓使[七]182 [八]102 173。日記管掌[七]208。諸国高札[七]241 350。江戸府内邸宅査検[八]79。吉宗召出[九]144／[五]379 443 468 500 [六]299 [七]209 397 405 418 [八]328 419
庸松　[五]513
横地安信　奥方番[五]65／[一]705 [二]335 449 [三]44 65

横地吉次　[四]31
元孝　㊀170
五郎左衛門　[五]145
左太郎　[三]223
次郎左衛門　[四]574
正賀　[八]186
正矩　[九]616
正長　[九]743
政吉　[二]369
政次　[二]579
忠重　[三]129 145
定成　[九]395
横手市兵衛　[一]454
経隆　↓柳沢経隆
横屋保昌　㊀331
横山一義　鶴松抱守[三]525／[三]674 [四]545 [五]328
一吉　[一]122
一久　[九]80
一孝　[十]77
一重（横田）　[二]573 [三]117 125
一常　[六]446
一政　[一]122 [三]44 295 426
一貞　㊀607
一豊　[四]391

横山興知　家光上洛宿割[二]598 624／[一]122 [二]106 303 375 539 [三]6
元知　福山城目付[六]351 355 377／[六]436 490 508
監物（前田家士）　㊀686
軍次郎　[九]715
式部少輔　[二]128
錞三郎　㊁609 634
春清　[八]313
庄右衛門　[四]81
正員　[四]197 283
正喜　[八]40 41
正次　[二]104
正勝　[一]576
正辰　㊀284
正良　[十]642
政信　[三]466
清章　二丸火災消火[九]425／[十]277 290
清兵衛　[三]560
大膳（前田家士）　[三]458
大膳亮（前田家士）　[二]128 613
知愛（土佐守）　㊁530
知遠　[十]339
知清　山王社修復奉行[四]45 264 307。下館在番[四]183 229。窃盗捜索[五]5。日光河

横山　川浚利㊄509 525／㊂6 15 533 618 ㊃476 514
　㊄257 548 ㊅81
知明　㊉673 ㊀5
知雄　㊀137
忠知　㊇723
長知　㊁36 51 ㊂15
直之　㊅459
貞信　家治婚儀㊈604 631。濃勢尾河堤修築
　監視㊈632 635。倹約令㊈636／㊈597 649
伝之助　㊁271
藤左衛門　㊅216
内記　㊀731 ㊁161
八十郎　㊈715
杢之助　㊃555
弥次右衛門　㊅171
山城守(前田家士)　㊀623 ㊁128 458 459 615
利春　㊀119
吉江十左衛門　㊁510
政徳(左門)　㊁475
政福(左門)　㊀622
政福女(おそでの方、家斉側室)　↓本性
　院
吉岡久清　㊅714
憲法　㊀668

吉岡四郎右衛門　㊁129
段蔵　㊁261
豊前(彫工)　㊂281
豊前(彫工)　㊇318 392
吉　川　↓キッカワ
吉川一従　㊇758
一信　㊇35 257
加賀守　㊀776
郡治　㊈425
検校　㊄75
元瑞　㊉428
源蔵　㊄548
三郎左衛門　㊇362
従時(惟足)　履歴㊃618。召出㊅750／㊄377
　468 ㊅750
従純(能登守)　㊁221
従弼　江戸城々溝浚利助役㊉82。加封㊉
　182 ㊀23／㊀72
宣清　㊉697
丹後守　㊁192
四方之進　㊁249
和三郎　㊀392
吉倉六兵衛(会津藩士)　㊀456
吉里信貞　㊂616

吉沢宇平　㊁106
吉　田　家　㊄192 ㊉705
吉田伊左衛門　㊁70
意安　㊈322
出雲　㊀354
一貞　㊄332
大蔵　㊀717
佳国　㊈8 ㊉274
快庵　㊀655
快庵　㊁127
勘右衛門　㊃25
幹(快菴)　㊀165 193
義昌　㊉289
吉晧　↓吉田宗晧
久兵衛(処士)　㊄502
郷教　㊀390 642 643
郷直　㊇35
金次郎　㊁269
君長　㊉788
兼英　㊂318
兼敬　巫祝の学㊃551。豊国社再建㊃554。
　社家法度㊄25。宅地火災㊄100。罹
　災居宅造営費㊅707／㊃551 ㊄404
兼敬女　㊃615

吉田兼見　[一]464 529
兼治　判物下賜[一]111／[一]498 [二]96
元端　㊀653
元長　㊀653
玄庵　[八]658
玄菴　㊀791
玄蕃　[十]256
玄蕃頭　[一]548
源次郎　㊁198
佐太郎　[一]86
策庵　㊁127
貞之助　㊁678
之参(元卓)　召出[八]806 [九]547。吉宗治療[九]291／[八]381 [九]448
四郎兵衛　㊀730
七郎左衛門　㊁697
秀庵　㊀654
秀賢　㊀441 550
秀升(佐々木、秀斗)　[十]321 ㊀441
秀長(佐々木)　[十]321 805
秀伯　㊀654
修理(松平忠直家士)　[二]32 34 35
重恒　[一]457
重識　㊀298

吉田重寿　[二]400 642
重信(重春)　[三]116 [四]201
順庵　[九]285
如見(吉皓)　[一]538
庄兵衛　㊁540
昌全(自安)　[六]110 156
松庵　[二]549
勝輝　[六]358
常備(仁庵)　[八]700
常備(秀和)　[十]57
浄元(盛方院)　病者治療[三]252 416 [四]283。家光治療[三]681 682／[二]212 219 334 520 627 [三]98 193 245 [四]66 125 177
浄仙(盛方院)　改易[六]474。赦免[七]362／[六]378 390
浄珍(盛方院)　[一]589 693 [二]212
浄友(盛方院)　小普請入[六]84 749／[五]89
信好(大蔵)　[七]84
信脩　[十]572
真清(快隆)　[九]577
真養(快隆)　[九]466
助四郎　㊁392
正之　[八]434
正時　[二]43

吉田正秀　㊀164
正蔵　[二]613
正直　[一]120
正定　[一]504
成方院　㊁432
政永　[八]403
政重　[九]643
政勝　[二]432
清大夫　[五]502
盛教　[六]66 247
盛美　[十]643
盛封　[七]402 [八]436 [十]45
善正　[九]636 647
宗以(策庵)　宅地購入費下賜[三]286／[三]381 392 449 508 522 566 [四]407 593 [五]364 537 [六]748
宗懌(意庵)　[十]683
宗恪(意庵)　定府[二]617。亀松治療[三]494。病者治療[三]640 [四]122 343 362 371 393 431 573 [五]81 84 170。家綱治療[四]288。類焼[四]380／[二]229 421 627 [三]99 191 315 379 518 750 [四]345 392
宗活(機庵)　病者治療[二]143 355 [三]51／[二]402 450 494 [五]89 196 238 357 392
宗亨(策元)　追放[六]84。赦免[六]140 407。召返[七]122

吉田宗怡（意庵）　〔八〕199
宗皓（宗達、吉皓）　大坂冬陣〔一〕693／〔一〕516 642 〔三〕97 143 159 229
宗恂（意安）　薬調合〔一〕346。卒伝〔一〕516
宗成（長庵）　〔三〕493
宗仙（松庵）　〔三〕632
宗知（周竹）　〔五〕537
宗仲（策庵）　〔八〕654 749
宗通（長達）　〔六〕84
宗貞（一庵）　〔六〕213
宗恬（意庵）　病者治療〔五〕489。家宣診脈〔七〕246。家伝の『扁鵲像』進覧〔八〕111／〔五〕591 〔六〕176
宗和（長庵）　〔四〕589 593
丹治　〔九〕266
主税　〔二〕639
忠寄　〔六〕714 〔七〕49
忠祝（忠税・忠説）　〔九〕665 〔十〕397
忠直　〔十〕801
長因（角倉）　〔三〕249
長達　〔一〕653 708
長禎　〔一〕787 796
朝寿　〔二〕642
通寿　〔二〕400

吉田貞侯（貞候）　〔五〕382
初右衛門　〔四〕18
伴春　〔八〕679
不先（秀庵）　〔八〕700
平三郎　〔四〕62
包伯（長円）　〔六〕511
梵舜　↓梵舜
槇右衛門　〔九〕241
与次右衛門　〔二〕207
頼庵　〔二〕432
頼挙（快庵）　〔一〕246 269 323 499
頼修（栄庵）　〔一〕417
了栄　〔一〕791
吉野勘十郎　〔二〕662
信安　〔三〕190
信次　〔二〕549
信旨　〔九〕453
信積　〔九〕507 〔十〕615
信通　〔二〕314
吉益玄悦　〔六〕84
寿庵　〔六〕84
重陸（春庵）　〔八〕631
忠園（玄忠）　〔八〕631
忠温（春庵）　〔一〕360

吉松亀太郎　〔一〕500
正弘　〔一〕600 607
正穀　〔八〕291
正常　〔一〕410 430
吉見儀助　〔二〕433
大右衛門　〔五〕37
直応　〔一〕386
定右衛門　〔二〕182
半之丞　〔四〕73
吉村七郎兵衛　〔三〕588
又右衛門　〔二〕168
吉本三郎右衛門　〔二〕625
与惣右衛門　〔二〕351
好田石見　〔一〕649 775
芳波昇　〔二〕334
四辻　〔五〕231 232
季継　秘曲『伊勢海』再興〔二〕390 〔三〕718／〔二〕125 661 〔三〕9
季賢　〔四〕350 536
季輔　〔五〕38 96
公尚　〔六〕706
公万　〔十〕371
公理　江戸城内管絃弾奏〔四〕536。罹災〔五〕96／〔三〕98 164 400 〔四〕6 8 530

よ

淀殿（大廣院） 大坂夏陣〔一〕130〔二〕39。大仏鐘銘事件〔一〕677 683。権勢〔一〕749。和議〔一〕751 754／〔一〕380 387 458 544〜546 754〔二〕11
米津安増 〔九〕404
勘十郎 〔一〕593
喜兵衛 〔八〕661
小大夫 ㊁372
康勝 〔一〕704〔二〕11
重勝 〔三〕249
春親 〔一〕653
所左衛門 〔三〕114
常春 卒伝〔一〕602
正守 江戸城本丸造営警備〔三〕155／〔二〕561〔四〕158
正勝 一里塚築造〔一〕104。江戸城修築課役〔一〕119。上杉征伐〔一〕217。関ヶ原合戦〔一〕227。樸訥〔一〕312。伏見城守衛〔一〕434。駅路条令〔一〕558。山城国検地〔一〕571。配流〔一〕621。誅伐・伝〔一〕653／〔一〕312 571 621〔二〕204。家士〔一〕480
政懿（越中守・伊勢守） ㊀421 585 ㊁63 515
政吉 〔一〕573〔二〕450
政矩 卒伝〔六〕498 504／〔五〕551〔六〕350 447
政崇 封地水害凶荒〔九〕699。致仕伝〔十〕261／〔八〕781 834〔九〕129 498 500
米津
政彬（梅千之助） ㊁658 673
政武 遠慮〔六〕23。致仕伝〔六〕350／〔五〕511
政容 大坂定番・恩貸金〔八〕516。卒伝〔八〕834／〔六〕338 504
清三郎 〔三〕114
通政 上知所替㊀385。致仕伝㊀421／〔十〕234 261 285 392 ㊀294
田員 〔十〕669
田賢 戒諭〔五〕475。分封〔五〕511。江戸城大奥修理〔七〕19。大奥広敷・小普請組管掌〔七〕59。鳥銃管掌〔七〕100／〔四〕596 631〔五〕149 237 238 266 270 442〔六〕133〔八〕372
田岡 〔八〕566〔九〕70 589
田恒 〔十〕351
田将 〔十〕809 ㊀521
田政 年季奉公人管掌〔一〕477 619。秀忠上洛留守〔一〕703。高野山僧侶尋問〔二〕122。福島正則改易〔二〕167。最上騒動〔二〕232／〔一〕122 652〔二〕13 331〔三〕738
田盛 甲府在番〔三〕178 226 482 550。宝樹院宝塔造営奉行〔四〕70 97。一万石加封〔四〕561。卒伝〔五〕511／〔二〕370〔四〕22 239 259 561 573〔五〕146
田朝（内蔵頭・周防守） ㊁71 191 350
米津田利（小大夫） ㊁701
田和 火災地巡察〔八〕538／〔八〕563 661
米倉釆女 ㊁106
永時 〔二〕316
義継 〔二〕79
小伝次 〔一〕448
重種 〔三〕64 246
昌尹 武蔵忍・騎西・吉見見分〔五〕538 543。中野犬小屋普請惣督〔六〕231 247 252。増上寺修理惣督〔六〕303。万石に列す〔六〕256。加封〔六〕256 355。納戸・細工所・普請管掌〔六〕284 320。京摂の河功・東海道巡察〔六〕327。国用管掌〔六〕329。近江勢多川巡見〔六〕337。上方諸代官指揮〔六〕337。寛永寺根本中堂造営〔六〕337 358 359。卒伝〔六〕374。綱吉に抜擢さる〔六〕733／〔六〕256 285 348 377
昌盈 火災地巡察〔十〕521 ㊀155／㊀182
昌賢（昌堅） 卒伝㊀387／〔十〕559 794 808 ㊀212
昌寿（丹後守） 恩貸金㊁282 692。江戸城西丸造営費上納㊁393／㊀690 ㊁87 245 270 278
昌俊 歿㊀690／㊀511 512
昌照 卒伝〔七〕235／〔六〕475

米倉昌縄　家禄収公〔三〕408。細川忠興に臣従〔三〕409／〔三〕451
　昌晴　別墅失火・戒諭〔十〕568。卒伝〔十〕794／〔九〕485 495〔十〕542 787 788
　昌仲　〔六〕378 458 510
　昌長　延暦寺諸堂社修理〔九〕583 611／〔九〕399 617〔十〕453
　昌明　雁間詰並〔六〕256。卒伝〔六〕475／〔六〕377
　昌由　致仕伝㊀512／㊀387 388
　昌倫　〔八〕438 684
　信継（丹後守）　〔一〕647
　信継（加左衛門）　徳川忠長附〔二〕116 143／〔三〕243
　信次　〔三〕532
　正継　〔二〕143〔三〕243
　頼母　㊀748
　千鋳太郎　㊀692
　忠仰　卒伝〔八〕684〔九〕210／〔七〕235〔八〕33 298。家士〔八〕684
　半左衛門　〔六〕210
　満継　〔一〕99
　里矩（里規）　卒伝〔九〕485／〔八〕684〔九〕210 378
　六左衛門　〔六〕210
米地宗良　〔二〕369
米地半助　〔一〕166
米野康匡　〔九〕663
米村市之丞　〔一〕697
　加賀右衛門　〔一〕733
　権右衛門　大坂陣〔一〕728 742 746 750 755〔二〕9
　次大夫　〔一〕697
　六兵衛　〔一〕697
米屋新右衛門　〔一〕608
米山権右衛門　㊀695
依藤半右衛門　〔一〕635

ら

ラクスマン　㊀199
らくの方（押田氏・お楽の方、家斉側室・家慶生母）→香琳院
らくの局（増山氏、家光側室・家綱生母）→宝樹院
頼意（小池坊）　〔四〕620
頼渓（頼慶、高野山遍照院）　処罰〔一〕514。諍論〔一〕475／〔一〕476
鸞宿（瓜連常福寺・知恩院）　〔八〕826〔九〕377

り

りさの局（青木氏・家光側室）　↓定光院
りをの方（朝比奈氏・家斉側室）　↓超操院
利加（高砂人）　[二]417
利玄（碁師）　[一]456
利天（増上寺）　[八]610 673
利瑪竇　[一]335 [九]292
李　昭　[一]436
李　逸済　[九]461
李　柱国　[九]461
李　彦綱　[五]457
李　昌基　[九]461
李　世蕃　[九]460 461
李　大衡　[九]316
李　焞　[四]349
李　柏齢　[九]461
李　文長　[一]650
李　勉求　㊀672
李　邦一　[九]461
李　邦彦　[七]187
理　岸　院　↓徳川大五郎
理忠尼（宝鏡寺宮、後水尾天皇女）　[六]54
立経（立詮・高野山見樹院）　[三]417
立詮（高野山見勝院）　[三]341
立佺（高野山見樹院）　[三]552 620
柳右衛門（市人）　[三]280
竜渓（普門寺）　[四]284 286
竜造（結城弘経寺）　㊀507
竜造寺季明　[一]444
　高房　卒伝[一]444
　主膳　[三]446 [四]263
　政家　卒伝[一]444
　伯耆　[三]366
竜芳（東福寺）　[十]144
隆庵（関隆庵カ）　[三]446
隆　庵　妻　[三]461
隆慶（護持院）　新義真言色衣制[八]67／[七]450 [八]21 35 63
隆光（知足院・護持院）　安鎮修法[五]587 589 591 592 615 617 [六]347。宅地下賜[六]4。宅地転換[六]5。綱吉帰依[六]21。別院の地下賜[六]25。講談・論義[六]104 220 250 255 263 278 281 297 302 305 307 317 321 355 356 358 364 390 394 413 425 428 448 458 475 498 521 538 644。密法伝授[六]117。綱吉染筆下賜[六]208。新義真言僧録[六]240。水天供修法[六]522。隠居地下賜[六]648。養老料[七]50。新義真言色衣制[八]67／[五]548 572 589 590 620 [六]32 110 209 217 255 298 340 521 543 544 647
隆光弟子季寿丸　↓牧野成春
隆　章　院　↓松平斉省
隆崇院（二条光平女・九条兼晴養女・徳川綱重室）　定婚[四]389。歿[五]42／[四]433 [五]4 34
隆善（増上寺）　[十]318 564 727 728
隆尊（大乗院門跡）　罹災居宅造営費[六]706／[六]631 [八]764
隆範（大乗院門跡）　㊁214
隆也（館林善導寺）　㊀542
劉経先（清人馬医）　[九]263
了雲（千妙寺）　[三]390
了円（観成院）　[十]352 497
了覚（僧）　[五]549
了学（増上寺）　増上寺住職[二]531 532。法問[二]551／[二]541 557 615
了歓（増上寺）　㊀602
了囧（増上寺）　㊀609
了　俊　↓川島重勝（了俊）
了琢（絵所）　[五]369
了　湛　院　↓徳川友松

了頂（幡随院）　㊈527
了的（増上寺）　大坂冬陣㊀693 718。増上寺住職㊁352。禅僧法問に侍座㊁475。歿㊁492／㊀693 ㊂95 201
了般（増上寺）　増上寺住職㊇812／㊇833 ㊈128
了眠（岩槻浄国寺）　㊀471
了也（増上寺）　増上寺住職㊅134。乗輿許可㊅395。歿㊅693／㊄176 ㊅200 286 384
了翼（滝山大善寺）　㊀579
良阿（増上寺宝松院）　㊁261
良雲院（浅野長政室・浅野長晟母）　㊁535
良雲院（竜雲院・家康側室・振姫生母）　㊁685
良応法親王（曼殊院門跡）　歿㊅700
良我（増上寺役僧）　㊄176
良吟（専称寺）　㊆405
良賢（僧）　㊁121
良元院（家斉男）　→徳川豊三郎
良純法親王（八宮直輔親王・以心庵、知恩院門跡・後陽成天皇男）　秀忠法会㊁583 ㊂87 89。放蕩左遷㊂339。逼塞赦免㊃306。歿㊄50／㊀682 ㊁434 615 620 ㊂192 199 201
良恕法親王（竹内曼殊院門跡）　北野寺務職㊀626。日光参向㊂9 12 17 183 184。歿㊂
良恕法親王　326／㊂18 19 25 56 135
良尚法親王（竹内曼殊院門跡）　日光参向㊂9 17 184 ㊃75。類焼㊃381。加封㊃534。門跡領判物㊃552／㊁658 ㊂399 400 549 691 ㊃7 ㊄206 509 573
良昭法親王（竹内曼珠院門跡）　㊂397
良正院（督姫、家康女・北条氏直室・池田輝政継室）　婚姻㊀50 167 ㊂395。落飾㊀610。池田忠継㊀656。歿㊁5／㊀484 624 626 666 ㊁4 ㊂386
良珍（恵光坊）　㊀670
良範（恵心院）　㊀667 668
亮尹（観成院）　㊉679
亮運（千妙寺）　㊂261 391
亮海（水戸吉祥院）　㊃437
亮空（日光観音院）　㊀374
亮慶（藤本坊）　㊂541
亮賢（護国寺）　護国寺創建㊄400。寺領拝領㊄413／㊄425 549 ㊅111
亮乗（三河滝山寺）　㊉756
亮盛（三河滝山青竜院）　三河滝山東照宮造営㊂452 464／㊂261 391 550 ㊃9
亮体（三河滝山青竜院）　㊇788
亮貞（護国寺）　㊅648 688
亮天（寛永寺林光院）　㊉523 706 812
亮典（日光修学院）　㊄191 192
涼光院（輝姫、一橋治済女）　歿㊀157
涼池院（吉宗男）　→徳川源三
凌空（高野山花王院）　㊀624
梁存（三河大樹寺）　㊈23
量与（興山寺）　㊅125 151
林奇榻（帰化人一官の子）　㊀528
林丘寺宮　㊀369
　元秀　㊅706
　玄瑤　㊄517
林　三　官　海外渡海朱印㊀188 388 414 415 442
林　世　載　㊈461
凜霜院（尾張宗春女）　㊇699
璘　西　堂　㊄42 45

れ

令彭（天竜寺）　[二]676
礼成門院（孝子内親王、後光明天皇女）　[八]375 377
礼仁親王（光格天皇男）　㊀125
冷泉為久　『新葉集』校訂指導[九]242。吉宗殊遇[九]299〜302
　為訓　[十]568
　為経　[六]286
　為清　[四]350 420
　為満　古今伝受[二]344 657。『弄花抄』校正、家康に奉呈[二]667。定家筆『三十六歌仙』を家康に進覧[二]671。為家筆『仮名遣抄』を家康に進覧[二]672／[二]563 669
冷池院（尾張宗勝女・島津宗信室）　[八]847 [九]484
霊応（増上寺）　[十]347 409 563
霊鑑寺宮（後陽成天皇女、宗澄尼・後水尾天皇女・浄法身院カ）　[五]279
霊鏡院（文姫、家斉女・松平頼胤室）　婚姻㊁30 150 153 154／㊀631 689 759 ㊁378
霊元寺宮宗栄（後西天皇女）　↓普賢院
霊元天皇　践祚[四]448。即位[四]463。病気[五]114 305 [六]171 514 515 545 [八]76 603 607。新造禁裏遷幸[五]224 225。御酒湯賀物進献制[五]305。好文[五]349。譲位[五]596 598。瑠璃殿扁額を下賜[六]738。御料増進[七]36。吉宗に賜物[八]26。勅額を家継廟に下賜[八]65。綱吉廟に贈経[八]209。崩[八]607。交趾国進上の象を天覧、御製歌[九]151。吉宗の上洛を促す[九]151。伏見宮家所蔵『本朝世紀』写本を幕府に下賜[九]240。都鳥の叡覧を所望[九]301 302。和泉元泰に名墨下賜[九]315／[四]258 447 [七]341 [八]114 548
霊元天皇中宮（鷹司教平女）　↓新上西門院
霊元天皇男（清宮）　↓清宮
霊元天皇女（栄子内親王、二条綱平室）　↓妙功徳院
霊元天皇女（綾宮、伏見宮邦永親王室）　↓清浄光院
霊元天皇女（憲子内親王室）　↓台獄院
霊元天皇女（定宮、勝子内親王）　↓勝厳院
霊玄（増上寺）　[五]456 463 567
霊光院（清薫尼、水戸宗翰養女・英勝寺）　[十]119
霊樹院（頼姫、尾張宗春女・尾張宗勝養女・近衛内前室）　婚姻[九]364 381／[八]846 [十]26
霊粛（霊山寺）　㊀234
霊仙院（千代姫、家光女・尾張光友室）　誕生[三]51。登城・対面[三]51 154 229 238 303 448 575 [四]64 68 165 170 201 222 234 282 295 328 343 377 409 451 489 524 559 595 [五]1 63 95 151 175 201 229 277 304 396 505。病気[三]56 57 211 222 293 371 372 423 424 442 444。名付[三]58。婚姻[三]90 139 143 147 151〜153。邸宅の華麗を省く[三]113。婚礼の儀注[三]153。厨料金五千両[三]376。出産[四]56 144 196 200 269。邸宅火事[三]211 212。邸宅附近火事[四]404。卒伝[六]352。法会[六]389 [七]408 [八]214 355 548 [九]443／[三]51 58 90 106 109 125 131 144 182 193 203 242 265〜267 307 347 365 442 450 494 498 557 564 595 610 628 651 683 [四]7 10 12 26 50 62 101 141 182 197 223 225 227 231 248 255 258 266 269 275 288 296 301 303 327 330 414 436 458 459 466 478 518 536 541 560 562 606 619 622 624 630 [五]4 14 19 29 30 34 36 55 56 58 64 70 84〜86 526 [六]1 6 352 425 556 [七]137。霊仙院附・月俸[三]152。有司召返[六]357／[三]152 153 167 211 262 [四]555 [五]153 163 272 274 307 474 490 [六]126

霊超（三河信明光寺）〔八〕738
霊麟（伝通院）㊀393
嶺育（可睡斎）〔四〕382
麗玉院（綾姫、家斉女・伊達周宗室）婚姻㊀358。歿㊀376／㊀321 322 361
麗照院（定姫、田安宗武女・松平治好室）〔十〕376
麗台院（吉姫、家慶女）㊂272 335
歴天（増上寺）増上寺住職〔五〕49 50／〔五〕99 170
連察（増上寺）増上寺住職〔九〕129。黒本尊殿舎造営〔九〕495／〔八〕676〔九〕500 509
廉貞院（連貞院、鶴姫、松平忠直女・家光養女・九条道房室）歿〔五〕112／〔三〕535 572〔四〕137 241 277 327
蓮玉院（若姫、家慶女）㊁464 499
蓮光院（おちほの方、家治側室・家基生母）称号〔十〕211 451。品格〔十〕316。歿㊀148／㊀7
蓮沼院（俊姫、尾張治行女・尾張宗睦養女・近衛基前室）㊀184 191
蓮浄院（おすめの方、園池公屋女・櫛笥隆賀養女・家宣側室）邸宅造営〔八〕81 94 97 616 617。卒伝〔十〕386／〔七〕30 49 175〔八〕145 263〔九〕374。蓮浄院附〔八〕560 834〔十〕389
蓮胎院（尾張宗春養女・上杉宗房室）〔八〕727
蓮葉院（西郡の局、家康側室）卒伝〔一〕410

ろ

呂祐吉（韓使）〔一〕334 435
路白（増上寺）〔四〕334 434 437
露白（新田大光院）〔四〕36
露看（浅草幡随院）㊀48
六角広賢 ㊂643〔四〕154 182 287
　広孝　高家肝煎〔十〕463／㊀36 617 676 751
　広治　召出〔五〕218 237。三丸管掌〔六〕114。桂昌院伊勢代参〔六〕138 161 167 175 187。逼塞〔六〕266。致仕・蟄居〔六〕294／〔六〕50 114 155
　広籌〔十〕646
　広豊〔六〕387 574〔九〕7
　広満〔九〕64
　広雄〔九〕445
　光通〔十〕325
　頼母 ㊁559
　主殿頭 ㊀658
六　官〔二〕646
六郷勝三郎 ㊀588
　次郎吉〔八〕626
　政殷（佳之助）㊁524
　政英〔八〕41

六郷政慶 [六]635 [八]507 520
政広 ㊀90
政恒（兵庫頭） ㊁152 600
政興 ㊀549
政寿 [九]646 [十]699
政秀 [五]31
政俊 [三]514
政純（勝吉） ㊀693 698
政勝 江戸城惣郭造営・城溝浚利[三]2。山形城在番[三]319 367。火番[三]437 639 [四]109。邸宅火災[三]691 [五]250。論争地巡察[四]301。浅草別墅下賜[四]371。致仕伝[五]239／[二]13 [三]214 222 563 658 [四]177 391 434 510 [五]88
政照 [四]598
政乗 別家創立[一]111。加転封・本庄城主[二]307。江戸城石垣修築課役[二]447。卒伝[三]635／[一]720 [二]33 513 537 608 623
政信 大坂加番[五]452 495。卒伝[五]555／[四]33 499 [五]239 400
政秦（政武、尚三郎・佐渡守） [十]699 771 773
政晴 奥詰[六]162 212 739。江戸城辺石垣修築助役[六]534 547。致仕伝[八]678／[四]210 [五]555 605

六郷政盛 [四]192
政速 日光諸堂社修理助役㊀445。封地地震破損㊀537 549。歿㊀698
政長 卒伝[九]626／[八]415 678 681
政展 [十]281
政武（彦四郎） [六]718
政武（尚三郎・佐渡守） →六郷政秦
政豊 [九]646 750
政房 [六]631
政明 [九]112 433
政林 致仕伝[十]771／[九]626 638 [十]383
政和（伊賀守） ㊁600
道行 [一]111
六左衛門 [二]140
六　条 [五]231 232
二兵衛 [一]121 399
有綱 [五]93
有純 [二]394 [三]670
有藤 [六]706
有和 [三]400 539 [四]178
六大夫（浅草市人） [五]413 [六]750

わ

わき（奥女中） [三]593
和久是成 [二]43
宗成 [一]707
和期の局（伊勢国司親族） [二]39
和光寺七兵衛 [三]651 715
和子（秀忠女・後水尾天皇中宮） →東福門院
和田安定（新五兵衛） [六]17。従者[四]509
惟重 →和田維重
惟春（惟重） [六]650 [七]171
惟長 [一]395 [三]431
惟貞 [九]717
惟保（伝右衛門） ㊁285
維重（惟重） 大坂鉄砲玉薬奉行[二]505 551／[二]655
加助 [一]163
教般 [九]731
金左衛門 [五]324
虎利 ㊀314
持義 [六]618
重始 小普請入[六]81。赦免[六]140／[六]285 [八]199

和田勝孝 ㊀254
主税 ㊀695
長重(長章) 召出㊅82 749。評定所勤役儒者㊆58／㊅27 96
直秀 ㊇629
定教 ㊀166
定継 ㊂433
定勝 道中目付㊀691。使番㊀728。会津目付㊁355／㊂363
備中(加藤忠広家士) ㊁153 ㊂489
豊後(松平因幡守家士) ㊀749
和多田治大夫 ㊁608
直温 ㊀357
利常 ㊇112
若佐吉純 ㊅627
若竹重継 ㊈709
若林勝三郎 ㊁372
義籌(佐渡守・肥前守) 橋梁・城内霊廟等修復㊁372 409 415 433 455。逼塞㊁409／㊁441 530
磯八郎 ㊁135
九郎右衛門 ㊅303
敬順 ㊉762 808 809
源作 ㊁372 465
若林作兵衛(水戸家士) ㊀454
三平 ㊂615
三由 ↓若林正直
信好 ↓長 信好
正直(三由) ㊂128 ㊃451 ㊄66 501
善九郎 ㊀122
直正 ㊄502
直則 秀忠上洛供奉㊁368／㊀691 ㊁11 34 370
直貞(直興) ㊀279
包盛 大坂金奉行㊂129 145 159
本左衛門 ㊀670
友矩 ㊀566
若原右京 大坂冬陣㊀695／㊀588 621
若藤小平太 ㊁438
高豊 ㊄530 589 ㊅67 140 294
脇坂淡路守 ㊁465 527 ↓脇坂安宅
安教 ㊉554
安経 ㊁545
安元 大坂冬陣出陣㊀696。転封㊁132 133。御談伴㊁282。韓使㊂37 41 42。下館在番㊂351。卒伝㊃106／㊀403 408 696 ㊁80 132 479 534 537 555 623 635 ㊂111 156 226 479 688 751 ㊃70 96
安弘 卒伝㊈693／㊈439 613 659
脇坂安興 卒伝㊈439／㊇267 574 657
安治 転封㊀495。加封㊀495。致仕伝㊁80／㊀119 229 547
安実 卒伝㊈738／㊈693
安照 赤穂城収公㊅433 436。致仕伝㊆64／㊄136 299 495 529 ㊅677 696。家士㊅696
安信 大坂冬陣㊀704。除封㊁545／㊁439 539 540
安親 甲斐河渠助役㊉211 222。致仕伝㊉747／㊈738 ㊉7 384
安政 譜代席㊃301。大坂城加番㊃424 ㊄73 109。転封㊄131。致仕伝㊄529／㊂211 ㊃96 138 197 274 299 327 367 525 528 ㊄132 266 364
安清 卒伝㊇262 267／㊅346 ㊆64 99 399 479。家士㊄317
安村 配流㊄462 ㊅457／㊃572
安宅(淡路守) ㊁541 681 ↓脇坂淡路守
安通 ㊅577 ㊆406
安定(脇坂安利カ) ㊇821
安董(安薫、中務大輔) 韓使㊀616 662 690 ㊁36。宗氏家政監督㊀693。西丸老中㊁277。譜代席㊁278。歿㊁426／㊉744 747 750 ㊀10 31 616 690 710 715 ㊁216 333 392 425
安繁 ㊈683 ㊉759

脇坂安方　丸亀城引渡目付〔四〕220 246／〔四〕106
　安利　〔六〕674　↓脇坂安定
　通用　〔六〕520
脇田帯刀(前田家士)　〔三〕458
脇本作左衛門　↓渡辺源三郎
脇屋兵次郎　㊁189 332
分部嘉高　卒伝〔四〕620／〔四〕395 421
　嘉治　卒伝〔四〕274 288／〔三〕314 339 387 433 498 605 639〔四〕5
　光弘　㊀316
　光実　歿㊀604／〔十〕602 771 773
　光信　彦根城造営〔一〕113。大坂冬陣〔一〕687 714。巡見使〔三〕581／〔一〕112 424 504〔二〕52 175 185 186 335 345 447 534 535 548 555 559〔三〕249
　光忠　卒伝〔八〕565／〔六〕703〔七〕385
　光貞　㊁243
　光寧(米吉)　致仕伝㊁243／㊀659　↓分部米吉
　光邦(若狭守)　歿㊀659／㊀495 604
　光命　卒伝〔九〕625／〔八〕494 565
　光庸　致仕伝〔十〕771／〔九〕516 625 638
　左京　㊁227
　信秋　〔六〕42
　信政　禁裏造営助役〔六〕696 698。致仕伝〔七〕385
分部信敏　〔五〕71／〔五〕49 400 452 495〔六〕226 705
　又四郎　〔三〕415
　米吉(分部光寧カ)　㊁111
鷲尾　〔五〕231
　光平　〔三〕539
　隆尹　〔四〕306〔五〕439
　隆光　〔三〕352
　隆量　〔三〕7 84 86 88〔四〕350
鷲巣伊義左衛門　㊁566
　清勝　〔八〕35 445
　清貞　〔十〕243 662。組士〔十〕630
　清典(淡路守)　㊁640
　清茂　〔九〕599
渡　辺　㊁363
　某　〔一〕352
　伊綱　致仕伝〔十〕718／〔十〕384 428 467
　胤(糺、久蔵)　㊀393
　永図(孫左衛門)　㊁11
　永倫　外船渡来監察〔八〕95 99 101 204〔九〕163。大坂城引渡〔八〕379／〔六〕521 635〔七〕232〔八〕424 504
　雅　〔九〕103
　数馬　〔二〕494
　数馬　〔九〕519
渡辺完綱　↓渡辺広綱
　掃部　〔三〕30
　勘兵衛　〔一〕709 744
　記総　〔八〕840
　基綱　卒伝〔八〕481／〔五〕334 607〔九〕195
　輝　〔七〕431〔八〕436 640 768
　輝綱(甲斐守)　江戸城本丸等修築㊁272 283 291 344 346／㊁285
　義　〔十〕325 380 419
　吉綱　加封〔三〕334〔四〕403。尾張義直病床看侍〔三〕488 492 493。家綱附〔三〕655。一万石拝領〔四〕403。卒伝〔五〕23／〔二〕551〔三〕240 285 303 480 684 687〔四〕318 392 403 413 439 547〔五〕17
　吉三郎　〔十〕325
　吉重　〔二〕348
　九兵衛　〔四〕314
　久右衛門　㊀739
　久永　深川船庫修理奉行〔五〕380。清水舟手役〔六〕126／〔六〕153 445
　久綱　㊀165
　久次　豊後目付〔三〕293 320。韓使聘礼権目付〔三〕320。槍剣術進覧〔三〕685／〔三〕426〔四〕5 245 246 295 364 590
　久勝(孫左衛門)　〔一〕421〔二〕202

渡辺久盼(久勝、左門)　巡見使[八]22 54 75／[八]
436 [九]37
久寵　[十]201 237
久隆　[十]679
紖(内蔵助)　片桐且元誅戮論議[一]683 693 [二]
37。安藤正次等と戦闘[一]731。大坂
夏陣[二]15 29。属士[一]713
紖(久蔵)　↓渡辺胤
均　大坂目付[五]304 326。巡見使[五]399 403 423
／[五]266 288
近綱　[三]246
九十郎　[五]325 416
敬　壬生城引渡[七]229 233／[八]509
潔綱(備中守・丹後守)　日光祭祀奉行㊁
227 228 412。致仕㊁586／㊁152 194 532
玄古(市医)　[四]402 589
源五左衛門　[六]198 464
源三郎(脇本)　[六]54 164 198 236 464
源太郎　[二]494
五郎助　[四]229
公綱　[一]122
広　[七]150 162
広綱　召預[五]418 [六]88／[五]101
光　[一]99

渡辺幸大夫　㊁172
恒(吉右衛門)　大坂目付[五]38 57。采邑収
公[五]438／[五]84 293
恒(図書助)　㊁476 559
綱　[五]342
綱久　[四]207
綱行　[六]82
綱高　召預[五]418 [六]88／[五]77 78 82 89 270
綱治　甲府城代[四]396／[三]114 426 [四]161 396 487
綱貞(広綱)　召出[二]691 [三]480。関東山野論
地検査[四]171 189。江戸地図作製[四]212。
越後騒動[五]414 417 [六]729／[三]155 [四]405 584
[五]152 275 362 387
綱用　[四]396 401
豪綱　卒伝㊀215／[十]716 719 777
三郎助　領知村替㊁480／㊁604 687 701
三郎太郎　↓渡辺宗覚
二郎右衛門(蒲生忠郷家士)　[二]223
治綱(尾張家士)　[三]480 [四]141
滋　[九]417
式部　㊀657
守(囚獄、渡辺正カ)　[一]292
守綱(半蔵)　三方原戦[一]37 149。槍半蔵の
異名[一]304。加封[一]628。尾張義直附

渡辺
守茂　[一]628／[一]158 161 215 [二]189
充　[十]726 737
重　徳川忠長附[二]182／[二]494
重綱(尾張家士)　尾張義直附[一]628／[一]546
[二]189 247 691 [三]480
重真　↓渡辺忠綱
春綱　歿㊀651／㊀215
如軒　[十]171
尚(小膳)　㊁269 567
昌　㊀25
章綱(主税)　[九]561
章綱(半之丞・備中守)　㊁567 586 609
勝(弥之助)　大坂夏陣・足軽大将[二]12／
[一]99 691 [二]249 538 552 616 648 [三]224 485
勝(筑後守、速水庄兵衛)　召出[二]50。転
封伝馬令[二]172／[一]384 548 [二]369 401 403
勝(藤三郎)　徳川忠長附[二]116／[一]643
勝(孫三郎)　[二]178
勝(四郎右衛門)　[六]5
勝(七郎兵衛)　[六]423
勝綱(国松・小半蔵)　[一]606 [二]59
勝綱(八郎右衛門・半兵衛)　[二]188 446 500 528
538 552 616 [三]117 231 323

渡辺信綱　卒伝〔十〕384／〔九〕119〔十〕257 307
真　〔五〕250
真綱　〔三〕188
新蔵　〔四〕114
進　駿府加番〔四〕152 201 396 436。閉門〔四〕582／〔四〕319〔五〕139
助八郎　㊁247
正（守、囚獄）　〔一〕292
正（与右衛門・筑後守）　明石城引渡〔三〕129 136。日光廟造営奉行〔四〕12 62 63 69 74 76。屋敷小割奉行〔四〕186 228 229 249。加賀国目付〔四〕346 368。京坂諸駅地震地巡察〔四〕422 429。日光社参道中権目付〔四〕454。越後村上城引渡〔四〕618 621。仙台目付〔五〕49 65／〔三〕155 553〔四〕43 144 166 265 335 473 487 517 539 541 607〔五〕202 250
正（五郎七）　〔三〕466
正（権六郎・弥之助）　〔三〕224〔四〕345 577
生綱　〔一〕642
政富　〔九〕616
清綱　〔四〕319〔六〕314
清兵衛　〔三〕114
盛（宇右衛門・囚獄）　木栖口番〔三〕4／〔三〕630〔四〕59〔五〕269

渡辺盛（久左衛門）　〔七〕402 443〔九〕58 445
宣綱　〔四〕186
宣総　→梶　宣総
善　〔三〕6 436 493 652
宗覚（三郎太郎）　〔一〕111 358
宗綱　下奉行〔一〕762。諸国巡見〔二〕143。加藤忠広家士争論、熊本御使〔二〕154。最上騒動〔二〕233。越後国御使〔三〕325。行幸供奉奉行〔二〕379。常陸下館巡察〔三〕310／〔一〕705〔二〕167 402 538 606 631 643 667〔三〕43 148 229 319 323 360〔四〕3 131 269
宗左衛門　〔三〕641
則綱（半兵衛）　卒伝〔一〕520
則綱（式部・越中守）　致仕㊁194／㊀651
則智（立軒、市医）　〔九〕405
多　〔一〕614〔三〕168
多宮　㊁403
泰　〔八〕595 796
筑後守　㊁117 134
仲　〔二〕557
仲綱　〔一〕445
忠（監物）　加封〔二〕179 353。駿甲両府勤番〔二〕512／〔二〕615〔三〕551
忠（新蔵）　〔四〕146

渡辺忠（弥之助）　越前丸岡城目付〔六〕226 239／〔六〕532
忠綱（忠七郎）　〔一〕122〔三〕260
忠綱（重真、八郎右衛門）　〔二〕219〔三〕499〔四〕61 98
長（囚獄）　大坂冬陣・沼津城番〔一〕703。甲斐本栖警備〔二〕638／〔三〕4 630
長（弥之助）　〔六〕184
長右衛門　〔二〕40
長昌　〔十〕531
長蔵　〔九〕715
直　〔十〕546 772 786
直茂　〔四〕509〔六〕47 50
通　㊀231
定俊　〔三〕338
定勝　〔三〕302 338
定利　〔十〕66
貞　〔五〕250
貞安　〔六〕144
貞綱　御前を止む〔十〕325／〔九〕728〔十〕271 ㊀570
伝栄　㊁589
登綱　致仕伝〔十〕257／〔八〕481 686〔九〕519
統　〔九〕535
藤兵衛　〔一〕550

渡辺豊吉　㈡657
　豊太郎　㈡22
　年綱　[一]520
　博　[十]660
　隼人　㈡337
　半九郎　㈠725
　半十郎　㈡500
　半蔵　[十]787
　蕃久（立軒）[十]646㈠12
　蕃主（蕃生、立軒）　治療精研[九]652／[九]669
　　[十]205 246
　兵庫頭　㈡22
　備後守　[一]412 750
　富義　[六]487 490
　富次　西尾目付[四]437 468。宮津御使[五]26 43
　　／[四]572 592[五]66 127 212
　武　[六]468[七]450[八]256
　平十郎　㈠648
　平六郎　[五]67
　方綱　水口在番[五]102 135。卒伝[五]334／[四]413
　　[五]17 23 182 218 267 292
　茂　松平信康自殺[一]160。大坂陣・伏見
　　城番[一]311 437 491 711。御談伴[二]283。二
　　条定番支配[二]342 678／[一]384 385 548 559 628

渡辺
　友綱　[三]246
　　704[二]33 141 179 353 437 539[三]6 123
　勇　[五]467
　祐　[五]250
　靱負　[二]495
　与左衛門　[一]437
　利綱　[四]58
　立軒　㈠585
　隆（源蔵）　王子離館修築奉行[三]559／[三]589
　　596[四]158。若党[三]457
　隆（采女）　㈡84
　了　[二]30
　令綱　[五]89
綿貫夏右衛門　[八]281 417

徳川実紀索引　人名篇

一九七二年(昭和四十七)三月三十日　第一版(上巻)第一刷発行
一九七三年(昭和四十八)三月三十日　第一版(下巻)第一刷発行
二〇〇三年(平成十五)六月十日　合本新装版第一刷発行

編者　徳川実紀研究会

発行者　林英男

発行所　株式会社　吉川弘文館
郵便番号一一三―〇〇三三
東京都文京区本郷七丁目二番八号
電話〇三―三八一三―九一五一〈代〉
振替口座〇〇一〇〇―五―二四四

印刷＝平文社　製本＝誠製本

© Tokugawajikki-Kenkyūkai 1973. Printed in Japan

徳川実紀索引　人名篇（オンデマンド版）

2019年9月1日　　発行

編　者　　徳川実紀研究会

発行者　　吉川道郎

発行所　　株式会社 吉川弘文館
〒113-0033　東京都文京区本郷7丁目2番8号
TEL　03(3813)9151(代表)
URL　http://www.yoshikawa-k.co.jp/

印刷・製本　　株式会社 デジタルパブリッシングサービス
URL　http://www.d-pub.co.jp/

ISBN978-4-642-70185-3

© Tokugawajikki-Kenkyūkai 2019
Printed in Japan

JCOPY〈出版者著作権管理機構　委託出版物〉
本書の無断複写は著作権法上での例外を除き禁じられています．複写される場合は，そのつど事前に，出版者著作権管理機構（電話 03-5244-5088，FAX 03-5244-5089，e-mail: info@jcopy.or.jp）の許諾を得てください．